Inhaltsverzeichnis

Womit beschäftigt sich die Volkswirtschaftslehre?

Warum werden in der Volkswirtschaftslehre Modelle verwendet?

Welche Prinzipien bestimmen das wirtschaftliche Handeln?

Was für Wirtschaftssektoren gibt es?

Was sind Produktionsfaktoren?

Welche Arten von Gütern gibt es?

THEMENBEREICH 1

Grundtatbestände des Wirtschaftens

1.1 Ökonomisches Handeln zwischen Nutzenmaximierung und Fairness

Eli

Katharina

„Ist hier noch frei?“ Katharina Hofmann (17) deutet auf den leeren Sitzplatz neben Elinor Schelling (17). „Ja, klar!“, sagt Elinor. Katharina ist froh, nicht alleine sitzen zu müssen, nachdem sie wegen der verkehrsgünstigeren Stundentafel in die Parallelklasse wechselte.

In den nächsten Wochen entwickelt sich ein reger Austausch zwischen Katharina und Elinor. So erfährt Elinor, dass Katharina in einem landwirtschaftlichen Betrieb aufgewachsen ist, in dem die ganze Familie früh aufsteht und mit anpackt.

Die Klasse der zwei neuen Freundinnen soll beim „Tag der offenen Tür“ ihrer Berufsfachschule das Fach VWL lebendig präsentieren. Elinor und Katharina bekommen den Auftrag, gemeinsam einen Workshop zum Thema „Wirtschaftliches Handeln von Wirtschaftssubjekten in ökonomischen Knappheitssituationen“ durchzuführen. Mit dem Homo oeconomicus, sagt ihr Lehrer, sei dieses „wirtschaftliche Handeln“ ganz gut zu erklären. Um den Teilnehmern zu vermitteln, was der Homo oeconomicus ist, erstellen Elinor und Katharina eine Grafik:

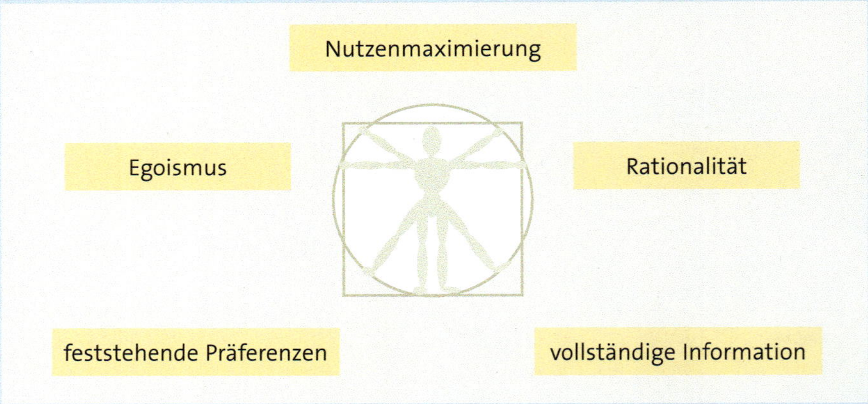

Bei ihren Recherchen finden Elinor und Katharina heraus, dass es in der Volkswirtschaftslehre üblich ist, menschliches Verhalten mit kleinen Experimenten zu erforschen. Das möchten sie unbedingt in ihrem Workshop ausprobieren. Sie haben sich zwei Spiele ausgesucht: das Ultimatum-Spiel und das Diktator-Spiel.

1 Diskutieren Sie in Kleingruppen.
  - **a** Was bedeuten die Eigenschaften des Homo oeconomicus in der Grafik?
  - **b** Was denken Sie – treffen diese Eigenschaften auf reale Menschen zu?
  - **c** Warum können Experimente in der VWL helfen, menschliche Verhaltensweisen besser zu verstehen?

2 Führen Sie nun das Ultimatumspiel durch und analysieren Sie die Ergebnisse.

Ablauf des Ultimatum-Spiels
Suchen Sie sich einen Spielpartner. Spieler A bekommt (fiktive) 100 Euro. Hiervon muss er einen Teil (mindestens 1 Euro, maximal 99 Euro) an Spieler B abgeben. Dazu schreibt A sein Angebot für die Aufteilung der 100 Euro auf einen Zettel, den er B übergibt. Beide Spieler dürfen nicht miteinander sprechen, sich nicht in die Augen schauen oder sonst irgendwie kommunizieren. B muss entscheiden, ob er das Angebot annimmt oder nicht. Die Besonderheit: Lehnt B das Angebot von A ab, bekommen beide Spieler nichts und die 100 Euro gehen zurück.

a Notieren Sie die Ergebnisse Ihres Teams in einer Tabelle nach dem folgenden Muster:

Angebot von A an B in Euro	B nimmt an (bitte ankreuzen)	B lehnt ab (bitte ankreuzen)
	☐	☐

b Versuchen Sie, den „Sinn" dieses Spiels zu beschreiben. Erläutern Sie dann anhand der Ergebnisse Ihres Teams, inwiefern das Ultimatum-Spiel zu untersuchen hilft, ob Menschen so rational und egoistisch handeln wie der Homo oeconomicus.

c Dokumentieren Sie die Ergebnisse aller Teams – die Höhe der Angebote der Spieler A und die Reaktionen der Spieler B – in einer Gesamttabelle. Untersuchen Sie anschließend, wie viele Spieler im Sinne des Homo oeconomicus gehandelt haben.

Von den Spielern handelten im Sinne des Homo oeconomicus:
☐ keiner
☐ wenige
☐ die Mehrzahl
☐ alle

3 Führen Sie nun das Diktator-Spiel durch und vergleichen Sie die Ergebnisse mit denen des Ultimatum-Spiels. Erklären Sie gegebenenfalls abweichende Ergebnisse anhand des Modells des Homo oeconomicus.

Ablauf des Diktator-Spiels
Das Diktator-Spiel ist eine Abwandlung des Ultimatum-Spiels. Beim Diktator-Spiel kann B das Angebot von A nicht ablehnen. Spielen Sie das Spiel in den gleichen Gruppen noch einmal.

1.2 Die Volkswirtschaftslehre im System der Wissenschaften

Wirtschaftssubjekte sind Personen oder Personengruppen, z. B. private Haushalte, Unternehmen, Staat und Ausland.

Eine Volkswirtschaft besteht aus einer Vielzahl von Menschen, den Wirtschaftssubjekten, die in einem räumlich abgegrenzten Gebiet leben. Diese treffen wirtschaftliche Entscheidungen, führen wirtschaftliche Aktivitäten durch und beeinflussen wirtschaftliche Vorgänge. Menschen entscheiden sich z. B., in Urlaub zu fahren, buchen eine Reise und nutzen ein Flugzeug. Werden die wirtschaftlichen Prozesse systematisch betrachtet, so lässt sich die wirtschaftliche Entwicklung eines Landes analysieren und die Gesellschaft zum Wohle aller gestalten. Diese Aufgabe wird im Rahmen der Wirtschaftswissenschaften wahrgenommen.

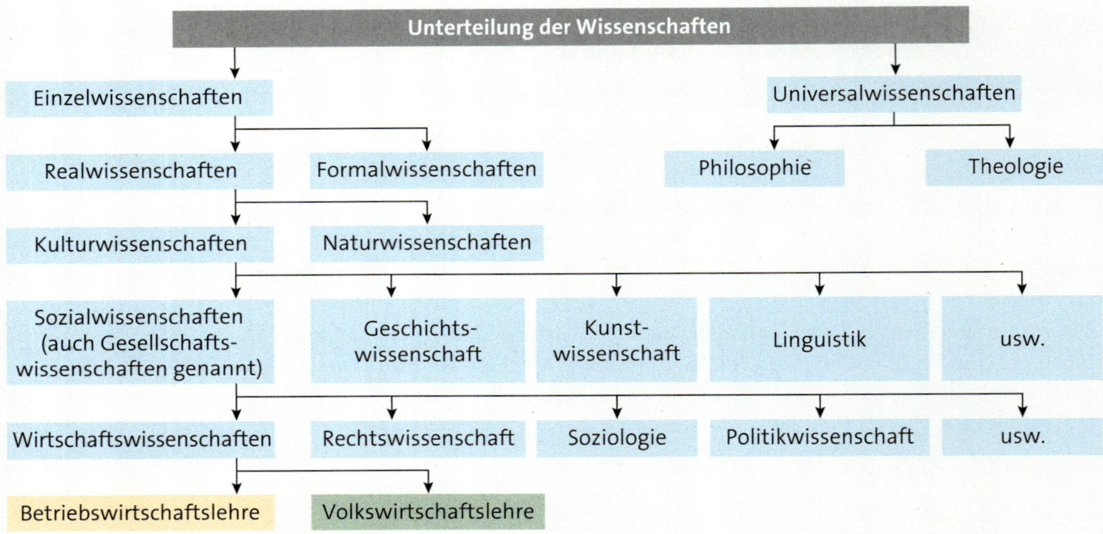

Max Weber (1864–1920)

Gemäß einer weit verbreiteten wissenschaftstheoretischen Betrachtungsweise lassen die Einzelwissenschaften sich in **Formalwissenschaften** (z. B. Logik, Mathematik und theoretische Informatik) und Realwissenschaften unterteilen.

Die **Realwissenschaften** können in Natur- und Kulturwissenschaften unterteilt werden. Die **Naturwissenschaften** (z. B. Physik, Chemie, Geowissenschaften) zielen darauf ab, Naturerscheinungen zu ergründen, Regelmäßigkeiten zu erkennen und Gesetzmäßigkeiten in der Natur zu ermitteln. Die **Kulturwissenschaften** sind auf Menschen und ihr geistiges Schaffen oder ihre geistigen Produkte bezogen.

Zu den Kulturwissenschaften zählen die **Sozialwissenschaften** (z. B. Wirtschaftswissenschaften, Rechtswissenschaft, Soziologie, Politikwissenschaft). Hier stehen die Menschen und ihr Verhalten im Mittelpunkt der Forschung. Menschliches Verhalten kann nicht wie Erscheinungen in der Natur durch immerwährende Gesetzmäßigkeiten erklärt werden. Gemäß der Auffassung von Max Weber (1864–1920), einem der bedeutendsten deutschen Sozialwissenschaftler, ist alles Handeln an Zielen und Werten ausgerichtet.

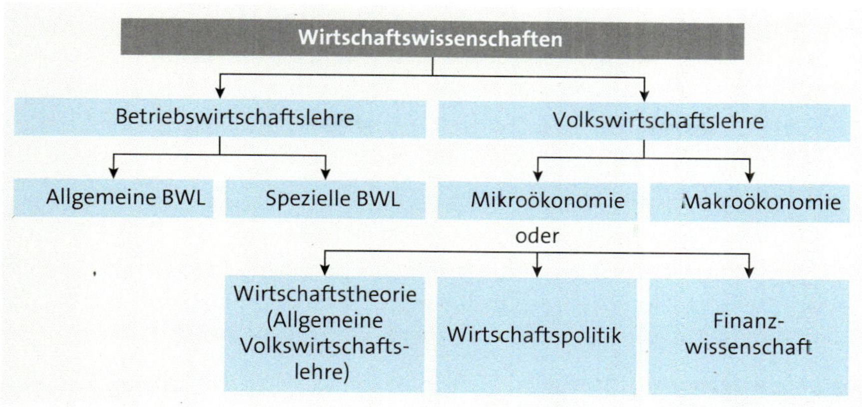

Die **Wirtschaftswissenschaften** werden in Betriebs- und Volkswirtschaftslehre eingeteilt. Die **Betriebswirtschaftslehre (BWL)** umfasst die Allgemeine Betriebswirtschaftslehre (z. B. Beschaffung, Produktion, Forschung und Entwicklung) und die Spezielle Betriebswirtschaftslehre (z. B. Industriebetriebslehre, Bankbetriebslehre). Die Aufgabe der Betriebswirtschaftslehre besteht darin, aus der Perspektive des einzelnen Unternehmens das betriebliche Geschehen zu analysieren. Das betrifft:

- das innerbetriebliche Handeln, wie z. B. Beschaffung, Produktion, Absatz, Finanzierung, Forschung und Entwicklung,
- das zwischenbetriebliche Geschehen, das sich aufgrund wirtschaftlicher Aktivitäten der Wirtschaftssubjekte entwickelt.

Die **Volkswirtschaftslehre (VWL)** kann in Mikro- und Makroökonomie eingeteilt werden. In der **Mikroökonomie** werden ökonomische Entscheidungen einzelner Wirtschaftssubjekte und ihre Folgen auf den Märkten analysiert. Ziel ist es, die Koordination einzelwirtschaftlicher Entscheidungen auf den Märkten darzustellen.

Der Begriff „Mikro" bedeutet: klein, gering, fein.

Markt
Kapitel 3.2–3.3

Die **Makroökonomie** befasst sich mit einer Volkswirtschaft als Ganzes und fasst gleichartige Wirtschaftssubjekte zu Sektoren (z. B. Haushaltssektor, Unternehmenssektor) zusammen. Die ökonomischen Aktivitäten wie z. B. investieren, konsumieren oder sparen werden als gesamtwirtschaftliche Größen wie gesamtwirtschaftliche Investition oder gesamtwirtschaftlicher Konsum dargestellt. Es geht also um gesamtwirtschaftliche Fragestellungen, wobei zur Vereinfachung makroökonomische Modelle genutzt werden. Die Vielfalt der einzelwirtschaftlichen Unterschiede wird dabei auf wenige überschaubare Zusammenhänge reduziert. So werden Beziehungen zwischen gesamtwirtschaftlichen Größen erklärt.

Der Begriff „Makro" bedeutet: lang, groß.

Sektoren
Kapitel 2.2

Modelle
Kapitel 1.4.2

Die Volkswirtschaftslehre kann auch in die Bereiche Wirtschaftstheorie, Wirtschaftspolitik und Finanzwissenschaft unterteilt werden. In der **Wirtschaftstheorie** (auch Allgemeine Volkswirtschaftslehre genannt) geht es hauptsächlich um die Erklärung wirtschaftlicher Zusammenhänge. Gefragt wird nach dem „Warum" ökonomischer Phänomene, also nach den Wirkungszusammenhängen. Zugleich wird es als Aufgabe angesehen, Vorhersagen zu treffen; hierbei ist zu berücksichtigen, dass Prognosen immer zeit- und raumgebundene Aussagen darstellen.

Im Rahmen der Theorie der **Wirtschaftspolitik** wird analysiert, welche Gestaltungsmöglichkeiten bestehen und welche Instrumente eingesetzt werden können, um die Wirtschaft den Zielsetzungen entsprechend zu beeinflussen. Beispielsweise können arbeitsmarktpolitische Instrumente eingesetzt werden, um die Zahl der Arbeitslosen zu verringern.

Wirtschaftspolitik
Kapitel 5.4

Arbeitsmarkt
Kapitel 8.8

Finanzwissenschaft ist die Lehre von der öffentlichen Finanzwirtschaft.
Kapitel 6.5

Konjunktur
Kapitel 6.2.2

Konjunkturpolitik
Kapitel 6.6.1

Die **Finanzwissenschaft** beschäftigt sich mit den öffentlichen Haushalten (Bund, Länder, Gemeinden) und den ökonomischen Aktivitäten sonstiger juristischer Personen des öffentlichen Rechts (z. B. Gemeindeverbände). Teilbereiche sind insbesondere die öffentlichen Einnahmen und Ausgaben sowie die Lehre vom öffentlichen Kredit mit der Theorie der Staatsverschuldung und den politischen Möglichkeiten der Einflussnahme auf den Konjunkturverlauf.

Um die Wirtschaftswirklichkeit angemessen zu erklären, müssen Ursachen und Abhängigkeiten beachtet werden. Daher kommt die Volkswirtschaftslehre nicht ohne die Ergebnisse anderer Wissenschaften wie z. B. der Mathematik, der Statistik, der Rechtswissenschaft sowie der Soziologie oder der Politologie aus.

Eine mathematische Methode, die in der Volkswirtschaftslehre eine große Bedeutung erlangt hat, ist die **Spieltheorie**. Im Rahmen spieltheoretischer Überlegungen werden Entscheidungssituationen modelliert, in denen mehrere Beteiligte sich in ihrem Entscheidungsverhalten gegenseitig beeinflussen. D. h., anders als in der klassischen Entscheidungstheorie wird hier der Einfluss der Situation und des zu erwartenden Agierens anderer Menschen auf das individuelle rationale Entscheidungsverhalten einbezogen. Idealtypisch wird angenommen, dass jeder „Spieler" zwei Entscheidungsmöglichkeiten hat: Er kann entweder mit anderen Spielern kooperieren, d. h. mit ihnen zusammenarbeiten, oder er kann „defektieren", d. h. ausschließlich den eigenen Vorteil verfolgen. Die Konsequenzen, die die verschiedenen möglichen Kombinationen von Entscheidungen für den einzelnen Spieler und alle anderen Mitspieler haben, können beispielsweise mithilfe einer Vier-Felder-Matrix (**Gewinnmatrix**) dargestellt werden.

Spieltheorie
Kapitel 1.1, 3.9 und 10.3.3

Gewinnmatrix
Kapitel 3.9 und 10.3.3

Zentrale Aufgaben der Volkswirtschaftslehre sind:

1. **Beschreibung**: Die Volkswirtschaftslehre versucht, die wirtschaftlichen Geschehnisse mithilfe geeigneter Methoden und Begriffe zu beschreiben. Zu den grundlegenden Begriffen gehören z. B. Bedürfnisse, Güter, Arbeitsteilung, Produktionsfaktoren und Einkommen. Die Beschreibung wirtschaftlicher Vorgänge bezieht sich in der Regel auf den abgelaufenen Prozess.
2. **Erklärung**: Die Volkswirtschaftslehre versucht, das wirtschaftliche Geschehen zu erklären. Es wird z. B. untersucht, warum bestimmte Ereignisse so und nicht anders ablaufen und wie sie zusammenhängen.
3. **Prognose**: Die Volkswirtschaftslehre versucht den Verlauf des Wirtschaftsgeschehens vorherzusagen. Sie möchte z. B. herausfinden, wie sich das Preisniveau entwickelt und ob die Arbeitslosigkeit steigen oder sinken wird. Darüber hinaus versucht sie darzustellen, wie sich bestimmte wirtschaftspolitische Maßnahmen in Zukunft auswirken werden. Das Erstellen von Prognosen ist sehr schwierig und mit Unsicherheiten verbunden. Trotzdem sind Prognosen notwendig, um Entscheidungen in der Wirtschaftspolitik zu treffen.
4. **Politikberatung**: In diesem Bereich versucht die Volkswirtschaftslehre aufzuzeigen, welche Möglichkeiten es gibt, Wirtschaftsprozesse zu beeinflussen und zu steuern. Wirtschaftspolitik ist – wie Sie in diesem Buch sehen werden – ein zentraler Gegenstand der Volkswirtschaftslehre.

Konjunkturprognosen
Kapitel 6.3

1.3 Knappheit, Bedürfnisse und Bedarf

Eine Grundaufgabe der Volkswirtschaftslehre besteht darin, das **Knappheitsproblem** zu analysieren und Lösungen anzubieten, um unsere Wünsche zu erfüllen. Aber halt: Ist das nicht ein „alter Hut“? Wenn wir einen Supermarkt betreten, sehen wir, dass die Regale voll sind. Wir finden beispielsweise 10 bis 15 verschiedene Kaffeesorten, und es fällt schwer, sich zwischen den vielen unterschiedlichen Schokoladetafeln zu entscheiden. Herrscht in Wirklichkeit nicht Überfluss?

Ein schneller Blick in die eigene Geldbörse kann uns vor einer folgenschweren Fehleinschätzung bewahren, bevor wir mit vollem Einkaufswagen zur Kasse fahren: Das zur Verfügung stehende Geld ist in der Regel leider knapp, unabhängig davon, ob es sich um Taschengeld, Ausbildungsvergütung oder das eigene Einkommen handelt. Zwar sind die Regale prall gefüllt, die zur Verfügung stehenden Geldmittel aber reichen nicht aus, um alle gewünschten Produkte zu kaufen. Im Gegenteil: Mitunter reicht das Geld gerade noch für das Nötigste.

Letztendlich resultiert aus dem Knappheitsproblem der **Zwang zu wirtschaften**. Die Volkswirtschaftslehre (VWL) hat eine Vielzahl von speziellen Denkweisen (Modellen) entwickelt, um das Knappheitsproblem und die Möglichkeiten des Umgangs damit zu analysieren.

Modelle
Kapitel 1.4.2

In der Volkswirtschaftslehre werden Wünsche **Bedürfnisse** genannt und als zentrale Antriebskräfte des wirtschaftlichen Entscheidens und Handelns angesehen. Menschen haben unterschiedliche Bedürfnisse. Diese sind z. B. abhängig vom Alter, Geschlecht, sozialen und gesellschaftlichen Umfeld, der technischen Entwicklung und dem Einkommen. Einige Bedürfnisse müssen in der Regel unmittelbar befriedigt werden, wie z. B. Hunger und Durst. Andere können mittelfristig erfüllt werden, wie z. B. der Wunsch nach Mobilität oder Geborgenheit.

Wenn sich die Bedürfnisse des Menschen auf ganz bestimmte Güter beziehen und zu ihrer Befriedigung **Kaufkraft** vorhanden ist, wird von einem **Bedarf** gesprochen. Erst wenn Güter tatsächlich gekauft werden, d. h. der Bedarf am Markt wirksam wird, handelt es sich um eine **Nachfrage**.

Güter
Kapitel 1.9

Kaufkraft
das zur Verfügung stehende Einkommen

Markt
Kapitel 3.2–3.3

Nachfrage
Kapitel 3.4

Bedürfnis	→	Bedarf	→	Nachfrage
Durst	→	Wunsch nach Mineralwasser	→	Kauf einer Mineralwasserflasche

Abraham Maslow (1908–1970) unterscheidet fünf Bedürfnisebenen. Aus diesen Bedürfnisebenen ergibt sich eine sogenannte **Bedürfnispyramide**.

1. Physiologische Bedürfnisse müssen vor allen anderen Bedürfnissen befriedigt werden. Sie sind zur Lebenserhaltung unbedingt notwendig, z. B. Essen, Trinken und Schlaf.
2. Sicherheitsbedürfnisse sind darauf ausgerichtet, dass die physiologischen Bedürfnisse auch in Zukunft befriedigt werden können, z. B. Altersvorsorge, Geldwertstabilität, Ordnung, Gesetze und Regeln.
3. Soziale Bedürfnisse ergeben sich aus den sozialen Kontakten des Individuums und dem Wunsch nach einem Leben in einer Gemeinschaft, nach Geselligkeit und Freundschaft.

4. Wertschätzungsbedürfnisse sind darauf ausgerichtet, als Mensch von anderen Menschen Anerkennung und Bestätigung zu erhalten; nicht selten sind sie eine wesentliche „Triebfeder" des Verhaltens.
5. Entwicklungsbedürfnisse zielen auf die sogenannte Selbstverwirklichung des Menschen ab. Sie beruhen auf dem Wunsch, das Leben gemäß eigenen Vorstellungen zu gestalten.

Nach Maslow wird die Befriedigung eines höherrangigen Bedürfnisses erst angestrebt, wenn die vorgelagerten Bedürfnisse befriedigt sind. Solange die Grundbedürfnisse nicht in ausreichendem Maße befriedigt sind, sind sie für das menschliche Verhalten bestimmend. Erst wenn der Mensch seine Grundbedürfnisse gesättigt hat, ist er in der Lage, seine sozialen Kontakte auszubauen und zu pflegen. Sind die sozialen Bedürfnisse und die Wertschätzungsbedürfnisse befriedigt, wird schließlich der Wunsch nach Selbstverwirklichung größer.

Rangordnung der Bedürfnisse nach Maslow

BEISPIEL

Als Robinson Crusoe auf einer einsamen Insel strandet, muss er zunächst seine physiologischen Bedürfnisse befriedigen. Er sucht etwas zu essen und frisches Wasser. Damit er wieder zu Kräften kommt, schläft er eine Weile. Danach baut er sich zum Schutz eine kleine Hütte Dann trifft er auf seinen Gefährten Freitag, der sein Freund wird und von dem er anerkannt und bewundert werden möchte.

An der Theorie von Maslow wird beispielsweise kritisiert, sie treffe nur für den amerikanisch-europäischen Kulturraum zu. Ferner wird angezweifelt, ob die Entwicklung der persönlichen Bedürfnisse wirklich in Stufen erfolgt. Gleichwohl besitzt die Theorie bis heute eine hohe Erklärungskraft, da sie es ermöglicht, menschliche Bedürfnisse und die Möglichkeiten ihrer Befriedigung systematisch zu analysieren.

1.4 Volkswirtschaftliche Grundprinzipien

In der Volkswirtschaftslehre wird die Vielzahl von Menschen, die einkaufen und Einkommen erhalten, unter dem Begriff **private Haushalte** zusammengefasst. Es wird davon ausgegangen, dass die privaten Haushalte anstreben, möglichst qualitativ hochwertige Güter zu einem angemessenen Preis zu erhalten bzw. hohe Einkommen zu erzielen, um den Lebensunterhalt zu sichern. Sie fragen eine Vielzahl von Gütern nach und wollen dabei ihren persönlichen **Nutzen maximieren**.

Einkommen
Kapitel 8.3

In den Wirtschaftswissenschaften wird außerdem unterstellt, dass Menschen sich in ihrem wirtschaftlichen Handeln nicht von Gefühlen leiten lassen, sondern sich rational verhalten. **Rationales Handeln** ist z. B. dadurch bestimmt, dass der Mensch sich seiner Ziele bewusst ist. Er sucht systematisch nach Mitteln und Wegen, um seine Ziele in kurzer Zeit und mit geringem Aufwand zu erreichen.

1.4.1 Der Homo oeconomicus

Für die Analyse rationalen Verhaltens der Menschen wurde das **Modell des Homo oeconomicus** entwickelt. Charakteristische Merkmale (Annahmen), die den Homo oeconomicus kennzeichnen, sind:

- Durch sein Verhalten versucht er seinen persönlichen Nutzen zu maximieren.
- Er trifft seine Entscheidungen, ohne sich von anderen Personen (Freunden, Bekannten usw.) beeinflussen zu lassen.
- Er besitzt eine vollständige Marktübersicht (Markttransparenz), d. h., er kennt alle Güter mit ihren Preisen und alle Alternativen sind ihm bekannt. Er besitzt somit eine unbegrenzte Informationsverarbeitungskapazität.

Modelle
Kapitel 1.4.2

In der Realität ist ein ausschließlich am Homo oeconomicus orientiertes Verhalten kaum vorhanden, da das Modell zu sehr von realen Verhaltensweisen abstrahiert.

Entsprechend der Modellvorstellung des Homo oeconomicus beruht rationales wirtschaftliches Handeln auf dem **ökonomischen Prinzip**. Wirtschaftliche Mittel sollen danach möglichst effizient bzw. kostengünstig eingesetzt werden, um bestimmte Ziele zu erreichen. Das ökonomische Prinzip wird häufig auch **Wirtschaftlichkeitsprinzip** genannt. Durch das Handeln nach diesem Prinzip soll der Konflikt zwischen den unbegrenzten Bedürfnissen und den knappen wirtschaftlichen Gütern bzw. begrenzten Geldmitteln entschärft werden.

Güterknappheit
Kapitel 1.8

Geld
Kapitel 4.2

Bedürfnisse
Kapitel 1.3

Das ökonomische Prinzip kann zwei Ausprägungen annehmen:

- Nach dem **Maximalprinzip** soll mit vorhandenen Mitteln ein möglichst hoher Ertrag erzielt werden, d. h., beispielsweise sollen mit einer bestimmten Menge Geld möglichst viele Bedürfnisse befriedigt werden.
- Nach dem **Minimalprinzip** hingegen soll ein bestimmtes Ziel mit möglichst geringen Mitteln erreicht werden, d. h., beispielsweise soll für die Befriedigung eines Bedürfnisses möglichst wenig Geld ausgegeben werden.

BEISPIEL

Marie-Sophie möchte ihr Zimmer verschönern und hat dazu 300 Euro zur Verfügung. Sie möchte für dieses Geld nicht nur das Zimmer streichen, sondern auch neue Gardinen und einen neuen Teppich kaufen (Maximalprinzip).

Hans-Peters Wohnung muss neu tapeziert und gestrichen werden. Da Hans-Peter ein sparsamer Mensch ist, holt er Kostenvoranschläge mehrerer Malerbetriebe ein und entscheidet sich für das preisgünstigste Angebot (Minimalprinzip).

Mit dem Verhaltensmodell des Homo oeconomicus ist wirtschaftliches Handeln jedoch nur in begrenztem Umfang erklärbar.

In einer erweiterten Modellvorstellung werden deshalb neben Geld auch **immaterielle Werte,** wie z. B. Anstrengung, Zeitaufwand und Verzicht auf Bequemlichkeit, in die Modellbildung einbezogen. Unterstellt wird allerdings weiterhin rationales Handeln. Das Individuum wägt im Rahmen dieser erweiterten Modellvorstellung beispielsweise Aufwand in Form von Geldeinheiten und einen höheren Zeitaufwand gegeneinander ab.

BEISPIEL

Johannes aus Gießen zeigt rationales Kaufverhalten, wenn er nicht nach Frankfurt fährt, um dort einen Computer 30 Euro günstiger als in seiner Heimatstadt einzukaufen. Die Fahrtkosten und der hohe Zeitaufwand führen zu höheren „Gesamtkosten".

In der Realität lässt sich der Mensch auch bei seinen wirtschaftlichen Aktivitäten nicht selten durch Spontaneität, Gewohnheit und Geltungssucht leiten. So folgen die Menschen z. B. häufig ihren Gefühlen und treffen Kaufentscheidungen nicht rational, sondern aus dem Bauch heraus.

1.4.2 Denken in Modellen

Modelle und das Denken mithilfe von Modellen kennen alle Menschen seit ihrer Kindheit: Schon ein Spielzeugauto oder das Spielen mit Puppen stellen einen Umgang mit Modellen dar. Ein Spielzeugauto entspricht nicht einem Auto in der Realität, d. h., es hat beispielsweise keinen Benzinmotor. Doch wenn ein Kind mit Spielzeugautos spielt, kann es schon einiges lernen, z. B. über den Zusammenhang von Weg, Zeit und Geschwindigkeit oder über die Ursachen von Unfällen. In ähnlicher Form handelt es sich auch bei Stadtplänen, Filmen, Computerspielen oder dem Internet um Modelle: Sie alle geben nur bestimmte Ausschnitte der Wirklichkeit wieder und lassen viele Eigenschaften der Realität weg. Aber gerade durch diese Vereinfachung ermöglichen sie Orientierung bzw. Lerneffekte.

In einer Volkswirtschaft gehen Millionen von Menschen einer Vielzahl von einzelnen Aktivitäten nach, wie z. B. kaufen, verkaufen, arbeiten, sparen, produzieren, Arbeitskräfte einstellen und entlassen. Diese Aktivitäten sind insgesamt kaum zu überschauen. Deshalb werden in der Volkswirtschaftslehre oft **Denkmodelle** entwickelt, um die Wirklichkeit auf eine überschaubare Anzahl von Faktoren und Zusammenhängen zu reduzieren.

Wirtschaftskreislauf
Kapitel 2.2

BEISPIEL

Ein wichtiges volkswirtschaftliches Denkmodell ist das Modell des Wirtschaftskreislaufs, in dem die grundlegenden Transaktionen in einer Volkswirtschaft verdeutlicht werden sollen.

Der Vorgang der Modellbildung beruht in den Wirtschaftswissenschaften im Wesentlichen auf den drei Prinzipien Aggregation, Isolierung und Mechanisierung.

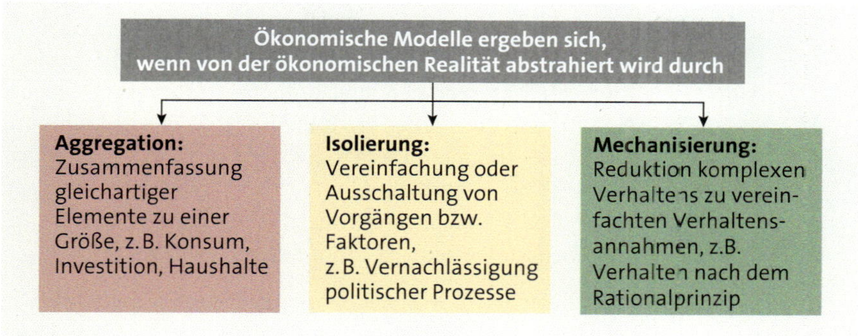

Homo oeconomicus
Kapitel 1.4.1

In volkswirtschaftlichen Modellen wird in mehrfacher Weise von der ökonomischen Wirklichkeit abstrahiert. Es werden nicht alle Merkmale und Eigenschaften des Originals erfasst, vielmehr beschränkt sich der Modell-Konstrukteur auf solche Faktoren, die für ihn besonders wichtig sind. Unberücksichtigte Phänomene werden so behandelt, als ob ihr Einfluss konstant bliebe. Reichweite und Aussagekraft von ökonomischen Modellen sind für die Erklärung realen wirtschaftlichen Verhaltens oftmals nur dann richtig zu verstehen, wenn die Annahmen bekannt sind, auf denen die Modellkonstruktion beruht.

1.4.3 Einflussfaktoren auf das Konsumverhalten und Verbraucherschutz

Verbraucher, d. h. Menschen, die einkaufen, können in verschiedene Gruppen unterteilt werden, z. B. Männer und Frauen, Erwerbstätige und Rentner, Jugendliche und Erwachsene. **Jugendliche Konsumenten** sind von besonderem Interesse, da sie schon über eine erhebliche Kaufkraft verfügen. Unternehmen versuchen, das Kaufverhalten von Jugendlichen möglichst frühzeitig an Güter und Waren der eigenen Marke zu binden. Darüber hinaus beeinflussen Jugendliche auch das Kaufverhalten ihrer Eltern. Bei häuslichen Anschaffungen fragen Eltern nicht selten vorher ihre Kinder, oder Kinder und Jugendliche äußern eigene Wünsche. Dies geschieht manchmal auch recht vehement, wenn z. B. das erste Smartphone auf der Wunschliste ganz oben steht.

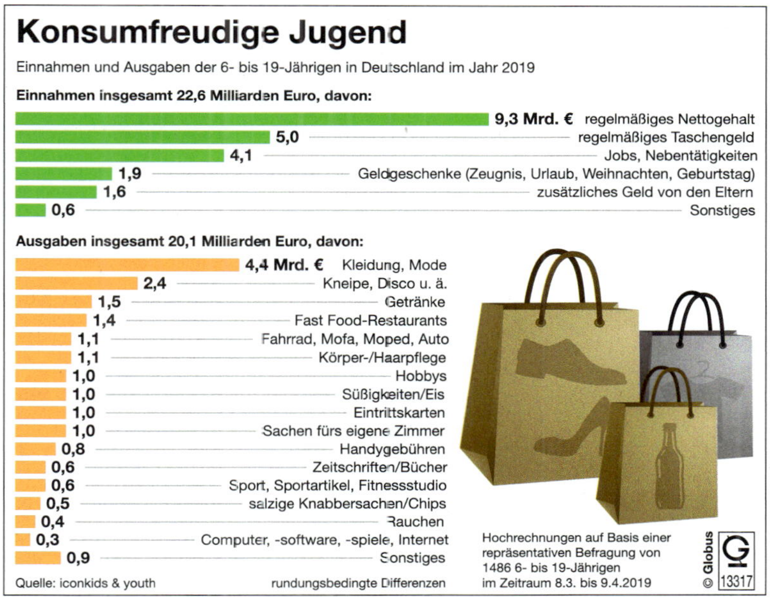

Im Internet und den sozialen Netzwerken nimmt bei Jugendlichen die Bedeutung sogenannter **Influencer** als Vorbild für das eigene Verhalten und die eigenen Kaufentscheidungen zu. Influencer haben oft mehrere Millionen Follower. Für ihre Videos und Posts bekommen sie von ihren Fans viel Zuspruch. Auch für Unternehmen sind Influencer interessant. Für die Präsentation ihres neuen Produktes zahlen Unternehmen zum Teil große Summen. Das Produkt erscheint dann scheinbar „zufällig" im Hintergrund, oder es wird bewusst vorgestellt, getestet oder einfach verwendet. Solche Prozesse müssen inzwischen als Werbung gekennzeichnet werden.

Wenn der Konsument entscheiden soll, welche Güter er nachfragt oder auf welche er verzichtet, muss er abwägen, welchen Nutzen der Konsum verschiedener Güter stiftet. Da die Vorlieben aber sehr unterschiedlich sind, ist auch der **Nutzen** von Mensch zu Mensch unterschiedlich. Unsere persönlichen Vorlieben haben also einen großen Einfluss darauf, welche Güter wir nachfragen.

BEISPIEL

Jens, der begeistert Bowling spielt, hegt eine höhere Wertschätzung für einen Bowling-Abend mit Freunden als für einen Theater-Besuch mit seiner Freundin. Folglich ist seine Zahlungsbereitschaft für einen Bowling-Abend größer als für einen Theater-Abend.

Soziologie
Wissenschaft, die sich mit der Entwicklung und der Struktur der menschlichen Gesellschaft beschäftigt

Psychologie
Wissenschaft, die sich mit den bewussten und unbewussten seelischen Vorgängen und Zuständen sowie deren Ursachen und Wirkungen beschäftigt

Da die Menschen verschiedene Vorlieben und Ansprüche haben, wurden in den Wirtschaftswissenschaften Erklärungsansätze für das menschliche Konsumverhalten entwickelt. In diesen Ansätzen werden neben der Ökonomie auch die **Psychologie** und die **Soziologie** zur Erklärung des Konsumverhaltens herangezogen.

Psychologische Erklärungsansätze versuchen zu ergründen, welchen Einfluss Emotionen und Einstellungen auf das Entscheidungsverhalten haben. Daneben versuchen diese Ansätze auch zu erklären, wie Konsumenten Informationen wahrnehmen und verarbeiten. Beispielsweise kann ein Konsument solche Informationen, die auf einen zu teuren Kauf hindeuten, unbeabsichtigt ignorieren oder verdrängen. Auf der anderen Seite sucht er neue Gründe und Argumente dafür, warum sich aus der getroffenen Entscheidung Vorteile ergeben.

BEISPIEL

Herr Müller liebt neue Autos, daher kauft er alle zwei Jahre das neueste Modell. Die hohen Kosten, die dadurch entstehen, versucht er zu kaschieren, indem er sich einredet, dass er das alte Modell zu einem sehr guten Preis weiterverkaufen konnte. Er verdrängt unbewusst, dass er letztlich für Autos sehr viel Geld ausgibt.

Soziokulturell
die soziale Gruppe und ihr kulturelles Wertesystem betreffend

Soziokulturelle Erklärungsansätze untersuchen im Hinblick auf das Konsumentenverhalten die Beziehung zwischen dem einzelnen Konsumenten und seiner sozialen Umwelt. Typische soziokulturelle Ansätze sind das Bezugsgruppenmodell und das Meinungsführermodell.

Unter **Bezugsgruppen** versteht man Gruppen, an denen sich der Einzelne in seinem Verhalten ausrichtet. Hierbei ist es unbedeutend, ob er dieser Gruppe angehört oder nicht.

BEISPIEL

Die Bezugsgruppen, die das Konsumverhalten von Brigitte beeinflussen, sind die Clique, die Familie, die Nachbarn, ihre Mitschüler und der Sportverein. Ihr Kleidungsstil und ihr Kaufverhalten werden von diesen Gruppen weitgehend geprägt.

Das **Meinungsführermodell** erklärt, warum einige Konsumenten offensichtlich das Kaufverhalten von Gruppenmitgliedern stärker beeinflussen als andere. Meinungsführer haben innerhalb einer Gruppe eine Schlüsselstellung. Sie werden von den Gruppenmitgliedern als besonders sachverständig und kompetent eingeschätzt. Deshalb nutzen Unternehmen die Massenmedien wie Radio, Fernsehen und Internet, um z. B. mit bekannten Sportlern Werbebotschaften vor allem an Meinungsführer zu senden.

BEISPIEL

Sophia ist in ihrer Clique Meinungsführerin bezüglich aktueller Modetrends. Sie ist immer informiert, was gerade „in" ist, und sie kleidet sich dementsprechend modisch. Die anderen Gruppenmitglieder orientieren sich an ihr.

Konsumentenverhalten

wirtschaftliche Ansätze
gehen vom Homo oeconomicus aus und untersuchen im Hinblick auf Entscheidungen vorrangig die Wechselbeziehungen zwischen Einkommen, Güterpreisen und Bedürfnissen

psychologische Ansätze
untersuchen, welche Prozesse bei Kaufentscheidungen im Inneren einer Person ablaufen und somit das menschliche Verhalten beeinflussen

soziokulturelle Ansätze
untersuchen im Hinblick auf das Konsumentenverhalten die soziale Umwelt und die kulturellen Einflüsse

Verbraucherschutz ist die Gesamtheit der Bestrebungen und Maßnahmen, um die Menschen über Beeinflussungsversuche ihres Kaufverhaltens zu informieren und in ihrer Rolle als Konsument zu schützen. Der Schutzbedarf beruht auf der Überlegung, dass Verbraucher gegenüber den Herstellern und Vertreibern von Waren und Dienstleistungen strukturell unterlegen, d. h. aufgrund geringerer Produktkenntnisse oder Erfahrung benachteiligt sind. Anliegen und Aufgabe des Verbraucherschutzes ist es, dieses Ungleichgewicht sinnvoll auszugleichen und dem Verbraucherinteresse gegenüber der Anbieterseite zu einer angemessenen Durchsetzung zu verhelfen. Zunächst ist hier der Staat gefordert, entsprechende gesetzliche Regelungen zu erlassen. Die Durchführung des Verbraucherschutzes hat der Staat zum Teil an Verbraucherschutzverbände übertragen.

Viele Produkte sind hinsichtlich der Beurteilung von Qualität, Herstellung und Nutzung inzwischen so komplex geworden, dass oft nur noch Verbände, Beratungsstellen oder Testinstitute (z. B. Stiftung Warentest) über hinreichende Kenntnisse verfügen können.

Verbraucherzentrale: www.verbraucherzentrale.de

Der Verbraucherzentrale Bundesverband e. V. (vzbv) hat ein „**Schulportal für Verbraucherbildung**" entwickelt. Auf dieser Seite sind umfassende Informationen, aktuelle Meldungen, vertiefende Hintergrundartikel sowie Interviews mit Experten rund um das Thema Verbraucherbildung zu finden: www.verbraucherbildung.de

Bundesministerium für Justiz und Verbraucherschutz: www.bmjv.de

1.5 Wirtschaftssektoren

Abgesehen von wenigen Ausnahmen, bei denen die Unternehmen ihre Produkte direkt an den Endverbraucher absetzen, sind an der Herstellung und dem Vertrieb von Produkten verschiedene Unternehmen beteiligt. Daher kann der Unternehmensbereich in mehrere Wirtschaftssektoren untergliedert werden. So wird zum Beispiel das für die Herstellung von Brot notwendige Getreide in landwirtschaftlichen Unternehmen angebaut. Diese Wirtschaftsstufe wird als **primärer Wirtschaftssektor** bezeichnet. Sie dient der Gewinnung von Rohstoffen.

Primärer Wirtschaftssektor
Urproduktion

BEISPIEL

Zum primären Wirtschaftssektor gehören Unternehmen der Landwirtschaft, Forstwirtschaft, Fischerei, des Bergbaus sowie Unternehmen der Öl- und Gasgewinnung.

Die zweite Wirtschaftsstufe, der **sekundäre Wirtschaftssektor**, dient der Weiterverarbeitung der Rohstoffe zu fertigen Erzeugnissen. Hier wird das Getreide mithilfe von Mühlen zu Mehl gemahlen. Das Mehl wird entweder industriell in Brotfabriken oder in Bäckereien zu Brot verarbeitet.

Sekundärer Wirtschaftssektor
Unternehmen der Weiterverarbeitung oder produzierendes Gewerbe

BEISPIEL

Zum sekundären Wirtschaftssektor gehören Industrieunternehmen (z. B. Nahrungsmittelindustrie, Metall verarbeitende Industrie, chemische Industrie, Textilindustrie) und Handwerksunternehmen (z. B. Nahrungsmittelhandwerk, Schreinerei, Goldschmied).

Über den Groß- und Einzelhandel wird das Brot an den Endverbraucher verkauft. Neben dem Handel sind noch viele andere Unternehmen, wie Banken, Versicherungen oder Transportunternehmen an der Herstellung und dem Vertrieb des Brotes beteiligt. Diese Unternehmen zählen zur dritten Wirtschaftsstufe, dem **tertiären Wirtschaftssektor**. Zu diesem Sektor gehören alle Unternehmen, die Produkte durch ihre Tätigkeit verteilen und Dienstleistungen anbieten.

Tertiärer Wirtschaftssektor
Verteilung (Handel) und Dienstleistungsunternehmen

BEISPIEL

Zum tertiären Wirtschaftssektor gehören Unternehmen der Verteilung (z. B. Großhandel, Einzelhandel) und Dienstleistungsbetriebe (z. B. Banken, Versicherungen, Unternehmen des Fracht- und Briefverkehrs, Beratungsunternehmen).

ÜBERBLICK

Eine Grundaufgabe der Volkswirtschaftslehre besteht darin, das **Knappheitsproblem** zu analysieren und zu lösen: Menschen haben viele **Bedürfnisse**, aber nur begrenzte Mittel für deren Befriedigung. Daraus resultiert der **Zwang zu wirtschaften**. Typisch für die Volkswirtschaftslehre ist das **Denken in Modellen**: Um Probleme besser analysieren zu können, wird die Realität stark vereinfacht. Ein solches Modell ist der **Homo oeconomicus**, dessen Eigenschaften aber nicht immer mit dem Verhalten realer Menschen übereinstimmen. Zur Analyse des Konsumverhaltens von Menschen werden daher auch psychologische und soziokulturelle Erklärungsansätze herangezogen.

Die Unternehmen einer Volkswirtschaft lassen sich je nachdem, ob sie Rohstoffe gewinnen, fertige Erzeugnisse produzieren oder Handel treiben bzw. Dienstleistungen anbieten, drei verschiedenen **Wirtschaftssektoren** zuordnen.

1 Warum wird die Volkswirtschaftslehre zu den Sozialwissenschaften gezählt?

2 Grenzen Sie die Volks- von der Betriebswirtschaftslehre ab.

3 Erläutern Sie den „Zwang zu wirtschaften“ an einem Alltagsbeispiel.

4 Welcher volkswirtschaftliche Konflikt liegt dem Knappheitsproblem zugrunde?

5 Geben Sie für die folgenden Beispiele jeweils an, ob ein Bedürfnis, ein Bedarf oder eine Nachfrage vorliegt. Begründen Sie Ihre Zuordnung kurz.
a Thorsten macht mit seinen Freunden einen Stadtbummel. Als er Durst bekommt, merkt er, dass er kein Geld dabei hat. Er leiht sich deswegen ein paar Euro von seinem Freund Jörg, um sich einen Energydrink kaufen zu können.
b Jens steht vor einem Reisebüro und sieht ein Angebot für eine Flugreise nach Rhodos. Da er sich gerade ein neues Auto gekauft hat, kann er sich in diesem Jahr leider keine Flugreise leisten.
c Kirstin und Thomas stehen ebenfalls vor dem Reisebüro. Sie haben gerade spontan entschieden, dass sie die Jahresprämie, die Thomas von seinem Arbeitgeber erhalten hat, für einen Kurzurlaub in Hamburg ausgeben wollen.
d Auf einer Autofahrt hält Jörg an einer Tankstelle und betankt sein Auto.

6 Welche Bedürfnisse gemäß der Maslow'schen Bedürfnispyramide werden mit folgenden Konsumhandlungen abgedeckt?
a Registrierung bei Facebook
b Bewerbung bei „Deutschland sucht den Superstar“
c Kauf eines Designerkleides
d Abschluss einer Lebensversicherung

7 Obwohl die Theorie von Maslow bis heute eine hohe Erklärungskraft hat, ist sie nicht unumstritten. Erläutern Sie drei mögliche Kritikpunkte an Maslows Bedürfnispyramide. Recherchieren Sie hierzu im Internet.

8 Erläutern Sie an einem Beispiel, wie Verbraucher ihren Nutzen maximieren können.

9 Erläutern Sie, wie ein Smartphone-Kauf beim Homo oeconomicus aussähe.

10 Ist das Modell des Homo oeconomicus geeignet, das ökonomische Verhalten realer Menschen zu erklären? Warum (nicht)?

11 Beurteilen Sie die folgenden Situationen: Handeln die Menschen nach dem ökonomischen Prinzip? Und falls ja, handeln sie nach dem Minimal- oder dem Maximalprinzip? Begründen Sie Ihre Antworten.
a Katharina soll auf dem Bauernhof ihrer Eltern 15 Kilo Kirschen für den Obstmarkt am nächsten Tag ernten. Sie versucht, diesen Auftrag so schnell wie möglich zu erledigen.
b Gary soll innerhalb eines Tages eine PowerPoint-Präsentation für seinen Chef erstellen. Er hat den Ehrgeiz, seinen Chef mit inhaltlich wie optisch brillanten Folien zu beeindrucken.
c Elinor möchte ihre Freundin Katharina mit einem selbstgebastelten Adventskalender überraschen. Sie verbringt viele Stunden damit, 24 kleine Socken mit unterschiedlichen Mustern zu nähen und diese mit kleinen Geschenken zu befüllen. Beim Basteln malt Elinor sich aus, wie sehr Katharina sich über den Adventskalender freuen wird.

AUFGABEN

12 Sabrina Hübner möchte heute für ihre vierköpfige Familie den Wocheneinkauf erledigen.

a Beschreiben Sie, wie Frau Hübner vorgehen könnte, wenn sie wirtschaftlich handeln möchte und dabei das Minimalprinzip zur Anwendung kommen soll.

b Beschreiben Sie, wie Frau Hübner vorgehen könnte, wenn sie wirtschaftlich handeln möchte und dabei das Maximalprinzip zur Anwendung kommen soll.

13 Erläutern Sie die drei Abstraktionsprinzipien der Modellbildung an einem Alltagsbeispiel (z. B. anhand eines Stadtplans).

14 Wie ist die Aussagekraft von Modellen zur Erklärung tatsächlichen ökonomischen Verhaltens einzuschätzen?

15 Welche drei Faktoren machen jugendliche Konsumenten für die anbietende Wirtschaft besonders interessant?

16 Interpretieren Sie die Grafik „Konsumfreudige Jugend" auf S. 17 mithilfe der folgenden drei Arbeitsschritte.

Arbeitsschritte zur Analyse und Interpretation von Statistiken bzw. Grafiken

1. Form und Inhalt

- Wer hat die Statistik erstellt? Wann und wo wurde sie veröffentlicht? Welche Form der grafischen Darstellung wurde gewählt?
- Welcher Inhalt wird statistisch erfasst?
- Handelt es sich um absolute oder relative Zahlen? Beziehen sich die Daten auf einen Zeitpunkt oder einen Zeitraum? ...

2. Analyse der Zahlenwerte

- Bei Zeitpunkterhebungen: Welche Werte sind am größten bzw. am kleinsten? In welchem Verhältnis stehen bestimmte Werte zueinander?
- Bei Zeitreihen: Welcher Wert steht am Beginn, welcher am Ende? Welche Auffälligkeiten weist die Zeitreihe auf? Welcher Trend kann der Zeitreihe bzw. den Zeitreihen entnommen werden? ...

3. Interpretation

- Wie kann das Ergebnis der Analyse zusammengefasst werden?
- Welche Aspekte schränken die Aussage der Statistik bzw. Grafik ein? Welche weiteren Informationen wären für eine Interpretation hilfreich?
- Welche Bedeutung hat die interpretierte Statistik bzw. Grafik für das behandelte Thema? ...

17 Inwiefern sind sogenannte Influencer Meinungsführer?

18 Erläutern Sie den Unterschied zwischen psychologischen und soziokulturellen Erklärungsansätzen zum Konsumverhalten.

19 Analysieren Sie Ihren letzten Einkauf aus volkswirtschaftlicher Sicht und erläutern Sie, inwieweit Werbung den Kauf beeinflusst hat.

20 Recherchieren Sie im Internet, welche konsumbezogenen Hilfestellungen Ihre regionale Verbraucherberatungsstelle anbietet.

21 Recherchieren Sie im Internet die Bedeutung des tertiären Sektors für die deutsche Volkswirtschaft.

1.6 Chancen und Risiken der Arbeitsteilung

Familie Schelling lebt in einem Vorort von Köln und besteht aus vier Personen: Elinor Schelling, 17 Jahre alt, ist Schülerin der 11. Jahrgangsstufe einer Berufsfachschule in Köln. Sie liebt ihr Smartphone und coole Klamotten, interessiert sich aber auch für Umweltschutz. Ihr Bruder Gary, 21 Jahre alt, macht eine kaufmännische Ausbildung bei dem Automobilzulieferer Nonticental und interessiert sich sehr für die Arbeit des Betriebsrates. Die Eltern, Akilah und Paul Schelling, sind beide voll berufstätig. Akilah, 48 Jahre alt, leitet die Personalabteilung des mittelständigen Unternehmens Aquanova. Das Unternehmen, das 240 Mitarbeiter beschäftigt, ist Weltmarktführer bei Luxusarmaturen für Bäder und Küchen. Paul Schelling, 48 Jahre alt, arbeitet als Marketingleiter bei greenfood, einem gemeinnützigen Verein, der Verbraucher über die Praktiken der Lebensmittelhersteller aufklärt.

Die Schellings wohnen in einem Reiheneckhaus, in dem jedes Familienmitglied sein eigenes Zimmer hat. Wohnküche, Bad und Gästetoilette werden wie der kleine Garten gemeinsam genutzt und sollen auch gemeinsam gepflegt werden. Außerdem muss das fünfte „Familienmitglied", der Terrier Apollo, ausgeführt und gefüttert werden.

Haushaltsplan:

Aufgabe	zuständig

Das Familienleben ist eigentlich recht harmonisch. Doch als die Mülltonne zum zweiten Mal innerhalb von zwei Monaten am Tag der Leerung nicht rausgestellt wurde, weil jeder mit sich selbst beschäftigt war, gibt es Streit. Akilah und Paul wollen nun, dass jeder seine klar definierten Aufgaben im Haushalt hat. „Konzentriert sich im Haushalt jeder auf das, was er gut kann und was ihm vielleicht sogar Spaß macht", so Akilah Schelling, „dann haben alle mehr Freizeit, weil die Arbeit so insgesamt schneller erledigt ist. Ihr lernt ja VWL, also wisst ihr, dass Arbeitsteilung die Produktivität steigert!" „Wir können nicht so viel im Haushalt mithelfen, weil wir lernen müssen! Und ich muss auch noch arbeiten!", protestiert Gary. „Ich kann doch nicht meine guten Noten für Hausarbeit opfern!", ergänzt Elinor. Akilah und Paul beschließen daraufhin, es mit dem Entwurf eines ausgeklügelten Haushaltsplans versuchen. „Auf diese Weise", so erläutert Paul seinen Kindern, „könnt ihr Soft Skills erwerben, die auch für Schule, Ausbildung und Beruf wichtig sind: nämlich Organisationsfähigkeit, Teamfähigkeit und Konfliktfähigkeit." Er möchte Elinor und Gary motivieren.

1 Entwickeln Sie in Teamarbeit einen Organisationsplan für den Haushalt der Familie Schelling. Berücksichtigen Sie dabei die Bedürfnisse, Kompetenzen und zeitlichen Restriktionen der Familienmitglieder.

Haushalt
Einkaufen – kochen – Tisch decken – Geschirrspülmaschine ein- und ausräumen – Glasflaschen zum Container fahren – Müll raustragen – Post holen

Hund
Apollo füttern – mit Apollo Gassi gehen – mit Apollo zum Tierarzt fahren – Apollos Hundehaufen aus dem Garten entfernen

Garten
Gemüsegarten pflegen – Rasen mähen – Blumen gießen

Putzen
Staubsaugen – Bad putzen – Fenster putzen – eigenes Zimmer aufräumen – kleinere Reparaturarbeiten

2 Überprüfen Sie Akilahs These, dass Arbeitsteilung zu mehr Produktivität führt, mithilfe des folgenden Experiments.

a Erläutern Sie, was unter Arbeitsproduktivität zu verstehen ist.

b Führen Sie nun das Experiment durch: Innerhalb von 15 Minuten sollen möglichst viele Minibooks produziert werden. Eine Hälfte der Schüler bildet Dreiergruppen und teilt die Arbeitsschritte auf[1]. Die andere Hälfte erstellt die Minibooks komplett in Einzelarbeit.

c Dokumentieren Sie das Produktionsergebnis in einer Tabelle und vergleichen Sie es mit der These von Akilah.

	Arbeitsteilung	Einzelarbeit
Anzahl Minibooks		

[1] Arbeitsanweisung für die Produktion in Arbeitsteilung: Überlegen Sie sich eine geeignete Arbeitsteilung.

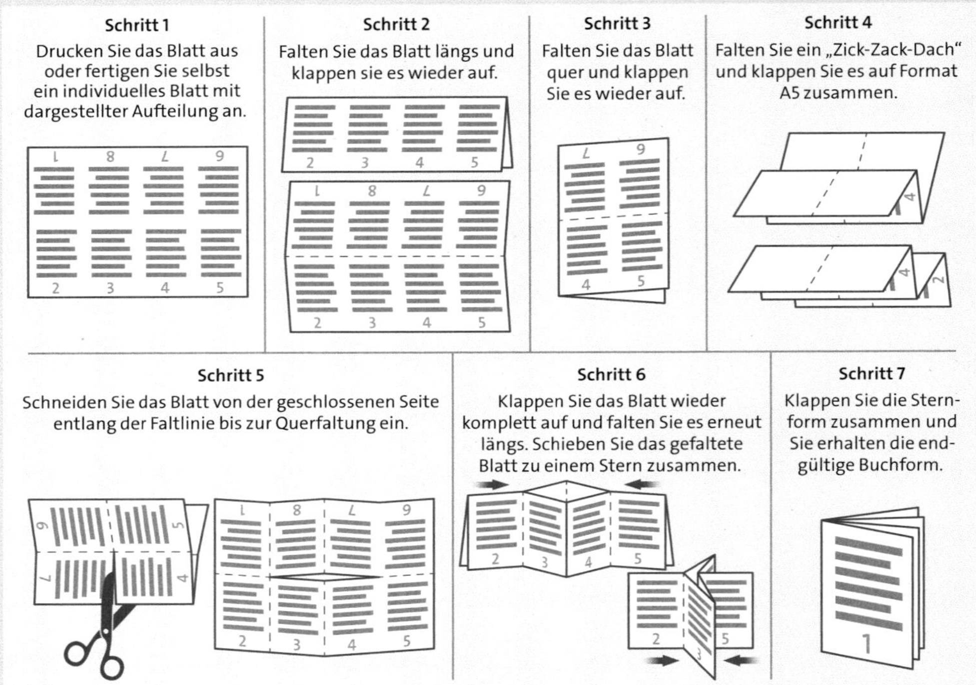

3 Diskutieren Sie im Plenum über das Experiment.

a Erklären Sie anhand des Experiments, ob und wie Arbeitsteilung zur Bewältigung des Knappheitsproblems beiträgt.

b Erläutern Sie, welche Schwierigkeiten Arbeitsteilung aufwerfen kann. Beziehen Sie sich dabei auf Ihre Erfahrungen aus dem Experiment: Gab es Abstimmungsprobleme? Fühlten Sie sich unter Zeitdruck? Konnten Sie eine „Entfremdung“ vom Endprodukt feststellen? Oder waren Sie einfach nur zufrieden, dass alles gut geklappt hat?

1.7 Produktionsfaktoren

Damit die Menschen ihre Bedürfnisse befriedigen können, benötigen sie Güter wie beispielsweise Fahrräder oder Schuhe. Diese Güter stehen nicht grenzenlos zur Verfügung, sondern müssen in Unternehmen hergestellt werden.

Für die Herstellung von Gütern sind Produktionsfaktoren erforderlich. Zu den klassischen **Produktionsfaktoren** zählen aus volkswirtschaftlicher Sicht **Arbeit, Boden** bzw. **Natur (Umwelt)** und **Kapital**.

Produktionsfaktor Arbeit

Der Produktionsfaktor Arbeit umfasst das gesamte Potenzial der Arbeitskräfte einer Volkswirtschaft. Dies betrifft alle Arten von körperlicher und geistiger Arbeit, sowohl ausführende als auch leitende oder unternehmerische Tätigkeiten.

In der Volkswirtschaftlichen Gesamtrechnung werden nur die Tätigkeiten erfasst, für die ein Entgelt bezahlt wird.

Volkswirtschaftliche Gesamtrechnung **Kapitel 2.4**

BEISPIEL

Wenn ein Gärtner den Rasen mäht, dann arbeitet er. Mäht ein Mitglied der Familie den Rasen, dann gilt das formal nicht als Arbeit.

Das Maß für die Effizienz von Arbeit ist die **Arbeitsproduktivität**: Das mengenmäßige Produktionsergebnis (Output) wird durch die eingesetzte Arbeitszeit dividiert.

$$\text{Produktivität} = \frac{\text{Output}}{\text{Input}} \qquad \text{Produktivität der Arbeit} = \frac{\text{erzeugte Produktionsmenge}}{\text{Arbeitszeit}}$$

Die Produktivität von Arbeit hängt von der **Leistungsfähigkeit** ab. Bestimmende Faktoren sind neben der Leistungsfähigkeit der Mitarbeiter (Qualifikation) auch deren Leistungsbereitschaft (Motivation) und die Leistungsfähigkeit der genutzten Maschinen (technische Ausstattung).

Produktionsfaktor Boden bzw. Natur (Umwelt)

Zum Produktionsfaktor Boden bzw. Natur (Umwelt) gehören alle natürlichen Ressourcen:

- Grund- und Bodenfläche, die für landwirtschaftliche, industrielle, gewerbliche und verkehrsmäßige Nutzung benötigt wird, sowie
- Luft, Wasser,
- vorhandene Bodenschätze.

Inzwischen wird der Begriff „Boden" zumeist durch den umfassenderen Begriff „Natur" bzw. „Umwelt" ersetzt.

Produktionsfaktor Kapital

Der Produktionsfaktor Kapital umfasst Real- und Geldkapital:

- Zum **Realkapital** gehören alle Güter, die hergestellt worden sind und dann für die Produktion eingesetzt werden, z. B. Werkzeuge, Maschinen, Gebäude, EDV-Systeme, Patente.
- Das **Geldkapital** umfasst alle Geldmittel, die einem Unternehmen für Erneuerung und Erweiterung (Investitionen) der Produktionsmittel zur Verfügung stehen.

Produktionsfaktor Wissen

Neben Arbeit, Natur und Kapital wird zunehmend das Wissen als „vierter" Faktor angesehen. In einer Zeit, in der das Wissen ständig anwächst und die weltweite Vernetzung sich zunehmend beschleunigt, werden Fähigkeiten und Techniken der Gewinnung, Verarbeitung und Bewertung von Informationen immer bedeutsamer.

Folgen der Digitalisierung **Kapitel 8.9.3**

Der Austausch von Wissen und Informationen sind die Grundlage für neuere Entwicklungen und technischen Fortschritt. Technische Neuerungen sind wiederum eine Voraussetzung, um die Arbeitsproduktivität zu steigern.

Faktorkombination und -substitution

Im Hinblick auf den Einsatz der Produktionsfaktoren im Produktionsprozess stellen sich die Fragen:

- Wie viele Arbeitsstunden, wie viel Kapital und wie viele natürliche Ressourcen sollen verwendet werden?
- Mit welchen Produktionsmitteln soll gearbeitet werden?

ökonomisches Prinzip **Kapitel 1.4.1**

Wenn vermehrter Input eines Produktionsfaktors mit der Zunahme eines anderen einhergeht, wird dies als **Faktorkombination** bezeichnet. Wird ein Produktionsfaktor durch einen anderen ersetzt, spricht man von **Faktorsubstitution**. Die Faktorsubstitution erfolgt nach dem ökonomischen Prinzip: Der jeweils teurere Produktionsfaktor wird durch den preiswerteren Faktor ersetzt.

Rationalisierung

Die wichtigste Form der Faktorsubstitution ist der Ersatz des Faktors Arbeit durch Kapital. Bedingt durch den technologischen Fortschritt wurde es möglich, zunächst schwere körperliche Arbeiten und später auch ganze Fertigungsabläufe durch Maschinen (Industrieroboter) erledigen zu lassen. Ziel solcher Rationalisierungsmaßnahmen ist aus unternehmerischer Sicht die Steigerung der Produktivität.

Arbeit

Boden bzw. Natur (Umwelt)

Geldkapital

Realkapital

1.8 Güterknappheit und Arbeitsteilung

Ähnlich wie in einem Haushalt sind auch in einer Volkswirtschaft zahlreiche Entscheidungen zu treffen, welche Arbeiten von wem zu erledigen sind.

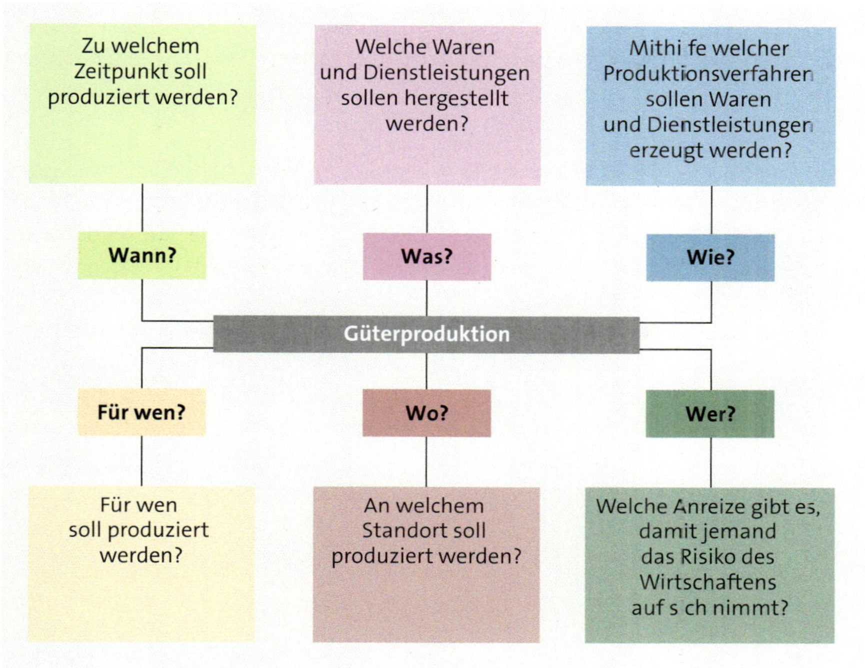

Bedürfnisse
Kapitel 1.3

Die Befriedigung von Bedürfnissen steht in einem Spannungsfeld zu knappen **Ressourcen** und Gütern. Güter müssen mithilfe von Produktionsmitteln (z. B. Maschinen) produziert werden. Die Produktionsmittel, über die eine Volkswirtschaft verfügt, sind in der Regel begrenzt, mit der Folge, dass nur eine eingeschränkte Anzahl von Gütern erzeugt werden kann. Aus diesem **Knappheitsproblem** resultiert der Zwang zu wirtschaften. Wirtschaftliches Handeln ist die Antwort auf die Tatsache, dass wir nicht im Schlaraffenland leben.

Ressourcen
materielle und immaterielle Mittel (Produktionsfaktoren), die für die Produktion von Gütern zur Verfügung stehen

Knappheit
Kapitel 1.3

Das Scharaffenland / Paul Hey

Durch **Arbeitsteilung** haben die Menschen versucht, das Knappheitsproblem zu bewältigen. Vor einigen Jahrhunderten lebten die meisten Menschen noch in sogenannten Selbstversorgungswirtschaften, in denen das Wohnen eng mit der Stätte der Produktion von Gütern verbunden war. In den beständig anwachsenden menschlichen Gemeinschaften entwickelte sich dann allmählich eine zunehmende Spezialisierung Einzelner für bestimmte Tätigkeiten heraus, wie z. B. Brot backen, Schuhe herstellen, Bekleidung fertigen und Eisenwaren herstellen. Diese Tätigkeiten wurden nicht mehr in den Haushaltsgemeinschaften ausgeführt, sondern zunehmend arbeitsteilig ausgeführt und „Spezialisten" überlassen.

Adam Smith (1723–1790) erläuterte 1776 erstmals die wirtschaftlichen Vorteile der Arbeitsteilung. **Frederic W. Taylor** (1856–1915) beschäftigte sich ab 1911 mit der wissenschaftlichen Erforschung der Arbeitsteilung. Er entwickelte eine Methode zur Analyse von Arbeitsprozessen, die in möglichst kleine Aufgaben aufgespalten sind und von verschiedenen Arbeitern erledigt werden. Taylor ging es um einen möglichst rationellen und effizienten Einsatz von Menschen und Maschinen im Produktionsprozess, wobei er eine konsequente Trennung von planender und ausführender Tätigkeit durchführte. Systematische Zeitstudien der Arbeitsabläufe beruhten auf der Überzeugung, dass jede Bewegung, die nicht unmittelbar dem Produktionsprozess dient, vergeudete Arbeitskraft darstellt und nur zu frühzeitiger Ermüdung führt. Deshalb sollte der körperliche Arbeitsprozess von allen überflüssigen Bewegungen „gesäubert" werden.

Zu Beginn des 20. Jahrhunderts wurden solche Formen der Arbeitsteilung insbesondere von **Henry Ford** (1863–1947) in der Automobilindustrie auf breiter Basis eingeführt, um die Arbeit am Fließband zu „perfektionieren" und die Massenproduktion von Automobilen zu ermöglichen. Bis heute wirkt der Grundtenor der Studien von Taylor beispielsweise in der sogenannten **REFA**-Methodenlehre zur Arbeitsgestaltung nach.

REFA
Verband für Arbeitsgestaltung, Betriebsorganisation und Unternehmensentwicklung

Im Ergebnis führten solche Entwicklungen dazu, dass heute in entwickelten Volkswirtschaften nahezu alle Güter in einem **arbeitsteiligen Prozess** hergestellt werden.

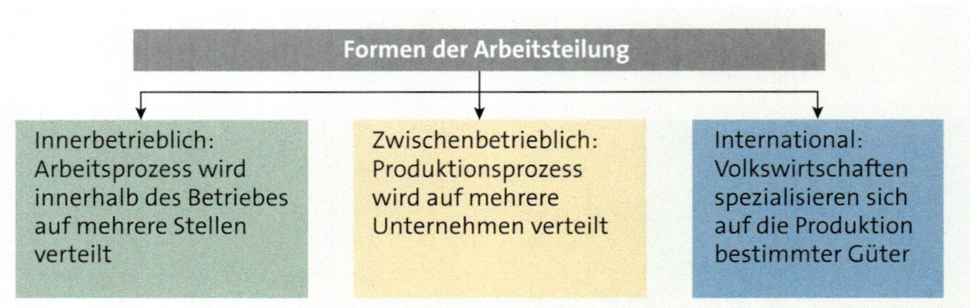

Die **innerbetriebliche Arbeitsteilung** wird auch als technische Arbeitsteilung bezeichnet. Sie beinhaltet die Aufteilung eines Arbeitsprozesses in mehrere Einzelschritte, z. B. Fließbandproduktion in der Autoindustrie. Jeder Arbeitsschritt ist dabei auf wenige Handgriffe reduziert.

Von **zwischenbetrieblicher Arbeitsteilung** wird gesprochen, wenn die einzelnen Teile für die Herstellung eines Produktes in verschiedenen Unternehmen hergestellt werden. Dementsprechend haben sich manche Unternehmen auf die Produktion bestimmter Einzelteile spezialisiert, z. B. von Reifen für die Autoindustrie.

Die **internationale Arbeitsteilung** beruht auf der Tatsache, dass sich auch ganze Volkswirtschaften auf die Herstellung bestimmter Produkte bzw. Einzelteile spezialisieren können. Dabei spezialisieren sich die Volkswirtschaften in der Regel auf die Herstellung der Güter, die sie im Vergleich zu anderen Ländern kostengünstig erzeugen können. Der technische Fortschritt durch Informations- und Kommunikationstechniken fördert die Arbeitsteilung auf internationaler Ebene.

absolute und komparative Kostenvorteile
Kapitel 9.3.2–9.3.3

Vorteile der Arbeitsteilung sind z. B.:

- Die Spezialisierung der arbeitenden Menschen auf einige wenige Tätigkeiten vergrößert die Schnelligkeit, mit der diese Tätigkeiten ausgeführt werden können.
- Arbeitsteilung ermöglicht den Einsatz von spezialisierten und leistungsfähigeren Maschinen und somit eine kostengünstige Massenproduktion.
- Menschen, die in der Regel über unterschiedliche Fähigkeiten verfügen, können im Produktionsprozess so eingesetzt werden, dass ihre speziellen Fertigkeiten am besten ausgeschöpft werden.

Allerdings sind mit der Arbeitsteilung auch **Nachteile** verbunden:

- Notwendig sind eine straffe Organisation der Arbeit und strenge Arbeitsdisziplin.
- Es entsteht eine Abhängigkeit zwischen Menschen, Betrieben und Volkswirtschaften, die in Krisenzeiten zu Versorgungsengpässen führen kann.
- Im Rahmen der Massenfertigung kann es zu Über- oder Unterproduktion kommen, da Art und Umfang der Nachfrage nach Gütern nicht immer im Voraus bekannt sind.

1.9 Güterarten

Wirtschaftliche bzw. knappe Güter können in materielle und immaterielle Güter unterteilt werden.

- Bei den **materiellen Gütern**, die auch als Sachgüter bezeichnet werden, handelt es sich um Gegenstände (z. B. Autos).
- Zu den **immateriellen Gütern** gehören **Dienstleistungen** und **Rechte** (z. B. Patente, Lizenzen).

Materielle Güter lassen sich wiederum in Konsumgüter und Produktionsgüter unterteilen.

- **Konsumgüter** werden von den privaten Haushalten nachgefragt (z. B. Nahrungsmittel).
- **Produktionsgüter** (auch Investitionsgüter genannt) werden hingegen von Unternehmen zum Zweck der Herstellung von Gütern nachgefragt (z. B. Maschinen).

Sowohl Konsum- als auch Produktionsgüter können in Gebrauchs- und Verbrauchsgüter unterteilt werden. **Gebrauchsgüter** werden über einen längeren Zeitraum gebraucht (z. B. Waschmaschine und Werkzeug). **Verbrauchsgüter** können nur einmal genutzt werden (z. B. Brot, Butter, Spülmittel oder Strom).

öffentliche Güter
Kapitel 3.7

Bei der überwiegenden Mehrheit der Güter handelt es sich um **private Güter**: Sie werden angeboten, weil sie individuell nachgefragt werden. Daneben gibt es noch die **öffentlichen Güter**, die aufgrund ihrer Eigenschaften meist vom Staat angeboten werden und der Allgemeinheit zur Verfügung stehen (z. B. Landesverteidigung, Bildung, Straßenbeleuchtung).

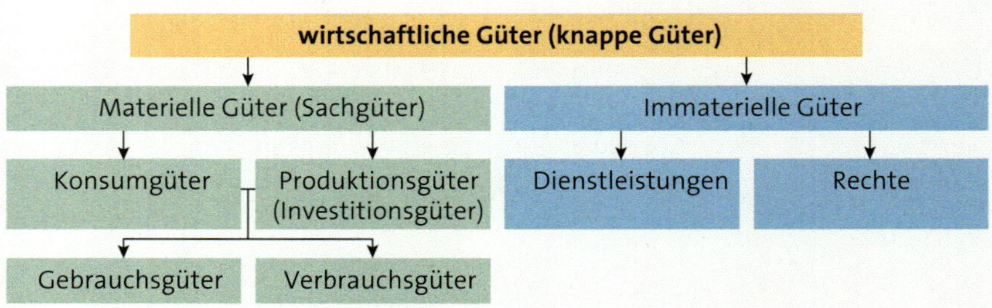

1.10 Regeln der Volkswirtschaft

Der US-amerikanische Ökonom N. Gregory Mankiw hat die wichtigsten volkswirtschaftlichen Prinzipien in zehn Regeln zusammengefasst. Dabei geht es um die Frage, wie Menschen Entscheidungen treffen (Regel 1–4), wie Menschen zusammenwirken (Regel 5–7) und wie die Gesamtwirtschaft funktioniert (Regel 8–10). Diese Prinzipien sollen im Folgenden kurz erläutert werden.

Regel 1: Menschen wägen Alternativen ab

Wenn ein Mensch etwas haben möchte, muss er dafür im Regelfall etwas abgeben bzw. bezahlen; für gewöhnlich gibt es nichts umsonst. Bei einem solchen Tausch müssen Alternativen abgewogen und Entscheidungen getroffen werden. Menschen, die sich entscheiden müssen, sind Zielkonflikten ausgesetzt.

BEISPIEL

Sophia muss sich entscheiden. Soll sie ihre zur Verfügung stehende Zeit für die Vorbereitung auf die Klassenarbeit verwenden oder einen Teil der Zeit nutzen, um sich mit Freunden zu treffen?

Ein **volkswirtschaftlicher Zielkonflikt** besteht beispielsweise zwischen Effizienz und Gerechtigkeit. Effizienz bedeutet, dass auf Basis der zur Verfügung stehenden knappen Ressourcen (Produktionsfaktoren) so viele Güter wie möglich produziert werden. Gerechtigkeit bedeutet, dass die produzierten Güter fair unter den Bürgern verteilt werden. Diese beiden Ziele stehen im Konflikt.

BEISPIEL

Der Staat versucht durch die Sozialversicherung Bedürftige zu unterstützen. Auch müssen wirtschaftlich Erfolgreiche durch die Einkommensbesteuerung mehr an den Staat abgeben als andere. Durch die Umverteilung von Reichen zu Armen besteht die Gefahr, dass der Anreiz sinkt, zu arbeiten.

Regel 2: Bei der Wahl einer Alternative entstehen Opportunitätskosten

Wenn ein Mensch eine Entscheidung treffen soll, muss er **Kosten** und **Nutzen** der alternativen Handlungsmöglichkeiten gegeneinander abwägen. Sobald er sich für eine Alternative entscheidet, entgeht ihm der Nutzen der Alternative, die er nicht gewählt hat. Diese entgangenen Vorteile werden als Opportunitätskosten bezeichnet. Die Opportunitätskosten für ein Gut entsprechen also dem, was man aufgibt bzw. worauf man verzichtet, um das Gut zu erlangen.

Kosten
Werteinsatz (materiell oder auch immateriell), um ein Bedürfnis zu befriedigen

Nutzen
Begriff, der ausdrückt, wie gut die Bedürfnisse einer Person befriedigt werden

Die Wahl zwischen Handlungsalternativen verursacht Opportunitätskosten

Geld: Wer für 100 Euro eine Hose kauft, kann das Geld nicht mehr für den Kauf eines Buches verwenden.

Zeit: Wer für drei Stunden ein Pop-Konzert besucht, kann diese Zeit nicht für das Lesen eines Buches verwenden.

Materielle Ressourcen: Wer einen Obstbaum fällt, um im Garten mehr Platz zu haben, kann im Herbst keine Früchte mehr ernten.

Volkswirtschaftliche Opportunitätskosten können mithilfe der **Produktionsmöglichkeitenkurve** analysiert werden. Dieses Modell beruht auf der Annahme, in einer Volkswirtschaft würden nur zwei Güter produziert. Die Kurve zeigt die Mengenkombinationen, die in dieser Modellvolkswirtschaft mit der gegebenen Ausstattung an Produktionsfaktoren (Maschinen, Arbeitskräfte etc.) hergestellt werden können.

BEISPIEL

In einer Volkswirtschaft können Waschmaschinen und Fahrräder produziert werden. Werden 2000 Waschmaschinen hergestellt, gibt es keine Fahrradproduktion (A), da alle Arbeitskräfte mit der Herstellung von Waschmaschinen beschäftigt sind.

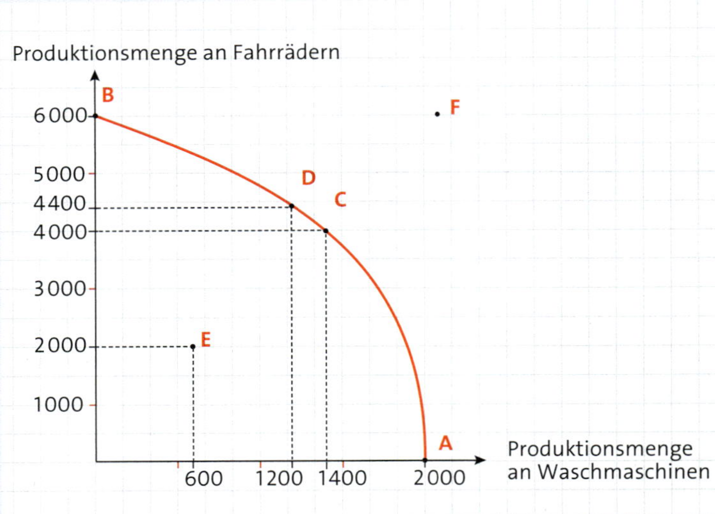

Im Punkt B werden nur Fahrräder produziert. Im Punkt C werden 1400 Waschmaschinen und 4000 Fahrräder, im Punkt D 1200 Maschinen und 4400 Räder produziert. Punkt E repräsentiert eine ineffiziente Verwendung der Ressourcen, da die Möglichkeiten der Volkswirtschaft nicht optimal genutzt werden. Punkte oberhalb der Kurve (z. B. F) sind mit den vorhandenen Ressourcen nicht zu erreichen. Um von Punkt C zu Punkt D zu gelangen, müssen 200 Waschmaschinen weniger hergestellt werden. Dafür werden dann 400 Fahrräder mehr produziert.

Die Produktionskostenkurve ist nach außen gewölbt. D. h., die Opportunitätskosten der zusätzlichen Produktion eines Gutes sind nicht immer gleich, sondern hängen davon ab, wie viel von jedem Gut bereits hergestellt wird. In einer Situation, in der nur Fahrräder und keine Waschmaschinen produziert werden (Punkt B), sind die Opportunitätskosten der Produktion von Waschmaschinen zunächst sehr niedrig (flacher Verlauf der Kurve): Um ausgehend von diesem Punkt 600 Waschmaschinen herstellen zu können, muss man nur auf etwa 500 Fahrräder verzichten. In einer Situation, in der bereits viele Waschmaschinen hergestellt werden (Punkt C), sind die Opportunitätskosten der Produktion zusätzlicher Waschmaschinen hingegen sehr hoch (steiler Verlauf der Kurve): Für die Mehrproduktion von 600 Waschmaschinen muss man hier auf 4000 Fahrräder verzichten.

Regel 3: Rational Handelnde berücksichtigen Grenzkosten und Grenznutzen

Viele Entscheidungen im Wirtschaftsleben sind darauf ausgerichtet, bestehende Pläne in kleinen Schritten abzuwandeln und neuen Bedingungen anzupassen.

BEISPIEL

Einer Fluggesellschaft entstehen für ein Flugzeug mit 200 Sitzplätzen, das Hin- und Rückflug über eine bestimmte Distanz zurücklegt, Kosten von 85 000 Euro. Jeder Sitzplatz kostet somit 425 Euro.

Die Fluggesellschaft verkauft die Tickets bis 10 Tage vor Abflug zu diesem Preis. Danach werden die Tickets jeden Tag etwas günstiger, damit das Flugzeug möglichst voll besetzt fliegen kann. Die Fluggesellschaft könnte die Tickets nicht verkaufen, wenn sie weiterhin 425 Euro verlangen würde. Sie wäre nicht gut beraten, würde sie niemals ein Ticket unter 425 Euro verkaufen, denn der größte Teil der Kosten entsteht ihr unabhängig davon, ob das Flugzeug voll besetzt ist oder nicht.

Die Fluggesellschaft denkt und handelt wie jeder rational entscheidende Mensch: Der zusätzliche Nutzen muss mit den zusätzlichen Kosten verglichen werden. Der Fluggesellschaft entstehen für jeden weiteren Fluggast sogenannte marginale Kosten oder **Grenzkosten**, wie z. B. Gepäcktransport und Bordverpflegung. Solange der Passagier mehr als die Grenzkosten bezahlt, ist der Verkauf eines Flugtickets letztendlich rentabel.

Rational Handelnde lassen sich nicht von Gefühlen leiten.
Kapitel 1.4.1

Als **Grenznutzen** wird der Nutzen bezeichnet, den der Konsum der nächsten Einheit eines Gutes stiftet. Nach H. H. Gossen (1810–1858) nimmt der Grenznutzen eines Gutes mit zunehmender konsumierter Menge ab. Das sogenannte **erste Gossensche Gesetz** wird auch als Sättigungsgesetz bezeichnet.

BEISPIEL

Herrn Petri schmeckt abends im Gasthaus das erste Glas Bier sehr gut, und auch am zweiten Glas erfreut er sich noch. Aber das fünfte Glas Bier stiftet ihm nur noch einen geringen Nutzen für sein Wohlbefinden. Und nach dem zehnten Glas Bier geht es ihm richtig schlecht.

Regel 4: Menschen reagieren auf Anreize

Menschen vergleichen Kosten und Nutzen, wenn sie wirtschaftliche Entscheidungen treffen. Ihr Verhalten wird sich ändern, wenn sich Kosten oder Nutzen verändern. Sie reagieren auf Anreize. Von zentraler Bedeutung für wirtschaftliches Verhalten sind zumeist monetäre Anreize, d. h. Anreize, Geld zu sparen oder einen in Geld messbaren vorteilhafteren Gegenwert zu erhalten. Wenn beispielsweise die Preise für Äpfel steigen und die Preise für Birnen niedrig bleiben, werden die Menschen in der Regel mehr Birnen essen.

Regel 5: Durch Handel kann es allen bessergehen

Für eine Familie ist es in wirtschaftlicher Hinsicht kaum sinnvoll, sich von anderen Menschen abzukapseln und keine wirtschaftlichen Beziehungen einzugehen. Andernfalls müsste sie ihre eigenen Nahrungsmittel anbauen, die Bekleidung selber herstellen, bei Zahnschmerzen Zähne möglicherweise selber ziehen usw. Eine Familie profitiert vom Austausch mit anderen. Dies gilt in ähnlicher Form für nationale Volkswirtschaften. Der Handel auf dem Weltmarkt ist nicht mit einem sportlichen Wettkampf zu vergleichen, bei dem der eine verliert und der andere gewinnt. Handel zwischen zwei Ländern führt meist dazu, dass es jedem Land wirtschaftlich bessergeht. Jede Volkswirtschaft kann sich auf das spezialisieren, was sie am besten kann, und durch Handel eine große Bandbreite an Waren und Dienstleistungen erwerben.

Außenhandel
Kapitel 9.2–9.3 und 9.10

Regel 6: Das Wirtschaftsleben lässt sich durch Märkte organisieren

Preisbildung
Kapitel 3.6 und 3.11

Markt
Kapitel 3.2–3.3

Wirtschaftliches Handeln wird in der Regel durch die Preise geleitet, die sich auf den Märkten bilden. Adam Smith (1723–1790) schrieb in seinem Buch „The Wealth of Nations", dass Unternehmen und Haushalte auf Märkten zusammenwirken, als ob sie von einer „unsichtbaren Hand" geleitet würden. Mithilfe der Preise werden wirtschaftliche Entscheidungen und Aktivitäten der Marktteilnehmer gelenkt, denn durch den Preis werden Angebot und Nachfrage auf dem Markt abgestimmt. Preise spiegeln in der Regel den gesellschaftlichen Wert eines Gutes und die sozialen Kosten für dessen Herstellung wider.

Regel 7: Marktergebnisse können durch Regierungen verbessert werden

Einkommensverteilung
Kapitel 8.3

Die „unsichtbare Hand" bewirkt gewöhnlich, dass die Ressourcen effizient genutzt werden. Sie garantiert jedoch nicht, dass der Wohlstand gerecht verteilt wird und jedermann genug zu essen hat. Daher ist es Aufgabe des Staates, die **Verteilungsgerechtigkeit** zu fördern, z. B. indem Bedürftige durch eine Sozialversicherung unterstützt werden oder indem Einkommen mithilfe der Einkommensteuer umverteilt wird.

Marktversagen
Kapitel 3.7

externe Effekte
Kapitel 3.7

Marktmacht
Kapitel 3.10 und 3.13

Wettbewerb
Kapitel 3.13

Darüber hinaus gibt es Situationen, in denen die „unsichtbare Hand" des Marktes auch die Effizienz des Wirtschaftsprozesses nicht gewährleisten kann. Solche Situationen werden als **Marktversagen** bezeichnet. Ein möglicher Grund von Marktversagen sind **externe Effekte**. Ein klassisches Beispiel hierfür ist die Luftverschmutzung. Wenn ein Unternehmen nicht die gesamten Kosten für Umweltschäden durch die ausgestoßenen Schadstoffe zu tragen hat, wird es leicht zu viel davon in die Umwelt abgeben. In diesem Fall ist der Staat gefordert, mithilfe umweltpolitischer Maßnahmen die Natur zu schützen. Auch durch **Marktmacht** kann es zum Marktversagen kommen. Mit Marktmacht wird die Fähigkeit Einzelner oder einer kleinen Gruppe bezeichnet, den Marktpreis zu beeinflussen. Gibt es beispielsweise in einer Stadt nur einen Anbieter für Benzin, so unterliegt er nicht dem örtlichen Wettbewerb mit anderen Anbietern. Da er keine örtliche Konkurrenz fürchten muss, hat er die Möglichkeit, die Benzinpreise anzuheben, ohne zu riskieren, dass die Autofahrer an einer anderen Tankstelle Benzin kaufen.

Regel 8: Der Lebensstandard eines Landes hängt von der Produktivität der eingesetzten Produktionsfaktoren ab

Produktivität
Kapitel 1.7

Der Lebensstandard ist rund um die Welt sehr unterschiedlich ausgeprägt. Das Durchschnittseinkommen der Menschen weist eine große Streuung auf, die sich in einer unterschiedlich hohen Lebensqualität der Bürger niederschlägt.

Differenzen im Lebensstandard zwischen den Nationen beruhen nahezu vollständig auf unterschiedlich hoher **Produktivität.**

In Volkswirtschaften mit einer hohen Produktivität, d. h., in denen die Beschäftigten eine große Menge an Gütern pro Zeiteinheit herstellen, können die Menschen ein hohes Einkommen erwirtschaften und genießen in der Regel einen hohen materiellen Lebensstandard. In Staaten mit weniger produktiven Arbeitskräften und einer niedrigeren Kapitalausstattung erwirtschaften die Menschen nicht selten nur einen bescheidenen Wohlstand. Die enge Verknüpfung von Produktivität und Lebensstandard hat weitreichende Folgen. So ist die Ursache eines verlangsamten Wirtschaftswachstums oftmals nicht die zunehmende ausländische Konkurrenz und der internationale Wettbewerb, sondern ein nachlassendes Produktivitätswachstum im eigenen Land.

Wirtschaftswachstum
Kapitel 2.4 und 5.4.2

Regel 9: Preise steigen, wenn zu viel Geld im Umlauf ist

Die Menschen können ihren Wohlstand vermehren, wenn ihr Einkommen steigt und die Preise gleich bleiben. Steigt das Preisniveau in einer Volkswirtschaft an, wird von **Inflation** gesprochen. Steigende Preise bedeuten gewöhnlich, dass der Lebensstandard sinkt. Die Ursachen einer Inflation liegen häufig im Geldmengenwachstum. Weitet ein Staat oder eine Zentralbank die Geldmenge stark aus, ohne dass die Gütermenge entsprechend wächst, sinkt der Geldwert. Einer gleichbleibenden Gütermenge steht eine größere Geldmenge gegenüber, mit der Folge, dass die Preise langfristig steigen.

Inflation
Kapitel 4.6

Zentralbank
Kapitel 7.2

Geldmengeninflation
Kapitel 4.6.2

Regel 10: Kurzfristig kann eine Volkswirtschaft nur zwischen Inflation und Arbeitslosigkeit wählen

Eine niedrige Inflation und eine geringe Zahl von Arbeitslosen sind gleichermaßen erstrebenswert. Kurzfristig, also innerhalb eines Zeitraums von einigen Jahren, besteht zwischen diesen beiden Zielen jedoch ein Konflikt: Maßnahmen zur Senkung der Inflation können kurzfristig zu einer steigenden Arbeitslosigkeit führen; und Maßnahmen zur Senkung der Arbeitslosigkeit können kurzfristig zu einer steigenden Inflation führen. Wenn beispielsweise die Inflationsrate durch eine Reduktion der Geldmenge gesenkt werden soll, werden Kredite für Investitionen und Konsum teurer. Die Nachfrage nach solchen Krediten geht zurück und es steht weniger Geld für Investitionen und Konsum zur Verfügung. Da keine sofortige Anpassung aller Preise möglich ist, sinkt die Gütermenge, die verkauft werden kann. Es kommt zu Rationalisierungen und Entlassungen. Das Einkommen der Bevölkerung in einer Volkswirtschaft sinkt, mit der Folge, dass noch weniger Güter nachgefragt und gekauft werden.

Arbeitslosigkeit
Kapitel 8.8

Zielkonflikt
Kapitel 5.4.2

ÜBERBLICK

Für die Herstellung von Gütern sind **Produktionsfaktoren** erforderlich. In der Volkswirtschaftslehre werden die drei Produktionsfaktoren **Arbeit, Natur (Boden) und Kapital** unterschieden. In neuerer Zeit wird **Information (Wissen)** als ein weiterer Produktionsfaktor angesehen.

Wenn der vermehrte Input eines Produktionsfaktors mit der Zunahme eines anderen einhergeht, spricht man von **Faktorkombination**. Wenn ein Produktionsfaktor durch einen anderen ersetzt wird, spricht man von **Faktorsubstitution**. Das Ziel ist die Steigerung der **Produktivität**.

Um das **Knappheitsproblem** zu lösen, wird in Volkswirtschaften **arbeitsteilig** gewirtschaftet. Die entsprechende **Spezialisierung** führt dazu, dass Güter bestmöglich (effizient) sowie kostengünstig hergestellt und zu bezahlbaren Preisen auf Märkten angeboten werden können.

Bei ihren individuellen Entscheidungen müssen Menschen immer **Kosten** und **Nutzen** verschiedener Alternativen gegeneinander abwägen. Die Vorteile oder Erträge der Alternative, auf die man verzichtet, um ein Gut zu erlangen, werden als **Opportunitätskosten** bezeichnet.

Für die Koordination nationaler wie internationaler Wirtschaftsbeziehungen sind **Märkte** und **Preise** sind im Regelfall gute Mechanismen. Es gibt aber Situationen, in denen ein Eingreifen des Staates gefordert ist, weil die „unsichtbare Hand" des Marktes kein optimales Ergebnis gewährleisten kann. Solche Situationen werden als **Marktversagen** bezeichnet.

In Bezug auf das Funktionieren von Volkswirtschaften lässt sich feststellen, dass es einen engen Zusammenhang zwischen der Produktivität und dem **Lebensstandard** einer Gesellschaft gibt. Eine weitere Grundregel besteht darin, dass eine **Inflation** droht, wenn die Geldmenge schneller wächst als die Menge der produzierten Güter. Es ist grundsätzlich erstrebenswert, sowohl die Inflation als auch die **Arbeitslosigkeit** niedrig zu halten. Kurzfristig lässt sich jedoch nur eines dieser beiden Ziele realisieren.

1 Erläutern Sie die Bedeutung der klassischen Produktionsfaktoren für wirtschaftliches Handeln anhand von Beispielen.

2 Von welchen Faktoren hängt die Arbeitsproduktivität ab? Nennen Sie jeweils ein Beispiel.

3 Begründen Sie, warum neben den traditionellen Produktionsfaktoren heute Wissen als zusätzlicher Produktionsfaktor angesehen wird.

4 Was wird unter Faktorkombination und Faktorsubstitution verstanden?

5 Begründen Sie, warum der Ersatz des Faktors Arbeit durch den Faktor Kapital als die wichtigste Form der Faktorsubstitution gilt.

6 Erläutern Sie das Knappheitsproblem.

7 Erläutern Sie, inwiefern die Knappheit von Lebensmitteln davon abhängt,
- **a** in welchem Land man lebt,
- **b** in welchem Jahrhundert man lebt,
- **c** welche Qualität die Lebensmittel haben.

8 Nennen Sie drei Ressourcen, die nicht knapp sind.

9 Vor einigen Jahren wurde begonnen, Weizen und andere Getreidesorten für die Produktion von Benzin zu verwenden. Welche Auswirkungen würden Sie auf die Knappheit von Lebensmitteln und Öl erwarten? Wie sollte dies die Preise der zwei Rohstoffe beeinflussen?

10 Erläutern Sie, was Arbeitsteilung im Kern bedeutet.

11 Erläutern Sie innerbetriebliche, zwischenbetriebliche und internationale Arbeitsteilung an Beispielen. Welche Risiken beinhalten diese Formen der Arbeitsteilung?

12 Erläutern Sie mögliche Kritikpunkte an Taylors Konzept zur Arbeitsteilung. Recherchieren Sie gegebenenfalls im Internet.

13 Entscheiden Sie (wie im Beispiel), welche Güterarten in den folgenden Fällen vorliegen.

		Sachgut	immaterielles Gut	Konsumgut	Investitionsgut	Gebrauchsgut	Verbrauchsgut
a	Hobel in einem Tischlereibetrieb	×			×	×	
b	Milch im Kühlschrank der Familie Evers						
c	Urlaubsreise von Tanja nach Sylt						
d	Espressotasse von Katja						
e	Benzin für das Firmenauto von Marc						
f	Reparatur der Kreissäge in einem Tischlereibetrieb						

14 Welche öffentlichen Güter haben Sie in den letzten zwei Wochen genutzt?

15 Recherchieren Sie im Internet nach den Eigenschaften öffentlicher Güter. Warum müssen öffentliche Güter im Regelfall vom Staat angeboten werden?

16 Familie Meyer braucht ein neues Auto. Mit welchen Zielkonflikten könnte der Kauf des Autos verbunden sein?

17 Erläutern Sie mögliche Opportunitätskosten eines Schwimmbadbesuchs.

18 Ein Papierfabrikant kann 1 kg Papier in einer Arbeitsstunde und 1 kg Stahl in 40 Arbeitsstunden herstellen. Ein Stahlfabrikant kann 1 kg Stahl in einer Arbeitsstunde und 1 kg Papier in 10 Arbeitsstunden herstellen.
- **a** Welche Opportunitätskosten hätte der Papierfabrikant, wenn er statt Papier Stahl produzieren würde?
- **b** Welche Opportunitätskosten hätte der Stahlfabrikant, wenn er statt Stahl Papier produzieren würde?

19 Ist es möglich, den Nutzen eines Gutes objektiv zu bestimmen? Begründen Sie Ihre Meinung.

20 Wasser ist ein lebenswichtiges Grundnahrungsmittel.
- **a** Unter welchen Umständen ist der Grenznutzen von einem Glas Wasser hoch?
- **b** Unter welchen Umständen ist der Grenznutzen von einem Glas Wasser niedrig?

21 Welche Vorteile hat der weltweite Handel für eine Volkswirtschaft?

22 Worin besteht die „unsichtbare Hand" des Marktes?

23 Warum muss der Staat manchmal in den Markt eingreifen?

24 Wie sind die weltweiten Unterschiede im Lebensstandard zu erklären?

25 Stellen Sie sich vor, Sie würden morgen aufwachen und der Staat hätte die Ersparnisse aller Bürger verdoppelt. Welche Effekte hätte dies:
- **a** auf die gesamten Konsumausgaben?
- **b** die gekaufte Gütermenge bei gleichbleibenden Preisen?
- **c** die Gütermenge, sofern die Preise sich anpassen können?

26 Wie sind Inflation und Arbeitslosigkeit kurzfristig miteinander verknüpft?

Was wird im Modell des Wirtschaftskreislaufs dargestellt?

Wie lässt sich der Faktor Umwelt im Wirtschaftskreislauf berücksichtigen?

Wie funktioniert die Volkswirtschaftliche Gesamtrechnung?

Wie wird das Bruttoinlandsprodukt errechnet?

Was sagt das Bruttoinlandsprodukt über unseren Wohlstand aus?

Welche anderen Wohlstandsmaße gibt es?

THEMENBEREICH 2

Wirtschaftskreislauf und Volkswirtschaftliche Gesamtrechnung

2.1 Regionale Wirtschaftskreisläufe stärken!

Eli

Katharina

Seitdem die „Fridays for Future"-Bewegung immer mehr Zulauf bekommt, ist Umweltschutz auch in der Klasse von Elinor und Katharina das Thema Nr. 1. Während einer der vielen Pausendiskussionen sagt Katharina: „Die Politiker wachzurütteln, ist natürlich wichtig. Aber genauso wichtig ist, dass jeder selbst etwas tut. Und was machen die Leute? Kaufen im Supermarkt Äpfel aus Neuseeland, statt zum Obstbauern in der Nachbarschaft zu gehen! Ich versteh's einfach nicht!" Für diese Aussage erntet Katharina viel Zustimmung: „Ja, kurze Transportwege schützen die Umwelt!" „Regionales Obst und Gemüse schmeckt sowieso viel besser!" „Man weiß, wo es herkommt!" „Meine Eltern kaufen nur noch Bio-Qualität!"

„Aber ist das nicht viel teurer, als Lebensmittel im Supermarkt zu kaufen?", wirft ein Mitschüler ein. „Das kann sich bestimmt nicht jeder leisten!" Katharina, deren Eltern einen landwirtschaftlichen Betrieb haben, antwortet: „Wenn viele mitmachen würden, könnten regionale Produkte deutlich günstiger produziert und verkauft werden!" „Katharina hat völlig recht!", ruft Elinor. „Lasst uns doch mal überlegen, wie wir das unterstützen können!"

Regionaler Wirtschaftskreislauf

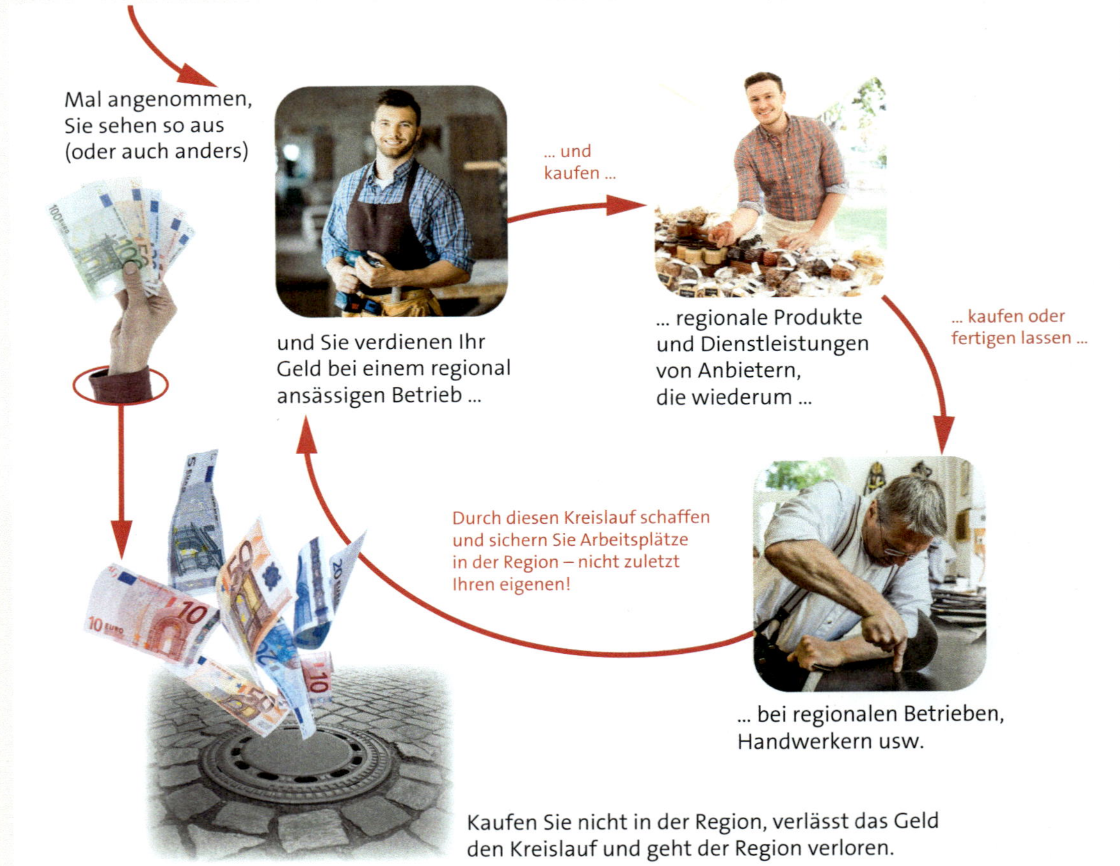

Quelle: Tag der Regionen (2018): Regionaler Wirtschaftskreislauf, [online] https://www.tag-der-regionen.de/fileadmin/downloads/wirtschaftskreislauf.pdf [04.12.2019]. (Eigene Gestaltung.)

Frisches vor der Haustür: regionale Produkte

Tomaten und Gurken aus dem eigenen Garten, Milch frisch von der Milchtankstelle oder Erdbeeren und Spargel vom Hofladen. Mit regionalen Produkten förderst du nicht nur einzelne kleine Betriebe in deiner unmittelbaren Nähe, du förderst damit den gesamten regionalen Wirtschaftskreislauf. „Regional" heißt allerdings nicht in jedem Fall, dass deine Nahrungsmittel ausschließlich aus Deutschland kommen müssen. Je nachdem, wo du wohnst, liegen beispielsweise in Nordrhein-Westfalen Belgien oder die Niederlande in deinem Einzugsbereich, in dem regionale Produkte bezogen werden können. Der Radius des Produktes ergibt sich im Prinzip aus seiner Verfügbarkeit. Ein Vorteil regionaler Produkte ist, dass du nicht nur die lokale Landwirtschaft unterstützt, sondern auch einen Beitrag zum Klimaschutz leistest.

Quelle (leicht bearbeitet): Kritischer Konsum / BDKJ (2019): Frisches vor der Haustür: regionale Produkte, [online] https://www.kritischerkonsum.de/ernaehrung/regionalsaisonal/ [28.09.2020]. (Auszug.)

1 Diskutieren Sie in Kleingruppen.
  a Woher kommen die Produkte, die Sie und Ihre Familie kaufen?
  b Spielt die Herkunft der Produkte für Ihre Kaufentscheidungen eine Rolle? Warum (nicht)?

2 Erstellen Sie in Teamarbeit ein Plakat zu den folgenden Aspekten:

  a Durch welche Merkmale ist ein regionaler Wirtschaftskreislauf gekennzeichnet? Was sind seine Vorteile?
  b Wie lassen sich diese Informationen in das volkswirtschaftliche Modell des Wirtschaftskreislaufs einordnen? Welche Sektoren und Geldströme sind betroffen?
  c Was kann jeder einzelne Verbraucher tun, um die regionale Wirtschaft zu fördern?
  d Wie kann die regionale Wirtschaft in Ihrer Region wirtschaftspolitisch gefördert werden? Recherchieren Sie hierfür auf der Website Ihrer regionalen Wirtschaftsförderung.

3 Präsentieren und diskutieren Sie Ihr Plakat im Plenum.

2.2 Wirtschaftskreislauf

Der Tausch von Waren und Dienstleistungen vollzieht sich auf Märkten.
Kapitel 3.2–3.3

Die wirtschaftlichen Abläufe in einer arbeitsteiligen Volkswirtschaft sind außerordentlich komplex und kompliziert. Millionen von Menschen stehen direkt oder indirekt mit allen anderen in Tauschbeziehungen – ein undurchschaubares, verwirrendes Geflecht. Wer die wirtschaftliche Realität verstehen will, muss deshalb die grundlegenden Beziehungen verdeutlichen. Zu diesem Zweck wird in der Volkswirtschaftslehre mit Modellen gearbeitet.

Modelle
Kapitel 1.4.2

Im Folgenden soll ein **Modell des Wirtschaftskreislaufs** eingeführt werden, in dem die vielfältigen Beziehungen in einer Volkswirtschaft auf wenige grundlegende Prozesse reduziert werden. Das Denken in Kreisläufen kann auf **Francois Quesnay** (1694–1774) zurückgeführt werden, dem Leibarzt der Marquise de Pompadour und ihres königlichen Gönners Ludwig XV. Die Grundidee des Wirtschaftskreislaufs war der Vergleich der wirtschaftlichen Tauschvorgänge mit dem gerade entdeckten Blutkreislauf.

John Maynard Keynes
Kapitel 6.6.1

Einkommen
Kapitel 8.3

Das Modell des Wirtschaftskreislaufs, das wir heute verwenden, geht auf **John Maynard Keynes** (1883–1946) zurück. Keynes versuchte, die gesamtwirtschaftlichen Zusammenhänge und das Zusammenwirken der unterschiedlichen wirtschaftlichen Faktoren wie Einkommen, Ausgaben, Beschäftigung, Sparen, Staatshaushalt usw. aus der Vogelperspektive zu betrachten und somit die Abläufe in einer arbeitsteiligen Volkswirtschaft vereinfacht darzustellen.

Der Wirtschaftskreislauf vereinfacht die ökonomische Realität in mehrfacher Hinsicht:

- **Aggregation**: Jede Volkswirtschaft besteht aus einer Vielzahl von Marktteilnehmern. Diese werden nach der Art ihrer wirtschaftlichen Aktivitäten zu **Sektoren** (z. B. private Haushalte, Unternehmen, Staat und Ausland) zusammengefasst. Außerdem werden Güter- und Geldströme unterschieden. Der Güterstrom verläuft in entgegengesetzter Richtung zum Geldstrom, weil Geld die Gegenleistung für die Güter darstellt. Es gilt: Die Summe der in einen Sektor einfließenden Geldströme ist gleich der Summe der aus diesem Sektor ausfließenden Geldströme.
- **Isolierung**: Die Beziehungen zwischen den Akteuren werden vereinfacht, indem z. B. auf politische oder soziale Aspekte verzichtet wird.
- **Mechanisierung**: Es werden bestimmte Annahmen zugrunde gelegt, z. B., dass alle Marktteilnehmer sich rational verhalten.

Im Folgenden wird mit dem sogenannten kleinen Wirtschaftskreislauf begonnen, der nur aus den Sektoren „private Haushalte“ und „Unternehmen“ besteht. Danach wird der Wirtschaftskreislauf erweitert.

2.2.1 Wirtschaftskreislauf mit zwei Sektoren

Das nachfolgende Schaubild stellt eine schematische Gliederung der Volkswirtschaft dar. Im Sektor **private Haushalte** werden Arbeitnehmer- und Arbeitgeberhaushalte zusammengefasst, der Sektor **Unternehmen** beinhaltet die privatwirtschaftlichen Unternehmen einschließlich der Banken. Diese Sektoren **interagieren** auf zweierlei Märkten: Auf den **Gütermärkten** treten die privaten Haushalte als Käufer von Gütern, die Unternehmen als Verkäufer auf. Auf den **Faktormärkten** stellen die privaten Haushalte den Unternehmen die zur Produktion notwendigen Inputs wie Arbeit, Boden und Kapital zur Verfügung. Hier sind die Haushalte Verkäufer und die Unternehmen Käufer.

interagieren
sich wechselseitig in seinem Verhalten beeinflussen

Marktarten
Kapitel 3.3

Produktionsfaktoren
Kapitel 1.7

Wirtschaftskreislauf mit zwei Sektoren

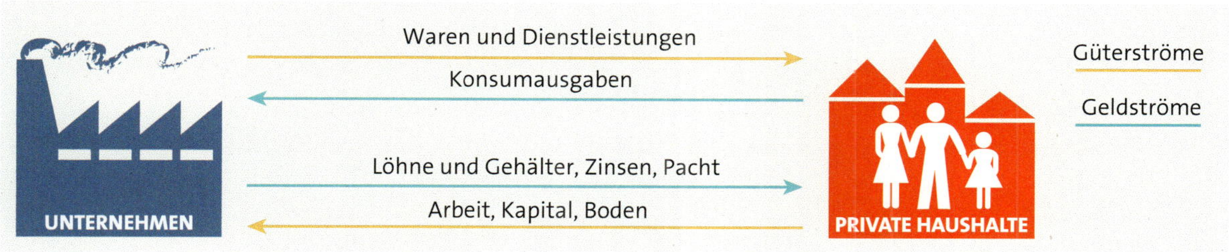

Wenn die Haushalte das gesamte Einkommen für den Kauf von Gütern ausgeben, ist der Kreislauf geschlossen. Die Menge der produzierten Güter und der Lebensstandard bleiben gleich, d. h., dass es kein Wirtschaftswachstum und keine Vermögensbildung gibt. Die Wirtschaft befindet sich in einem statischen Zustand. Für diese **geschlossene Volkswirtschaft** gilt die Gleichung:

$$Y = C$$

Y = Einkommen (engl. yields)
C = Konsum (engl. consumption)

2.2.2 Wirtschaftskreislauf mit vier Sektoren und Vermögensänderungskonto

Das einfache Modell lässt sich im Baukastensystem erweitern. Die privaten Haushalte beziehen z. B. nicht nur Einkommen von den Unternehmen, sondern viele bekommen auch Geld vom Staat. Zudem geben die privaten Haushalte nicht ihr ganzes Einkommen aus, sondern sie sparen ebenso wie die Unternehmen. Die Unternehmen treten ihrerseits auch als Nachfrager von Gütern auf, z. B. kaufen sie Maschinen. Außerdem werden viele Güter außerhalb der Volkswirtschaft gekauft. Es gibt Beziehungen zum Ausland.

Nachfrage
Kapitel 3.4

Mit der Einbeziehung der öffentlichen Haushalte, zusammengefasst zum Sektor **Staat** (Bund, Länder, Kommunen, Sozialversicherungshaushalte), erfolgt eine wichtige Ergänzung. Der Staat ist in den Volkswirtschaften aller Industrienationen ein wichtiger wirtschaftlicher Akteur. Die privaten Haushalte und Unternehmen entrichten an den Staat Steuern, Gebühren und Beiträge. Mit den Einnahmen unterstützt der Staat bedürftige Haushalte (Sozialhilfe usw.), sichert die Existenz erhaltenswerter Unternehmen durch Unterstützungszahlungen (Subventionen) und entlohnt seine Beschäftigten, z. B. Lehrer, Polizisten oder Verwaltungsangestellte.

Einnahmen des Staates
Kapitel 6.5.1

Ausgaben des Staates
Kapitel 6.5.3

Über die Investitionen des Staates in Kollektivgüter (Schulen, Autobahnen usw.) und deren Unterhaltung fließen den Unternehmen Einnahmen zu. Berücksichtigt man im Kreislaufmodell auch die Rolle des Staates, so kann die Gleichung wie folgt ergänzt werden:

C_H = Konsum der Haushalte
C_S = Konsum des Staates

$$Y = C_H + C_S$$

Der Einfachheit halber wurden im abgebildeten Modell Zinszahlungen der Banken als Geldstrom weggelassen. Sie sind im Geldstrom Gewinne vom Sektor Unternehmen zum Sektor private Haushalte enthalten.

Das **Vermögensänderungskonto** ist kein Sektor, der in der Wirklichkeit existierende Industriebetriebe oder Haushalte zusammenfasst. Das Konto wird als ein „Hilfskonstrukt" im Wirtschaftskreislauf definiert und existiert nur in der Vorstellung. Im Vermögensänderungskonto werden quasi die Geldströme einer Volkswirtschaft verbucht. Es werden aber nicht sämtliche Geldströme der Volkswirtschaft erfasst. Das Modell zeigt nur die Quellen der volkswirtschaftlichen Vermögensbildung (z. B. Sparen, Abschreibungen) und die abfließenden Ströme der Vermögensverwendung (z. B. Investitionen). Sparen die privaten Haushalte, bedeutet dies Konsumverzicht, es werden Kredite für betriebliche Investitionen bereitgestellt.

Wirtschaftskreislauf mit vier Sektoren und Vermögensänderungskonto (nur Geldströme)

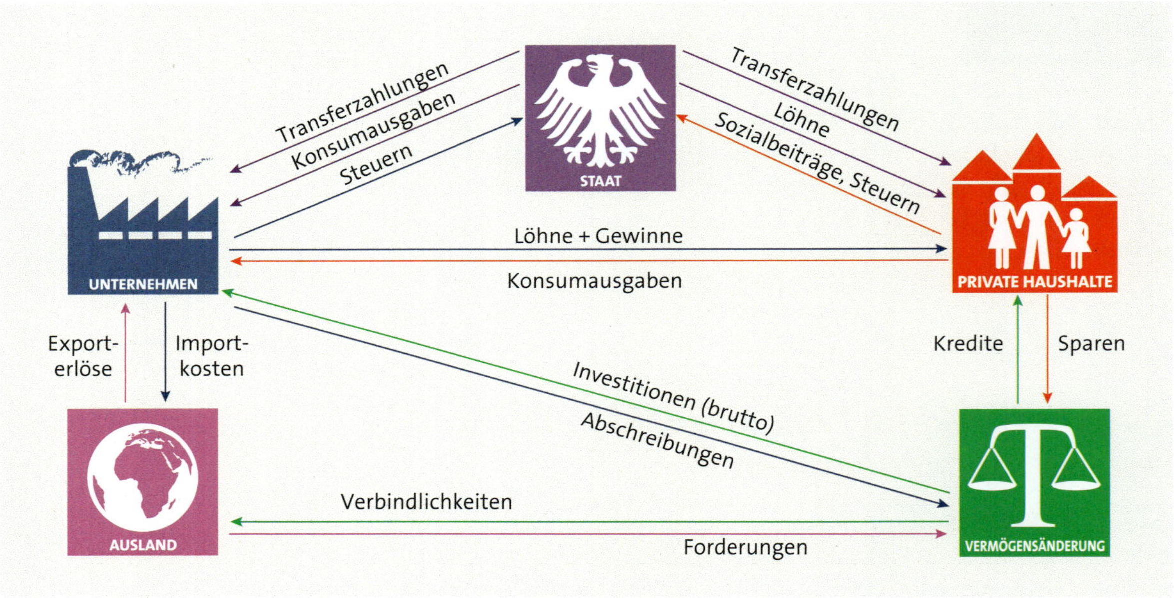

Als „Exportweltmeister" hat Deutschland gegenüber dem Ausland Forderungen, d. h., das Ausland hat sich für den Kauf von Exportgütern in Deutschland verschuldet. Mit der Erweiterung des Modells um den Sektor **Ausland** wird der Kreislauf einer geschlossenen Volkswirtschaft verlassen. Die Volkswirtschaft wird als **offene Volkswirtschaft** bezeichnet, wenn der Waren-, Kapital- und Dienstleistungsverkehr grenzüberschreitend stattfinden. Das inländische Güterangebot und die inländische Geldmenge werden in diesem Fall durch **Exporte** und **Importe** verändert.

Außenhandel
Kapitel 9.3 und 9.10

Übersteigt der Export den Import, dann werden in der Exportwirtschaft weniger Güter konsumiert als hergestellt. Als Gegenleistung für den Konsumverzicht erhöht sich das Einkommen durch die Zahlungen des Auslandes. Der erweiterte Wirtschaftskreislauf mit seinen Sektoren stellt eine **dynamische Wirtschaft** dar, denn durch Sparen und Investieren ist Wirtschaftswachstum möglich. Mit der Erweiterung um den Sektor Ausland und das Vermögensänderungskonto ergibt sich folgende Gleichung:

Ungleichgewicht im Außenhandel
Kapitel 9.10.2

$$Y + M = \underbrace{C_H + C_S}_{} + I_{br} + X$$
$$Y = C + I_{br} + (X - M)$$

I_{br} = Bruttoinvestitionen
M = Importe
X = Exporte

2.2.3 Kritik am Wirtschaftskreislauf

Das Modell des Wirtschaftskreislaufs veranschaulicht,
- wer am Wirtschaftsprozess beteiligt ist,
- wie die Beziehungen zwischen den Beteiligten aussehen,
- welche Möglichkeiten der Staat hat, um in das Geschehen regulierend einzugreifen,
- dass die Wirtschaft ein komplex vernetztes System ist,
- dass sich ein Eingriff, der nur einen Teil des Systems betrifft, auf das ganze System auswirken kann.

Der Wirtschaftskreislauf basiert auf der Gegenüberstellung von Güter- und Geldströmen, d. h., es werden **nur die bezahlten Leistungen** berücksichtigt, unbezahlte Leistungen, z. B. die Arbeit von Hausfrauen und -männern, nicht. Ebenso verhält es sich mit den meisten Leistungen der Natur.

Erweitert man den Wirtschaftskreislauf um den **Faktor Umwelt** (vgl. Abbildung auf S. 46), dann fällt auf, dass den zahlreichen Güterströmen vielfach keine entsprechenden Geldströme gegenüberstehen:

Umwelt
Kapitel 10.2–10.3

- Die Entnahme von nicht erneuerbaren Ressourcen, z. B. von Erdöl, wird nur mit den Förderungskosten berechnet. Die Abnahme der Rohstoffvorkommen wird nicht berücksichtigt.
- Die Nutzung der Umwelt als „Müllhalde“ für die Abfälle aus Produktion und Konsum wird nur dann erfasst, wenn für die Inanspruchnahme dieser Leistung bezahlt werden muss.

Die Beseitigung der Umweltschäden hingegen kostet Geld; im herkömmlichen Wirtschaftskreislauf erhöht dies die produzierte Gütermenge und das Einkommen.

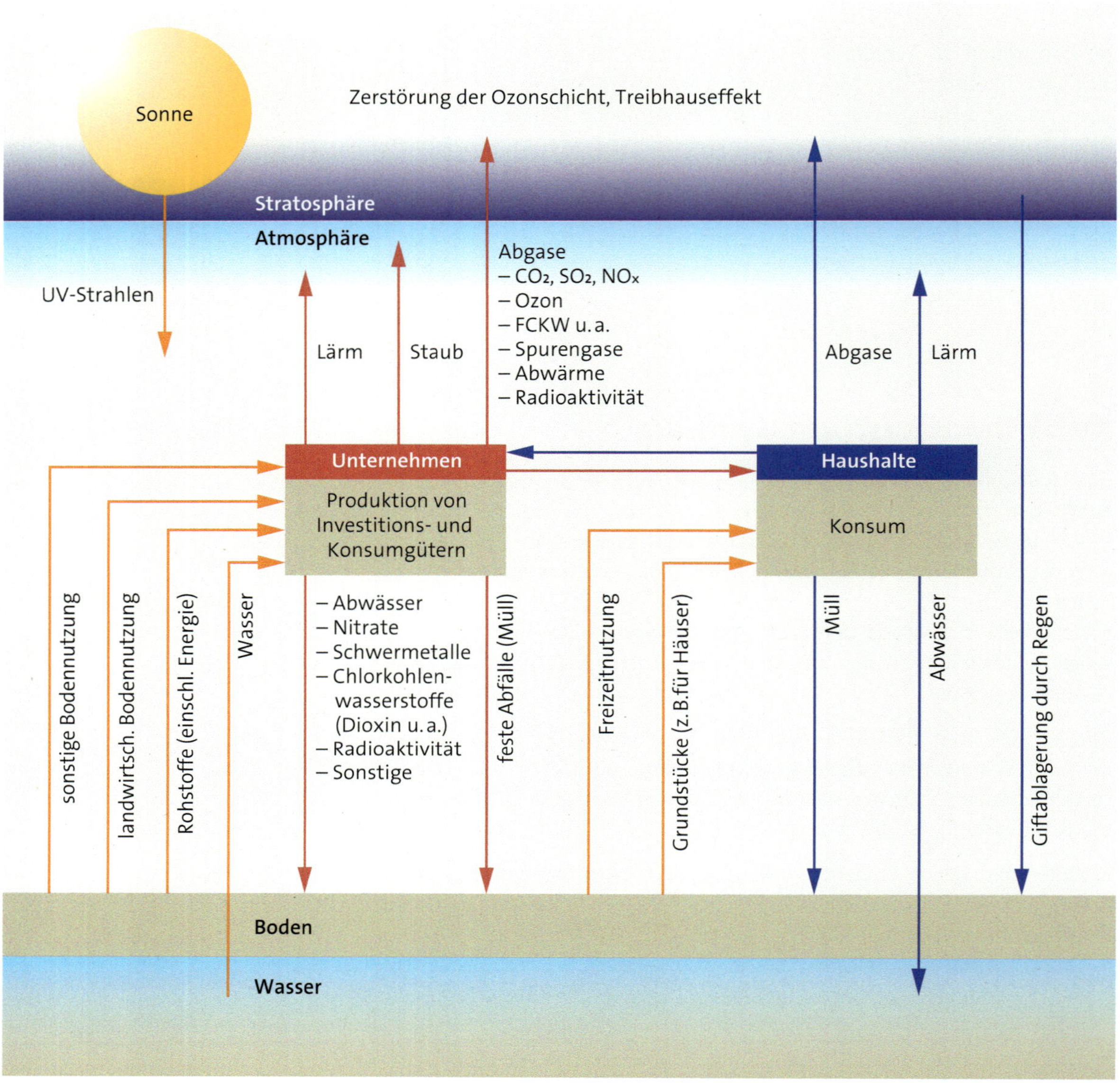

Volkswirtschaftliche Gesamtrechnung
Kapitel 2.4

In der ökonomischen Betrachtung wird also übersehen, dass das Wirtschaftswachstum **zulasten der Umweltqualität** erkauft wird. Als Ergänzung zur Volkswirtschaftlichen Gesamtrechnung veröffentlicht das Statistische Bundesamt deshalb eine **Umweltökonomische Gesamtrechnung (UGR).** Hier wird der Umweltzustand quantitativ und teilweise in monetärer Form erfasst.

ÜBERBLICK

In der Volkswirtschaftslehre können gesamtwirtschaftliche Zusammenhänge mit Hilfe des Modells des **Wirtschaftskreislaufs** betrachtet werden. Es werden nur ausgewählte Geld- und Güterströme abgebildet. Das Modell berücksichtigt **nur bezahlte Leistungen**, d.h. beispielsweise nicht Hausarbeit, Nachbarschaftshilfe, den Verbrauch von Ressourcen oder die Schädigung der Umwelt. Erst z.B. die Beseitigung von Umweltschäden fließt dann wieder wachstumssteigernd in die Volkswirtschaftliche Gesamtrechnung ein.

1 Durch welche unterschiedlichen ökonomischen Aktivitäten entstehen in einer Volkswirtschaft Tauschprozesse?

2 Warum können bei der Darstellung des Wirtschaftskreislaufs die Güterströme unberücksichtigt bleiben?

3 Was ist richtig?
  a Der Wirtschaftskreislauf bzw. die Volkswirtschaftliche Gesamtrechnung (VGR) enthalten nur Größen, die sich auf die Vergangenheit beziehen.
  b Wirtschaftskreislauf bzw. VGR zielen auf künftige Perioden ab.

4 Begründen Sie auf der Grundlage Ihrer persönlichen Lebenssituation Ihre Zugehörigkeit zur Gruppe der privaten Haushalte.

5 Machen Sie am Beispiel eines Unternehmens aus Ihrer Nachbarschaft dessen Investitionstätigkeit deutlich.

6 Was für Geldströme fließen von Ihrer eigenen Familie an den Staat? Und was für Geldströme fließen vom Staat an Ihre eigene Familie?

7 Was versteht man unter einer offenen Volkswirtschaft?

8 Welcher Unterschied besteht zwischen den volkswirtschaftlichen Sektoren und dem Vermögensänderungskonto im Wirtschaftskreislauf?

9 Warum fließen im Wirtschaftskreislauf die Gewinne in den Sektor private Haushalte?

10 Erklären Sie anhand von fünf beliebigen Transaktionen die dadurch ausgelösten Geldströme und deren Bedeutung für die Zahler und Zahlungsempfänger.

11 Welche Geldströme können im Wirtschaftskreislauf von folgenden Ereignissen betroffen sein?
  a Gewerkschaften setzen Lohnsteigerungen durch.
  b Es gibt Steuersenkungen für Konsumenten.
  c Der Staat erhöht das Kindergeld.
  d Deutsche Unternehmen verkaufen mehr Waren im Ausland.
  e Der Staat vergibt mehr öffentliche Aufträge im Wohnungsbau.
  f Der Staat verhängt Schutzzölle auf Stahleinfuhren.

12 Beurteilen Sie die folgende Aussage: „Steuersenkungen für Konsumenten stärken die Nachfrage.“ Ist sie richtig?

13 Welchen Nutzen hat der Wirtschaftskreislauf für die Erstellung der jährlichen Volkswirtschaftlichen Gesamtrechnung (VGR)? Recherchieren Sie im Internet.

14 Diskutieren Sie, wie die folgende Behauptung begründet werden kann: „Der Wirtschaftskreislauf ist ein typisches Denkmodell!“

15 Recherchieren Sie im Internet, was für Kritikpunkte es an der traditionellen Volkswirtschaftlichen Gesamtrechnung (VGR) als Wohlfahrtsmaß gibt.

16 Recherchieren Sie Alternativen zur traditionellen Volkswirtschaftlichen Gesamtrechnung (VGR) als Wohlfahrtsmaß.

2.3 Macht Geld glücklich?

Eli

Mutter

Gary

Vater

Die Familie Schelling sitzt beim gemeinsamen Abendessen. Alle sind müde vom langen Arbeits- bzw. Schultag. Plötzlich fragt Elinor ihre Mutter: „Sag mal, Mama, bist du eigentlich glücklich?" Akilah ist von dieser Frage etwas überrascht und zunächst ungewohnt sprachlos: „Hm ... ja ... nicht immer ... aber meistens ..."

„Was macht dich denn glücklich?", will Elinor wissen. „Ihr", sagt Akilah, „meine Familie, mein Beruf, auch wenn es nicht immer rund läuft. Manchmal auch nur eine Kleinigkeit wie ein Sonnenstrahl im Winter oder ein Lied, das Erinnerungen weckt."

Gary schaltet sich ein: „Macht Geld eigentlich glücklich?" „Ja und nein", meint Paul Schelling. „Das mit dem Geld ist so eine Sache: Geld allein macht nicht glücklich. Ohne Geld ist man aber auch nicht glücklich."

„Kann man Glück eigentlich messen?", will Elinor wissen. „Es wird zumindest versucht", sagt Paul, „aber Glück ist schwer zu definieren und bedeutet für jeden Menschen etwas anderes. Für Wissenschaftler ist Glück nur dann greifbar, wenn es sich in Zahlen messen lässt. Und dazu braucht es eine Messgröße, die aussagt, wie glücklich ein Mensch ist und ob er glücklicher ist als andere. Am einfachsten machen es sich die traditionellen Ökonomen: Dem Homo oeconomicus geht es immer besser, je mehr er besitzt. In der Realität ist Glück aber viel komplexer. Und weil Geld allein eben nicht glücklich macht, gibt es inzwischen viele alternative Konzepte zum BIP, wie beispielsweise den Better Life Index der OECD."

Glück statt BIP

Wir müssen die Entwicklung unserer Gesellschaft neu messen

[...] In den vergangenen 70 Jahren wurde die Welt von einem zentralen Paradigma bestimmt: Wachstum bedeutet Entwicklung. Und der beste Indikator zur Quantifizierung von Fortschritt in diesem Kontext ist das Bruttoinlandsprodukt eines Landes – sein BIP. Als Gesamtwert der im Inland erzeugten Waren und Dienstleistungen war BIP-Wachstum gleichbedeutend mit mehr Jobs, mehr Geld, mehr Wohlergehen, mehr Entwicklung. Doch bereits in den 1930er Jahren warnte Simon Kuznets als Erfinder davor, dass das BIP nicht als geeignetes Maß für die Entwicklung eines Landes diene. BIP-Wachstum und gesellschaftliche Wohlfahrt seien sogar zwei Variablen, die sich durchaus in entgegengesetzte Richtung verändern könnten.

[...] Beim Blick auf erste Konzepte zur Messung von Glück und allgemeinem Wohlbefinden zeigt sich ein interessantes Bild: Mehrere Entwicklungsländer belegen die vorderen Plätze – und das ganz ohne ein Pro-Kopf-BIP von 50 000 US-Dollar. Der Happy Planet Index etwa listet Länder entsprechend ihrem empfundenen Wohlbefinden, der Lebenserwartung sowie dem ökologischen Fußabdruck. Mit gerade mal einem Viertel des durchschnittlichen Einkommens der USA findet sich Costa Rica neben weiteren Staaten Lateinamerikas am oberen Ende der Liste wieder. [...]

Quelle: Daniel Anthes (2016): Glück statt BIP, [online] https://www.wiwo.de/technologie/green/glueck-statt-bip-wir-muessen-die-entwicklung-unserer-gesellschaft-neu-messen/13553956.html [25.11.2019]. (Auszug.)

1 Entwickeln Sie in Einzelarbeit Ihre eigene Definition von „Glück".

a Sammeln Sie Assoziationen: Was macht Sie persönlich glücklich?

b Stellen Sie Ihren persönlichen Better Life Index zusammen. Nutzen Sie hierfür den Index auf der Website der OECD: http://www.oecdbetterlifeindex.org/de

2 Betrachten Sie die folgende Grafik. Diskutieren Sie in Kleingruppen: Warum sind Menschen in manchen Regionen der Welt glücklicher als in anderen?

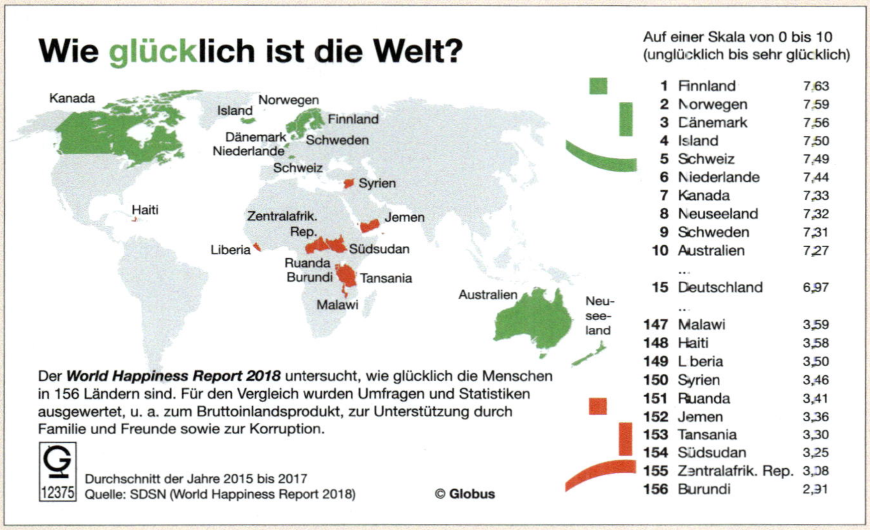

3 Wählen Sie Ihr persönliches „Traumland" und suchen Sie sich einen oder mehrere Partner mit demselben „Traumland".

a Recherchieren Sie in Teamarbeit, wie Ihr „Traumland" im weltweiten Vergleich in den folgenden Kategorien abschneidet:
- BIP,
- Human Development Index,
- World Happiness Report,
- Better Life Index,
- Happy Planet Index.

b Gibt es starke Abweichungen zwischen den Platzierungen Ihres „Traumlandes" in den verschiedenen Rankings? Falls ja, versuchen Sie die Gründe zu analysieren.

c Erstellen Sie einen Flyer mit Informationen zu Ihrem „Traumland" und erläutern Sie die Informationen im Plenum.

4 Bilden Sie fünf Gruppen, die sich mit je einem der in Aufgabe 3 genannten Indizes beschäftigen.

a Finden Sie in der Gruppe möglichst viele Argumente, die für „Ihren" Index und gegen die anderen sprechen.

b Wählen Sie eine Person aus Ihrer Gruppe, die mit Vertretern der anderen Gruppen eine Podiumsdiskussion über die Vor- und Nachteile der Indizes führt.

c Diskutieren Sie abschließend in der Gruppe, welcher Index aus Ihrer Sicht der sinnvollste ist.

2.4 Volkswirtschaftliche Gesamtrechnung

Wirtschaftskreislauf
Kapitel 2.2

Die Volkswirtschaftliche Gesamtrechung (VGR) basiert auf dem Modell des Wirtschaftskreislaufs. Sie ist ein großes Regelwerk, das die Ergebnisse des Wirtschaftsprozesses einer Volkswirtschaft für einen abgelaufenen Zeitraum (z. B. für ein Jahr) erfasst.

2.4.1 Bruttoinlandsprodukt und Bruttonationaleinkommen

Für die Unterscheidung von Inländern und Ausländern ist in der Volkswirtschaftlichen Gesamtrechnung nur der Wohnsitz bedeutsam, nicht jedoch die Staatsbürgerschaft: Ein in Deutschland lebender Türke gilt als Inländer, ein in den USA lebender Deutscher gilt als Ausländer.

Die zentrale Messgröße für den Erfolg der wirtschaftlichen Aktivitäten (Produzieren, Verteilen, Konsumieren, Investieren, Finanzieren) einer Volkswirtschaft ist das **Bruttoinlandsprodukt (BIP)**. Es erfasst alle im Inland entstandenen wirtschaftlichen Leistungen. In die Berechnung des Bruttoinlandsprodukts fließen sämtliche Einkünfte ein, die von Inländern (privaten Haushalten, Unternehmen und Staat) sowie Ausländern **im Inland** erzielt wurden. Einkünfte, die von Inländern im Ausland erzielt wurden, werden dagegen nicht berücksichtigt. Deshalb wird dieses Konzept auch als **Inlandskonzept** bezeichnet

BEISPIEL

Herr Raul und Frau Öztürk leben und arbeiten in Deutschland. Ihre Einkünfte fließen in die Berechnung des BIP ein (Einkünfte von Inländern im Inland).

Frau de Mol lebt in den Niederlanden. Sie pendelt aber jeden Tag über die Grenze, um bei einem Unternehmen in Deutschland zu arbeiten. Ihr Einkommen wird bei der Berechnung des BIP ebenfalls berücksichtigt (Einkünfte einer Ausländerin im Inland).

Frau Fischer lebt in Deutschland. Sie pendelt aber jeden Tag über die Grenze, um bei einem Unternehmen in Dänemark zu arbeiten. Ihr Einkommen (Einkünfte einer Inländerin im Ausland) fließt nicht in das BIP ein.

Das Bruttonationaleinkommen wurde bis 1999 auch Bruttosozialprodukt (BSP) genannt.

Das **Bruttonationaleinkommen (BNE)** ergibt sich aus den wirtschaftlichen Leistungen, die von Inländern erbracht wurden. In seine Berechnung fließen alle Einkünfte ein, die von Inländern **im In- oder Ausland** erzielt wurden (**Inländerkonzept**). Zu beachten ist dabei, dass als Inländer jede Person gilt, die im Inland wohnt. Die Staatsbürgerschaft spielt keine Rolle.

BEISPIEL

Bei der Berechnung des BNE werden die Einkünfte von Herrn Raul und Frau Öztürk sowie die Einkünfte von Frau Fischer berücksichtigt. Das Einkommen von Frau de Mol fließt dagegen nicht in das BNE ein. Auch das Einkommen von Herrn Müller, der zwar Deutscher ist, aber in den USA lebt und arbeitet, wird nicht berücksichtigt.

	Pass	Wohnsitz	Arbeitsort	BIP	BNE
Herr Raul	deutsch	Deutschland	Deutschland	✓	✓
Frau Öztürk	türkisch	Deutschland	Deutschland	✓	✓
Frau de Mol	niederländisch	Niederlande	Deutschland	✓	––
Frau Fischer	deutsch	Deutschland	Dänemark	––	✓
Herr Müller	deutsch	USA	USA	––	––

Das Bruttonationaleinkommen beleuchtet die Einkommensseite einer Volkswirtschaft, das Bruttoinlandsprodukt dagegen die Produktionsseite. Wenn alle Unternehmensleistungen mit den aktuellen Preisen bewertet und zusammengerechnet werden, erhält man das **nominale Bruttoinlandsprodukt**.

BEISPIEL

Eine Volkswirtschaft besteht aus drei Unternehmen und dem Sektor „private Haushalte“: Ein Winzer (U1) baut Weintrauben an, veredelt diese zu Wein und füllt den Wein in Flaschen ab. Ein Weinhändler (U2) kauft diesen Wein und verkauft ihn an einen Supermarkt (U3) weiter.

Der Winzer (U1) verlangt für die Herstellung und Abfüllung von einem Hektoliter Wein 500 Geldeinheiten (GE). Er hat Löhne zu zahlen und möchte Gewinn erzielen. **Vorleistungen** von anderen Unternehmen benötigt er nicht. Die Wertschöpfung, d. h. die Summe aus Löhnen und Gewinnen, beträgt 500 GE und fließt an die privaten Haushalte.

Der Weinhändler (U2) kauft den Wein vom Winzer und verkauft ihn für 900 GE weiter an einen Supermarkt (U3). In diesem Preis sind die 500 GE vom Winzer (U1) als Vorleistung enthalten. Die Wertschöpfung des Weinhändlers beträgt somit 400 GE. Die Löhne und Gewinne fließen an die privaten Haushalte.

Der Supermarkt (U3) möchte beim Verkauf an die privaten Haushalte ebenfalls einen Gewinn erzielen. An seine Mitarbeiter zahlt er Löhne und Gehälter. Den Wein verkauft er für 1 100 GE; die Wertschöpfung beträgt 200 GE. Das BIP kann nun als Summe der Wertschöpfung der drei Unternehmen ermittelt werden.

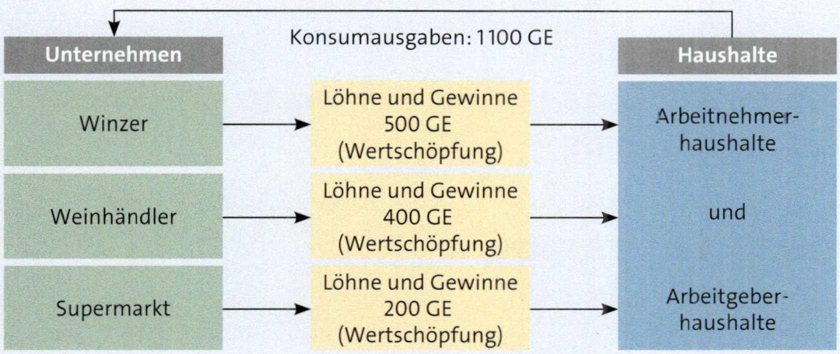

Vorleistungen
Wert aller Güter, die inländische Wirtschaftseinheiten von anderen in- oder ausländischen Wirtschaftseinheiten für den Produktionszweck bezogen und verbraucht haben

Wertschöpfung U1	500 GE
+ Wertschöpfung U2	400 GE
+ Wertschöpfung U3	200 GE
= BIP	1100 GE

Das nominale Bruttoinlandsprodukt ist ein Wert, dessen Höhe vom aktuellen Preisniveau abhängt. Dieser Wert sinkt bei sinkenden Marktpreisen (Deflation) und steigt bei steigenden Marktpreisen (Inflation). Das **reale Bruttoinlandsprodukt** kann man nur messen, indem man die Gesamtmenge der produzierten Güter mit den Preisen des Basisjahres bewertet.

Inflation, Deflation
Kapitel 4.6–4.7

Das reale Bruttoinlandsprodukt lässt sich errechnen, indem man das nominale Bruttoinlandsprodukt durch den aktuellen Preisindex (z. B. 104 bei einer Preissteigerungsrate von 4 % im Vergleich zum Basisjahr) dividiert und mit 100 multipliziert.

Preisindex
Kapitel 4.2.3

Die Veränderungsrate des realen Bruttoinlandsprodukts ist die Messgröße für das **Wirtschaftswachstum**. Dieses ist nicht nur für Politiker und Zentralbanken eine wichtige Größe. Auch Unternehmen verwenden sie als Orientierungshilfe bei ihren Produktions- und Verkaufsplanungen.

BEISPIEL

Das nominale BIP im Jahr 1 betrug 1 100 Geldeinheiten (GE). Das nominale BIP im Jahr 2 beträgt 1 144 GE, hat sich im Vergleich zum Jahr 1 also um 4 % erhöht. Die Preise sind im Vergleich zum Jahr 1 allerdings auch um 4 % gestiegen, sodass der aktuelle Preisindex 104 beträgt. Das reale BIP im Jahr 2 lässt sich dann folgendermaßen berechnen:

$$BIP_{real} = \frac{BIP_{nominal} \cdot 100}{Preisindex} = \frac{1\,144\text{ GE} \cdot 100}{104} = 1\,100\text{ GE}$$

Im Vergleich zum Jahr 1 ist das reale BIP konstant geblieben. Die Veränderungsrate des realen BIP beträgt in diesem Fall also 0 %.

$$\text{Wachstumsrate (in \%)} = \frac{\text{BIP (Jahr}_{20X2}) - \text{BIP (Jahr}_{20X1})}{\text{BIP (Jahr}_{20X1})} \cdot 100$$

Veränderung des realen Bruttoinlandsprodukts in Deutschland (in %)

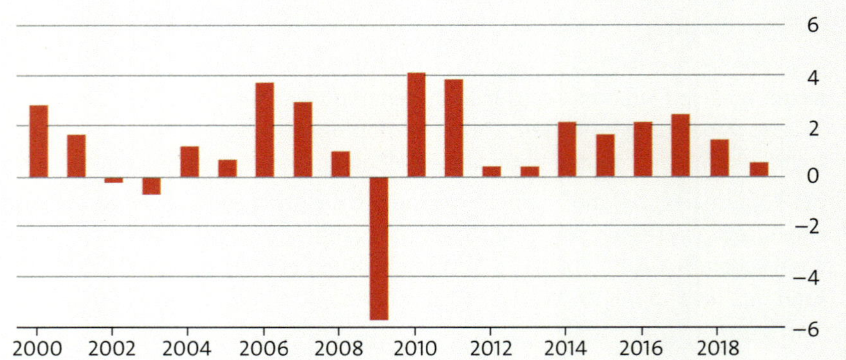

Quelle: Statistisches Bundesamt (Destatis) (2020): BIP, Veränderung gegenüber Vorjahr, [online], https://service.destatis.de/DE/vgr_dashboard/bip.html [26.05.2020]. (Eigene Gestaltung.)

2.4.2 Berechnungsarten in der Volkswirtschaftlichen Gesamtrechnung

Die Volkswirtschaftliche Gesamtrechnung (VGR) wird vom Statistischen Bundesamt durchgeführt. Sie lässt sich unter den Gesichtspunkten der Entstehung, der Verwendung und der Verteilung des Bruttoinlandsprodukts betrachten.

Bei der **Entstehungsrechnung** wird die Wertschöpfung der einzelnen Wirtschaftssektoren ermittelt und addiert. Die **Wertschöpfung** ist die Summe aller Werte, die durch die Produktion von Waren und Dienstleistungen neu entstanden sind.

Wertschöpfung
Kapitel 2.4.1

Wirtschaftssektoren
Kapitel 1.5

Entstehungsrechnung (vereinfachte Darstellung)

	Wertschöpfung Land- und Forstwirtschaft
+	Wertschöpfung produzierendes Gewerbe
+	Wertschöpfung Dienstleistungsgewerbe
=	Bruttoinlandsprodukt (BIP)

Im Rahmen der **Verwendungsrechnung** wird ermittelt, von wem die produzierten Güter verbraucht werden. Der größte Teil wird von den Haushalten und vom Staat konsumiert. Ein kleinerer Teil wird von den Unternehmen in die Erhaltung oder Erweiterung ihrer Produktionsanlagen investiert. Die Investitionen bilden die Grundlage für die zukünftige Produktion. Güter, die vom Ausland konsumiert werden (Exporte), sind Teil des Bruttoinlandsprodukts. Güter, die aus dem Ausland importiert werden, sind hingegen kein Teil des Bruttoinlandsprodukts. Die Differenz zwischen Exporten und Importen geht als **Außenbeitrag** in die Verwendungsrechnung ein.

Exporte und Importe
Kapitel 9.3 und 9.10

Verwendungsrechnung

	Privater Konsum
+	Staatsausgaben
+	Investitionen
+/–	Außenbeitrag
=	Bruttoinlandsprodukt (BIP)

	Exporte von Gütern
–	Importe von Gütern
=	Außenbeitrag

In der **Verteilungsrechnung** wird ermittelt, wie das erwirtschaftete Geld verteilt wird. Grundlage der Verteilungsrechnung ist aber nicht unmittelbar das Bruttonationaleinkommen, sondern das **Volkseinkommen**. Dieses errechnet sich wie folgt:

	Bruttonationaleinkommen (BNE)
–	Abschreibungen
=	**Nettonationaleinkommen** (Primäreinkommen)
–	Produktions- und Importabgaben an den Staat
+	Subventionen vom Staat
=	**Volkseinkommen**

Das Volkseinkommen wird an Arbeitnehmer, Unternehmer und Kapitalgeber verteilt. Die Arbeitnehmer erhalten ihren Anteil als Löhne und Gehälter (**Arbeitnehmerentgelte**), die Unternehmer und Kapitalanleger als Gewinne, Zinsen, Mieten, Pachten und Dividenden (**Unternehmens- und Vermögenseinkommen**).

Lohn- und Gewinnquote
Kapitel 8.3.1

Verteilungsrechnung

	Arbeitnehmereinkommen
+	Unternehmens- und Vermögenseinkommen
+	Produktions- und Importabgaben
–	Subventionen vom Staat
+	Abschreibungen
+/–	Saldo der Einkommen vom/ans Ausland
=	Bruttoinlandsprodukt (BIP)

2.4.3 Das Bruttoinlandsprodukt als Wohlstandsindikator?

öffentliche Güter
Kapitel 1.9 und 3.7

Da gesellschaftlicher Wohlstand sehr unterschiedlich definiert werden kann, gibt es auch sehr unterschiedliche Verfahren zu dessen Messung. Die bekannteste und gebräuchlichste Größe ist das Bruttoinlandsprodukt. Dieses erfasst allerdings nur Leistungen, die auf dem Markt gehandelt werden. Daher ist es als Wachstumsmaßstab nur bedingt geeignet. Leistungen, die nicht in das Bruttoinlandsprodukt einfließen, sind z. B. Hausarbeit, Schwarzarbeit, ehrenamtliche Tätigkeit und Nachbarschaftshilfe. Auch die Benutzung von Straßen und Schulen fließt nicht in die Berechnung ein. Sie werden vom Staat kostenlos als Kollektivgüter zur Verfügung gestellt.

[...] Kindererziehung und Krankenpflege daheim? Sie steigern das BIP kein bisschen. Umweltschäden, die keiner mehr beseitigen kann? Senken das BIP kein bisschen. Mehr Freizeit und Selbstverwirklichung für alle? Im Zweifelsfall eher schlecht fürs BIP. Zunehmender sozialer Unfrieden und Kriminalität? Keine Auswirkung. Halt, doch! Wenn ein Hooligan eine Scheibe einwirft, muss der Glaser kommen. Dann wächst das BIP sogar. An diesem Unsinn aber richten wir unsere Politik aus. Als Bankkonzerne dank ihrer Luftbuchungen gewaltige Gewinne verzeichneten, haben wir es dankbar als einen Teil des gestiegenen BIPs verbucht. Der Steigerung des BIPs verschreiben wir unser Bildungssystem, unsere Forschungsförderung, unsere Infrastruktur. Der Raubbau an den Wäldern, bodenzerstörende Monokulturen, die Zersetzung von Gesellschaften durch Überarbeitung – sie dienen kurzfristig der Steigerung des BIPs und zerstören langfristig die Lebensgrundlage des Menschen. Dennoch feiern wir Länder, die beim BIP-Wachstum vorn liegen, wie Leistungssportler: Schaut her, China hat die Zehnprozentmarke gerissen! [...]

Quelle: Thomas Fischermann (2009): Besser wachsen, in: Die Zeit, 23.04.2009, S. 1. (Auszug.)

Umweltschutz
Kapitel 10.2–10.6

Schäden, die durch Umweltverschmutzung entstehen und mit finanziellem Aufwand beseitigt werden müssen, steigern das Bruttoinlandsprodukt. Dadurch entstehen jedoch hohe **soziale Kosten**. Der Wohlstand und die Lebensqualität werden nicht erhöht, sondern eher verringert. Das Wachstum einer Volkswirtschaft, gemessen als Steigerung des Bruttoinlandsprodukts, sagt also nichts über die Lebensbedingungen und Lebensqualität aus.

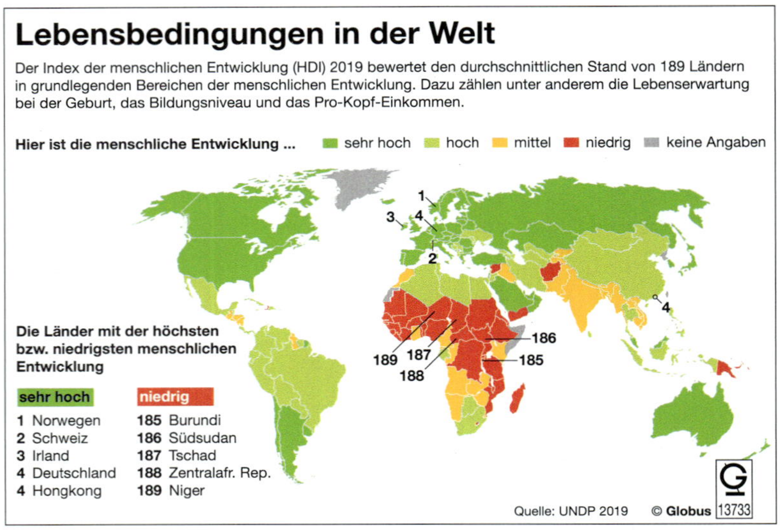

Daher ist man auf der Suche nach alternativen Wohlstandsmaßen. Das bekannteste ist der **Human Development Index (HDI)** der Vereinten Nationen. Als veränderliche Größen werden z. B. Lebenserwartung, Alphabetisierungsrate von Erwachsenen, Durchschnittsdauer des Schulbesuchs und Pro-Kopf-Einkommen zur Messung verwendet.

Noch mehr Faktoren berücksichtigt die Organisation für wirtschaftliche Zusammenarbeit und Entwicklung (OECD) in ihrem **Better Life Index**. Bei diesem Index, der erstmals 2011 veröffentlicht wurde, werden folgende Kriterien berücksichtigt: Wohnverhältnisse, Einkommen, Beschäftigung, Gemeinsinn, Bildung, Umwelt, Zivilengagement, Gesundheit, Lebenszufriedenheit, Sicherheit, Work-Life-Balance.

Human Development Report
www.hdr.undp.org

OECD
Kapitel 3.13.4 und 9.5.1

Better Life Index
www.oecdbetterlifeindex.org

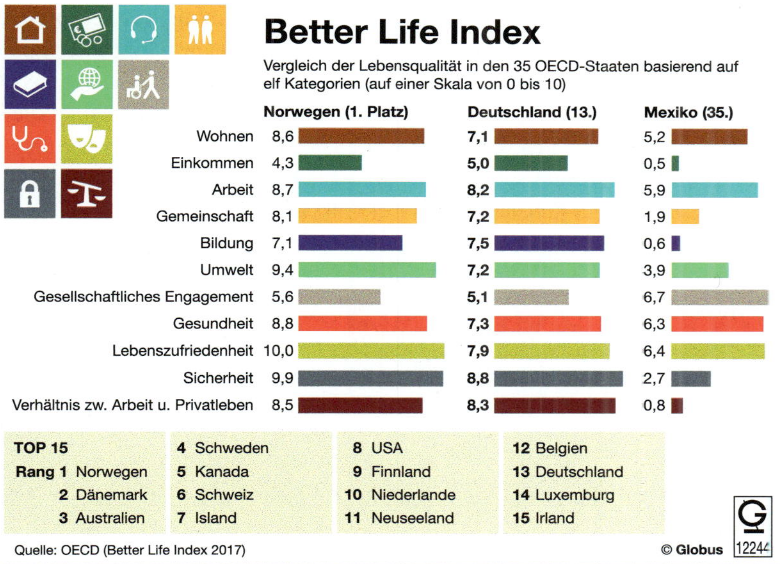

Der **Happy Planet Index (HPI)** der britischen New Economics Foundation berücksichtigt keine monetären Größen, bezieht aber das Kriterium der Nachhaltigkeit mit ein. Der HPI kombiniert seit 2006 die Lebenserwartung mit der aus Umfragen ermittelten Lebenszufriedenheit und setzt sie ins Verhältnis zum **ökologischen Fußabdruck**. Der ökologische Fußabdruck ist ein Flächenmaß. Er misst die Land- und Wasserflächen, die von der Bevölkerung bei ihrem gegenwärtigen Konsum, unter Berücksichtigung der gegenwärtigen Technologien benötigt werden. Dabei fließt auch die Aufnahme von Abfällen in die Flächenberechnung mit ein. Besonders gut schneiden nach diesem Index Länder ab, in denen die Menschen viele glückliche Lebensjahre bei vergleichsweise geringer Umweltbelastung verbringen.

New Economics Foundation
www.neweconomics.org

Happy Planet Index
www.happyplanetindex.org

Global Footprint Network
www.footprintnetwork.org/de

Ökologischer Fußabdruck – Deutschland
www.footprint-deutschland.de

ÜBERBLICK

Die Leistung einer Volkswirtschaft wird mithilfe des **Bruttoinlandsprodukts (BIP)** angegeben. Das BIP erfasst die im Inland produzierten Leistungen (**Inlandskonzept**). Das **Bruttonationaleinkommen (BNE)** erfasst hingegen die Leistungen, die von Inländern im Inland und im Ausland erbracht werden (**Inländerkonzept**).

Das **nominale BIP** entspricht den jeweiligen Preisen, das **reale BIP** ist preisbereinigt.

Das BIP wird im Rahmen der **Volkswirtschaftlichen Gesamtrechnung (VGR)** unter den Gesichtspunkten seiner Entstehung, seiner Verwendung und seiner Verteilung betrachtet.

Da das BIP über die Lebensbedingungen und die Lebensqualität nur wenig aussagt, ist es als **Wohlstandsindikator** umstritten. Mittlerweile gibt es eine Reihe von **alternativen Wohlstandsmaßen**. Dazu gehören der Human Development Index, der Better Life Index und der Happy Planet Index.

AUFGABEN

1 Grenzen Sie die Begriffe Bruttoinlandsprodukt (BIP) und Bruttonationaleinkommen (BNE) voneinander ab.

2 Eine kleine Volkswirtschaft besteht aus vier Unternehmen und den privaten Haushalten. Bei den Unternehmen handelt es sich um einen Landwirtschaftsbetrieb, eine Mühle, eine Bäckerei und einen Lebensmittelhandel. Der Landwirt verkauft Weizen im Wert von 700 Geldeinheiten (GE) an die Mühle. Von dem Erlös bezahlt er seinen Auszubildenden; der Rest ist Gewinn für seine Arbeit und seinen Kapitaleinsatz. In der Mühle wird das Korn gemahlen und das Mehl ausgesiebt. Das Mehl wird für 1400 GE an eine Großbäckerei verkauft. Die dort produzierten Brötchen werden für 2300 GE von dem Lebensmittelhändler gekauft und von diesem für 2900 GE an seine Kunden weiterverkauft.
a Entwickeln Sie ein Kreislaufbild dieser Volkswirtschaft.
b Berechnen Sie die Wertschöpfung auf den einzelnen Stufen.
c Wie hoch ist das Bruttoinlandsprodukt in dieser Volkswirtschaft?
d Begründen Sie anhand des Beispiels, warum die folgende Aussage falsch ist: „Das Bruttonationaleinkommen ist die Summe der in einem Jahr produzierten Güter in einer Volkswirtschaft."

3 Grenzen Sie nominales und reales Bruttoinlandsprodukt (BIP) voneinander ab. Wie wird das reale BIP gemessen?

4 Warum und für wen ist das Wirtschaftswachstum eine wichtige Messgröße?

5 Erläutern Sie anhand der Grafik „Veränderung des realen Bruttoinlandprodukts in Deutschland" auf S. 52 die Entwicklung von 2000 bis 2019.

6 Unter welchen Gesichtspunkten wird die Volkswirtschaftliche Gesamtrechnung vom Statistischen Bundesamt durchgeführt?

7 Interpretieren Sie die Grafik „Das Bruttoinlandprodukt 2019" auf S. 52 gemäß der Drei-Schritte-Technik auf S. 22.

8 Grenzen Sie die Begriffe Bruttonationaleinkommen und Volkseinkommen voneinander ab.

9 Wie aussagekräftig ist das Wachstum einer Volkswirtschaft gemessen am BIP hinsichtlich der Lebensbedingungen und der Lebensqualität?

10 In Deutschland ereignen sich mehr als 2,5 Millionen Verkehrsunfälle pro Jahr; die Schadenssumme, für die die obligatorische Haftpflichtversicherung aufkommen muss, beträgt durchschnittlich knapp 3500 Euro pro Unfall.
a Welchen Einfluss hat dies auf das BIP?
b Wie ist vor diesem Hintergrund das BIP als Wohlstandsindikator zu beurteilen?

11 Stellen Sie anhand des Auszugs aus dem Artikel „Besser wachsen" auf S. 54 zwei Listen zusammen:
a mit Dingen, die das BIP steigern, aber nicht die Lebensqualität verbessern,
b mit Dingen, die die Lebensqualität verbessern, aber nicht das BIP steigern.

12 Interpretieren Sie die Grafik „Lebensbedingungen in der Welt" auf S. 54 gemäß der Drei-Schritte-Technik auf S. 22.

13 Interpretieren Sie die Grafik „Better Life Index" auf S. 55 gemäß der Drei-Schritte-Technik auf S. 22.

Welche Aufgaben und Funktionen hat ein Markt?

Welche Arten von Märkten gibt es?

Wovon hängen Angebot und Nachfrage auf dem Markt ab?

Wie bildet sich der Preis auf einem vollkommenen Markt?

Wie funktioniert die Preisbildung auf unvollkommenen Märkten?

Wie lässt sich der Wettbewerb schützen?

THEMENBEREICH 3

Markt und Preisbildung

3.1 Preisbildung an der Kaffeebörse

Eli

Katharina

Als Elinor und Katharina erfahren, dass die letzte Unterrichtsstunde des Tages wegen einer Erkrankung des Lehrers ausfällt, gehen sie spontan in ihr Lieblings-Café in der Kölner Altstadt, um einen Cappuccino zu trinken. Elinor will Katharina von einem ganz süßen Jungen erzählen, den sie letzte Woche im Schwimmbad kennengelernt hat. Doch ihre Freundin blickt die ganze Zeit in dem Café umher, betrachtet eingehend die Innenausstattung, inspiziert das Muster im Milchschaum ihres Cappuccinos und studiert gedankenverloren die Preise in der Getränkekarte. „Hey, Katharina!", ruft Elinor. „Was ist denn los? Du hörst mir überhaupt nicht zu!" „Tut mir leid, Eli", antwortet Katharina, „ich bin grad mit meinen Gedanken woanders ..." „Wo bist du denn mit deinen Gedanken?", will Elinor wissen. „Du weißt doch", sagt Katharina, „dass meine Eltern schon seit längerem Zimmer an Gäste vermieten, die mal Ferien auf dem Bauernhof machen wollen. Dieses Geschäft läuft ziemlich gut. Wir haben ständig neue Leute, teilweise sogar aus dem Ausland, zu Gast." „Ja, das weiß ich", erwidert Elinor. „Und deshalb bist du mit deinen Gedanken woanders?" „Diese Woche haben meine Eltern auch noch ein Bauernhof-Café eröffnet", erzählt Katharina, „um den Übernachtungsgästen etwas zu bieten und auch Besucher aus unserem Ort anzulocken." „Wow, das ist ja toll!", freut sich Elinor.

„Das ist aber noch nicht alles", sagt Katharina mit verträumtem Blick. „Ich habe jetzt eine eigene Geschäftsidee ..." „Und die wäre?", fragt Elinor. „Ich würde gerne eine kleine Kaffeerösterei eröffnen, um das Bauernhof-Café mit selbst geröstetem Kaffee zu versorgen", erklärt Katharina. „Außerdem könnte ich meine Röstungen im Café und über das Internet verkaufen ..." „Das ist ja eine spannende Idee!", ruft Elinor. „Wie bist du denn darauf gekommen?" „Hier, schau mal", sagt Katharina, „diesen Artikel über die Erfolgsgeschichte des Kaffees habe ich letzte Woche in der Zeitung gelesen." Elinor beugt sich über den Artikel und kräuselt die Stirn: „Was ist denn eine ‚Warenterminbörse'?" „So richtig habe ich das auch noch nicht verstanden", gibt Katharina zu. „Aber ich muss unbedingt herausfinden, wie das läuft – damit ich den Rohkaffee zu einem guten Preis einkaufen kann!"

Zahlen und Fakten

Kaffee beliebter als je zuvor

KÖLN Kaffee gehört an der Börse zu den wertvollsten landwirtschaftlichen Produkten. Europa, die Vereinigten Staaten und Brasilien sind die größten Kaffeekonsumenten. In den letzten Jahren ist aber auch der Konsum in Asien stark gestiegen. Die Gewinne, die mit Kaffee erzielt werden können, sind groß. Mehr als 100 Millionen Menschen arbeiten im Kaffeesektor im Anbau, in der Verarbeitung und im Handel. Kaffee wird im sogenannten Tropengürtel, 20 Grad nördlich und südlich des Äquators, von rund 25 Millionen Produzenten in mehr als 80 Ländern angebaut. Hauptanbauländer sind Brasilien, Vietnam, Kolumbien und Indonesien. Diesen Ländern bringt der Kaffee-Export wichtige Deviseneinnahmen. Im Jahr 2018 wurden weltweit 168 Millionen Sack Kaffee à 60 kg produziert. Auf die Sorte Arabica entfielen dabei 60 % und auf die Sorte Robusta 40 %. Beide Kaffeesorten werden an der Warenterminbörse gehandelt: Arabica in New York und Robusta in London.

1 Recherchieren Sie, was eine Warenterminböse ist. Tauschen Sie sich danach in Partnerarbeit darüber aus. Sollten Fragen offenbleiben, klären Sie diese anschließend im Plenum.

2 Bilden Sie Paare. Stellen Sie sich vor, Sie sind Börsenmakler und haben die Aufgabe, das Marktgleichgewicht für Rohkaffee zu bestimmen. Die nachfolgenden Kauf- und Verkaufswünsche sind bei Ihnen eingegangen:

Verkaufsaufträge		
Verkäufer	**... will so viel Kaffee (in lb*) ...**	**... zum Preis von mindestens ... verkaufen.**
Brasilien	2 000	2 100 €
Vietnam	1 000	1 500 €
Kolumbien	1 000	1 200 €
Indonesien	1 000	900 €

Kaufaufträge		
Käufer	**... will so viel Kaffee (in lb) ...**	**... zum Preis von maximal ... kaufen.**
Kaffeekult	2 000	2 400 €
Edler Duft	3 000	1 500 €
Ganze Bohne	2 000	900 €
Schön Kaffee	1 000	600 €

* 1 lb (= amerikanisches Pfund) entspricht ca. 0,45 kg.

a Ermitteln Sie aus den einzelnen Angeboten und den einzelnen Nachfragen das Gesamtangebot und die Gesamtnachfrage bei jedem Preis. Übernehmen Sie hierfür die folgenden Wertetabellen.

Preise (€)	900	1 200	1 500	2 100
Angebot (lbs)				

Preise (€)	600	900	1 500	2 400
Nachfrage (lbs)				

b Stellen Sie die Marktsituation nun in Form eines Preis-Mengen-Diagramms grafisch dar. Bestimmen Sie das Marktgleichgewicht. Was bedeutet dieser Schnittpunkt?

c Nehmen Sie an, Katharinas Kaffeerösterei liefe sehr erfolgreich und die junge Unternehmerin würde dem zuständigen Börsenmakler folgendes Gebot übermitteln: 2000 lbs für 1600 Euro. Diskutieren Sie, ob Katharinas Kaufauftrag zum Zuge käme und welche Bedeutung der Kauf bzw. Nichtkauf für Katharina hat.

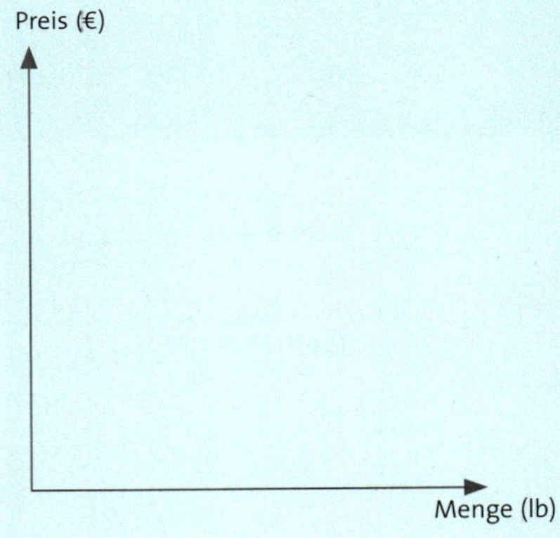

3 Bilden Sie Kleingruppen und sammeln Sie auf Metaplan-Karten Ereignisse, die das Angebot und/oder die Nachfrage nach Kaffee verändern. Stellen Sie Ihre Ergebnisse im Plenum vor und versuchen Sie, Ihre Karten zu clustern.

3.2 Entstehung, Entwicklung und Funktionsweisen von Märkten

Bedürfnisse, Bedarf, Nachfrage **Kapitel 1.3**

Konsumenten haben in der Regel Bedürfnisse, die zu einem Bedarf und schließlich zur Nachfrage führen können. Ein **Markt entsteht**, wenn die Nachfrage mindestens eines **Konsumenten** auf ein Angebot von mindestens einem **Produzenten** trifft.

3.2.1 Entwicklung von Märkten

Konsumenten
Käufer = Nachfrager

Produzenten
Verkäufer = Anbieter

BEISPIEL

Vor etwa 10 000 Jahren begannen die Menschen, Schafe zu halten. Diese lieferten Milch, Wolle, Fett und Fleisch. Zunächst wurden die Schafe nur zur Selbstversorgung genutzt. Irgendein Schafbesitzer kam schließlich auf die Idee, seine überschüssige Wolle oder das überschüssige Fleisch z. B. gegen Holz mit seinem Nachbarn zu tauschen.

Das **Grundprinzip des Marktes** ist der Tausch: Zunächst fand ein Austausch von Waren in einem engen Gebiet statt und es mussten immer passende Tauschpartner gefunden werden. Damit Tauschpartner leichter gefunden werden konnten, entwickelten sich in den Dörfern und später in den Städten Marktplätze. Auf diesen trafen sich Verkäufer und Käufer, sodass jeder Beteiligte Zugang zu den Waren bekommen konnte, die er selbst nicht produzierte. Waren wurden gegen Waren getauscht. Geld gab es damals noch nicht.

Geld **Kapitel 4.2**

Seit vielen Jahrhunderten ist aber Geld ein anerkanntes Tauschmittel, sodass Waren nun gegen Geld getauscht werden können.

Arbeitsteilung **Kapitel 1.8**

Mit der Industrialisierung, ab Mitte des 18. Jahrhunderts, vollzog sich der Wandel von der Agrar- zur Industriegesellschaft. Durch technische Neuerungen entstanden neue Produkte. Erstmals konnten Produkte in Massen produziert werden, die sich nun auch ärmere Bevölkerungsschichten leisten konnten. Darüber hinaus konnten leichter neue Märkte z. B. durch den Ausbau des Eisenbahnnetzes erschlossen werden.

Plattformökonomie **Kapitel 3.13.5**

In der heutigen Informationsgesellschaft sind Märkte längst nicht mehr nur reale Orte (z. B. Stände oder Gebäude), welche vom Konsumenten körperlich aufgesucht werden müssen. Mittlerweile werden fast alle Waren und Dienstleistungen auch virtuell im Internet angeboten. Dem Konsumenten ist es so möglich, an jedem Ort und zu jeder Zeit Produzenten zu suchen und die verschiedenen Angebote zu vergleichen.

3.2.2 Der Markt als Institution

Unter Institutionen versteht man stabile, auf Dauer angelegte Einrichtungen zur Regelung und Durchführung bestimmter Handlungen. D. h., Institutionen sind **Regelsysteme**, die Ordnung in die menschlichen Aktivitäten bringen und damit Unsicherheit vermindern.

Auch der Markt lässt sich als Institution begreifen. Der Markt ist eine Institution, die Verkäufer und Käufer von Gütern zusammenführt und die Aktivitäten der Wirtschaftssubjekte durch offizielle und inoffizielle Regeln lenkt. Er gibt z. B. vor, wie man sich beim Kauf eines Gutes verhalten muss oder was folgen kann, wenn man einen eingegangenen Vertrag bricht. Der Markt als Institution ist ein zentraler **Lenkungsmechanismus** für wirtschaftliche Aktivitäten.

Die Einrichtung, Erhaltung und Veränderung von Institutionen verursachen Kosten. Diese Kosten, die sozusagen die Betriebskosten des Systems sind, nennt man **Transaktionskosten**. Auch die Nutzung von Institutionen ist mit Kosten verbunden. Einem Marktteilnehmer entstehen z. B. die folgenden Transaktionskosten:

- **Such- und Informationskosten:** Kosten, die zur Beschaffung einer Übersicht über Angebot und Nachfrage aufgewendet werden müssen.
- **Verhandlungs- und Entscheidungskosten**: Kosten, die vor dem Abschluss eines Vertrages aufgewendet werden müssen, z. B. durch das Hinzuziehen eines Rechtsanwalts.
- **Vertragsdurchsetzungskosten, Kontroll- und Anpassungskosten**: Kosten, die für die Kontrolle des Vertrages aufgewendet werden müssen, z. B. Abschluss einer Schutzversicherung.

BEISPIEL

Transaktionskosten, die dem Konsumenten beim Kauf Eigentumswohnung entstehen können:
– Such- und Informationskosten: Anzeigen in der Zeitung durchsuchen, Anzeigen für den Kauf einer Wohnung aufgeben, Makler aufsuchen, Makler beauftragen
– Verhandlungs- und Entscheidungskosten: Angebote vergleichen, Preisverhandlungen führen
– Vertragsdurchsetzungskosten, Kontroll- und Anpassungskosten: Sachverständigen mit der Qualitätsüberprüfung der Wohnung beauftragen, Rechtsanwalt für Vertragsvereinbarungen beauftragen, Wohnung ins Grundbuch eintragen

Wirtschaftliche Strukturen und Prozesse sind dann wirksam gestaltet, wenn die Transaktionskosten möglichst gering gehalten werden können. Dies ist beispielsweise der Fall, wenn die Kosten für das Ermitteln von Informationen, die Durchführung von Verhandlungen sowie für die Koordination, Steuerung und Kontrolle minimiert werden können.

3.2.3 Funktionen des Marktes

Auf dem Markt wollen die Nachfrager und Anbieter als Marktteilnehmer zwar ihren Nutzen erhöhen, haben dabei jedoch **unterschiedliche Interessen**. Ein Tausch kommt nur zustande, wenn es zu einer Einigung kommt.

Nachfrage
Kapitel 3.4

Die **Nachfrager** möchten ihre Konsumwünsche erfüllen. Dabei wollen sie die Güter zu einem möglichst niedrigen Preis und mit höchstmöglicher Qualität kaufen. Je niedriger der Preis eines Gutes ist, desto mehr werden die Nachfrager normalerweise von diesem Gut kaufen. Steigt aber der Preis, werden die Nachfrager weniger von diesem Gut kaufen oder sie werden stattdessen ein anderes Gut beschaffen (z. B. Margarine anstatt Butter). Unter den Nachfragern kann es zur Konkurrenz kommen, wenn z. B. zwei denselben Gebrauchtwagen kaufen wollen.

Substitutionsgut
Kapitel 3.4.1

Angebot
Kapitel 3.5

Die **Anbieter** möchten hingegen so viele Güter wie möglich zu einem hohen Preis verkaufen. Je höher der Preis eines Gutes ist, desto größer wird normalerweise die angebotene Menge sein. Denn der Anbieter bekommt so die Möglichkeit, höhere Gewinne zu erzielen. Sinken die Preise, verringern die Anbieter ihre Angebotsmenge. Die Anbieter erwarten weniger Gewinn und wollen darum ihre Produktionskosten vermindern. Auf dem Markt kommt es zum Wettbewerb bzw. zur Konkurrenz, wenn es mehrere Anbieter desselben Gutes gibt. Anbieter, die ihre Ressourcen effizienter nutzen und geringere Produktionskosten haben, können sich auf dem Markt behaupten. Anbieter, die dagegen hohe Kosten haben, werden über kurz oder lang vom Markt verschwinden und ggf. durch neue Anbieter ersetzt.

Wettbewerb
Kapitel 3.10 und 3.13

Auf dem Markt bilden sich durch die Nachfrage und durch das Angebot die Preise der Güter. Neben der Preisbildungsfunktion kommen dem Markt noch eine Versorgungs-, eine Koordinations- und eine Verteilungsfunktion zu.

Funktionen des Marktes

Preisbildungsfunktion	Versorgungsfunktion	Koordinationsfunktion	Verteilungsfunktion
Beim Austausch von Gütern bilden sich durch Angebot und Nachfrage auf dem Markt die Preise. Die Preise werden dabei i. d. R. durch die Knappheit, die Nützlichkeit der Güter und die Marktstellung der Marktteilnehmer bestimmt.	In einer arbeitsteiligen Wirtschaft soll der Markt für die bestmögliche Versorgung der Bevölkerung mit Gütern sorgen.	Anbieter und Nachfrager reagieren auf Preissignale unterschiedlich, z. B. erhöhen Anbieter bei steigenden Preisen ihr Angebot, Nachfrager hingegen vermindern ihre Nachfrage. Auf dem Markt werden Angebot und Nachfrage zusammengeführt und zum Ausgleich gebracht.	Der Markt regelt auch die optimale Verteilung der Güter. Die Bereitschaft der Nachfrager, ein Gut zu einem bestimmten Preis zu kaufen, hängt u. a. von ihrer Kaufkraft und ihren Bedürfnissen ab.

Marktwirtschaft
Kapitel 5.2.2–5.2.3

In der Marktwirtschaft spielt die Preisbildungsfunktion eine zentrale Rolle. Denn der Preis lenkt direkt oder indirekt das gesamte Wirtschaftsgeschehen.

3.3 Marktarten

In der Realität gibt es nicht nur einen Markt, sondern eine Vielzahl von Märkten. Sie lassen sich nach unterschiedlichen Kriterien ordnen. Nachfolgend werden die wichtigsten Ordnungskriterien genannt und anhand von Beispielen beschrieben.

Unterscheidung der Märkte nach zeitlichen Kriterien: Märkte finden unterschiedlich häufig statt. Es gibt Märkte, die täglich (z. B. Wertpapier- oder Rohstoffbörsen), wöchentlich (z. B. Wochenmarkt), monatlich (z. B. Flohmarkt) oder nur saisonal (z. B. Weihnachtsmarkt) stattfinden.

Unterscheidung der Märkte nach räumlichen Kriterien: Märkte finden in unterschiedlich großen geografischen Bereichen statt. Es gibt Märkte, die örtlich (z. B. Hamburger Fischmarkt), regional (z. B. Wohnungsmarkt in Nordrhein-Westfalen), national (z. B. Arbeitsmarkt in Deutschland) oder international (z. B. Handel zwischen verschiedenen Staaten) stattfinden.

Unterscheidung der Märkte nach dem Organisationsgrad: Märkte können organisiert, weniger organisiert oder gar nicht organisiert sein. Bei stark organisierten Märkten verläuft das Marktgeschehen nach festen Regeln, an einem zentralen Ort und zu einer bestimmten Zeit (z. B. Auktionen, Börsen). Angebot und Nachfrage werden dort zusammengebracht. Häufig sind Märkte aber weniger oder gar nicht organisiert. In Ladengeschäften treffen beispielsweise Angebot und Nachfrage zufällig aufeinander.

Unterscheidung der Märkte nach der gehandelten Leistung: Auf Märkten können bereits fertig produzierte Güter (Gütermarkt) oder die zur Produktion von Gütern benötigten Produktionsfaktoren (Faktormarkt) gehandelt werden. Die klassischen drei Produktionsfaktoren sind: Arbeit, Boden, Kapital. Zum **Faktormarkt** gehören somit der Arbeitsmarkt (Arbeitsleistung wird gegen Entgelt gehandelt), der Immobilienmarkt (Grundstücke und Gebäude werden gehandelt) und der Geld-/Kapitalmarkt (kurzfristige und langfristige Kredite werden gehandelt). Auf dem **Gütermarkt** werden Sachgüter und immaterielle Güter wie Dienstleistungen und Rechte gehandelt.

Produktionsfaktoren
Kapitel 1.7

Arbeitsmarkt
Kapitel 8.8

Güterarten
Kapital 1.9

Unterscheidung der Märkte nach dem Marktzutritt: Märkte lassen sich nach dem Umfang der Marktzutrittsmöglichkeiten in offene, beschränkte oder geschlossene Märkte unterteilen. Auf offenen Märkten haben Anbieter und Nachfrager freien Marktzutritt, sodass jederzeit neue Wettbewerber hinzukommen können. Müssen die Marktteilnehmer aber bestimmte Voraussetzungen, z. B. staatliche **Konzessionen** mitbringen, um am Marktgeschehen teilnehmen zu können, wird von beschränkten Märkten gesprochen. Ein Beispiel hierfür ist der Telekommunikationsmarkt. Bei geschlossenen Märkten ist der Marktzutritt nur einem bestimmten Nachfrager-/Anbieterkreis vorbehalten, z. B. auf Fachmessen oder wenn Patentrechte einen entsprechenden Schutz gewähren.

Konzession
Verleihung eines Nutzungsrechts durch den Staat

Unterscheidung der Märkte nach der Interaktion zwischen Anbietern und Nachfragern: Märkte lassen sich auch danach unterscheiden, ob Anbieter und Nachfrager auf direktem Wege miteinander interagieren (lineare Interaktion) oder ob die Nachfrager auf einer digitalen Plattform viele verschiedene Produkte und Anbieter finden (Plattformökonomie).

Plattformökonomie
Kapitel 3.13.5

Unterscheidung der Märkte nach der Marktposition der Marktteilnehmer: Wenn auf einem Markt die Verkäufer eine große Verhandlungsmacht haben, wird von einem **Verkäufermarkt** gesprochen: Einem knappen Angebot steht eine große Nachfrage gegenüber. Diese Situation gab es vor allem nach dem Zweiten Weltkrieg, denn es gab nur wenige Güter im Angebot, aber eine große Nachfrage (Nachfrageüberhang). Auf einem **Käufermarkt** hingegen hat der Käufer eine große Verhandlungsmacht. Die Nachfrage wird hier vom sehr großen und vielfältigen Angebot überstiegen (Angebotsüberhang). Der Anbieter ist also in einer schwächeren Position, da er mit vielen Wettbewerbern um die Gunst der Käufer buhlt.

Nachfrageüberhang
Kapitel 3.6.1

Angebotsüberhang
Kapitel 3.6.1

Unterscheidung der Märkte nach ökonomischen Annahmen: In der Volkswirtschaftslehre wird häufig die Annahme zugrunde gelegt, dass Märkte in einer Marktwirtschaft nach dem **Modell des vollkommenen Marktes** funktionieren. Ein vollkommener Markt hat folgende Merkmale:

Marktwirtschaft
Kapitel 5.2.2

Denken in Modellen
Kapitel 1.4.2

- **Vollständige Markttransparenz:** Alle Marktteilnehmer besitzen eine umfassende und komplette Marktübersicht, d. h., alle Marktbedingungen wie Qualität, Lieferbedingungen, Mengen, Preise usw. sind jedem Marktteilnehmer bekannt.
- **Homogenität der Güter:** Die gehandelten Güter sind identisch. Hinsichtlich Qualität, Ausstattung, Farbe, Geruch, Verpackung, Service, Garantieleistungen usw. gibt es keine Unterschiede.
- **Fehlen von zeitlichen Unterschieden:** Alle Anbieter liefern zum gleichen Zeitpunkt, räumen allen Kunden die gleichen Zahlungsfristen ein, machen keine Unterschiede bei den Garantiezeiten usw.
- **Fehlen von räumlichen Unterschieden:** Alle Marktteilnehmer befinden sich zum gleichen Zeitpunkt an einem Ort oder die Entfernung zu allen Marktpartnern ist gleich groß. Es besteht kein Unterschied in der räumlichen Erreichbarkeit.
- **Fehlen von räumlichen, zeitlichen und persönlichen Präferenzen:** Da es zwischen den Anbietern keine räumlichen und zeitlichen Unterschiede gibt, gibt es bei den Käufern auch keine entsprechenden Präferenzen. Außerdem gibt es keine persönlichen Vorlieben oder Abneigungen gegenüber den Anbietern, z. B. wird ein Gut nicht deshalb bevorzugt gekauft, weil ein Anbieter besonders freundlich ist. Kaufentscheidungen werden vollkommen rational getroffen: Das einzig entscheidende Kriterium ist der Preis.

Sind alle Merkmale eines vollkommenen Marktes gegeben, kann sich für ein Gut **nur ein Preis** bilden (Gesetz der Unterschiedslosigkeit des Preises).

Ist dagegen eine der genannten Bedingungen nicht erfüllt, so wird von einem **unvollkommenen Markt** gesprochen. Auf unvollkommenen Märkten existieren verschiedene Preise nebeneinander; das Prinzip der Preiseinheitlichkeit ist also aufgehoben. In der Realität sind solche Märkte der Normalfall.

Obwohl in der Realität vollkommene Märkte nicht in Reinform existieren, sind die Modellannahmen des vollkommenen Marktes und damit die Vorstellungen der idealen Preisbildung ein geeignetes Instrument zur Analyse des Marktgeschehens. Von diesem einfachen Modell ausgehend, können dann auch Marktsituationen analysiert werden, bei denen einzelne Bedingungen nicht erfüllt sind. In den nachfolgenden Abschnitten werden die Modellannahmen des vollkommenen Marktes zugrunde gelegt.

3.4 Die Nachfrage

3.4.1 Die Nachfragekurve

In der Regel ist es so, dass die Nachfrage nach einem Gut steigt, wenn der Preis sinkt. Steigt der Preis eines Gutes, dann sinkt die Nachfrage. Dieses Verhalten wird als das **Gesetz der Nachfrage** bezeichnet. Das Gesetz gilt allerdings nur dann, wenn alle anderen Einflüsse auf die Nachfrage unverändert bleiben, das heißt, wenn u.a. die Preise ähnlicher Güter oder das Einkommen der Käufer unverändert bleiben.

Das Verhalten der Nachfrager lässt sich durch die **Nachfragekurve (N)** in einem **Preis-Mengen-Diagramm** veranschaulichen. Im Koordinatensystem wird dazu auf der horizontalen Achse (x-Achse) die Menge des Gutes abgetragen und auf der vertikalen Achse (y-Achse) der Preis des Gutes.

BEISPIEL

Die Nachfragekurve für Kartoffeln auf dem Wochenmarkt in Dortmund ergibt sich aus folgender Tabelle.

Preis in €	Menge in kg
1,00	2,0
2,00	1,5
3,00	1,0
4,00	0,5

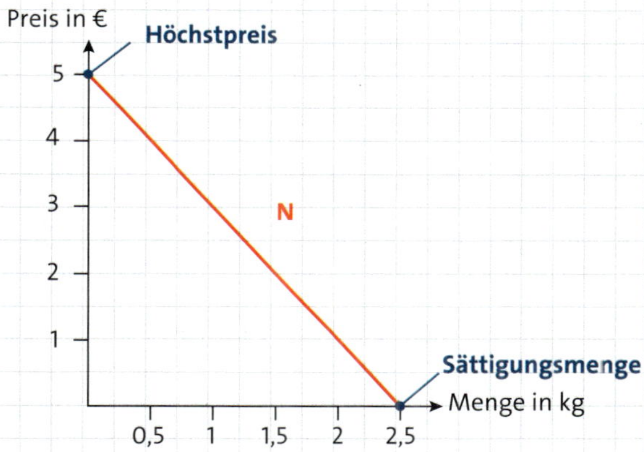

Bei einem Preis von 2,00 Euro werden 1,5 kg Kartoffeln nachgefragt, bei einem Preis von 4,00 Euro hingegen nur noch 0,5 kg. Bei einem niedrigen Preis kaufen die Kunden also mehr Kartoffeln als bei einem hohen Preis. Erhöht sich der Preis, so wandert man auf der Nachfragekurve nach links. Sinkt der Preis, so wandert man auf der Nachfragekurve nach rechts. Die Sättigungsmenge ist erreicht, wenn selbst bei kostenloser Abgabe die Nachfrage nicht weiter steigt. Der Höchstpreis ist erreicht, wenn die Nachfragemenge gegen null tendiert.

Die Nachfragekurve verläuft in der Regel von links oben nach rechts unten (fallend).

In der Realität wird die Nachfrage nach einem Gut nicht allein vom Preis, sondern noch von weiteren Faktoren beeinflusst:

- von der Höhe des verfügbaren Einkommens,
- von den Vorlieben der Nachfrager,
- von der Existenz und den Preisen ähnlicher Güter (Substitutionsgüter),
- von der Existenz und den Preisen ergänzender Güter (Komplementärgüter),
- von Mode- und Trenderscheinungen,
- von der Qualität der Güter,
- von der technischen Entwicklung,
- von den Zukunftserwartungen der Nachfrager.

Preisänderungen führen zu **Bewegungen auf der Nachfragekurve.** Veränderungen der oben genannten Einflussgrößen hingegen führen zu einer **Verschiebung der Nachfragekurve.** Wenn es zu einer Ausweitung der Nachfragemenge durch diese Faktoren kommt, verschiebt sich die Nachfragekurve nach rechts. Verringert sich hingegen die nachgefragte Menge, verschiebt sich die Nachfragekurve nach links.

BEISPIEL

Erhöht sich das Einkommen der Bevölkerung in einem Land, dann steigt tendenziell die Nachfrage nach Smartphones. Das höhere Einkommen verschiebt die Nachfragekurve nach rechts, weil zu jedem Smartphone-Preis eine höhere Menge nachgefragt wird. Die Nachfragekurve verschiebt sich ebenfalls nach rechts, wenn zusätzliche Nachfrager auf dem Smartphone-Markt auftreten (N_1).

Sinkt das Einkommen oder die Anzahl der Nachfrager, dann verschiebt sich die Nachfragekurve nach links, weil zu jedem Preis weniger Smartphones nachgefragt werden (N_2).

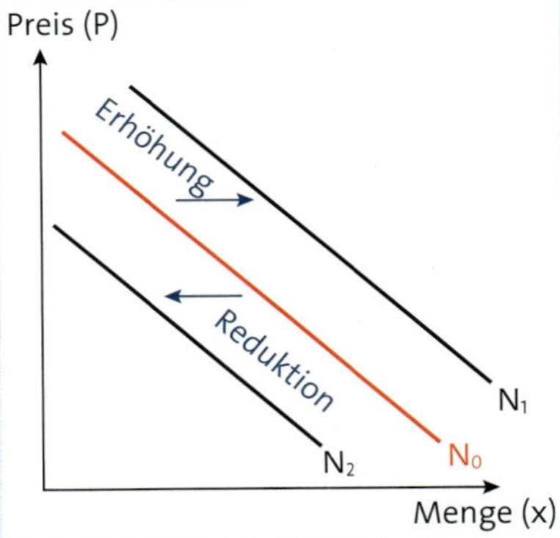

Einen **anormalen Verlauf** der Nachfragekurve bewirkt der sogenannte **Snob-Effekt.** Hier haben steigende Preise steigende Nachfragemengen zur Folge. Der Snob-Effekt spielt insbesondere bei Gütern eine Rolle, deren Marken im Bewusstsein der Verbraucher Statussymbole mit einem hohen Prestige sind. Sinken die Preise, so ist es weniger erstrebenswert, das Gut zu besitzen. Steigen die Preise, so wird mehr gekauft.

3.4.2 Die Preiselastizität der Nachfrage

Die Preiselastizität der Nachfrage ist eine **Kennzahl**, die ausdrückt, wie stark die Nachfrager auf Preisänderungen reagieren. Sie lässt sich berechnen, indem die prozentuale Nachfrageänderung für ein bestimmtes Gut durch die prozentuale Preisänderung dieses Gutes dividiert wird. Um eine positive Kennzahl zu erhalten, wird stets der Betrag des Ergebnisses verwendet.

$$\text{Preiselastizität der Nachfrage } (E_N) = \left| \frac{\text{Änderung der Nachfrage in \%}}{\text{Änderung des Preises in \%}} \right|$$

Die Nachfrage wird als **elastisch** bezeichnet, wenn Preisänderungen relativ große Mengenänderungen bewirken, also die Preiselastizität größer als 1 ist. Verändert sich die Nachfragemenge nach Preisänderungen kaum, wird hingegen von einer **unelastischen** Nachfrage gesprochen. Für die Preiselastizität gilt dann: $E_N < 1$.

Die Preiselastizität der Nachfrage hängt sehr stark von der Art der Güter ab. Bei Gütern, die dringend benötigt werden und für die keine Alternativen existieren, verändert eine Preiserhöhung die Nachfragemenge kaum (**unelastische Nachfrage**). Kann hingegen ein Gut durch ein anderes ersetzt werden, führt eine Preisänderung zu einer großen Nachfrageänderung (**elastische Nachfrage**).

Die folgenden beiden Abbildungen zeigen den **Verlauf der Nachfragekurve** bei einer **unelastischen Nachfrage** und einer **elastischen Nachfrage**.

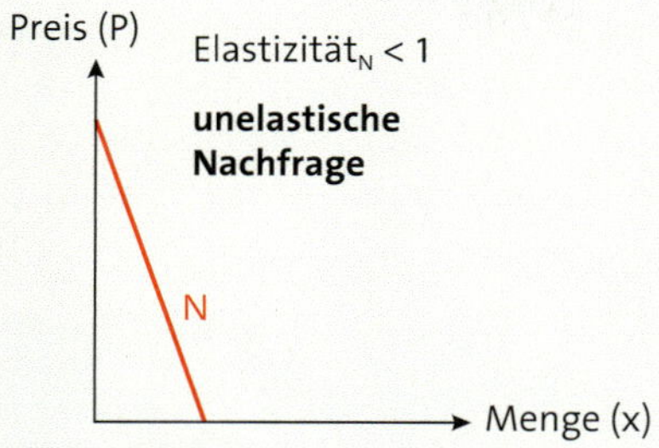

Bei einer unelastischen Nachfrage verläuft die **Nachfragekurve steil. Starke Preisänderungen** führen zu einer verhältnismäßig **geringen Änderung der nachgefragten Menge** (z. B. lebensnotwendige Güter). Für die Anbieter bedeutet dies, dass bei einer Preiserhöhung die Nachfrage annähernd gehalten und der Umsatz gesteigert werden kann.

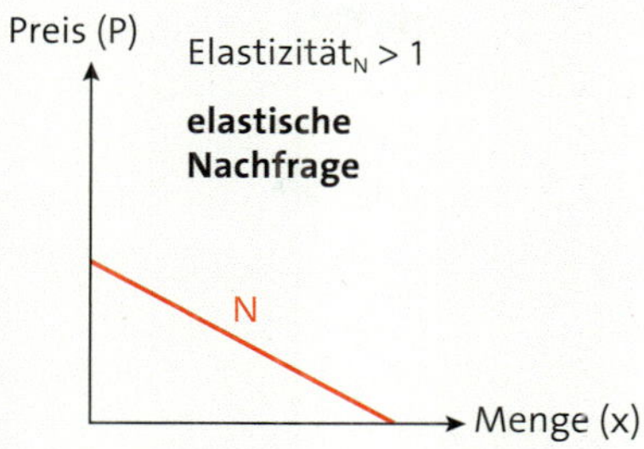

Bei einer elastischen Nachfrage verläuft die **Nachfragekurve flach. Starke Preisänderungen** führen zu einer verhältnismäßig **starken Änderung der nachgefragten Menge** (z. B. Luxusgüter). Für die Anbieter bedeutet dies, dass bei einer Preissenkung die Nachfrage erhöht und der Umsatz gesteigert werden kann.

Elastische Nachfrage

BEISPIEL

Die Preisforderung für Flachbildmonitore wird um 20 % von 500 Euro auf 400 Euro reduziert. Die Nachfrage erhöht sich um 100 %, d. h. von 10 000 Stück auf 20 000 Stück.

Preiselastizität der Nachfrage (E_N) = $\left| \frac{100\,\%}{-20\,\%} \right| = 5{,}0$

Die Preissenkungsstrategie der Anbieter wird „belohnt“. Die Umsätze steigen von 5 Mio. Euro auf 8 Mio. Euro. Umgekehrt wäre eine Erhöhung der Preise mit einem hohen Nachfragerückgang verbunden.

Unelastische Nachfrage

BEISPIEL

Der Preis pro Liter Heizöl steigt um 25 % von bisher 0,40 Euro auf 0,50 Euro. Die Verbraucher senken die Nachfrage um 10 %, d. h. von 5 000 Liter auf 4 500 Liter.

Preiselastizität der Nachfrage (E_N) = $\left| \frac{-10\,\%}{25\,\%} \right| = 0{,}4$

Aufgrund der unelastischen Nachfrage wird die erhöhte Preisforderung nicht „bestraft“. Die Umsätze steigen von 2 000 Euro auf 2 250 Euro. Umgekehrt würde sich eine Preissenkung nicht lohnen. Der negative Effekt der Preissenkung würde durch eine entsprechende Nachfrageerhöhung nicht ausgeglichen.

Bei **vollkommen elastischer Nachfrage** verläuft die Nachfragekurve parallel zur Mengenachse. Sie hat an jeder Stelle eine Elastizität von unendlich. Theoretisch würde bei einem gegebenen oder niedrigeren Preis eine unendliche Menge nachgefragt. Preiserhöhungen würden allerdings die Nachfrage sofort auf null sinken lassen. Die vollkommen elastische Nachfrage ist ein theoretischer Grenzfall und kommt in der Realität i. d. R. nicht vor. Jedoch gibt es gelegentlich Fälle, bei denen ein ungewöhnlich stark reduzierter Preis die Nachfrage nach einem Produkt zeitweise fast ins Unendliche treibt.

BEISPIEL

Im September 2018 bot eine Tankstelle im westpfälzischen Ort Kusel Benzin und Diesel zum Billigpreis von nur 99 Cent an. Der Grund: Wegen bevorstehender Umbaumaßnahmen mussten alle Tanks komplett geleert werden. Der Effekt waren 100 Meter lange Warteschlangen und ein Verkehrschaos in der Innenstadt – die Nachfrage schien ins Unendliche zu gehen. Binnen eines Tages verkaufte die Tankstelle 25 000 Liter Sprit.

Bei **vollkommen unelastischer Nachfrage** verläuft die Nachfragekurve parallel zur Preisachse. Sie hat an jeder Stelle eine Elastizität von null und jeder Preis ist durchsetzbar, da die Nachfrager ihre Kaufmenge nicht anpassen. Dies ist z. B. bei Gütern der Fall, die lebensnotwendig sind und für die es keine Ersatzgüter gibt.

BEISPIEL

Für lebensnotwendige Medikamente wie z. B. Insulin sind diejenigen, die darauf angewiesen sind, auch sehr hohe Preise zu zahlen bereit.

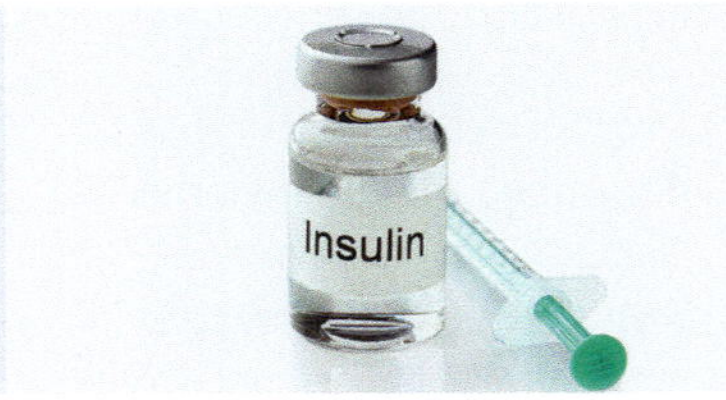

Die folgenden Abbildungen zeigen den **Verlauf der Nachfragekurve** bei einer **vollkommen elastischen Nachfrage** und einer **vollkommen unelastischen Nachfrage**.

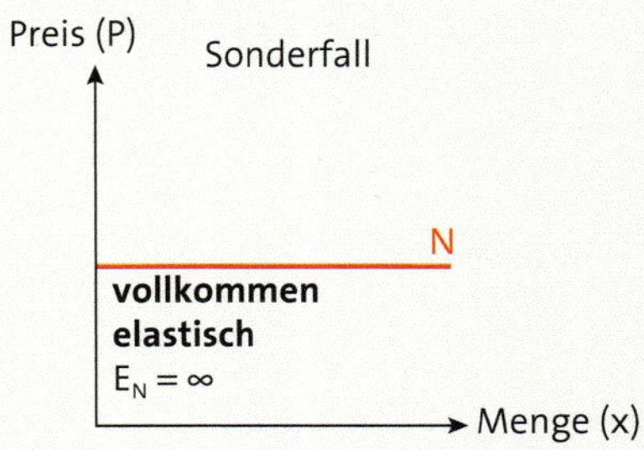

Eine Preisänderung führt zu einer unendlich starken Mengenänderung.

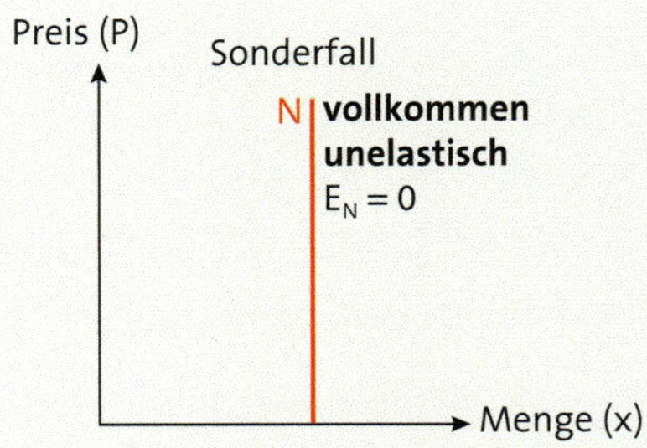

Eine Preisänderung bewirkt keine Mengenänderung.

3.5 Das Angebot

3.5.1 Die Angebotskurve

Die Anbieter legen fest, bei welchen Preisen sie sich mit welchen Angebotsmengen am Marktgeschehen beteiligen. Verkaufspreise und Verkaufsmengen bestimmen die Verkaufserlöse. Die Verkaufserlöse sollten zumindest kostendeckend sein und darüber hinaus Gewinne ermöglichen (Gewinnmaximierung). Die Anbieter folgen in der Regel dem **Gesetz des Angebots**: Sie erhöhen ihr Angebot, wenn sie bei sonst gleichen Bedingungen höhere Preise für ihr Produkt am Markt erzielen können. Umgekehrt sinkt die angebotene Menge eines Gutes, wenn der Preis für dieses Gut sinkt.

Die Beziehung zwischen Preis und angebotener Menge an Gütern lässt sich mit der **Angebotskurve (A)** in einem **Preis-Mengen-Diagramm** abbilden.

BEISPIEL

Die Angebotskurve für Kartoffeln auf dem Dortmunder Wochenmarkt ergibt sich aus folgender Tabelle.

Preis in €	Menge in kg
1,00	0,50
2,00	1,50
3,00	2,50
3,50	3,00

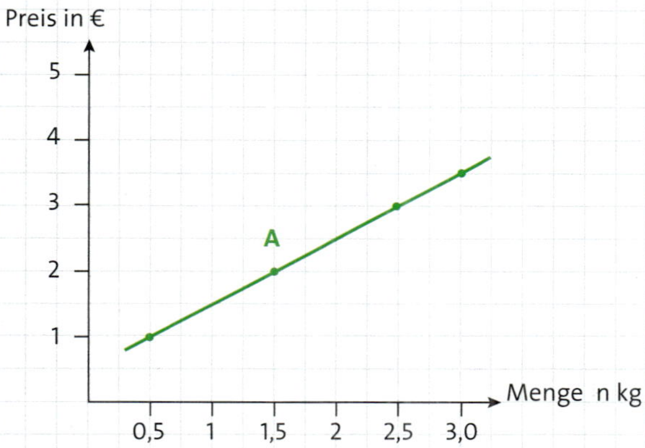

Die Verkäufer bieten mehr Kartoffeln an, wenn der Preis steigt.

In der Realität werden die Angebotsmengen von Gütern nicht allein vom Preis, sondern noch von weiteren Faktoren beeinflusst:

- von der Höhe der Produktionskosten und der Verfügbarkeit der benötigten Produktionsfaktoren,
- von der Zielsetzung der Anbieter (Umsatz- und Gewinnmaximierung),
- von der Wettbewerbssituation auf dem Absatzmarkt (Marktform),
- von den Preisen der Konkurrenz,
- von der Nachfragesituation,
- von gesetzlichen Vorgaben des Staates,
- von der Konjunkturlage,
- vom technischen Fortschritt.

Produktionsfaktoren
Kapitel 1.7

Marktform
Kapitel 3.10

Konjunktur
Kapitel 6.2.2

Veränderungen der oben genannten Einflussgrößen führen zu einer **Verschiebung der Angebotskurve**. Wenn es zu einer Ausweitung der Angebotsmenge durch diese Faktoren kommt, verschiebt sich die Angebotskurve nach **rechts**. Verringert sich hingegen die angebotene Menge, verschiebt sich die Angebotskurve nach **links**.

3.5.2 Die Preiselastizität des Angebots

Die Preiselastizität des Angebots ist eine **Kennzahl**, die ausdrückt, wie sich Preisänderungen auf die Angebotsmenge auswirken. Sie lässt sich berechnen, indem die prozentuale Angebotsmengenänderung für ein bestimmtes Gut durch die prozentuale Preisänderung dieses Gutes dividiert wird. Um eine positive Kennzahl zu erhalten, wird stets der Betrag des Ergebnisses verwendet.

$$\text{Preiselastizität des Angebots } (E_A) = \left| \frac{\text{Änderung der Angebotsmenge in \%}}{\text{Änderung des Preises in \%}} \right|$$

Wenn die Preise steigen und die Anbieter problemlos in der Lage sind, ihr Angebot auszudehnen, fällt die Änderung der angebotenen Menge größer aus als die Preisänderung. In diesem Fall reagiert das Angebot **elastisch** auf die Preisänderunge ($E_A > 1$).

Lässt sich das Angebot bei steigenden Preisen nur mit Mühe ausdehnen, fällt die Änderung der angebotenen Menge geringer aus als die Preisänderung ($E_A < 1$). In diesem Fall reagiert das Angebot **unelastisch** auf die Preisänderung..

Bei einem **vollkommen elastischen Angebot** verläuft die Angebotskurve parallel zur Mengenachse. Sie hat an jeder Stelle eine Elastizität von unendlich ($E_A = \infty$). Die angebotene Menge reduziert sich auf null, wenn es zu Preissenkungen kommt.

Bei einem **vollkommen unelastischen Angebot** verläuft die Angebotskurve parallel zur Preisachse. Sie hat an jeder Stelle eine Elastizität von null ($E_A = 0$). Die angebotenen Mengen bleiben unabhängig vom Preis immer gleich.

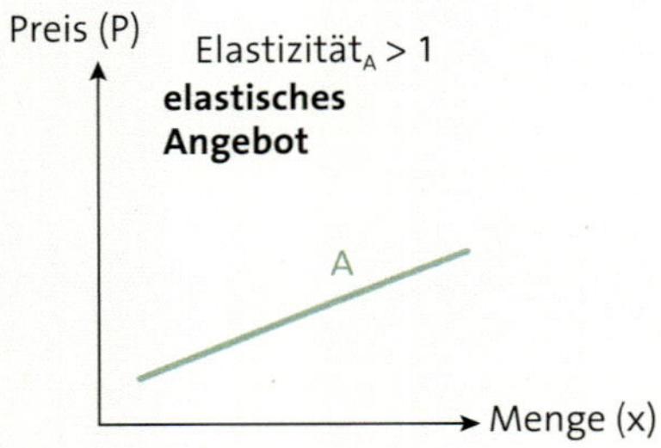

Bei einem elastischen Angebot ist die Neigung der **Angebotskurve flach**. **Kleine Preisänderungen** führen zu **großen Mengenänderungen**.

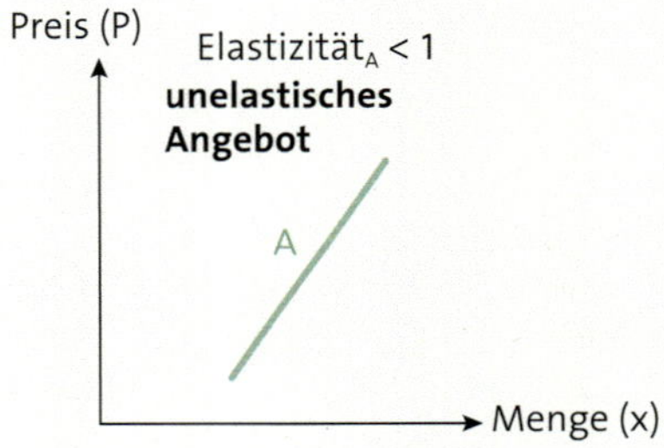

Bei einem unelastischen Angebot ist die Neigung der **Angebotskurve steil**. **Große Preisänderungen** führen zu nur **geringen Mengenänderungen**.

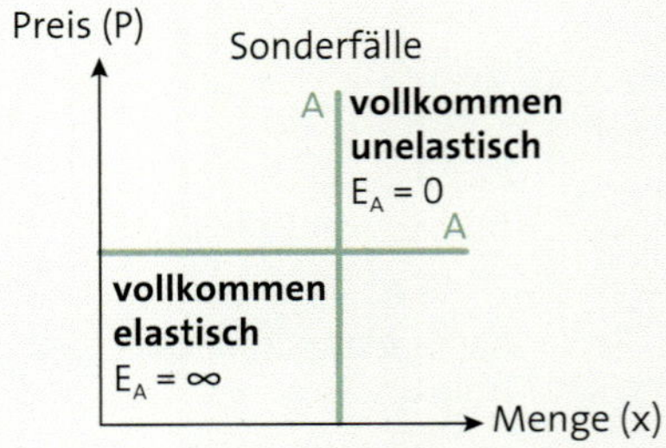

Bei einem **vollkommen unelastischen Angebot** zeigt sich eine **senkrechte Angebotskurve**. Unabhängig vom Preis wird immer die gleiche Menge angeboten (z. B. Unikate).
Bei einem **vollkommen elastischen Angebot** zeigt sich eine **waagerechte Angebotskurve**. Jede Preissenkung reduziert die angebotene Menge auf null. In der Realität ist dieser Verlauf eher nicht zu finden.

3.6 Preisbildung auf vollkommenen Märkten im Polypol

3.6.1 Gleichgewichtspreis und Gleichgewichtsmenge

Das nachfolgend dargestellte Zusammenspiel von Angebot und Nachfrage beruht auf dem **Modell der vollständigen Konkurrenz**. Dieses Modell ist dadurch gekennzeichnet, dass sich auf einem **vollkommenen Markt** unendlich viele Anbieter und unendlich viele Nachfrager gegenüberstehen (**Polypol**). Weder Anbieter noch Nachfrager haben spürbaren Einfluss auf das Marktgeschehen, sie nehmen den vom Markt gegebenen Preis hin und können diesen nicht beeinflussen.

vollkommener Markt
Kapitel 3.3

Polypol
Kapitel 3.10 und 3.11.1

Werden nun die Nachfragekurve und die Angebotskurve aus den vorangegangenen Beispielen in einem Preis-Mengen-Diagramm zusammengeführt, schneiden sich die Kurven in einem gemeinsamen Punkt. Dieser Schnittpunkt stellt das **Marktgleichgewicht** dar. Der im Gleichgewicht herrschende Preis wird als **Gleichgewichtspreis** (Marktpreis) bezeichnet, und die abgesetzte Menge wird **Gleichgewichtsmenge** (Marktmenge) genannt. Im Marktgleichgewicht können alle Anbieter ihre gesamten Güter absetzen und alle Nachfrager können ihre Kaufwünsche erfüllen.

BEISPIEL

Auf dem Kartoffelmarkt in Dortmund ergibt sich bei 1,5 kg Kartoffeln ein Gleichgewichtspreis von 2,00 Euro. Die gesamte nachgefragte Menge entspricht in diesem Punkt der angebotenen Menge.

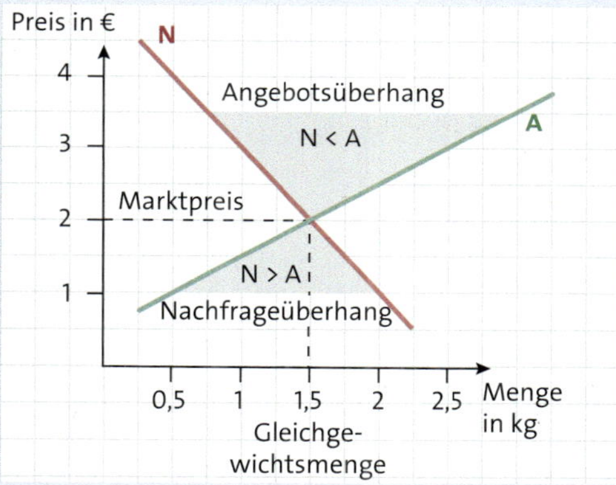

Bei Preisen ober- und unterhalb des Gleichgewichtspreises ergibt sich ein **Marktungleichgewicht** in Form eines Angebots- oder eines Nachfrageüberhangs. Es kommt zu einem **Anpassungsprozess**, sodass durch die Kräfte des Marktes der Preis und die Menge immer wieder zum Marktgleichgewicht zurückkehren.

Ein **Angebotsüberhang** liegt vor, wenn das Angebot die Nachfrage übersteigt. In diesem Fall können die Anbieter nicht alle Güter verkaufen, da ihre Preise zu hoch sind. Die Nachfrager haben die bessere Verhandlungsposition und somit die größere Marktmacht. Es liegt also ein **Käufermarkt** vor. Beim Angebotsüberhang sinken i. d. R. die Preise und die Güterproduktion wird verringert, sodass das Marktgleichgewicht wiederhergestellt wird. Bei einem **Nachfrageüberhang** ist die Nachfrage höher als das Angebot, da die Preise für ein Marktgleichgewicht zu niedrig sind. Die Nachfrager können die von ihnen gewünschten Mengen nicht am Markt erwerben. In diesem Fall liegt die größere Macht bei den Anbietern, weshalb auch von einem **Verkäufermarkt** gesprochen wird. Beim Nachfrageüberhang wird das Marktgleichgewicht durch steigende Preise und höhere Güterproduktion wiederhergestellt.

Angebotsüberhang
Nachfragelücke

Käufermarkt
Kapitel 3.3

Nachfrageüberhang
Angebotslücke

Verkäufermarkt
Kapitel 3.3

3.6.2 Konsumenten- und Produzentenrente

Der normale Verlauf der Nachfragekurve zeigt, dass einige Nachfrager bereit sind, auch über dem Gleichgewichtspreis zu kaufen. Entweder ziehen sie einen besonders hohen Nutzen aus dem Gut oder sie verfügen über eine entsprechende Kaufkraft. Jeder Nachfrager legt für sich individuell den höchsten denkbaren Preis für ein Gut fest. Dieser Preis kann auch als **maximale Zahlungsbereitschaft** des Nachfragers bezeichnet werden.

Liegt der tatsächliche Marktpreis für ein Gut unter der maximalen Zahlungsbereitschaft, so profitieren diese Nachfrager von der Marktsituation. Sie müssen weniger zahlen, als sie bereit gewesen wären zu zahlen. Diese Differenz zwischen der maximalen Zahlungsbereitschaft eines Nachfragers und dem Marktpreis wird als **Konsumentenrente** bezeichnet. Entspricht der Marktpreis genau der maximalen Zahlungsbereitschaft der Nachfrager, so entscheiden sie sich ebenfalls für den Kauf. Sie gelten in diesem Fall als **Grenznachfrager**. Bei einem höheren Marktpreis würde kein Kauf zustande kommen.

BEISPIEL

In einem Trampolinpark wird am Kiosk 1 Liter Mineralwasser für 3,00 Euro (Gleichgewichtspreis) angeboten. Nach einer Stunde Trampolinspringen wäre Tim bereit gewesen, 4,00 Euro zu bezahlen, seine Freundin Susi hätte sogar 5,00 Euro dafür gezahlt. Die Konsumentenrente von Tim beträgt 1,00 Euro und die von Susi 2,00 Euro.

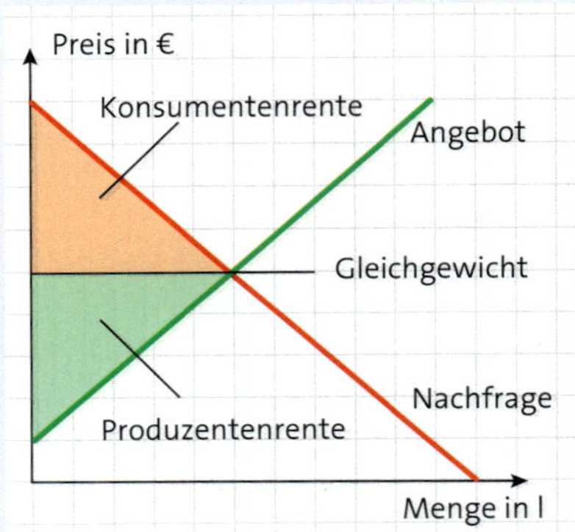

Das Gegenstück zur Konsumentenrente bildet die **Produzentenrente**. Der normale Verlauf der Angebotskurve zeigt, dass einige Anbieter bereit sind, unter dem Gleichgewichtspreis zu verkaufen. Jeder Anbieter legt für sich eine **unterste Preisgrenze** (Mindestpreis) fest, zu der er gerade noch bereit ist, am Markt zu verkaufen.

Liegt der Marktpreis unter dem individuellen Mindestpreis, so ziehen die Anbieter ihre Angebote zurück. Liegt der tatsächliche Marktpreis für ein Gut über der untersten Preisgrenze, so profitieren diese Anbieter von der Marktsituation. Sie erhalten mehr Einnahmen, als sie erwartet haben, da sie auch zu einem niedrigeren Marktpreis verkauft hätten. Die Differenz zwischen dem Marktpreis und der untersten Preisgrenze wird als **Produzentenrente** bezeichnet. Entspricht der Marktpreis genau der untersten Preisgrenze der Anbieter, so verkaufen sie ebenfalls. Sie gelten in diesem Fall als **Grenzanbieter**. Bei einem niedrigeren Marktpreis würde kein Verkauf zustande kommen.

BEISPIEL

Produzent Meier-Milch verkauft einen Liter seiner Milch für 1,49 Euro. Sein Konkurrent Frischeglück ist bereit, den Liter zu 1,09 Euro zu verkaufen, da seine Herstellungskosten niedriger ausfallen. Der Marktpreis liegt bei 1,49 Euro. Frischeglück erhält somit eine Produzentenrente von 0,40 Euro pro Liter.

3.6.3 Funktionen des Gleichgewichtspreises

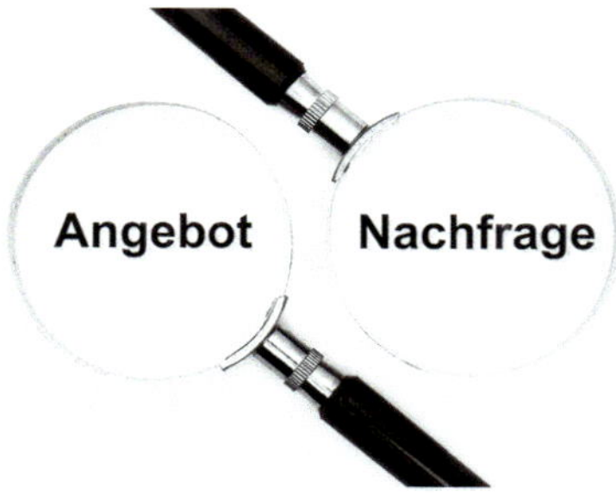

In der Marktwirtschaft hat der Preis die Aufgabe, Angebot und Nachfrage zum Ausgleich zu bringen. Dem Gleichgewichtspreis bei vollständiger Konkurrenz werden folgende Funktionen zugeschrieben:

- **Lenkungs- oder Allokationsfunktion:** Der Preis sorgt dafür, dass das Angebot und somit die Produktionsfaktoren auf den Markt gelangen, wo sie am dringendsten benötigt werden.
- **Signal- oder Informationsfunktion:** Der Preis informiert über die Knappheit eines Gutes. Steigt der Preis für ein Gut, so ist die Nachfrage bei gleichbleibendem Angebot gestiegen oder das Angebot bei gleichbleibender Nachfrage gesunken. In beiden Fällen ist das Gut knapp.
- **Ausgleichs- oder Koordinationsfunktion:** Der Preis führt dazu, dass der Markt „geräumt" wird: Alle Anbieter, die zum Gleichgewichtspreis anbieten, und alle Nachfrager, die zum Gleichgewichtspreis kaufen wollen, kommen zum Zug. Anbieter, die einen höheren Preis erzielen wollen, und Nachfrager, die nur einen niedrigeren Preis zahlen wollen, gehen leer aus.
- **Erziehungsfunktion:** Der Preis „erzieht" die Anbieter, ihre Produktionskosten zu senken, um einträglich arbeiten zu können (Gewinnmaximierung). Zugleich „erzieht" er die Nachfrager, mit knappen Gütern sparsam umzugehen (Nutzenmaximierung).

BEISPIEL

- Lenkungs- oder Allokationsfunktion: Kurz vor den IHK-Abschlussprüfungen können Nachhilfeanbieter mit Prüfungsvorbereitungskursen höhere Preise erzielen als mit „normalen" Kursen.
- Signal- oder Informationsfunktion: In der Hauptsaison sind Ferienwohnungen an der Nordsee deutlich teurer als in der Vor- oder Nachsaison, da die Nachfrage in der Hauptsaison sehr hoch ist.
- Ausgleichs- oder Koordinationsfunktion: Der Preis gleicht Angebot und Nachfrage aus. Erdbeeren werden bei einem hohen Preis weniger nachgefragt als bei einem niedrigen.
- Erziehungsfunktion: Unternehmen führen Arbeitsablauf- und Arbeitszeitstudien durch, um ihre Arbeitskräfte effizienter einsetzen zu können. Die Konsumenten ersetzen Butter durch Margarine, wenn der Preis für Butter stark steigt.

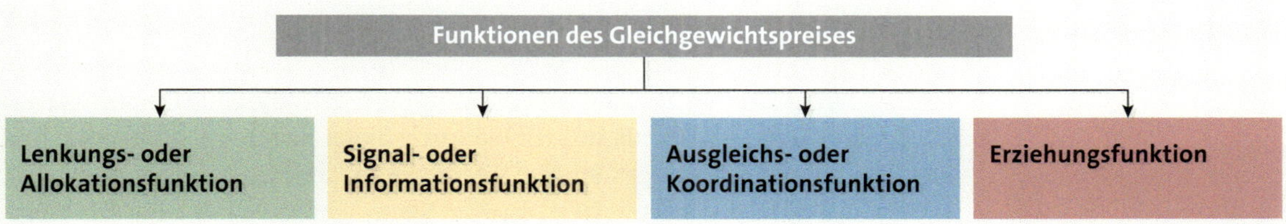

Wenn bei vollständiger Konkurrenz das Marktgleichgewicht erreicht ist, gibt es keine andere Preis-Mengen-Kombination mehr, bei der die Produktion effizienter wäre und die Bedürfnisse der Konsumenten besser befriedigt würden. Diese Situation wird als **Pareto-Optimum** bezeichnet: Es ist nicht möglich, die Wohlfahrt eines Individuums zu erhöhen, ohne die Wohlfahrt eines anderen Individuums zu vermindern.

Das Pareto-Kriterium geht auf den Ökonomen Vilfredo Pareto (1848–1923) zurück.

3.7 Marktversagen

Eine Grundidee der Marktwirtschaft ist, dass das „freie Spiel der Kräfte“ zu einer maximal effizienten Güterproduktion und -verteilung führt. In der Realität wird dieses optimale Ergebnis aber nicht immer erreicht. Wenn bestimmte Bedingungen nicht erfüllt sind, kann es sogar zu ausprägten Formen von **Marktversagen** kommen, die staatliche Eingriffe erforderlich machen.

Marktversagen bei Wettbewerbsbeschränkungen

Eine wichtige Voraussetzung für eine effiziente Güterproduktion und -verteilung ist ein funktionsfähiger Wettbewerb, bei dem verschiedene Anbieter um den Kunden konkurrieren. Auf einem freien Markt kann es jedoch zu erheblichen Beeinträchtigungen des Wettbewerbs kommen:

Preisabsprachen im Oligopol **Kapitel 3.11.2**

Kartelle **Kapitel 3.12.1 und 3.13.2**

Fusionen **Kapitel 3.12.2 und 3.13.2**

marktbeherrschende Stellung **Kapitel 3.13.2**

Monopol **Kapitel 3.11.3**

- Vor allem in einem Oligopol können Anbieter leicht versucht sein, durch Preis-, Mengen- und andere Absprachen – sogenannte **Kartelle** – den Wettbewerb außer Kraft zu setzen.
- Es kann auch passieren, dass Unternehmen z.B. durch Fusionen eine marktbeherrschende Stellung erreichen und diese **Marktmacht** dann missbrauchen.
- Eine weitere Form von Marktversagen ist das sogenannte **natürliche Monopol**. Es existiert vor allem auf sogenannten Netzmärkten, wie z.B. der Wassersorgung, der Telekommunikation und dem Schienenverkehr. Die Fixkosten für den Aufbau und die Instandhaltung der Netze sind sehr hoch, während die variablen Kosten vergleichsweise gering sind. Die Folge ist ein erschwerter Marktzutritt für potenzielle Konkurrenten.

Gesetz gegen Wettbewerbsbeschränkungen **Kapitel 3.13.2**

Bundeskartellamt **Kapitel 3.13.1**

Wo der Marktmechanismus keinen funktionsfähigen Wettbewerb sichern kann, ist es eine ordnungspolitische Aufgabe des Staates, Wettbewerbsbeschränkungen durch entsprechende Gesetze (z.B. das Gesetz gegen Wettbewerbsbeschränkungen) und Behörden (z.B. das Bundeskartellamt und die Bundesnetzagentur) zu verhindern.

Marktversagen bei externen Effekten

Ein negativer externer Effekt: Lkw-Abgase

Der Marktmechanismus gewährleistet nur dann ein optimales Ergebnis, wenn es keine externen Effekte gibt. In der Realität kommen **negative** oder **positive externe Effekte** aber häufig vor. Sie sind dann gegeben, wenn die Handlungen von Marktteilnehmern schädliche oder nützliche Auswirkungen auf unbeteiligte Personen haben, ohne dass es zu Ausgleichszahlungen zwischen den Verursachern und den Geschädigten bzw. Nutznießern kommt. Negative externe Effekte entstehen z.B. durch den Gütertransport per Lkw: Durch die Belastung der Straßen und die Verschmutzung der Luft verursacht er hohe Kosten, die aber nicht von den Verursachern, sondern von der Allgemeinheit getragen werden müssen.

Bei negativen externen Effekten liegt die ordnungspolitische Aufgabe des Staates darin, für eine weitestmögliche **Internalisierung** dieser Effekte zu sorgen. So können z.B. die externen Kosten des Straßengüterverkehrs per Mineralölsteuer oder Lkw-Maut so weit internalisiert werden, dass die Verursacher sie in ihre Preiskalkulation einbeziehen müssen und gegebenenfalls auf andere Verkehrsträger ausweichen.

Ein öffentliches Gut: Straßenbeleuchtung

Marktversagen bei öffentlichen Gütern

In engem Zusammenhang mit der Problematik der externen Effekte steht das Marktversagen bei öffentlichen Gütern. **Private Güter** (z.B. Kleidung) sind durch zwei Prinzipien gekennzeichnet: das **Prinzip der Ausschließbarkeit** und das **Prinzip der Rivalität im Konsum**.

Wer die Eigentumsrechte z. B. an einer Hose besitzt, kann andere von deren Konsum ausschließen (Prinzip der Ausschließbarkeit). Außerdem kann die Hose nicht von mehreren Individuen gleichzeitig genutzt werden (Prinzip der Rivalität im Konsum). Bei **reinen öffentlichen Gütern** (z. B. Straßenbeleuchtung, Straßenreinigung, Deiche, Landesverteidigung) sind diese beiden Prinzipien außer Kraft gesetzt: Die Straßenbeleuchtung kommt nicht nur einem, sondern allen Anwohnern zugute (**Prinzip der Nicht-Ausschließbarkeit**) und sie kann ohne Beeinträchtigungen von vielen Individuen gleichzeitig genutzt werden (**Prinzip der Nicht-Rivalität**). Wenn niemand von der Nutzung eines Gutes ausgeschlossen werden kann, begünstigt dies **Trittbrettfahrerverhalten:** Viele Menschen nutzen das Gut, ohne dafür zu bezahlen. Die Folge ist, dass sich auf dem freien Markt keine oder nicht genug Anbieter für das Gut finden (Marktversagen). Deshalb werden öffentliche Güter im Regelfall vom Staat bereitgestellt und durch Steuereinnahmen finanziert.

Wenn von einem öffentlichen Gut (z. B. einem Feuerwerk) Personen profitieren, die nicht dafür bezahlt haben, liegt ein **positiver externer Effekt** vor, d. h. ein Nutzen, der nicht vergütet wird.

Eine gesellschaftliche Ressource: Fische im Meer

Als **unreine öffentliche Güter** oder **gesellschaftliche Ressourcen** werden Güter bezeichnet, von deren Konsum zwar niemand ausgeschlossen werden kann, bei denen es aber durchaus eine Rivalität im Konsum gibt. Dies sind z. B. Straßen, sauberes Wasser und saubere Luft, die Fischbestände im Meer und die Wildtierbestände im Wald. Bei der Nutzung solcher Güter kann es zu negativen externen Effekten (Staus, Wasser- und Luftverschmutzung, Überfischung, Artensterben) kommen. Hier ist es Aufgabe des Staates, die **Übernutzung** solcher Güter zu verhindern (durch Internalisierung der externen Kosten sowie durch Gebote und Verbote).

Ein Beispiel für asymmetrische Information: der Gebrauchtwagenmarkt

Marktversagen bei asymmetrischer Information

Eine vollkommene Markttransparenz ist in der Realität kaum jemals gegeben. Im Normalfall hat der Nachfrager eines Gutes aber genug Anhaltspunkte, um dessen Qualität einigermaßen einzuschätzen zu können. In vielen Branchen bilden sich deshalb unterschiedliche Märkte für Güter von hoher und von minderer Qualität heraus. Es gibt jedoch auch Situationen, wo die Informationen über ein Gut so asymmetrisch zwischen Anbieter und Nachfrager verteilt sind, dass der Käufer fast keine Möglichkeit hat, die Qualität der Ware zu beurteilen.

BEISPIEL

Ein typisches Beispiel ist der Gebrauchtwagenmarkt: Ob z. B. ein dreijähriger Gebrauchtwagen nahezu neuwertig oder aufgrund eines Unfalls mit verborgenen Mängeln behaftet ist, weiß normalerweise nur der Verkäufer. Wegen dieses Risikos liegt der maximale Preis, den der Nachfrager zu zahlen bereit ist, weit unterhalb des Preises, den er für einen Wagen von eindeutig hoher Qualität zu zahlen bereit wäre. Es kommt zu einer **adversen Selektion** (Negativauslese): Wegen der niedrigen Preise gibt es auf dem Markt immer mehr Autos von minderer Qualität und immer weniger Autos von hoher Qualität.

Bei asymmetrischer Information kann der Staat den schlechter informierten Marktteilnehmer durch Gesetze (z. B. Gewährleistungsrechte) zu schützen versuchen.

3.8 Eingriffe des Staates in die Preisbildung

Marktwirtschaft **Kapitel 5.2.2**
Marktversagen **Kapitel 3.7**
Pareto-Optimum **Kapitel 3.6.3**

Die Preise bilden sich in der Marktwirtschaft aufgrund von Angebot und Nachfrage. Bei Marktversagen kommt es aber nicht zum bestmöglichen Marktergebnis (Pareto-Optimum): Die herrschenden Preise und gehandelten Gütermengen sind nicht optimal, sondern zu hoch oder zu niedrig. In solchen Fällen kann der Staat aus sozial-, struktur- oder umweltpolitischen Gründen korrigierend eingreifen, um die Nachfrager oder die Anbieter zu schützen.

Steuern **Kapitel 6.5.1–6.5.2**
Subventionen **Kapitel 6.5.3**
Transferleistungen **Kapitel 6.5.3 und 8.3.2**
Sozialversicherung **Kapitel 8.4**

Staatliche Eingriffe in die Preisbildung können entweder marktkonform oder marktkonträr sein. **Marktkonforme Maßnahmen** setzen den Marktpreismechanismus nicht außer Kraft und schränken ihn auch nicht ein. Der Staat greift hier nur indirekt in das Marktgeschehen ein, indem er das Angebot oder die Nachfrage beeinflusst. Dabei wird zwar der Preis verzerrt, aber die Funktionsweise der Preisbildung wird nicht gestört bzw. ausgehebelt und es gibt weiterhin ein Marktgleichgewicht. Zu den marktkonformen Maßnahmen gehören z. B. die Erhöhung oder Senkung der Staatsnachfrage oder des Staatsangebots, Steuersenkungen oder -erhöhungen, die Exportförderung, Subventionszahlungen an bestimmte Wirtschaftszweige oder Transferzahlungen an Verbraucher (z. B. Kindergeld, Wohngeld).

BEISPIEL

- Der Staat erhöht die Steuern auf Benzin. Die Nachfrager zahlen somit einen höheren Preis als vor der Erhöhung.
- Der Staat subventioniert erneuerbare Energien, sodass die Unternehmen einen günstigeren und somit konkurrenzfähigen Preis verlangen können.
- Der Staat beeinflusst den Preis für Arbeit durch die Höhe der Sozialversicherungsabgaben.

Nachfrageüberhang (Angebotslücke) **Kapitel 3.6.1**

Marktkonträre Maßnahmen schränken den Marktpreismechanismus ein oder setzen ihn sogar völlig außer Kraft. Der Preis wird nicht mehr durch Angebot und Nachfrage bestimmt, sondern der Staat legt Höchst- oder Mindestpreise fest.

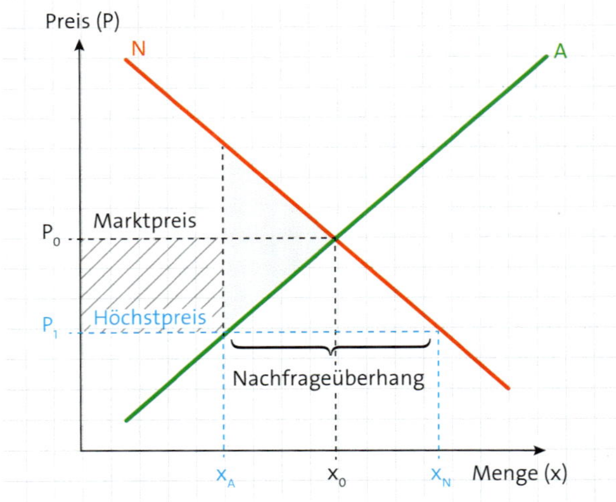

Mit der Festlegung von **Höchstpreisen** (Preisobergrenzen für ein Gut) versucht der Staat, Marktfehler zu korrigieren und/oder die Nachfrager (z. B. aus sozialpolitischen Gründen) zu schützen. Der Höchstpreis liegt dabei unterhalb des Marktpreises. In der Grafik ist zu erkennen, dass die Nachfrager bei einem Höchstpreis von p_1 bereit sind, zu diesem Preis die Menge x_N nachzufragen. Hingegen sind die Anbieter bei diesem Preis nur bereit, die Menge x_A anzubieten. Es gibt einen Nachfrageüberhang (Angebotslücke). Auf einem Wettbewerbsmarkt würde das Marktgleichgewicht wiederhergestellt, indem die Preise steigen und die Güterproduktion erhöht wird. Bei der Festlegung von Höchstpreisen ist dieser Anpassungsprozess aber ausgeschlossen.

Durch den Höchstpreis (p_1) reduziert sich die verkaufte Menge (x), sodass sich die Gesamtwohlfahrt (Summe der Konsumenten- und Produzentenrente) um den Flächeninhalt des grauen Dreiecks verringert. Produzenten und Konsumenten verlieren also eine Rente in dieser Höhe. Neben der Reduktion der Gesamtwohlfahrt kommt es auch zu einer Umverteilung zwischen Konsumenten und Produzenten: Ein Teil der Produzentenrente geht in die Konsumentenrente über (grau schraffiertes Rechteck). Ob Höchstpreise langfristig den gewünschten Erfolg bringen, ist umstritten. Durch einen ständigen Nachfrageüberhang kann es zu langen Warteschlangen und Schwarzmärkten kommen, wenn der Mangel nicht durch weitere Maßnahmen, z. B. Rationierungen, beseitigt wird. Außerdem sehen die Anbieter keinen Anreiz, ihre Produkte zur Verfügung zu stellen.

Ein Beispiel für einen staatlich festgesetzten Höchstpreis ist die sogenannte **„Mietpreisbremse"** in Deutschland. Am 1. Juni 2015 trat das Gesetz zur Mietrechtsreform in Kraft. Es gibt den Bundesländern das Recht, in Regionen mit angespanntem Wohnungsmarkt die Mietpreise bei Neuvermietungen auf 10 % der ortsüblichen Vergleichsmiete (Mietspiegel) zu begrenzen. Wenn „Neu-Mieter" mehr bezahlen, können sie im Nachhinein eine Mietsenkung verlangen. Ausnahmen für die Mietpreisbremse gelten bei Neubauten und bei Erstvermietungen nach umfassender Modernisierung. Die Mietpreisbremse soll gewährleisten, dass sich auch einkommensschwächere Menschen Wohnungen in guten Wohnlagen leisten können. In Berlin wurde im Februar 2020 zudem ein sogenannter **„Mietendeckel"** eingeführt, mit dem die Mieten im gesamten Stadtgebiet für fünf Jahre eingefroren werden.

Ein weiteres Beispiel für einen Höchstpreis ist die **Begrenzung von Vorstandsgehältern**: Auf der Grundlage einer EU-Richtlinie sind börsennotierte Unternehmen in Deutschland seit November 2019 verpflichtet, die Gehälter ihrer Spitzenmanager zu deckeln.

Mindestpreise (Preisuntergrenzen für ein Gut) sollen bestimmten Anbietern helfen, ihre Güter zu einem Preis verkaufen zu können, der höher ist als der Marktpreis. In der Grafik ist zu erkennen, dass die Nachfrager bei einem Mindestpreis von p_1 nur bereit sind, die Menge x_N nachzufragen. Die Anbieter sind hingegen bereit, mehr anzubieten (x_A). Es ergibt sich ein Angebotsüberhang (Nachfragelücke).

Angebotsüberhang (Nachfragelücke)
Kapitel 3.6.1

Bedingt durch die geringe Nachfrage zum Mindestpreis p_1 reduziert sich die verkaufte Menge (x), sodass sich die Gesamtwohlfahrt (Summe der Konsumenten- und Produzentenrente) um den Flächeninhalt des grauen Dreiecks verringert. Neben dem Wohlfahrtsverlust kommt es auch beim Mindestpreis zu einer Umverteilung zwischen Konsumenten und Produzenten: Ein Teil der Konsumentenrente geht in die Produzentenrente über (grau schraffiertes Rechteck). Ob Mindestpreise langfristig den gewünschten Erfolg bringen, ist ebenfalls umstritten. Durch einen ständigen Angebotsüberhang kommt es auf den Gütermärkten zur Überschussproduktion und auf dem Arbeitsmarkt zu einer höheren Arbeitslosigkeit. Auch in diesen Fällen wird der Ruf nach zusätzlichen Maßnahmen, z. B. Produktionsquoten, laut.

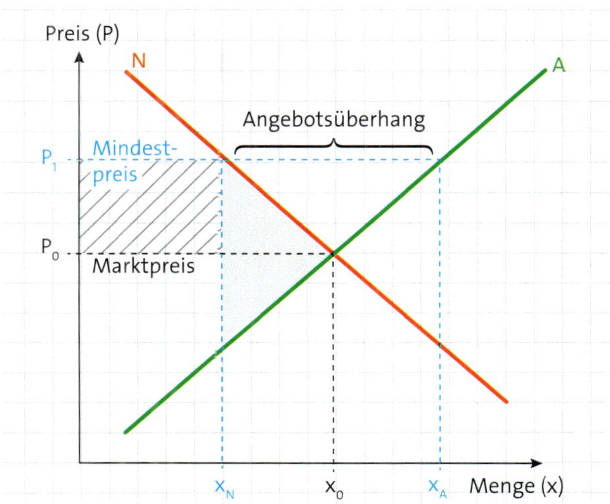

In Deutschland gibt es seit dem 1. Januar 2015 einen gesetzlichen Mindestlohn, dessen Höhe alle zwei Jahre angepasst wird. Entgegen den Befürchtungen mancher Ökonomen hat sich die Arbeitslosigkeit dadurch nicht erhöht.

Preisuntergrenzen werden häufig bei **landwirtschaftlichen Produkten** wie Milch, Getreide und Zucker eingesetzt. Eine weitere sehr verbreitete Preisuntergrenze sind **Mindestlöhne**. Sie werden zwar nicht auf Gütermärkten, sondern auf dem Arbeitsmarkt eingesetzt, aber die Wirkung ist identisch: Es wird ein Lohnniveau festgeschrieben, das oberhalb der Löhne liegt, die sich auf dem unregulierten Markt ergeben würden.

ÜBERBLICK

Der **Markt** ist ein realer oder virtueller Ort, wo Angebot und Nachfrage aufeinandertreffen. Der Markt hat die Funktionen der Preisbildung, der Versorgung, der Koordination und der Verteilung. Es gibt verschiedene Marktarten, die nach unterschiedlichen Kriterien geordnet werden können, z. B. zeitlich und räumlich.

Der **vollkommene Markt** ist ein Modell. Es gelten folgende Bedingungen: vollständige Markttransparenz, Homogenität der Güter, Fehlen von zeitlichen Unterschieden, Fehlen von räumlichen Unterschieden, Fehlen von räumlichen, zeitlichen und persönlichen Präferenzen. In diesem Modell kann es für ein Gut nur einen Preis geben.

Nach dem **Gesetz der Nachfrage** sinkt die Nachfrage, wenn die Preise steigen, und steigt die Nachfrage, wenn die Preise sinken. Die **Preiselastizität der Nachfrage** gibt an, wie stark sich die nachgefragte Menge ändert, wenn der Preis geändert wird.

Nach dem **Gesetz des Angebots** steigt die Angebotsmenge, wenn die Preise steigen, und sinkt die Angebotsmenge, wenn die Preise sinken. Die **Preiselastizität des Angebots** gibt an, wie stark sich die angebotene Menge ändert, wenn der Preis geändert wird.

Im **Marktgleichgewicht** ist der Markt geräumt. Alle Anbieter können ihre gesamten Güter absetzen und alle Nachfrager können ihre Kaufwünsche erfüllen.

Die **Konsumentenrente** ist die Differenz zwischen der Zahlungsbereitschaft des Konsumenten und dem Gleichgewichtspreis. Die **Produzentenrente** ist die Differenz zwischen dem Gleichgewichtspreis und dem Mindestpreis des Anbieters.

In der Realität führt der Marktmechanismus nicht immer zu einem optimalen Ergebnis. Typische Beispiele für **Marktversagen** sind **Wettbewerbsbeschränkungen**, **externe Effekte**, **öffentliche Güter** und **asymmetrische Information**.

Durch **marktkonforme Maßnahmen** des Staates kann die freie Preisbildung zwar beeinflusst, jedoch nicht aufgehoben werden. Hierzu gehören steuerpolitische Maßnahmen sowie Subventionszahlungen. Zudem kann der Staat auch als Anbieter oder Nachfrager auf dem Markt auftreten.

Das Setzen von Höchst- und Mindestpreisen gehört zu den **marktkonträren Maßnahmen** des Staates. **Höchstpreise** dienen zum Schutz der Nachfrager und liegen unter dem Marktpreis. Sie führen zu einem Nachfrageüberhang (Angebotslücke). **Mindestpreise** dienen zum Schutz der Anbieter und liegen über dem Marktpreis. Sie führen zu einem Angebotsüberhang (Nachfragelücke).

1 Erläutern Sie, wie sich Märkte entwickelt haben und warum die Existenz von Märkten für das Funktionieren der Wirtschaft notwendig ist.

2 Nennen Sie die Interessen der Nachfrager und Anbieter auf einem Markt und erläutern Sie die Funktionen des Marktes anhand von Beispielen.

3 Erstellen Sie ein Schaubild zu den Marktarten.

4 Unterscheiden Sie Verkäufer- und Käufermarkt.

5 In der Realität gibt es nur sehr wenige vollkommene Märkte.
- **a** Nennen und erläutern Sie die Merkmale eines vollkommenen Marktes.
- **b** Nennen Sie das Gesetz, welches auf einem vollkommenen Markt erfüllt ist.
- **c** Entscheiden Sie für die nachfolgenden Beispiele, ob es sich um vollkommene Märkte handelt. Begründen Sie Ihre Entscheidung.
  - Ebay-Kleinanzeigen
  - Handytarife
  - Aktienbörse

6 Erläutern Sie das Gesetz der Nachfrage und nehmen Sie anschließend Stellung zu folgender Aussage: „Die Marktnachfrage nach der Pkw-Marke ‚drive' steigt, obwohl die Preise für ‚drive' gestiegen sind."

7 Die Nachfrage wird durch verschiedene Einflussfaktoren bestimmt. Erläutern Sie vier dieser Faktoren.

8 Erläutern Sie, warum sich die Nachfragekurve bei einer Preisänderung nicht verschiebt.

9 Stellen Sie die Verschiebung der Nachfragekurve für die Spielkonsole Ypso I dar, wenn …
- **a** alle Spielkonsolenanbieter auf dem Markt ihre Preise erhöhen.
- **b** der Preis für Spiele für die Spielkonsole Ypso I steigt.
- **c** die nächste Generation der Spielkonsole Ypso auf den Markt kommt.
- **d** die Einkommen der Schüler steigen.
- **e** alle Spielkonsolenhersteller auf dem Markt ihre Preise senken.

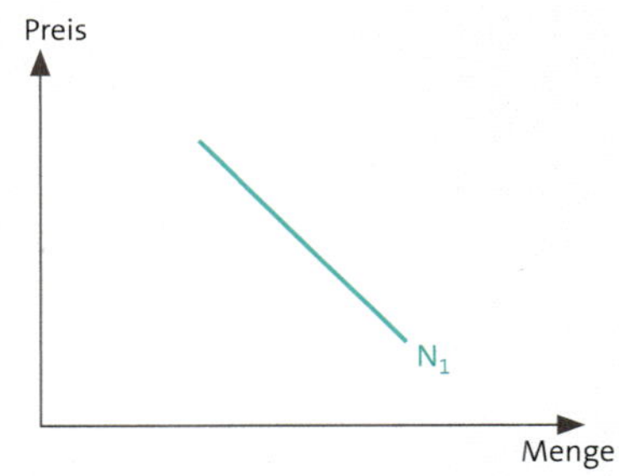

10 Erläutern Sie das Konzept der Preiselastizitäten und erklären Sie, bei welcher Preiselastizität der Nachfrage Unternehmen den Angebotspreis für ihre Produkte erhöhen sollten.

11 Erläutern Sie das Gesetz des Angebots.

12 Das Angebot wird durch verschiedene Einflussfaktoren bestimmt. Erläutern Sie vier dieser Faktoren.

13 Stellen Sie die Verschiebung der Angebotskurve für die Spielkonsole Ypso I dar, wenn …
- **a** durch technischen Fortschritt die Produktionsdauer für Ypso I sinkt.
- **b** ein neues, kostengünstiges Konkurrenzprodukt auf den Markt kommt.
- **c** die Nachfrager nicht mehr bereit sind, den geforderten Preis zu zahlen.
- **d** die Produktion durch gesetzliche Vorgaben erschwert wird.

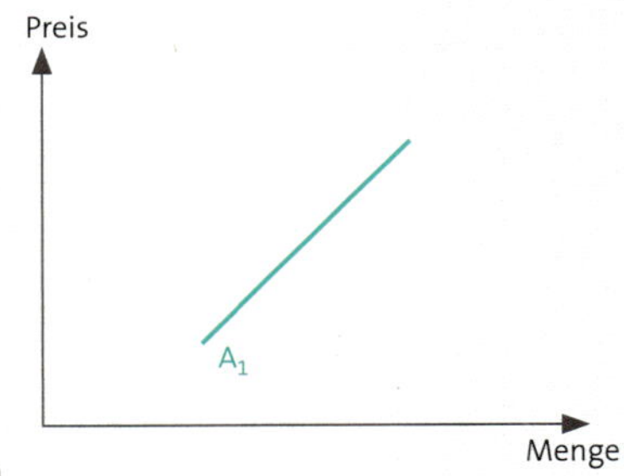

14 Nennen Sie die Bedingungen, die gegeben sein müssen, damit sich ein Gleichgewichtspreis bilden kann.

AUFGABEN

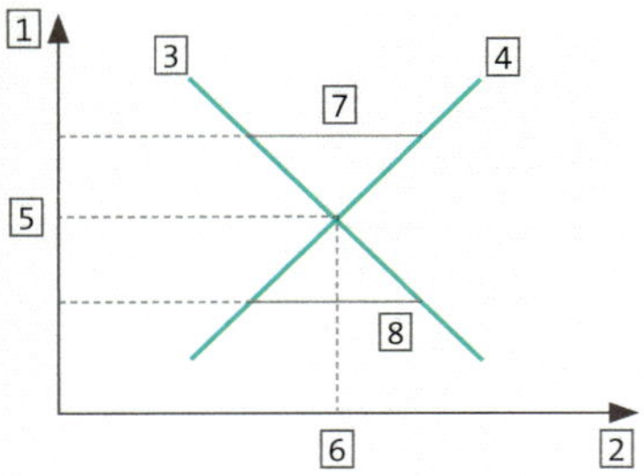

15 Schauen Sie die nebenstehende Grafik an.
- **a** Welche Beschriftungen passen zu den Ziffern 1 bis 8?
- **b** Erklären Sie, was ein Angebotsüberhang (Nachfragelücke) ist.
- **c** Erklären Sie, was ein Nachfrageüberhang (Angebotslücke) ist.

16 In einem Vorort von Bochum ergeben sich folgende Daten auf dem Markt für XXL-Currywürste:

Preis in EUR	2,00	3,00	4,00	5,00	6,00	7,00	8,00
nachgefragte Menge	160	140	120	100	80	60	40
angebotene Menge	50	75	100	125	150	175	200

- **a** Tragen Sie die Nachfrage- und die Angebotskurve in ein Preis-Mengen-Diagramm ein. Ermitteln Sie das Marktgleichgewicht.
- **b** Angenommen, der tatsächliche Marktpreis würde 6,00 Euro betragen. Was für eine Marktsituation läge hier vor? Und was würde vermutlich passieren?
- **c** Jetzt herrscht Marktgleichgewicht. Nehmen Sie nun an, dass aufgrund eines stetig wachsenden Umweltbewusstseins veganes Essen immer populärer wird. Infolgedessen boomt der Verkauf von veganen Bratlingen. Welchen Einfluss hat dies auf den Preis von XXL-Currywürsten?

17 Zeigen Sie für die folgenden Ereignisse die Auswirkungen auf die Nachfragekurve, die Angebotskurve, die Gleichgewichtsmenge sowie den Gleichgewichtspreis in einem Diagramm.
- **a** Die deutsche Fußballnationalmannschaft gewinnt die Weltmeisterschaft. Was passiert auf dem Markt für Trikots der Nationalmannschaft?
- **b** Eine Gesundheitsstudie ergibt, dass der Konsum von zuckerhaltigen Softdrinks das Krebsrisiko erhöht. Was passiert auf dem Markt für Cola?
- **c** Aufgrund einer Unwetterphase werden große Teile der Kakaoernte des Jahres vernichtet. Was passiert auf dem Markt für Schokolade?
- **d** Vor der deutschen Nordseeküste werden unerwartet große Erdgasfelder entdeckt. Was passiert auf dem Erdgasmarkt?

18 Erläutern Sie, wie es zum Entstehen einer Produzenten- und Konsumentenrente kommen kann.

19 Erläutern Sie die Funktionen des Preises..

20 Erläutern Sie, was unter Marktversagen verstanden wird und welche Gründe es für staatliche Eingriffe in Wettbewerbsmärkte gibt.

21 Erläutern Sie den Unterschied zwischen marktkonformen und marktkonträren Eingriffen des Staates in die Preisbildung

22 Zeigen Sie in einem Preis-Mengen Diagramm die Auswirkungen von marktkonformen Eingriffen
- **a** bei einer Nachfragesenkung sowie einer Nachfrageerhöhung des Staates.
- **b** bei einer Angebotssenkung sowie einer Angebotserhöhung des Staates.

23 Erläutern Sie die Wirkungen von Höchst- und Mindestpreisen an je einem Beispiel.

24 Führen Sie eine Pro- und Kontra-Diskussion zum Mindestlohn durch.

3.9 Warum sind die Longdrinks so teuer?

Es ist Samstagabend. Wie fast jedes Wochenende wirbeln Elinor und Katharina über die Tanzfläche eines Clubs in der Altstadt. Nach einer Stunde sind beide außer Atem und beschließen, eine Pause einzulegen. An der Theke studieren sie die Longdrink-Karte. „Ich hätte Lust auf einen ‚Blue Angel'!", brüllt Elinor in Katharinas Ohr, um die wummernden Techno-Beats aus den Lautsprechern zu übertönen. „Und ich hätte Lust auf einen ‚Absolut Tropical'!", brüllt Katharina in Elinors Ohr. „Aber die Preise sind nicht mehr normal! Warum bloß werden die Longdrinks in allen Clubs immer teurer?" „Das ist mir auch schon aufgefallen!", schreit Elinor. „Außerdem werden die Clubs sich immer ähnlicher – überall das gleiche Design, die gleichen DJs, die gleiche Musik! Findest du nicht auch?" „Ja, das finde ich auch", schreit Katharina zurück, „und irgendwie gefällt mir das nicht!"

Eli

Katharina

Vater

Als Elinor am nächsten Tag ihrem Vater von diesen Beobachtungen erzählt, sagt Paul Schelling: „Dass die Clubs sich immer ähnlicher und die Getränke immer teurer werden, überrascht mich nicht. Denn das Nachtleben in der Stadt wird heutzutage von nur noch zwei Familien kontrolliert: den McCannisters und den Barks."

1 Finden Sie mithilfe des Spiels „Longdrinkpreise" mögliche Verhaltensweisen der Familien McCannister und Bark heraus.

Ziel des Spiels: Die Familien McCannister und Bark verfolgen das Ziel, ihren Gewinn für Longdrinks für eine Periode (ein Jahr) zu maximieren. Hierfür müssen sie die Preise für Longdrinks zu Beginn eines jeden Monats neu festlegen.
Ablauf des Spiels: Bilden Sie Vierergruppen aus jeweils zwei Paaren, von denen eines die Familie McCannister und eines die Familie Bark vertritt. Folgen Sie dann den Anweisungen auf „Ihrer" Spielkarte.

Spielkarte für Familie McCannister
- Sie und die Familie Bark haben die gleichen Kosten für Longdrinks.
- Ihr Gewinn ist abhängig von Ihrer Preisentscheidung und der Preisentscheidung der Barks.
- Legen Sie zu Beginn des Monats fest, ob Sie einen **hohen** oder einen **niedrigen Preis** für Longdrinks verlangen. Notieren Sie Ihre Entscheidung auf einem Zettel.
- Zum Ende des Monats treffen Sie sich mit Familie Bark und tauschen die Zettel mit Ihren Entscheidungen aus.
- Notieren Sie die Entscheidungen in einer Tabelle (siehe Muster auf S. 82). Den Gewinn pro Monat entnehmen Sie der Gewinnmatrix auf S. 82.
- Bis Juni dürfen Sie vor der Festlegung der Preise nicht mit Familie Bark sprechen.
- Ab Juli dürfen Sie sich vor der Festlegung der Preise mit Familie Bark absprechen.

Spielkarte für Familie Bark
- Sie und die Familie McCannister haben die gleichen Kosten für Longdrinks.
- Ihr Gewinn ist abhängig von Ihrer Preisentscheidung und der Preisentscheidung der McCannisters.
- Legen Sie zu Beginn des Monats fest, ob Sie einen **hohen** oder einen **niedrigen Preis** für Longdrinks verlangen. Notieren Sie Ihre Entscheidung auf einem Zettel.
- Zum Ende des Monats treffen Sie sich mit Familie McCannister und tauschen die Zettel mit Ihren Entscheidungen aus.
- Notieren Sie die Entscheidungen in einer Tabelle (siehe Muster auf S. 82). Den Gewinn pro Monat entnehmen Sie der Gewinnmatrix auf S. 82.
- Bis Juni dürfen Sie vor der Festlegung der Preise nicht mit Familie McCannister sprechen.
- Ab Juli dürfen Sie sich vor der Festlegung der Preise mit Familie McCannister absprechen.

Gewinnmatrix

Gewinn pro Monat in Tsd. Euro		Familie Bark	
		hoher Preis	niedriger Preis
Familie McCannister	hoher Preis	30 30	50 0
	niedriger Preis	0 50	20 20

Gewinn-Tabelle

	Familie McCannister			Familie Bark		
Monat	hoher Preis	niedriger Preis	Gewinn in Tsd. €	hoher Preis	niedriger Preis	Gewinn in Tsd. €
Jan.						
Feb.						
usw.						
Gewinn						

Muster

Auswertung pro Vierergruppe

2 Tauschen Sie sich in der Vierergruppe über den Verlauf des Spiels aus: Was war auffällig? Notieren Sie Ihre Ergebnisse auf Metaplan-Karten, um sie im Plenum zu präsentieren und zu diskutieren.

3 Diskutieren Sie mit Ihrem Partner, wie Sie sich unabhängig vom Preis von Ihrem Konkurrenten unterscheiden können, um einen größeren Marktanteil zu erlangen. Notieren Sie Ihre Ergebnisse wieder auf Metaplan-Karten und stellen Sie diese im Plenum vor.

4 Überlegen Sie in Ihrer Vierergruppe, wie sich das Verhalten der beiden Familien ändern würde, wenn Familie McCannister höhere Kosten für Longdrinks hätte als Familie Bark. Die Gewinnmatrix ändert sich dementsprechend:

Gewinnmatrix

Gewinn pro Monat in Tsd. Euro		Familie Bark	
		hoher Preis	niedriger Preis
Familie McCannister	hoher Preis	30 10	50 0
	niedriger Preis	0 20	20 −10

Sie können das Longdrinkpreis-Spiel auch gerne noch einmal in dieser Variante spielen, um die Verhaltensweisen der beiden Familien herauszufinden.

Notieren Sie Ihre Ergebnisse wieder auf Metaplan-Karten, um sie im Plenum zu präsentieren und zu diskutieren.

3.10 Marktformen

Bisher wurde die Preisbildung im Modell der vollständigen Konkurrenz betrachtet. Bei vollständiger Konkurrenz, also im Polypol auf einem vollkommenen Markt, kann kein Marktteilnehmer den Preis beeinflussen. In der Realität herrscht ein solcher Wettbewerb aber nur an den Börsen. Zudem verstärkt das Internet den Wettbewerb, da es Markttransparenz schafft und die Zahl der Anbieter und Nachfrager erhöht.

Vollständige Konkurrenz gilt in der Realität nicht unbedingt als erstrebenswert, weil sich z. B. individuelle Verbraucherwünsche nicht durch homogene Güter, sondern nur durch Produktdifferenzierung erfüllen lassen. Außerdem machen die Anbieter bei vollständiger Konkurrenz keine Gewinne, sodass sie keinen Anreiz für Innovationen haben.

vollkommener Markt **Kapitel 3.3**

vollständige Konkurrenz **Kapitel 3.6**

Preisbildung auf vollkommenen Märkten im Polypol **Kapitel 3.6**

Bei der **Preisbildung auf unvollkommenen Märkten** wird zwischen mehreren Marktformen unterschieden. Nach Heinrich von Stackelberg gibt es neun verschiedene Marktformen. Er unterscheidet auf Anbieter- sowie auf Nachfragerseite jeweils zwischen einem, wenigen und vielen Marktteilnehmern und erhält aus der Kombination der beiden Seiten folgendes **Marktformenschema**:

Heinrich von Stackelberg (1905–1946)

Marktformen	viele Anbieter	wenige Anbieter	ein Anbieter
viele Nachfrager	**Polypol** *Beispiel:* *viele Blumenhändler – viele Konsumenten*	**(Angebots-) Oligopol** *Beispiel:* *wenige Autohersteller – viele Konsumenten*	**(Angebots-)Monopol** *Beispiel:* *ein Wasserwerk – viele Konsumenten*
wenige Nachfrager	**Nachfrageoligopol** *Beispiel:* *viele Landwirte – wenige Molkereien*	**zweiseitiges Oligopol** *Beispiel:* *wenige Eisenbahnhersteller – wenige Abnehmer*	**beschränktes Angebotsmonopol** *Beispiel:* *ein Hersteller eines speziellen Medikamentes – wenige Nachfrager, da seltenes Krankheitsbild*
ein Nachfrager	**Nachfragemonopol** *Beispiel:* *viele Bundeswehrstiefelhersteller – Staat als einziger Nachfrager*	**beschränktes Nachfragemonopol** *Beispiel:* *mehrere Straßenbauunternehmen – Staat als einziger Nachfrager*	**zweiseitiges Monopol** *Beispiel:* *ein Hersteller von Panzern – Bundeswehr als einziger Abnehmer*

Die Zahl der Marktteilnehmer beeinflusst den Grad des Wettbewerbs. Es gilt: Je weniger Marktteilnehmer es auf einer Marktseite gibt, desto höher ist deren Marktmacht und desto geringer der Wettbewerb. Von **Marktmacht** wird dann gesprochen, wenn ein oder mehrere Anbieter bzw. Nachfrager auf Preise, Leistungen und/oder Konditionen anderer Marktteilnehmer verstärkt Einfluss nehmen können. Die Marktmacht hat Folgen für die Preisbildung.

In den folgenden Abschnitten werden die drei Marktformen (Polypol, Oligopol und Monopol) in der ersten Zeile des Marktformenschemas betrachtet.

3.11 Preisbildung auf unvollkommenen Märkten

3.11.1 Preisbildung im unvollkommenen Polypol

vollkommener Markt
Kapitel 3.3

Polypol auf einem vollkommenen Markt
Kapitel 3.6

Das Polypol auf einem unvollkommenen Markt ist eine sehr verbreitete Marktform. Vom Polypol auf einem vollkommenen Markt unterscheidet es sich dadurch, dass keine vollständige Markttransparenz besteht, dass die angebotenen Güter nicht homogen sind und dass die Nachfrager Präferenzen verschiedener Art haben.

Gelingt es in dieser Situation einem Polypolisten, sich von der Konkurrenz z. B. durch Qualität, Werbung, Verpackung, Liefer- und Zahlungsbedingungen abzuheben, verfügt er über einen gewissen **„monopolistischen Spielraum“**. In diesem Spielraum kann er seine Preise relativ unabhängig von der Konkurrenz gestalten, ohne größere Nachfrageeinbußen befürchten zu müssen (vgl. Grafik unten). Die Nachfrager reagieren in diesem Bereich auf Preisänderungen recht unelastisch. Je größer die Heterogenität der Güter, je stärker die Präferenzen der Nachfrager und je unübersichtlicher der Markt, desto ausgeprägter ist der monopolistische Preisspielraum.

Preiselastizität der Nachfrage
Kapitel 3.4.2

Für die Nachfrager gibt es aber gewöhnlich eine „Schmerzgrenze“, die obere Preisgrenze. Erhöht der Polypolist seinen Preis darüber hinaus, ist die Wahrscheinlichkeit groß, dass Nachfrager zur Konkurrenz abwandern. Wenn der Polypolist seinen Preis hingegen stark senkt (untere Preisgrenze), ist damit zu rechnen, dass er viele neue Nachfrager gewinnt. In diesen beiden sogenannten **polypolistischen Bereichen** ist die Nachfrage elastisch bis sehr elastisch. Grafisch betrachtet ergibt sich so eine **doppelt geknickte Preisabsatzfunktion**.

Die **Preisabsatzfunktion** wird auch als Nachfragefunktion oder Preisabsatzkurve bezeichnet. Sie gibt an, welche Menge eines Gutes bei unterschiedlichen Preisen absetzbar ist.

Doppelt geknickte Preisabsatzfunktion

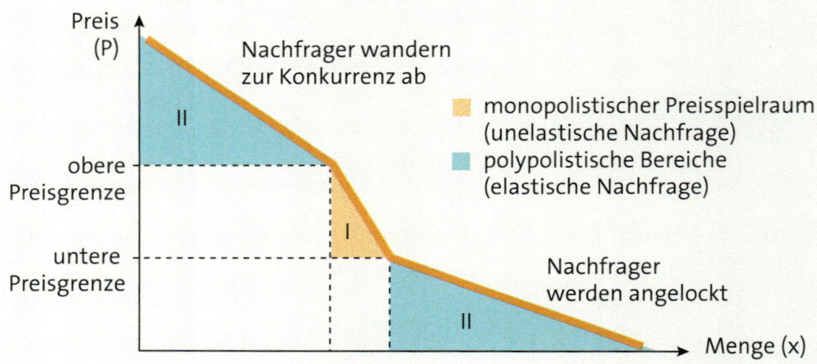

BEISPIEL

In Köln gibt es viele Bäcker, die Brötchen anbieten. Die Brötchen haben nicht die gleiche Qualität und die Konsumenten haben verschiedene geschmackliche, örtliche, zeitliche und persönliche Präferenzen. Haben die Brötchen einen Marktpreis von 0,40 Euro, so kann ein Bäcker seinen Preis z. B. auf 0,43 Euro erhöhen, ohne größere Absatzeinbußen hinnehmen zu müssen. Erhöht er allerdings den Preis auf 0,60 Euro, so muss er damit rechnen, dass viele Kunden abwandern. Senkt der Bäcker den Preis nur geringfügig auf z. B. 0,38 Euro, so wird er kaum neue Kunden gewinnen. Nimmt er aber eine deutliche Preissenkung auf z. B. 0,30 Euro vor, so ist mit vielen neuen Kunden zu rechnen.

3.11.2 Preisbildung im Oligopol

Neben dem Polypol ist das Oligopol eine weitverbreitete Marktform. In einem Oligopol stehen wenige große Anbieter vielen Nachfragern gegenüber, wie z. B. auf dem Mineralölmarkt, dem Mobilfunkmarkt oder dem Gasmarkt. Der einzelne Oligopolist besitzt einen großen Marktanteil und hat dadurch eine gewisse Marktmacht. Er kann durch seine Preis- und Mengenentscheidungen das Marktgeschehen beeinflussen. Bei der Preisgestaltung muss er die Reaktion der Nachfrager aber ebenso berücksichtigen wie das Verhalten der Konkurrenz. Je homogener das Gut, umso größer ist die Abhängigkeit von möglichen Maßnahmen der unmittelbaren Konkurrenz.

homogene Güter
Kapitel 3.3

Bei homogenen Gütern kommt es im Oligopol häufig zu einer **Preisstarrheit**, denn erhöht ein Oligopolist seinen Preis, so muss er befürchten, dass die anderen Oligopolisten nicht mitziehen werden und seine Nachfrage stark zurückgeht. Diese typische Marktsituation wird durch zwei zusammengesetzte Preisabsatzfunktionen als **geknickte Preisabsatzfunktion** dargestellt.

Preisabsatzfunktion
Kapitel 3.11.1

Erhöht ein Oligopolist seinen Preis, verläuft die Preisabsatzfunktion flach (rote Linie in der Grafik unten), da die anderen Oligopolisten nicht auf die Preisänderung reagieren. Wird hingegen der Preis gesenkt, verläuft die Preisabsatzfunktion steiler (grüne Linie), da die anderen Oligopolisten auf die Preissenkung ebenfalls mit einer Preissenkung reagieren. Die Preisabsatzfunktion verläuft umso steiler, je ausgeprägter die Reaktion der anderen Oligopolisten ist.

BEISPIEL

Ein Oligopolist setzt seinen Preis für einen Liter Benzin (homogenes Gut) von 2,00 Euro auf 2,10 Euro herauf. Die anderen Anbieter halten ihre Preise konstant. Viele Nachfrager wandern ab, da sie beim günstigsten Anbieter kaufen wollen (rote Linie).

Senkt der Oligopolist allerdings seinen Preis für einen Liter Benzin von 2,00 Euro auf 1,70 Euro, werden auch die anderen Anbieter ihre Preise senken (grüne Linie).

Geknickte Preisabsatzfunktion

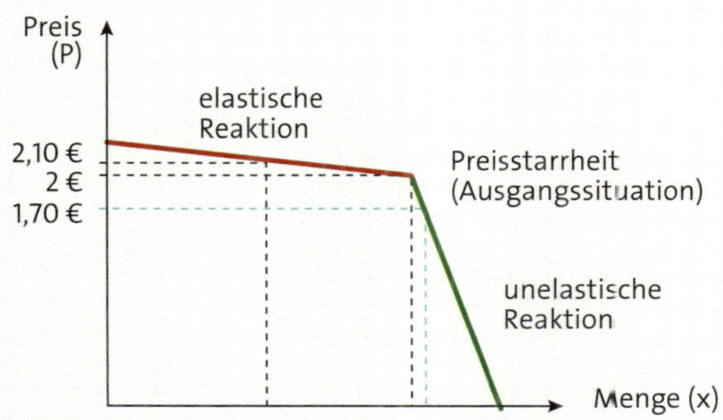

In einem Oligopol sind generell vier Verhaltensweisen möglich. Drei davon sind kooperativ und eine ist nicht kooperativ.

Kooperative Verhaltensweisen:
- Häufig herrscht im Oligopol **Preisstarrheit**, da die Anbieter wissen, dass ein massiver Preiskampf zulasten aller Anbieter gehen kann.
- Eine weitere Möglichkeit besteht darin, dass sich die Oligopolisten bezüglich der **Preise absprechen**. Abgestimmtes Verhalten oder vertragliche Vereinbarungen zwischen Anbietern sind nach dem Gesetz gegen Wettbewerbsbeschränkungen aber verboten, da der Wettbewerb auf diese Weise umgangen wird.

Gesetz gegen Wettbewerbsbeschränkungen
Kapitel 3.13.2

- Auf oligopolistischen Märkten liegt bei Preisänderungen häufig eine **Preisführerschaft** vor. Im Regelfall übernimmt ein Oligopolist mit einem sehr hohen Marktanteil die Preisführerschaft. Erhöht er seine Preise, gibt er seinen Mittbewerbern quasi das Signal, ihrerseits die Preise anzuheben. Dieses Parallelverhalten ist zwar eine Wettbewerbsbeschränkung, es gilt aber: „Absprechen ist verboten, abgucken nicht".

Die drei kooperativen Verhaltensweisen sind friedlicher Art und die Oligopolisten können sich nur durch **Produktdifferenzierung** voneinander absetzen, um Preise über denen der Konkurrenten zu realisieren.

Nichtkooperative Verhaltensweise:
Versucht ein Oligopolist, die Preisstarrheit durch Preissenkungen zu durchbrechen, um die Marktanteile der anderen Oligopolisten zu gewinnen, wird von **Verdrängungswettbewerb** gesprochen. Die anderen Oligopolisten werden allerdings auf seine Preissenkung auch mit Preissenkungen reagieren. Ein solcher Preiskampf kann dazu führen, dass Oligopolisten aus dem Markt verdrängt werden, da sie längerfristig ihre Kosten nicht mehr decken können. In diesem Fall wird von **ruinösem Wettbewerb** gesprochen.

3.11.3 Preisbildung im Monopol

Im Monopol stehen viele Nachfrager einem einzigen Anbieter gegenüber. Es kann zwar weitere Anbieter geben, diese stehen aber in keiner unmittelbaren Konkurrenz zu ihm. Der Monopolist hat Marktmacht und kann auf dem Markt entweder den Preis festlegen, zu dem er verkaufen will (Preissetzer), oder die Menge bestimmen, die er anbieten möchte (Mengensetzer). Allerdings kann der Monopolist nicht beliebig hohe Gewinne durch beliebig hohe Preise erzielen, da hohe Preise die Nachfrage senken. Bei seinen Entscheidungen muss der Monopolist somit auch das Nachfrageverhalten der Konsumenten berücksichtigen.

Monopole können in den folgenden Situationen entstehen:

Produktionsfaktoren
Kapitel 1.7

- Die Produktionsfaktoren befinden sich im **Alleineigentum** eines Unternehmens, z. B. eine Wasserquelle in Trockengebieten.
- Der Staat erteilt einem einzigen Unternehmen die **Lizenz**, bestimmte Güter herzustellen und zu verkaufen, z. B. im Rahmen des Patentrechts.
- Es liegt ein sogenanntes **natürliches Monopol** vor: Ein Unternehmen kann ein Gut auf dem Markt zu niedrigeren Produktionskosten anbieten als mehrere andere Unternehmen zusammen, z. B. die Deutsche Bahn den Schienenverkehr aufgrund ihres Schienennetzes.

Auf dem Markt wird ein Monopolist seine Preis-Mengen-Kombination so festlegen, dass er seinen Gewinn maximiert. Die **gewinnmaximale Produktionsmenge** lässt sich mit der Regel **„Grenzkosten gleich Grenzerlös“** ermitteln (Punkt A in der Grafik).

Die **Grenzkosten** (blaue Linie) sind der Betrag, um den die Gesamtkosten steigen, wenn die Produktionsmenge um eine Einheit erhöht wird. Der **Grenzerlös** (grüne Linie) ist der zusätzliche Erlös je zusätzlich verkaufter Einheit.

Der **gewinnmaximale Preis** ergibt sich, indem ausgehend von der gewinnmaximalen Menge eine senkrechte Linie bis zur Nachfragekurve (rote Linie) gezogen wird (Punkt B). Punkt B wird auch **Cournotscher Punkt** genannt und zeigt die optimale Preis-Mengen-Kombination des Monopolisten.

Preisbildung im Monopol

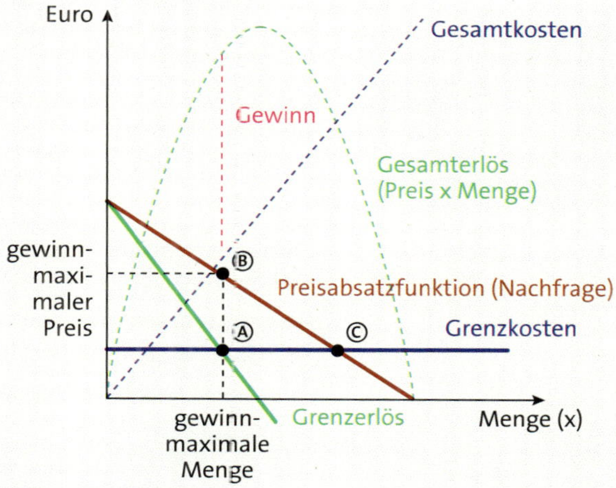

Ⓐ Grenzkosten = Grenzerlös
Ⓑ Cournotscher Punkt, optimale Preis-Mengen-Kombination für den Monopolisten
Ⓒ gesellschaftlich optimale Preis-Mengen-Kombination

In der Grafik lässt sich erkennen, dass ein Monopol die Güterversorgung verschlechtert, weil eine geringere Menge zu einem höheren Preis verkauft wird, als dies bei vollständiger Konkurrenz der Fall wäre (Punkt C). Allerdings hängt der Markterfolg des Monopolisten immer auch von der Elastizität der Nachfrage ab: Je unelastischer die Nachfrage, desto höher die Macht des Monopolisten.

vollständige Konkurrenz
Kapitel 3.6

Innerhalb des monopolistischen Preisspielraums ist eine solche Preisdifferenzierung auch im unvollkommenen Polypol möglich.

Um seinen Gewinn zu erhöhen, kann der Monopolist auf einem **unvollkommenen Markt** das gleiche Gut an verschiedene Nachfragergruppen zu unterschiedlichen Preisen verkaufen. Es gibt mehrere **Formen der Preisdifferenzierung**:

Art der Preisdifferenzierung	Erklärung	Beispiel
Räumliche Preisdifferenzierung	Das Gut wird an verschiedenen Orten/Regionen/Ländern zu unterschiedlichen Preisen angeboten.	Ein pharmazeutisches Unternehmen verkauft das gleiche Medikament im Ausland zu einem anderen Preis als im Inland.
Zeitliche Preisdifferenzierung	Das Gut wird zu unterschiedlichen Zeitpunkten zu unterschiedlichen Preisen angeboten.	Ein Energieversorgungsunternehmen bietet nachts einen günstigeren Stromtarif an als am Tag.
Sachliche Preisdifferenzierung	Das Gut wird für unterschiedliche Verwendungen zu unterschiedlichen Preisen angeboten.	Ein Bahnunternehmen verlangt von Geschäftsreisenden einen niedrigeren Tarif als von Privatkunden.
Persönliche Preisdifferenzierung	Das Gut wird verschiedenen Personengruppen zu unterschiedlichen Preisen angeboten.	Der Eintrittspreis im Schwimmbad ist für Schüler, Studenten und Senioren ermäßigt.

Im Monopol verliert der Preis seine Lenkungsfunktion, da er die Knappheitsverhältnisse nicht mehr korrekt wiedergibt. Außerdem fehlt der Kostendruck, der zu Investitionen in den technischen Fortschritt oder Innovationen zwingt. Damit Monopole verhindert werden und Monopolisten ihre Marktmacht nicht missbrauchen, gibt es in Deutschland das Kartellgesetz.

Funktionen des Marktpreises
Kapitel 3.6.3

Kartellgesetz
Kapitel 3.13.2

3.12 Unternehmenszusammenschlüsse

Im Zuge der Globalisierung verschärft sich der weltweite Wettbewerb. Anbieter aus der ganzen Welt stehen plötzlich im Wettbewerb miteinander. Die Öffnung der Märkte erhöht den Druck auf viele Unternehmen, sodass sie ihre Ziele nicht mehr allein erreichen können. Aus diesem Grund schließen sich immer häufiger Unternehmen mit anderen zusammen, um ihre Wirtschaftlichkeit und Wettbewerbsfähigkeit zu steigern.

Globalisierung
Kapitel 9.9

Zusammenschlüsse führen i. d. R. zu einer Vergrößerung der wirtschaftlichen Macht. Sie können zwischen Unternehmen derselben Wirtschaftsstufe (**horizontaler Zusammenschluss**), zwischen Unternehmen aufeinanderfolgender Wirtschaftsstufen (**vertikale Zusammenschlüsse**) oder zwischen Unternehmen unterschiedlicher Branchen (**diagonale Zusammenschlüsse**) vereinbart werden.

Unternehmenszusammenschlüsse nach Wirtschaftsstufen	Erklärung	Beispiel
horizontaler Zusammenschluss	Unternehmen derselben Produktionsstufe (Branche) schließen sich zusammen.	Mehrere Ölkonzerne schließen sich zusammen.
vertikaler Zusammenschluss	Unternehmen aufeinanderfolgender Produktionsstufen schließen sich zusammen.	Ein Spanplattenhersteller, ein Küchenhersteller und eine Handelskette für Küchenmöbel schließen sich zusammen.
diagonaler Zusammenschluss	Diverse Unternehmen unterschiedlicher Branchen schließen sich zusammen.	Ein Nahrungsmittelhersteller, ein Versicherungsunternehmen und eine Schiffswerft schließen sich zusammen.

Neben der Unterscheidung der Zusammenschlüsse nach Wirtschaftsstufen kann auch nach der Enge des Zusammenschlusses unterschieden werden: Bei **Kooperationen** verpflichten sich die Unternehmen durch Verträge zur freiwilligen Zusammenarbeit. Ihre rechtliche Selbstständigkeit bleibt bestehen, nur ihre wirtschaftliche Selbstständigkeit kann ggf. eingeschränkt werden. Bei **Konzentrationen** hingegen geben die Unternehmen ihre rechtliche und/oder wirtschaftliche Selbstständigkeit auf und stellen sich unter eine einheitliche Leitung.

Kooperationen und Konzentrationen nach der Intensität des Zusammenschlusses

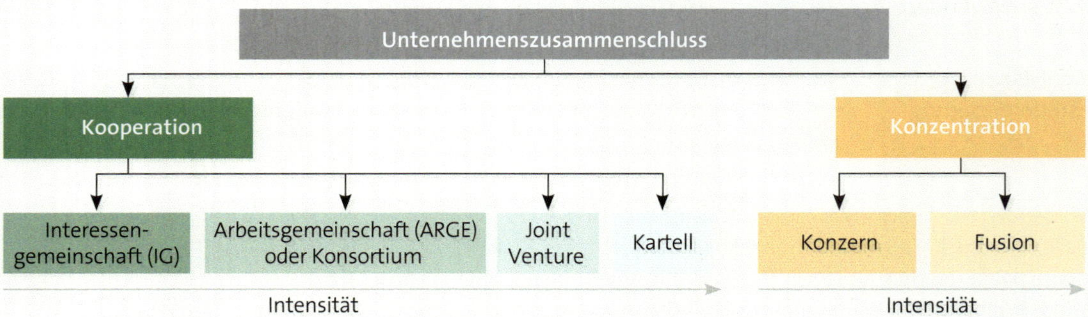

3.12.1 Kooperationen

Die freiwillige Zusammenarbeit zwischen rechtlich und zumeist auch wirtschaftlich selbstständigen Unternehmen wird Kooperation genannt. Die Unternehmen wollen so ihre Wettbewerbsfähigkeit stärken oder sie verfolgen ein gemeinsames Ziel, z. B. ein größeres Projekt. Es gibt verschiedene Arten der Kooperation: Interessengemeinschaften (IG), Arbeitsgemeinschaften (ARGE) bzw. Konsortien, Joint Ventures sowie Kartelle.

Interessengemeinschaften (IG) werden von mehreren rechtlich und wirtschaftlich selbstständig bleibenden Unternehmen gebildet, um ein gemeinsames Ziel, z. B. Gewinnmaximierung, zu erreichen. So können z. B. Forschungs- und Entwicklungsarbeiten oder der Einkauf von Gütern gemeinsam durchgeführt werden. Typischerweise gründen die Unternehmen dazu eine **BGB-Gesellschaft**, die allerdings nicht nach außen in Erscheinung tritt.

Interessengemeinschaften sind horizontale Zusammenschlüsse.

BGB-Gesellschaft
auch Gesellschaft bürgerlichen Rechts (GbR) genannt: einfachste Gesellschaftsform, die dem Erreichen gemeinsamer Ziele dient

Arbeitsgemeinschaften (ARGE) oder **Konsortien** werden häufig für Großprojekte, z. B. im Baubereich zur Risikoverteilung oder bei Banken für die Ausgabe von Aktien gebildet. Für die Durchführung werden BGB-Gesellschaften gegründet, die nach außen z. B. der Konsortialführer vertritt. Wurde das gemeinsame Ziel erreicht, werden sie wieder aufgelöst. Die sich zusammenschließenden Unternehmen behalten ihre wirtschaftliche und rechtliche Selbstständigkeit.

Arbeitsgemeinschaften oder Konsortien können sowohl horizontale als auch vertikale Zusammenschlüsse sein.

Bei **Joint Ventures** (deutsch: Gemeinschaftsunternehmen) gründen die beteiligten Unternehmen zusammen ein neues, rechtlich selbstständiges Unternehmen, an dem sie mit ihrem Kapital beteiligt sind. Daneben bringen die Unternehmen häufig ihr Know-how mit ein, um Synergien zu schaffen und zu nutzen. Die an der Gründung beteiligten Unternehmen bleiben dabei wirtschaftlich und rechtlich selbstständig.

Joint Ventures gibt es als horizontale, vertikale oder diagonale Zusammenschlüsse.

BEISPIEL

Die Daimler AG hat zusammen mit dem chinesischen Lkw-Hersteller Beiqi Foton Motor das Joint Venture „Beijing Foton Daimler Automotive Co., Ltd.“ gegründet. Daimler erhofft sich, so den chinesischen Markt zu erschließen. Beiqi Foton Motor hofft auf einen höheren Bekanntheitsgrad.

Wenn konkurrierende Unternehmen ihr Verhalten am Markt vertraglich koordinieren, um den Wettbewerb zu verhindern, zu verfälschen oder vollständig auszuschalten, wird von einem **Kartell** gesprochen. Die beteiligten Unternehmen bleiben dabei rechtlich selbstständig, allerdings geben sie durch die vertraglichen Vereinbarungen einen Teil ihrer wirtschaftlichen Selbstständigkeit auf. Die wichtigsten Kartelle sind aus Sicht des Bundeskartellamts:

- Preiskartelle (Unternehmen treffen Preisabsprachen),
- Quotenkartelle (Unternehmen bestimmen Produktionsmengen für die einzelnen Kartellmitglieder) und
- Gebietskartelle (Unternehmen teilen den Markt in Regionen auf).

Kartelle können horizontale und vertikale Zusammenschlüsse sein.

Kartelle sind die Kooperationsform, die den Wettbewerb am meisten einschränkt. Für die Konsumenten führen Kartelle i. d. R. zu höheren Preisen und/oder zur Verschlechterung des Angebots.

Gesetz gegen Wettbewerbsschränkungen
Kapitel 3.13.2

Wettbewerbsaufsicht in der Europäischen Union
Kapitel 3.13.3

Bundeskartellamt
Kapitel 3.13.1

Nach dem **Gesetz gegen Wettbewerbsbeschränkungen** (Kartellgesetz) und den Artikeln 101 ff. des „Vertrags über die Arbeitsweise der Europäischen Union" (AEUV) sind Kartelle grundsätzlich verboten. Allerdings gibt es auch Ausnahmen, die vom Bundeskartellamt genehmigt werden.

Wegen des Kartellverbots versuchen Unternehmen häufig, mit informellen Absprachen den Wettbewerb zu beschränken. Diese nicht schriftlich fixierten und daher nicht nachweisbaren Absprachen werden auch **Frühstückskartell** genannt, da sie beim „Frühstücken" oder „Kaffeetrinken" besprochen bzw. abgestimmt werden. Abgestimmtes Verhalten kann kaum vom Parallelverhalten unterschieden werden.

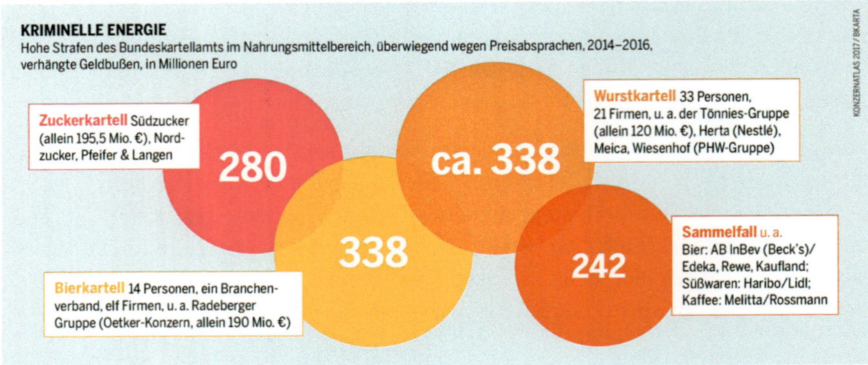

Quelle: Heinrich-Böll-Stiftung, Rosa-Luxemburg-Stiftung, BUND, Oxfam Deutschland, Germanwatch & Le Monde diplomatique (2017): Konzernatlas 2017, S. 44, [online] https://www.boell.de/de/konzernatlas [14.10.2020].

„Da kann ich nichts machen. Das ist keine unzulässige Absprache; das ist ihre Art zu grüßen."

Karikatur von Jupp Wolter

3.12.2 Konzentration

Bei Konzentrationen geben Unternehmen ihre rechtliche und/oder wirtschaftliche Selbstständigkeit auf und stehen unter einer zentralen Leitung. Dies ist z. B. bei Konzernen oder Fusionen der Fall.

Ein **Konzern** ist im Unterschied zum Kartell ein Zusammenschluss von Unternehmen, der durch eine kapitalmäßige Verflechtung zustande kommt. Ein Konzern entsteht i. d. R. durch den Erwerb von Beteiligungen an anderen Unternehmen, sodass es ein herrschendes Mutterunternehmen gibt, während das Tochterunternehmen bzw. die Tochterunternehmen abhängige Einheiten sind. Im Konzern bleiben die Tochterunternehmen unter einer gemeinsamen Leitung rechtlich selbstständig, ihre wirtschaftliche Selbstständigkeit geht aber verloren. Die einheitliche Leitung ermöglicht es, die wirtschaftlichen Interessen und Aufgaben der Konzernunternehmen aufeinander abzustimmen und somit die Marktsituation zu verbessern.

Zehn Konzerne stellen fast alle Lebensmittel her

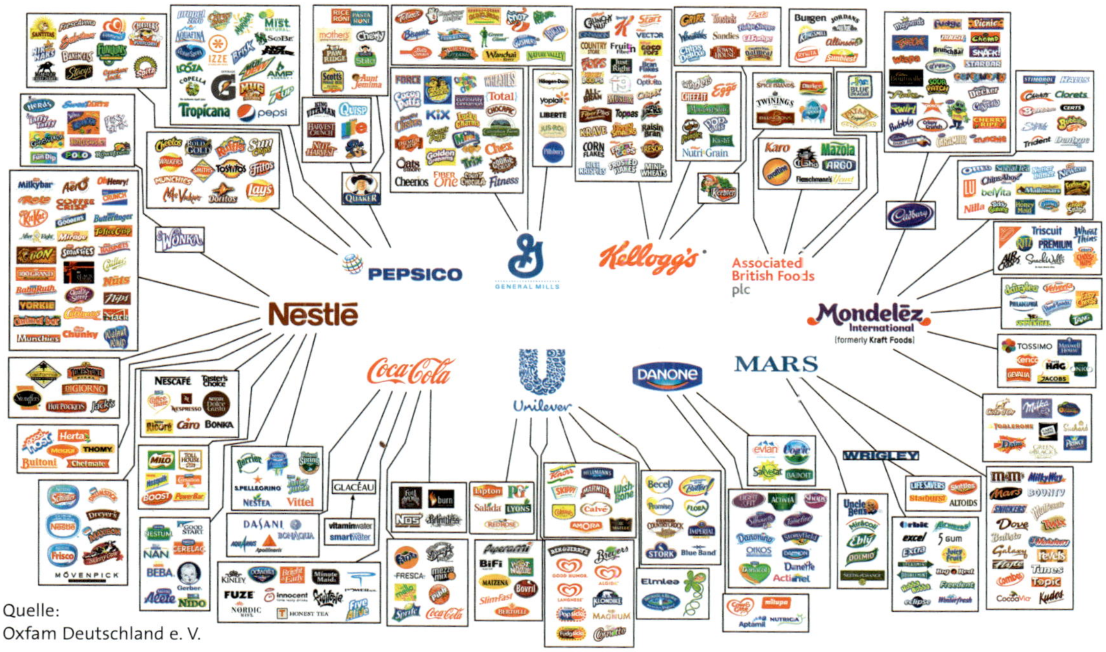

Quelle:
Oxfam Deutschland e. V.

Der Zusammenschluss von zwei oder mehreren Unternehmen zu einer Einheit stellt die am weitesten gehende wirtschaftliche Konzentration dar. Durch die Verschmelzung geben die Unternehmen ihre wirtschaftliche und auch rechtliche Selbstständigkeit auf. Dieser Vorgang wird als **Fusion** bezeichnet. Nach der Fusion besteht nur noch ein rechtlich und wirtschaftlich selbstständiges Unternehmen. Eine Fusion kann als Unternehmensübernahme oder Unternehmensneugründung erfolgen.

Bei der Fusion durch Übernahme gehen das Vermögen oder die Schulden des übernommenen Unternehmens vollständig auf das aufnehmende Unternehmen über.

Unternehmensübernahme

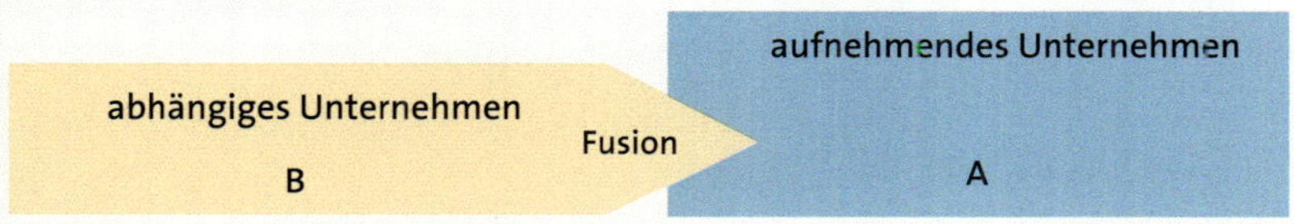

Bei der Fusion durch Neugründung gehen die beteiligten Unternehmen mit ihren Vermögen oder Schulden in einem neu gegründeten Unternehmen auf.

Unternehmensneugründung

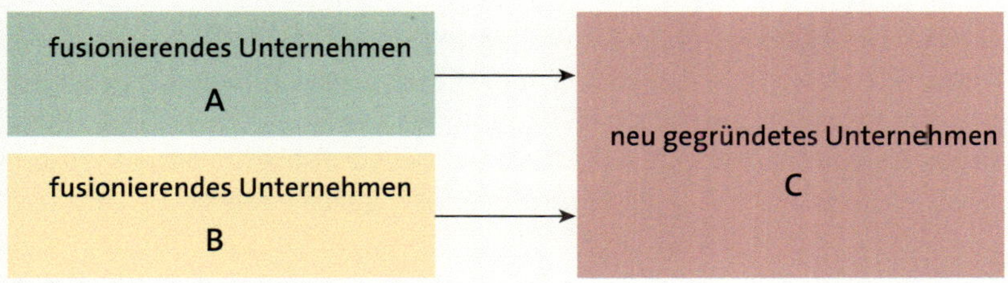

3.13 Wettbewerbskontrolle

soziale Marktwirtschaft
Kapitel 5.2.3

Produktionsfaktoren
Kapitel 1.7

Preisbildung
Kapitel 3.6

Wettbewerbspolitik
alle Maßnahmen des Staates, die einen freien und funktionsfähigen Wettbewerb ermöglichen und sichern

Wettbewerb ist ein Grundpfeiler der sozialen Marktwirtschaft. Er sorgt unter anderem dafür, dass

- die verschiedenen Unternehmen um die Konsumenten konkurrieren,
- die Unternehmen ein Angebot bereitstellen, welches den Wünschen der Konsumenten entspricht,
- die Unternehmen die knappen Produktionsfaktoren so einsetzen, dass die Bedürfnisse der Konsumenten bestmöglich erfüllt werden,
- der technische Fortschritt vorangetrieben wird, um bessere und kostengünstigere Güter zu entwickeln,
- sich durch Angebot und Nachfrage ein Marktpreis bildet.

Da der Wettbewerb für die einzelnen Unternehmen i. d. R. anstrengend ist, besteht die Versuchung, den Wettbewerb einzuschränken oder gar zu unterbinden. Aus diesem Grund hat die **Wettbewerbspolitik** vor allem dafür zu sorgen,

- dass es keine Marktzutrittsschranken gibt,
- dass keine Kartelle den Wettbewerb außer Kraft setzen,
- dass Marktmacht nicht missbraucht werden kann.

3.13.1 Wettbewerbsaufsicht in Deutschland

Nähere Informationen unter:
www. bundeskartellamt.de

Gesetz gegen Wettbewerbsbeschränkungen (GWB)
Kapitel 3.13.2

Wettbewerbsaufsicht in der Europäsichen Union
Kapitel 3.13.3

Europäische Kommission
Kapitel 9.8.2

Zuständig für den Wettbewerbsschutz in Deutschland ist das **Bundeskartellamt** mit Sitz in Bonn. Zu seinen Aufgaben gehört es, auf die Einhaltung des **Gesetzes gegen Wettbewerbsbeschränkungen (GWB)** zu achten und den Wettbewerb zu schützen. Außerdem kann das Bundeskartellamt das europäische Wettbewerbsrecht anwenden, soweit die Europäische Kommission nicht selbst tätig wird. Die Zuständigkeit des Bundeskartellamts erstreckt sich auf alle Wettbewerbsbeschränkungen, die sich in Deutschland auswirken.

Daneben wurde 1973 die **Monopolkommission** eingerichtet, die aus fünf unabhängigen Gutachtern besteht und die die Aufgabe hat, die Bundesregierung in wettbewerbspolitischen Fragen zu beraten.

3.13.2 Gesetz gegen Wettbewerbsbeschränkungen

Die gesetzliche Grundlage staatlicher Wettbewerbspolitik in Deutschland ist das Gesetz gegen Wettbewerbsbeschränkungen (GWB) von 1957 – auch Kartellgesetz genannt – mit späteren Änderungen. Wichtigste Inhalte dieses Gesetzes sind das Kartellverbot, die Fusionskontrolle, die Missbrauchsaufsicht über marktbeherrschende Unternehmen und seit 2007 die Überprüfung der Vergabe öffentlicher Aufträge.

Kartellverbot

In § 1 GWB gibt es ein generelles Kartellverbot. Dieses soll Unternehmen daran hindern, sich abzusprechen und ihr Verhalten aufeinander abzustimmen, um den Wettbewerb zu verhindern, einzuschränken oder zu verfälschen.

Ablauf eines Kartellverfahrens beim Bundeskartellamt

Verfahrenseinleitung
Aufdeckung durch Hinweise von
- Kartellmitgliedern, die als Kronzeugen mit dem Amt kooperieren
- Kunden/Lieferanten, Wettbewerbern, ehem. Kartellmitgliedern

→

Ermittlungen
Vorgehen des Bundeskartellamtes:
- Durchsuchung von Unternehmen
- Auswertung von Beweismitteln
- Zeugenvernehmungen

→

Verfahrensabschluss
Zwei mögliche Verfahrensarten:
- Untersagung des wettbewerbswidrigen Verhaltens
- Verhängung von Bußgeld mit der Möglichkeit zum Vergleich (sog. Settlement)

Quelle: Bundeskartellamt (2015). (Eigene Gestaltung.)

Obwohl Kartelle grundsätzlich verboten sind, gibt es auch eine ganze Reihe von **Ausnahmen**. Diese schaden dem Wettbewerb nicht.

Kartelle sind erlaubt, wenn sie unter die sogenannten **Freistellungsvoraussetzungen** fallen (§ 2 GWB). Die Freistellungsvoraussetzungen sind erfüllt, wenn z. B. die Warenerzeugung verbessert wird, der technische Fortschritt gefördert wird und die Verbraucher an dem entstehenden Gewinn angemessen beteiligt werden. Wenn Unternehmen diese Freistellungsvoraussetzungen erfüllen, gelten die Zusammenschlüsse grundsätzlich als legal (**Legalausnahme**). Für Unternehmen bedeutet das, dass sie selbst einschätzen müssen, ob ihr Zusammenschluss mit dem Kartellrecht vereinbar ist. Dieses System der Legalausnahme stellt hohe Anforderungen an die Unternehmen.

Darüber hinaus sind gemäß § 3 GWB **Mittelstandskartelle** vom Kartellverbot ausgenommen, wenn sie zu einer Rationalisierung wirtschaftlicher Vorgänge führen. Dies gilt allerdings nur dann, wenn der Wettbewerb nur unwesentlich beeinträchtigt wird und das Kartell dazu dient, die Wettbewerbsfähigkeit kleiner und mittlerer Unternehmen zu verbessern.

Fusionskontrolle

Unternehmenszusammenschlüsse sind in Deutschland grundsätzlich erlaubt, sofern die Unternehmen dadurch ihre Geschäftsfelder verbessern oder neu ausrichten können. Das Bundeskartellamt prüft Fusionen nur, wenn
- die beteiligten Unternehmen zusammen einen Weltumsatz von mehr als 500 Mio. Euro erzielen **und**
- innerhalb Deutschlands mindestens ein beteiligtes Unternehmen einen Umsatz von mehr als 25 Mio. Euro und ein weiteres Unternehmen einen Umsatz von mehr als 5 Mio. Euro erzielt.

Eine geplante Fusion wird dann untersagt, wenn dadurch auf dem relevanten Markt eine **marktbeherrschende Stellung** entsteht oder verstärkt wird. Ein Marktanteil des aus der Fusion hervorgegangenen Unternehmens von mindestens 33 % weist auf eine Marktbeherrschung hin, ist aber noch kein endgültiger Beweis. Das Kartellamt untersucht dann noch viele weitere Kriterien.

Zu den Kriterien für eine marktbeherrschende Stellung siehe auch den Abschnitt zur Missbrauchsaufsicht auf der nächsten Seite.

Ablauf eines Fusionskontrollverfahrens

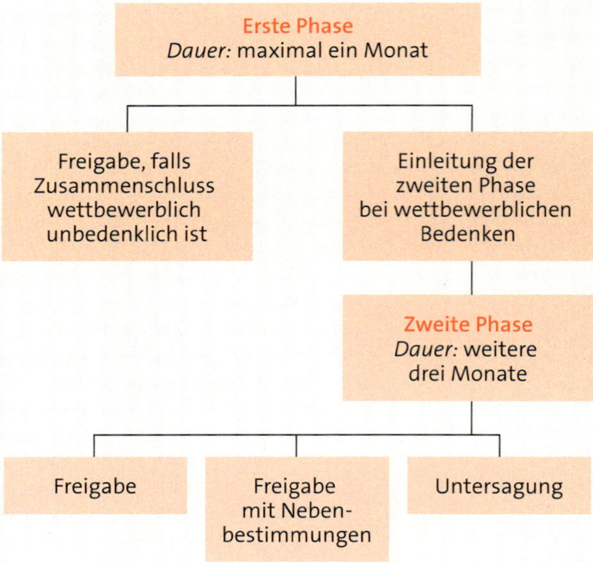

Quelle: Bundeskartellamt (2015). (Eigene Gestaltung.)

Wird eine Fusion untersagt, haben die Unternehmen, die fusionieren wollen, noch die Möglichkeit nachzuweisen, dass durch den Zusammenschluss auch Verbesserungen der Wettbewerbsbedingungen eintreten, die den Nachteil der Marktbeherrschung überwiegen. Gelingt die sogenannte Umkehr der Beweislast, kann der Zusammenschluss doch noch erlaubt werden.

Außerdem hat der Bundeswirtschaftsminister die Möglichkeit, vom Bundeskartellamt untersagte Fusionen ausnahmsweise zu genehmigen, wenn dies durch übergeordnete, gesamtwirtschaftliche Vorteile gerechtfertigt ist (sogenannte **Ministererlaubnis**).

Missbrauchsaufsicht

In § 19 GWB ist definiert, wann eine **marktbeherrschende Stellung** vorliegt. Sie liegt dann vor, wenn ein Unternehmen keine Wettbewerber hat oder gegenüber seinen Wettbewerbern eine überragende Marktstellung einnimmt. Eine marktbeherrschende Stellung wird vermutet, wenn

- ein Unternehmen einen Marktanteil von einem Drittel hat,
- bis zu drei Unternehmen einen Marktanteil von zusammen 50 % haben,
- bis zu fünf Unternehmen einen Marktanteil von zusammen zwei Dritteln erreichen.

Missbräuchliches Verhalten ist in der Praxis oftmals nur schwer nachweisbar. Ein Unternehmen missbraucht seine wirtschaftliche Macht immer dann, wenn durch sein Verhalten die wirtschaftlichen Handlungsmöglichkeiten anderer Unternehmen erheblich beeinträchtigt werden. Missbräuchliches Verhalten tritt in zwei Ausprägungsformen auf: als Behinderungs- und als Ausbeutungsmissbrauch.

Ein **Behinderungsmissbrauch** liegt vor, wenn ein marktübermächtiges Unternehmen den möglichen Konkurrenten den Zugang zu eigenen Netzen verweigert, sodass ein anderes Unternehmen nicht in den Markt eintreten kann. Außerdem zählt eine sogenannte Kampfpreisstrategie zum Behinderungsmissbrauch. Das marktmächtige Unternehmen versucht den Konkurrenten durch extrem niedrige Preise aus dem Markt zu drängen.

BEISPIEL

Würde die Deutsche Bahn ihren Konkurrenten den Zugang zu ihrem Schienennetz untersagen, könnten die Konkurrenten nicht in den Markt eintreten. Bei Gewährung des Zugangs hat die Deutsche Bahn aber einen Anspruch auf ein angemessenes Nutzungsentgelt.

Ausbeutungsmissbrauch liegt vor, wenn ein Unternehmen von seinen Abnehmern überzogene Preise oder Konditionen fordert oder wenn es gegenüber einem abhängigen Zulieferer Preisdumping betreibt.

Das Bundeskartellamt kann im Fall von missbräuchlichem Verhalten anordnen, das beanstandete Verhalten zu beenden oder überhöhte Preise an die Betroffenen zurückzuerstatten. Außerdem kann ein Bußgeld verhängt werden.

BEISPIEL

Das Bundeskartellamt wies den Berliner Wasserbetrieben durch Vergleich der Preise mit Hamburg, München und Köln überhöhte Wasserpreise nach. Es ordnete eine Preissenkung von mehr als 440 Mio. Euro für 2012 bis 2018 an.

Überprüfung der Vergabe öffentlicher Aufträge

Das Gesetz gegen Wettbewerbsbeschränkungen schreibt auch Regeln für die Vergabe öffentlicher Aufträge durch Bund, Länder und Kommunen vor (§§ 97–129). Das Bundeskartellamt ist aber nur dann zuständig, wenn die Aufträge einen bestimmten Schwellenwert (z. B. 206 000 Euro für Liefer- und Dienstleistungen und 5,15 Mio. Euro für Bauaufträge) erreichen.

3.13.3 Wettbewerbsaufsicht in der EU

Zuständig für den Wettbewerbsschutz in der Europäischen Union ist die **Europäische Kommission**. Sie arbeitet mit den Wettbewerbsbehörden der Mitgliedsstaaten zusammen.

Grundlagen des europäischen Wettbewerbsrechts wurden bereits im Vertrag der Europäischen Wirtschaftsgemeinschaft (EWG) von 1957 gelegt. Seit dem 1. Dezember 2009 gelten die Artikel 101–118 des „**Vertrags über die Arbeitsweise der Europäischen Union**“ (AEUV) für die gemeinsamen Wettbewerbsregeln.

EU-Kommission

Kapitel 9.8.2

Die **Fusionskontrolle** wurde 2004 in einer Verordnung geregelt. Danach ist die EU-Kommission zuständig, wenn folgende Umsatzschwellen erreicht werden:

- Die beteiligten Unternehmen haben mehr als 5 Milliarden Euro Weltumsatz und mindestens zwei Unternehmen erzielen einen EU-Umsatz von mehr als 250 Millionen Euro.
- Oder: Alle am Zusammenschluss beteiligten Unternehmen haben zusammen einen weltweiten Gesamtumsatz von mehr als 2,5 Mrd. Euro, mindestens zwei der beteiligten Unternehmen erzielen einen gemeinschaftsweiten Umsatz von jeweils mehr als 100 Mio. Euro, alle am Zusammenschluss beteiligten Unternehmen erreichen zusammen in mindestens drei Mitgliedstaaten einen Gesamtumsatz von jeweils mehr als 100 Mio. Euro und mindestens zwei der beteiligten Unternehmen erzielen in jedem dieser drei Mitgliedstaaten einen Umsatz von jeweils mehr als 25 Mio. Euro.

Die EU-Kommission ist jedoch nicht zuständig, wenn die beteiligten Unternehmen mehr als zwei Drittel des EU-Umsatzes in ein und demselben Mitgliedstaat erzielen.

3.13.4 Internationale Zusammenarbeit

Die Europäische Kommission und die nationalen Wettbewerbsbehörden bilden gemeinsam das Netzwerk der europäischen Wettbewerbsbehörden (**European Competition Network**, kurz **ECN**). Sie tauschen sich gegenseitig über Fälle und Entscheidungen aus, unterstützen sich bei Ermittlungen und tauschen Beweismaterial.

Außerhalb Europas ist das Bundeskartellamt in unterschiedlichen Netzwerken tätig:

- **International Competition Network (ICN)**: In diesem Netzwerk arbeiten über 130 Mitgliedsbehörden weltweit in Fragen der Kartellrechtsanwendung zusammen.
- **Organisation für wirtschaftliche Zusammenarbeit und Entwicklung (OECD):** In diesem weltweiten Forum werden wettbewerbspolitische Fragen diskutiert.
- **Konferenz der Vereinten Nationen für Handel und Entwicklung (UNCTAD):** Ziel ist die Förderung der Integration der Entwicklungsländer in den Welthandel.

3.13.5 Digitale Ökonomie als Herausforderung für die Wettbewerbssicherung

Marktmacht
Kapitel 3.13.2

Missbrauch von Marktmacht
Kapitel 3.13.2

Internetkonzerne wie z. B. Google, Amazon oder Facebook und sogenannte digitale Märkte gewinnen weltweit immer mehr Nutzer und somit einen wachsenden Einfluss. Die dadurch entstehende Marktmacht versetzt die Konzerne in die Lage, sich z. B. einer nationalen Besteuerung weitgehend zu entziehen, den Eintritt neuer Wettbewerber in die Märkte zu erschweren oder Nutzerrechte zu beschränken. Die Frage, wie es gelingen kann, diesem möglichen Missbrauch von Marktmacht Einhalt zu gebieten und den Wettbewerb zu sichern, stellt Volkswirtschaften auf der ganzen Welt vor neue Herausforderungen.

Digitale Märkte (Plattformökonomien)

Die Besonderheit von digitalen Märkten bzw. Plattformökonomien liegt darin, dass sie im Internet zwei oder mehrere Nutzergruppen (Anbieter von Produkten und Dienstleistungen einerseits, Nachfrager bzw. Konsumenten andererseits) zusammenbringen. Diese treffen sich online. In der Regel wird eine Plattform (z. B. Amazon) für eine Nutzergruppe (z. B. Konsumenten) umso interessanter, je größer die andere Nutzergruppe (Anbieter) ist. Käufer profitieren somit indirekt von anderen Käufern, weil eine größer werdende Anzahl von Käufern weitere Anbieter anzieht. Mehr Anbieter vergrößern wiederum das Spektrum der Waren, die auf der Plattform gehandelt werden.

BEISPIEL

Amazon stellt im Internet eine Plattform zur Verfügung, auf der Händler Waren (z. B. Haushaltsgeräte, Fernseher, Schuhe usw.) zum Verkauf anbieten können. Konsumenten, die diese Plattform zum Kauf nutzen wollen, finden ein großes Angebot vor, erhoffen sich Preisvorteile gegenüber dem stationären Handel und eine Verbesserung ihrer Marktübersicht (Markttransparenz). Sie können online viele verschiedene Angebote vergleichen, wodurch das zeitlich aufwendige Suchen nach weiteren Anbietern entfällt (Verminderung von Suchkosten).

Digitale Märkte sind also für alle Beteiligten umso attraktiver, je mehr Anbieter und Nutzer auf einer Plattform vertreten sind. Auf den Wettbewerb hat dies zwei verschiedene Auswirkungen:

- Einerseits führt die **Markttransparenz** auf der Plattform zu einem verschärften **Wettbewerb zwischen den Anbietern von Gütern**.
- Andererseits wächst die **Marktmacht des Plattformanbieters**, weil die **Netzeffekte** (je mehr Nutzer, desto stärker die Anziehungskraft auf weitere Nutzer) einen **Wachstumsvorteil** (Skalenvorteil) für den Plattformbetreiber begründen. Hinzu kommt, dass Internetkonzerne wie z. B. Amazon viele **Nutzerdaten** sammeln.

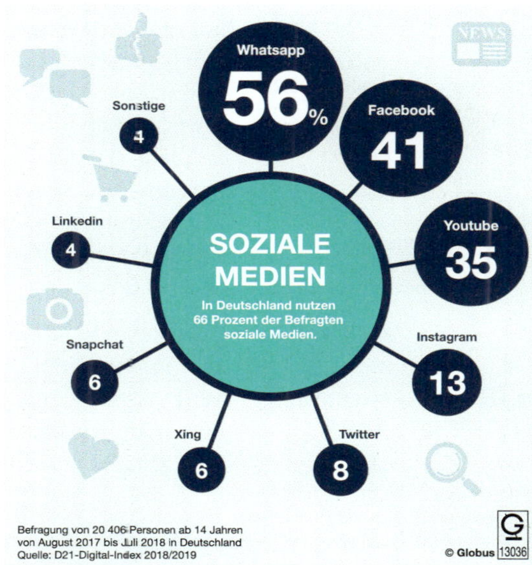

Social-Media-Plattformen (soziale Netzwerke)

Bei Social-Media-Plattformen (sozialen Netzwerken) steht nicht das Verkaufen und Kaufen von Waren im Vordergrund, sondern das **Sammeln und Verkaufen von Daten**. Die Zahl der Nutzer („User") solcher Plattformen nimmt weltweit zu: Facebook ist inzwischen (Stand 2020) auf über 2,4 Milliarden Nutzer gewachsen, Youtube (das dem Google-Mutterkonzern Alphabet gehört) verzeichnet 2 Milliarden Nutzer und WhatsApp (das dem Facebook-Konzern gehört) wird von 1,6 Milliarden Menschen genutzt.

Auf den Social-Media-Plattformen hinterlassen die Nutzer eine Vielzahl von sogenannten **Datenspuren**. Der Plattformanbieter hält z. B. fest, welche Seiten Benutzer im Internet besuchen, welche Produkte sie gesucht („gegoogelt") oder welche Vorlieben sie haben. Ferner kann ermittelt werden, welche Informationen Nutzer mit anderen teilen, was sie gut finden („liken") oder welchen Gruppen („Freunde") sie angehören. Facebook, Google und andere Konzerne werten diese Daten aus und bieten sie Datenverarbeitungsfirmen zum Kauf an. Diese bereiten die Daten auf und verkaufen sie anschließend an Unternehmen. Für die Unternehmen sind solche zielgruppenspezifischen Infomationen vor allem für die Gestaltung von Werbung interessant.

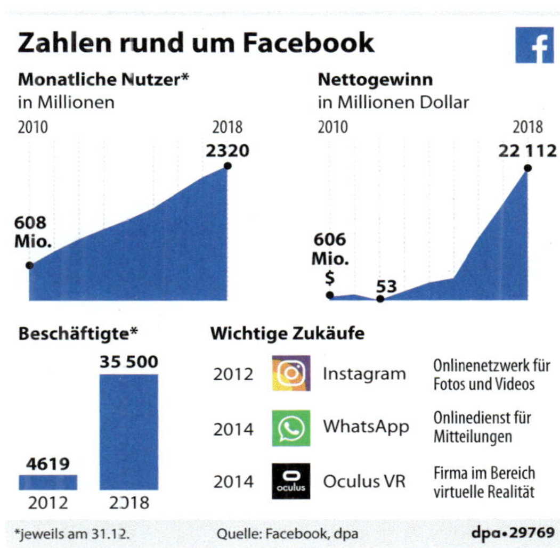

Schon das Verfügen über **große Datenmengen** („Big Data") kann eine erhebliche Marktmacht begründen: Wenn beispielsweise Werbung mithilfe personenbezogener Daten „personalisiert" werden kann, lassen sich Produktivitätsgewinne und dementsprechende **Wettbewerbsvorteile** erzielen. Die Kombination von „Big Data" und den oben beschriebenen Netzeffekten bzw. Wachstumsvorteilen kann schließlich zu starken **Konzentrationstendenzen** bis hin zu **Monopolbildungen** führen.

Konzentration
Kapitel 3.12.2

Monopol
Kapitel 3.11.3

Maßnahmen gegen die Marktmacht der Internetkonzerne

Für die Wettbewerbshüter stellt die Marktmacht der großen Internetkonzerne eine große Herausforderung dar, deren Bewältigung letztlich nur in internationaler Zusammenarbeit möglich sein wird.

internationale Zusammenarbeit
Kapitel 3.13.4

In Deutschland wurden bereits einzelne Maßnahmen ergriffen, um Internetkonzerne besser kontrollieren zu können. 2017 wurde im **Gesetz gegen Wettbewerbsbeschränkungen** (GWB) geregelt, dass ein Markt auch dann vorliegt, wenn zwischen den beteiligten Nutzern und Plattformanbietern kein Geld, sondern Daten „getauscht" werden. Das **Bundeskartellamt** kann in diesen Fällen untersuchen, ob ein Internetkonzern den Wettbewerb behindert. Die Fusionskontrolle kann auch kleinere Fusionen überprüfen, sofern diese einen Kaufpreis von 400 Mio. Euro überschreiten (z. B. Übernahme von WhatsApp durch Facebook). Im Januar 2020 hat die Bundesregierung den Entwurf zur zehnten GWB-Novelle (**GWB-Digitalisierungsgesetz**) veröffentlicht. Dies ist ein weiterer Schritt zur Verschärfung der Regulierung von Internetkonzernen. Zu dem Entwurf können nun die Länder und Verbände Stellung nehmen. Der Reformvorschlag soll die Missbrauchsaufsicht für marktmächtige Digitalunternehmen verschärfen und mittelständischen Unternehmen mehr Rechtssicherheit geben. Das Gesetz soll Anfang 2021 in Kraft treten.

Gesetz gegen Wettbewerbsbeschränkungen
Kapitel 3.13.2

Bundeskartellamt
Kapitel 3.13.1–3.13.2

Fusionskontrolle
Kapitel 3.13.2

Referentenentwurf zum GWB-Digitalisierungsgesetz: https://www.bmwi.de/Redaktion/DE/Downloads/G/gwb-digitalisierungsgesetz-referentenentwurf.html

Die von der **EU-Kommission** geplante Einführung einer **Digitalsteuer** auf Umsätze aus Online-Werbung, Verkauf von Nutzerdaten und der Bereitstellung von Online-Marktplätzen in der EU scheiterte im März 2019. Dies hat einige EU-Länder veranlasst, nationale Maßnahmen anzukündigen oder bereits zu beschließen. Die Maßnahmen ähneln in weiten Teilen dem Kommissionsvorschlag, unterscheiden sich in ihren politischen Hintergründen aber stark.

Wettbewerbsaufsicht in der EU
Kapitel 3.13.3

Dokument der Bertelsmann Stiftung zum Stand der Digitalsteuer (Mai 2019): https://www.bertelsmann-stiftung.de/fileadmin/files/BSt/Publikationen/GrauePublikationen/Digitalsteuer_wo_stehen_wir.pdf

ÜBERBLICK

Reale Märkte sind fast immer **unvollkommene Märkte**, auf denen nicht alle Bedingungen eines vollkommenen Marktes erfüllt sind. So können Anbieter im **unvollkommenen Polypol** gewisse Spielräume bei der Preisgestaltung haben. Im **Oligopol** hingegen müssen die Anbieter sehr auf die Reaktionen ihrer Konkurrenten achten. Im **Monopol** wiederum liegt alle Macht in den Händen eines einzelnen Anbieters, der die Preis-Mengen-Kombination anbietet, die ihm den maximalen Gewinn einbringt.

Es gibt vielfältige Formen von **Unternehmenszusammenschlüssen**, mit denen Unternehmen ihre Position im globalen Wettbewerb zu verbessern versuchen. **Wettbewerbshüter** wie das Bundeskartellamt und die EU-Kommission versuchen zu verhindern, dass solche Zusammenschlüsse zu übermäßiger **Marktmacht** und deren Missbrauch führen. **Kartelle** sind grundsätzlich verboten; Ausnahmegenehmigungen sind aber möglich.

Neue Herausforderungen für die Wettbewerbssicherung ergeben sich durch die **Marktmacht von Internetkonzernen**, die über große Datenmengen („Big Data") und über Wachstumsvorteile aufgrund von Netzeffekten verfügen.

1 Erklären Sie, wann ein Marktteilnehmer über Marktmacht verfügt.

2 Vollkommene Märkte sind in der Realität sehr selten.
- **a** Was sind die Merkmale eines vollkommenen Marktes?
- **b** Was ist der Unterschied zwischen einem vollkommenen und einem unvollkommenen Markt?
- **c** Was ist der Unterschied zwischen einem vollkommenen Polypol und einem unvollkommenen Polypol?

3 Ordnen Sie die folgenden Beispiele den Marktformen im Schema auf S. 83 zu.
- **a** In Münster gibt es viele Bäckereien und viele Nachfrager nach Backwaren.
- **b** Der Staat ist der einzige Nachfrager nach Bundeswehruniformen. In Deutschland gibt es aber viele Textilunternehmen, die Bundeswehruniformen produzieren können.
- **c** Airbus ist einer von wenigen Flugzeugherstellern, die für wenige Fluggesellschaften Flugzeuge herstellen.
- **d** Auf dem Weihnachtsmarkt in Essen bietet nur ein einziger Verkäufer Baumkuchen an. Viele Besucher wollen Baumkuchen kaufen.
- **e** Viele Landwirte bieten ihre Milch einer kleinen Anzahl von Molkereien an.
- **f** Bei ihrer Auktion vergab die Bundesnetzagentur die Lizenzen für das 5G-Netz an folgende Provider: Deutsche Telekom, Vodafone, Telefónica Germany und 1&1 Drillisch Netz AG.
- **g** RWE, E.ON, Vattenfall und EnBW decken 80 % des Strommarktes in Deutschland ab.

4 Erläutern Sie die Preisbildung im Polypol. Benennen Sie hierfür die Bereiche 1 bis 3 in der nebenstehenden Grafik.

Preisbildung im Polypol

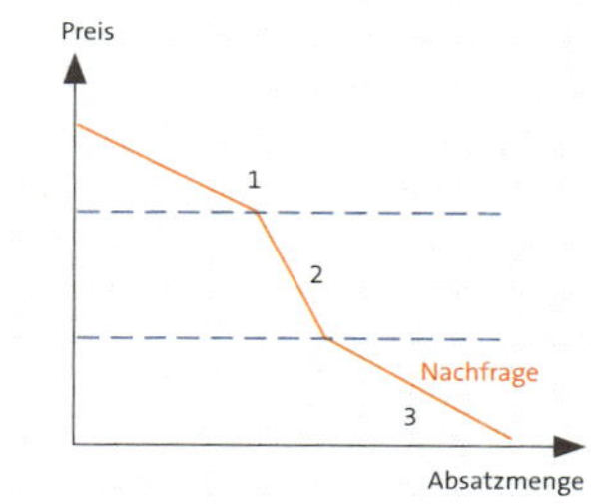

5 Welche der folgenden Aussagen trifft für die Bereiche 1 und 3 zu?
- **a** Kleine Preisänderungen führen zu relativ großen Nachfragenänderungen
- **b** Preisänderungen führen zu prozentual gleichen Nachfrageänderungen.
- **c** Kleine Preisänderungen führen zu sehr geringen Nachfrageänderungen.

6 Erläutern Sie die Preisbildung im Oligopol.
- **a** Bei welchem Preis in der nebenstehenden Grafik herrscht Preisstarrheit?
- **b** In welchem Bereich der Preisabsatzkurve ist die Nachfrage elastisch und in welchem unelastisch?
- **c** Welche Verhaltensmöglichkeiten bestehen für Anbieter im Oligopol?

Preisbildung im Oligopol

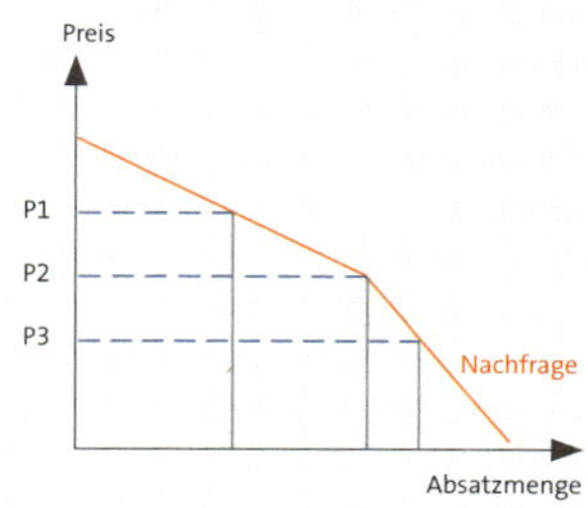

7 Begründen Sie die folgenden Aussagen:
- **a** In einer oligopolistischen Branche können Unternehmen ihre Gewinne erhöhen, indem sie ein Kartell bilden.
- **b** Kartellabsprachen sind aber häufig nicht stabil.

8 Nennen und erläutern Sie die Gründe, warum Monopole entstehen.

9 Erläutern Sie die Preisbildung im Monopol. Erklären Sie hierfür die Punkte A, B und C in der nebenstehenden Grafik.

Preisbildung im Monopol

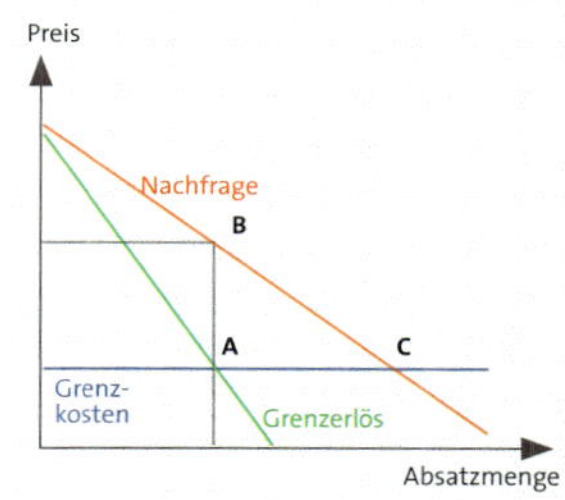

10 Erläutern Sie die folgenden zwei Aussagen:
- **a** „Je unelastischer die Nachfrage, desto größer die Macht des Monopolisten."
- **b** „Das Polypol und das Monopol weisen teilweise Ähnlichkeiten auf."

11 Finden Sie für die Formen der Preisdifferenzierung, die im Monopol bzw. im monopolistischen Spielraum von Polypolisten möglich sind, je ein Beispiel.

AUFGABEN

12 Erläutern Sie, welche Vor- und Nachteile die Marktformen Polypol, Oligopol und Monopol für Käufer und für Anbieter haben.

13 Ordnen Sie folgende Begriffe/Beschreibungen dem Polypol, dem Oligopol oder dem Monopol zu:

- **a** Gefahr der Kartellbildung
- **b** monopolistischer Spielraum
- **c** höchste Marktmacht
- **d** doppelt geknickte Preisabsatzfunktion
- **e** kein Wettbewerb
- **f** viele Anbieter desselben Gutes
- **g** Preisstarrheit
- **h** geknickte Preisabsatzfunktion
- **i** Produktdifferenzierung
- **j** hohe Gewinne
- **k** ein Anbieter
- **l** wenige Anbieter
- **m** Preisdifferenzierung
- **n** Preisführerschaft
- **o** aus Verbrauchersicht beste Güterversorgung

14 Finden Sie jeweils ein Beispiel für einen horizontalen, einen vertikalen und einen diagonalen Unternehmenszusammenschluss.

15 Ein deutsches Textilunternehmen übernimmt ein kleines amerikanisches Textilunternehmen, sodass eine Einheit entsteht. Um welche Form des Unternehmenszusammenschlusses handelt es sich hier?

16 Diskutieren Sie für die Unternehmenszusammenschlüsse in der Grafik auf S. 88 die folgenden zwei Fragen:
- **a** Bleibt die wirtschaftliche Selbstständigkeit bestehen oder geht sie verloren?
- **b** Bleibt die rechtliche Selbstständigkeit bestehen oder geht sie verloren?

17 Diskutieren Sie in Gruppen die Chancen und Risiken von Kooperationen und Konzentrationen für das Marktgeschehen. Berücksichtigen Sie in ihrer Diskussion die Perspektive von Unternehmen, Konsumenten und Arbeitnehmern.

18 Sammeln Sie Zeitungsartikel, die sich mit Unternehmenszusammenschlüssen beschäftigen. Werten Sie diese in Kleingruppen aus:
- **a** Um welche Form der Kooperation oder Konzentration handelt es sich?
- **b** Welche Chancen sehen die Unternehmen in dem Zusammenschluss?
- **c** Welche Risiken sehen z. B. Verbraucher, Konkurrenten und Politiker?
- **d** Gab es in letzter Zeit Fusionen, die erlaubt oder untersagt wurden? Wenn ja, was waren die Gründe für die Erlaubnis bzw. das Verbot?

19 Warum ist Wettbewerbspolitik in der sozialen Marktwirtschaft erforderlich?

20 Das Gesetz gegen Wettbewerbsbeschränkungen beinhaltet drei wichtige Instrumente, um für einen fairen Wettbewerb zu sorgen. Erläutern Sie
- **a** das Kartellverbot,
- **b** die Fusionskontrolle,
- **c** die Missbrauchsaufsicht.

21 Wie hängen nationale und europäische Wettbewerbspolitik zusammen?

22 Wodurch unterscheiden sich digitale Märkte und Social-Media-Plattformen?

23 Worauf beruhen die Konzentrationstendenzen in der digitalen Ökonomie?

24 Recherchieren Sie den Sachstand zur Einführung einer europäischen Digitalsteuer.

Was sind die Funktionen des Geldes?

Was ist der Binnenwert des Geldes?

Was sind die Ursachen und Auswirkungen von Inflation und Deflation?

Was für Wechselkurssysteme gibt es?

Welchen Einfluss hat Inflation auf den Außenwert des Geldes?

THEMENBEREICH 4

Geld und Währung

4.1 Jugendverschuldung und der „richtige“ Umgang mit Geld

Katharina

Katharina, die Schulfreundin von Elinor, wohnt in einem kleinen Ort in der Nähe von Köln. Ihre Eltern haben dort einen landwirtschaftlichen Betrieb, der auf den Anbau von Getreide, Zuckerrüben, Kartoffeln und Obst spezialisiert ist. Seit Katharina die Berufsfachschule in Köln besucht, fehlt ihr die Zeit, um in der Landwirtschaft mitzuarbeiten und so ihr Taschengeld aufzustocken. Doch die coolen Klamotten in den Kölner Läden haben ebenso ihren Preis wie die gemeinsamen Unternehmungen mit ihren Freundinnen.

Eines Abends fragen ihre Eltern: „Sag mal, Katharina, was machst du eigentlich mit deinem Geld? Am Monatsende ist immer Ebbe in deinem Portemonnaie.“ „Das stimmt doch gar nicht!“, antwortet Katharina und versucht, überzeugend zu wirken. „Aber gestern wolltest du schon wieder eine ‚Unterstützung‘ für den Discobesuch am Freitag“, sagt ihre Mutter. „Dann leihe ich mir halt etwas von meinen Freunden; so ein Problem ist das doch auch nicht“, entgegnet Katharina genervt. „Wie viel hast du eigentlich schon gespart?“, will ihr Vater wissen. „Du weißt doch, den Führerschein gibt es nicht geschenkt. Du musst dich beteiligen!“ „Ich werde das mit dem Führerschein schon schaffen“, antwortet Katharina trotzig. Ihre Eltern sind noch immer nicht beruhigt.

Bei der Verschuldung Jugendlicher spielen oft teure Smartphones eine Rolle.

Neue Studie

Jugendverschuldung immer häufiger

Obwohl Jugendlichen und jungen Erwachsenen heute deutlich mehr Geld zur Verfügung steht als noch vor wenigen Jahren, wächst der Anteil derjenigen, die Einkäufe auf Pump tätigen. Wie eine repräsentative Jugendstudie des Bundesverbandes Deutscher Banken ergab, hatten im Jahr 2018 26 % der 14- bis 24-Jährigen in Deutschland schon einmal Schulden. Die häufigsten Kreditgeber waren Eltern und Familie, Freunde sowie Banken.[1]

Ganz oben auf der Liste der Produkte, für die junge Menschen mehr Geld ausgeben, als sie eigentlich haben, stehen technische Geräte wie Smartphones und Laptops; auf Platz zwei folgt der Kauf des ersten eigenen Autos. Weitere Produkte, für die Jugendliche und junge Erwachsene Schulden machen, sind Kleidung und Schmuck sowie Essen und Trinken. Auch die Kosten für den Lebensunterhalt übersteigen nicht selten das verfügbare Budget.[2]

Leben Jugendliche finanziell über ihre Verhältnisse, besteht die Gefahr, dass sie in einer Schuldenfalle landen und geliehenes Geld nicht mehr zurückzahlen können. Jugendverschuldung kann zu Depressionen führen. Und sie kann ein Einstieg in die Überschuldung sein.

[1] Vgl. Bankenverband (2018): Jugendstudie 2018. Wirtschaftsverständnis, Finanzkultur und Digitalisierung bei Jugendlichen und jungen Erwachsenen, S. 7 u. 32, [online] https://bankenverband.de/media/files/Jugendstudie_2018_180725.pdf [22.11.2019].

[2] Vgl. Schuldnerberatung.de (2019): Verschuldung Jugendlicher oder „Jung, dynamisch & verschuldet“, S. 4 f., [online] https://www.schuldnerberatung.de/ebook-verschuldung-jugendlicher.pdf [22.11.2019].

1 Diskutieren Sie in Kleingruppen über das Thema.
- **a** Hatten Sie selbst schon einmal Schulden? Wenn ja, wie kam es dazu und wie haben Sie sich dabei gefühlt?
- **b** Stellen Sie Vermutungen an: Wie hoch ist die durchschnittliche Verschuldung von Jugendlichen in Deutschland?
- **c** Überlegen Sie, was die Gründe für die Verschuldung Jugendlicher sein könnten.

2 Führen Sie nun in Teamarbeit eine Internetrecherche durch.
- **a** Wie hoch sind Jugendliche in Deutschland im Durchschnitt verschuldet?
- **b** Welche Gründe können zur Verschuldung Jugendlicher führen?
- **c** Wo können überschuldete Jugendliche Hilfe finden?
- **d** Was ist für den „richtigen“ Umgang mit Geld zu beachten?

Tipps für die Durchführung einer Internetrecherche
Führen Sie eine Internetrecherche in folgenden Schritten durch:
1. **Problemanalyse:** Problemstellung/Fragestellung und Zielsetzung klären
2. **Informationsbeschaffung:** Informationen im Netz suchen, analysieren und eine erste Auswahl treffen; weitere Informationen suchen und relevante Fakten bezogen auf die Zielsetzung ermitteln
3. **Lösungsentwicklung:** eine bzw. mehrere mögliche Problemlösungen herausarbeiten
4. **Beurteilung der Lösungsmöglichkeiten:** Vor- und Nachteile, Folgewirkungen klären
5. **Auswertung:** begründete Schlussfolgerungen ziehen und das Vorgehen reflektieren

3 Erstellen Sie ein Plakat oder eine PowerPoint-Präsentation mit den Ergebnissen Ihrer Recherche. Hierzu sollte auch eine Checkliste für den „richtigen“ Umgang mit Geld gehören. Präsentieren und diskutieren Sie Ihre Ergebnisse im Plenum.

4.2 Geld

4.2.1 Geschichte des Geldes

Assoziation
Vorstellungsverknüpfung

Was verbinden Sie mit Geld? Fallen Ihnen dazu gleich Münzen und Banknoten ein oder denken Sie an „Geld verdienen", „Geld ausgeben", „Geld leihen" sowie „Geld sparen"? Häufig stellen sich unterschiedliche **Assoziationen** ein. Das zeigt, dass Geld eine universelle Rolle im Wirtschaftsleben spielt. Ohne Geld geht heute nichts, aber wie war das z. B. in der Frühzeit? Wie hat sich das Geld entwickelt?

In der Frühzeit gab es nur reine **Tauschwirtschaften.** Die Menschen tauschten Waren gegen Waren. Dabei hatten sie häufig das Problem, dass ein geeigneter Tauschpartner gefunden werden musste – manchmal über lange Tauschketten.

Naturaltausch

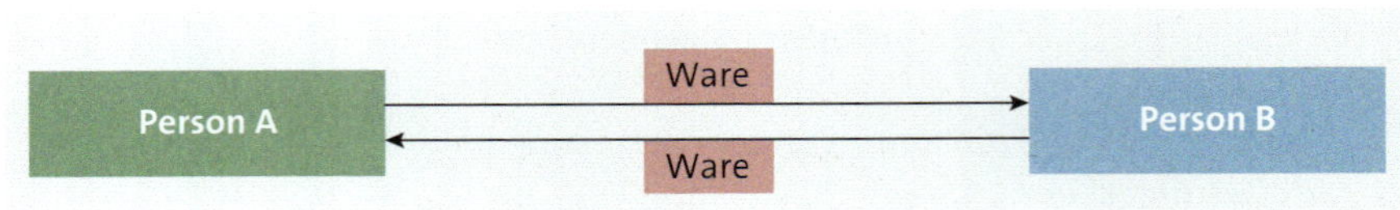

Münzen aus dem Königreich Lydien

Aufgrund dieser Schwierigkeiten kamen die Menschen schnell auf die Idee, nicht mehr Waren gegen Waren zu tauschen, sondern ein Zwischentauschmittel einzusetzen: Geld. Zunächst gab es nur **Warengeld** (Naturalgeld). Dafür wurden begehrte Güter wie beispielsweise Salz, Fisch, Getreide oder Felle verwendet. Später übernahmen wertvolle Edelmetalle wie Bronze, Silber oder Gold die Funktion von Geld. Sie waren leichter teilbar und nutzten weniger ab.

Vermutlich entstanden Mitte des 7. Jahrhunderts v. Chr. die ersten Münzen. Im Laufe der Zeit verbreiteten sich genormte und geprägte Metallstücke. Später erhielten die Münzen einen aufgeprägten Münzwert (Nennwert), der nicht mehr dem Metallwert entsprach. Diese sogenannten **Scheidemünzen** sind bis heute typisch für das moderne Münzgeld.

Preußische Banknote von 1806

Im 17. Jahrhundert liegt der Ursprung unserer modernen **Banknoten**. Goldschmiede nahmen Edelmetalle und Münzen in Verwahrung und stellten darüber Quittungen aus. Die Goldschmiede, und später die Banken, verpflichteten sich, gegen Vorlage einer von ihnen ausgestellten Banknote den Gegenwert in Gold oder Silber auszuzahlen. Im Laufe der Zeit setzte sich das Prinzip der Ausgabe von Banknoten mit gleichzeitiger Deckungszusage in immer mehr Städten durch. Es entstand die **Gold-** oder auch **Silberwährung**. Mit zunehmender wirtschaftlicher Entwicklung stieg der Geldbedarf, sodass die Staaten wegen ihrer begrenzten Gold- und Silbervorräte die Deckungszusage nicht mehr aufrechterhalten konnten. Das Papiergeld wurde im Lauf der Zeit auch ohne Deckungszusage akzeptiert.

Neben dem Papiergeld entwickelte sich nahezu zeitgleich das **Buchgeld** bzw. **Giralgeld** in großen Handelsstädten wie Amsterdam oder Hamburg. Dieses Geld war nur in Büchern bzw. auf Konten der Banken verzeichnet und ermöglichte es den Kaufleuten, Guthaben von Konto zu Konto zu bewegen.

Dieses System gibt es noch heute und hat sogar an Bedeutung gewonnen. Heutzutage werden Geldbeträge nicht mehr durch Zu- und Abschreiben in Kontobüchern bewegt, sondern elektronisch. Girokonten lassen sich für den **bargeldlosen Zahlungsverkehr** nutzen. Bargeldloser Zahlungsverkehr ist bequem und senkt die **Transaktionskosten**. Die Geldbevorratung mit Bargeld wird reduziert. Auf Geldtransporte kann weitgehend verzichtet werden. Die Zahlungsvorgänge werden lediglich buchmäßig dokumentiert und dadurch beschleunigt.

Transaktionskosten
Kosten, die für Nutzung, Erhaltung oder Veränderung entstehen, z. B. Informations- und Kontrollkosten
Kapitel 3.2.2

Ein neueres Phänomen sind **Kryptowährungen**. Hierbei handelt es sich um digitale Zahlungsmittel bzw. virtuelles Geld. Im Jahr 2009 wurde mit dem Bitcoin das erste Kryptogeld in Umlauf gebracht; inzwischen gibt es weltweit über 3 000 Kryptowährungen. Die Zielsetzung ist, ein Bezahlsystem zu erschaffen, das ohne Finanzinstitute bzw. Banken funktioniert.

Kryptowährungen sind keine Währungen im eigentlichen Sinne. Der Wert („Geldwert") bestimmt sich weder durch den inländischen Preisindex („Binnenwert") noch durch den Wechselkurs („Außenwert") einer Landeswährung. Die „Kaufkraft" ergibt sich aus dem Grad der Akzeptanz des Zahlungsmittels zwischen den Handelspartnern (Zahlern und Empfängern). Dieses Vertrauen beruht auf den digitalen Einsatzmöglichkeiten und den sich daraus ergebenden Vorteilen.

Binnenwert
Kapitel 4.2.3 und 4.9

Wechselkurs
Kapitel 4.8

Außenwert
Kapitel 4.8–4.9

Für die Durchführung von Bezahlvorgängen werden keine Banken benötigt; d. h., an die Stelle von Finanzinstituten tritt ein dezentrales digitales Netzwerk. Die Aufgabe, die Einhaltung der Regeln der Zahlungsabwicklung zu überwachen, hat bei Kryptowährungen die Gemeinschaft aller Beteiligten. Eine entsprechende digitale Technologie stellt sicher, dass die Zahlungsabwicklung eindeutig erfolgen kann. Allerdings bietet die Anonymität von Zahlern und Empfängern auch in hohem Maße die Möglichkeit, illegale Transaktionen zu tätigen.

4.2.2 Funktionen des Geldes

Geld in der Realwirtschaft

In einer arbeitsteiligen Volkswirtschaft werden im Regelfall alle realen Austauschprozesse mithilfe von Geld abgewickelt. Geld hat somit verschiedene Funktionen zu erfüllen – muss dafür aber auch gewisse Eigenschaften mitbringen.

Arbeitsteilung
Kapitel 1.8

Geld als gesetzliches Zahlungsmittel unterliegt einem **Annahmezwang** und bedarf der allgemeinen Anerkennung durch die inländischen **Wirtschaftssubjekte**. Die internationale Akzeptanz der inländischen Währung erleichtert die Finanzierung von Transaktionen mit dem Ausland.

Wirtschaftssubjekt
selbstständig handelnde Einheit (Einzelperson, Haushalt, Unternehmen), die am Wirtschaftsgeschehen teilnimmt

BEISPIEL

Der Euro ist gesetzliches Zahlungsmittel in den Ländern der Euro-Zone. Er hat die nationalen Währungen der Teilnehmerländer abgelöst. Nach anfänglichen Akzeptanzproblemen wird der Euro sowohl innerhalb der Euro-Zone als auch in Drittländern verwendet.

Europäische Währungsunion
Kapitel 9.8.4

Seit Einführung des **Euro als gesetzliches Zahlungsmittel** im Jahr 2002 hat die Deutsche Bundesbank das Recht, Euro-Banknoten zu drucken und auszugeben.

Bundesbank
Kapitel 7.2

Geld dient außerdem als **Wertmaßstab** und **Recheneinheit**. Es drückt den Wert von Gütern in Geldeinheiten aus, sodass die Güter über den Preis mit anderen Gütern verglichen werden können.

Darüber hinaus ist Geld ein **Wertaufbewahrungsmittel**, denn es bietet die Möglichkeit, einen gewissen Wert zu „speichern“, bis er für andere Zwecke verwendet wird. Beim **Sparen** wird der Wert des Geldes sozusagen „konserviert“. Wenn der Sparer sein Geld z. B. auf einem Sparkonto oder in Wertpapieren anlegt, erhält er dafür Zinsen, die als Entschädigung dafür dienen, dass er für eine bestimmte Zeit auf das Geld verzichtet hat. Über gespartes Geld kann später verfügt werden. Die Funktion als Wertaufbewahrungsmittel hat das Geld aber nur dann, wenn es wertbeständig ist. Die Angst, dass Geld kein sicheres Wertaufbewahrungsmittel mehr ist, führt in Krisenzeiten zur sogenannten Flucht in Vermögenswerte. Die Menschen kaufen dann Gold, Grundstücke, Immobilien und Kunstgegenstände.

Geldwertstörungen
Kapitel 4.6–4.7

BEISPIEL

Sind 100 Euro aus diesem Jahr im nächsten Jahr nur noch 85 Euro wert, so ist die Wertaufbewahrungsfunktion des Geldes erheblich eingeschränkt.

Geld muss folgenden Anforderungen entsprechen, um in der Wirtschaft die verschiedenen Funktionen erfüllen zu können. Es sollte
- allgemein anerkannt,
- wertbeständig,
- leicht übertragbar sowie
- beliebig teilbar sein.

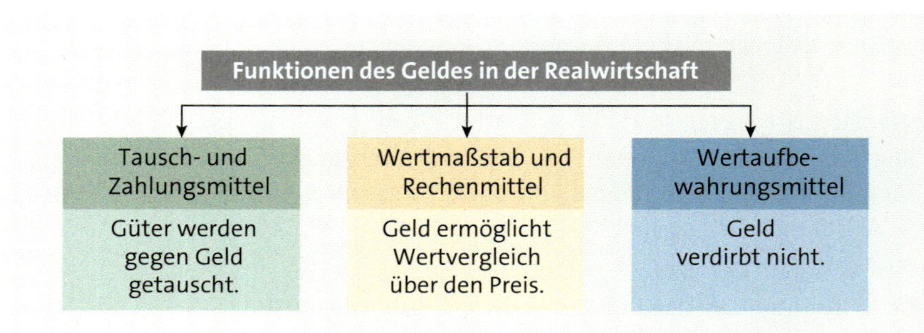

Geld in der Finanzwirtschaft

Geld ist weltweit bei allen Transaktionen im Spiel. Das meiste Geld wird aber nicht für den weltweiten Handel von Gütern und Dienstleistungen (Realwirtschaft), sondern für **Finanzgeschäfte** (Finanzwirtschaft) benötigt. Laut dem Bundesministerium für wirtschaftliche Zusammenarbeit und Entwicklung (BMZ) finden weltweit an einem normalen Handelstag Finanztransaktionen im Umfang von über 13 000 Milliarden US-Dollar statt. Der überwiegende Teil entfällt auf reine Finanzgeschäfte. Dies sind Geldübertragungen, bei denen die Höhe des Geldvermögens unverändert bleibt und sich nur dessen Struktur verändert, beispielsweise indem ein Wertpapier (z. B. eine Aktie) gegen Bargeld gekauft wird.

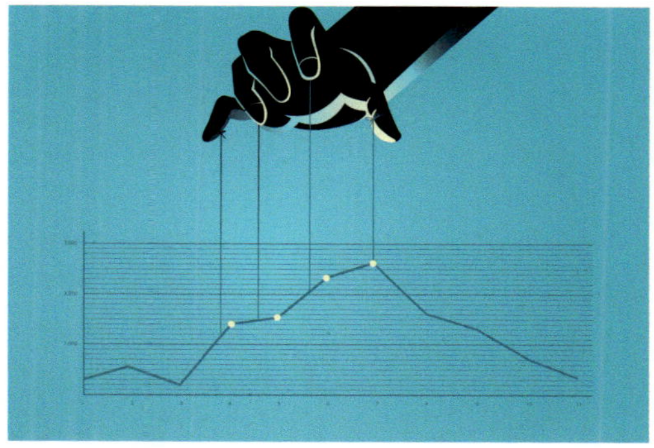

Auf den Finanzmärkten hat sich Geld in den letzten Jahrzehnten immer mehr zu einer Ware entwickelt, mit der an Börsen spekuliert wird. Spekuliert wird beispielsweise auf steigende oder fallende Aktienkurse (Unternehmensbeteiligungen), steigende oder sinkende Rohstoffpreise (z. B. Metalle, Kaffee), Immobilienpreise, Indices (z. B. DAX) u. a. m. Die Intention ist, ein Wertpapier zu einem günstigen Preis bzw. Kurs einzukaufen und es anschließend zu einem möglichst hohen Preis (d. h. über dem Einstandspreis) wieder zu verkaufen. Auf diese Weise soll ein Gewinn erzielt werden. Solche **Spekulationen** sind Wetten auf die zukünftige Entwicklung eines Preises bzw. Kurses, da beim Kauf niemand garantieren kann, dass die Preise auch steigen werden. Ist dies nicht der Fall, sind Verluste die Folge.

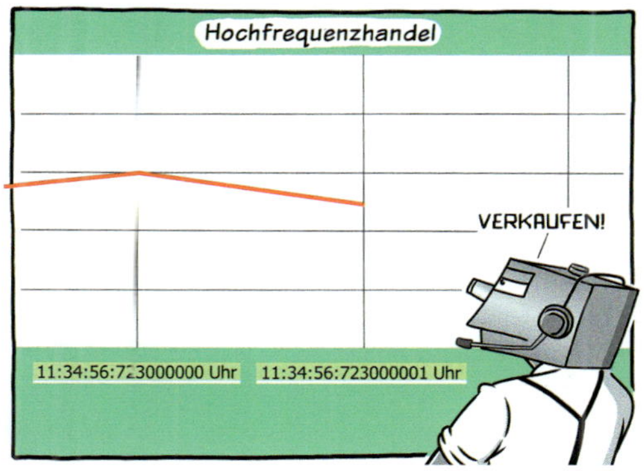

Im sogenannten **Hochfrequenzhandel** wickeln inzwischen Computerprogramme Finanztransaktionen in Millisekunden ab. Sie arbeiten teilweise autonom nach zuvor festgelegten Algorithmen und Entscheidungspunkten. Der Hochfrequenzhandel ist durch kurze Haltefristen und einen hohen Umsatz gekennzeichnet. D. h., mit Hilfe von Rechnern sollen weltweit selbst kleinste Preissteigerungen genutzt werden, um mit Wertpapieren Gewinne zu erzielen. Von London kann z. B. ein Auftrag für Wertpapierkäufe oder -verkäufe in sechs Millisekunden nach Frankfurt geschickt werden; nach Madrid braucht der Auftrag „schon" 31 Millisekunden. Hoher Umsatz und hohe Umsatzgeschwindigkeit können einen großen Einfluss auf Kursentwicklungen ausüben. Es gilt auch im Hochfrequenzhandel: Wenn einer verdient, muss ein anderer abgeben und verliert, weil er z. B. zu spät auf fallende Kurse reagiert hat.

4.2.3 Binnenwert des Geldes

Der Binnenwert des Geldes ist die **Kaufkraft** des Geldes im Inland. Die Kaufkraft des Geldes zeigt an, welchen Tauschwert das Geld besitzt. Sie gibt an, welche Gütermenge tatsächlich mit einer Geldmenge erworben werden kann.

Man spricht von **Preisniveaustabilität**, wenn die Kaufkraft des Geldes über längere Zeit erhalten bleibt. Die Messung der Kaufkraft erfolgt auf der Grundlage eines **Warenkorbs**. Da nicht jeder Warenkorb für jede Fragestellung geeignet ist, werden verschiedene Warenkörbe berechnet, z. B. interessieren sich die privaten Haushalte für die Preise anderer Waren und Dienstleistungen als Einzelhändler oder Produzenten.

Preisniveaustabilität
Kapitel 4.5

Der nationale **Verbraucherpreisindex (VPI)** für Deutschland wird vom Statistischen Bundesamt auf Basis eines Warenkorbs berechnet, der aus Waren und Dienstleistungen besteht, die ein durchschnittlicher privater Haushalt für Konsumzwecke im Inland kauft. Dies ist ein einheitlicher Warenkorb, der repräsentativ sein und die Verbrauchergewohnheiten eines Großteils der Verbraucher abbilden soll. Er enthält sowohl Waren und Dienstleistungen für den täglichen Bedarf als auch langlebige Gebrauchsgüter. Der Warenkorb ist auf Endverbraucher zugeschnitten und spiegelt deren Lebenshaltungskosten wider.

Im Regelfall wird der Warenkorb alle fünf Jahre in seiner Zusammensetzung und Gewichtung aktualisiert, da z. B. Verbraucher auf Einkommensveränderungen reagieren, Kaufentscheidungen auf andere Ausgabenbereiche verlagern und Produktinnovationen nutzen. Das Jahr, in dem der Warenkorb angepasst wird, ist das **Basisjahr** für die nächsten fünf Jahre.

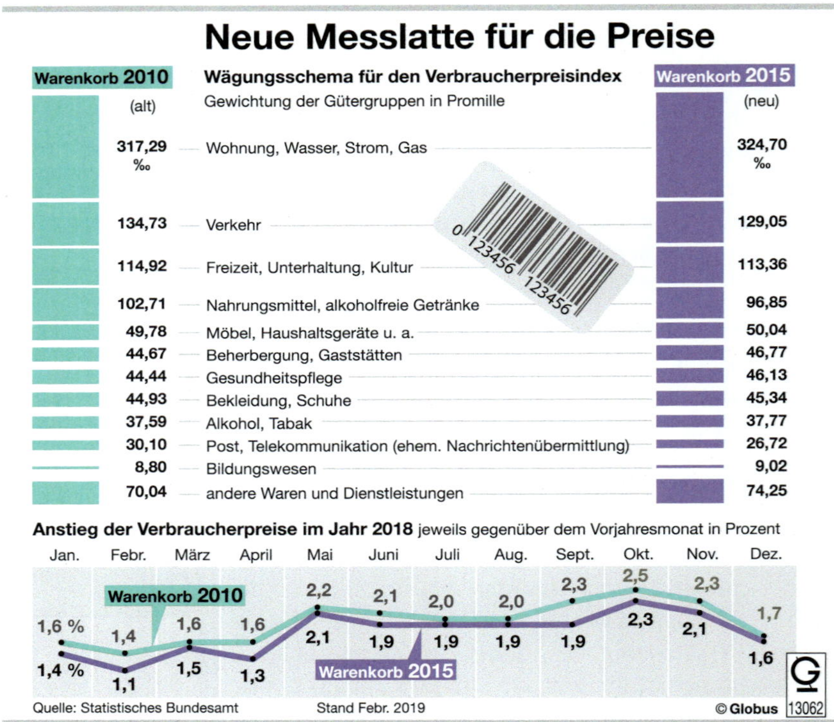

Die Gewichtungen des Basisjahres werden für den Berichtszeitraum fixiert, d. h., in den nachfolgenden Jahren wird immer das Wägungsschema des Basisjahres zugrunde gelegt (Laspeyres-Index). Im Basisjahr wird der Warenkorb mit den Preisen des Basisjahres bewertet und die Summe der Ausgaben wird gleich 100 gesetzt. In den Folgejahren wird der Warenkorb bei gleichbleibenden Gewichtungen mit den Preisen des jeweiligen **Berichtsjahres** bewertet. Bei der alljährlichen Berechnung des Verbraucherpreisindex wird der Warenkorbwert (= Summe der gewichteten Preise) des Berichtsjahres durch den Warenkorbwert (= Summe der gewichteten Preise) des Basisjahres dividiert und mit der Basiszahl 100 multipliziert.

$$\text{Verbraucherpreisindex} = \frac{\text{Wert des Warenkorbes im Berichtsjahr}}{\text{Wert des Warenkorbes im Basisjahr}} \cdot 100$$

Wenn der Verbraucherpreisindex eines Berichtsjahres größer als 100 ist, bedeutet dies, dass das Preisniveau im Vergleich zum Basisjahr gestiegen ist.

BEISPIEL

Im Basisjahr 20X0 gab es zwei Verbrauchsgüterarten (Artikelgruppe A und B), die mit einer Kaufmenge von 40 (Artikelgruppe A) bzw. 10 (Artikelgruppe B) gewichtet wurden. Im Berichtsjahr 20X1 sind die Preise im Vergleich zum Basisjahr für Artikelgruppe A um durchschnittlich 4 % und für Artikelgruppe B um durchschnittlich 10 % gestiegen:

	Artikelgruppe	Kaufmengen in Mengeneinheiten	Preise in €	Ausgaben pro Artikelgruppe in €	Warenkorbwert in €
Basisjahr 20X0	A	40	22,50	900,00	1.000,00
	B	10	10,00	100,00	
Berichtsjahr 20X1	A	40	23,40	936,00	1.046,00
	B	10	11,00	110,00	

$$\text{Verbraucherpreisindex (VPI)}_{20X1} = \frac{\text{Warenkorbwert}_{20X1}}{\text{Warenkorbwert}_{20X0}} \cdot 100$$

$$= \frac{40 \cdot 23{,}40 + 10 \cdot 11{,}00}{40 \cdot 22{,}50 + 10 \cdot 10{,}00} \cdot 100 = \frac{936{,}00 + 110{,}00}{900{,}00 + 100{,}00} \cdot 100 = \frac{1.046{,}00 \cdot 100}{1.000{,}00} = 104{,}6$$

Preissteigerungsrate$_{20X1}$ im Vergleich zum Vorjahr (in %) $= \frac{VPI_{20X1} - VPI_{20X0}}{VPI_{20X0}} \cdot 100\,\%$

$$= \frac{104{,}6 - 100}{100} \cdot 100\,\% = 4{,}6\,\%$$

Der Verbraucherpreisindex 20X1 ist also 104,6; die Preissteigerungsrate im Vergleich zum Vorjahr beträgt 4,6 %. Wegen der geringen Gewichtung der Artikelgruppe B hat sich deren hoher Preisanstieg nur geringfügig auf die Preissteigerungsrate ausgewirkt.

Preissteigerungsrate
Inflationsrate
Kapitel 4.6

Die Entwicklung der einzelnen Güterpreise kann innerhalb des Berichtsjahres schwanken. Dies führt dazu, dass selbst bei steigenden Preisen einzelner Artikel die Gesamtausgaben sinken können und umgekehrt.

Zu beachten ist, dass der Verbraucherpreisindex nicht die Verbrauchsausgaben des einzelnen Haushalts misst. Der individuelle Warenkorb weicht in jedem Fall vom Durchschnittswarenkorb ab. Außerdem ist kritisch anzumerken, dass der nationale Verbraucherpreisindex aufgrund der verzögerten Anpassung der Gewichtungen ein verzerrtes Bild der tatsächlichen Veränderung der Verbraucherpreise vermitteln kann.

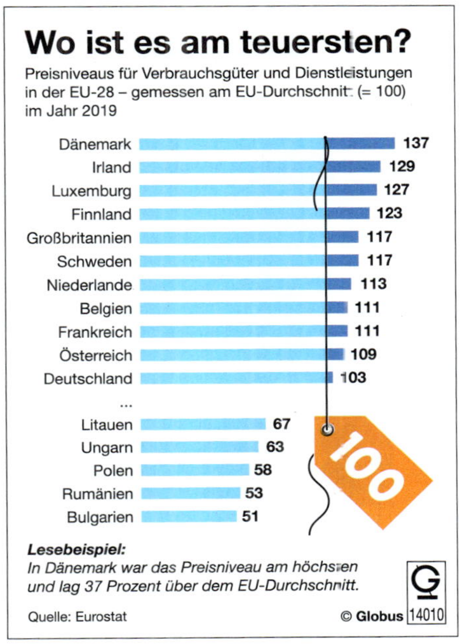

4.3 Verschuldung

Ein Privathaushalt gilt dann als überschuldet, wenn sein „Einkommen nach Abzug der (soweit wie möglich reduzierten) Lebenshaltungskosten über einen längeren Zeitraum nicht zur fristgerechten Schuldentilgung ausreicht" (Definition des Bundesfamilienministeriums).

Wenn Wirtschaftssubjekte (Privatpersonen, Unternehmen, Staaten) ihre Ausgaben mit fremdem Geld, also durch Kredite finanzieren, spricht man von **Verschuldung**. Der Begriff der **Überschuldung** wird je nach Art des Schuldners unterschiedlich definiert. Bei Unternehmen liegt eine Überschuldung dann vor, „wenn das Vermögen des Schuldners die bestehenden Verbindlichkeiten nicht mehr deckt" (§ 19 Insolvenzordnung).

Die Zahlungsunfähigkeit eines Unternehmens oder einer Privatperson wird als **Insolvenz** bezeichnet. Das Vorgehen bei einer Insolvenz ist in der **Insolvenzordnung** (InsO) geregelt.

4.3.1 Verschuldung von Privatpersonen

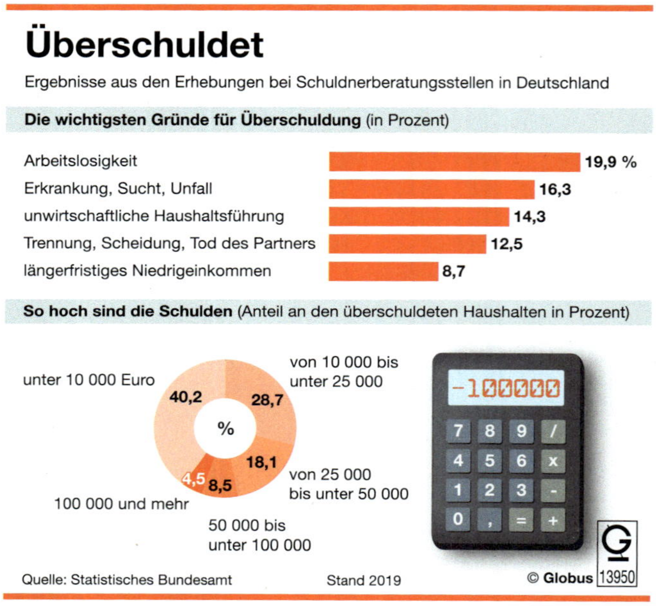

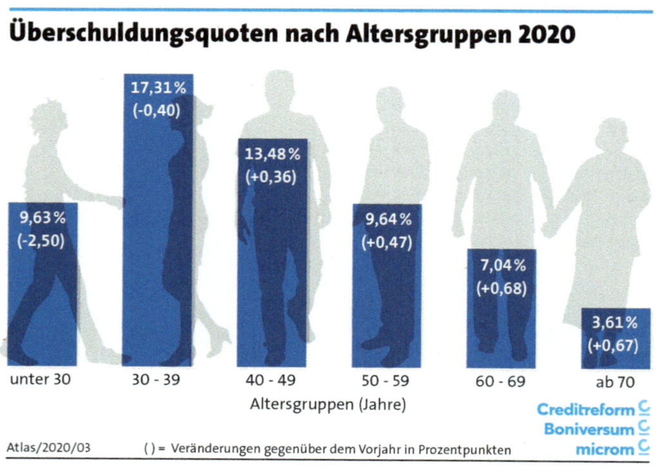

Im Jahr 2020 waren laut der Wirtschaftsauskunftei Creditreform 6,85 Millionen Menschen in Deutschland überschuldet. D.h., knapp jeder zehnte Erwachsene in Deutschland konnte seine Rechnungen dauerhaft nicht mehr bezahlen. Im Vergleich zum Vorjahr war dies – trotz der Corona-Krise – ein leichter Rückgang, der sich mit den staatlichen Hilfsmaßnahmen und einem vorsichtigeren Verhalten der Menschen (höhere Sparneigung und weniger Konsum) erklären lässt. Es ist aber mit einem zeitversetzten Anstieg der Überschuldungsfälle zu rechnen.

Die **wichtigsten Gründe** für eine Überschuldung sind der Verlust des Arbeitsplatzes, eine Erkrankung oder Sucht, ein unangemessenes Konsumverhalten, eine Scheidung oder Trennung vom Lebenspartner oder ein längerfristiges Niedrigeinkommen. Eine Entwicklung, die indirekt zur hohen Zahl der Überschuldungen beiträgt, sind die dramatisch steigenden Mieten und Immobilienpreise auf dem Wohnungsmarkt.

Von Überschuldung betroffen sind zunehmend ältere Menschen (Rentner); insbesondere über 70-Jährige werden immer häufiger als überschuldet eingestuft (Altersarmut aufgrund geringer Renten). Grundsätzlich gilt, dass die Überschuldeten in Deutschland nicht nur der Unterschicht, sondern auch der Mittel- und Oberschicht entstammen. Eine Ursache der Überschuldung in diesen Milieus ist nicht selten das Konsumverhalten.

Die **Folgen einer Überschuldung** sind für den Einzelnen verheerend: Miete, Strom, Telefon, Essen und Kleidung können nicht mehr bezahlt werden, die Rechnungen und Mahnungen türmen sich, eine Energiesperre und der Verlust der Wohnung drohen. Die psychische Belastung kann zu Depressionen und Süchten führen, in der Folge kann es zu Beziehungsstörungen, Rückzug und Ausgrenzung kommen. Damit die Betroffenen aus der Schuldenfalle herauskommen und ein neues, schuldenfreies Leben beginnen können, hat der Gesetzgeber die Möglichkeit einer Restschuldbefreiung für Privatpersonen, die sogenannte **Verbraucherinsolvenz** geschaffen. Grundlage für das Verfahren ist die **Zahlungsunfähigkeit** der betroffenen Person.

Die Zielsetzung ist eine **Restschuldbefreiung** innerhalb von maximal 6 Jahren nach Eröffnung des Insolvenzverfahrens. Das zweite Ziel – der umfassende Pfändungsschutz – wird sofort mit Eröffnung der Privatinsolvenz erreicht. Ab diesem Zeitpunkt braucht eine Privatperson Schreiben ihrer Gläubiger nicht mehr zu beachten.

Ablauf des Privatinsolvenzverfahrens

Stufe 1: Außergerichtlicher Einigungsversuch

Ausschlaggebend für ein außergerichtliches Verfahren ist ein Schuldenbereinigungsplan, der von allen Gläubigern akzeptiert wird. Dieser Plan, der mithilfe einer Schuldnerberatung ausgearbeitet wird, muss konkrete Vorschläge über den Zeitraum und die Ratenhöhe für den Abbau der Schulden beinhalten. Gleichzeitig muss ein Verzeichnis erstellt werden, aus dem alle Verbindlichkeiten und das gesamte Vermögen des Schuldners ersichtlich werden. Dieses Verfahren ist gescheitert, wenn der Versuch der außergerichtlichen Einigung sechs Monate lang erfolglos durchgeführt wurde.

Stufe 2: Gerichtliches Schuldenbereinigungsverfahren

Voraussetzung für das gerichtliche Verfahren ist eine Bescheinigung einer geeigneten Person, z. B. Schuldnerberatung oder Rechtsanwalt, die das erfolglose außergerichtliche Verfahren bestätigt. Die Grundlage ist wiederum der Schuldenbereinigungsplan. Das Gericht versucht, die Zustimmung der Gläubiger zu diesem Plan zu erreichen. Dabei kann das Gericht aber auch die Zustimmung einzelner Gläubiger ersetzen, wenn

- mehr als die Hälfte der Anzahl der Gläubiger zugestimmt hat,
- diese Gläubiger mehr als die Hälfte der offenen Forderungssumme auf sich vereinen und
- kein widersprechender Gläubiger schlechter als bei der Eröffnung eines Insolvenzverfahrens gestellt wird.

Bleibt auch dieser Versuch erfolglos, so kann das gerichtliche Verbraucherinsolvenzverfahren eingeleitet werden.

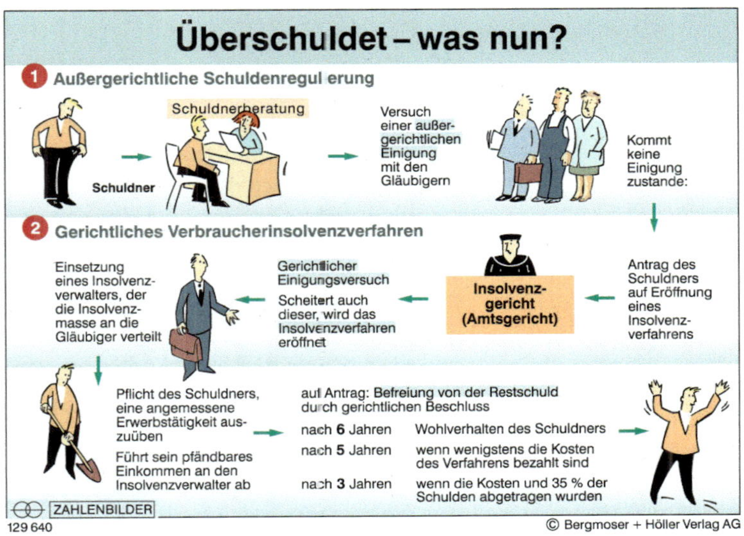

129 640 © Bergmoser + Höller Verlag AG

Treuhänder
Mittelsmann zwischen Schuldner und Gläubigern, häufig ein Notar oder Rechtsanwalt

Stufe 3: Gerichtliches Insolvenzverfahren
Im Rahmen dieses Verfahrens setzt das Gericht für den Schuldner einen **Treuhänder** ein. Hat der Schuldner bei der Eröffnung des Verfahrens einen Antrag auf Restschuldbefreiung gestellt, so erhält der Treuhänder vom Schuldner über einen Zeitraum von drei, fünf oder sechs Jahren (**Wohlverhaltensphase**) den pfändbaren Teil seines Einkommens. Der Treuhänder verteilt dieses Geld dann an die Gläubiger.

Stufe 4: Verfahren zur Restschuldbefreiung
Bei Einhaltung der im Insolvenzverfahren geltenden Bedingungen kann das Gericht dem Schuldner die restlichen Schulden wie folgt erlassen:
- nach 3 Jahren, wenn 35 % der Schulden und die Verfahrenskosten getilgt sind.
- nach 5 Jahren, wenn die Verfahrenskosten beglichen wurden.
- nach höchstens 6 Jahren, vollkommen unabhängig von jeglichen verbliebenen Schulden.

4.3.2 Verschuldung von Staaten

Staatsverschuldung und Schuldenbremse
Kapitel 6.5.4

Staatsausgaben
Kapitel 6.5.3

Eine hohe Verschuldung kann für Staaten ähnlich fatal sein wie für Privatpersonen:
- Der **Schuldendienst** (Zins- und Tilgungszahlungen) macht einen immer größeren Teil der Staatsausgaben aus und schränkt die Handlungsfähigkeit des Staates zunehmend ein.
- Investoren und Gläubiger bekommen Zweifel an der Rückzahlungsfähigkeit (**Bonität**) des Staates.
- Dies führt zu steigenden Zinsen und wachsenden Schwierigkeiten, überhaupt noch Kredite zu bekommen.
- Diese Negativspirale kann in der **Zahlungsunfähigkeit** des Staates (Staatsinsolvenz, auch Staatsbankrott genannt) enden.

Staatsschuldenkrise
Kapitel 9.8.5

Staatsbankrotte sind keine Seltenheit und in den letzten 200 Jahren rund 250 Mal vorgekommen. Bekannte Beispiele sind die mehrfachen Staatsbankrotte Argentiniens oder die Haushalts- und Staatsschuldenkrise Griechenlands im Jahr 2010. Anders als für Verbraucher- und Unternehmensinsolvenzen gibt es für Staatsinsolvenzen jedoch keine rechtlichen Regeln.

ÜBERBLICK

In einer arbeitsteiligen Volkswirtschaft vereinfacht Geld den Austausch von Gütern und Dienstleistungen. Neben **Papiergeld** und **Buch- bzw. Giralgeld** wird heute auch **Kryptogeld** zur Durchführung von Bezahlvorgängen verwendet. In der **Realwirtschaft** dient Geld als Zahlungsmittel, als Wertmaßstab bzw. Rechenmittel und als Wertaufbewahrungsmittel. In der **Finanzwirtschaft** ist das Geld hingegen selbst eine Ware, mit der an Börsen spekuliert wird.

Die **Kaufkraft** des Geldes zeigt an, welchen Tauschwert das Geld in einer Volkswirtschaft besitzt. Dieser **Binnenwert** kann allerdings schwanken. Bei Preissteigerungen sinkt er.

Ver- und Überschuldung sind für Privatpersonen, Unternehmen und Staaten ein großes Problem, das zur Zahlungsunfähigkeit (**Insolvenz**) führen kann. Überschuldeten Privatpersonen eröffnet das Verfahren der **Verbraucherinsolvenz** die Möglichkeit, ein neues, schuldenfreies Leben zu beginnen.

1 Erläutern Sie Ihr Verhältnis zum Taschengeld.
 a Was assoziieren Sie mit dem Wort „Taschengeld“?
 b Welche Rolle spielt Taschengeld für Ihre Entwicklung?

2 Erläutern Sie mögliche Vor- und Nachteile der Tauschwirtschaft.

3 Welche Vor- und Nachteile brachten Münzen und Banknoten für die wirtschaftliche Entwicklung?

4 Welche Gründe kann es dafür geben, dass die Bargeldpräferenz in einer Gesellschaft abnimmt, und unter welchen Bedingungen kann das Buchgeld der Banken eine Alternative zum Bargeld sein?

5 Recherchieren Sie die Vor- und Nachteile des bargeldlosen Zahlungsverkehrs.

6 Recherchieren Sie die Vor- und Nachteile von Kryptowährungen.

7 Erläutern Sie die drei Funktionen des Geldes in der Realwirtschaft.

8 Was für eine Funktion hat das Geld in der Finanzwirtschaft?

9 Ein Warenkorb enthält die Güter B und C in der Gewichtung 40 : 60. Gut B hat im Basisjahr 10,00 Euro pro Stück und Gut C 20,00 Euro pro Stück gekostet. Es stehen 500,00 Euro zur Verfügung. Im Berichtsjahr ist der Preis für Gut B um 10 % gesunken; der Preis für Gut C um 5 %. Berechnen Sie den Verbraucherpreisindex für das Berichtsjahr und kommentieren Sie das Ergebnis.

10 Interpretieren Sie die Grafik „Neue Messlatte für die Preise“ auf S. 108 gemäß der Drei-Schritte-Technik auf S. 22.

11 Dem Verbraucherpreisindex des Statistischen Bundesamtes liegt ein Warenkorb zugrunde, der die folgenden Gütergruppen umfasst:

01	Nahrungsmittel und alkoholfreie Getränke
02	Alkoholische Getränke und Tabakwaren
03	Bekleidung und Schuhe
04	Wohnung, Wasser, Strom, Gas und andere Brennstoffe
05	Möbel, Leuchten, Geräte und anderes Haushaltszubehör
06	Gesundheit
07	Verkehr
08	Post- und Telekommunikation
09	Freizeit, Unterhaltung und Kultur
10	Bildungswesen
11	Gaststätten- und Beherbergungsdienstleistungen
12	Andere Waren und Dienstleistungen

 a Stellen Sie eine grobe Berechnung an, für welche Gütergruppen Sie wie viel Geld pro Monat ausgeben.
 b Berechnen Sie die prozentualen Anteile der einzelnen Gütergruppen in Ihrem persönlichen Warenkorb.
 c Vergleichen Sie Ihre Gewichtungen mit dem neuesten Wägungsschema des Statistischen Bundesamtes.

AUFGABEN

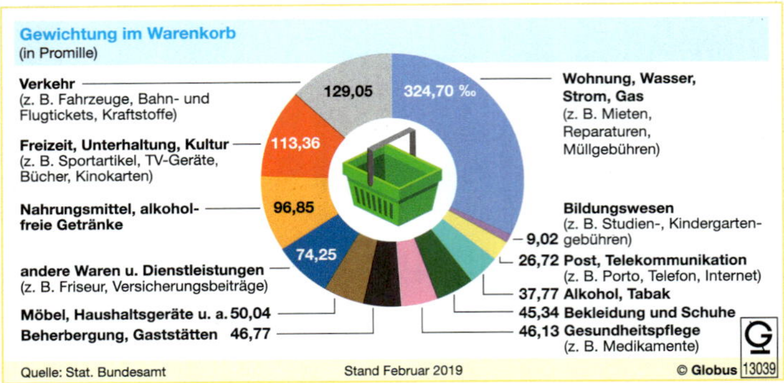

12 Schauen Sie sich den Warenkorb in der Grafik an:
- **a** Erläutern Sie das Wägungsschema und begründen Sie, warum es von Zeit zu Zeit aktualisiert werden muss.
- **b** Gehen Sie davon aus, dass in einem Berichtsjahr die Ausgaben für die Hauptgruppe „Wohnung …“ um 20 % gestiegen sind, während die Preise für die Hauptgruppe „Nahrungsmittel …“ um 10 % gesunken sind. Wie verändert sich das Preisniveau?

13 Der Warenkorb des Statistischen Bundesamts bezieht sich immer auf einen durchschnittlichen 4-Personen-Haushalt. Nennen Sie drei weitere typische Haushalte in Deutschland, für die Ihrer Meinung nach eine Preissteigerungsrate ermittelt werden sollte. Begründen Sie Ihre Meinung.

14 Sammeln Sie Ideen, was die Ursachen einer Inflation sein könnten.

15 Begründen Sie, warum die Höhe der Inflationsrate allein noch nichts darüber aussagt, ob die Menschen sich mehr oder weniger leisten können.

16 In Umfragen zur Inflation ist festzustellen, dass die gefühlte Inflationsrate meist sehr viel höher ist als die tatsächliche Inflationsrate. Was für Gründe könnten zu dieser Einschätzung führen?

17 Interpretieren Sie die Grafik „Wo ist es am teuersten?“ auf S. 109 gemäß der Drei-Schritte-Technik auf S. 22.

18 Recherchieren Sie beim Statistischen Bundesamt aktuelle Daten zum Verbrauchpreisindex. Erläutern Sie die Preisentwicklung und ihre Ursachen an einem Beispiel.

19 Unterscheiden Sie Verschuldung von Überschuldung.

20 Interpretieren Sie die Grafiken „Überschuldet“ und „Schuldnerquoten nach Altersgruppen“ auf S. 110 gemäß der Drei-Schritte-Technik auf S. 22.

21 Recherchieren Sie Ziele, Aufgaben und Hilfestellungen der regionalen Schuldnerberatung an ihrem Wohnort.

22 Steigt die Zahl der überschuldeten Verbraucher in Deutschland weiter an? Recherchieren Sie die aktuellen Entwicklungen und deren Gründe.

23 Bringen Sie die Begriffe in die richtige Reihenfolge und erläutern sie diese kurz.
- **a** Wohlverhaltensphase
- **b** außergerichtliche Schuldenbereinigung
- **c** gerichtliche Schuldenbereinigung
- **d** Eröffnung des Insolvenzverfahrens
- **e** Restschuldbefreiung

24 Recherchieren Sie mögliche Folgen eines sogenannten Staatsbankrotts.

4.4 Eine Kinokarte für 1 Milliarde Euro?

Eli

Es ist Unterrichtspause. Elinor, die sich gerade eine Cola am Schulkiosk gekauft hat, steht mit Oriana, einer Mitschülerin aus ihrer Klasse, zusammen. „Stell dir vor", sagt Elinor, „der Schulkiosk hat den Preis für eine Flasche Cola von 1,50 Euro auf 2,00 Euro erhöht. Ist das nicht frech? Das ist ein Preisanstieg von 33 %!" „Na ja", entgegnet Oriana, „die Preise wurden sehr lange nicht erhöht. Aber im Laufe der Zeit steigen die Kosten – und irgendwann müssen die Preise eben angepasst werden." „Aber gleich um 33 %?", mault Elinor. Oriana lächelt: „Alles ist relativ." „Wie meinst du das?", fragt Elinor. „Meine Mutter stammt aus Venezuela", antwortet Oriana, „und wir haben noch viele Verwandte dort. Du glaubst gar nicht, was da gerade los ist!" „Was ist denn dort los?", will Elinor wissen. „In Venezuela gab es in den letzten Jahren eine Hyperinflation", erzählt Oriana. „Nach offiziellen Angaben lag die Inflationsrate zwischenzeitlich bei 200 000 %. Aber der Internationale Währungsfonds tippte sogar auf 10 Millionen % ..." „10 Millionen %?", ruft Elinor ungläubig. „Das kann ich mir überhaupt nicht vorstellen!" „Das kann sich auch keiner vorstellen, der das nicht selbst erlebt hat", erwidert Oriana. „In vielen Situationen, wie z. B. beim Tanken, zahlen die Leute gar nicht mehr mit Geld, sondern mit Naturalien. Also mit Maismehl, Reis, Kaffee, Zigaretten, Feuerzeugen ..." „Krass!", staunt Elinor.

Als Elinor nachmittags nach Hause kommt, sitzt Oma Daniela gerade in der Küche. Und weil Elinor noch immer an das Gespräch mit Oriana denken muss, fragt sie kurzerhand ihre Großmutter: „Oma, du hast doch schon selber erlebt, wie es ist, wenn das Geld seinen Wert verliert. Wie fühlt sich das an?" „Preisschwankungen sind in der Regel etwas vollkommen Normales, manchmal geraten sie aber aus dem Ruder", erklärt Oma Daniela. „Die heftigste Geldentwertung in Deutschland fand 1923 statt, eine sogenannte Hyperinflation. Sie war eine Spätfolge des Ersten Weltkriegs, der hohen Kosten für den Krieg und für den Wiederaufbau danach. Das Deutsche Reich hatte damals enorme Schulden bei den Siegermächten und bei der eigenen Bevölkerung. Um den Zahlungsverpflichtungen nachzukommen, brachte die Regierung immer mehr Geld in Umlauf. Bald hatte das Geld überhaupt keinen materiellen Gegenwert mehr, fast wie Spielgeld. Immer mehr Geld war immer weniger wert. Die Preise und Löhne schaukelten sich gegenseitig hoch. Wer seinen Lohn nicht sofort ausgab, konnte bereits wenige Stunden später nichts mehr dafür kaufen. Quasi über Nacht lösten sich alle Ersparnisse in Luft auf. Die Schuldner profitierten allerdings davon: Wer sich vor 1923 ein Haus gekauft hatte, war über Nacht alle seine Schulden los. Das beste Geschäft machte jedoch der Staat: Die gesamten Kriegsschulden beliefen sich nach Einführung der neuen Währung, der Rentenmark, Ende 1923 nur noch auf wenige Pfennige. Die Inflationsrate betrug damals mehrere Tausend Prozent im Jahr.".

„Das kann ich mir nicht vorstellen, hast du ein Beispiel?", fragt Elinor. Oma Daniela entgegnet: „Stell dir vor, du kaufst im Café zwei Colas für je 10 000 Euro. Dafür erhältst du eine Rechnung über 25 000 Euro, denn du hast die beiden Colas leider nicht gleichzeitig bestellt und in der Zwischenzeit sind die Preise gestiegen. Oder du gehst mit einer Schubkarre voller Geld – also mehreren Millionen Euro – ins Kino, kriegst aber kein Ticket, weil die Karte mittlerweile 1 Milliarde Euro kostet." „Krass!", staunt Elinor.

LERNSITUATION

1 Übertragen Sie die Tabelle in Ihr Heft und ermitteln Sie die Inflationsraten für Elinors Warenkorb. Besprechen Sie Ihre Ergebnisse mit einem Partner. Sollten Fragen offenbleiben, klären Sie diese im Plenum.
- **a** Setzen Sie die fehlenden Preise ein und ermitteln Sie die fehlenden Werte der Warenkörbe.
- **b** Berechnen Sie für die Jahre 2 bis 4 den Preisindex im Verhältnis zum Basisjahr 1.
- **c** Berechnen Sie die jährlichen Preissteigerungsraten in Prozent.

	Menge in Stück	Einzelpreis in € Jahr 1	Einzelpreis in € Jahr 2	Einzelpreis in € Jahr 3	Einzelpreis in € Jahr 4
Schokoriegel	50	1,00	0,70	1,10	0,80
Flasche Cola	30	1,50	2,00		2,00
Kinobesuch	5	12,00	15,00	15,00	14,00
Jeans	2	72,50		103,00	93,20
Wert des Warenkorbs			330,00	396,00	
Preisindex		100,00			
Jährliche Preissteigerungsrate					

2 Simulieren Sie Preisniveauveränderungen anhand eines eigenen kleinen Warenkorbs.

- **a** Notieren Sie zehn Waren oder Dienstleistungen, die Sie regelmäßig kaufen bzw. in Anspruch nehmen. Notieren Sie auch die Menge für Ihr „Basisjahr" (z. B. 100 Energiedrinks).
- **b** Berechnen Sie die Gesamtausgaben für Ihren Warenkorb (z. B. 100 Energiedrinks x 1,50 Euro = 150 Euro + ...).
- **c** Simulieren Sie zwei Folgejahre: Wie könnten die Preise der Waren und Dienstleistungen sich gegenüber dem Basisjahr verändert haben? Berechnen Sie für beide Folgejahre die Gesamtausgaben für Ihren Warenkorb.
- **d** Berechnen Sie für die zwei Folgejahre den Preisindex: Teilen Sie die Gesamtkosten von Folgejahr 1 und Folgejahr 2 jeweils durch die Gesamtkosten des Basisjahres und multiplizieren Sie das Ergebnis mit 100
  (z. B. 875 Euro ÷ 850 Euro x 100 = 102,9).
- **e** Berechnen Sie die Inflationsrate für Folgejahr 1 und Folgejahr 2.
- **f** Stellen Sie Ihren Warenkorb und Ihre Ergebnisse einem Partner vor.

3 Setzen Sie sich in Vierergruppen mit dem Thema „Inflation" auseinander.
- **a** Jedes Gruppenmitglied informiert sich zunächst in Einzelarbeit über den Begriff und die Arten von Inflation (siehe Kapitel 4.8.1). Klären Sie danach offene Fragen in der Gruppe.
- **b** Ordnen Sie jedem Gruppenmitglied eine der vier möglichen Ursachen von Inflation zu. Jedes Gruppenmitglied informiert sich über „seinen" Inflationstypus mithilfe einer freien Recherche und/oder Lektüre von Kapitel 4.8.2. Anschließend stellt jedes Gruppenmitglied „seinen" Typus vor und beantwortet Fragen.

4 Diskutieren Sie in der Vierergruppe über die Inflation von 1923.
- **a** Was für eine Art von Inflation war das?
- **b** Warum lösten sich damals alle Ersparnisse in Luft auf?
- **c** Warum profitierte insbesondere der Staat von der Inflation?

4.5 Preisniveaustabilität

In allen Volkswirtschaften spielt die Entwicklung der Preisniveaus eine wichtige Rolle und ist eine zentrale Entscheidungsgrundlage für die Wirtschafts- und Geldpolitik.

Preisniveau
Kapitel 4.2.3

Geldpolitik
Kapitel 7

Ein Ziel des deutschen Stabilitäts- und Wachstumsgesetzes ist die **Stabilität des Preisniveaus**. Wann aber ist das Preisniveau stabil? Die Europäische Zentralbank (EZB) hat festgelegt, dass von einem stabilen Preisniveau gesprochen werden kann, wenn der Harmonisierte Verbraucherpreisindex (HVPI) für das Euro-Währungsgebiet pro Jahr um knapp 2 % ansteigt. Wie beim nationalen Verbraucherpreisindex geht es auch hier um die durchschnittliche Teuerungsrate und nicht um die Preisentwicklung einzelner Güter.

Stabilitäts- und Wachstumsgesetz
Kapitel 5.4.2

Europäische Zentralbank
Kapitel 7

In Deutschland ist es das Statistische Bundesamt, das neben dem nationalen Verbraucherpreisindex (VPI) auch den Anstieg des **Harmonisierten Verbraucherpreisindex (HVPI)** für Deutschland berechnet. Der Begriff „harmonisiert" bedeutet, dass alle Länder der Europäischen Union dieselbe Methode anwenden, damit die Daten verglichen werden können. Das Statistische Bundesamt berechnet den HVPI, indem es die Preise von etwa 700 Waren und Dienstleistungen des täglichen Bedarfs in einem Warenkorb ermittelt und mit ihrer Bedeutung für die Haushalte gewichtet. Die Gewichtungen werden jährlich angepasst. Der Vergleich der Kosten des aktuellen Warenkorbs mit denen des Warenkorbs aus dem Vorjahr ergibt die Inflationsrate.

Euro-Währungsgebiet
Kapitel 9.8.4

Verbraucherpreisindex
Kapitel 4.2.3

Inflationsrate
Kapitel 4.2.3

Inflation
Kapitel 4.2.3 und 4.6

Der Harmonisierte Verbraucherpreisindex ermöglicht einen länderübergreifenden Vergleich der Preisentwicklung und dient der Europäischen Zentralbank (EZB) als zentraler Indikator zur Beurteilung der Preisniveaustabilität innerhalb der Eurozone. Mithilfe dieses Indikators kann die EZB die Anzeichen einer Inflation erkennen, bekämpfen und für stabile Preise sorgen.

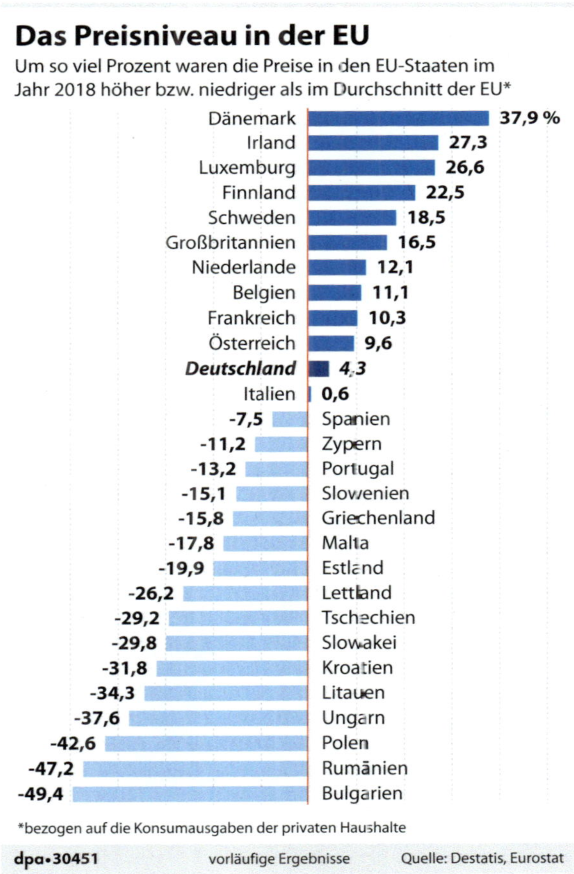

4.6 Inflation

4.6.1 Begriff und Arten der Inflation

Kaufkraft des Geldes
Kapitel 4.2.3

Von Inflation wird gesprochen, wenn das Preisniveau über einen längeren Zeitraum steigt und somit der Geldwert sinkt: Dies bedeutet, dass man für einen Euro im Laufe der Zeit immer weniger kaufen kann.

Preissteigerungsrate (Inflationsrate)
Kapitel 4.2.3

Es gibt verschiedene **Arten von Inflation**, die sich nach der Erkennbarkeit, der Geschwindigkeit und der Ursache der Preisniveausteigerung unterscheiden lassen.

Arten von Inflation

Erkennbarkeit der Preisniveausteigerung	Geschwindigkeit der Preisniveausteigerung	Ursache der Preisniveausteigerung
Eine **offene Inflation** liegt vor, wenn die Preissteigerungen wahrgenommen werden und der Kaufkraftverlust des Geldes erkennbar ist.	Eine **schleichende Inflation** ist durch einen geringen Anstieg des Preisniveaus gekennzeichnet. Damit ist eine jährliche Preissteigerung von unter 5%. gemeint.	Eine **nachfragebedingte Inflation** entsteht, wenn die Nachfrage nach Gütern das vorhandene Angebot übersteigt (vgl. Kap. 4.6.2).
Von **verdeckter Inflation** wird gesprochen, wenn der Staat Preiserhöhungen untersagt (z. B. durch Festlegung von Höchstpreisen). Die Inflation wird dadurch spürbar, dass zu den staatlich reglementierten Preisen kein ausreichendes Warenangebot besteht, weil die Produzenten lieber auf nicht reglementierte Waren oder auf den Schwarzmarkt ausweichen oder die nicht gewinnträchtige Produktion ganz einstellen.	Eine **trabende Inflation** liegt vor, wenn der Preisniveauanstieg im Jahr zwischen 5 % und 50 % liegt.	Eine **angebotsbedingte Inflation** entsteht, wenn das Angebot bei gleichbleibender Nachfrage zurückgeht oder teurer wird (vgl. Kap. 4.6.2).
	Von **galoppierender Inflation** (Hyperinflation) wird gesprochen, wenn die jährliche Preissteigerung über 50 % liegt. Beispielsweise rechnete der Internationale Währungsfonds 2019 in Venezuela mit einer Inflation von 10 Millionen %. Da das Geld kaum noch einen Wert hat, wird es zur Bezahlung nicht mehr angenommen, sondern auf Schwarzmärkten wird wieder mit Warengeld bezahlt.	Eine **Geldmengeninflation** entsteht, wenn die umlaufende Geldmenge stärker ansteigt als das Güterangebot (vgl. Kap. 4.6.2).
		Von einer **importierten Inflation** wird gesprochen, wenn das Preisniveau aufgrund von Einflüssen aus dem Ausland steigt (vgl. Kap. 4.6.2).

Wirtschaftswachstum
Kapitel 2.4.1 und 5.4.2

Arbeitslosigkeit
Kapitel 8.8.3–8.8.4

Ein Sonderfall ist die sogenannte **Stagflation**, eine Situation, in der wirtschaftliche Stagnation und Inflation zugleich auftreten: Die Wirtschaft wächst nicht oder schrumpft sogar (**Stagnation**), während gleichzeitig das Preisniveau steigt (**Inflation**). In der Regel gibt es bei einer Stagflation eine hohe Arbeitslosigkeit und die Produktionskapazitäten sind nicht ausgelastet.

OPEC
Abkürzung für „Organization of the Petroleum Exporting Countries". Die OPEC betreibt eine gemeinsame Erdölpolitik.
www.opec.org

BEISPIEL

1973 drosselte die **OPEC** wegen politischer Spannungen im Nahen Osten die Ölfördermenge. Innerhalb von zwei Jahren vervierfachte sich dadurch der Ölpreis und die Inflation stieg von 6 auf 13%. In Deutschland kam es zur Stagflation.

4.6.2 Ursachen von Inflation

Es gibt verschiedene Ansätze, um Preissteigerungen zu erklären. Eine Inflation kann von der Nachfrageseite (nachfragebedingte Inflation) oder von der Angebotsseite (angebotsbedingte Inflation) ausgehen. Außerdem kann sie ihre Ursache in einer Veränderung der Geldmenge (geldmengenbedingte Inflation) oder in Einflüssen aus dem Ausland (importierte Inflation) haben.

Nachfrage und Angebot
Kapitel 3.4 und 3.5

Geldmenge
Kaptitel 7.3

Nachfragebedingte Inflation

Eine nachfragebedingte Inflation entsteht durch ein Ungleichgewicht von Angebot und Nachfrage auf dem Gütermarkt. Die Ursache liegt hierbei auf der Nachfrageseite: Die Nachfrage nach Gütern übersteigt das vorhandene Angebot (Nachfrage > Angebot). Es kommt zu einer Rechtsverschiebung der Nachfragekurve und die Unternehmen können höhere Preise verlangen, da die Angebotsfunktion sich nicht verändert. Dies kann z. B. daran liegen, dass die Unternehmen nicht auf die erhöhte Nachfrage mit einer Produktionsausweitung reagieren wollen oder können.

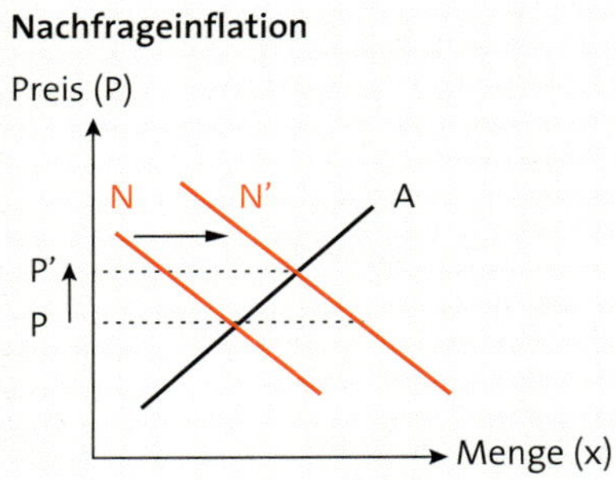

Je nachdem, durch welche Nachfragergruppe (private Haushalte, Unternehmen oder Staat) eine Nachfrageinflation ausgelöst wird, sind die folgenden Arten von nachfragebedingter Inflationen zu unterscheiden:

- Eine **Konsuminflation** entsteht durch eine zusätzliche Nachfrage der privaten Haushalte nach Konsumgütern. Diese zusätzliche Nachfrage kann z. B. durch mehr verfügbares Einkommen, durch Auflösung von Ersparnissen oder Kredite finanziert werden.
- Eine **Investitionsinflation** entsteht durch zusätzliche Investitionen der Unternehmen, z. B. aufgrund positiver Zukunftserwartungen.
- Eine **Staatsinflation** entsteht, wenn Investitionen des Staates (z. B. kreditfinanzierte Beschäftigungsprogramme) zu einer Erhöhung der gesamtwirtschaftlichen Nachfrage, nicht aber des Güterangebots führen.

Angebotsbedingte Inflation

Eine angebotsbedingte Inflation entsteht ebenfalls durch ein Ungleichgewicht von Angebot und Nachfrage auf dem Gütermarkt. Allerdings beruht sie hier auf einem Rückgang des Angebots bei gleichbleibender Nachfrage (Angebot < Nachfrage). Je nachdem, wodurch die Veränderung auf der Angebotsseite ausgelöst wird (Angebotslücken, Kostendruck, Gewinndruck), können die folgenden Arten von angebotsbedingter Inflation unterschieden werden:

- Eine **Angebotslückeninflation** entsteht, wenn z. B. durch Streiks, politische Krisen oder Katastrophen das Angebot zurückgeht. Möglich ist auch, dass die Unternehmen das Angebot künstlich verknappen, um höhere Preise durchzusetzen. Grafisch lässt sich der Rückgang des Angebots mit einer Linksverschiebung der Angebotskurve darstellen. Auf einer bestimmten Höhe des Preisniveaus wird weniger angeboten.

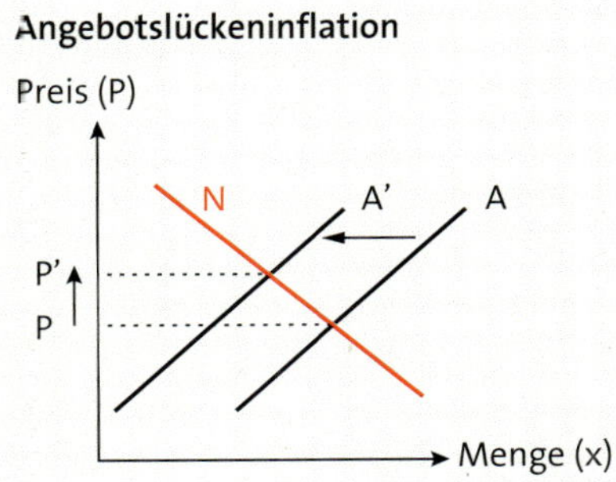

> **BEISPIEL**
> Die OPEC reduziert das Fördervolumen von Öl, sodass die Preise nach oben getrieben werden.

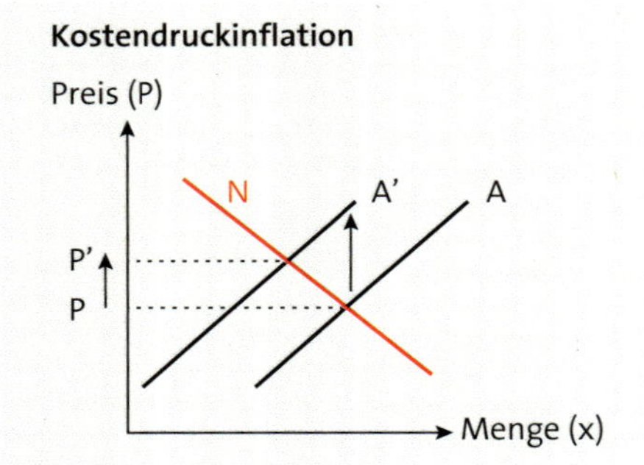

- Eine **Kostendruckinflation** entsteht dadurch, dass Unternehmen aufgrund gestiegener Produktionskosten ihre Verkaufspreise anheben, um ihre bisherige Gewinnspanne beizubehalten. Ursachen der Kostendruckinflation können gestiegene Rohstoffpreise, gestiegene Kreditkosten bzw. Zinskosten oder gestiegene Löhne sein. Bei der Kostendruckinflation kommt es zu einer Verschiebung der Angebotsfunktion nach oben.
- Eine **Gewinndruckinflation** kann entstehen, wenn ein Unternehmen eine marktbeherrschende Stellung (Monopolsituation) innehat und höhere Preise am Markt durchsetzen kann. Durch diese Preiserhöhung wird die Gewinnspanne des Unternehmens vergrößert.

Monopol
Kaptitel 3.11.3

Geldmengeninflation

Geldmenge
Kaptitel 7.3–7.4

Sowohl die nachfragebedingte als auch die angebotsbedingte Inflation haben ihre Ursache in einem Ungleichgewicht auf dem Gütermarkt. Der Auslöser einer Geldmengeninflation ist hingen ein Ungleichgewicht zwischen der umlaufenden Geldmenge und dem Güterangebot. Dies lässt sich anhand der sogenannten **Quantitätsgleichung des Geldes** erklären:

Die **Umlaufgeschwindigkeit** drückt aus, wie oft das Geld in einer Periode für wirtschaftliche Transaktionen verwendet wird, d. h., wie oft derselbe Euro durch Besitzerwechsel wieder für eine Kaufhandlung zur Verfügung steht.

Quantitätsgleichung des Geldes

Geldmenge (M) × **Umlaufgeschwindigkeit** (U)	=	Gütermenge (X) × Preisniveau (P)
=		=
Nachfragewirksame Geldmenge		Wert der verkauften Gütermenge

Europäische Union
Kapitel 9.8

geldpolitische Instrumente der EZB
Kapitel 7.5

Wenn bei konstanter Umlaufgeschwindigkeit des Geldes die Geldmenge in einer Volkswirtschaft stärker wächst als das Güterangebot, kommt es im Normalfall zu einer Erhöhung des Preisniveaus. In der EU ist es die Europäische Zentralbank (EZB), die mit ihren geldpolitischen Instrumenten die Geldmenge steuern kann.

BEISPIEL

In einer Volkswirtschaft existieren nur 100,00 Euro und 100 Kartoffeln. Doch zum Thronjubiläum macht der König seinen Landsleuten ein Geschenk: Er lässt weitere 100,00 Euro drucken und unter sein Volk verteilen. Das Volk jubelt zunächst, macht aber bald eine bestürzende Entdeckung: Da es weiterhin nur 100 Kartoffeln (und sonst nichts) zu kaufen gibt, können die Anbieter den Preis der Kartoffeln problemlos verdoppeln, ohne dass der Absatz einbricht. Mit der Verdoppelung der Geldmenge hat sich nur der Geldwert halbiert.

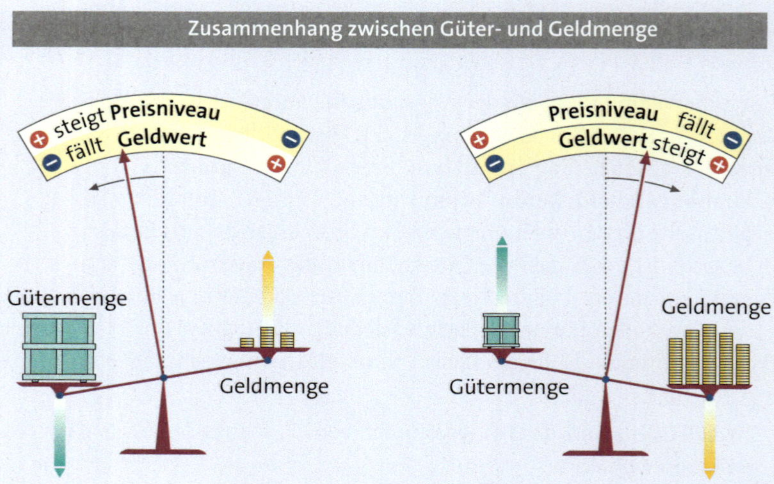

Importierte Inflation

Eine inländische Inflation kann ihre Ursachen auch in Einflüssen aus dem Ausland haben. In diesem Fall wird von importierter Inflation gesprochen. Hierbei lassen sich die folgenden Varianten unterscheiden:

- Eine **importierte nachfragebedingte Inflation** kann entstehen, wenn im Ausland die Preise schneller als im Inland steigen. Dadurch steigt auch die ausländische Nachfrage nach inländischen Gütern. Es entsteht ein Exportüberschuss, durch den sich das inländische Güterangebot verknappt. Bei gleichbleibender Geldmenge führt dies zu einer Inflation.
- Eine **importierte Kostendruckinflation** kann entstehen, wenn steigende Preise für importierte Rohstoffe zu einem erhöhten Kostendruck bei den inländischen Unternehmen führen.
- Eine **importierte Geldmengeninflation** kann entstehen, wenn Devisen aus dem Ausland, z.B. für Geldanlagen, ins Inland fließen und dadurch die Geldmenge steigt.

4.6.3 Wirkungen von Inflation

Der Verlust der Preisniveaustabilität kann für eine Volkswirtschaft erhebliche wirtschaftliche und gesellschaftspolitische Folgen haben. Die Auswirkungen sind vielschichtig und betreffen verschiedene Gruppen von Wirtschaftssubjekten unterschiedlich stark.

Zu den Verlierern einer Inflation zählen die **Arbeitnehmer**, da ihre Löhne nicht oder erst mit zeitlicher Verzögerung – z.B. aufgrund fester Laufzeiten von Tarifverträgen – an die Preissteigerung angepasst werden. Gleiches gilt für die **Bezieher von Transferzahlungen** wie z.B. Renten, Kindergeld und Sozialhilfe, denn auch Transferzahlungen werden nur zeitverzögert an die Kaufkraftentwicklung angepasst. Steigen Löhne und Transferzahlungen langsamer als die Preise, können weniger Güter eingekauft werden.

Transferzahlungen
Kapitel 6.5.3 und 8.3.2

Inflationsverlierer sind auch die **Gläubiger (Sparer)**, wenn die Verzinsung nicht ausreicht, um die Geldwertverluste auszugleichen. In diesem Fall verlieren z.B. Bankguthaben, Spareinlagen und festverzinsliche Wertpapiere ihren Wert und das Geld büßt seine Wertaufbewahrungsfunktion ein. Die Eigentümer von Geldvermögen flüchten aus Angst vor dem Vermögensverfall oft in Sachwerte wie z.B. Grundstücke, Immobilien oder Edelmetalle. Die Nachfrage nach solchen Sachwerten führt dann zu einer zusätzlichen Preissteigerung. Möglich ist auch eine „Kapitalflucht" ins Ausland, bei der Geldbesitzer ihr Geld in preisstabilere Länder „retten".

Funktionen des Geldes
Kapitel 4.2.2

Steuerzahler gehören ebenfalls zu den Inflationsverlierern: Wird der Lohn eines Arbeitnehmers erhöht, um die Inflation auszugleichen, zieht dies eine Erhöhung der Einkommensteuer nach sich: Der Steuerzahler hat dann trotz steigenden Einkommens eine geringere Kaufkraft. Der Effekt dieser „kalten Progression" ist umso stärker, je höher die Inflationsrate ausfällt.

Einkommensteuer
Kapitel 6.5.2 und 8.3.2

BEISPIEL

Anton erhält eine Gehaltserhöhung von 2 %. Die Inflationsrate beträgt ebenfalls 2 %. Es scheint, als würden Gewinn und Verlust sich ausgleichen. Durch die Gehaltserhöhung wird Anton vom Steuerrecht aber so behandelt, als ob er leistungsfähiger geworden wäre. D. h., er muss einen höheren Steuersatz für sein Einkommen bezahlen. Trotz Gehaltserhöhung hat Anton am Ende weniger Kaufkraft als vorher.

Produktionsfaktoren **Kapitel 1.7**

Kostendruckinflation **Kapitel 4.6.2**

Unternehmen können zu den kurzfristigen Gewinnern einer Inflation gezählt werden: Durch die Preissteigerung steigen zunächst ihre Gewinne, da die eingesetzten Produktionsfaktoren noch zu geringeren Kosten bezogen wurden. Werden dann z. B. höhere Löhne von der Arbeitnehmerseite durchgesetzt, versuchen die Unternehmen, diese höheren Kosten auf die Güterpreise abzuwälzen, sodass das Preisniveau weiter steigt (Lohn-Preis-Spirale). Wenn aber die Kosten nicht in vollem Umfang abgewälzt werden können, sinkt der Unternehmensgewinn.

Staatsverschuldung **Kapitel 4.3.2 und 6.5.4**

Schuldner sind tendenziell Gewinner einer Inflation, da der Realwert des Kreditbetrags abnimmt. Insbesondere der Staat als größter Schuldner profitiert von einer hohen Inflationsrate, da die reale Staatsverschuldung sinkt.

BEISPIEL

Mathilda leiht ihrer Freundin Greta 1 000 Euro. Da Greta ihre beste Freundin ist, möchte sie keine Zinsen von ihr. Nach einem Jahr zahlt Greta die 1 000 Euro zurück. Die Inflation betrug in diesem Zeitraum 10 %. Mathilda erleidet als Gläubigerin einen Wertverlust, denn die 1 000 Euro, die sie zurückbekommt, sind nur noch 909,09 Euro wert. Greta als Schuldnerin hat hingegen einen Vorteil, denn die 1 000 Euro sind nun weniger wert.

Einnahmen des Staates **Kapitel 6.5.1–6.5.2**

Ausgaben des Staates **Kapitel 6.5.3**

Unabhängig von den Schulden kann der **Staat** auch durch höhere Steuereinnahmen kurzfristig von einer Inflation profitieren: Durch das progressive Steuersystem steigt bei inflationsbedingten Einkommenssteigerungen die Einkommensteuer („kalte Progression“). Aufgrund der höheren Güterpreise steigen außerdem die Einnahmen aus der Mehrwertsteuer. Mittel- und langfristig wachsen aber auch die öffentlichen Ausgaben, sodass die inflationsbedingten Mehrausgaben des Staates die inflationsbedingten Mehreinnahmen schon bald übersteigen können.

Marktwirtschaft **Kapitel 5.2.2–5.2.3**

Funktionen des Gleichgewichtspreises **Kapitel 3.6.3**

In der Marktwirtschaft zeigen die Preise den Knappheitsgrad der Güter an. Bei einer Inflation verlieren sie diese Signal- oder Informationsfunktion, da alle Güter teurer werden. Dies führt dazu, dass die Unternehmen nicht einschätzen können, wie sich ihre Gewinne entwickeln werden. Eine (hohe) Inflation erschwert also die wirtschaftliche Planung der Unternehmen und verringert die Investitionsneigung.

Bei sehr hoher Inflation schwindet bei allen Wirtschaftssubjekten das Vertrauen in die Wirtschaft des betroffenen Staates. Schwarzarbeit und staatliche Eingriffe wie Lohnstopps oder Kapitalkontrollen nehmen zu. Unter Umständen ist sogar die Demokratie in Gefahr und ein Staatsbankrott droht.

Langfristig ergeben sich durch inflationäre Prozesse also erhebliche wirtschaftliche Unsicherheiten, die unterm Strich zu abnehmenden Wirtschaftsaktivitäten und einem geringeren Wachstum führen.

4.7 Deflation

Die Deflation ist durch **fallende Preise** gekennzeichnet, weil ein Überangebot von Gütern einer zu geringen Nachfrage gegenübersteht. Die Ursachen können in einer abnehmenden Nachfrage, einer Ausdehnung des Güterangebots oder in einer Verknappung der Geldmenge liegen. Die Geldmenge nimmt z. B. durch das Sparverhalten der privaten Haushalte und des Staates ab oder die Zentralbank sorgt mit entsprechenden Maßnahmen für eine Drosselung der Geldmenge.

Geldmenge
Kapitel 7.3–7.4

Instrumente der Zentralbank
Kapitel 7.5

Wie im Fall der Inflation werden auch verschiedene Arten von Deflation unterschieden:

- Eine **offene Deflation** liegt vor, wenn das Sinken der Preise wahrgenommen wird.
- Von **verdeckter Deflation** wird gesprochen, wenn bei gleichbleibenden Preisen die Qualität steigt oder andere wertsteigernde Faktoren hinzukommen.

Fallende Preise, ein auf den ersten Blick geradezu konsumentenfreundlicher Zustand, wirken sich noch verheerender aus als eine Inflation: Bei sinkenden Preisen wird der Kauf umso günstiger, je später der Kaufzeitpunkt ist. Sowohl Unternehmen als auch Konsumenten werden deshalb versuchen, Einkäufe so lang wie möglich aufzuschieben. Durch den fehlenden Absatz wächst der Konkurrenzdruck auf die Unternehmen. Dies nötigt sie, ihre Produkte noch günstiger anzubieten, was aber nur dazu führt, dass Kaufzurückhaltung noch lohnender erscheint. Am Ende stehen die vollkommene Lähmung des wirtschaftlichen Geschehens, Massenentlassungen und der Ruin ganzer Wirtschaftszweige.

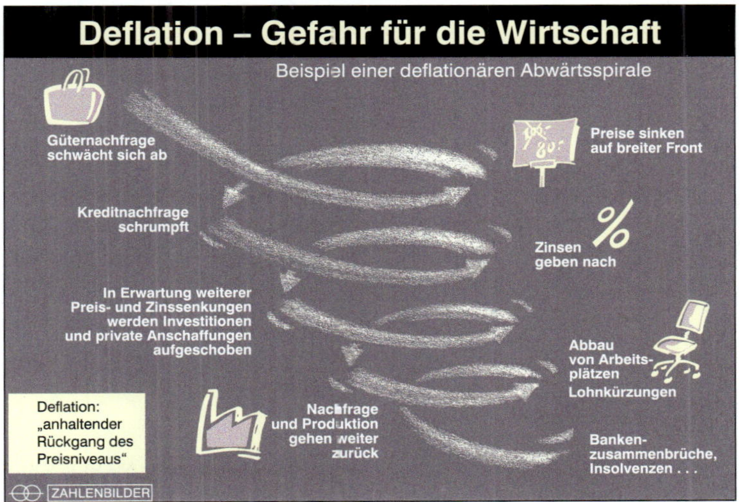

200 360 © Bergmoser + Höller Verlag AG

Arbeitslose warten vor dem Sozialamt in Berlin, 1930

BEISPIEL

In der Weltwirtschaftskrise der 1930er-Jahre verzichteten die Konsumenten aufgrund pessimistischer Zukunftserwartungen auf Konsumausgaben, die Unternehmen auf Investitionen. Das Geld wurde gehortet und so dem Wirtschaftskreislauf entzogen. Die Folge waren ein Überangebot auf den Gütermärkten und daraus resultierend fallende Preise. Die Unternehmen konnten ihre Produkte nicht oder nur unter den Herstellungskosten absetzen. Der Preisverfall führte damals zur Produktionsdrosselung und schließlich zur Vernichtung zahlreicher Unternehmen und zur Massenarbeitslosigkeit.

4.8 Wechselkurssysteme

Währung
gesetzliches Zahlungsmittel einer Volkswirtschaft

Beim Im- und Export werden Güter gegen Geld getauscht. Da es aber keine **Währung** gibt, die in allen Volkswirtschaften gültig ist, müssen Währungen gegeneinander austauschbar sein. Das Austauschverhältnis zweier Währungen kann sowohl mengen- als auch preisnotiert dargestellt werden:

Mengennotierung: 1 Euro = x USD

Außenwert des Geldes **Kapitel 4.9**

Preisnotierung: 1 USD = x Euro

- Der **Wechselkurs** gibt an, wie hoch der Preis für eine Einheit der inländischen Währung (z.B. 1 Euro) ausgedrückt in Einheiten der ausländischen Währung (z.B. US-Dollar) ist. Hierbei handelt es sich um die sogenannte **Mengennotierung**. Der Wechselkurs entspricht dem **Außenwert der inländischen Währung**.
- Die **Preisnotierung** (auch als **Devisenkurs** bezeichnet) gibt hingegen an, wie hoch der Preis für eine Einheit der ausländischen Währung (z.B. 1 USD) ausgedrückt in Einheiten der inländischen Währung (z.B. Euro) ist.

Devisen
ausländische Zahlungsmittel

BEISPIEL

Mengennotierung (Wechselkurs)	Preisnotierung (Devisenkurs)
1 EUR = 1,1770 USD	1 USD = 0,8497 EUR
1 EUR = 0,9109 GBP	1 GBP = 1,1001 EUR
1 EUR = 1,0723 CHF	1 CHF = 0,9328 EUR
1 EUR = 124,7200 JPY	100 JPY = 0,81 EUR

Stand: 20.10.2020

Wechselkurse bilden sich entweder frei (flexible Wechselkurse) oder werden politisch festgelegt (fixe Wechselkurse). Daneben gibt es noch eine Vielzahl von Zwischen- und Sonderformen.

4.8.1 Das System der freien (flexiblen) Wechselkurse

Angebot und Nachfrage **Kapitel 3.4–3.5**

Die freie Bildung der Wechselkurse wird auch als Floating bezeichnet (von engl. „float“: treiben, schwimmen).

Freie bzw. flexible Wechselkurse bilden sich durch Angebot und Nachfrage auf dem Devisenmarkt. Heutzutage werden die meisten großen Weltwährungen (z.B. Euro, US-Dollar, Yen, Britisches Pfund) in einem System flexibler Wechselkurse gehandelt. Da freie Wechselkurse dem Marktgeschehen unterworfen sind, unterliegen sie je nach Marktsituation starken Schwankungen. Sie können sich im Extremfall im Stundentakt oder sogar in noch kürzeren Zeitabständen ändern.

Intervention
Eingriff

Zentralbank **Kapitel 7.2**

Im Prinzip lässt dieses System keine **Interventionen** zu. Kurzfristig auftretenden und vor allem spekulativ bedingten Kursausschlägen kann aber dadurch begegnet werden, dass eine einzelne Zentralbank oder eine Gruppe von Zentralbanken gezielt Devisen an- oder verkauft und dadurch den Wechselkurs stabilisiert.

Folgende Faktoren könnten den Wechselkurs beeinflussen:

Inflation **Kapitel 4.6**

- Attraktivität des Güterangebots (Art, Qualität, Service),
- Devisenspekulationen,
- Inflationsrate bzw. die Güter- und Faktorpreise,
- Standortbedingungen,
- Höhe der Zinsen und Renditechancen,
- Stabilität der wirtschaftlichen und politischen Verhältnisse,
- Attraktivität des Landes als Urlaubs- und Reiseland.

Wechselkursveränderungen haben vielfältige Auswirkungen auf die wirtschaftlichen Entwicklungen innerhalb des Währungsgebietes:

Ausgangskurs 1 Euro = 1,25 US-Dollar

Annahme:
Sämtliche Rahmenbedingungen sprechen für das Euro-Währungsgebiet.

Aufwertungstendenz des Euro
- Die Nachfragekurve verschiebt sich nach rechts (stärkere Nachfrage nach Euro).
- Die Angebotskurve verschiebt sich nach links (geringeres Angebot an Euro).

→ Durch die Aufwertung steigt der Außenwert des Euro.

Kurs = 1,30 USD – Aufwertung des Euro
- Dollar-Besitzer muss mehr für den Euro ausgeben (Euro wird teurer).
- Euro-Besitzer muss weniger für den Dollar bezahlen (Dollar wird billiger).
- Die Aufwertung des Euro ist also mit einer Abwertung des Dollar verbunden.

Folgen
- Kursgewinne aus Fremdwährungsgeschäften (Ausgaben für Importe in Euro sinken)
- Importimpulse durch niedrigere Fremdwährungspreise
- Bremseffekt für Wachstum und Beschäftigung
- Kursverluste aus Fremdwährungsgeschäften (Exporterlöse in Euro sinken)
- Niedrigere Preise für Importe (positiv bei Importabhängigkeit)
- Niedrigere Preise für Auslandsreisen
- Wachstumsverlust durch verstärkten Kauf ausländischer Produkte
- Tendenziell sinkender Außenbeitrag zum BIP
- Tendenziell steigende Kapitalexporte und sinkende Kapitalimporte

Problem
Trendverstärkung durch Spekulanten, die auf eine weitere Aufwertung setzen und Euro gegen Fremdwährung kaufen (Kursgewinne bei Verkauf nach Aufwertung)

Annahme:
Sämtliche Rahmenbedingungen sprechen für das Dollar-Währungsgebiet.

Abwertungstendenz des Euro
- Die Nachfragekurve verschiebt sich nach links (geringere Nachfrage nach Euro).
- Die Angebotskurve verschiebt sich nach rechts (höheres Angebot an Euro).

→ Durch die Abwertung sinkt der Außenwert des Euro.

Kurs = 1,20 USD – Abwertung des Euro
- Dollar-Besitzer muss weniger für den Euro ausgeben (Euro wird billiger).
- Euro-Besitzer muss mehr für den Dollar bezahlen (Dollar wird teurer).
- Die Abwertung des Euro ist also mit einer Aufwertung des Dollar verbunden.

Folgen
- Kursgewinne aus Fremdwährungsgeschäften (Exporterlöse in Euro steigen)
- Exportimpulse durch niedrigere Fremdwährungsforderungen
- Exportinduziertes Wachstum mit Beschäftigungseffekten
- Kursverluste aus Fremdwährungsgeschäften (Ausgaben für Güterimporte steigen)
- Höhere Preise für Importe (negativ bei Importabhängigkeit)
- Höhere Preise für Auslandsreisen
- Wachstumseffekte durch verstärkten Kauf inländischer Produkte
- Tendenziell steigender Außenbeitrag zum BIP
- Tendenziell steigende Kapitalimporte und sinkende Kapitalexporte

Problem
Trendverstärkung durch Spekulanten, die auf eine weitere Abwertung setzen und Euro gegen Fremdwährung verkaufen (Kursgewinne bei Verkauf der Fremdwährung nach Abwertung des Euro)

Außenbeitrag
Exporte minus Importe
Kapitel 9.10

BIP
Bruttoinlandsprodukt
Kapitel 2.4.1

Aufwertung des Euro = Abwertung des Dollar

BEISPIEL

Kurs am 4.7.: 1 EUR = 1,10 USD **Kurs am 15.7.:** 1 EUR = 1,20 USD

Der Euro wurde aufgewertet, denn man bekommt am 15.7. für die gleiche Menge Euro mehr Dollar. Der Dollar wurde hingegen abgewertet, denn es müssen mehr Dollar gezahlt werden, um einen Euro zu bekommen.

Typische Auswirkungen einer Auf- oder Abwertung

	Aufwertung	Abwertung
Wechselkurs (Außenwert)	steigt	sinkt
Exporte	sinken	steigen
Konjunktur	wird gehemmt	wird gefördert
Anzahl der Arbeitnehmer	sinkt	steigt
Importe	steigen	sinken
Preisniveau	sinkt	steigt

Zu beachten ist, dass die Abwertung einer Währung zwar zunächst zu einer Erhöhung des Exportvolumens führt, dass dieser Effekt aber durch einen Anstieg des Preisniveaus (aufgrund der gestiegenen Importpreise, z. B. für Rohstoffe) leicht wieder zunichte gemacht werden kann.

Für Unternehmen, die Außenhandelsgeschäfte tätigen, kann ein System freier Wechselkurse erhebliche **Kursrisiken** mit sich bringen, da Vertragsabschluss und Zahlungstermin normalerweise zeitlich auseinanderfallen. Kann der Exporteur einer Ware die Rechnung in seiner eigenen (Inlands-)Währung ausstellen, fällt das Risiko eines Wertverlustes der Auslands- gegenüber der Inlandswährung dem Importeur zu. Soll die Bezahlung der Ware dagegen in der Währung des Auslandskunden erfolgen, muss der Exporteur das Währungsrisiko tragen.

BEISPIEL

Die Auto AG exportiert in den und importiert aus dem Dollarraum. Die Rechnungswährung ist der US-Dollar. Das Zahlungsziel beträgt für Exporte wie Importe 3 Monate. Bei Vertragsabschluss liegt der Kurs bei 1,25 USD.

Es wird unterstellt, dass am Zahltag
- der Kurs auf 1,20 USD abgewertet hat (Alternative 1),
- der Kurs auf 1,30 USD aufgewertet hat (Alternative 2).

Betrachtet werden folgende Fälle:
- Fall 1 (Export): Der Exportpreis für einen Mittelklassewagen wird auf der Basis von 20 000 Euro = 25 000 USD kalkuliert.
- Fall 2 (Import): Es werden für 10 000 USD = 8 000 Euro Vorleistungen bezogen.

	Kurs für 1 Euro		
	1,25 USD	1,20 USD	1,30 USD
Fall 1 (Export)			
Exportpreis in Euro Zahlungseingang in USD	20 000,00 Euro 25 000,00 USD	20 000,00 Euro 25 000,00 USD	20 000,00 Euro 25 000,00 USD
Tatsächlicher Erlös nach Umtausch in Euro	20 000,00 Euro	20 833,33 Euro	19 230,77 Euro
Kursgewinn/Kursverlust	0,00 Euro	+ 833,33 Euro	– 769,23 Euro
Kalkulierter Preis für Folgegeschäfte in USD	25 000,00 USD	24 000,00 USD	26 000,00 USD
Fall 2 (Import)			
Importpreis in USD Kalkulierter Kostenpreis in Euro	10 000,00 USD 8 000,00 Euro	10 000,00 USD 8 000,00 Euro	10 000,00 USD 8 000,00 Euro
Tatsächlicher Kostenpreis	8 000,00 Euro	8 333,33 Euro	7 692,31 Euro
Kursgewinn/Kursverlust	0,00 Euro	– 333,33 Euro	+ 307,69 Euro
Kalkulierte Kosten für Folgegeschäfte	8 000,00 Euro	8 333,33 Euro	7 692,31 Euro

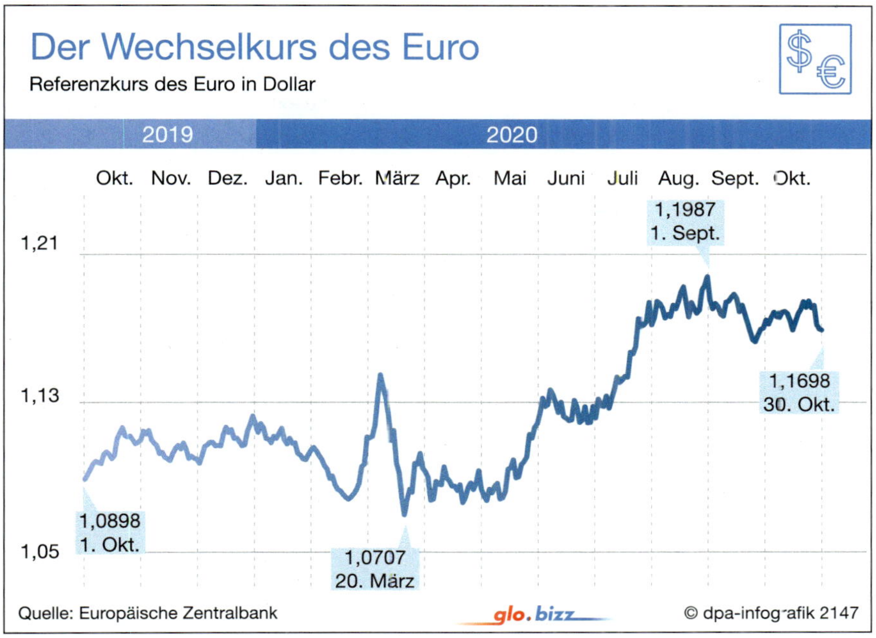

Rohstoffe wie Erze und Rohöl werden auf den internationalen Märkten meist auf Basis des US-Dollars als Drittwährung abgerechnet, egal in welchem Land die Exporteure und Importeure ihren Geschäftssitz haben. Hier sind beide Vertragspartner den Risiken der Devisenmärkte ausgesetzt.

Leitwährung
Kapitel 4.10

Zur Absicherung des Wechselkursrisikos empfiehlt sich daher für den/die betroffenen Geschäftspartner der Abschluss eines **Devisentermingeschäfts**. Dabei wird mit einer Bank die Lieferung oder der Ankauf eines bestimmten Geldbetrags in einer bestimmten Auslandswährung zu einem vorab festgelegten Zeitpunkt und Kurs (sogenannter **Terminkurs**) vereinbart, unabhängig vom jeweiligen Tageskurs (sogenannter **Kassakurs**). Zwar berechnet die Bank für die Übernahme des Währungsrisikos einen Aufschlag, den sogenannten **Report** oder **Swap**, doch kann dieser in die Preiskalkulation fest eingerechnet werden.

4.8.2 Das System der fixen (festen) Wechselkurse

In einem System fixer (fester) Wechselkurse ergibt sich der Währungskurs nicht als Marktpreis. Er wird politisch vorgegeben: Der Tauschwert der inländischen Währung kann dabei an eine ausländische Währung, an den Goldpreis oder an einen Währungskorb (Durchschnitt aus verschiedenen Währungen) gekoppelt werden. Bei fixen Wechselkursen entfällt das Problem nicht vorhersehbarer Kursschwankungen, denn alle grenzüberschreitenden Transaktionen werden zum fixen Kurs abgerechnet. Kursverluste und Kursgewinne sind ausgeschlossen. Der Vorteil dieses Wechselkurssystems liegt somit in der Kurssicherheit für Außenhändler. Demgegenüber steht der mögliche Nachteil eines nicht marktgerechten Außenwertes. Ein System fixer Wechselkurse kann jedoch nur funktionieren, wenn die wichtigsten Wirtschaftsdaten, insbesondere die Inflationsrate, der beteiligten Länder weitgehend übereinstimmen.

Inflation
Kapitel 4.6

BEISPIEL

Angenommen, ein fixer Wechselkurs beträgt 1 Euro = 1,25 USD. Aufgrund eines höheren Preisniveaus in den USA steigt die Nachfrage nach europäischen Gütern. Gleichzeitig verbringen immer mehr Amerikaner ihren Urlaub in Europa. Auch US-amerikanische Direktinvestitionen nehmen wegen der Erschließung der europäischen Märkte zu. Zudem setzen Spekulanten darauf, dass der Euro in naher Zukunft aufgewertet wird.

Der fixe Wechselkurs von 1,25 USD wirkt in der aktuellen Situation als staatlich festgesetzter Höchstpreis. Da Güterkäufe und Kapitalanlagen im Euro-Währungsgebiet aber günstiger sind als in den USA, übersteigt die Nachfrage nach Euro das Angebot (Angebotslücke). In einem System freier Wechselkurse hätte die verstärkte Nachfrage nach Euro einen unmittelbaren Aufwertungseffekt zur Folge und dadurch eine bremsende Wirkung auf Güterexporte und Kapitalimporte. Der fixierte Kurs wird jedoch nicht angepasst. Der Euro ist unterbewertet. Der Dollar ist überbewertet.

Angebotslücke (Nachfrageüberhang) **Kapitel 3.6.1**

Währungspolitische Interventionen der Zentralbanken sind im System fixer Wechselkurse unvermeidbar. Entsteht eine bei Höchstpreisfestsetzungen typische **Angebotslücke**, wie im vorangegangenen Beispiel beschrieben, muss sie durch Interventionen der Zentralbanken geschlossen werden.

Europäische Zentralbank **Kapitel 7**

In dem Beispiel erhöht also entweder die Europäische Zentralbank das Euro-Angebot und kauft Dollar auf oder die US-amerikanische Notenbank setzt aus dem Bestand ihrer Währungsreserven Euro zur Kursstabilisierung ein. Hält der Trend dennoch an und vergrößert sich die Angebotslücke, muss der Kurs des Euro angehoben werden (Aufwertung des Euro), um die Unterbewertung zu beenden.

Eine **nachträgliche Anpassung** (Realignment) ist nicht immer im Interesse des Landes, das gezwungen ist aufzuwerten. Seine Exporte und Kapitalimporte sind von einer Aufwertung negativ betroffen. Das Land, dessen Währung gegenüber der aufzuwertenden Währung abgewertet wird, drängt hingegen auf die Anpassung, denn seine Exporte und Kapitalimporte werden durch die Abwertung begünstigt.

Fiskalpolitik **Kapitel 6.6.1**

Geldpolitik **Kapitel 7**

Realignments können auch zu sogenannten **Abwertungswettläufen** führen. Da eine Abwertung mit Wettbewerbsvorteilen für den Export verbunden ist, profitiert ein Land davon, einseitig einen niedrigeren Preis für seine Währung festzulegen. Das kann zur Folge haben, dass andere Länder sich anschließen. Letztlich gibt es keine Gewinner. Beteiligen sich Länder mit einer hohen Importabhängigkeit an diesem Wettlauf, können sie ohnehin nur verlieren, da eine Abwertung die Importe verteuert. Will man Abwertungen verhindern, muss grundsätzlich auch wirtschaftspolitisch entgegengesteuert werden, z. B. mit Instrumenten der Fiskal- oder Geldpolitik.

protektionistische Maßnahmen **Kapitel 9.4**

Manche Länder versuchen, den Druck auf fixe Wechselkurse durch protektionistische Maßnahmen zu mildern, wie z. B. Einschränkungen der freien Austauschbarkeit ihrer Währung. Denkbar sind auch Kapitalverkehrskontrollen, wie z. B. Beschränkungen oder sogar Verbote der Devisenausfuhr und der Deviseneinfuhr.

4.9 Zusammenhang von Binnenwert und Außenwert des Geldes

Bei Geldwertstörungen (Inflation und Deflation) verändert sich der **Binnenwert** des Geldes, d.h. die Kaufkraft des Geldes im Inland. Wie in den vorangegangenen Abschnitten dargestellt, hat Geld aber auch einen **Außenwert**. Dies ist der Wert einer Währung (z.B. des Euro) im Verhältnis zu einer anderen Währung (z.B. dem US-Dollar). Der Außenwert des Geldes spielt vor allem dann eine Rolle, wenn Reisen ins Ausland unternommen werden oder wenn Handel mit dem Ausland stattfindet. Er kann als Wechselkurs oder Devisenkurs ausgedrückt werden:

Binnenwert des Geldes
Kapitel 4.2.3

Außenwert des Geldes
Kapitel 4.8

Wechselkurs und Devisenkurs
Kapitel 4.8

$$\text{Wechselkurs (Mengennotierung)} = \frac{\text{Einheiten ausländischer Währung}}{\text{1 Einheit inländischer Währung}}$$

$$\text{Devisenkurs (Preisnotierung)} = \frac{\text{Einheiten inländischer Währung}}{\text{1 Einheit ausländischer Währung}}$$

Unter **Währung** wird die Geldsorte eines Staates oder Gebietes verstanden. Im internationalen Währungshandel werden alle Währungen mit einer genormten Abkürzung, die aus drei Buchstaben besteht, geführt:

wichtige Währung	genormte Abkürzung	ungenormte Abkürzung/ Währungssymbol
Euro	EUR	€
US-Dollar	USD	$
Britisches Pfund	GBP	£
Schweizer Franken	CHF	sfr
Japanischer Yen	JPY	¥
Chinesischer Yuan	CNY	¥

Auf dem **Devisenmarkt** werden täglich die verschiedenen Währungen gegeneinander getauscht. Es treffen Devisenangebot und Devisennachfrage aufeinander und es werden Wechselkurse festgestellt, zu denen der Tausch stattfindet.

In einem **System freier Wechselkurse** ist der Außenwert des Geldes der Marktpreis einer Währung im Verhältnis zu anderen Währungen. Dieser Marktpreis bildet sich auf den Devisenmärkten heraus und hängt von vielen unterschiedlichen Faktoren wie z.B. den Zinssätzen ab. Zu heftigen Schwankungen der Kurse kann es vor allem dann kommen, wenn eine Währung ins Visier von Spekulanten gerät, die mit An- und Verkäufen großer Beträge kurzfristige Kursgewinne realisieren wollen.

System freier Wechselkurse
Kapitel 4.8.1

Inflation
Kapitel 4.6

Veränderungen des Binnenwertes einer Währung schlagen sich nicht zwangsläufig im Außenwert nieder: Sie spielen nur dann eine Rolle, wenn die Inflationsraten der betreffenden Länder unterschiedlich hoch sind. Da der Außenwert von vielen Faktoren abhängt, können Binnen- und Außenwert sich kurzfristig sogar gegenläufig entwickeln. Längerfristig ist aber meist ein Zusammenhang zwischen (hoher) Inflation und Wechselkurs zu bemerken.

BEISPIEL

In einem System freier Wechselkurse treiben zwei Länder (A und B) miteinander Handel. Die Inflationsrate von Land B liegt deutlich über der von Land A. Dies wirkt sich auf den Außenwert von Währung B im Verhältnis zu Währung A aus.

Land A mit Währung A	Land B mit Währung B
In Land A ist der **Binnenwert** des Geldes **stabil**: Die Preise sind nahezu konstant.	In Land B **sinkt der Binnenwert** des Geldes: Die Preises steigen.
Für die Bewohner von Land A werden Güter aus Land B immer teurer.	Für die Bewohner von Land B werden Güter aus Land A immer attraktiver.
Die Bewohner von Land A importieren weniger Güter aus Land B.	Die Bewohner von Land B importieren mehr Güter aus Land A.
Der Export von Land A nach Land B steigt.	Der Export von Land B nach Land A sinkt.
Durch den steigenden Export steigt die Nachfrage nach Währung A.	Durch den sinkenden Export sinkt die Nachfrage nach Währung B.
Infolge der steigenden Nachfrage **steigt der Außenwert** von Währung A im Verhältnis zu Währung B (**Aufwertung**).	Infolge der sinkenden Nachfrage **sinkt der Außenwert** von Währung B im Verhältnis zu Währung A (**Abwertung**).
Für die Bewohner von Land A werden Güter aus Land B nun wieder billiger.	Für die Bewohner von Land B werden Güter aus Land A nun wieder teurer.

Auswirkungen von Wechselkursänderungen
Kapitel 4.8

importierte Kostendruckinflation
Kapitel 4.6.2

Die Abwertung von Währung B im Verhältnis zu Währung A ist für Land B vorteilhaft, weil es dadurch wieder konkurrenzfähiger wird und mehr Güter exportieren kann. Je nachdem, wie abhängig Land B von Importen aus Land A ist, können die gestiegenen Importgüterpreise sich aber ihrerseits auf die Inflationsrate auswirken. Der Effekt der Abwertung könnte durch einen weiteren Anstieg des Preisniveaus also schnell wieder zunichte gemacht werden. Wenn Land B es nicht schafft, den Binnenwert seines Geldes zu stabilisieren, wird der Prozess von Inflation und Abwertung sich fortsetzen.

Zu beachten ist, dass die hohe Inflationsrate von Land B sich deshalb auf den Außenwert auswirkt, weil die Inflationsrate von Land A niedriger ist. Wenn in einem dritten Land C die Inflationsrate genauso hoch wie in Land B ist, wird der Außenwert von Währung B im Verhältnis zu Währung C konstant bleiben. Und wenn in einem vierten Land D die Inflationsrate noch deutlich höher ist als in Land B, wird der Außenwert von Währung B im Verhältnis zu Währung D sogar steigen.

4.10 Stellenwert des Euro im weltwirtschaftlichen Kontext

Eine Frage, die viele Ökonomen beschäftigt, ist die Frage, welche Währung im internationalen Währungssystem zukünftig die Leitwährung sein wird: Der US-Dollar? Der Euro? Der chinesische Yuan? Oder alle drei?

Transaktionswährung
Währung, die für internationale Güter- und Kapitalgeschäfte verwendet wird

Reservewährung
Währung, die von Zentralbanken als Devisenreserve genutzt wird

Ankerwährung
Währung, an die andere Länder ihre eigene Währung koppeln

Als **Leitwährung** wird eine Währung bezeichnet, die international eine dominierende Rolle als **Transaktionswährung** und als **Reservewährung** spielt. Zugleich dient eine Leitwährung auch als **Ankerwährung**, d. h., viele andere Länder versuchen, die Wechselkurse ihrer Währungen gegenüber dieser Währung stabil zu halten.

Wechselkurssysteme
Kapitel 4.8

Im 1944 errichteten internationalen Wechselkurssystem von **Bretton Woods** war der US-Dollar die Leitwährung, an die alle anderen Währungen gekoppelt waren. Als dieses System 1973 zusammenbrach, entschieden die 190 ehemaligen Mitgliedsländer sich teils für freie und teils für feste Wechselkurse; manche wählten auch Mischsysteme. Der **US-Dollar** blieb weltweit die Leitwährung und ist bis heute die wichtigste Transaktionswährung. Vor allem im internationalen Rohstoffhandel wurden 2018 fast 90 % aller Rechnungen in US-Dollar ausgestellt. Über 60 Länder weltweit nutzen den US-Dollar auch weiterhin als Ankerwährung. Allerdings sank der Anteil des US-Dollars an den weltweiten Währungsreserven von 2000 bis 2018 von 70,5 % auf 61,7 %.

Europäische Währungsunion
Kapitel 9.8.4

Seit der Gründung der **Europäischen Währungsunion** und der Einführung des **Euro** zum 1.1.1999 hat der US-Dollar in seiner Funktion als internationaler Leitwährung Konkurrenz bekommen. Mittlerweile ist der Euro die zweitwichtigste Währung der Welt. 2018 wurden ca. 31 % aller weltweiten Devisentransaktionen in Euro durchgeführt. Auch als Ankerwährung kann sich der Euro sehen lassen, denn ca. 60 Länder der Welt verwenden den Euro, wollen ihn verwenden oder haben ihre Währung an ihn gebunden. Der Anteil des Euro als Reservewährung belief sich 2018 auf 20 %. Dennoch ist die internationale Verwendung des Euro noch nicht wieder auf dem Stand wie vor der Staatsschuldenkrise.

Staatsschuldenkrise
Kapitel 9.8.5

Länder, die den Euro verwenden oder ihre Währung an den Euro binden

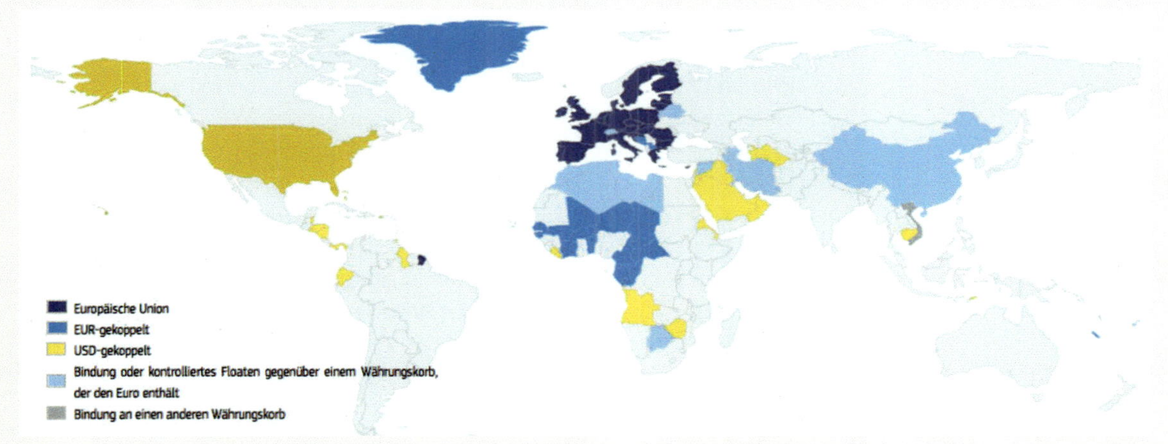

Quelle: Daten auf Grundlage von IWF- und EZB-Daten

Das zukünftige Währungssystem – ein „multipolares"?

Aufgrund der wirtschaftlichen Stärke Chinas, der derzeit zweitgrößten Volkswirtschaft der Welt, stellt sich die Frage, ob der chinesische **Yuan** ein weiterer „Kandidat" für eine künftige internationale Leitwährung ist. Um den Yuan zu einer internationalen Leitwährung zu machen, entkoppelte die chinesische Regierung 2015 den Yuan vom US-Dollar. 2016 wurde der Yuan in den Währungskorb des **Internationalen Währungsfonds (IWF)** aufgenommen und damit – neben dem Dollar, dem Euro, dem japanischen Yen und dem britischen Pfund – als weltweit wichtige Währung anerkannt. Als Transaktionswährung spielt der Yuan bisher aber keine große Rolle. 2018 wurden lediglich 4 % aller weltweiten Devisentransaktionen in Yuan durchgeführt. Als Reservewährung machte der Yuan weltweit einen Anteil von ca. 3 % aus. Allerdings ist der Yuan bisher nicht frei konvertierbar, Chinas Finanzmarkt ist stark unterentwickelt und die Regierung kontrolliert den Devisenmarkt streng. Sollte sich dies in Zukunft ändern, könnte sich ein „multipolares" Währungssystem herausbilden, in dem US-Dollar, Euro und Yuan jeweils in bestimmten Regionen der Welt die Leitwährungsrolle übernehmen.

Internationaler Währungsfonds **Kapitel 9.5.1**

ÜBERBLICK

Ein **Verlust der Preisniveaustabilität** hat für die betroffene Volkswirtschaft vielfältige wirtschaftliche und gesellschaftspolitische Auswirkungen, von denen nahezu alle Wirtschaftssubjekte betroffen sind.

Bei einer **Inflation** steigen die Preise und sinkt der Wert des Geldes. Die Ursachen können in Ungleichgewichten auf dem Gütermarkt (nachfragebedingte oder angebotsbedingte Inflation) oder in einem Ungleichgewicht zwischen Geldmenge und Güterangebot (Geldmengeninflation) liegen. Ist eine Inflation vor allem durch Einflüsse aus dem Ausland bedingt, spricht man von importierter Inflation. Bei einer Inflation gibt es viele Verlierer (Arbeitsnehmer, Bezieher von Transferzahlungen, Sparer, Steuerzahler). Auch vermeintliche Gewinner (Staat, Unternehmen, Schuldner) profitieren meist nur kurzfristig. Unterm Strich führen inflationäre Prozesse zu erheblichen Unsicherheiten, die sich negativ auf Wirtschaftsaktivitäten und -wachstum auswirken.

Bei einer **Deflation** sinken die Preise und steigt der Wert des Geldes. Dies kann eine Negativspirale auslösen, die für eine Volkswirtschaft noch verheerender ist als die Auswirkungen einer Inflation.

Ist die Inflationsrate in einer Volkswirtschaft deutlich höher oder niedriger als in anderen Ländern, schlägt sich dies im **Außenwert** der Währung in Relation zu anderen Währungen nieder. Das Austauschverhältnis zweier Währungen kann sowohl mengenorientiert (**Wechselkurs:** 1 Euro = x USD) als auch preisorientiert (**Devisenkurs:** 1 USD = x Euro) dargestellt werden. In einem **System freier (flexibler) Wechselkurse** bilden sich die Währungskurse durch Angebot und Nachfrage auf dem Markt. Sie können starken Schwankungen unterworfen sein. In einem **System fixer (fester) Wechselkurse** werden die Währungskurse politisch vorgegeben. Sie sind stabil, aber nicht immer marktgerecht.

Eine Währung, die im internationalen Währungssystem eine dominierende Rolle spielt, wird als **Leitwährung** bezeichnet. Lange Zeit war der US-Dollar die einzige Leitwährung. Seit der Gründung der Europäischen Währungsunion hat er aber Konkurrenz durch den Euro bekommen. In der Zukunft könnte auch der chinesische Yuan zu einer weiteren Leitwährung aufsteigen.

1 Erläutern Sie den Zusammenhang zwischen dem Preisniveau und der Kaufkraft des Geldes.

2 Erklären Sie, was unter dem Harmonisierten Verbraucherpreisindex (HVPI) verstanden wird.

3 Bei einer Inflation verringert sich die Kaufkraft des Geldes dauerhaft. Erläutern Sie diese Aussage anhand eines selbstgewählten Beispiels.

4 Erläutern Sie die verschiedenen Arten von Inflation.
  a Was ist der Unterschied zwischen einer offenen und einer verdeckten Inflation?
  b Grenzen Sie schleichende, trabende und galoppierende Inflation voneinander ab.
  c Erklären Sie die möglichen Ursachen (Nachfrage, Angebot, Geldmenge, ausländische Einflüsse) einer Inflation.

5 Welche Art von Inflation (nachfragebedingt, angebotsbedingt oder importiert) können die folgenden Sachverhalte auslösen?
  a Die Beiträge zur gesetzlichen Sozialversicherung werden erhöht.
  b Die Sparquote der privaten Haushalte sinkt.
  c Die Unternehmen schauen optimistisch in die Zukunft und investieren mehr.
  d Der Aufschwung beschleunigt sich.
  e Die Rohölpreise steigen.
  f Der Wechselkurs (Außenwert) des Euro sinkt.
  g Die Tariflöhne werden erhöht.

6 Nehmen Sie an, die Rohölpreise auf dem Weltmarkt steigen nachhaltig. Welche Folgen hat das für eine auf Rohölimporte angewiesene Volkswirtschaft?

7 Erläutern Sie anhand der Quantitätsgleichung des Geldes die Auswirkungen auf das Preisniveau und die Kaufkraft des Geldes, wenn sich die Geldmenge verdoppelt. Gehen Sie dabei von folgenden Daten aus:
  - Geldmenge 150 Mrd. GE
  - Umlaufgeschwindigkeit: 2
  - Produktionsvolumen: 50 Mrd. GE
  - Preisniveau: ?

8 Im Newsticker lesen Sie folgende Meldung: „Verbraucherpreise sinken wieder. Droht uns jetzt eine Deflation?“
  a Erläutern Sie das Wesen einer Deflation.
  b Beschreiben Sie, wie sich Verbraucher und Produzenten während einer Deflationsphase verhalten können und warum daraus die Gefahr einer beschleunigten konjunkturellen Abwärtsbewegung resultiert.

9 Erstellen Sie eine Tabelle mit den Folgen einer Inflation und einer Deflation nach folgendem Muster.

Folgen einer Inflation	Folgen einer Deflation
Reallöhne und -zinsen sinken tendenziell	Reallöhne und -zinsen steigen tendenziell
...	...

10 Stellen Sie fest, ob die nachfolgenden Schaubilder für den Zeitraum von Z_1 bis Z_2 unter sonst gleichen Bedingungen in der Entwicklung
- **a** eine Deflation,
- **b** eine Inflation,
- **c** weder eine Inflation noch eine Deflation darstellen.

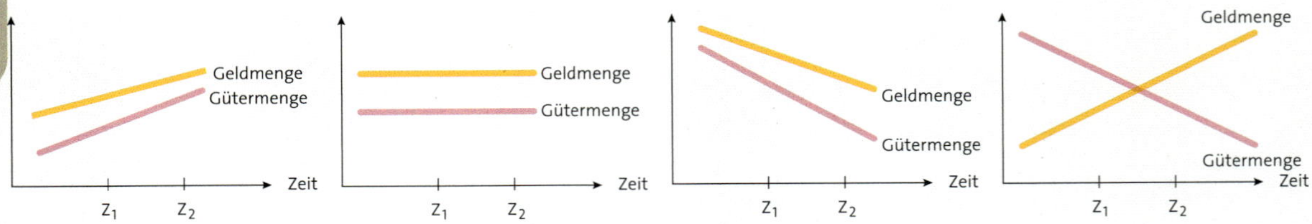

11 Erstellen Sie eine Mindmap zum Thema Preisniveauveränderungen.

12 Unterscheiden Sie Binnenwert und Außenwert des Geldes und erläutern Sie, wie beide gemessen werden.

13 Erläutern Sie den Unterschied zwischen Mengen- und Preisnotierung, wenn es um das Austauschverhältnis zweier Währungen geht.

14 Recherchieren Sie die aktuellen Wechsel- und Devisenkurse und aktualisieren Sie die Tabelle auf S. 124.

15 Erläutern Sie, wie sich Wechselkurse bilden:
- **a** in einem System freier Wechselkurse,
- **b** in einem System fester Wechselkurse.

16 Arbeiten Sie die Vor- und Nachteile freier Wechselkurse sowie die Vor- und Nachteile fester Wechselkurse heraus.

17 Erklären Sie mithilfe je eines Beispiels, was unter den folgenden Begriffen zu verstehen ist:
- **a** Aufwertung einer Währung,
- **b** Abwertung einer Währung.

18 Erläutern Sie jeweils zwei Gründe für einen steigenden und zwei Gründe für einen sinkenden Wechselkurs.

19 Im News-Ticker lesen Sie folgende Meldung: „US-Dollar legt gegenüber dem Euro kräftig zu." Erläutern sie, welche Auswirkungen eine solche Kurssteigerung langfristig hat auf
- **a** Importe aus den USA nach Deutschland,
- **b** Exporte aus Deutschland in die USA,
- **c** das Preisniveau in Deutschland,
- **d** Konjunktur und Beschäftigung in Deutschland.

20 Erklären Sie, was unter einer Leitwährung verstanden wird. Erläutern Sie in diesem Zusammenhang auch den Stellenwert des Euro im weltwirtschaftlichen Kontext.

21 Nennen Sie die fünf wichtigsten Währungen.

Wofür braucht man eine Wirtschaftsordnung?

Was für Wirtschaftsordnungen gibt es?

Welche Zielsetzungen verfolgt die Wirtschaftspolitik?

Wer sind die Träger und Akteure der Wirtschaftspolitik?

Was sind die Handlungsfelder der Wirtschaftspolitik?

Wie kann eine nachhaltige Wirtschaftspolitik aussehen?

THEMENBEREICH 5

Wirtschaftsordnungen und Wirtschaftspolitik

5.1 Zweifel am Kapitalismus

Es ist der 3. Oktober. Familie Schelling hat Besuch von Oma Daniela und sitzt auf deren Wunsch vorm Fernseher, wo gerade der Festakt zum Tag der Deutschen Einheit übertragen wird. Gary fläzt sich gelangweilt auf dem Sofa. „Sag mal, Oma, können wir nicht was anderes gucken?", fragt er schließlich. „Diese endlosen Politikerreden und das Gesinge von irgendwelchen Schlagersternchen ... das hält doch kein Mensch aus!" „Gary, jetzt reiß dich mal zusammen!", weist Akilah ihren Sohn mit scharfer Stimme zurecht. „Ach, Gary, ich kann ja verstehen, dass dich das langweilt", antwortet Oma Daniela. „Aber für mich, die ich vier Jahrzehnte deutscher Teilung miterlebt habe, ist die Wiedervereinigung noch immer nicht selbstverständlich ..."

Elinor sinniert vor sich hin. „Ich kann mir gar nicht richtig vorstellen, dass es mal zwei Deutschlands gab", sagt sie nachdenklich. Oma Daniela lächelt: „Und für mich war es lange unvorstellbar, dass es jemals wieder nur ein Deutschland geben würde ..." „Aber wie kam es, dass plötzlich passiert ist, was du dir nicht vostellen konntest?", fragt Elinor. „Das lässt sich schwer in einem Satz beantworten", erwidert Daniela nach einigem Überlegen. „Der wichtigste Grund war wohl der, dass die sozialistische Planwirtschaft in der DDR einfach nicht funktioniert hat. In den Achtzigerjahren wurde die wirtschaftliche Lage dort immer schlechter, der Staat war quasi pleite. Und die Bevölkerung wurde immer unzufriedener: mit der mangelhaften Güterversorgung, der fehlenden Reisefreiheit, dem staatlichen Kontrollapparat ... So kam es zu immer größeren Protesten. Die wären vielleicht blutig niedergeschlagen worden, wenn die Sowjetunion bereit gewesen wäre, der DDR-Führung dabei zu helfen. Doch die Sowjetunion war selbst ökonomisch am Ende und schon seit Mitte der Achtzigerjahre auf Reformkurs ..."

„Ähnliche Entwicklungen wie in der DDR gab es übrigens in allen vormals sozialistischen Staaten Osteuropas", ergänzt Paul Schelling. „Und nicht nur in Europa sind sozialistische Planwirtschaften an ihre Grenzen gestoßen", fügt Akilah hinzu. „Denkt an Länder wie China, Laos, Vietnam ... Die bezeichnen sich zwar bis heute als ‚Volksrepublik' bzw. ‚Sozialistische Republik'. Doch Ende der Siebziger- bzw. Mitte der Achtzigerjahre waren auch diese Staaten zu marktwirtschaftlichen Reformen gezwungen. Chinas Aufstieg zur Weltmacht ist erst dadurch möglich geworden. Und auch Vietnam entwickelt sich seitdem rasant ..."

„Also hat der Sozialismus sich quasi selbst besiegt?", sinniert Elinor. „Das könnte man so sagen", pflichtet Oma Daniela ihr bei. „Aber ist der Kapitalismus denn wirklich besser?", fragt Elinor zweifelnd. „Naja", antwortet Paul Schelling, „der Kapitalismus – genauer gesagt: die Marktwirtschaft – scheint auf jeden Fall besser geeignet zu sein, den Wohlstand der Menschen zu sichern." Elinor ist nicht überzeugt: „Und was ist mit der Klimakrise? Dem Plastikmüll in den Ozeanen? Der Ausbeutung von Menschen in der Dritten Welt? Vielleicht besiegt ja auch der Kapitalismus sich irgendwann selbst, indem er unseren Planeten kaputtmacht?" „Mit solchen Zweifeln bist du nicht allein", entgegnet ihr Vater. „Aus Umfragen geht hervor, dass bei vielen Menschen in Deutschland das Vertrauen in unser Wirtschaftssystem sinkt."

„Trust-Barometer"

Deutsche zweifeln am Kapitalismus

Von Sven Astheimer, Davos
Aktualisiert am 21.01.2020

[...] Viele Menschen in Deutschland glauben nicht, dass das herrschende Wirtschaftssystem ihnen nützt und blicken mit einem schlechten Gefühl nach vorne. Einer aktuellen Umfrage zufolge schaut nicht einmal jeder vierte Deutsche (23 Prozent) optimistisch in seine ökonomische Zukunft. Nur Franzosen (19) und Japaner (15) sind noch pessimistischer. [...] Diese Zahlen gehen aus dem neuesten „Trust Barometer" der amerikanischen Kommunikationsagentur Edelman hervor [. . .].

Mit Blick auf die Deutschland-Ergebnisse zeigt sich, dass viele der Befragten mit dem Wirtschaftssystem hadern. Gerade einmal 12 Prozent glauben noch, dass das System ihnen nützt und sie von einer wachsenden Wirtschaft ausreichend profitieren. Dagegen sind volle 55 Prozent der Meinung, dass der Kapitalismus in seiner jetzigen Form mehr schadet als hilft. Damit liegen die Deutschen im globalen Trend. „Das ist ein alarmierendes Ergebnis [...]", sagt Christiane Schulz von Edelman Deutschland. Die Menschen seien auf der Suche nach Antworten auf die großen Fragen. Dazu gehörten die Klimakrise, der technologische Wandel und die politische Stabilität auf der Welt. [...]

Quelle: Sven Astheimer (2020): „Trust-Barometer": Deutsche zweifeln am Kapitalismus, [online] https://www.faz.net/aktuell/wirtschaft/weltwirtschaftsforum/wirtschaft-in-deutschland-buerger-zweifeln-am-kapitalismus-16592016.html [13.08.2020]. (Auszug.)

1 Bilden Sie Gruppen. Erstellen Sie in Ihrer Gruppe eine Mindmap zu den Vor- und Nachteilen der Wirtschaftsordnung der Bundesrepublik Deutschand.

2 Entwickeln Sie in der Gruppe einen Fragebogen zum Thema „Wie hoch ist an unserer Schule das Vertrauen in die deutsche Wirtschaftsordnung?" und führen Sie die Befragung durch.

- **a** Überlegen Sie zunächst, wen Sie befragen wollen: Möchten Sie eine Vollerhebung in einer einzelnen Klasse durchführen? Oder möchten Sie eine Stichprobe aller Schüler Ihrer Schule befragen? Falls ja: Wie groß soll diese Stichprobe sein?
- **b** Erarbeiten Sie den Fragebogen. Greifen Sie hierfür etwa zehn Aspekte aus Ihrer Mindmap heraus. Formulieren Sie zu jedem Aspekt einen Aussagesatz, zu dem die Befragten auf einer vier- oder fünfstufigen Skala Stellung nehmen können.
- **c** Führen Sie die Befragung durch.
- **d** Werten Sie die ausgefüllten Fragebögen aus, indem Sie zu jeder Aussage ermitteln, wie viel Prozent der Befragen sich (vollauf oder eher) zustimmend bzw. (vollauf oder eher) ablehnend geäußert haben.
- **e** Versuchen Sie, die Zahlen zu interpretieren: Was sagen sie über das Vertrauen der Befragten in die deutsche Wirtschaftsordnung aus?
- **f** Präsentieren und diskutieren Sie Ihre Ergebnisse im Plenum.

Beispiel

	trifft zu	trifft eher zu	trifft teilweise zu	trifft eher nicht zu	trifft nicht zu	keine Angabe
1. Den meisten Menschen in Deutschland geht es wirtschaftlich gut.	☐	☐	☐	☐	☐	☐
2. Einkommen und Vermögen sind in Deutschland gerecht verteilt.	☐	☐	☐	☐	☐	☐
3. ...	☐	☐	☐	☐	☐	☐

5.2 Wirtschaftsordnungen

Überall, wo Menschen zusammenleben, sind bestimmte Regeln nötig. Jedes Land hat seine Gesetze, Spiele haben ihre Spielregeln, Schulen ihre Schulordnung und Häuser ihre Hausordnung. Das Gleiche gilt für das Wirtschaftsleben: Auch dessen Abläufe müssen durch eine Ordnung geregelt werden.

5.2.1 Entwicklung einer Wirtschaftsordnung

Güterknappheit
Kapitel 1.8

In jeder Volkswirtschaft der Welt muss dasselbe grundlegende Problem gelöst werden: Wie können die unendlich vielen Bedürfnisse der Menschen trotz knapper Ressourcen befriedigt werden? Dieser Ausgangspunkt jeglichen wirtschaftlichen Handelns wird als **Knappheitsproblem** bezeichnet.

Die wichtigste Funktion einer Wirtschaftsordnung besteht darin, die wirtschaftlichen Aktivitäten einer Vielzahl von Wirtschaftssubjekten zu koordinieren: Was soll wann, wie, wo, von wem und für wen produziert werden? Und wie gelangen die Waren dorthin, wo sie gebraucht werden?

Je weiter die wirtschaftliche Entwicklung voranschreitet, desto mehr Spezialberufe gibt es und desto unüberschaubarer werden die Beziehungen zwischen den Wirtschaftssubjekten. Hieraus ergeben sich neue Fragen: Was soll wann, wie, wo, von wem und für wen produziert werden? Und wie können die wirtschaftlichen Aktivitäten der unzähligen einzelnen Wirtschaftssubjekte koordiniert werden? Dieser Komplex von Fragen wird als **Koordinationsproblem** bezeichnet.

Um das Koordinationsproblem zu lösen, brauchen komplexe, entwickelte Volkswirtschaften eine **Wirtschaftsordnung**. Eine Wirtschaftsordnung ist ein System von Institutionen und Regeln, die das Funktionieren einer Volkswirtschaft sichern und die wirtschaftlichen Aktivitäten auf zielgerichtete Weise koordinieren sollen.

Entwicklung einer Wirtschaftsordnung

Knappheitsproblem:
Die Bedürfnisse sind unendlich, doch die Ressourcen sind knapp.

↓

Maßnahme: Die Wirtschaftssubjekte versuchen, die Produktivität durch Spezialisierung und Arbeitsteilung zu steigern.

↓ ↓

Folge 1: Die Wirtschaftsprozesse werden zu Tauschprozessen.

Folge 2: Ein anerkanntes Tauschmittel (Geld) wird erforderlich.

↓ ↓

Koordinationsproblem:
Das Geschehen wird immer undurchschaubarer.
Wie kann die Funktionsfähigkeit der Volkswirtschaft gesichert und wie können die vielen Aktivitäten koordiniert werden?

↓ ↓

Maßnahme: Das Institutionen- und Regelsystem einer Wirtschaftsordnung ist der Versuch, das Koordinationsproblem zu lösen.

Jede Wirtschaftsordnung hat drei grundlegende **Funktionen** zu erfüllen:
- Herstellung und Sicherung der Funktionsfähigkeit einer Volkswirtschaft,
- zielgerichtete Koordination der wirtschaftlichen Aktivitäten in einer Volkswirtschaft,
- Förderung gesellschaftlicher Grundwerte (z. B. Freiheit, Sicherheit, Gerechtigkeit und Wohlstand).

Ein wesentliches Unterscheidungsmerkmal von Wirtschaftsordnungen ist die Frage: Wer plant? Die einzelnen Wirtschaftssubjekte oder der Staat?

Ein wesentliches Unterscheidungsmerkmal von Wirtschaftsordnungen liegt in der Frage der **Planungshoheit** und der Planungsabstimmung. In einer **freien Marktwirtschaft** kann jedes Wirtschaftssubjekt seine wirtschaftlichen Aktivitäten selber planen. Die Institution, die die Millionen von Individualplänen koordinieren soll, ist der Markt. In einer **Zentralverwaltungswirtschaft** hingegen ist es Aufgabe des Staates, alle wirtschaftlichen Aktivitäten zu planen und zu koordinieren.

Neben dem Planungs- und Lenkungssystem sind die Eigentumsformen, die Prinzipien der betrieblichen Ergebnisrechnung und die Preisbildungsformen die zentralen Ordnungselemente, auf denen Wirtschaftsordnungen beruhen:

- **Planungs- und Lenkungssystem**: Die zahllosen wirtschaftlichen Aktivitäten in einer arbeitsteilig organisierten Volkswirtschaft können auf unterschiedliche Weise aufeinander abgestimmt werden. In einer Zentralverwaltungswirtschaft wird das Wirtschaftsgeschehen durch eine staatliche Planungsbehörde zentral koordiniert. In einer freien Marktwirtschaft erfolgt die Koordination dezentral über den Markt.

freie Marktwirtschaft **Kapitel 5.2.2**

Zentralverwaltungswirtschaft **Kapitel 5.2.4**

- **Eigentumsformen**: Entscheidungsbefugnisse sind eng mit dem Eigentum an den Produktionsmitteln (z. B. Fabriken, Grundstücke und Rohstoffe) verbunden. In einer freien Marktwirtschaft dürfen Individuen über Produktionsmittel verfügen; in einer Zentralverwaltungswirtschaft darf dies nur der Staat bzw. die Gesellschaft.
- **Betriebliche Ergebnisrechnung**: In einer freien Marktwirtschaft wirtschaften Unternehmen nach dem Prinzip der Gewinnmaximierung. In einer Zentralverwaltungswirtschaft hingegen wirtschaften sie nach dem Prinzip der Planerfüllung. Ihre wirtschaftlichen Aktivitäten orientieren sich also an zentral aufgestellten Plänen. Beide Formen des Wirtschaftens können durch spezielle Prämiensysteme ergänzt werden.

Gewinnmaximierung **Kapitel 3.5.1**

- **Preisbildungsformen**: Ein wesentliches Steuerungsinstrument für wirtschaftliche Aktivitäten stellen die Preise dar, zu denen die produzierten Güter verkauft werden können oder sollen. In einer freien Marktwirtschaft bilden sich die Preise auf dem Markt. In einer Zentralverwaltungswirtschaft werden sie dagegen vom Staat festgelegt.

Preisbildung **Kapitel 3.6 und 3.11**

Die freie Marktwirtschaft auf der einen Seite und die Zentralverwaltungswirtschaft auf der anderen Seite sind **idealtypische Wirtschaftsordnungen**. Idealtypisch ist eine Wirtschaftsordnung, die in allen Teilbereichen von ihren Grundprinzipien bestimmt wird, ohne dass eine Vermischung mit Elementen anderer Systeme stattfindet. Solche Wirtschaftsordnungen existieren jedoch nur in der Theorie. Als **realtypisch** werden Wirtschaftsordnungen bezeichnet, die in der gesellschaftlichen Realität vorkommen. Realtypische Wirtschaftsordnungen sind häufig Mischformen, die verschiedene Elemente idealtypischer Wirtschaftsordnungen miteinander verknüpfen.

idealtypische Wirtschaftsordnung **Kapitel 5.2.2**

realtypische Wirtschaftsordnung **Kapitel 5.2.3**

5.2.2 Freie Marktwirtschaft als idealtypische Wirtschaftsordnung

Adam Smith (1723–1790)

Das Modell der freien Marktwirtschaft hat – im Sinne einer idealtypischen Modellvorstellung – seine geistigen Wurzeln in den Ideen des **klassischen Liberalismus**. Adam Smith (1723–1790) ist zwar nicht dessen einziger Begründer, er gilt aber als der bedeutendste Theoretiker dieser ökonomischen Lehre.

Grundlegend für die Auffassung von Smith ist die Einsicht, dass der wirtschaftliche Erfolg nicht auf der Nächstenliebe (Altruismus), sondern auf der Eigenliebe des Einzelnen (Egoismus) beruht. Ferner nimmt er an, dass das sogenannte Eigennutzstreben die wesentliche Antriebskraft für wirtschaftliches Handeln ist. Jeder Mensch verfolgt seinen eigenen Vorteil und nicht den der Gesellschaft. Doch die **„unsichtbare Hand"** des Marktes sorgt für die Vereinbarkeit von Einzel- und Gesamtinteressen. So wird das wirtschaftliche Handeln des Kaufmanns zwar durch sein Gewinnstreben motiviert, d. h., die Gesellschaft wird nicht durch das Wohlwollen der Kaufleute mit Gütern versorgt. Dennoch führt die Durchsetzung der Einzelinteressen zum Vorteil für alle. Solange die einzelnen Kaufleute ihre Güter mit Gewinn verkaufen können, ist die Vorsorgung aller Menschen mit Gütern sichergestellt.

Ordnungspolitik
Kapitel 5.4.4 und 6.6.2

Die liberalen Klassiker wandten sich **gegen Eingriffe des Staates** in das Wirtschaftsgeschehen. Ihnen zufolge soll der Staat keine eigenen Interessen wahrnehmen, sondern nur den ordnungspolitischen Rahmen schaffen. Seine Tätigkeit beschränkt sich auf Belange der inneren und äußeren Sicherheit, der Bildung zur Wahrung der Chancengleichheit und einer funktionierenden Rechts- und Geldordnung. Er gilt als „Nachtwächterstaat" und sichert so die freie Entfaltung seiner Bürger auch in wirtschaftlichen Angelegenheiten ab.

Wertschöpfung
Kapitel 2.4

Produktionsfaktoren
Kapitel 1.7

Grundprinzip der freien Marktwirtschaft ist die **Planungsautonomie** der Wirtschaftssubjekte in allen wirtschaftlichen Angelegenheiten. Der Einzelne bestimmt Art und Umfang seiner ökonomischen Aktivität. Konsum-, Spar- und Investitionsentscheidungen sind dem Privatsektor vorbehalten. Die Menschen sind gezwungen, sich aktiv am Wertschöpfungsprozess zu beteiligen. Sie gründen Unternehmen, bieten ihre Faktorleistungen (Arbeit, Boden, Kapitel) privaten Güterproduzenten an oder finanzieren durch ihre Spargelder gesamtwirtschaftliche Produktionsprozesse.

Da der Staat nur einen ordnungspolitischen Rahmen schafft, existiert kein staatliches soziales Netz. Die privaten Haushalte sind gezwungen, ihre Lebensrisiken (Alter, Krankheit, Pflege, Arbeitslosigkeit, Unfall) selbst abzusichern. Sie entscheiden darüber, ob sie Teile ihres Einkommens zum Zwecke der Privatvorsorge einsetzen oder es in vollem Umfang für Konsumausgaben verwenden. Vorsorge ist nur auf der Grundlage eines ausreichenden Einkommens möglich. Die wirtschaftliche Situation der Wirtschaftssubjekte wird bestimmt von ihrer Leistungsfähigkeit.

Der ordnungspolitische Rahmen der freien Marktwirtschaft ist gekennzeichnet durch **wirtschaftliche Freiheitsrechte**, die der Staat den Wirtschaftssubjekten gewährt. Sie sind das Wesensmerkmal der freien Marktwirtschaft und gewährleisten, dass die Wirtschaftsprozesse von den Interessen des Privatsektors bestimmt werden.

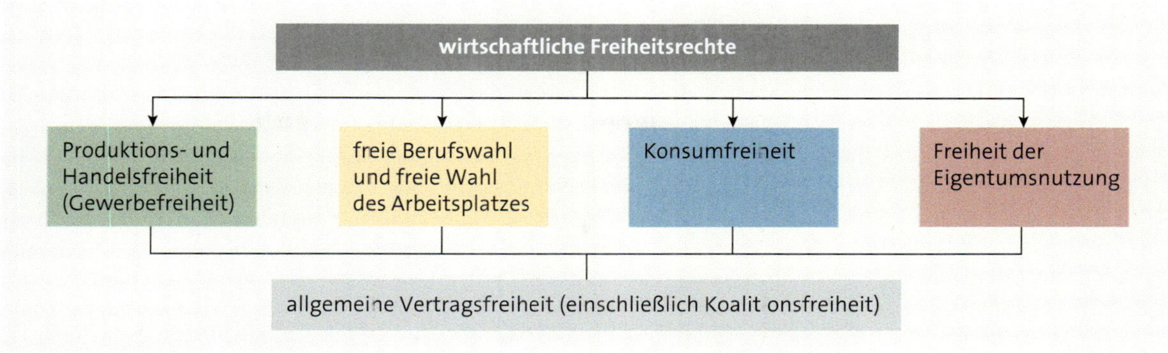

- **Produktions- und Handelsfreiheit** des Unternehmenssektors schließt die **Gewerbefreiheit** mit ein. Als Gewerbe gilt eine unternehmerische Tätigkeit, die auf Dauer angelegt ist, Gewinnerzielungsabsichten verfolgt und mit der Teilnahme am öffentlichen Wirtschaftsleben verknüpft ist. Daraus folgt, dass Investitionsentscheidungen weitgehend dem Unternehmenssektor vorbehalten bleiben.
- **Freie Berufswahl** und **freie Wahl des Arbeitsplatzes** sind die Konsequenzen aus der Produktionsfreiheit. Private Haushalte bzw. Arbeitnehmerhaushalte haben das Recht, ihre Faktorleistung Arbeit einem Unternehmen ihrer Wahl zur Verfügung zu stellen. Durch die Berufswahl werden Eignungsprofile erworben, die im Arbeitsleben die Existenz sichern.
- **Konsumfreiheit** bedeutet, dass private Haushalte ihr Einkommen frei verwenden, indem sie ihr Nachfrageverhalten an ihren Individualbedürfnissen ausrichten. Auch Sparen und die damit verbundene Kapitalanlage ist den wirtschaftlichen Freiheitsrechten zuzuordnen.
- Die **Freiheit der Eigentumsnutzung** gesteht den Wirtschaftssubjekten das Privateigentum an Gütern zu, sodass diese privat genutzt werden können. Dies gilt für Konsumgüter ebenso wie für Produktionsgüter.
- Ohne die **Vertragsfreiheit** ist eine freie Marktwirtschaft nicht vorstellbar. Unternehmen und private Haushalte sind für den Austausch von Gütern auf Vertragspartner angewiesen. Vertragsfreiheit meint die freie Wahl der Vertragspartner und die freie Gestaltung der Vertragsinhalte durch die Vertragspartner.

Die den Wirtschaftssubjekten eingeräumte Planungsautonomie hat zur Folge, dass in jedem Unternehmen und in jedem privaten Haushalt individuelle Wirtschaftspläne erstellt werden. Die **dezentralen Lenkungsinstanzen**, die die unzähligen Wirtschaftspläne in einer freien Marktwirtschaft koordinieren, sind **Märkte** und **Preise**.

Märkte
Kapitel 3.2–3.3

Funktionen des Marktpreises
Kapitel 3.6.3

5.2.3 Soziale Marktwirtschaft als realtypische Wirtschaftsordnung

Nach dem Zweiten Weltkrieg wurde im Frühjahr 1945 der westliche Teil Deutschlands von den Westmächsten USA, Frankreich und England besetzt, der Osten Deutschlands von der Sowjetunion. In den beiden Besatzungsgebieten wurden 1949 zwei deutsche Staaten – die Bundesrepublik Deutschland (BRD) und die Deutsche Demokratische Republik (DDR) – mit unterschiedlichen politischen Systemen und Wirtschaftsordnungen gegründet. In der **Bundesrepublik Deutschland** trugen die Westmächte dafür Sorge, dass eine parlamentarische Demokratie auf der Basis einer Marktwirtschaft entstand.

Die Wirtschaftsordnung, die sich in der Bundesrepublik Deutschland herausbildete, war aber keine freie Marktwirtschaft im idealtypischen Sinne: Aufgrund der negativen Erfahrungen mit dem Frühkapitalismus des 19. Jahrhunderts und der Kriegswirtschaft des nationalsozialistischen Regimes wurde der Versuch gemacht, in wirtschaftlicher Hinsicht einen neuen Weg einzuschlagen. Dieser bestand in dem Konzept, eine marktwirtschaftliche Ordnung mit staatlich regulierenden und sozialen Elementen anzureichern. So entstand das **Modell der sozialen Marktwirtschaft**, als deren maßgebliche Begründer der Wirtschaftsminister und spätere Bundeskanzler Ludwig Erhard und sein Staatssekretär Alfred Müller-Armack gelten.

Für Ludwig Erhard war die soziale Marktwirtschaft das Grundmodell für die Realisierung eines Wohlstandskonzepts „für alle". Sein Kernsatz lautete: „Das erfolgversprechendste Mittel zur Erreichung und Sicherung jeden Wohlstands ist der Wettbewerb."

Ludwig Erhard (1897–1977)

Alfred Müller-Armack (1901–1978)

Grundprinzipien der sozialen Marktwirtschaft

Die soziale Marktwirtschaft zeichnet sich durch **vier Grundprinzipien** aus:

Wettbewerb **Kapitel 3.10 und 3.13**

1. **Wettbewerbsprinzip:** Ordnungspolitische Basis ist der Wettbewerb, der als dynamischer Prozess aufgefasst wird und letztlich wirtschaftliches Wachstum und technischen Fortschritt sichert.

Sozialpolitik **Kapitel 8.2–8.4**

2. **Sozialprinzip**: Wirtschaftliche Leistungsfähigkeit schafft prinzipiell die Basis für soziale Sicherheit. Allerdings ist der Markt nicht in der Lage, alle auftretenden sozialen Probleme zu lösen. Im Rahmen der Sozialpolitik ist der Staat gefordert, die Marktwirtschaft sozial auszugestalten.

konjunkturelle Schwankungen **Kapitel 6.2.2**

3. **Konjunkturpolitisches Prinzip**: Zu große Schwankungen in der wirtschaftlichen Entwicklung sollte der Staat durch entsprechende Maßnahmen zu verhindern versuchen.

Preisbildung **Kapitel 3.6 und 3.11**

4. **Prinzip der Marktkonformität**: Wirtschaftspolitische Maßnahmen des Staates müssen weitgehend marktkonform erfolgen, d. h., die freie Preisbildung auf den Märkten darf nicht eingeschränkt werden.

Wirtschaftspolitische Instrumente

Die optimale Nutzung der Produktionsmittel und damit die bestmögliche Güterversorgung werden am ehesten durch einen funktionierenden **Leistungswettbewerb** gesichert. Eine wichtige Aufgabe des Staates in einer sozialen Marktwirtschaft besteht deshalb darin, durch **Ordnungspolitik**

Ordnungspolitik **Kapitel 5.4.4 und 6.6.2**

Wettbewerbspolitik **Kapitel 3.13**

- für einen reibungslosen Ablauf des Marktgeschehens zu sorgen,
- das Entstehen von Marktmacht zu verhindern,
- Machtmissbrauch zu unterbinden,
- den freien Zugang zu den Märkten zu gewährleisten.

Ordnungspolitisch begründete Eingriffe des Staates in die Planungsautonomie der Wirtschaftssubjekte werden dann als vertretbar angesehen, wenn sie dem Leistungswettbewerb dienen. In Deutschland ist die gesetzliche Grundlage hierfür das **Gesetz gegen Wettbewerbsbeschränkungen (GWB)** aus dem Jahr 1957, dessen zentrale Inhalte das Kartellverbot, die Fusionskontrolle und die Missbrauchsaufsicht über marktbeherrschende Unternehmen sind.

Gesetz gegen Wettbewerbsbeschränkungen
Kapitel 3.13.2

Von grundlegender Bedeutung für das Funktionieren einer Volkswirtschaft und für die soziale Gerechtigkeit ist auch die **Stabilität der Währung**, d.h. eine möglichst niedrige Inflation. Im Bundesbankgesetz von 1957 wurde daher festgelegt, dass die **Geldpolitik** der Deutschen Bundesbank vor allem darauf abzielen soll, die Stabilität der Währung zu sichern. Außerdem wurde in diesem Gesetz die Unabhängigkeit der Bundesbank gegenüber der Bundesregierung festgeschrieben.

Preisniveaustabilität
Kapitel 4.5

Inflation
Kapitel 4.6

Geldpolitik
Kapitel 7

Im Zuge der Rezession der Jahre 1966/67 wurde dem Staat zudem die Aufgabe zugewiesen, aktiv in das wirtschaftliche Geschehen einzugreifen und große wirtschaftliche Schwankungen mit einer gezielten **Konjunkturpolitik** zu verhindern. Die gesetzliche Grundlage hierfür war das bis heute gültige Stabilitäts- und Wachstumsgesetz (StWG) aus dem Jahr 1967, in dem die vier zentralen wirtschaftspolitischen Ziele (stetiges und angemessenes Wirtschaftswachstum, hohes Beschäftigungsniveau, stabiles Preisniveau und außenwirtschaftliches Gleichgewicht) festgeschrieben wurden.

Konjunkturpolitik
Kapitel 6.6.1

Ziele der Wirtschaftspolitik
Kapitel 5.4.2

5.2.4 *Zentralverwaltungswirtschaft*

Der zweite deutsche Staat, der 1949 gegründet wurde, war die **Deutsche Demokratische Republik (ehemalige DDR)**. Dort entstand nach dem Vorbild der Sowjetunion ein kommunistisches Regime. Die Wirtschaftsordnung war eine **sozialistische Planwirtschaft**, die auf dem Modell der Zentralverwaltungswirtschaft (ZVW) und der weltanschaulichen Grundlage des **Marxismus-Leninismus** beruhte, wie sie insbesondere von Karl Marx und Friedrich Engels begründet worden war.

Karl Marx (1818–1883)

Karl Marx und Friedrich Engels lebten und wirkten in einer Zeit, als die Industriearbeiterschaft begann, sich als eigenständige gesellschaftliche Kraft zu formieren. Sie studierten die wirtschaftliche und gesellschaftliche Entwicklung des kapitalistischen Systems und entwickelten daraus die Schlussfolgerung, dass der Kapitalismus an seinen eigenen Widersprüchen zugrunde gehen werde. In Gestalt der Arbeiterklasse werde jene Kraft entstehen, die eine neue Gesellschaft errichten werde.

Friedrich Engels (1820–1895)

Im Zentrum der Betrachtung stand die kapitalistische Produktionsweise. Der Kapitalismus ist nach Marx dadurch charakterisiert, dass sich die Produktionsmittel in den Händen einer kleinen privilegierten Schicht befinden, während die Arbeiter genötigt sind, ihre Arbeitskraft zu verkaufen. Die Entwicklung des Kapitalismus führt nach Marx dazu, dass sich die Gesellschaft immer mehr in zwei feindliche, sich bekämpfende Lager spaltet: die „Kapitalisten“ auf der einen und das „Proletariat“ auf der anderen Seite.

Der Marxismus-Leninismus erhebt den Anspruch, eine „wissenschaftliche Weltanschauung“ zu sein und sich dadurch von anderen weltanschaulichen Systemen zu unterscheiden. Sein Ziel ist, nach der Phase der Klassenkämpfe eine **klassenlose Gesellschaft** zu verwirklichen, in der „jedem nach seinen Bedürfnissen“ zugeteilt wird und damit nationale wie internationale Konflikte überwunden werden.

Das Modell der Zentralverwaltungswirtschaft ist – ähnlich wie das Modell der freien Marktwirtschaft – eine idealtypische Wirtschaftsordnung. Die sozialistische Planwirtschaft der ehemaligen DDR basierte zwar auf diesem Modell. Abweichend vom Idealtypus ließ sie aber immer ein gewisses Maß an privatwirtschaftlicher Aktivität zu, die phasenweise einen beträchtlichen Anteil an der wirtschaftlichen Gesamtleistung hatte.

Die ökonomische Grundlage der sozialistischen Wirtschaft bildet das **„gesellschaftliche Eigentum an den Produktionsmitteln“**. Dieses existiert in zwei Grundformen: als gesamtgesellschaftliches Volkseigentum und als genossenschaftliches Eigentum werktätiger Kollektive. Die Entscheidungsstrukturen in der Volkswirtschaft werden vom Staat bestimmt: Ein **zentraler Wirtschaftsplan** bündelt sämtliche Produktionsmittel der Volkswirtschaft und legt fest, welche Güter in welchen Mengen wie und in welchen staatlichen Betrieben zu produzieren sind. Den Wirtschaftssubjekten wird die Planungsautonomie also ganz oder teilweise entzogen. Dem liegt eine kollektivistische Gesellschaftsordnung zugrunde: Der einzelne Mensch wird als der Gesellschaft untergeordnet angesehen.

Wirtschaftliche Freiheitsrechte werden eingeschränkt oder ganz aufgehoben. Da der Staat über das Produktionsmonopol verfügt, entscheidet er allein über Art, Umfang und Qualität der Produktion. Exporte und Importe sind dem Staat vorbehalten. Auch die Investitionsentscheidungen trifft der Staat. Die privaten Haushalte haben keine Wahlmöglichkeiten und sind auf das staatlich gesteuerte Güterangebot angewiesen. Im Privateigentum befindliches Grundvermögen wird durch Enteignungen zum Staatseigentum. Spargelder der privaten Haushalte können nur bei staatlichen Banken angelegt werden. Der Staat legt die Zinsen fest. Berufswahl und Wahl des Arbeitsplatzes werden ebenfalls durch die Interessen des Staates bestimmt.

Orden „Held der Arbeit“, eine der höchsten Auszeichnungen in der ehemaligen DDR

Auch die Koordination durch **Markt und Preis** entfällt in der Zentralverwaltungswirtschaft. Güter- und Faktorpreise werden durch den Staat festgelegt. Faktoreinkommen ist überwiegend Arbeitseinkommen. Gewinne, Mieten und Pachten kommen nicht vor. Leistungsanreize werden den Wirtschaftssubjekten über Prämien im Rahmen der Planerfüllung zugestanden. Häufig gibt es auch eine Beschäftigungsgarantie, da der Staat es sich politisch nicht leisten kann, Massenarbeitslosigkeit zuzulassen.

Das System der Zentralverwaltungswirtschaft hat sich in der Vergangenheit als nicht lebensfähig erwiesen. Zentral gelenkte Wirtschaftssysteme scheiterten insbesondere an der fehlenden Produktivität der Leistungserstellung, der Fehllenkung der Produktionsprozesse sowie der Informationsdefizite hinsichtlich der Individualbedürfnisse der privaten Haushalte. Die Unzufriedenheit der Bevölkerung mit der Güterversorgung und den fehlenden wirtschaftlichen Freiheitsrechten hat in fast allen Ländern mit einer zentral gelenkten Wirtschaftsordnung zum Systemwechsel geführt.

ÜBERBLICK

Die **freie Marktwirtschaft** ist eine idealtypische Wirtschaftsordnung, die auf den Ideen des klassischen Liberalismus beruht. Die **soziale Marktwirtschaft** ist eine realtypische Wirtschaftsordnung. Ihre Grundprinzipien sind das Wettbewerbsprinzip, das Sozialprinzip, das konjunkturpolitische Prinzip und das Prinzip der Marktkonformität.

In der **Zentralverwaltungswirtschaft** bündelt ein zentraler Wirtschaftsplan sämtliche Produktionsmittel der Volkswirtschaft. Es wird festgelegt, welche Güter in welchen Mengen wie und in welchen staatlichen Betrieben zu produzieren sind.

1 Erläutern Sie, warum die Wirtschaftsprozesse in einer modernen Volkswirtschaft koordiniert werden müssen.

2 Erläutern Sie die zentralen Ordnungselemente von Wirtschaftsordnungen.

3 Welche ökonomischen Kerngedanken enthält der klassische Liberalismus?

4 Erläutern Sie die zentralen Merkmale des Modells der freien Marktwirtschaft.

5 Welche der folgenden Aussagen gelten für die Preise in einer freien Marktwirtschaft? (2 richtige Antworten)
   a Anbieter haben eine Preisgarantie und können so ihre Preisforderung durchsetzen.
   b Nachfrager mit niedrigen Preisgeboten erhalten kein Angebot.
   c Der Marktpreis ist ein Gleichgewichtspreis, bei dem Kauf- und Verkaufsmengen übereinstimmen.
   d Anbieter mit Preisforderungen unterhalb des Marktpreises werden durch den einheitlichen Marktpreis „bestraft".
   e Nur Nachfrager, die hohe Preisforderungen zu akzeptieren bereit sind, kommen zum Zuge.
   f Marktpreise sichern die Güterversorgung der Verbraucher zu niedrigen Preisen, da zwischen den Anbietern ein harter Wettbewerb herrscht.

6 Erläutern Sie die Rolle des Staates aus Sicht des klassischen Liberalismus.

7 Was für Funktionsprobleme können in einer freien Marktwirtschaft entstehen?

8 Erläutern Sie die Entstehung und Entwicklung der sozialen Marktwirtschaft.

9 Erläutern Sie die vier Grundprinzipien der sozialen Marktwirtschaft.

10 Wodurch unterscheidet sich eine soziale Marktwirtschaft von einer freien Marktwirtschaft im Sinne des klassischen Liberalismus?

11 Was für Funktionsprobleme können in einer sozialen Marktwirtschaft entstehen?

12 Wie begründeten Marx und Engels ihre Vorstellung, dass der Kapitalismus an seinen eigenen Widersprüchen zugrunde gehen werde?

13 Erläutern Sie die wichtigsten Merkmale einer Zentralverwaltungswirtschaft.

14 Was für Funktionsprobleme können in einer Zentralverwaltungswirtschaft entstehen?

LERNSITUATION

5.3 Das Dilemma des Verbrauchers

Eli

Mutter

Vater

Es ist Freitagabend. Elinor hat den Tag auf einer „Fridays for Future"-Demonstration in Köln verbracht. Nun sitzt sie mit den Eltern auf der Terrasse und erzählt von ihren Erlebnissen. „Übrigens", berichtet Elinor, „ich habe heute einen Beschluss gefasst." „Und der wäre?", fragt die Mutter. „Ich werde ab sofort nur noch das kaufen, was ich wirklich brauche", erklärt Elinor stolz. „Ab heute ist es mir egal, ob mich jemand uncool findet, weil mein Smartphone nicht das neueste Modell oder mein Sommerkleid nicht die neueste Mode ist! Und wenn alle Menschen es so machen, gibt es vielleicht Hoffnung für das Klima!"

„Deine Einstellung ist grundsätzlich sehr lobenswert", sagt Akilah Schelling. „Aber dummerweise ist unsere Marktwirtschaft darauf angewiesen, dass die Menschen konsumieren – und zwar mehr als das, was sie unbedingt brauchen ..." Elinor kräuselt die Stirn: „Und wieso?" „Nimm meinen Arbeitgeber", erwidert Akilah. „Die Fima Aquanova produziert, wie du weißt, Luxusarmaturen. Unsere Kunden finden diese Armaturen toll. Aber sind Luxusarmaturen etwas, was man wirklich braucht? Nein, sie sind, wie der Name schon sagt, Luxus. Würden also alle Menschen nur noch das Notwendigste kaufen, wäre die Firma Aquanova binnen kürzester Zeit pleite. Ich würde dann meinen Job verlieren, unsere Familie hätte ein deutlich geringeres Einkommen und wir bekämen Schwierigkeiten, unser Haus abzubezahlen. Mehr noch: Nicht nur ich, sondern viele Menschen würden ihren Job verlieren. Dem Staat würden dadurch Steuern und Sozialabgaben wegbrechen, sodass weniger Geld für die Empfänger von Sozialleistungen zur Verfügung stünde. Auch unser Gesundheitssystem, das Bildungswesen und der Kulturbetrieb würden sehr darunter leiden ..."

Elinor verzieht das Gesicht: „Das heißt, wir müssen alle wie verrückt konsumieren und unsere Wirtschaft muss nonstop wachsen, damit nicht alles zusammenbricht? Das ist ja wie ein Zwang!" „Ob es einen Zwang zum Wachstum tatsächlich gibt, ist unter Ökonomen umstritten", mischt Paul Schelling sich ein. „Aber es gehört zum Wesen einer Marktwirtschaft, dass der Wettbewerb die Unternehmen zur Effizienz zwingt. Nur bei immer effizienterem Einsatz aller Produktionsfaktoren können sie auf dem Markt überleben und Gewinne erzielen. Dies betrifft insbesondere den Faktor Arbeit. Wenn aber die Effizienz des Faktors Arbeit – also die Arbeitsproduktivität – steigt, sind für die Produktion einer bestimmten Gütermenge weniger Arbeitsstunden nötig. Das heißt, es werden Arbeitskräfte ‚freigesetzt'. Und damit auch diese Arbeitskräfte weiterhin einen Job und ein Einkommen haben, muss die Güterproduktion halt wachsen. Was wiederum nur möglich ist, wenn irgendjemand all die Güter auch kauft ..."

„Das ist ja gruselig!", stöhnt Elinor. „Dann crasht also entweder unsere Marktwirtschaft oder unser Planet! Könnte es sein, dass der Sozialismus vielleicht doch das bessere System ist?!" „Ich glaube nicht, dass eine Zentralverwaltungswirtschaft unsere Probleme lösen würde", sagt Akilah. „Eher hoffe ich, dass die Lösung in der Marktwirtschaft selbst liegt: indem eine immer höhere Effizienz dazu führt, dass der Ressourcenverbrauch selbst bei anhaltendem Wachstum sinkt." „Kann das denn funktionieren?", fragt Elinor ungläubig. „Auch diese Frage ist unter Ökonomen umstritten", entgegnet Paul Schelling. „Viele halten das für machbar. Andere halten es für eine Illusion." „Und wer von denen hat recht?", will Elinor wissen. „Das weiß man noch nicht", erwidert der Vater. „Und das Problem ist: Bis der endgültige Beweis erbracht ist, wird es für unseren Planeten vielleicht schon zu spät sein."

„Das ist ja ganz schön deprimierend ...“, seufzt Elinor. „Hey, Eli, noch ist nicht aller Tage Abend!“, muntert ihr Vater sie auf. „Zumindest eines lässt sich heute schon sagen: Wir werden unsere Volkswirtschaft umbauen müssen. Wir werden in ganz neue Richtungen denken und neue Modelle entwickeln müssen. Und das Gute an marktwirtschaftlichen Systemen ist: Die sind ziemlich anpassungsfähig ...“

Karikatur von Thomas Plaßmann

1 Bilden Sie Gruppen und erarbeiten Sie die Karikatur mit den nebenstehenden Schritten.

2 Stellen Sie sich vor, Ihre Gruppe ist eine politische Partei, die zur nächsten Bundestagswahl antreten will.
  a Überlegen Sie, was das wichtigste Anliegen Ihrer Partei ist.
  b Notieren Sie auf Metaplan-Karten die wirtschaftspolitischen Ziele Ihrer Partei.
  c Clustern Sie die Metaplan-Karten, indem Sie sie den folgenden wirtschaftspolitischen Themen zuordnen:
  - Wachstum
  - Beschäftigung
  - Preisniveau
  - Außenwirtschaft
  - Einkommens- und Vermögensverteilung
  - Umweltschutz

  d Überlegen Sie, ob und inwieweit Ihre wirtschaftspolitischen Zielsetzungen miteinander harmonieren. Gibt es Zielkonflikte?
  e Überlegen Sie, welche Prioritäten Sie im Fall von Zielkonflikten setzen würden.
  f Präsentieren und diskutieren Sie Ihre Ergebnisse im Plenum.

Schritte zur Erarbeitung einer Karikatur

1. Formalia
- Wer ist der Zeichner?
- Wann ist die Karikatur erschienen?
- Welche Elemente enthält die Karikatur?
- ...

2. Analyse
- Was bedeuten die Bildbeschriftungen?
- Welches Problem wird dargestellt?
- Welche Symbolik wird eingesetzt?
- ...

3. Interpretation
- Was will der Karikaturist bewirken?
- Welche Hintergrundinformationen sind für die Interpretation erforderlich?
- Wie ist die Problematik insgesamt zu beurteilen?
- ...

5.4 Wirtschaftspolitik

5.4.1 Gesellschaftliche Grundwerte und Institutionen

Mithilfe der Wirtschaftspolitik wird das wirtschaftliche Geschehen in einer Volkswirtschaft im Rahmen bestimmter Zielvorgaben beeinflusst. Da die Wirtschaft nur ein Teilbereich der Gesellschaft ist, müssen sich die wirtschaftspolitischen Ziele an übergeordneten gesellschaftlichen Grundwerten orientieren. Einen wesentlichen Einfluss auf die Zielsetzungen und die Möglichkeiten ihrer Realisierung haben auch die institutionellen Rahmenbedingungen der jeweiligen Gesellschaft.

Gesellschaftliche Grundwerte

Die wichtigsten gesellschaftlichen Grundwerte, an denen die Wirtschaftspolitik in Deutschland sich auszurichten hat, sind Freiheit, Gerechtigkeit, Sicherheit und Fortschritt:

- **Freiheit**: Freiheit schafft die Voraussetzung für die freie Entfaltung der Persönlichkeit. Die Wirtschaftspolitik muss sicherstellen, dass die persönliche Freiheit des Einzelnen auch bei seinen wirtschaftlichen Entscheidungen garantiert ist und z. B. nicht durch die wirtschaftliche Macht eines Monopolisten eingeschränkt wird.

Monopol **Kapitel 3.11.3**

- **Gerechtigkeit:** Alle Bürger des Staates haben die gleichen Rechte. Niemand darf aufgrund seiner Herkunft, seines Glaubens, seines Geschlechts usw. bevorzugt oder benachteiligt werden. Auf wirtschaftlichem Gebiet zielt die Forderung nach Gerechtigkeit insbesondere auf die Verteilungsgerechtigkeit ab, d. h., Einkommen und Vermögen sollten möglichst gerecht verteilt sein.

Einkommens- und Vermögensverteilung **Kapitel 8.3**

soziale Sicherung **Kapitel 8.2 und 8.4**

- **Sicherheit:** In der Gesellschaft dürfen Krankheit, Behinderung, Alter oder sonstige Umstände, die die Leistungsfähigkeit verringern, nicht zu sozialer Verelendung führen. Die Gesellschaft muss deshalb die soziale Sicherheit als solidarische Aufgabe aller Bürger begreifen.
- **Fortschritt:** Fortschritt ist kein Wert an sich, sondern ist immer neu in Annäherung an vorgegebene gesellschaftspolitische Ziele zu interpretieren. Wirtschaftliches Wachstum kann nur dann Fortschritt hervorbringen, wenn das Wachstum nicht nur ökonomischen, sondern auch sozialen, ökologischen und humanen Aspekten gerecht wird. Nur so lässt sich die Lebensqualität verbessern und das Gemeinwohl steigern.

Institutionen

Markt als Institution **Kapitel 3.2.2**

Der Begriff „Institution“ soll hier noch einmal genauer betrachtet werden. Es können drei Arten von Institutionen unterschieden werden:

1. **Organisationen:** z. B. Unternehmen, Verbände, staatliche Einrichtungen wie Parlamente, Behörden u. a. m.
2. **Gesetze, Normen, Traditionen:** z. B. das Grundgesetz, gewohnte Verhaltensweisen, die von vielen Menschen befolgt werden (Melden im Klassenzimmer) u. a. m.
3. **Entscheidungssysteme:** Märkte, Wahlen, Bürokratien oder Verhandlungen.

Diese verschiedenen Arten von Institutionen bilden zusammen die formellen wie informellen „Spielregeln“ einer Gesellschaft.

BEISPIEL

Jedes Fußballspiel braucht Regeln, an die sich alle Spieler auch halten. Ein Schiedsrichter wacht über die Einhaltung der Regeln und ahndet Regelverstöße. Beispielsweise unterbricht er das Spiel bei einem Foul oder stellt Spieler wegen unsportlichen Verhaltens vom Platz.

In einer Volkswirtschaft werden die „Spielregeln" entweder durch die Wirtschaftspolitik vorgegeben oder haben sich als gewohnheitsmäßige Verhaltensweisen allmählich herausgebildet. In Deutschland legt beispielsweise die Wettbewerbsordnung die „Spielregeln" für das Handeln der wirtschaftlichen Akteure fest. Der „Schiedsrichter", der über ihre Einhaltung wacht, ist das Bundeskartellamt.

Wettbewerbskontrolle
Kapitel 3.13

Bundeskartellamt
Kapitel 3.13.1–3.13.2

Institutionen beeinflussen alle Bereiche wirtschaftlichen Verhaltens und Handelns. Grundlegend für das **institutionenökonomische Verhaltensmodell** sind einerseits die Anreize, die ökonomisches Handeln auslösen, und andererseits die Restriktionen, die der Bedürfnisbefriedigung Grenzen setzen.

- Menschen werden durch **Anreize** (Reize, die auf Bedürfnisse treffen) beeinflusst; so entsteht z. B. der Wunsch, ein Paar neue Markenturnschuhe zu kaufen.
- **Restriktionen** setzen der Bedürfnisbefriedigung Grenzen; z. B. kann der Blick in die eigene Geldbörse dem Wunsch nach teuren Sneakers entgegenwirken.
- **Transaktionskosten** sind nicht auf Geldeinheiten beschränkt, sondern umfassen auch Zeit, Mühe oder Energieaufwand, z. B. für Preisvergleiche, das Aufsuchen verschiedener Schuhgeschäfte, Internetrecherchen u. a. m.
- Das **Abwägen** von Nutzen (eigene Bedürfnisbefriedigung) und Kosten mündet in den Versuch, noch akzeptable und bezahlbare Sneakers zu kaufen.
- Der Kauf und dessen **Handlungsfolgen** beeinflussen die eigene innere Zufriedenheit. Das Vergnügen an den neuen Sneakers kann z. B. dadurch gemindert werden, dass Freunde die Marke oder die Farbe der Schuhe nicht gut finden.

Bedürfnisse
Kapitel 1.3

Transaktionskosten
Kapitel 3.2.2

Im Rahmen der **Neuen Politischen Ökonomie** ist versucht worden, das institutionenökonomische Anreiz-Restriktionsmodell menschlichen Verhaltens auf den Bereich der Politik zu übertragen. Hierbei wird das Modell des Homo oeconomicus, also eines rational handelnden Nutzenmaximierers mit festen Präferenzen zugrunde gelegt. Als veränderbar werden nur die Restriktionen betrachtet.

Homo oeconomicus
Kapitel 1.4.1

- **Politikern** wird unterstellt, dass der Anreiz bei ihren Entscheidungsprozessen nicht das Gemeinwohl, sondern die Nutzenmaximierung durch ein gutes Ergebnis bei der nächsten Wahl ist. Zu den Restriktionen dieses Verhaltens zählt z. B. die Kontrolle durch die politische Opposition und die öffentlichen Medien.
- Den Angestellten von **Bürokratien** (z. B. der öffentlichen Verwaltung) wird unterstellt, dass für sie der Anreiz besteht, mit möglichst geringem Arbeitsaufwand zu einem Ergebnis zu gelangen. Grenzen werden diesem Verhalten z. B. durch Vorgesetzte oder Beschwerden von Antragsstellern gesetzt.
- **Lobbyisten** (z. B. Branchenvertretern in Berlin) wird unterstellt, dass auch sie ihr Verhalten nicht am Gemeinwohl orientieren, sondern in erster Linie versuchen, die Interessen ihrer Klientel durchzusetzen. Restriktionen sind beispielsweise kritische Organisationen wie „LobbyControl".

Das institutionenökonomische Anreiz-Restriktionsmodell ist wie jedes Modell eine starke Vereinfachung der Realität. Dennoch kann es die tatsächlichen Verhaltensweisen Einzelner wie auch bestimmter gesellschaftlicher Gruppen besser erklärbar und vorhersehbar machen.

Denken in Modellen
Kapitel 1.4.2

5.4.2 Gesetzliche Ziele staatlicher Wirtschaftspolitik und Zielbeziehungen

In engem Zusammenhang mit den genannten gesellschaftlichen Grundwerten stehen die grundlegenden Zielsetzungen staatlicher Wirtschaftspolitik. Diese sind in Deutschland in einer Reihe von Gesetzen verankert. Die vier wichtigsten Ziele sind im Stabilitäts- und Wachstumsgesetz (StWG) aus dem Jahr 1967 festgeschrieben.

Das magische Viereck

Die starke wirtschaftliche Dynamik in der Wiederaufbauphase nach dem Zweiten Weltkrieg überdeckte in der Bundesrepublik Deutschland fast zwei Jahrzehnte lang die Notwendigkeit des Aufbaus einer langfristigen wirtschaftspolitischen Entwicklungsstrategie. Erst die (aus heutiger Sicht nur sehr milde) Rezession der Jahre 1966/67 drängte die Verantwortungsträger dazu, sich stärker mit der Stabilisierung des volkswirtschaftlichen Wohlstands zu beschäftigen und feste Entwicklungsziele zu definieren.

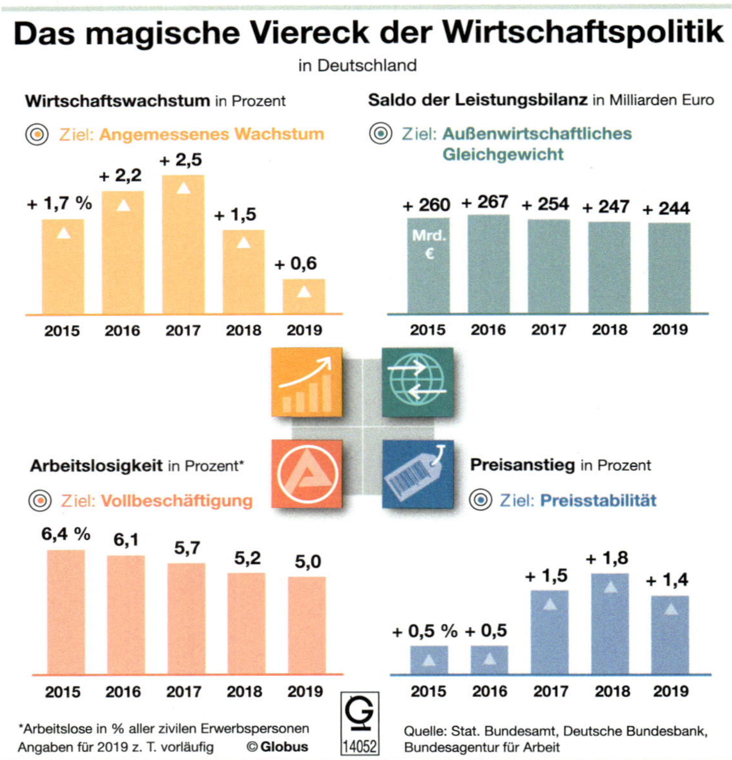

Im **Stabilitäts- und Wachstumsgesetz (StWG)** von 1967 sind folgende Zielsetzungen formuliert:

- ein stetiges und angemessenes Wirtschaftswachstum,
- ein hohes Beschäftigungsniveau,
- ein stabiles Preisniveau,
- außenwirtschaftliches Gleichgewicht.

Diese vier Ziele aus dem Stabilitäts- und Wachstumsgesetz sind bis heute gültig. Da sie nie alle gleichzeitig erreicht werden können, werden sie auch als magisches Viereck bezeichnet.

1. Stetiges und angemessenes Wirtschaftswachstum: Von wirtschaftlichem Wachstum wird gesprochen, wenn das **reale Bruttoinlandsprodukt (BIP)** im Zeitverlauf zunimmt. Das Wachstum wird mithilfe der Volkswirtschaftlichen Gesamtrechnung (VGR) ermittelt. Wirtschaftswachstum ermöglicht z. B. den Arbeitnehmern höhere Lohnabschlüsse, den Unternehmern höhere Renditen und den öffentlichen Haushalten höhere Einnahmen.

Bruttoinlandsprodukt **Kapitel 2.4.1**

Volkswirtschaftliche Gesamtrechnung **Kapitel 2.4.2**

Ursprünglich galt ein jährlicher Anstieg von 3 % des BIP als wünschenswert. Da es sich hierbei aber um ein exponentielles Wachstum handelt, sind die Wachstumsraten in hoch entwickelten Volkswirtschaften meist deutlich niedriger. Generell gilt, dass das Wachstumsziel das umstrittenste Ziel des magischen Vierecks ist. Vor allem im Zusammenhang mit der Klimakrise wird zunehmend häufiger darüber debattiert, ob nicht eine stationäre bzw. statische Wirtschaft („Steady-State Economy") mit geringem oder überhaupt keinem Wachstum erstrebenswerter wäre.

2. Hohes Beschäftigungsniveau: Ein hohes Beschäftigungsniveau bedeutet, dass die Zahl der Arbeitslosen möglichst gering ist. Gemessen wird die Situation auf dem Arbeitsmarkt mithilfe der **Arbeitslosenquote**. Arbeitslosigkeit stellt ein schweres persönliches Schicksal dar. Sie geht mit finanziellen Einbußen, persönlichen Problemen und nicht zuletzt dem Verlust des Selbstwertgefühls einher. Unter wirtschaftlichen Gesichtspunkten bedeutet jeder Arbeitslose zugleich einen Verzicht auf die Nutzung volkswirtschaftlicher Ressourcen und auf Staatseinnahmen in Form von Steuern. Aufgrund von notwendigen Anpassungsprozessen in der Wirtschaft (z. B. bedingt durch sich verändernde Qualifikationsanforderungen) bleibt jedoch auch im Idealfall eine geringe Arbeitslosenquote bestehen. Deshalb gilt eine Arbeitslosenquote von 3 % noch als Vollbeschäftigung.

Arbeitslosenquote **Kapitel 8.8.3**

Typen von Arbeitslosigkeit **Kapitel 8.8.4**

3. Stabiles Preisniveau: Preisniveaustabilität bedeutet, dass die Kaufkraft der Währung nicht durch einen Prozess allgemeiner und dauerhafter Preissteigerungen geschmälert wird. Es gilt dafür Sorge zu tragen, dass für die gleiche Menge Geld nicht immer weniger Waren gekauft werden können. Aber nicht jede Preissteigerung ist in diesem Sinne nachteilig: Da sich viele Waren im Laufe der Zeit qualitativ verbessern, erhält der Kunde für einen höheren Preis oft auch einen Mehrwert. Erst jährliche Preissteigerungen über 2 % werden von der Europäischen Zentralbank (EZB) als bedenklich eingestuft.

Preisniveaustabilität **Kapitel 4.5**

Preissteigerungsrate **Kapitel 4.2.3**

Inflation **Kapitel 4.6**

Ziele der EZB **Kapitel 7.4**

4. Außenwirtschaftliches Gleichgewicht: Jeder Staat ist auf wirtschaftliche Beziehungen zu anderen Volkswirtschaften angewiesen. Außenwirtschaftliches Gleichgewicht liegt dann vor, wenn die **Leistungsbilanz** eines Staates in etwa ausgeglichen ist. Dies heißt (vereinfacht), dass die Summe der Geldzuflüsse aus dem Ausland ungefähr der Summe der Geldabflüsse ins Ausland entsprechen sollte.

Leistungsbilanz **Kapitel 9.10.1**

Das magische Sechseck

Aus weiteren Gesetzen lassen sich zusätzlich zwei bedeutsame Ziele ableiten, sodass aus dem magischen Viereck ein magisches Sechseck wird:

5. Gerechte Einkommens- und Vermögensverteilung: Eine gerechte Einkommens- und Vermögensverteilung ist gesellschaftlich und wirtschaftlich von hoher Bedeutung. Wenn große Teile der Bevölkerung vom gesellschaftlichen Wohlstand ausgeschlossen werden, kann dies zu erheblichen gesellschaftlichen Problemen führen. Nur wenn die bestehenden Einkommens- und Vermögensverhältnisse von der Bevölkerung akzeptiert werden, kann der soziale Frieden in einer Gesellschaft gewahrt werden.

Einkommens- und Vermögensverteilung **Kapitel 8.3**

6. Umweltschutz: Künftige Generationen sollen in einer lebenswerten Umwelt wirtschaften und leben können. Die Umweltpolitik des Staates muss daher darauf ausgerichtet sein, Umweltschäden zu verhindern und entstandene Umweltschäden zu beseitigen.

Umweltschutz **Kapitel 10**

Magisches Sechseck

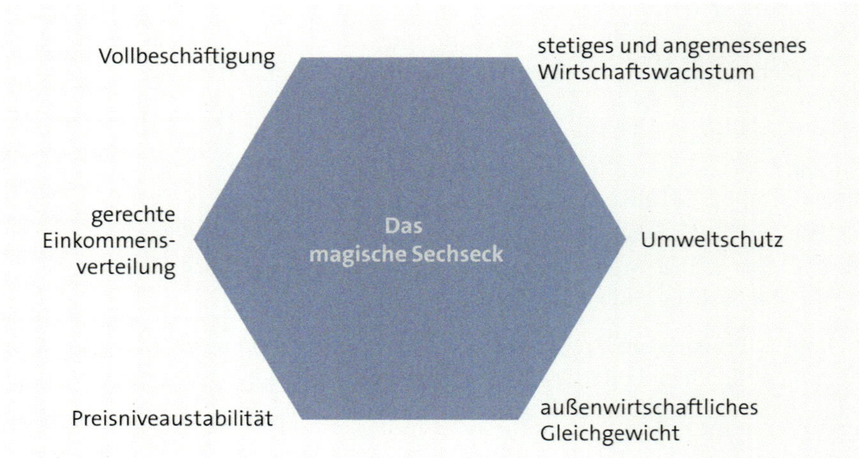

Zielbeziehungen

Alle Ziele des magischen Sechsecks stehen in Wechselbeziehung zueinander. Diese Wechselbeziehungen sind jedoch nicht alle gleich: Die Ziele können sich neutral zueinander verhalten, miteinander harmonieren oder in Konflikt stehen.

- Von **Zielneutralität** wird gesprochen, wenn zwei Ziele keinen Einfluss aufeinander haben. Zielneutralität besteht z. B. zwischen außenwirtschaftlichem Gleichgewicht und gerechter Einkommensverteilung.
- **Zielharmonie** liegt vor, wenn die Realisierung eines Zieles die Realisierung eines anderen Zieles begünstigt. Zielharmonie besteht z. B. zwischen Wirtschaftswachstum und hohem Beschäftigungniveau: Wenn mehr Güter produziert und gehandelt werden, stellen die Unternehmen mehr Arbeitskräfte ein. Eine steigende Zahl von Beschäftigten kann wiederum eine steigende Nachfrage nach sich ziehen, was ein weiteres Wachstum der Güterproduktion zur Folge hat.
- Ein **Zielkonflikt** ist zu verzeichnen, wenn die Realisierung eines Zieles die Realisierung eines anderen Zieles erschwert. Ein Zielkonflikt besteht z. B. zwischen Wirtschaftswachstum und Preisniveaustabilität: Eine steigende Nachfrage nach Investitions- und Konsumgütern lässt die Wirtschaft wachsen, fördert aber auch Preissteigerungen.

„Hurra, wieder 2,5 % höher!"   Karikatur von Horst Haitzinger

Eine verantwortungsvolle **Lösung von Zielkonflikten** gehört zu den zentralen Herausforderungen von Wirtschaftspolitik. Der schwerwiegendste und zugleich am schwierigsten zu lösende Zielkonflikt besteht gegenwärtig zwischen Wirtschaftswachstum und Umweltschutz. Die zunehmenden weltweiten Umweltprobleme – wie insbesondere der Klimawandel – haben deutlich gemacht, dass Wirtschaftswachstum nur dann ökologisch tragbar ist, wenn es gleichzeitig gelingt, den Ressourcenverbrauch zu senken (z. B. durch Energieeinsparung bei Produktionsprozessen oder biologisch abbaubare Verpackungen). Sollte dies nicht gelingen, werden unter Umständen ganz neue Wege beschritten werden müssen, um das Wirtschaftssystem auch ohne stetiges Wachstum stabil halten zu können.

5.4.3 *Träger und Akteure der Wirtschaftspolitik*

Der wichtigste Träger der Wirtschaftspolitik ist der Staat. Es ist insbesondere Aufgabe der **Bundesregierung**, eine stetige wirtschaftliche Entwicklung gemäß den Zielen des magischen Sechsecks zu gewährleisten. Die Bundesregierung hat jedoch keinen unbegrenzten Handlungsspielraum. Für ihre Entscheidungen benötigt sie die Zustimmung des **Bundestages** und des **Bundesrates**. Zudem wird Wirtschaftspolitik nicht nur auf Bundes-, sondern auch auf Landes- und kommunaler Ebene betrieben. Die Landesregierungen und -parlamente sind vor allem dann gefordert, wenn es um die Ansiedlung von Industriebetrieben, den Ausbau des Straßennetzes oder andere infrastrukturelle Maßnahmen geht.

Ziele der Wirtschaftspolitik
Kapitel 5.4.2

Auch die außenwirtschaftlichen Verflechtungen der Bundesrepublik schränken den Handlungsspielraum der Bundesregierung ein. Neben den Vereinbarungen im Rahmen der **World Trade Organization (WTO),** die sich auf den internationalen Freihandel beziehen, spielt vor allem Deutschlands Mitgliedschaft in der **Europäischen Union** eine maßgebliche Rolle. So müssen die von den Organen der Europäischen Union erlassenen Verordnungen und Richtlinien beachtet und in deutsches Recht umgesetzt werden.

Welthandelsorganisation
Kapitel 9.5.1

Europäische Union
Kapitel 9.8

Besonders starke Auswirkungen auf die nationale Wirtschaftspolitik hat die Einbindung in die **Europäische Wirtschafts- und Währungsunion**: Bei der Haushaltspolitik sind die Vorgaben aus bestehenden Verträgen (z. B. Stabilitätspakt) einzuhalten. Im Bereich der Geldpolitik kommt eine besondere Bedeutung der **Europäischen Zentralbank** zu: Sie ist für die Geldwertstabilität in der EU verantwortlich. Die **Deutsche Bundesbank** ist im Zusammenwirken mit der EZB für die Geldversorgung der Wirtschaft zuständig und sorgt für die Abwicklung des Zahlungsverkehrs im In- und Ausland.

Europäische Wirtschafts- und Währungsunion
Kapitel 9.8.4

Geldpolitik
Kapitel 7

Europäische Zentralbank
Kapitel 7.2 und 7.4–7.6

Deutsche Bundesbank
Kapitel 7.2

Träger und Akteure der Wirtschaftspolitik

Wichtige wirtschaftspolitische Entscheidungsträger sind auch die **Tarifpartner**. Die Vertreter der Arbeitgeber (Arbeitgeberverbände, z. B. der Arbeitgeberverband Gesamtmetall) und die Vertreter der Arbeitnehmer (Gewerkschaften, z. B. die Industriegewerkschaft Metall) haben das im Grundgesetz verankerte Recht, frei von staatlichen Eingriffen Tarifverträge abzuschließen (Tarifautonomie).

Schließlich gibt es noch eine Fülle von **Verbänden und Organen** ohne eigene Entscheidungskompetenz, die politische Entscheidungen jedoch indirekt beeinflussen können. Auf der Anbieterseite gibt es z.B. die Interessenvertretungen der Unternehmer (Bundesverband der Deutschen Industrie u.a.); auf der Nachfragerseite gibt es z.B. die Verbraucherverbände (Verbraucherzentralen, Mieterbund u.a.). Erwähnenswerten Einfluss haben auch die Selbstverwaltungsorgane der Wirtschaft, vor allem die Kammern (Industrie- und Handelskammern, Handwerkskammern).

NGO
Non-governmental organization (Nichtregierungsorganisation)

Interessenverbände, die sich vor allem sozial- und umweltpolitisch oder für die Menschenrechte engagieren und dabei nicht auf Gewinnerzielung ausgerichtet sind, werden als **NGOs** bezeichnet. Neben bekannten Organisationen wie z.B. Greenpeace, Attac, Amnesty International gehören hierzu auch gemeinnützige Vereine.

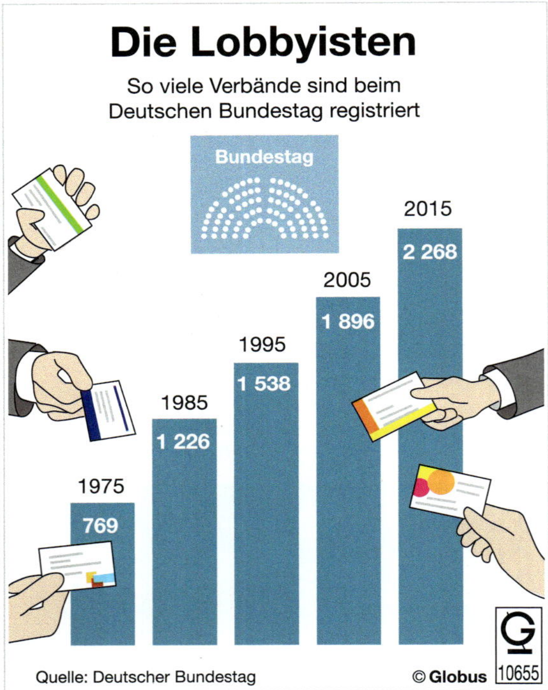

Die politischen Aktivitäten von Interessengruppen werden auch als **Lobbyismus** bezeichnet. Lobbyisten versuchen auf die Ausformulierung von Gesetzen und Beschlüssen Einfluss zu nehmen, indem sie Abgeordnete und Fachreferenten der Ministerien beraten.

Eine Mitwirkung von Interessenverbänden ist in den Geschäftsordnungen des Bundestages und der Bundesregierung ausdrücklich vorgesehen. Ministerien ziehen nicht selten bei der Vorbereitung von Gesetzen offizielle Vertreter der Spitzenverbände hinzu. Sie benötigen den Sachverstand von Verbänden, damit Gesetze nicht unvollständig oder fehlerhaft ausgestaltet werden. Der Einfluss der Interessengruppen auf die politischen Entscheidungsträger erweist sich aber oftmals als problematisch. Einerseits sind die politischen Gremien bei der Entwicklung von Gesetzesentwürfen auf das Fachwissen der Interessenverbände angewiesen. Andererseits besteht die Gefahr, dass die Regierungen und Abgeordneten in ihren Entscheidungen einseitig beraten und beeinflusst werden.

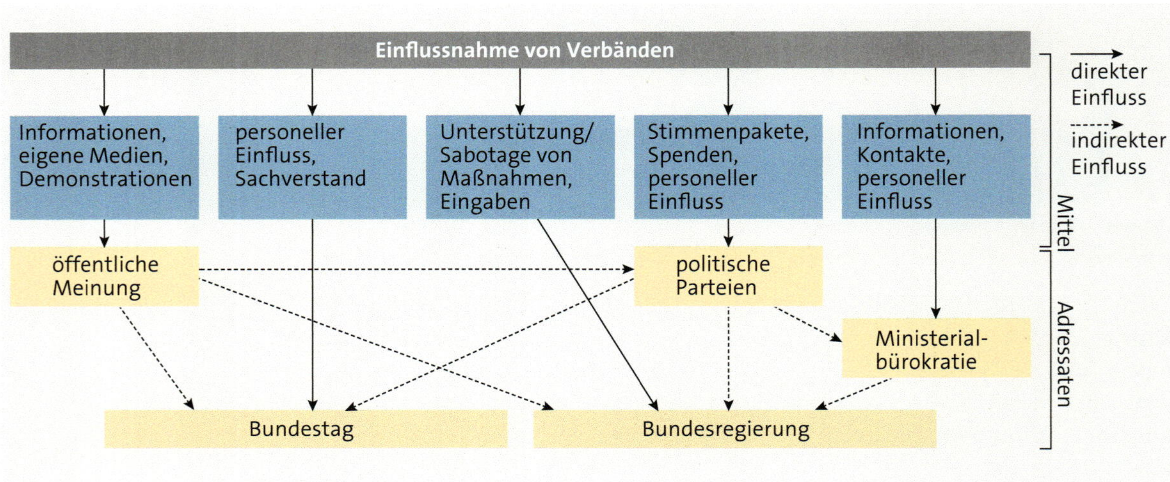

5.4.4 Handlungsfelder der Wirtschaftspolitik

Aus den Zielen der Wirtschaftspolitik ergeben sich deren vielfältige Handlungsfelder. Die wichtigsten davon werden in den nachfolgenden Themenbereichen dieses Buches behandelt:

Ziele des magischen Sechsecks	Handlungsfelder der Wirtschaftspolitik
Wirtschaftswachstum	Konjunktur- und Finanzpolitik (Kap. 6)
Hohes Beschäftigungsniveau	Arbeitsmarkt- und Beschäftigungspolitik (Kap. 8.7–8.10)
Stabiles Preisniveau	Geldpolitik (Kap. 7)
Außenwirtschaftliches Gleichgewicht	Außenwirtschaftspolitik (Kap. 9)
Gerechte Einkommens- und Vermögensverteilung	Sozialpolitik (Kap. 8.1–8.6)
Umweltschutz	Umweltpolitik (Kap. 10)

Für die Klassifizierung der Handlungsfelder der Wirtschaftspolitik gibt es unterschiedliche Schemata. Das am häufigsten verwendete Schema unterteilt die Wirtschaftspolitik nach ihrem Zeithorizont in Ordnungspolitik (langfristig), Strukturpolitik (mittelfristig) und Prozesspolitik (kurzfristig).

Ordnungspolitik

Im Rahmen der Ordnungspolitik legt der Staat rechtliche, soziale und wirtschaftliche Grundnormen sowie **Rahmenbedingungen** fest: Er schafft Institutionen, bestimmt Träger, weist Kompetenzen zu und definiert die Regeln für das Handeln der Wirtschaftssubjekte. Ordnungspolitik, zu der u. a. die Wettbewerbsordnung, das Arbeitsrecht und der Verbraucherschutz gehören, ist in der Regel langfristig angelegt.

Ordnungspolitik
Kapitel 6.6.2

Institutionen
Kapitel 3.2.2 und 5.4.1

Wettbewerbsordnung
Kapitel 3.13.2

Arbeitsrecht
Kapitel 8.10

Verbraucherschutz
Kapitel 1.4.3

demografischer Wandel
Kapitel 8.6

Arbeitsteilung
Kapitel 1.8 und 9.3

ökologisch bedingter Strukturwandel
Kapitel 10.6

Strukturpolitik

Mithilfe der Strukturpolitik versucht der Staat, auf Strukturen der Volkswirtschaft einzuwirken und negative Folgen des Strukturwandels abzufedern.

Unter **Strukturwandel** versteht man tiefgreifende Veränderungen der Wirtschaftsstruktur durch die Verlagerung von Wertschöpfungsprozessen in andere Branchen, Sektoren und Regionen. Solche Veränderungen, die in einer Marktwirtschaft etwas Normales sind, können verschiedene Ursachen haben: z. B. demografischer Wandel, Rationalisierungsprozesse durch technischen Fortschritt, neue Formen der nationalen und internationalen Arbeitsteilung, neue Produkte und Produktionsverfahren, ökologische Notwendigkeiten u. a. m.

Jeder Strukturwandel geht mit teilweise schmerzhaften Anpassungsprozessen her. Dies gilt insbesondere für den Faktor Arbeit, wenn Arbeitsplätze in schrumpfenden Branchen verloren gehen. Zudem können Werksschließungen dazu führen, dass auch der Faktor Boden entwertet wird: Ohne Anschlussnutzung verfallen Gebäude und auch technische Produktionsmittel, die eigentlich noch funktionstüchtig gewesen wären.

Stillgelegtes Stahlwerk

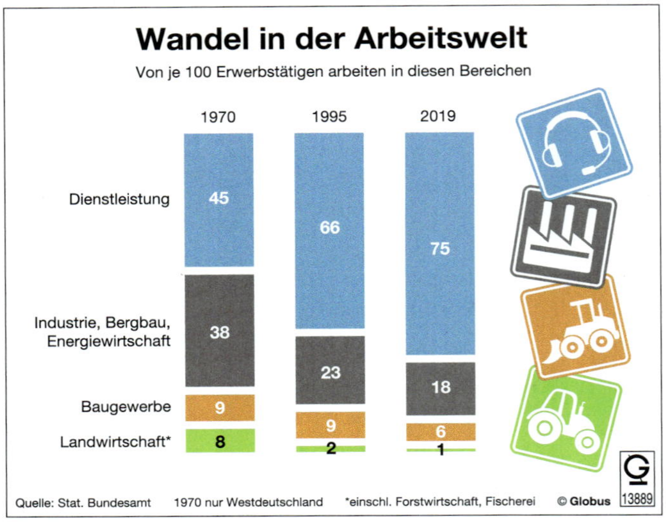

Es gibt verschiedene Arten von Strukturwandel:

- **Sektoraler Strukturwandel** ist dadurch gekennzeichnet, dass sich die Bedeutung der Wirtschaftssektoren (primärer, sekundärer und tertiärer Sektor) innerhalb einer Volkswirtschaft verändert.
- Von **intrasektoralem Strukturwandel** spricht man bei Verschiebungen innerhalb eines Sektors.

Wirtschaftssektoren
Kapitel 1.5

Arbeitslosigkeit
Kapitel 8.8

Die Fähigkeit zur Anpassung an den Strukturwandel ist ein entscheidender Erfolgsfaktor im Leistungswettbewerb. Langfristig notwendige Anpassungsprozesse sollten daher weder verzögert noch blockiert werden Trotzdem kann es politisch gewollt sein, dass der Staat helfend eingreift und mit **strukturpolitischen Maßnahmen** (z. B. mit Subventionen oder steuerlichen Vergünstigungen) Unternehmenszusammenbrüche und die Vernichtung von Arbeitsplätzen verhindert. Werden einzelne, vom Strukturwandel besonders stark betroffene Regionen (z. B. die Kohlereviere) unterstützt, spricht man auch von **regionaler Strukturpolitik oder Regionalpolitik**. Strukturpolitik ist im Regelfall mittelfristig angelegt.

Prozesspolitik

konjunkturelle Schwankungen
Kapitel 6.2.2

Konjunkturpolitik
Kapitel 6.6.1

antizyklisch
dem Konjunkturverlauf entgegengerichtet

Mit Prozesspolitik greift der Staat unmittelbar in das Wirtschaftsgeschehen ein. Hierzu gehören vor allem konjunkturpolitische Maßnahmen, die konjunkturelle Schwankungen der gesamtwirtschaftlichen Nachfrage vermindern sollen. Die wichtigsten Instrumente einer solchen **Konjunkturpolitik** sind eine **antizyklische** Fiskalpolitik und eine antizyklische Geldpolitik. Im Unterschied zur Ordnungspolitik ist Prozesspolitik kurzfristig angelegt.

Ordnungspolitik	Strukturpolitik	Prozesspolitik
schafft grundlegende Rahmenbedingungen für das Wirtschaftsgeschehen	zielt auf Weiterentwicklung bestehender wirtschaftlicher Strukturen ab	greift unmittelbar in das Wirtschaftsgeschehen ein
langfristig orientiert	mittelfristig orientiert	kurzfristig orientiert
Beispiele: Wettbewerbsordnung, Arbeitsrecht, Verbraucherschutz	Beispiele: Regionalpolitik, sektorale Strukturpolitik, Verteilungspolitik	Beispiele: Konjunkturpolitik, Geldpolitik, Fiskalpolitik

5.4.5 Ansatzpunkte einer nachhaltigen Wirtschaftsordnung und -politik

Nachhaltigkeit
Kapitel 10.5

nachhaltiger Umbau der Ökonomie
Kapitel 10.6

Die größte Herausforderung der Wirtschaftspolitik im 21. Jahrhundert besteht darin, die wirtschaftliche Entwicklung so zu gestalten, dass sie nachhaltig ist. **Nachhaltigkeit** bedeutet, dass die Grenzen der natürlichen Tragfähigkeit der Erde nicht überschritten werden, damit auch künftigen Generationen ein menschenwürdiges Leben auf unserem Planeten möglich sein wird.

Eine nachhaltige Ökonomie ist gegenwärtig erst in Ansätzen vorhanden und befindet sich noch im Entstehungsprozess. In Theorie und Praxis existieren bereits zahlreiche Konzepte und Projekte, die aber häufig nur einzelne Aspekte von Nachhaltigkeit in den Blick nehmen. Gemeinsam ist ihnen die Frage, welche ökonomischen, sozialen und ökologischen Standards als Leitmaximen einer nachhaltigen Volkswirtschaft gelten können.

Karikatur von Timo Essner

Vertreter einer nachhaltigen Ökonomie lehnen sowohl eine „reine" Marktwirtschaft als auch die bisherigen Formen von Zentralverwaltungswirtschaft ab. Die meisten Nachhaltigkeitsökonomen sind davon überzeugt, dass eine nachhaltige Weiterentwicklung der Volkswirtschaft langfristig nur mit einem sozialen und marktwirtschaftlichen Ordnungsrahmen möglich ist. In einem Punkt unterscheiden sie sich aber wesentlich von „traditionellen" Ökonomen: In einem **nachhaltigen Ordnungsrahmen** kommt dem Staat und staatlichem Handeln eine große Bedeutung zu. Die Wirtschaftspolitik hat die Aufgabe, aktiv in Märkte einzugreifen, um die Folgen von Marktversagen auszugleichen und die nötigen Wandlungsprozesse voranzutreiben.

Ordnungsformen und -elemente **Kapitel 5.2.1**

In zentralen Handlungsfeldern der Wirtschaftspolitik (Wettbewerbspolitik, Konjunkturpolitik, Geldpolitik, Arbeitsmarkt- und Sozialpolitik, Außenwirtschaftspolitik, Umweltpolitik u. a. m.) sind **Eingriffe des Staates** somit nicht nur erlaubt, sondern zwingend erforderlich. Mehrere Großprojekte der Gegenwart (z. B. Energiewende, Elektromobilität, Bewältigung der Corona-Pandemie) zeigen bereits, wie wichtig unterstützende Maßnahmen des Staates (z. B. Kaufprämien, steuerliche Anreize, Investitionsbeihilfen u. a. m.) zu deren Realisierung sind. Strittig ist in der praktischen Wirtschaftspolitik aber oftmals, wie stark die Eingriffe sein oder welche Schwerpunkte gesetzt werden sollen. Die Kompromissfindung bleibt nicht selten abhängig von Parteizugehörigkeit, Lobbyismus oder auch politischem Opportunismus.

Marktversagen **Kapitel 3.7**

Handlungsfelder der Wirtschaftspolitik **Kapitel 5.4.4**

Energiewende **Kapitel 10.6.2**

Elektromobilität **Kapitel 10.6.2**

Corona-Krise **Kapitel 6.6.3**

Lobbyismus **Kapitel 5.4.3**

Da nahezu alle drängenden Probleme der Gegenwart – wie insbesondere die Klimakrise – eine globale Dimension haben, werden einzelstaatliche Ansätze zu einer nachhaltigen Ökonomie nicht hinreichen. Es muss auch international ein neuer **globaler Ordnungsrahmen** ausgestaltet werden. Insbesondere gilt es, einen „fairen" Ausgleich zwischen Ländern der sogenannten Ersten und Dritten Welt zu finden. Denn unser bisheriges Wohlstands- und Konsummodell mit seinem immensen Rohstoffverbrauch und Abfallaufkommen würde bei weltweiter Verbreitung die natürliche Regenerationsfähigkeit der Erde vollkommen überfordern. Zugleich gilt es, Wege zu finden, um das exponentielle Bevölkerungswachstum in manchen Entwicklungsländern (vor allem in Afrika) einzudämmen und mit der Förderung von Bildungsprozessen weltweit Grundlagen zur Verminderung von Armut zu schaffen.

ÜBERBLICK

Wirtschaftspolitik umfasst alle Maßnahmen des Staates, die das wirtschaftliche Geschehen beeinflussen sollen. Die Ziele der Wirtschaftspolitik in Deutschland werden als **magisches Viereck bzw. Sechseck** bezeichnet. Manche dieser Ziele (z. B. Wachstum und Vollbeschäftigung) sind gut miteinander vereinbar, doch zwischen manchen Zielen (z. B. Wachstum und Umweltschutz) gibt es erhebliche **Zielkonflikte**. Die gegenwärtig größte Herausforderung für die Wirtschaftspolitik besteht in einem **nachhaltigen Umbau der Ökonomie**.

1 Erläutern Sie den Institutionenbegriff.

2 Recherchieren Sie, welche „Spielregeln" in der Wettbewerbsordnung in Deutschland festgelegt wurden.

3 Finden Sie ein Beispiel für wirtschaftspolitisches Handeln und erläutern Sie dieses auf der Basis des institutionenökonomischen Anreiz-Restriktionsmodells.

4 Erläutern Sie den Zusammenhang zwischen den gesellschaftlichen Grundwerten und den Zielen der Wirtschaftspolitik in Deutschland.

5 Interpretieren Sie die Grafik „Das magische Viereck der Wirtschaftspolitik" auf S. 150 gemäß der Drei-Schritte-Technik auf S. 22.

6 Informieren Sie sich beim zuständigen Arbeitsamt über die Entwicklung der Arbeitslosigkeit in Ihrer Region in den letzten fünf Jahren.

7 Nennen Sie zwei Ziele des magischen Sechsecks (S. 152), die gleichzeitig
a gut zu erreichen,
b schwer zu erreichen sind.

8 Nehmen Sie zu der folgenden Aussage Stellung: „Das Ziel Umweltschutz steht mit den Zielen Vollbeschäftigung und Wirtschaftswachstum in einem dauerhaften Konflikt."

9 Wie könnte sich Ihrer Meinung nach ein Verzicht auf wirtschaftliches Wachstum auf den sozialen Frieden auswirken?

10 Stellen Sie sich vor, in Deutschland würde aus umweltpolitischen Gründen die Automobilproduktion eingestellt. Welche Auswirkungen hätte das auf die anderen Ziele des magischen Sechsecks?

11 Informieren Sie sich in Kleingruppen über die Ziele und Aufgaben von jeweils zwei Trägern der Wirtschaftspolitik.

12 Begründen Sie, warum politische Gremien bei der Entwicklung von Gesetzesentwürfen auf das Fachwissen von Interessenverbänden angewiesen sind.

13 Erläutern Sie anhand der Abbildung „Einflussnahme von Verbänden" auf S. 154, in welcher Weise nichtstaatliche Verbände in Deutschland Einfluss auf die Wirtschaftspolitik und auf wirtschaftspolitische Entscheidungen nehmen können.

14 Was ist unter einer nachhaltigen Ökonomie zu verstehen?

15 Warum ist ein nachhaltiger Umbau der Ökonomie so wichtig? Nennen Sie Gründe.

16 Welche Art von Wirtschaftsordnung kann aus Sicht von Nachhaltigkeitsökonomen am ehesten als Grundlage für einen nachhaltigen Ordnungsrahmen dienen? Nehmen Sie Stellung zu dieser Sichtweise.

17 Wofür bedarf es eines neuen globalen Ordnungsrahmens?

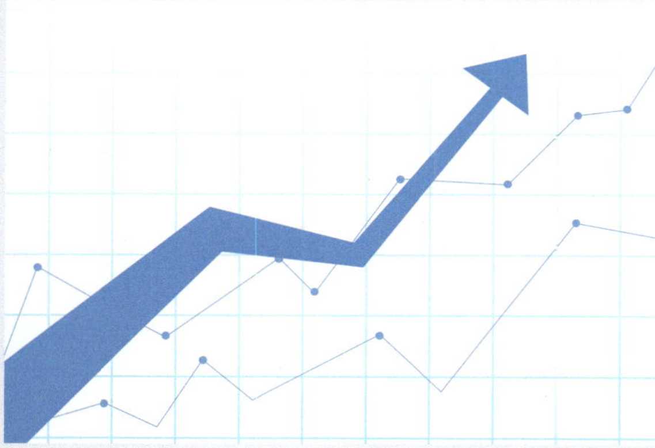

Welche Gründe gibt es für Wirtschaftsschwankungen?

Kann man wirtschaftliche Entwicklungen vorhersehen?

Woher bekommt der Staat sein Geld und wofür gibt er es aus?

Sollten Staaten Schulden machen?

Wie unterscheiden sich Nachfragepolitik und Angebotspolitik?

Wie funktioniert Wirtschaftspolitik in Krisenzeiten?

THEMENBEREICH 6

Konjunktur- und Finanzpolitik

LERNSITUATION

6.1 Das Auf und Ab der Konjunktur

Eli

Mutter

Elinors Mutter kommt in letzter Zeit öfters genervt nach Hause. Wenn Elinor von ihren Erlebnissen des Tages erzählen will, winkt Akilah müde ab: „Sei mir nicht böse, Elinor, aber ich bin mit meinen Gedanken gerade woanders.“ „Was gibt's denn?“, will Elinor wissen. „Wir haben gerade ziemliche Probleme mit unserem größten Absatzmarkt Asien. Unsere Exportorientierung macht uns zu schaffen. Seit die wirtschaftliche Dynamik in einigen asiatischen Ländern nachlässt, merken wir, wie abhängig wir vom Ausland sind.“

Als Leiterin der Personalabteilung hat Akilah Schelling nicht nur den Umsatz und die Gewinnentwicklung im Blick, sondern auch die möglichen Konsequenzen für die 240 Mitarbeiter ihrer Firma. Elinor kann die Sorgen ihrer Mutter nachvollziehen. Und sie weiß noch, dass ihre Mutter ähnlich gestresst war, als 2008 die weltweite Finanz- und Wirtschaftskrise ausbrach. Damals hatte die deutsche Wirtschaft den größten Rückgang des Wirtschaftswachstums seit Kriegsende zu verkraften. Riesige „Rettungspakete“ für Unternehmen wurden geschnürt und in den Nachrichten gab es kaum ein anderes Thema. Für Elinor hatte sich damals aber fast nichts geändert: Ihr Vater und ihre Mutter hatten auch weiterhin ihre Jobs, die Familie wohnte nach wie vor im selben Haus, hatte ein Auto und genug zu essen.

Oma Daniela, die den Schellings gerade bei der Wäsche hilft, kann da ganz andere Dinge erzählen. Denn sie kam kurz nach Ende des Zweiten Weltkriegs zur Welt und hat als junges Mädchen das deutsche „Wirtschaftswunder“ miterlebt. Als Elinor ihre Oma darauf anspricht, zeigt die ihr eine Grafik des Statistischen Bundesamtes: „Hier siehst du die konjunkturelle Entwicklung der Bundesrepublik Deutschland seit fast 70 Jahren. Fällt dir was auf?“ „Es geht ständig auf und ab“, stellt Elinor fest. „Genau, das nennt man Konjunktur“, sagt Daniela.

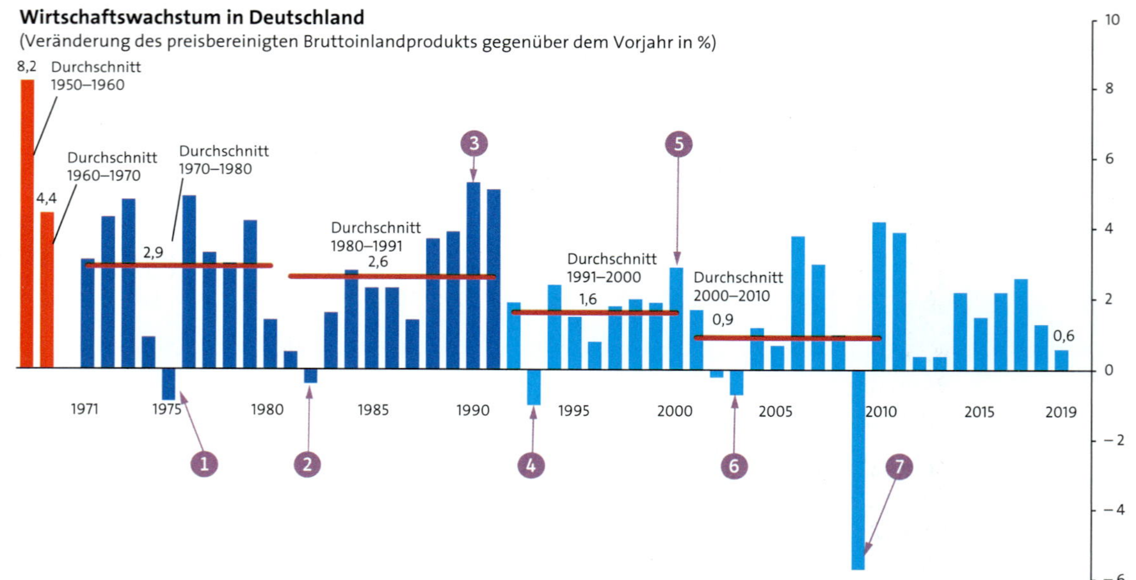

Quelle: Statistisches Bundesamt (Destatis) (2020): Wichtige Zusammenhänge im Überblick. 2019, S. 10, [online] https://www.destatis.de/DE/Themen/Wirtschaft/Volkswirtschaftliche-Gesamtrechnungen-Inlandsprodukt/Publikationen/Downloads-Inlandsprodukt/zusammenhaenge-pdf-0310100.pdf?__blob=publicationFile [17.09.2020]. (Eigene Gestaltung.)

LERNSITUATION

1 Betrachten Sie in Kleingruppen die Grafik des Statistischen Bundesamtes.

a Analysieren Sie die wirtschaftlichen Ab- und Aufschwünge seit den 1970er-Jahren und notieren Sie Ihre Ergebnisse zu den Punkten 1 bis 7. Recherchieren Sie hierfür im Internet mithilfe der Stichworte „Rezession" und „Boom".

b Recherchieren Sie, wie die Veränderung des realen Bruttoinlandsprodukts im Jahr 2020 und danach aussah. Notieren Sie Ihre Ergebnisse.

c Als Elinor, ihre Mutter und Oma Daniela über das Thema „Konjunktur" sprechen, ahnen sie noch nichts von der nahenden Corona-Pandemie. Stellen Sie sich vor, Sie könnten sich als Zeitreisende aus der Zukunft in die Gespräche einschalten. Was hätten Sie zu erzählen?

2 Diskutieren Sie zunächst in Kleingruppen und dann im Plenum:

a Welche der folgenden Faktoren können Ihrer Meinung nach für eine nachlassende wirtschaftliche Dynamik in einem Land verantwortlich sein?

- ☐ starke Währung
- ☐ Verfall der Weltmarktpreise wichtiger Exportgüter eines Landes, z. B. Rohöl in Russland
- ☐ mangelnder technischer Fortschritt
- ☐ schwache Investitionen
- ☐ Reduktion von Forschungs- und Entwicklungsausgaben
- ☐ Erhöhung der Leitzinsen durch die Notenbank
- ☐ nachlassende wirtschaftliche Dynamik bei wichtigen Handelspartnern
- ☐ Sanktionen gegen Politiker und Unternehmen (Beispiel: Stopp der Exporte in ein Land aus politischen Gründen, Verteuerung vieler Produkte in diesem Land, Verunsicherung von Investoren und Verbrauchern)
- ☐ politische Instabilität, Krieg
- ☐ schlechte Infrastruktur

b Wie würden Sie das Nachlassen bzw. die Steigerung der wirtschaftlichen Dynamik eines Landes messen?

3 Teilen Sie die Klasse in sechs gleich große Gruppen ein, die zu jeweils einem der folgenden Indikatoren die aktuelle Entwicklung in Deutschland recherchiert.

Gruppe 1: reales Bruttoinlandsprodukt	**Gruppe 2:** Erwerbstätigenzahlen und Arbeitslosenquote	**Gruppe 3:** Exporte und Außenhandelsbilanz
Gruppe 4: Binnennachfrage	**Gruppe 5:** Preissteigerungsrate	**Gruppe 6:** Geschäftsklimaindex

4 Bilden Sie nun Sechsergruppen, in denen aus allen vorherigen Gruppen jeweils eine Person vertreten ist. Jede Sechsergruppe erstellt ein Plakat, das sie anschließend im Plenum präsentiert.

a Versuchen Sie, mithilfe der sechs Indikatoren aus Aufgabe 3 die weitere Wirtschaftsentwicklung in Deutschland zu prognostizieren. Wohin geht der Trend?

b Vergleichen Sie Ihre Prognose mit aktuellen Prognosen von Wirtschaftsforschungsinstituten. Gibt es Abweichungen? Warum (nicht)?

c Überlegen Sie, was für unvorhersehbare Faktoren eine Korrektur von Konjunkturprognosen erforderlich machen können.

TIPP

Es gibt zahlreiche Institutionen, die Konjunkturprognosen veröffentlichen: z. B. die Bundesregierung, die EU-Kommission, der Internationale Währungsfonds, die OECD, die Bundesbank, der Sachverständigenrat zur Begutachtung der gesamtwirtschaftlichen Entwicklung, das Deutsche Institut für Wirtschaftsforschung (Berlin), das ifo Institut (München), das Institut für Weltwirtschaft (Kiel), das Institut der deutschen Wirtschaft (Köln) und viele andere.

6.2 Wirtschaftsschwankungen

Die Entwicklung einer Volkswirtschaft verläuft niemals völlig konstant, sondern ist verschiedenen Arten von wellenförmigen Schwankungen unterworfen, die kurzfristiger, mittelfristiger oder langfristiger Natur sein können.

6.2.1 Saisonale Schwankungen

Saisonale Schwankungen sind unvermeidliche, vor allem wetterbedingte Schwankungen im Verlauf der Jahreszeiten. Besonders stark davon betroffen sind wetterabhängige Branchen wie die Bau-, Land- und Forstwirtschaft, die ihre Arbeit in den Wintermonaten zum Teil einstellen müssen. Weitere Branchen, deren Umsätze jahreszeitlichen Schwankungen unterliegen, sind die Tourismus- und die Getränkebranche. Auch jährlich wiederkehrende Feste wie z. B. Weihnachten können zu saisonalen Schwankungen in einzelnen Branchen (z. B. im Einzelhandel) führen.

6.2.2 Konjunkturelle Schwankungen (Konjunkturzyklen)

Zur Ermittlung des aktuellen Konjunkturverlaufs werden Konjunkturindikatoren herangezogen.
Kapitel 6.3

Während von saisonalen Schwankungen vor allem einzelne Branchen betroffen sind, sind konjunkturelle Schwankungen ein gesamtwirtschaftliches Phänomen. Hierbei handelt es sich um mittelfristige Schwankungen in der Auslastung der gesamtwirtschaftlichen Produktionskapazitäten. Sie verlaufen zyklisch, wobei ein Konjunkturzyklus sich normalerweise über vier bis zehn Jahre erstreckt.

Phasen des Konjunkturzyklus

Ein Konjunkturzyklus besteht aus vier Phasen:

- Aufschwung (Expansion),
- Hochkonjunktur (Boom),
- Abschwung (Rezession),
- Tiefstand.

Bruttoinlandsprodukt
Kapitel 2.4.1

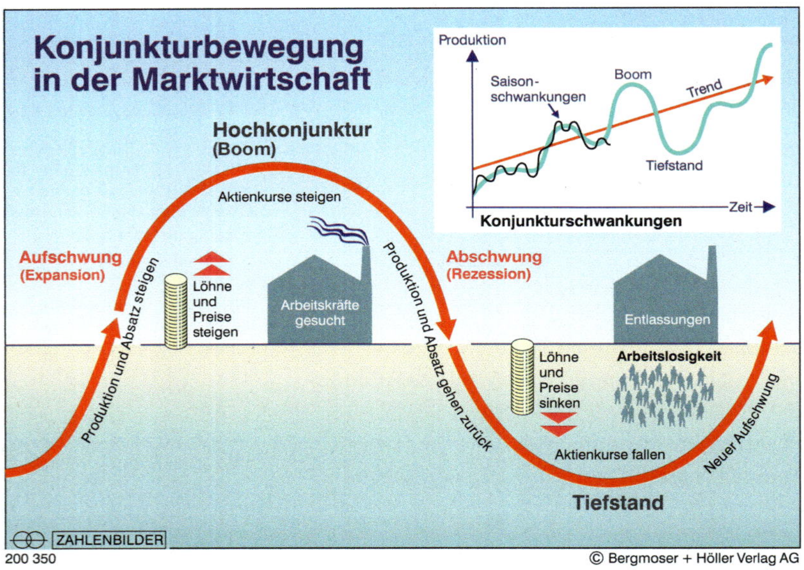

In der **Aufschwungphase** bestehen bei Herstellern und Verbrauchern optimistische Zukunftserwartungen. Die Nachfrage nach Konsumgütern steigt. Die Mehrproduktion erhöht die Auslastung der Produktionskapazitäten. Die Nachfrage nach Produktionsgütern und Faktorleistungen nimmt ebenfalls zu. Das reale Bruttoinlandsprodukt (BIP) wächst. Dadurch erhöhen sich die Einkommen der privaten Haushalte. Der Staat profitiert hiervon durch Steuermehreinnahmen und Minderausgaben. Insgesamt steigt das verfügbare Einkommen und kann zur erneuten Ausweitung der Nachfrage verwendet werden.

Das dynamische Wachstum der Aufschwungphase geht im weiteren Verlauf in eine Phase der **Hochkonjunktur (Boom)** über. Diese ist durch ausgelastete Kapazitäten und einen hohen Beschäftigungsgrad gekennzeichnet. Der Nachfrageüberhang macht Preis-, aber auch Lohnerhöhungen leichter durchsetzbar, die Inflationsgefahr ist hoch. Die Sorge wächst, dass die konjunkturelle Entwicklung einbricht, die Stimmung wird skeptischer und Investitionsvorhaben werden ausgesetzt.

Nachfrageüberhang
Kapitel 3.6.1

Nachfrageinflation
Kapitel 4.6.2

Die zunehmend pessimistische Stimmung führt zu einer Veränderung des Konsum- und Investitionsverhaltens. Nun beginnt die **Abschwungphase (Rezession)**: Die gesamtwirtschaftliche Nachfrage sinkt. Die Unternehmen entlassen wegen der schlechten Auftragslage Personal. Privaten und öffentlichen Haushalten stehen geringere finanzielle Mittel zur Verfügung. Sie schränken ihre Nachfrage weiter ein. Das nominale Bruttoinlandsprodukt (BIP) steigt zwar zunächst noch, weil die Preissteigerungsrate den mengenmäßigen Nachfragerückgang übertrifft. Doch das reale BIP, aus dem die Preiserhöhungen herausgerechnet sind, geht zurück.

nominales und reales BIP
Kapitel 2.4.1

Eine Erhöhung des BIP, die nicht auf Wachstum, sondern auf Inflation beruht, bezeichnet man auch als Stagflation.
Kapitel 4.6.1

Hält die Rezession über mehrere Jahre an oder kommt es zu schockartigen Einbrüchen der gesamtwirtschaftlichen Nachfrage, so droht eine **Depression**, d. h. eine tiefgreifende Krise einer Volkswirtschaft. Das BIP wird von Jahr zu Jahr geringer. Es stehen Produktionskapazitäten im Übermaß zur Verfügung.

Am Ende der Rezessionsphase werden die Zukunftserwartungen allmählich wieder positiver. Hellt die Stimmung von Unternehmern und Verbrauchern sich so weit auf, dass sie ihre Investitions- und Konsumpläne ausweiten, ist der **Tiefstand** überwunden und ein **neuer Konjunkturzyklus** beginnt.

Gründe für Konjunkturschwankungen

Konjunkturelle Schwankungen können verschiedene exogene wie auch endogene Ursachen haben.

Mit **exogenen Ursachen** sind solche gemeint, die von außerhalb des Wirtschaftssystems auf die Konjunktur wirken, z. B. technische Neuerungen, Streiks, Naturkatastrophen, Terroranschläge, Kriege, Ölpreisveränderungen, Bevölkerungsentwicklung und internationale Krisen.

Endogene Ursachen liegen innerhalb des Wirtschaftsprozesses bzw. innerhalb des Wirtschaftssystems selbst. Schwankungen werden z. B. durch

- ein verändertes Nachfrageverhalten,
- eine Veränderung der Geldpolitik und des Kreditangebots,
- das Investitionsverhalten und
- die Einkommensverteilung beeinflusst.

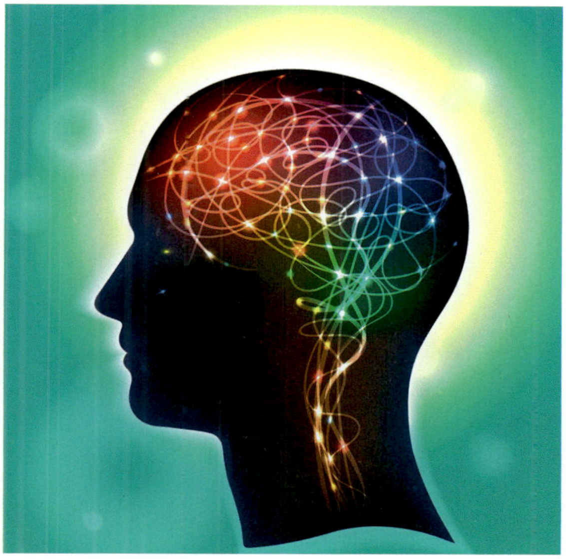

Der deutsche Bundeskanzler Ludwig Erhard sagte einst: „Wirtschaft ist zu 50 % Psychologie.“ Dass der Konjunkturverlauf in der Tat durch psychologische Faktoren beeinflusst wird, gilt mittlerweile als erwiesen. Konjunkturentwicklungen haben oftmals den Charakter einer „selbsterfüllenden Prophezeiung“ („self-fulfilling prophecy“): Der Aufschwung setzt deshalb ein, weil alle ihn erwarten und ihr wirtschaftliches Verhalten danach ausrichten. Gleiches gilt umgekehrt auch für den Abschwung.

6.2.3 Langfristige Entwicklung

Die kurzfristigen saisonalen und die mittelfristigen konjunkturellen Schwankungen einer Volkswirtschaft bewegen sich um einen langfristigen Entwicklungstrend herum, der als **Wachstumspfad** bezeichnet wird.

Die langfristige Entwicklung einer Volkswirtschaft ist ihrerseits Schwankungen unterworfen, die als **strukturelle Schwankungen** bezeichnet werden. Diese Wellenbewegungen wurden 1926 von N. D. Kondratieff (1892–1938) festgestellt und heißen daher **Kondratieff-Zyklen**. Sie dauern ca. 40 bis 60 Jahre und können auf grundlegende technische Neuerungen, sogenannte Basisinnovationen zurückgeführt werden.

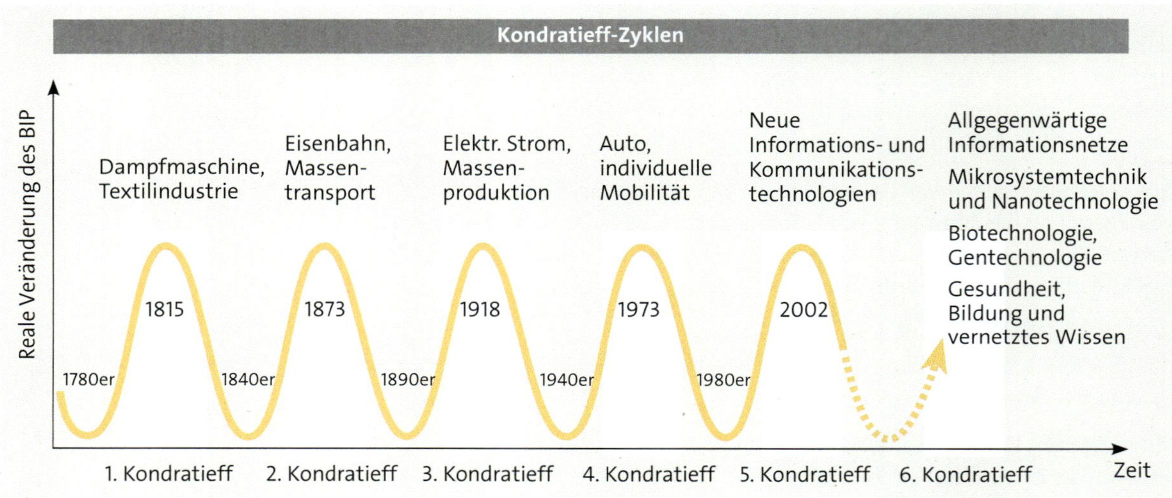

Strukturwandel **Kapitel 5.4.4**

Wirtschaftswachstum **Kapitel 2.4.1**

Die Grafik enthält eine stark vereinfachte Darstellung von sechs Kondratieff-Zyklen seit den 1780er-Jahren. Jede lange Welle wird durch eine Basisinnovation ausgelöst, die tiefgreifende strukturelle Veränderungen nach sich zieht. Nach jeweils zwei bis drei Jahrzehnten erreicht das Wachstum sein Maximum und wird dann zunehmend schwächer. Immer dann, wenn die Talsohle erreicht ist, löst eine neue Basisinnovation die nächste lange Welle aus.

- Mit der Erfindung der Dampfmaschine begann die Industrialisierung (1. Kondratieff).
- Die Eisenbahn eröffnete neue Möglichkeiten des Warentransports und löste damit die zweite industrielle Revolution aus (2. Kondratieff).
- Die technische Nutzung elektrischen Stroms ermöglichte die Massenproduktion von Gütern (3. Kondratieff).
- Die Ablösung der von Zugtieren gezogenen Fuhrwerke durch das Automobil ermöglichte eine zuvor nicht dagewesene individuelle Mobilität (4. Kondratieff).
- Ab den 1980er-Jahren lösten die neuen Informations- und Kommunikationstechnologien einen Wachstumsschub aus (5. Kondratieff).
- Der 6. Kondratieff befindet sich gegenwärtig noch in seiner Anfangsphase, es ist also noch nicht klar, welche Innovationen für die nächste lange Welle ausschlaggebend sein werden. In der Grafik werden aber einige „Kandidaten“ genannt.

Auslöser des zweiten Kondratieff-Zyklus: die Eisenbahn

6.3 Konjunkturforschung und -prognosen

Aufgabe der **Konjunkturpolitik** ist es, extreme Konjunkturschwankungen zu vermeiden. Bevor die Träger der Konjunkturpolitik aktiv werden, ziehen sie in der Regel Konjunkturprognosen zu Rate. Denn sie müssen wissen, ob es sich bei einem Konjunkturausschlag um eine „normale" oder extreme Konjunkturschwankung oder sogar um eine Strukturkrise handelt. Für ihre Entscheidungen benötigen die staatlichen Institutionen, aber auch die Unternehmen und Verbraucher, möglichst genaue **Vorhersagen (Prognosen)** über die Konjunkturschwankungen. Ist die Diagnose erfolgt, muss bei der Gefahr eines starken Konjunkturausschlags über den Einsatz entsprechender Instrumentarien entschieden werden.

Konjunkturschwankungen
Kapitel 6.2.2

Konjunkturpolitik
Kapitel 6.6.1

Bei einer Strukturkrise ergibt sich ein dauerhafter Nachfragerückgang innerhalb eines gewissen Wirtschaftszweiges oder einer Region aufgrund des Strukturwandels.
In diesem Fall sind konjunkturpolitische Maßnahmen wirkungslos.
Kapitel 5.4.4

Zur Einschätzung der **gesamtwirtschaftlichen Lage** stellen sich insbesondere folgende Fragen:

- Wie wächst die Wirtschaft – gemessen am BIP?
- Wie entwickeln sich die Einkommen – Löhne und Gehälter?
- Wie viele Menschen haben Arbeit – wie hoch ist die Arbeitslosenquote?
- Sind die Unternehmen ausgelastet – wie ist die Auftragslage/Produktion?
- Geben die Menschen und der Staat Geld aus oder müssen sie sparen – wie hoch sind Konsumnachfrage, Sparneigung und Investitionstätigkeit?
- Wie stabil ist der Wert des Geldes – wie hoch ist die Inflationsrate?
- Welche Rolle spielen die internationalen Rahmenbedingungen – wie ist die weltweite Wirtschaftslage?
- Wie entwickelt sich der Außenhandel – steigen oder fallen die Exporte/Importe?

Bruttoinlandsprodukt
Kapitel 2.4.1

Arbeitslosenquote
Kapitel 8.8.3

Preisniveaustabilität
Kapitel 4.5 und 7.4

Inflation
Kapitel 4.6

Außenhandel
Kapitel 9.3 und 9.10

In Deutschland beschäftigen sich mehrere **Wirtschaftsforschungsinstitute** mit der Konjunkturanalyse und -forschung. Zweimal jährlich, im Frühjahr und im Herbst, werden von ausgewählten Wirtschaftsforschungsinstituten **Gemeinschaftsgutachten** über die deutsche und weltwirtschaftliche Konjunkturlage als Arbeitsgrundlage für die Bundesregierung erstellt.

Neben den Gemeinschaftsgutachten der Wirtschaftsforschungsinstitute erstellt der **„Sachverständigenrat** zur Begutachtung der gesamtwirtschaftlichen Entwicklung" (SVR) jährlich Mitte November ein Gutachten. Der Sachverständigenrat, der 1963 per Gesetz gegründet wurde, setzt sich aus fünf Volkswirtschaftsprofessoren („Fünf Weise") zusammen. Seine Aufgabe ist die periodische Begutachtung der Wirtschaftsentwicklung und ihrer Auswirkungen auf die Ziele des Stabilitäts- und Wachstumsgesetzes (StWG). Auf diese Weise soll der Sachverständigenrat den Verantwortlichen in der Wirtschaftspolitik die Urteilsbildung erleichtern.

Nähere Informationen unter:
www.sachverstaendigenrat-wirtschaft.de

Stabilitäts- und Wachstumsgesetz (StWG)
Kapitel 5.4.2

BEISPIEL

Im November 2020 veröffentlichte der Sachverständigenrat sein Jahresgutachten 2020/21: Für 2020 prognostizierte er darin einen pandemiebedingten Rückgang des deutschen realen BIP um 5,1 %. Damit korrigierte der SVR seine Juni-Prognose, in der er noch ein Minus von 6,5 % erwartet hatte. Als Grund der Korrektur nannte der SVR die kräftige Erholung der deutschen Wirtschaft in den Sommermonaten. Für das Jahr 2021 fiel die Prognose dafür etwas verhaltener aus: Während der SVR im Juni noch ein Wachstum von 4,9 % erwartet hatte, sagte er im November ein Wachstum von nur noch 3,7 % voraus.

Als die größten längerfristigen Herausforderungen der Wirtschaftspolitik nannte der SVR die Digitalisierung, die Bekämpfung des Klimawandels und den Umgang mit dem demografischen Wandel.

Daten für Konjunkturindikatoren finden Sie auf den Internetseiten:

Bundesagentur für Arbeit
www.arbeitsagentur.de

Deutsche Bundesbank
www.bundesbank.de

Statistisches Bundesamt
www.destatis.de

Um die gegenwärtige Situation im Konjunkturverlauf zu ermitteln (**Diagnose**) oder zukünftige Entwicklungen vorauszusagen (**Prognose**), können verschiedene Arten von **Konjunkturindikatoren** herangezogen werden. Die folgende Tabelle zeigt, wie einige Konjunkturindikatoren sich im Verlauf des Konjunkturzyklus entwickeln:

Indikator	Aufschwung	Hochkonjunktur	Abschwung	Tiefstand
Unternehmenssektor				
Absatz	steigt	stagniert schließlich auf hohem Niveau	ist rückläufig	erreicht Tiefpunkt
Auftragseingänge	steigen	beginnen am Ende verhalten zu sinken	sinken	steigen verhalten
Bauanträge	steigen	stagnieren, beginnen zu sinken	sinken	steigen schließlich verhalten
Produktion (Kapazitätsauslastung)	steigt	Vollauslastung	sinkt	Kapazitäten sind unausgelastet
Gewinne	sind zunächst gering, steigen später	steigen deutlich	sind zunächst noch hoch, fallen später	fallen deutlich
Gewinnerwartung	ist positiv	ist vorsichtig bis skeptisch	ist negativ	ist vorsichtig optimistisch
Investitionen	steigen stark	steigen nur noch verhalten, gehen dann zurück	sinken	sinken nur noch verhalten, nehmen dann wieder zu
Geschäftsklimaindex	ist optimistisch	erste Zeichen von Verunsicherung	ist pessimistisch	erste Aufhellungssignale
Aktienkurse	sind hoch	sinken	sind niedrig	steigen
Private Haushalte				
Reallöhne	steigen verhalten	steigen stark	sinken	sinken deutlich
Sparneigung	sinkt	ist gering	steigt	ist hoch
Öffentliche Haushalte				
Steuereinnahmen	sind gering	steigen	sind hoch	sinken
Staatsausgaben	sinken	sind gering	steigen	sind hoch
Gesamtwirtschaftliche Größen				
reales BIP	steigt	ist hoch	sinkt	ist gering
Arbeitslosenquote	sinkt	ist gering	steigt	ist hoch
Preissteigerungsrate	wächst	ist hoch	sinkt	ist niedrig
Zinsniveau	steigt von niedrigem Niveau aus	ist hoch	sinkt von hohem Niveau aus	ist niedrig

Je nachdem, ob die Wendepunkte der Indikatoren zeitlich vor denen des Konjunkturzyklus liegen, mit dem Zyklus zusammenfallen oder dem Zyklus mit zeitlicher Verzögerung folgen, kann man zwischen **Früh-, Präsens- und Spätindikatoren** unterscheiden:

	Konjunkturindikatoren	
Früh-indikatoren	Wendepunkte liegen zeitlich vor denen des Zyklus	z. B. Konjunktur- und Einkommenserwartungen, Auftragseingänge, Bauanträge, Kreditanträge, Geschäfts- und Konsumklimaindex, Aktienkurse
Präsens-indikatoren	fallen mit dem Zyklus zusammen	z. B. Investitionsvolumen, Produktionsmengen, Kapazitätsauslastung, Einzelhandelsumsätze, Entwicklung der Überstunden
Spät-indikatoren	folgen dem Zyklus mit zeitlicher Verzögerung	z. B. Lohnentwicklung, (statistische) Arbeitslosenquote, (statistische) Inflationsrate, Bruttoinlandsprodukt, Steueraufkommen

Die Aussagekraft von Konjunkturindikatoren zum rechtzeitigen Erkennen konjunktureller Wendepunkte ist allerdings begrenzt, da Einflüsse „von außen“ wie z. B. Ölpreisschocks, Schuldenkrisen, terroristische Angriffe, Pandemien und Naturkatastrophen nicht vorhersehbar sind. Darüber hinaus lassen die Konjunkturindikatoren Interpretationsspielräume zu, wodurch die Treffsicherheit weiter eingeschränkt wird. Auch eine mögliche Ursache-Wirkungs-Relation ist nicht konkret berechenbar.

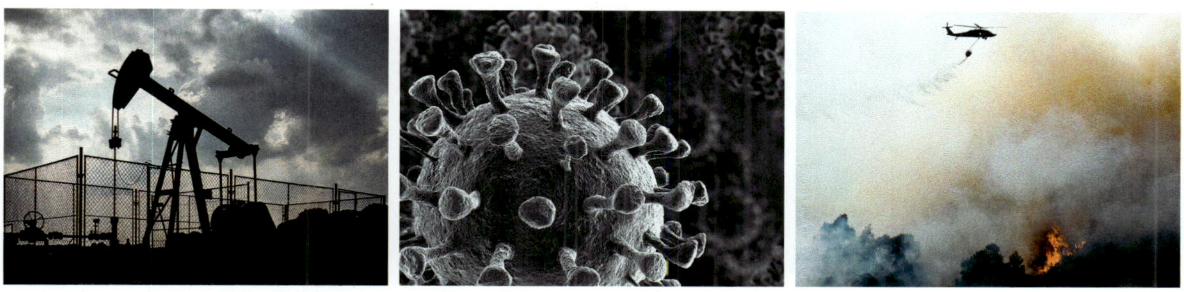

Unvorhersehbare Einflüsse auf die Wirtschaftsentwicklung

ÜBERBLICK

Die Entwicklung einer Volkswirtschaft ist verschiedenen Arten von Schwankungen unterworfen, die kurzfristig (**saisonale Schwankungen**), mittelfristig (**konjunkturelle Schwankungen**) und langfristig (**strukturelle Schwankungen**) sein können.

Um sinnvolle konjunkturpolitische Entscheidungen treffen zu können, muss man die gesamtwirtschaftliche Lage möglichst genau analysieren. Mit der **Diagnose** und **Prognose konjunktureller Entwicklungen** sind verschiedene **Wirtschaftsforschungsinstitute** und der **Sachverständigenrat** beschäftigt. Diese ziehen bei ihren Analysen eine Reihe von **Konjunkturindikatoren** (Früh-, Präsens- und Spätindikatoren) heran. Da jedoch nicht alle Einflüsse auf die Wirtschaftsentwicklung vorhersehbar sind, ist die Aussagekraft solcher Indikatoren begrenzt.

1 Erläutern Sie den Unterschied zwischen saisonalen und konjunkturellen Schwankungen.

2 Beschreiben Sie ausführlich die vier Phasen des Konjunkturzyklus.

3 Welche Konjunkturphasen liegen in den nachfolgenden gesamtwirtschaftlichen Situationen vor?
   a Bei niedriger Kapazitätsauslastung und sehr hohen Lagerbeständen geraten Löhne und Preise unter Druck.
   b Die Arbeitslosigkeit und der Druck auf Löhne und Preise steigen.
   c Die Nachfrage ist größer als das Angebot und die Inflation ist hoch.

4 Legen Sie eine Tabelle mit den Spalten „Aufschwung" und „Abschwung" an und füllen Sie diese mit Faktoren, die die jeweilige Phase beeinflussen bzw. kennzeichnen (z. B. steigende bzw. sinkende Nachfrage).

5 Erläutern Sie, durch welche Faktoren Konjunkturkrisen ausgelöst werden können.

6 In einer sozialen Marktwirtschaft sollte der Staat zu große Schwankungen in der wirtschaftlichen Entwicklung durch entsprechende Maßnahmen zu verhindern versuchen. Diskutieren Sie:
   a Warum ist Konjunkturpolitik relativ kurzfristig angelegt?
   b Warum kann es nicht Aufgabe der Konjunkturpolitik sein, konjunkturelle Schwankungen vollständig zu unterbinden?

7 Recherchieren Sie im Internet die aktuellen Konjunkturprognosen wichtiger deutscher Wirtschaftsforschungsinstitute.

8 Diskutieren Sie darüber, in welcher Konjunkturphase die deutsche Wirtschaft sich derzeit befindet.

9 Erläutern Sie den Unterschied zwischen konjunkturellen und strukturellen Schwankungen.

10 Erläutern Sie anhand der Grafik auf S. 164, wodurch sich die Kondratieff-Zyklen ergeben haben.

11 Zur Einschätzung der gesamtwirtschaftlichen Lage stellen sich vor allem acht Fragen (vgl. S. 165).
   a Bilden Sie vier Gruppen und recherchieren Sie arbeitsteilig zu jeweils zwei dieser Fragen die aktuellen Daten für Deutschland. Nutzen Sie hierfür die Internetseiten der Bundesagentur für Arbeit, der Deutschen Bundesbank und des Statistischen Bundesamtes (siehe S. 166).
   b Überprüfen Sie, ob die Ergebnisse Ihrer Recherche Hinweise auf die derzeitige Konjunkturphase geben. Befindet die deutsche Wirtschaft sich in einer Phase
      - des Aufschwungs,
      - der Hochkonjunktur,
      - des Abschwungs oder
      - im Tiefstand?
   c Fertigen Sie eine Tabelle in Anlehnung an die Tabelle auf Seite 166 an und tragen Sie Ihre Rechercheergebnisse darin ein.

12 Begründen Sie, warum
  a Auftragseingänge und
  b Aktienkurse
  als Frühindikatoren gelten;
  c Investitionsvolumen und
  d Entwicklung der Überstunden
  als Präsensindikatoren gelten;
  e Bruttoinlandsprodukt und
  f Arbeitslosenquote
  als Spätindikatoren gelten.

13 Was sind die Gründe, warum die Aussagekraft von Konjunkturindikatoren begrenzt ist und nicht immer rechtzeitig erkennbar wird, ob sich in der konjunkturellen Entwicklung eine Wende anbahnt?

14 Trotz hoher Fehlerquoten gelten Konjunkturprognosen als unerlässlich. Erläutern Sie, für wen und warum Konjunkturprognosen wichtig sind.

15 Betrachten Sie in Kleingruppen die folgende Grafik.
  a Interpretieren Sie die Grafik gemäß der Drei-Schritte-Technik auf S. 22.
  b Prüfen Sie mittels einer Internetrecherche, inwieweit die Prognose der „Wirtschaftsweisen“ zutreffend war.

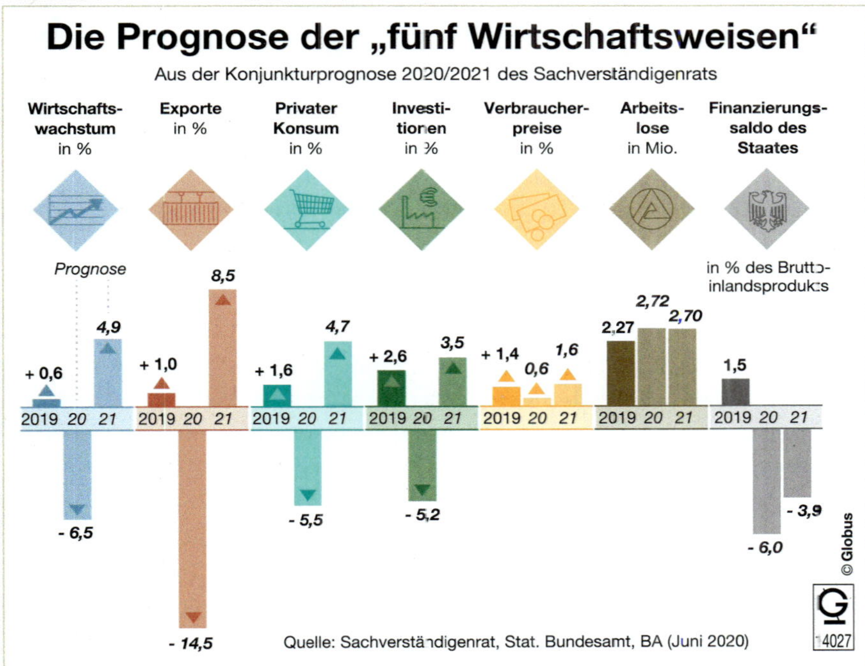

6.4 Ist eine Vereinfachung des Steuerrechts möglich?

Gary

Eli

Familie Schelling hat Besuch von Onkel Franz, der seit vielen Jahren Mitglied des Stadtrates ist. Gary war nachmittags bei einer Betriebsversammlung seines Ausbildungsbetriebs Nonticental und erzählt mit erregter Stimme: „Ihr glaubt gar nicht, was heute bei der Versammlung los war! Einige Kollegen waren total in Rage!" „Wieso denn das?", fragt Franz. Gary antwortet: „Alle hatten sich so auf die Lohnerhöhung gefreut, die in den Tarifverhandlungen erzielt wurde. Doch jetzt hat sich herausgestellt, dass manche Kollegen trotz Lohnerhöhung schlechter dastehen als in den Vorjahren." „Das kann doch gar nicht sein, oder?", wundert sich Elinor. „Doch", ereifert sich Gary. „Das liegt an dem bescheuerten deutschen Steuerrecht!"

„Die Empörung der Leute ist verständlich", sagt Franz beschwichtigend. „Seit Jahren wird zu Recht beklagt, dass unser Steuerrecht sehr kompliziert und für den Steuerzahler kaum durchschaubar ist. Es gibt so viele Steuern, so viele Steuerzwecke, so viele Ausnahmetatbestände. In der Zeitung habe ich kürzlich mal die Formulierung ‚sich auftürmende Murkserei' gelesen ... Viele meinen auch, die Steuern seien zu hoch. Daher wird immer wieder die Forderung nach Steuersenkungen und Vereinfachung des Steuerrechts erhoben."

„Und warum passiert nicht endlich mal was?", ruft Gary. Franz seufzt: „Naja, bei all diesen Forderungen wird häufig nicht bedacht, dass der Staat für seine vielen Aufgaben eben auch Einnahmen benötigt. Denkt an die Renovierung unseres Schwimmbades, den Bau einer zusätzlichen Kita und den Ausbau der Radwege! Für all das fehlt uns derzeit das Geld. Einige Ratsmitglieder fordern daher, weitere Kredite zur Finanzierung aufzunehmen." „Das ist doch gar keine schlechte Idee!", meint Gary. „Ich vertrete da eine andere Meinung", entgegnet Franz. „Wenn der Schuldenberg immer größer wird, müssen am Ende unsere Kinder – also ihr, Gary und Elinor – die Schulden begleichen. Seit 2009 gibt es daher in unserem Grundgesetz eine Schuldenbremse, die eine Verschuldung von Bund, Ländern und Kommunen nur bis zu einer bestimmten Höhe zulässt."

Elinor kräuselt die Stirn: „Ich muss gerade daran denken, was wir diese Woche im VWL-Unterricht gelernt haben." „Was habt ihr denn gelernt?", fragt Franz. „Also", sagt Elinor, „ich weiß jetzt, dass es zwei wirtschaftstheoretische Denkrichtungen gibt: die Nachfragepolitik und die Angebotspolitik. Und nun frage ich mich: Diese Ratsmitglieder, die neue Kredite wollen – sind das Nachfragepolitiker oder Angebotspolitiker? Und du, Onkel Franz, was bist du?" „Gute Frage!", entgegnet Franz.

Hier hängt der Mittelstandsbauch

Von David Böcking und Anna van Hove

[...] Kalte Progression kann entstehen, wenn der Steuertarif länger nicht an die Entwicklung von Preisen und Einkommen angepasst wird. Im ungünstigsten Fall zahlt ein Arbeitnehmer dadurch mehr Steuern, ohne sich mehr leisten zu können. Dann wird eine Gehaltserhöhung zwar komplett von der Inflation aufgefressen, führt aber trotzdem zu einer höheren Steuerbelastung.

Inflation ist in Deutschland derzeit kein Problem [...]. Solange aber die Einkommen steigen, schlägt die Progression trotzdem zu [...]. Durch den Anstieg der Tarifkurve steigt die Belastung [...] gerade im unteren Bereich deutlich stärker als die Bruttoeinkommen. [...]

Quelle: David Böcking & Anna van Hove (2016): Steuerdebatte in Bildern. Hier hängt der Mittelstandsbuch, in: Spiegel online (22.08.2016), [online] https://www.spiegel.de/wirtschaft/soziales/steuern-so-sieht-der-mittelstandsbauch-gezeichnet-aus-a-1108480.html [27.11.2019]. (Auszug)

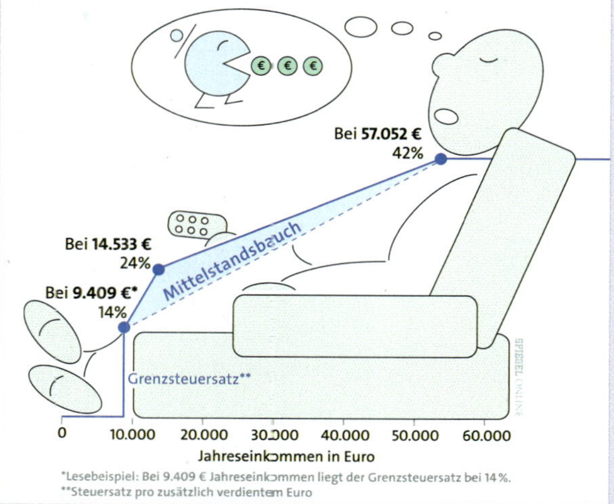

Grafik von Anna van Hove

1 Diskutieren Sie zunächst in Kleingruppen und dann im Plenum.
- **a** Warum hat die Steuerprogression in Deutschland die Form eines Bauches? Und weshalb wird dieser Bauch als „Mittelstandsbauch" bezeichnet?
- **b** Ist diese Art der Progession gerecht? Warum (nicht)?
- **c** Was ist unter „kalter Progression" zu verstehen? Lässt sich der Ärger von Garys Arbeitskollegen mit diesem Begriff erklären?

2 Bilden Sie so viele Gruppen, wie es derzeit Parteien im Bundestag gibt. Jede Gruppe erstellt zu „ihrer" Partei eine Dokumentation (in Form eines Plakats oder einer PowerPoint-Präsentation), die sie anschließend im Plenum präsentiert.
- **a** Recherchieren und dokumentieren Sie die Kernaussagen „Ihrer" Partei zur Steuerpolitik.
- **b** Vergeben Sie zu jeder Kernaussage „Ihrer" Partei eine begründete Bewertung. Bei unterschiedlichen Bewertungen innerhalb der Gruppe errechnen Sie den Durchschnittswert und dokumentieren die Gründe für die Meinungsverschiedenheiten.

Bewertungsschema:

– Stimme zu:	4–5 Punkte
– Stimme teilweise zu:	2–3 Punkte
– Stimme nicht zu:	0–1 Punkte

3 Führen Sie eine Podiumsdikussion zu den Steuerkonzepten der Parteien durch.
- **a** Jede Gruppe wählt eine Person aus, die die Position der jeweiligen Partei auf dem Podium vertritt. Die Zuhörer der Diskussion notieren die Argumentationsschwerpunkte.
- **b** Reflektieren Sie die Diskusson im Plenum.

6.5 Finanzpolitik

Der Staat benötigt wie jedes Unternehmen und jeder Haushalt Einnahmen, damit er seine vielfältigen Aufgaben – insbesondere in der Sozial- und Beschäftigungspolitik – zufriedenstellend erledigen kann. Die Finanzpolitik ist der Politikbereich, der sich mit den **Einnahmen und Ausgaben des Staates** befasst. Finanzpolitische Entscheidungen sind von grundlegender Bedeutung für fast alle anderen Politikbereiche und ihre Auswirkungen können in das Leben jedes einzelnen Bürgers hineinreichen. Die Begriffe „Finanzpolitik" und „Fiskalpolitik" werden oft als Synonyme verwendet. Zur **Fiskalpolitik im engeren** Sinne gehören aber nur die Maßnahmen, die der Konjunkturpolitik dienen.

Konjunkturpolitik, antizyklische Fiskalpolitik **Kapitel 6.6.1**

6.5.1 Einnahmenpolitik des Staates

Der Staat nimmt Aufgaben wahr, die ein Einzelner nicht lösen kann, z. B. äußere Sicherheit, Erziehung und Bildung, Gesundheit, Polizei und Verkehrswesen. Hier wird der Staat für alle Bürger tätig. Damit er seine zahlreichen und vielfältigen Pflichten erfüllen kann, braucht er viel Geld. Die hierfür nötigen Staatseinnahmen können auf verschiedene Art und Weise beschafft werden:

Einnahmen des Staates

Steuern	Steuern sind die wichtigste Finanzierungsquelle des Staates. Sie stellen eine Geldleistung ohne Anspruch auf eine konkrete Gegenleistung dar. Eine Zweckbindung gibt es nur im Ausnahmefall.	z. B. Einnahmen aus der Ökosteuer (Energie-, Kfz- und Stromsteuer), die zum Teil an die Rentenkassen abgeführt werden, um die Rentenversicherungsbeiträge und damit die Arbeitskosten (Lohnnebenkosten) möglichst stabil zu halten
Gebühren	Für öffentliche Dienstleistungen müssen Gebühren bezahlt werden.	z. B. Gebühren für – Beurkundungen – Baugenehmigungen – Pässe
Beiträge	Beiträge werden vor allem von Gemeinden erhoben, um Kosten zu decken, die sowohl im Interesse des Einzelnen als auch der Gesamtheit liegen.	z. B. – Kurbeiträge – Straßenanliegerbeiträge – Fremdenverkehrsbeiträge – Beiträge zur Sozialversicherung
Einkünfte aus Kapitalbeteiligungen	Bund und Länder erhalten Gewinnausschüttungen durch ihre Beteiligungen an Unternehmen.	z. B. von – VW – Lufthansa
Kredite	Reichen die Einnahmen und Rücklagen nicht aus, müssen Kredite an den Finanzmärkten aufgenommen werden. In Deutschland lagen die Schulden der öffentlichen Hand 1995 bei 55,6 %, 2012 bei 81,7 % und 2019 bei 59,8 % des BIP.	

Zölle **Kapitel 9.4.2**

Weitere Einkünfte des Staates sind Zölle, Erwerbseinkünfte von staatlichen Unternehmen, Auflösung von Rücklagen, Geldstrafen, Schenkungen und Vermächtnisse.

Die **Grundlagen des Finanzwesens** in der Bundesrepublik Deutschland sind in Artikel 104 ff. des Grundgesetzes geregelt. Dort ist festgelegt, dass Bund und Länder **das hoheitliche Recht zur Erhebung von Steuern** haben, um ihre Ausgaben zu finanzieren. Doch auch Gemeinden erfüllen öffentliche Aufgaben und können in ihrem Zuständigkeitsbereich Steuern erheben. Das deutsche Steuersystem unterscheidet mehr als 30 verschiedene **Steuerarten**, die nach verschiedenen Einteilungskriterien klassifiziert werden können:

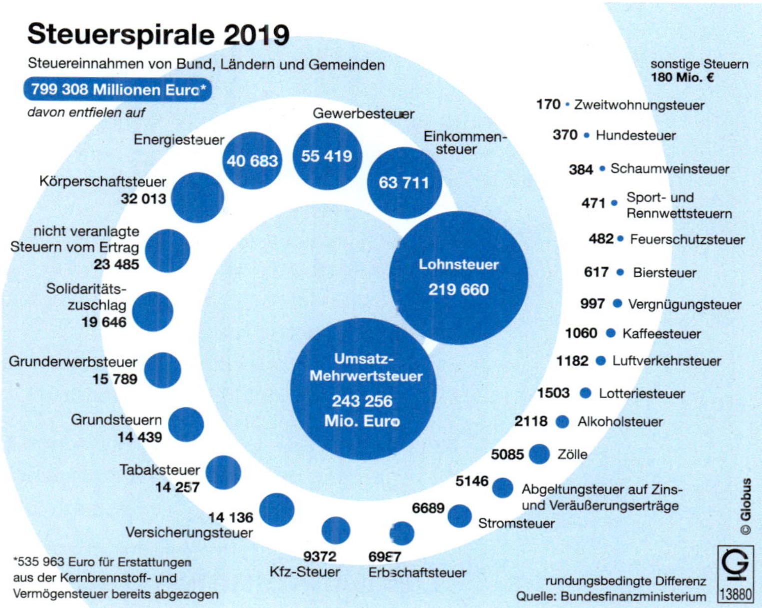

Nach der Finanzhoheit (Steuerempfänger)	– **Gemeinschaftssteuern** sind Steuern, die Bund und Ländern in einem bestimmten Verhältnis zufließen (z. B. Einkommen- und Lohnsteuer). – **Bundessteuern** fließen dem Bund zu (z. B. Einfuhrumsatzsteuer). – **Landessteuern** fließen dem Land zu (z. B. Erbschaft- und Schenkungsteuer). – **Gemeindesteuern** fließen der Gemeinde zu (z. B. Grund- und Hundesteuer).
Nach der Erhebungsart (direkte und indirekte Steuern)	– Bei der **direkten Besteuerung** sind Steuerzahler und Steuerträger identisch. Die mit der Steuer belastete Person entrichtet den entsprechenden Betrag unmittelbar an das Finanzamt. Somit ist keine Überwälzung auf andere Personen möglich. Direkte Steuern werden auf die Einkünfte des Steuerzahlers erhoben (z. B. Lohnsteuer). – **Indirekte Steuern** werden auf Güter erhoben und von den Unternehmen abgeführt, die die Möglichkeit haben, die Steuer durch Preiserhöhungen auf den Verbraucher abzuwälzen. Beispiele sind Umsatzsteuer (allgemeine Verbrauchsteuer) und Tabak- oder Energiesteuer (spezielle Verbrauchsteuer).
Nach belastungspolitischen Gesichtspunkten	– **Subjektsteuern (Personensteuern)** berücksichtigen auch persönliche Verhältnisse wie Familienstand, Anzahl der Kinder und Körperbehinderungen des Steuerpflichtigen (z. B. Einkommensteuer). – **Objektsteuern (Realsteuern)** knüpfen an ein sachliches Merkmal an (z. B. Grundsteuer).
Nach dem Steuergegenstand	– **Besitzsteuern** werden auf das Einkommen bzw. den Ertrag und auf das Vermögen von Personen und Unternehmen erhoben (z. B. Körperschaftsteuer, Grundsteuer). – **Verkehrsteuern** sind alle Steuern, die erhoben werden, wenn es zu einem steuerpflichtigen Güteraustausch zwischen Personen kommt oder sonstige rechtliche Vorgänge anfallen (z. B. Umsatzsteuer, Grunderwerbsteuer). – **Verbrauchsteuern** sind Produktabgaben. Sie werden erhoben, wenn Güter ge- oder verbraucht werden. Steuerzahler ist der private Haushalt, wenn er Konsumentscheidungen trifft (z. B. Energiesteuer).
Nach der Abzugsfähigkeit	– **Betriebsteuern** sind alle Steuern, die unmittelbar durch den Betrieb veranlasst sind. Sie können in der Gewinnermittlung oder Bilanz als Betriebsausgaben gebucht werden (z. B. Gewerbeertragsteuer, Grundsteuer für betriebliche Grundstücke). – **Personalsteuern** sind nicht abzugsfähig (z. B. Einkommensteuer, Körperschaftsteuer).

6.5.2 Lohn- und Einkommensteuer

gerechte Einkommensverteilung **Kapitel 8.3.3**

Leistungsprinzip **Kapitel 8.3.3**

Ein wesentlicher **Grundsatz der Besteuerung** ist die **Steuergerechtigkeit**. Das Prinzip der Steuergerechtigkeit geht auf den Gleichheitsgrundsatz des Grundgesetzes zurück. Es bedeutet, dass die Steuer sich an der Leistungsfähigkeit des Steuerzahlers und an der Höhe seines Einkommens orientiert (**Leistungsfähigkeitsprinzip**) und dass sie in sich schlüssig ausgestaltet ist (**Folgerichtigkeitsprinzip**).

Sieht man sich die Lohn- und Einkommensteuer näher an, so erkennt man: Lohn- und Einkommensteuer leistet – neben der Umsatzsteuer – einen sehr hohen Beitrag zum Steueraufkommen des Staates. Grundsätzlich gilt: Alle Arbeitnehmer, Rentner und Selbstständige zahlen Einkommen- oder Lohnsteuer auf ihre Einnahmen. Die Lohnsteuer unterscheidet sich von der Einkommensteuer lediglich in ihrer Erhebungsform. Der Steuertarif ist grundsätzlich gleich.

Eine Sonderregelung gilt für **Einkommen aus Kapitalanlagen.** Für dieses Einkommen zahlt der Steuerzahler eine **einheitliche Abgeltungsteuer** von 25 %, wenn er eine in Deutschland ansässige Bank mit der Anlageverwaltung betraut hat.

Grenzsteuersatz gibt an, welcher Anteil eines zusätzlichen Euro Einkommen versteuert werden muss

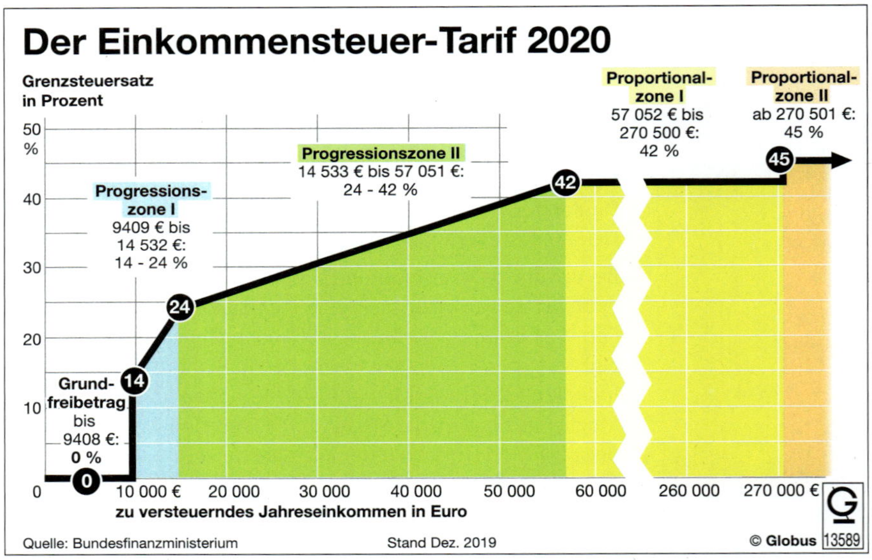

Die Lohn- und Einkommensteuer ist von ihrem Grundsatz her nach dem **Prinzip der Leistungsfähigkeit** der Besteuerten angelegt. Der Steuertarif ist daher progressiv: Mit zunehmendem Einkommen steigen die Steuersätze. Dies gilt jedoch nur bis zu einer Obergrenze. Die Grafik zum Einkommensteuer-Tarif 2020 verdeutlicht den Sachverhalt. Wer ein Jahreseinkommen von unter 9 408 Euro hat, zahlt keine Einkommensteuer (Grundfreibetrag). Liegt das Jahreseinkommen 1 Euro höher (9 409 Euro), zahlt der Steuerzahler für das zusätzliche Einkommen 14 %. Danach steigt der Steuersatz steil an, bis der Tarif bei 57 052 Euro die Stagnationsgrenze erreicht. Bis etwa 270 500 Euro bleibt der erreichte Grenzsteuersatz auf einem Plateau unverändert bei 42 %. Erst bei einem Jahreseinkommen ab 270 501 Euro für Ledige wird der Spitzensteuersatz von 45 % erreicht.

Da zu Beginn der Steuertarif stark progressiv angelegt ist, werden die niedrigen bzw. mittleren Einkommen besonders stark belastet. Daraus ergibt sich das immer wieder kritisierte Phänomen der **„kalten Progression“**.

Kalte Progression entsteht, wenn die Eckwerte des Steuertarifs nicht an die Preissteigerungsrate angepasst werden, sodass die Kaufkraft eines Steuerzahlers trotz steigenden Einkommens sinkt. In der öffentlichen Diskussion wird daher immer wieder gefordert, den Steuertarif so zu ändern, dass die kalte Progression abgebaut wird und die hohen Einkommen stärker belastet werden.

Steuerzahler als Inflationsverlierer
Kapitel 4.6.3

BEISPIEL

Im Jahr 20X1 beträgt Erwins Bruttolohn 10 000 Geldeineinheiten (GE), für die er 10 % Lohnsteuer bezahlen muss. Sein Nettolohn beträgt somit 9 000 GE.

Im Jahr 20X2 bekommt Erwin eine Lohnerhöhung von 2 %: Sein Bruttolohn beträgt nun 10 200 GE. Für die zusätzlichen 200 GE muss Erwin allerdings einen höheren Lohnsteuersatz von 20 % zahlen, sodass die Lohnerhöhung nach Abzug der Lohnsteuer nur noch 160 GE beträgt. Im Jahr 20X2 bekommt Erwin also einen Nettolohn von 9 160 GE.

Das Preisniveau ist im Jahr 20X2 genauso wie Erwins Bruttolohn um 2 % gestiegen. Da Erwin für den zusätzlichen Lohn aber einen höheren Steuersatz zahlen muss, ist sein realer Nettolohn im Vergleich zum Vorjahr gesunken:

$$\text{Nettolohn}_{\text{real}} = \frac{\text{Nettolohn}_{\text{nominal}} \times 100}{\text{Preisindex}} = \frac{9\,160 \text{ GE} \times 100}{102} = 8\,980{,}39 \text{ GE}$$

Aufgrund der „kalten Progression“ kann Erwin sich weniger leisten.

Das Beispiel verdeutlicht, dass der **Durchschnittssteuersatz** immer unter dem Grenzsteuersatz liegt: Erwins zusätzlicher Lohn wird zwar mit 20 % versteuert (Grenzsteuersatz). Der als Lohnsteuer abzuführende Anteil seines Gesamtlohns beträgt hingegen 10,196 % (Durchschnittssteuersatz).

6.5.3 Ausgabenpolitik des Staates

Da die Aufgaben des Staates im Laufe der Zeit immer umfangreicher geworden sind, haben auch die Ausgaben zugenommen. Das gilt vor allem für Bereiche, die die Attraktivität und Qualität des Standorts Deutschland ausmachen, wie z. B. für den Erhalt und Ausbau der Infrastruktur und für die Bildungspolitik. Dementsprechend hoch ist auch die Belastung durch Zins- und Tilgungszahlungen. Diese Belastung fällt jedoch geringer aus, wenn die Zinsen für die Kredite sehr niedrig sind bzw. sogar gen Null tendieren, wie dies in den letzten Jahren der Fall war.

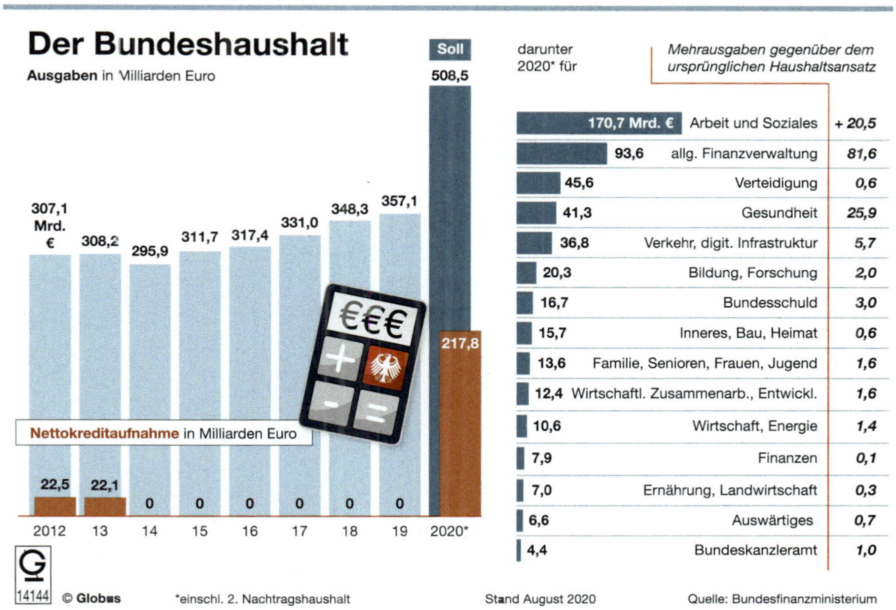

Im Bundeshaushalt 2020 waren ursprünglich Ausgaben in Höhe von 362 Mrd. Euro und keine neuen Schulden vorgesehen. Doch dann machte die Corona-Krise zwei Nachtragshaushalte (im März und Juli 2020) erforderlich. Infolgedessen stiegen die geplanten Ausgaben auf 508,5 Mrd. Euro. Um die zusätzlichen Belastungen bei sinkenden Steuereinnahmen finanzieren zu können, wurde eine Neuverschuldung des Bundes in Höhe von 217,8 Mrd. Euro beschlossen. Die zulässige Obergrenze („Schuldenbremse“, vgl. Kap. 6.5.4) wurde damit um rund 118,7 Mrd. Euro überschritten. In der bestehenden Notsituation war dies aber erlaubt.

Die von der öffentlichen Hand zu tätigenden Ausgaben sind vielfältig:
1. **Sachaufwand**, z. B. für Straßenbau oder Umrüstung der Bundeswehr;
2. **Personalaufwand** für Löhne und Gehälter der Angestellten und Beamten, Richter und Soldaten;
3. **Transferleistungen** wie z. B. Kindergeld und Sozialhilfe, welche auch zu einer Umverteilung von Einkommen und Vermögen beitragen sollen;
4. **Subventionen**, die zweckgebunden bestimmten Unternehmen bzw. Wirtschaftszweigen in Form von Finanzhilfen oder Steuervergünstigungen zugutekommen;
5. **Schuldendienst**, d. h. Zins- und Tilgungszahlungen.

Umverteilung von Einkommen **Kapitel 8.3**

Der größte Posten im Bundeshaushalt ist der Bereich Arbeit und Soziales (vor allem Rentenversicherung und Arbeitsmarkt).

Arbeitsmarkt- und Sozialpolitik **Kapitel 8**

6.5.4 Staatsverschuldung und „Schuldenbremse“

Der prozentuale Anteil der Staatsausgaben am Bruttoinlandsprodukt wird als **Staatsquote** bezeichnet.

Die staatliche Gesamtverschuldung im Verhältnis zum Bruttoinlandsprodukt wird als **Schuldenquote** bezeichnet. Ende 2019 lag die deutsche Schuldenquote bei 59,8 % des BIP.

Die Wiedervereinigung Deutschlands riss große Löcher in die öffentlichen Haushalte. Zwischen 1991 und 1998 flossen aus den Kassen des Bundes, der Länder und Gemeinden sowie der Renten- und Sozialversicherung umfangreiche finanzielle Hilfen in die neuen Bundesländer, um die dortigen Aufbauprozesse voranzutreiben. Auch durch die Rettungsprogramme, die im Zuge der internationalen Finanz- und Wirtschaftskrise von 2008/2009 erforderlich wurden, nahm die Staatsverschuldung in Deutschland erheblich zu.

Um die ausufernde Staatsverschuldung in Deutschland zu reduzieren, wurde 2009 eine **Schuldenbremse** im Grundgesetz (GG) verankert. Dazu wurden die Art. 109 und 115 GG geändert. Diese Änderungen gelten für Bund und Länder seit 2011. Sie beinhalten
- einen ausgeglichenen Haushalt ohne Einnahmen aus Krediten,
- eine strukturelle Verschuldung des Bundes bis höchstens 0,35 % des BIP,
- einen Ausgleich konjunkturbedingter Erhöhungen der Kreditaufnahme in Abschwungphasen durch Rückführung in Aufschwungphasen,
- Ausnahmeregelungen bei Naturkatastrophen sowie Notsituationen und zur Krisenbewältigung,
- Errichtung eines Stabilitätsrates zur Prognose drohender Haushaltsnotlagen und Überwachung eingeleiteter Sanierungsverfahren.

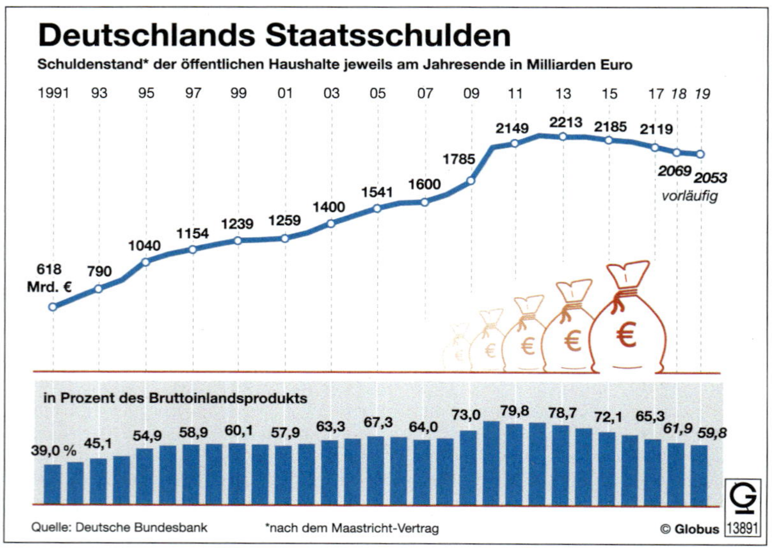

Von 2014 bis 2019 gab es keine Neuverschuldung des Bundes („schwarze Null“), sodass die Schuldenlast des deutschen Staates deutlich sank. Doch 2020 trat mit der Corona-Krise eine Notsituation ein, in der eine hohe Neuverschuldung nicht nur erforderlich, sondern auch zulässig war.

Die Frage, inwieweit der Staat sich verschulden sollte, wird immer wieder kontrovers diskutiert. Sowohl für als auch gegen Staatsverschuldung gibt es eine Reihe von Argumenten.

Argumente, warum sich der Staat verschulden soll oder kann

- Investitionen in die Infrastruktur, die durch die Aufnahme von Schulden finanziert werden, können von mehreren Generationen genutzt werden und auf mehrere Generationen aufgeteilt werden.
- In einer Rezession liefern öffentliche Investitionen einen positiven Wachstumsbeitrag. Wenn der Staat durch höhere Staatsausgaben oder Steuersenkungen einen Konjunkturaufschwung herbeiführen kann, kann eine staatliche Kreditaufnahme sogar geboten sein. Damit könnten Arbeitsplätze gesichert bzw. neue geschaffen und folglich die Steuereinnahmen erhöht werden.
- Der Staat kann sich in der Regel günstiger finanzieren als private Schuldner. Er kann als Kreditsicherung auf zukünftige Steuereinnahmen verweisen und zahlt daher niedrigere Zinsen als Privatpersonen und Unternehmen.

Argumente, warum der Staat sich nicht verschulden sollte

- Auch Staaten können sich nur begrenzt verschulden, da die Gläubiger ab einer gewissen Schuldenhöhe an der Rückzahlungsfähigkeit zweifeln. Besonders problematisch ist es, wenn die Staatsverschuldung wesentlich schneller wächst als das Bruttoinlandsprodukt und das Steueraufkommen. Die laufenden Zinsverpflichtungen belasten dann zunehmend die Haushalte und engen den finanzpolitischen Spielraum ein.
- Staatsverschuldung hat problematische Verteilungswirkungen. Alle Steuerzahler sind an den Zinszahlungen beteiligt. Demgegenüber fließen die Zinserträge überwiegend einkommensstarken bzw. vermögenden Haushalten zu, die ihr Geld in Staatsanleihen investiert haben.
- Durch das begrenzte Angebot an Finanzierungsmöglichkeiten in einer Volkswirtschaft kann die verstärkte Kreditaufnahme des Staates zu einer Erhöhung der Kreditzinsen führen. Das verteuert tendenziell die Kreditaufnahme für private Unternehmen. Geplante Investitionen werden unter Umständen nicht realisiert.
- Für die angehäuften Schulden müssen die nachfolgenden Generationen geradestehen, sodass Staatsschulden in gewisser Weise wie auf die Zukunft verschobene Steuererhöhungen wirken.

6.6 Nachfrage- und Angebotspolitik

prozyklisch
dem Konjunkturverlauf gleichgerichtet

Weltwirtschaftskrise der 1930er-Jahre
Kapitel 4.7

antizyklisch
dem Konjunkturverlauf entgegengerichtet

Paradigma
grundlegende Denkrichtung, Lehrmeinung

Bis in die 1930er-Jahre hinein verfolgten die meisten Staaten eine eher passive Finanzpolitik mit dem Ziel eines möglichst ausgeglichenen Staatshaushalts: Wenn der Staat in Zeiten der Hochkonjunktur höhere Steuereinnahmen verzeichnen konnte, erhöhte er auch seine Ausgaben (seine Nachfrage nach Gütern und Dienstleistungen). Wenn sich in Abschwungphasen die Steuereinnahmen verringerten, senkte der Staat seine Ausgaben. Die Folgen dieser **prozyklischen Finanzpolitik** waren fatal: In Boom-Phasen wurde so die Überhitzung der Wirtschaft vorangetrieben; in Rezessionsphasen hingegen führte die Drosselung der Staatsnachfrage zu einer weiteren Dämpfung der Wirtschaft. Auf besonders verheerende Weise zeigte sich dieser Zusammenhang in der Weltwirtschaftskrise der 1930er-Jahre.

In der zweiten Hälfte des 20. Jahrhunderts begannen deshalb viele Industriestaaten, eine **antizyklische Konjunkturpolitik** zu betreiben. Diese Art von Wirtschaftspolitik basiert auf einer bestimmten wirtschaftstheoretischen Denkrichtung, die als „nachfrageorientiertes“ oder auch „keynesianisches **Paradigma**“ bezeichnet wird.

6.6.1 Nachfragepolitik (Keynesianismus)

John Maynard Keynes (1883–1946)

Das nachfrageorientierte (keynesianische) Paradigma geht auf den britischen Ökonomen **John Maynard Keynes** zurück. Dessen 1936 erschienene „Allgemeine Theorie der Beschäftigung, des Geldes und des Zinses“, eine der einflussreichsten ökonomischen Schriften des 20. Jahrhunderts, war eine Reaktion auf die Weltwirtschaftskrise von 1929/32. Aus dieser Krise leitete Keynes die Schlussfolgerung ab, dass die Mechanismen einer freien Marktwirtschaft nicht automatisch zu einem Gleichgewicht bei Vollbeschäftigung führen, sondern dass es in bestimmten Situationen **aktiver Eingriffe des Staates** bedarf. Solche Eingriffe müssen aus keynesianischer Sicht an der gesamtwirtschaftlichen Nachfrage (Konsumgüternachfrage, Investitionsgüternachfrage, Staatsausgaben, Außenbeitrag) ansetzen.

Fiskalpolitik
Finanzpolitik, die der Konjunkturpolitik dient

Phasen des Konjunkturzyklus
Kapitel 6.2.2

Grundsätze nachfrageorientierter Wirtschaftspolitik

Das wichtigste Instrument, um das vorrangige **Ziel der Vollbeschäftigung** zu erreichen, ist aus keynesianischer Sicht die **Fiskalpolitik**:

- In **Rezessionsphasen** soll der Staat eine expansive Fiskalpolitik betreiben: Die sinkende Nachfrage der Unternehmen und Verbraucher soll durch staatliche Mehrausgaben (z. B. öffentliche Investitionen) ausgeglichen werden. Damit soll die typische Abwärtsspirale aus Nachfragerückgang, Beschäftigungsabbau, fehlenden Einkommen und weiterem Nachfragerückgang verhindert werden. Ein zusätzliches Mittel sind Steuersenkungen, um die private Nachfrage nach Konsum- und Investitionsgütern anzukurbeln.
- In **Boom-Phasen** hingegen soll der Staat eine kontraktive Fiskalpolitik betreiben: Durch eine Verringerung seiner Ausgaben und durch Steuererhöhungen soll er die gesamtwirtschaftliche Nachfrage drosseln, um die Wirtschaft vor einer Überhitzung und einer Nachfrageinflation zu bewahren.

Die antizyklische Fiskalpolitik kann durch eine antizyklische Geldpolitik unterstützt werden: z. B. indem die Investitionsgüternachfrage in Rezessionsphasen durch eine Senkung des Zinsniveaus stimuliert wird.
Kapitel 7.6

In Rezessionsphasen erhöht der Staat also seine Ausgaben, während seine Einnahmen sinken (Steuersenkungen bei ohnehin niedrigem Steueraufkommen). Der Staat muss die expansive Fiskalpolitik daher mit Krediten finanzieren und ein Haushaltsdefizit in Kauf nehmen. Dieses Vorgehen wird **Deficit Spending** genannt.

In Boom-Phasen hingegen senkt der Staat seine Ausgaben, während seine Einnahmen steigen (Steuererhöhungen bei ohnehin hohem Steueraufkommen). Diese Situation soll der Staat nutzen, um die Kredite zurückzuzahlen und das Haushaltsdefizit auszugleichen.

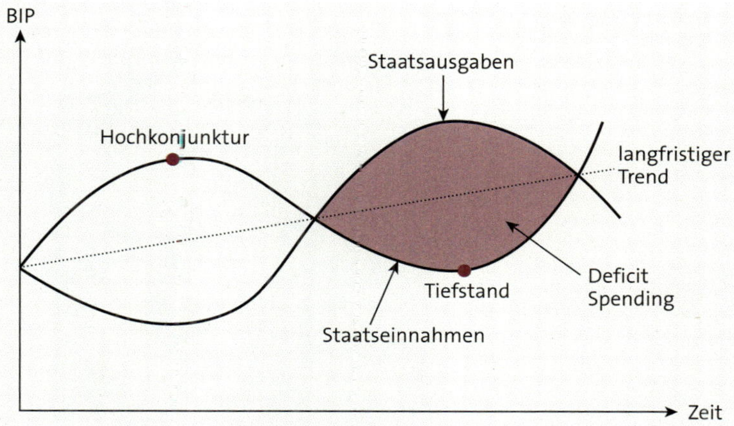

Umsetzung nachfrageorientierter Wirtschaftspolitik

In der Bundesrepublik Deutschland erfolgte der Übergang zu einer nachfrageorientierten Wirtschaftspolitik in den 1960er-Jahren. Auslöser war eine Rezession in den Jahren 1966/67, die der damalige Wirtschaftsminister Karl Schiller mit zwei Konjunkturprogrammen erfolgreich bekämpfen konnte. Die gesetzliche Grundlage für diese Maßnahmen bildete das 1967 in Kraft getretene und bis heute gültige **Stabilitäts- und Wachstumsgesetz (StWG).**

Stabilitäts- und Wachstumsgesetz (StWG)
Kapitel 5.4.2

Das StWG sieht vor, dass der Staat eine **Konjunkturausgleichsrücklage** bildet, indem er die in Boom-Phasen erzielten Mehreinnahmen bei der Deutschen Bundesbank stilllegt. Diese Rücklage soll zur Finanzierung zusätzlicher Staatsausgaben in Rezessionsphasen genutzt werden.

Instrumente laut StWG (Auszug)	Aufschwung	Rezession
Einnahmenpolitik (§§ 26 ff.)		
– auf ein Jahr befristete Veränderung der Einkommen-/Körperschaftsteuer bis max. 10 %	erhöhen	senken
– zeitweise Aussetzung der degressiven Abschreibung	ja	nein
– Anpassung von Steuervorauszahlungen für Einkommen-, Körperschaft- und Gewerbesteuer	erhöhen	senken
– Investitionsprämien als Abzug von der Steuerschuld bis zu 7,5 % der Investitionssumme	nein	ja
Ausgabenpolitik		
– zusätzliche Ausgaben (§ 6)	nein	ja
– Streckung öffentlicher Baumaßnahmen (§ 6)	ja	nein
– Beschleunigung von Investitionsvorhaben (§ 11)	nein	ja
Sonstiges		
– freiwillige Konjunkturausgleichsrücklage (§§ 5 f., §§ 15 f.)	bilden	auflösen
– Kredite (§§ 5 f., §§ 19 ff.)	tilgen	aufnehmen

Probleme nachfrageorientierter Wirtschaftspolitik

Schon in den 1970er-Jahren wurde der international breite Konsens über die Wirksamkeit nachfrageorientierter Wirtschaftspolitik erschüttert: Eine zunehmende Inflation, die vor allem durch die damaligen Ölpreisschocks bedingt war, ging mit einer wachsenden Arbeitslosigkeit und rückläufigem Wirtschaftswachstum einher (Stagflation); konjunkturpolitische Maßnahmen keynesianischer Prägung zeigten in dieser Situation wenig Wirkung oder verschärften die Probleme sogar. Die grundlegenden Schwierigkeiten einer nachfrageorientierten Wirtschaftspolitik, wie z. B. eine rapide steigende Staatsverschuldung, wurden immer deutlicher erkennbar.

Stagflation
Kapitel 4.6.1

Vor diesem Hintergrund kam es in den 1970er-Jahren zu einem **Paradigmenwechsel** in der Wirtschaftstheorie, der ab den 1980er-Jahren auch die Wirtschaftspolitik beeinflusste.

Paradigmenwechsel
Änderung der grundsätzlichen wissenschaftlichen Denkweise

6.6.2 Angebotspolitik (Monetarismus)

Milton Friedman (1912–2006)

Vordenker und wichtigster Vertreter des neuen **angebotsorientierten Paradigmas** (auch **neoklassisches** oder **monetaristisches** Paradigma genannt) war der US-amerikanische Ökonom und Nobelpreisträger **Milton Friedman.**

Grundsätze angebotsorientierter Wirtschaftspolitik

Als „angebotsorientiert" wird dieses Denkmuster deshalb bezeichnet, weil es nicht mehr an der gesamtwirtschaftlichen Nachfrage, sondern an der **Angebotsseite** ansetzt: Der Staat, so die Angebotstheoretiker, sollte auf unmittelbare Eingriffe in das Wirtschaftsgeschehen verzichten. Stattdessen sollte er sich auf die Schaffung von investitions- und wachstumsfreundlichen Rahmenbedingungen konzentrieren (z. B. niedrigere Steuern für Unternehmen, einfachere Gründungsvoraussetzungen, Ausbau des Patentrechtsschutzes von Erzeugnissen usw.). Auf diese Weise soll der Staat positive Anreize für private unternehmerische Tätigkeit und individuelle Leistung setzen.

Angebotspolitik ist eine langfristig ausgerichtete Ordnungspolitik (Wachstumspolitik). Nachfragepolitik ist hingegen eine kurzfristig ausgerichtete Prozesspolitik (Konjunkturpolitik).

Im Unterschied zu den Keynesianern und in Anlehnung an die Klassiker der Nationalökonomie setzen Angebotstheoretiker ein größeres Vertrauen in die Selbstheilungskräfte des Marktes als in eine politische Steuerung des Wirtschaftsgeschehens. Die Devise lautet: **„Mehr Markt, weniger Staat."** Deshalb wird dieses Paradigma auch als „neoklassisch" bezeichnet. Dies bedeutet jedoch nicht, dass der Staat keine Rolle mehr spielen würde: Statt in einer kurzfristig ausgerichteten Konjunkturpolitik soll seine wesentliche Aufgabe nun in einer langfristig ausgerichteten Ordnungspolitik liegen, die das Einschwenken der Wirtschaft auf einen höheren Wachstumspfad ermöglicht.

Wachstumspfad
Kapitel 6.2.3

In allen Teilbereichen der Wirtschaftspolitik geht es somit darum, vor allem die „richtigen" Rahmenbedingungen zu schaffen:

Wettbewerbspolitik
Kapitel 3.13

- **Wettbewerbspolitik:** Der Staat soll einen funktionierenden Wettbewerb sichern und Wettbewerbsbeschränkungen verhindern.

Finanzpolitik
Kapitel 6.5

- **Finanzpolitik:** Im Bereich der Finanzpolitik sollte der Staat sich auf seine Kernaufgaben (Rechtsprechung, Bildung, Infrastruktur usw.) konzentrieren.

Preisniveaustabilität
Kapitel 4.5 und 7.4
Inflation, Deflation
Kapitel 4.6 und 4.7

- **Geldpolitik:** Das vorrangige Ziel einer angebotsorientierten („monetaristischen") Wirtschaftspolitik liegt im Bereich der Geldpolitik und ist damit Aufgabe der Zentralbanken: Dieses Ziel ist die **Sicherung der Preisniveaustabilität**. Nur die dauerhafte Verhinderung inflationärer wie deflationärer Prozesse, so die Überzeugung der Angebotstheoretiker, kann den Wirtschaftssubjekten das nötige Vertrauen in die längerfristige wirtschaftliche Entwicklung geben.

Beschäftigungspolitik
Kapitel 8.9
Arbeitsproduktivität
Kapitel 1.7

- **Beschäftigungspolitik:** Die Hauptverantwortung für einen hohen Beschäftigungsgrad tragen aus angebotsorientierter Sicht die für die **Lohnpolitik** zuständigen Tarifparteien (Arbeitgeberverbände und Gewerkschaften): Eine Senkung der Arbeitslosigkeit können sie vor allem mit einer Lohnentwicklung erreichen, die der Entwicklung der Arbeitsproduktivität entspricht und damit für die Unternehmen kostenneutral ist.

Nachfrage- und Angebotspolitik im Vergleich

	Nachfrageorientiertes (keynesianisches) Paradigma	Angebotsorientiertes (neoklassisches) Paradigma
Grundsätze		
Verhältnis zur Politik bzw. zum Markt	hohes Vertrauen in die Politik; Überzeugung von der Notwendigkeit staatlicher Interventionen	hohes Vertrauen in den Markt; Devise „Mehr Markt, weniger Staat"
Grundlegende wirtschaftspolitische Ausrichtung	Primat einer **kurzfristig** ausgerichteten antizyklischen **Konjunkturpolitik** (Prozesspolitik), um die konjunkturellen Entwicklungen zu verstetigen	Primat einer **langfristig** ausgerichteten **Ordnungspolitik**, um die Wirtschaft auf einen höheren Wachstumspfad zu lenken
Vorrangiges Ziel	Vollbeschäftigung	Preisniveaustabilität
Ansätze in den Teilbereichen der Wirtschaftspolitik		
Finanzpolitik	antizyklische Fiskalpolitik (z. B. öffentliche Investitionen zur Steigerung der gesamtwirtschaftlichen Nachfrage; Steuersenkungen zur Steigerung der gesamtwirtschaftlichen Nachfrage)	Beschränkung der Staatsausgaben auf die Bereitstellung notwendiger öffentlicher Güter (Sicherheit, Rechtsprechung, Bildung, Infrastruktur); Senkung der Staatsquote durch Privatisierungen; Steuersenkungen zur Schaffung von Leistungsanreizen
Geldpolitik	antizyklische Geldpolitik (z. B. „Politik des billigen Geldes" in Rezessionsphasen)	Geldpolitik, die auf Sicherung der Preisniveaustabilität ausgerichtet ist
Beschäftigungspolitik	Sicherung eines hohen Beschäftigungsgrades auf dem Weg einer antizyklischen Konjunkturpolitik	Sicherung eines hohen Beschäftigungsgrades auf dem Weg einer produktivitätsorientierten Lohnpolitik
Lohnpolitik	Lohnpolitik, die die antizyklische Konjunkturpolitik flankiert; Abstimmung zwischen staatlichen Organen, Gewerkschaften und Arbeitgeberverbänden („konzertierte Aktion")	Lohnpolitik, die sich an der Entwicklung der Arbeitsproduktivität orientiert und somit für die Arbeitgeber kostenneutral ist; Eigenverantwortlichkeit der Tarifparteien
Wichtigste Kritikpunkte		
	– wachsende Staatsverschuldung – Inflationsdruck – zu wenig Anreize für privatwirtschaftliche Innovationen	– wachsende Ungleichheit bei der Einkommensverteilung – zunehmende „Ökonomisierung" aller Lebensbereiche (z. B. der Bildung und des Gesundheitswesens)

Umsetzung angebotsorientierter Wirtschaftspolitik

In die Wirtschaftspolitik hielt das neue Paradigma ab den 1980er-Jahren Einzug: Vor allem in den USA unter Präsident Ronald Reagan („Reaganomics") und in Großbritannien unter Premierministerin Margaret Thatcher („Thatcherismus") wurde es mit einer Radikalität umgesetzt, die auch von manchen Angebotstheoretikern kritisch beurteilt wird.

Ronald Reagan

Margaret Thatcher

Helmut Kohl

Gerhard Schröder

Angela Merkel

In der Bundesrepublik Deutschland vollzog die Bundesbank bereits 1974 den Übergang zu einer „Neuen Geldpolitik", mit der sie es schaffte, die damals bedenklich hohen Inflationsraten zu senken. In der Politik hingegen setzte ein Umdenken erst ab dem Jahr 1982 ein, als die sozial-liberale Bundesregierung unter Helmut Schmidt durch die christlich-liberale Regierung unter Helmut Kohl abgelöst wurde. Anders als in den angelsächsischen Ländern fiel der Übergang zur Angebotsorientierung in Deutschland aber sehr langsam und verhalten aus. Ab 2003 war es dann die rot-grüne Bundesregierung unter Gerhard Schröder, die mit ihrem „Agenda 2010" genannten Reformprogramm eine dezidiert angebotsorientierte Wirtschaftspolitik verfolgte. In der Bevölkerung waren diese Maßnahmen so unpopulär, dass sie zum Ende der Regierung Schröder führten. In den Folgejahren bewirkten sie aber eine merkliche Verbesserung der deutschen Wirtschaftsdaten.

6.6.3 Konjunkturpolitik in Krisenzeiten

internationale Finanz- und Wirtschaftskrise 2008/2009
Kapitel 9.8.5

Während der internationalen Finanz- und Wirtschaftskrise in den Jahren 2008 und 2009 kehrten viele Staaten – eher aus Ratlosigkeit als aus Überzeugung – zu einer keynesianischen Konjunkturpolitik zurück. In Deutschland war es die große Regierungskoalition unter Angela Merkel, die es mit zwei umfangreichen Konjunkturpaketen schaffte, tiefgreifende negative Auswirkungen auf die deutsche Realwirtschaft zu verhindern.

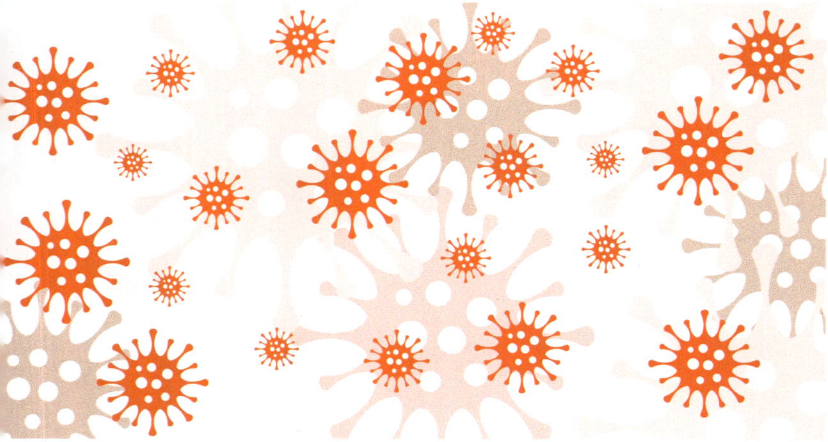

2020 löste die Corona-Pandemie die weltweit stärkste Wirtschaftskrise seit dem Zweiten Weltkrieg aus. Während die Ursache der Finanz- und Wirtschaftskrise 2008/2009 eine (systemimmanente) Krise des Bankensystems gewesen war, wurde der Wirtschaftseinbruch im Jahr 2020 durch einen äußeren Faktor – die Ausbreitung des Corona-Virus (SARS-CoV-2) – verursacht. Bei der Bekämpfung des Corona-Konjunktureinbruchs wurde einmal mehr die große Bedeutung staatlichen Handelns erkennbar.

Die Pandemie und die Maßnahmen zu ihrer Eindämmung wirkten sich gleichermaßen auf die Angebots- und die Nachfrageseite aus: Dadurch, dass viele Menschen ihrer Arbeit nur eingeschränkt nachgehen konnten und internationale Wertschöpfungs- und Handelsketten unterbrochen waren, konnten zahlreiche Unternehmen nicht im gewohnten Umfang produzieren (**Angebotsschock**). Zugleich führten die Einschränkungen des öffentlichen und sozialen Lebens, die sinkende Kaufkraft der Menschen und unklare Zukunftsperspektiven zu einem starken Rückgang der gesamtwirtschaftlichen Nachfrage (**Nachfrageschock**).

Um eine Überlastung der Gesundheitssysteme zu verhindern, wurden in vielen Ländern das öffentliche Leben und die sozialen Kontakte im Rahmen eines „Lockdowns" mehr oder minder stark eingeschränkt. Beispielsweise wurden Einzelhandelsgeschäfte (mit Ausnahme von systemrelevanten Betrieben wie Supermärkten), Schulen und Kindergärten, Hotels und Gaststätten u. a. m. geschlossen sowie Sport- und Kulturveranstaltungen untersagt. In den vom Corona-Virus am stärksten betroffenen Ländern mussten die Menschen für mehrere Wochen weitgehend zuhause bleiben und durften ihre Wohnungen nur für Arztbesuche, zum Einkaufen oder zur Arbeit verlassen.

In Deutschland kam es infolge des **„Lockdowns"** im Frühjahr 2020 zu einem Einbruch der Auftragseingänge in der Industrie. Schon im März 2020 war ein Minus von 15,0 % zum Vormonat und 15,4 % zum Vorjahresmonat zu verzeichnen. Im April 2020 gingen die Aufträge nochmals um −25,8 % zum Vormonat und −36,6 % zum Vorjahresmonat zurück. Zum Vergleich: Als die deutsche Industrie im Januar 2009 den stärksten Auftragsrückgang während der internationalen Finanz- und Wirtschaftskrise verzeichnete, belief sich dieser auf nur −7,5 % zum Vormonat. Auch auf den deutschen Außenhandel hatte die Corona-Pandemie drastische Auswirkungen: Im März 2020 brachen die Exporte um −11,8 % zum Vormonat und −7,9 % zum Vorjahresmonat ein, im April sogar um −24,0 % zum Vormonat und −31,1 % zum Vorjahresmonat. Dementsprechend düster waren die **Konjunkturprognosen**: Im Juni 2020 prognostizierte der Sachverständigenrat zur Begutachtung der gesamtwirtschaftlichen Entwicklung („Wirtschaftsweise") für das gesamte Jahr einen Konjunktureinbruch von 6,5 % des BIP.

Konjunkturprognosen
Kapitel 6.3

Sachverständigenrat
Kapitel 6.3

Die Bundesregierung und auch die Europäische Union (EU) reagierten auf die Corona-Krise mit den umfangreichsten finanziellen Hilfsmaßnahmen, die es jemals gegeben hat. Diese Maßnahmen umfassten sowohl **Soforthilfen** als auch längerfristig angelegte **Konjunkturprogramme**, um die Wirtschaft wieder in Schwung zu bringen.

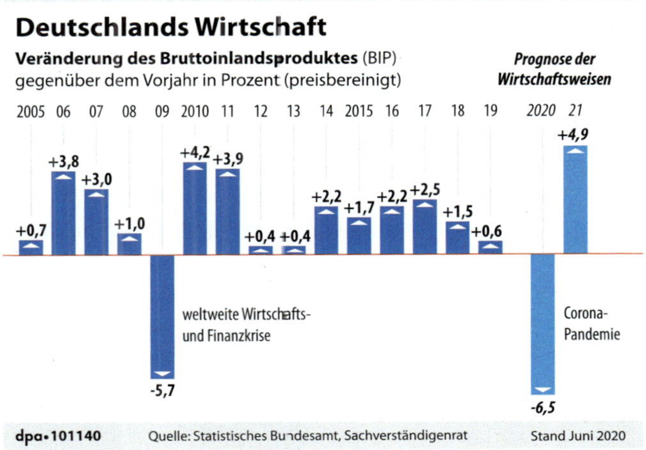

Schon im März 2020 beschloss die Bundesregierung ein milliardenschweres **Corona-Hilfspaket**:

- Kleine Unternehmen, Selbstständige und Freiberufler konnten – zunächst für drei Monate – nicht rückzahlbare Zuschüsse zu ihren Betriebskosten beantragen. Das Volumen dieses Programms betrug 50 Mrd. Euro.
- Im Rahmen eines Sonderprogramms der Kreditanstalt für Wiederaufbau (KfW) konnten kleine, mittlere und große Unternehmen Kredite zu günstigen Zinsen erhalten. Dabei übernahm die KfW bis zu 90 % des Kreditrisikos.
- Vor allem für große Unternehmen wurde ein Wirtschaftsstabilisierungsfonds mit einem Volumen von 600 Mrd. Euro gegründet. Der Fonds ermöglichte umfangreiche Staatsgarantien für Verbindlichkeiten, direkte staatliche Beteiligungen und die Refinanzierung von KfW-Großkrediten.
- Zur Vermeidung von Kündigungswellen wurde der Zugang zum Kurzarbeitergeld erleichtert.
- Familien bekamen eine finanzielle Unterstützung bei Verdienstausfällen, die sich aus Kita- oder Schulschließungen oder durch Kurzarbeit ergaben.

Kurzarbeitergeld
Kapitel 8.9.2

Im Juni 2020 beschloss die Regierungskoalition ein **Konjunkturpaket** im Umfang von 130 Mrd. Euro:

- Die wichtigste Maßnahme bestand darin, dass die Mehrwertsteuer ab Anfang Juli bis Ende 2020 von 19 auf 16 % (bzw. von 7 auf 5 %) gesenkt wurde.
- Weitere Maßnahmen waren z. B.: ein einmaliger Kindergeldbonus von 300 Euro; eine Verdoppelung des Zuschusses für Elektroautos und eine Absenkung der Öko-strom-Umlage; zusätzliche Hilfen für besonders betroffene Branchen (z. B. Hotel- und Gastgewerbe); Prämien für Ausbildungsbetriebe, die während der Corona-Krise unvermindert ausbildeten; Unterstützung für die Kommunen (Ausgleich von Ausfällen bei den Gewerbesteuereinnahmen).

Mehrwertsteuer
Kapitel 6.5.1

Auch die EU bekämpfte die Krise mit umfangreichen Maßnahmen: Im April 2020 wurde ein „Solidaritätspaket" in Höhe von 540 Mrd. Euro beschlossen, im Juli 2020 ein „Wiederaufbaufonds" mit einem Volumen von 750 Mrd. Euro.
Kapitel 9.8.6

Die Europäische Zentralbank (EZB) reagierte auf die Krise mit einem „Pandemie-Notfallankaufprogramm" im Umfang von 1,85 Billionen Euro.
Kapitel 7.6

Staatsverschuldung
Kapitel 4.3.2 und 6.5.4

Nachdem im Sommer 2020 eine deutliche Erholung der deutschen Wirtschaft zu verzeichnen war, machte im Herbst eine **„zweite Welle"** der Pandemie weitere Maßnahmen erforderlich. Anfang November 2020 trat in Deutschland zunächst ein „Teil-Lockdown" in Kraft; Mitte Dezember machten die anhaltend hohen Infektionszahlen einen nochmaligen „harten Lockdown" erforderlich. Die betroffenen Branchen (Hotel- und Gastgewerbe, Kultur- und Freizeitbranche, Einzelhandel) wurden mit weiteren staatlichen Hilfsleistungen in Milliardenhöhe unterstützt.

Die **Verschuldung des Bundes** ist durch die Corona-Krise deutlich gestiegen (Neuverschuldung 2020: ca. 218 Mrd. Euro, Neuverschuldung 2021: ca. 180 Mrd. Euro). Dadurch werden die künftigen Ausgabenspielräume des Staates stark gemindert. Ab 2023 sind ca. 5 Mrd. Euro jährlich zu tilgen; ab 2026 rund 15 Mrd. Euro pro Jahr.

Auch wenn es gelingt, die Corona-Pandemie mit Impfstoffen und Medikamenten einzudämmen, stellt sich die Frage, wie weitere Pandemien dieser Art zu verhindern sind. Wesentliche „Risikofaktoren" sind hierbei der Fleischkonsum und die Massentierhaltung. Der Covid-19-Erreger ist wahrscheinlich auf einem Tiermarkt in China von einem Wildtier auf den Menschen übergesprungen. Laut Weltbiodiversitätsrat IPBES (Bonn) gibt es schätzungsweise 850 000 weitere Virenarten in Säugetieren und Vögeln, die den Menschen infizieren könnten. Dieses Risiko wird umso größer, je stärker landwirtschaftliche Flächen in die Lebensräume von Wildtieren eindringen und je mehr Kontakte zwischen Wildtieren, Nutztieren, Krankheitserregern und Menschen es gibt. Eine höhere Besteuerung des Fleischkonsums könnte daher einen wichtigen Beitrag zur **ökologischen Pandemievorsorge** leisten.

ÜBERBLICK

Die umfangreichen Aufgaben des Staates werden durch **Staatseinnahmen** finanziert. Diese entstehen durch Steuern, Gebühren, Beiträge, Einkünfte aus Kapitalbeteiligungen oder Kredite. Die Haupteinnahmequelle sind die **Steuern**. Die **Staatsquote** misst den Anteil der **Staatsausgaben** am Bruttoinlandsprodukt. Um die ausufernde Staatsverschuldung in Deutschland zu reduzieren, ist seit 2009 eine sogenannte **Schuldenbremse** im Grundgesetz verankert.

In der Wirtschaftstheorie und -politik gibt es zwei unterschiedliche Schulen: das **nachfrageorientierte (keynesianische) Paradigma** und das **angebotsorientierte (neoklassische, monetaristische) Paradigma**. Sie sind durch unterschiedliche Auffassungen über die Prioritäten und Ansatzpunkte wirtschaftspolitischen Handelns gekennzeichnet.

Nachdem die Angebotspolitik seit den 1980er-Jahren eine zunehmende Bedeutung erlangt hatte, kehrten während der **internationalen Finanz- und Wirtschaftskrise 2008/2009** und der **Corona-Krise 2020** viele Staaten zu einer keynesianischen Konjunkturpolitik zurück.

1 Erläutern Sie die Begriffe „Finanzpolitik" und „Fiskalpolitik". Was ist der Unterschied?

2 Erklären Sie anhand der Tabelle „Einnahmen des Staates" auf S. 172, auf welche Weise der Staat sich die Einnahmen verschafft, die er benötigt.

3 Erläutern Sie anhand von Beispielen, wofür der Staat diese Einnahmen benötigt.

4 Wer hat das Recht, Steuern zu erheben?

5 Interpretieren Sie die Grafik „Steuerspirale 2019" auf S. 173 gemäß der Drei-Schritte-Technik auf S. 22.

6 Welche der in der Grafik „Steuerspirale 2019" genannten Steuern sind
   a direkte Steuern,
   b indirekte Steuern?

7 Erklären Sie, was unter „Steuergerechtigkeit" verstanden wird.

8 Erläutern Sie anhand der Grafik „Einkommensteuertarif 2020" auf S. 174, inwiefern die Lohn- und Einkommensteuer nach dem Prinzip der „Leistungsfähigkeit" ausgestaltet ist, aber nicht unbedingt den Grundsatz der „Steuergerechtigkeit" erfüllt.

9 Erläutern Sie anhand der Grafik „Einkommenssteuertarif 2020" auf S. 174,
   a welche Einkommensgruppen in den Progressionszonen den Steuertarif als besonders ungerecht empfinden dürften,
   b welche Einkommensgruppen durch den Einkommensteuertarif besonders begünstigt werden.

10 Erklären Sie, wodurch das immer wieder kritisierte Phänomen der „kalten Progression" entsteht.

11 Verändern Sie die Grafik „Einkommenssteuertarif 2020" auf S. 174, indem Sie eine gerade Linie einzeichnen, die von Eckpunkt 14 bis Eckpunkt 42 verläuft
   a Diskutieren Sie, wie sich die Steuersätze in den angegebenen Progressionszonen verändern.
   b Diskutieren Sie, inwieweit sich durch diese Veränderungen ein Abbau der „kalten Progression" ergeben würde.

12 Interpretieren Sie die Grafik „Der Bundeshaushalt" auf S. 175 gemäß der Drei-Schritte-Technik auf S. 22.

13 Recherchieren Sie im Internet,
   a wie sich der Schuldenstand der öffentlichen Haushalte seit Gründung der Bundesrepublik Deutschland entwickelt hat und
   b wie hoch der Schuldenstand aktuell ist.

14 Ermitteln Sie durch Internetrecherche die aktuelle Höhe
   a der deutschen Staatsquote,
   b der deutschen Schuldenquote.

15 Stellen Sie Recherchen zur Nettokreditaufnahme des Bundes an.
   a Was versteht man unter „Nettokreditaufnahme"?
   b Wie hat die Nettokreditaufnahme des Bundes sich in den letzten Jahren entwickelt?

16 Bilden Sie zwei Gruppen, die sich mit den auf S. 177 genannten Argumenten pro Staatsverschuldung (Gruppe A) bzw. contra Staatsverschuldung (Gruppe B) beschäftigen.
- **a** Sammeln Sie Beispiele zu den Argumenten für „Ihre“ Position.
- **b** Bilden Sie Paare (je eine Person aus den Gruppen A und B) und führen Sie zu zweit ein Streitgespräch zum Thema „Staatsverschuldung“.

17 Diskutieren Sie, ob die „Schuldenbremse“ geeignet ist, die Staatsschulden nachhaltig zu reduzieren.

18 Erläutern Sie kurz die Grundidee der antizyklischen Nachfragepolitik.

19 Welche fiskalpolitischen (und ggf. auch geldpolitischen) Instrumente kann die Nachfragepolitik nutzen? Beschreiben Sie die Maßnahmen
- **a** während einer Rezession,
- **b** während eines Booms.

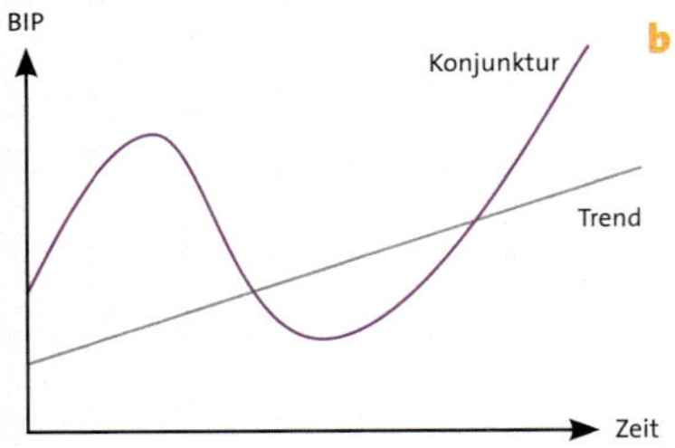

20 Die nebenstehende Grafik zeigt Konjunkturverlauf und Trend.
- **a** Stellen Sie in einer zweiten Grafik dar, wie nach Keynes eine sinnvolle Entwicklung der Staatsausgaben (y-Achse) im Zeitverlauf (x-Achse) aussieht.
- **b** Wie sehen Trend und Konjunkturverlauf aus, wenn die keynesianische Wirtschaftspolitik optimal greift? Stellen Sie auch dies grafisch dar.

21 Recherchieren Sie, warum die Nachfragepolitik in der Kritik steht.

22 Erläutern Sie anhand der Tabelle auf S. 181 die Unterschiede zwischen keynesianischer Nachfragepolitik und monetaristischer Angebotspolitik.

23 Überlegen Sie, ob die folgenden Aussagen zum nachfrageorientierten oder zum angebotsorientierten Paradigma gehören. Begründen Sie Ihre Entscheidung.
- **a** „Lieber 5 % Inflation als 5 % Arbeitslosigkeit.“
- **b** „Eine zurückhaltende Lohnpolitik der Gewerkschaften verhindert, dass der Faktor Arbeit durch den Faktor Kapital substituiert wird.“
- **c** „Die Arbeitnehmer sollten eine deutliche Einkommenserhöhung bekommen. Das steigert den privaten Konsum und ist somit gut für die Konjunktur.“
- **d** „Wenn die Unternehmen aufgrund negativer Zukunftserwartungen zu wenig investieren, muss es eben der Staat tun und so die Konjunktur beleben.“
- **e** „Leistung muss sich wieder lohnen!“
- **f** „Die Regierung sollte dringend die Steuern senken, damit die Menschen wieder mehr konsumieren und die Unternehmen wieder mehr investieren.“
- **g** „Auch im Bereich der hohen Einkommen sollten die Steuern gesenkt werden, um Anreize für Innovationen zu schaffen.“
- **h** „Es zeigt sich immer wieder, dass die ‚unsichtbare Hand‘ des Marktes nicht alles regeln kann. Wo der Markt versagt, muss der Staat eingreifen.“
- **i** „Politiker neigen dazu, nur populäre Maßnahmen zu ergreifen und unpopuläre Maßnahmen zu vermeiden. Deshalb können staatliche Eingriffe ins Wirtschaftsgeschehen viel Schaden anrichten.“

24 Recherchieren Sie, warum auch die Angebotspolitik in der Kritik steht.

25 Wie beurteilen Sie die wirtschaftspolitischen Maßnahmen der Bundesregierung zur Bekämpfung der Corona-Krise? Stellen Sie in Kleingruppen Recherchen zu deren (positiven und/oder negativen) Auswirkungen an.

Was ist unter Geldpolitik zu verstehen?

Wie ist das Europäische System der Zentralbanken (ESZB) aufgebaut?

Was für Geldmengendefinitionen gibt es?

Wie können Banken Geld schöpfen?

Welche Ziele verfolgt die Geldpolitik der Europäischen Zentralbank (EZB)?

Wie funktioniert die Geldpolitik der EZB?

THEMENBEREICH 7

Geldpolitik

7.1 Die Geldpolitik der EZB

Eli

Vater

Elinor ist sehr stolz, dass sie dank einer Aushilfstätigkeit nun fast 1 000 Euro auf ihrem Jugend-Girokonto hat. Sie beschließt, dieses Geld anzulegen, um Zinsen auf ihr Guthaben zu erhalten. Doch der Bankberater sagt: „Das ist momentan keine leichte Sache. Die Zinsen für Sparguthaben sind derzeit extrem niedrig. Sie haben sich an das niedrige Zinsniveau im Euroraum angepasst. Der durchschnittliche Zinssatz liegt aktuell bei rund 0,06 %." Elinor ist enttäuscht: „Da kann ich das Geld ja gleich auf den Kopf hauen, wenn es eh nicht mehr wird!" „Das stimmt", sagt der Bankberater. „Nur wenn die Zinsen aus der Geldanlage höher sind als die Inflationsrate, können Sie sich zukünftig mehr Güter kaufen, als wenn Sie Ihr Geld sofort ausgeben würden. Ihr Geld wird aktuell real eher weniger als mehr!"

Als Elinor nach Hause kommt, sitzt der Nachbar Justus Möller mit ihrem Vater am Küchentisch. Elinor erzählt von ihrem Bankbesuch und Justus beginnt sofort zu schimpfen: „Ja, diese niedrigen Zinsen! Sparen lohnt sich überhaupt nicht mehr! Meine Bank verzinst mein mühsam Gespartes nur noch mit 0,01 %!" „Na ja", entgegnet Paul Schelling, „die Banken geben nur weiter, was die Europäische Zentralbank entschieden hat." Justus lässt sich nicht beirren: „Eben! Diese Geldpolitik führt nur dazu, dass die Südländer Europas sich auf unsere Kosten entschulden können. Dafür werden die deutschen Sparer quasi enteignet!" Paul erwidert: „Das siehst du nicht richtig. Ein wirtschaftlicher Zusammenbruch dieser Länder würde uns noch viel stärker treffen."

Elinor ist die ganze Zeit sehr nachdenklich. „Sagt mal", unterbricht sie schließlich die Diskussion der beiden Männer, „im VWL-Unterricht haben wir neulich gelernt: Je niedriger die Zinsen, desto mehr Geld ist im Umlauf. Und je mehr Geld im Umlauf ist, desto höher ist die Inflation. Müssten wir bei diesen niedrigen Zinsen nicht schon eine irrsinnige Inflation haben?" Ihr Vater antwortet: „Ja und nein. Inflation entsteht prinzipiell dann, wenn die Geldmenge stärker steigt als die Menge der angebotenen Güter – wenn also ‚zu viel Geld zu wenige Güter jagt', wie Milton Friedman einst sagte." „Aber das Güterangebot, also unser BIP, steigt momentan doch kaum", wundert sich Elinor. „Da hast du recht", erwidert Paul. „Derzeit zeigt sich mal wieder, dass die Wirklichkeit viel komplexer ist als die Theorie. In der Realität sind die Wirkungen von Geldpolitik nicht genau vorhersehbar, weil Geldpolitik das Handeln der Wirtschaftssubjekte nur indirekt beeinflussen kann. Dank der ‚lockeren' Geldpolitik, mit der die EZB die Finanzkrise bekämpfen wollte, können die Banken zwar mehr Geld in Form von Krediten in Umlauf bringen. Wenn diese Kredite aber nicht abgerufen werden, gelangt das Geld auch nicht bis zu den Produzenten und Verbrauchern. Es wird dann weder investiert noch konsumiert und die Güternachfrage und die Preise steigen nicht." „Das ist aber kompliziert!", stöhnt Elinor.

Sparer verlieren, Käufer profitieren 28.01.2020, 17:44 Uhr

Das sind die Auswirkungen von Mario Draghis Zinspolitik

Studien untersuchen die Folgen der Niedrigzinspolitik: Sparer verlieren, Versicherer geraten unter Druck – Immobilienkäufer profitieren.

Rolf Obertreis

Mario Draghi, bis Ende Oktober [2019] acht Jahre lang Präsident der Europäischen Zentralbank (EZB), hat polarisiert wie kein anderer vor ihm als Notenbank-Chef. Der Leitzins, zu dem sich Banken bei der EZB Geld leihen, steht seit Jahren bei null Prozent, der Zins, den die Institute für Einlagen bei der EZB zahlen müssen, ist mit minus 0,5 Prozent negativ. Auch die von Draghi angestoßenen billionenschweren Anleihekäufe drücken den Zins. Die einen profitieren, die anderen legen deshalb drauf.

Sparer in Deutschland sehen sich als Verlierer. Banken und Sparkassen gewähren auf Einlagen keine Zinsen mehr. Sparbücher werfen als Folge der EZB-Politik nichts mehr ab [...]. Unter Berücksichtigung der Inflationsrate verlieren Sparer Geld. [...] Auch für Versicherungen wird es immer schwieriger, eine vernünftige Rendite zu erwirtschaften. Die Durchschnittsverzinsung sinkt. [...]

Auch die Banken und Sparkassen ringen mit der Zinspolitik der EZB. Vor allem mit dem negativen Zins, den sie dort für Einlagen zahlen müssen. Den hat die Notenbank im Oktober [2019] von minus 0,4 weiter auf minus 0,5 Prozent gedrückt [...].

Kreditnehmer stehen dagegen auf der Gewinnerseite. Für Ratenkredite sind derzeit [...] nur rund vier Prozent Zinsen zu entrichten. [...] Noch größer sind die Vorteile für Immobilienkäufer und Häuslebauer. [...] Auch Aktienanleger profitieren von der ultralockeren Geldpolitik der EZB. Weil Sparanlagen und Anleihen praktisch keinen Zins mehr abwerfen [...] werden Aktien und Aktienfonds immer attraktiver. [...]

Quelle: Rolf Obertreis (2020): Das sind die Auswirkungen von Mario Draghis Zinspolitik, [online] https://www.tagesspiegel.de/wirtschaft/sparer-verlieren-kaeufer-profitieren-das-sind-die-auswirkungen-von-mario-draghis-zinspolitik/25482382.html [03.09.2020]. (Auszug.)

1 Stellen Sie in Gruppen Recherchen zu je einer der folgenden Fragen an und dokumentieren Sie Ihre Ergebnisse (in Form eines Plakats, einer Powerpoint-Präsentation oder eines Handzettels). Präsentieren Sie Ihre Ergebnisse im Plenum und beantworten Sie die Fragen Ihrer Zuhörer.

a Was sind die Gründe für die Niedrigzinspolitik der EZB?

b Was bedeutet die Niedrigzinspolitik der EZB
- für Menschen, die Geld für eine größere Anschaffung brauchen,
- für Menschen, die Geld sparen möchten,
- für Unternehmen, die Investitionen tätigen möchten,
- für Unternehmen, die keinen akuten Investitionsbedarf haben,
- für kleinere und mittlere Banken,
- für Versicherungsunternehmen?

c Was sagen Kritiker gegen die Geldpolitik der EZB?

2 Diskutieren Sie im Plenum: Ist die derzeitige Geldpolitik der EZB sinnvoll oder problematisch?

Hinweis: Seit dem 1. November 2019 ist Christine Lagarde die Präsidentin der EZB. Die Zinspolitik ihres Vorgängers setzt sie bislang fort.

7.2 Das Europäische System der Zentralbanken

Geldpolitik
Kapitel 7.4–7.6

Europäische Wirtschafts- und Währungsunion
Kapitel 9.8.4

Europäische Zentralbank:
www.ecb.europa.eu

Als **Geldpolitik** werden alle Maßnahmen bezeichnet, mit denen eine Zentralbank versucht, wirtschaftspolitische Ziele wie z. B. Preisniveaustabilität zu erreichen.

Seit dem 1. Januar 1999 liegt die Verantwortung für die einheitliche Geldpolitik des Euro-Währungsgebiets beim Eurosystem. Es besteht aus der **Europäischen Zentralbank (EZB)** und den **nationalen Zentralbanken (NZB)** des Euro-Währungsgebiets. Die EZB bildet zusammen mit allen nationalen Zentralbanken der EU-Mitgliedstaaten, also auch mit denen, die den Euro nicht eingeführt haben, das **Europäische System der Zentralbanken (ESZB).** In der europäischen Geldpolitik dürfen aber nur die nationalen Zentralbanken des Euroraumes mitbestimmen.

Die Europäische Zentralbank (EZB) in Frankfurt am Main

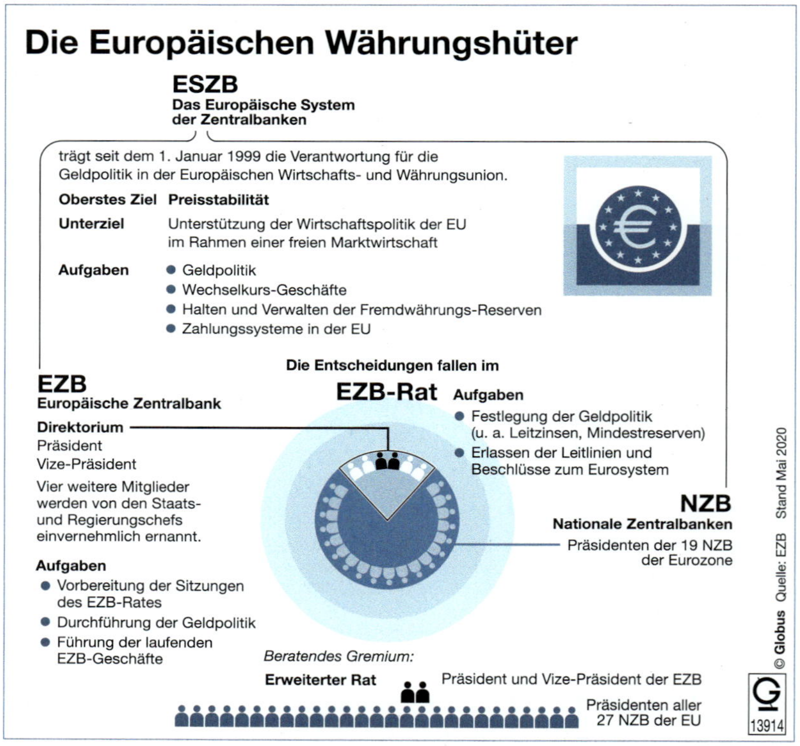

Aufgaben der EZB

AEU-Vertrag
„Vertrag über die Arbeitsweise der Europäischen Union"

Preisniveaustabilität
Kapitel 4.5 und 7.4

Devisen
Kapitel 4.8–4.9

Laut Artikel 127 des **AEU-Vertrags** ist das vorrangige Ziel der EZB, die **Preisniveaustabilität** im Euroraum zu gewährleisten. Neben der Festlegung und Durchführung der Geldpolitik hat die EZB noch eine Reihe weiterer Aufgaben zu erfüllen:

- Durchführung von Devisengeschäften (Devisenpolitik),
- Verwaltung der offiziellen Währungsreserven,
- Förderung des reibungslosen Funktionierens der Zahlungssysteme,
- Genehmigung der Ausgabe von Banknoten (die Ausgabe selbst erfolgt durch die nationalen Zentralbanken),
- Erhebung statistischer Daten,
- Aufsicht über die Kreditinstitute und die Stabilität des Finanzsystems,
- internationale und innereuropäische Zusammenarbeit.

Unabhängigkeit von EZB und NZB

Das ESZB ist gemäß Artikel 130 AEUV in seinen geldpolitischen Entscheidungen **grundsätzlich unabhängig** von sonstigen Trägern der Wirtschaftspolitik Bei der Wahrnehmung ihrer Aufgaben dürfen weder die EZB noch eine NZB oder ein Mitglied ihrer Beschlussorgane Weisungen von dritter Seite einholen oder entgegennehmen.

Träger der Wirtschaftspolitik
Kapitel 5.4.3

Organe der EZB

Die EZB wurde 1998 mit Sitz in Frankfurt am Main gegründet. Die obersten Organe der EZB sind der EZB-Rat und das Direktorium.

Das maßgebliche Entscheidungsorgan der EZB ist der **EZB-Rat.** Er setzt sich zusammen aus den sechs Direktoriumsmitgliedern und den Zentralbankpräsidenten der EU-Staaten, die an der Europäischen Wirtschafts- und Währungsuntion (EWWU) teilnehmen. Die nationalen Präsidenten werden ausschließlich von den jeweiligen Mitgliedsländern ernannt.

Europäische Wirtschafts- und Währungsunion
Kapitel 9.8.4

Zum **Erweiterten Rat der EZB** gehören neben dem EZB-Präsidenten bzw. der EZB-Präsidentin und den EZB-Vizepräsidenten auch die Zentralbankpräsidenten der zunächst nicht an der EWWU teilnehmenden EU-Mitgliedstaaten. Der Erweiterte Rat dient vor allem der Abstimmung der Geld- und Währungspolitik zwischen Teilnehmer- und Nichtteilnehmerländern.

Nach dem Ausscheiden von Mario Draghi, der von November 2011 bis Oktober 2019 der Präsident der EZB war, steht seit dem 1. November 2019 mit Christine Lagarde erstmals eine Frau an der Spitze der EZB.

Die Deutsche Bundesbank im Eurosystem

Die Deutsche Bundesbank wurde 1957 gegründet und hat ihren Sitz in Frankfurt am Main. Seit 1999 ist die Bundesbank neben den anderen Zentralbanken der Teilnehmerländer der EWWU integraler **Bestandteil des Europäischen Systems der Zentralbanken.** Sie ist, wie die anderen nationalen Zentralbanken der EWWU-Länder, an die Leitlinien und Weisungen des ESZB gebunden.

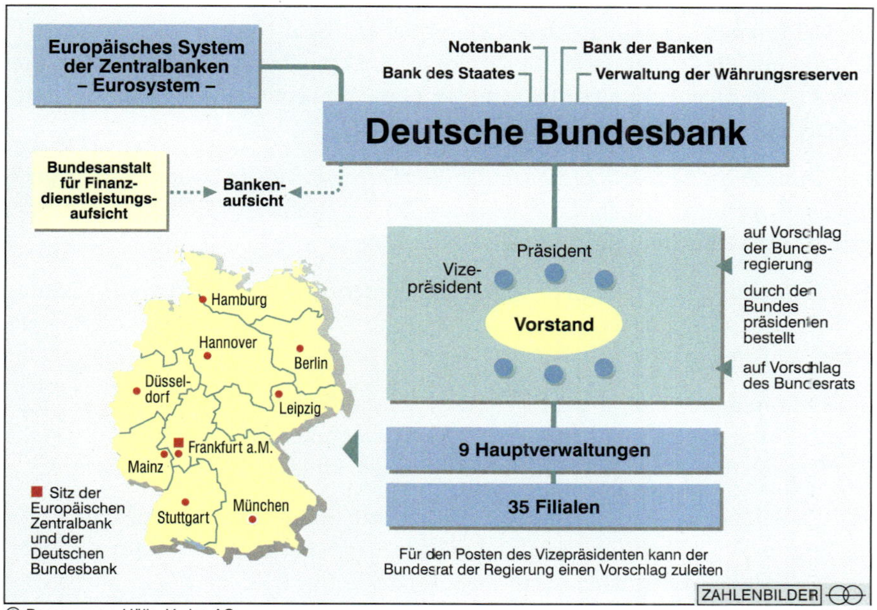

7.3 Geldmenge und Geldschöpfung

Als die **Geldmenge** einer Volkswirtschaft wird der **gesamte Bestand an Zahlungsmitteln** in den Händen von Nichtbanken bezeichnet. Hierzu zählen das Bargeld und das Giral- bzw. Buchgeld der Nichtbanken. Der Nichtbankensektor umfasst alle privaten und öffentlichen Haushalte sowie den Unternehmenssektor.

7.3.1 Geldmengendefinitionen im Eurosystem

Das Kürzel „M" bedeutet „money", also „Geld".

Im Eurosystem werden die drei **Geldmengen M 1, M 2 und M 3** unterschieden. Diese unterscheiden sich durch den Liquiditätsgrad ihrer Bestandteile: Während die Geldmenge M 1 nur Zahlungsmittel umfasst, die den Wirtschaftssubjekten sofort zur Verfügung stehen, umfasst die Geldmenge M 3 auch Zahlungsmittel, die den Wirtschaftssubjekten erst mittelfristig zur Verfügung stehen.

Geldmengendefinitionen des Eurosystems

€ M 1 = **Bargeld**
+ täglich fällige Einlagen

€ M 2 = **M 1**
+ Einlagen mit vereinbarter Kündigungsfrist von bis zu drei Monaten, Termineinlagen (Laufzeit bis zu zwei Jahren)

€ M 3 = **M 2**
+ Geldmarktfondsanteile und Geldmarktpapiere, Repogeschäfte, Schuldverschreibungen bis zu 2 Jahren

Die **Geldmenge M 1** enthält nur täglich verfügbares Geld. Dazu gehören der Bargeldbestand und die Sichteinlagen (Buchgeld) bei Banken, über die täglich z. B. per Kreditkarte oder Überweisung verfügt werden kann. Der Liquiditätsgrad eines Sichtguthabens ist ähnlich wie der von Bargeld.

Die **Geldmenge M 2** enthält neben den Bestandteilen von M 1 auch Termingelder mit einer vereinbarten Laufzeit von bis zu zwei Jahren sowie Spareinlagen mit einer vereinbarten Kündigungsfrist von bis zu drei Monaten.

Repogeschäft (engl. „repurchase operation") Rückkaufvereinbarung: Verkauf eines Wertpapiers mit der Verpflichtung, es zu einem späteren Zeitpunkt zurückzukaufen

Die **Geldmenge M 3** ergibt sich, wenn zur Geldmenge M 2 die Geldmarktfondsanteile, Schuldverschreibungen mit einer Laufzeit von bis zu zwei Jahren und **Repogeschäfte** zugerechnet werden.

Als **Geldmenge M 0** wird das sogenannte Zentralbankgeld (Geldbasis) bezeichnet. Diese Geldmenge umfasst sämtliches Bargeld (Banknoten und Münzen), das von der Zentralbank in Umlauf gebracht wurde, sowie alle Einlagen bei der Zentralbank.

Für die Geldpolitik der Europäischen Zentralbank (EZB) ist die Geldmenge M 3 die wichtigste Größe. Die Höhe dieser Geldmenge hängt u. a. davon ab, wofür die Nichtbanken ihr Geld verwenden. Wenn sie z. B. langfristige Geldanlagen in kurzfristige umwandeln, erhöht sich die Geldmenge M 3; wenn sie kurzfristige Geldanlagen in langfristige umwandeln, verringert sich die Geldmenge M 3.

Der Nichtbankensektor verwendet Geld zur ...		
... Kassenhaltung	... kurzfristigen Geldanlage auf Geldmärkten	... langfristigen Geldanlage auf Kapitalmärkten
Gründe: – Ausgaben für anstehende Konsum- oder Investitionsentscheidungen – Liquiditätsreserve für unvorhergesehene oder kurzfristig geplante Ausgaben	Gründe: – Sparen für größere Anschaffungen – „Parken" überflüssiger Liquidität	Gründe: – Vorsorgesparen – Erzielung von Kapitalerträgen
Merkmal: Liquiditätspräferenz wird mit Zinsverzicht erkauft.	Merkmal: Kurzfristiger Liquiditätsverzicht bringt Zinsvorteile.	Merkmal: Langfristiger Liquiditätsverzicht bringt Zinsvorteile.
Bestandteile von M 3		kein Bestandteil von M 3

7.3.2 Geldschöpfungsprozess und Mindestreserve

Wenn durch den Bankensektor Geld geschaffen wird, wird dies als Geldschöpfung bezeichnet. **Bargeldschöpfung** ist nur den Zentralbanken möglich, weil sie allein berechtigt sind, Banknoten und Münzen in Umlauf zu bringen. Die Geschäftsbanken hingegen können nur **Giralgeld**, d. h. **Buchgeld schöpfen**.

BEISPIEL

Das Kaufhaus A benötigt liquide Mittel. Es beantragt einen Kredit in Höhe von 500 000 Euro bei seiner Bank. Nach Prüfung des Antrags wird das Darlehen gewährt und dem Girokonto des Kaufhauses als Sichteinlage gutgeschrieben. Das Kaufhaus erhält Bankengeld. Die Bank verpflichtet sich, Verfügungen bis zur Höhe von 500 000 Euro durch das Kaufhaus zuzulassen. Die Gegenleistung des Kaufhauses besteht in der Rückführung des Darlehens am Ende der Laufzeit und in der Zahlung der Zinsen.

Entsteht Bankengeld durch Kreditvergabe des Bankensektors an den Nichtbankensektor, wird von **aktiver Giralgeldschöpfung** gesprochen. Jede Kreditvergabe wirkt sich auf die Höhe der umlaufenden Geldmenge aus: Werden Kredite gewährt, steigt die Geldmenge; werden sie zurückgeführt, sinkt die Geldmenge. Die Kreditvergabe liegt im Ermessen des Bankensektors.

Von **passiver Giralgeldschöpfung** wird gesprochen, wenn Nichtbanken Bargeld auf die Girokonten des Bankensektors einzahlen, also Bargeld in Buchgeld tauschen. Hierbei bleibt die Geldmenge unverändert; lediglich ihre Zusammensetzung verändert sich. Bargeldauszahlungen wirken ebenfalls auf die Zusammensetzung der Geldmenge, nicht aber auf deren Höhe. Bankengeld wird in diesem Fall zu Bargeld.

BEISPIEL

Kaufhaus A benötigt zur Abwicklung seiner Tagesgeschäfte eine Kassenreserve in Höhe von 50 000 Euro. Dem Wunsch des Kaufhauses nach Bargeldauszahlung aus dessen Guthaben kann die Bank nur nachkommen, wenn sie ihrerseits über Bargeldbestände verfügt. Die Bank deckt ihren Bargeldbedarf durch Geschäfte mit der Europäischen Zentralbank. Die 50 000 Euro werden an das Kaufhaus ausgezahlt. Der Kassenbestand der Bank verringert sich.

Um zu gewährleisten, dass Kunden jederzeit Bargeldauszahlungen aus ihren Sichtguthaben erhalten können, hält der Bankensektor **freiwillige Kassenreserven**.

Mindestreservepolitik der EZB **Kapitel 7.5.3**

Neben der freiwilligen Kassenreserve der Geschäftsbanken gibt es die **gesetzliche Mindestreserve**, die sicherstellen soll, dass die Einlagen der Kunden jederzeit in Liquidität umgewandelt werden können: Die Europäische Zentralbank (EZB) verpflichtet die Banken, einen bestimmten Prozentsatz (**Reservesatz**) ausgewählter Kundeneinlagen (Reservebasis) auf Girokonten bei den nationalen Zentralbanken (NZB), also als Zentralbankbuchgeld zu unterhalten. Reservebasis und Reservesatz werden von der EZB bestimmt. Der gesetzlichen Verpflichtung zur Mindestreserve kann sich keine Bank entziehen. Bei Nichteinhaltung drohen Sanktionen. Der Mindestreservesatz hat einen wesentlichen Einfluss darauf, wie viel Giralgeld die Banken durch Kreditvergabe schöpfen können.

BEISPIEL

Hinweis: Der Mindestreservesatz von 20 % ist in diesem Beispiel rein fiktiv. Der derzeitige Mindestreservesatz der EZB beträgt nur 1 %. **Kapitel 7.5.3**

Ein Kunde zahlt bei der Bank A Bargeld in Höhe von 25 000 Euro ein. Es entstehen 25 000 Euro Giralgeld. Bank A muss 20 % der Einlage, also 5 000 Euro, als Mindestreserve bei der Bundesbank halten. Das verbleibende Überschussguthaben in Höhe von 20 000 Euro darf sie als Kredit ausleihen.
Das T-Konto der Bank A sieht nun wie folgt aus:

Aktiva		Passiva	
Reserven	5 000 €	Einlagen	25 000 €
Kredite	20 000 €		

Ein Großhandelsunternehmen möchte mit einem Kredit der Bank A die Rechnung eines Lieferanten bezahlen. Bank A überweist die Kreditsumme in Höhe von 20 000 Euro auf das Konto des Lieferanten bei der Bank B. Hier entsteht eine neue Einlage von 20 000 Euro, von der Bank B 16 000 Euro als neuen Kredit weitergeben darf.

Aktiva		Passiva	
Reserven	4 000 €	Einlagen	20 000 €
Kredite	16 000 €		

Herr Meier bekommt die gesamte Summe von 16 000 Euro als Kredit von Bank B. Er kauft sich ein neues Auto und überweist den Betrag an einen Autohändler, der Kunde von Bank C ist.

Aktiva		Passiva	
Reserven	3 200 €	Einlagen	16 000 €
Kredite	12 800 €		

So könnte es noch weitergehen, bis aufgrund der Mindestreserve der Kreditbetrag 0 Euro beträgt. Aus dem Überschussguthaben von 20 000 Euro sind 48 800 Euro geworden (20 000 € + 16 000 € + 12 800 € = 48 800 €). Alle beteiligten Banken haben auf diesem Wege Giralgeld geschaffen, und theoretisch könnten sie sogar noch mehr Geld schöpfen.

Die Kreditsumme, die das gesamte Bankensystem maximal ausleihen kann, wird mithilfe des sogenannten **Giralgeldschöpfungsmultiplikators** errechnet. Bei einem Überschussbetrag von 20 000 Euro und einem Mindestreservesatz von 20 % (= 0,2) rechnet man: 20 000 Euro · 1/0,2 = 100 000 Euro.

Die Geldschöpfung wird allerdings nicht nur durch den Mindestreservesatz, sondern auch dadurch begrenzt, dass Kredite immer auch dem Bargeldverbrauch dienen und somit niemals vollständig auf andere Konten fließen. Deshalb muss eine Barabhebungsquote eingerechnet werden, die die Geldschöpfung zusätzlich verringert:

BEISPIEL

Geldschöpfung der Banken und ihre Begrenzung

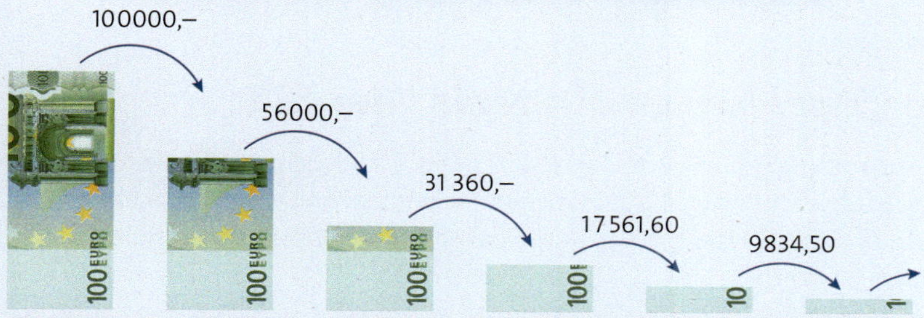

	A	B	C	D	E	F
30% Barauszahlung	30 000,–	16800,–	9408,–	5 268,48	2950,35	
70% Giralgeld	70 000,–	39 200,–	21952,–	12 293,12	6884,15	
davon 20% Mindestreserve	14 000,–	7840,–	4390,40	2458,62	1376,83	

Darüber hinaus hängen die Geldschöpfungsmöglichkeiten des Bankensektors auch davon ab, in welchem Umfang und zu welchen Kosten (Zinsen) die Geschäftsbanken ihrerseits Zentralbankgeld erhalten können, das sie dann zur Vergabe von Krediten an ihre Kunden nutzen können.

Bankenliquidität und Kreditkosten als Aktionsparameter **Kapitel 7.4.2**

Faktoren, die die Giralgeldschöpfung begrenzen		
Mindestreservepflicht	Barabhebungsquote	Verfügbarkeit von Zentralbankguthaben
Banken müssen einen bestimmten Prozentsatz ihrer Kundeneinlagen bei der nationalen Zentralbank als Reserve halten.	Kredite fließen nicht vollständig auf andere Konten, sondern dienen auch dem Bargeldverbrauch.	Die Möglichkeiten der Kreditvergabe hängen auch davon ab, wie viel Zentralbankgeld die Banken bekommen können.

7.4 Geldpolitische Strategie der EZB

Europäische Zentralbank (EZB)
Kapitel 7.2

negative Folgen von Geldwertstörungen
Kapitel 4.6.3 und 4.7

Laut Artikel 127 des Vertrags über die Arbeitsweise der Europäischen Union (AEUV) ist es das vorrangige Ziel der EZB, die **Preisniveaustabilität** zu gewährleisten. Gemäß der quantitativen Definition, die der EZB-Rat im Oktober 1998 beschlossen hat, ist Preisniveaustabilität bei einem Anstieg des Harmonisierten Verbraucherpreisindex (HVPI) von unter, aber nahe 2 % gegeben.

7.4.1 Die „Zwei-Säulen-Strategie" der EZB

Harmonisierter Verbraucherpreisindex (HVPI)
Kapitel 4.5

Um ihr vorrangiges Ziel erreichen zu können, entwickelte die EZB eine sogenannte „Zwei-Säulen-Strategie", die aus einer wirtschaftlichen und einer monetären Analyse von Indikatoren besteht, welche auf Risiken für die Preisniveaustabilität hindeuten können.

Im Rahmen der **wirtschaftlichen Analyse** wird eine Vielzahl kurz- bis mittelfristiger realwirtschaftlicher Indikatoren (wie z. B. die Produktionsentwicklung, die Lohnentwicklung, diverse Preis- und Kostenindikatoren usw.) analysiert.

715 570 © Bergmoser + Höller Verlag AG

Quantitätsgleichung und Geldmengeninflation
Kapitel 4.6.2

Bruttoinlandsprodukt
Kapitel 2.4.1

Im Rahmen der **monetären Analyse** werden mittel- bis langfristige monetäre Indikatoren analysiert. Da auf mittlere bis längere Sicht ein enger Zusammenhang zwischen Geldmengenwachstum und Inflation besteht, hat die EZB als wichtigsten Indikator die Entwicklung der Geldmenge M 3 gewählt.

Die EZB vergleicht das Wachstum der Geldmenge M 3 mit einem von ihr festgelegten Referenzwert, der auf mittelfristigen Annahmen über die Entwicklung des realen BIP und der Umlaufgeschwindigkeit des Geldes basiert. Dieser Referenzwert drückt aus, welches Geldmengenwachstum die EZB als stabilitätskonform ansieht. Liegt das tatsächliche Geldmengenwachstum deutlich über dem Referenzwert, deutet dies auf eine Gefährdung der Preisniveaustabilität hin.

7.4.2 Aktionsparameter der EZB

Die Parameter, durch deren Änderung die EZB die Geldmengenentwicklung steuern kann, sind die Bankenliquidität und die Kreditkosten.

Beeinflussung der Bankenliquidität: Wenn die Zentralbank von den Geschäftsbanken Wertpapiere kauft bzw. ihnen Kredite gewährt, stellt sie Zentralbankgeld zur Verfügung, das die Banken für die Vergabe von Krediten nutzen können. Damit wird die umlaufende Geldmenge erhöht (Geldschöpfung). Wenn die Zentralbank hingegen Wertpapiere verkauft bzw. den Umfang oder die Laufzeit der von ihr vergebenen Kredite verringert, kann sie der Wirtschaft Geld entziehen und damit die Geldmenge senken.

Beeinflussung der Kreditkosten: Da die Geschäftsbanken sich frische liquide Mittel vorrangig über die Zentralbank besorgen, bedeutet eine Erhöhung der Zentralbankzinsen eine Erhöhung der Kreditkosten der Banken. Diese höheren Kosten geben die Banken in Form höherer Kreditzinsen an ihre Kreditnehmer (Unternehmen und Verbraucher) weiter. Die Neigung von Unternehmen und Verbrauchern, Kredite aufzunehmen, um Güter nachzufragen, sinkt dadurch. Eine Erhöhung der Zentralbankzinsen führt also zu einer Verringerung der umlaufenden Geldmenge. Umgekehrt führt eine Senkung der Zentralbankzinsen zu einer Erhöhung der Geldmenge.

Geldschöpfung
Kapitel 7.3.2

Kurz- bis mittelfristig beeinflussen Geldmengenänderungen vor allem die gesamtwirtschaftliche Nachfrage: Eine Erhöhung der Geldmenge (durch hohe Bankenliquidität und niedrige Kreditkosten) fördert im Regelfall die Investitions- und Konsumneigung, wirkt also nachfrage- und konjunkturanregend. Sind die Kapazitäten einer Volkswirtschaft schon weitgehend ausgelastet, bringt dies aber die Gefahr einer Nachfrageinflation mit sich. Eine Verringerung der Geldmenge (durch niedrige Bankenliquidität und hohe Kreditkosten) senkt dagegen die Investitions- und Konsumneigung, drosselt also die Nachfrage und somit die Konjunktur.

Geldpolitik als Mittel der Konjunkturpolitik
Kapitel 7.6

Nachfrageinflation
Kapitel 4.6.2

Der quantitative Zusammenhang zwischen Geldmengenwachstum und Inflation (Geldmengeninflation bei einem zu starken Wachstum der Geldmenge) wird erst mittel- bis langfristig spürbar.

Quantitätsgleichung und Geldmengeninflation
Kapitel 4.6.2

Aktionsparameter Bankenliquidität und Kreditkosten

7.5 Geldpolitische Instrumente der EZB

Bankenliquidität und Kreditkosten **Kapitel 7.4.2**

Zur Beeinflussung von Bankenliquidität und Kreditkosten stehen der EZB verschiedene Instrumente zur Verfügung. Die drei wichtigsten Instrumente sind:

- Offenmarktgeschäfte,
- ständige Fazilitäten,
- Mindestreservepolitik.

7.5.1 Offenmarktgeschäfte

Das wichtigste Steuerungsinstrument der EZB sind Offenmarktgeschäfte. Diese bestehen im Wesentlichen darin, dass die EZB Wertpapiere am offenen Markt kauft und verkauft. Die Transaktionen können befristet oder definitiv sein.

Arten von Offenmarktgeschäften

Die Offenmarktgeschäfte lassen sich in mehrere Kategorien unterteilen, wobei die größte Bedeutung den Hauptrefinanzierungsgeschäften zukommt.

- **Hauptrefinanzierungsgeschäfte:** Hierbei wird den Kreditinstituten wöchentlich, und zwar für die Regellaufzeit von einer Woche, Zentralbankgeld gegen eine notenbankfähige Sicherheit (Wertpapiere) zur Verfügung gestellt. Dies geschieht vor allem in Form von **Wertpapierpensionsgeschäften**: Die EZB kauft von den Banken für eine Woche Wertpapiere und schreibt ihnen den Gegenwert in Zentralbankgeld gut. Die Liquidität im Bankensektor steigt. Am Ende der Woche gibt die EZB die Wertpapiere zurück und erhält die ausgezahlte Summe zuzüglich des Pensionszinssatzes. Die Bankenliquidität sinkt. Der **Zinssatz** für die Hauptrefinanzierungsgeschäfte ist der **europäische Leitzins**.

Wertpapierpensionsgeschäfte sind Wertpapierkäufe mit fester Rückkaufvereinbarung. Der Termin des Rückkaufs und der Rückkaufpreis werden bei Vertragsabschluss festgelegt. Im Kern ist ein solches Geschäft ein kurzfristiger Kredit, der mit einem Pfand besichert wird.

- **Längerfristige Refinanzierungsgeschäfte:** Zusätzlich zu den Hauptrefinanzierungsgeschäften gibt es längerfristige Refinanzierungsgeschäfte. Hier wird den Kreditinstituten monatlich, und zwar für die Regellaufzeit von drei Monaten, Zentralbankgeld gegen eine notenbankfähige Sicherheit zur Verfügung gestellt.

- **Feinsteuerungsoperationen** sind ein zusätzliches Instrument zur Liquiditätsbereitstellung oder -abschöpfung, das nur unregelmäßig eingesetzt wird. Es dient vor allem dazu, den Geldmarkt bei unerwarteten Ereignissen (wie z.B. dem 11. September 2001 oder der Finanzkrise 2008/2009) zu stabilisieren.

internationale Finanz- und Wirtschaftskrise
Kapitel 9.8.5

Abwicklung von Offenmarktgeschäften

Die Abwicklung der Refinanzierungsgeschäfte erfolgt in Form von Ausschreibungen, die als Tender bezeichnet werden. Dabei können zwei unterschiedliche Verfahren – ein Mengentender oder ein Zinstender – zur Anwendung kommen.

Beim **Mengentender** legt die EZB den Zinssatz fest, zu dem sie Offenmarktgeschäfte tätigt. Die Marktteilnehmer geben Mengengebote ab. Nicht bekannt gegeben wird das Tendervolumen, d.h. die Geldmenge, die dem Bankensektor zufließen soll. Die EZB prüft die Gebote und errechnet die Zuteilungsquote.

BEISPIEL

Die EZB beschließt, 200 Mio. Euro über den Mengentender zuzuteilen. Die Banken A, B, C und D, die das Tendervolumen nicht kennen, geben Gebote in einer Gesamthöhe von 250 Mio. Euro ab. Die Zuteilungsquote wird dann so berechnet:

$$\text{Zuteilungsquote} = \frac{\text{Tendervolumen} \cdot 100\,\%}{\text{Summe aller Gebote}} = \frac{200 \text{ Mio. Euro} \cdot 100\,\%}{250 \text{ Mio. Euro}} = 80\,\%$$

Dies bedeutet, dass jede Bank 80 % des von ihr nachgefragten Geldes erhält:

Geschäftsbank	Mengengebot in Mio. Euro	Zuteilung in Mio. Euro
Bank A	100	100 · 0,8 = 80
Bank B	40	40 · 0,8 = 32
Bank C	30	30 · 0,8 = 24
Bank D	80	80 · 0,8 = 64
Summe	**250**	**200**

Beim **Zinstender** gibt die EZB einen Mindestbietungssatz vor. Die einzelnen Marktteilnehmer geben Mengen- und Zinsgebote ab. Diese Angebote werden dann nach Zinshöhe sortiert. Angefangen mit dem zinshöchsten Angebot wird der Geldbedarf der Banken so lange befriedigt, bis das Zuteilungsvolumen erschöpft ist. Banken, die wegen eines geringen Zinsgebots zu weit unten auf der Liste stehen, gehen leer aus.

BEISPIEL

Die EZB beschließt, 100 Mio. Euro über den Zinstender zuzuteilen. Der Mindestzinssatz beträgt 2,8 %, die Laufzeit beträgt 100 Tage. Fünf Banken geben nun die folgenden Gebote ab:

Geschäftsbank	Zinsgebot in %	Mengengebot in Mio. Euro
Bank A	3,3	30
Bank B	3,1	20
Bank C	2,9	40
Bank D	2,9	20
Bank E	2,8	50

▶

Bank A und B bekommen wegen ihres hohen Zinsgebotes die volle Menge des gewünschten Geldes. Auch Bank C und D, die beide einen Zinssatz von 2,9 % geboten haben, können noch berücksichtigt werden. Das Tendervolumen reicht aber nicht aus, um den Bedarf von Bank C und D in vollem Umfang zu befriedigen. Deshalb wird hier, ähnlich wie beim Mengentender, eine Zuteilungsquote errechnet.

Geschäftsbank	zu zahlender Zinssatz in %	Zuteilquote in % der gewünschten Menge	zugeteilte Menge in Mio. Euro
Bank A	3,3	100,0	30,0
Bank B	3,1	100,0	20,0
Bank C	2,9	83,3	33,3
Bank D	2,9	83,3	16,7
Bank E	–	–	–

internationale Finanz- und Wirtschaftskrise **Kapitel 9.8.5**

Von Anfang 1999 bis Juni 2000 wandte die EZB bei den Hauptrefinanzierungsgeschäften zunächst den Mengentender an. Der von der EZB festgelegte Zinssatz war aber so attraktiv, dass die Banken sich bei ihren Mengengeboten gegenseitig zu überbieten versuchten. Ende Juni 2000 ging die EZB deshalb zum Zinstender über. Im Zuge der internationalen Finanz- und Wirtschaftskrise wurde das Verfahren dann ein weiteres Mal geändert: Um die Lage der Banken zu verbessern, führte die EZB im Oktober 2008 für alle Refinanzierungsgeschäfte einen Mengentender mit vollständiger Zuteilung ein. D. h., sie beschloss, den Banken die gewünschte Liquidität in vollem Umfang zu gewähren.

7.5.2 Ständige Fazilitäten

Ein weiteres Instrument der Geldmarktsteuerung sind die ständigen Fazilitäten (Kreditmöglichkeiten) des Eurosystems. Sie ermöglichen es den Geschäftsbanken, in eigener Initiative „über Nacht“ (d. h. bis zum nächsten Geschäftstag) Liquidität bei den Zentralbanken in Anspruch zu nehmen oder überschüssige Liquidität bei den Zentralbanken anzulegen.

Es gibt zwei Arten von ständigen Fazilitäten:

- Mithilfe der **Spitzenrefinanzierungsfazilität** können die Banken sich „über Nacht“ Zentralbankkredite verschaffen, für die sie Sicherheiten zu hinterlegen haben. Da der Zinssatz hierfür sehr hoch ist, nehmen die Banken diese Möglichkeit nur in Anspruch, wenn sie einen starken kurzfristigen Liquiditätsbedarf haben. Am folgenden Tag müssen die Kredite zurückgezahlt werden.
- Die **Einlagefazilität** ermöglicht es den Geschäftsbanken, überschüssige Liquidität „über Nacht“ zu einem bestimmten sehr niedrigen Zinssatz anzulegen.

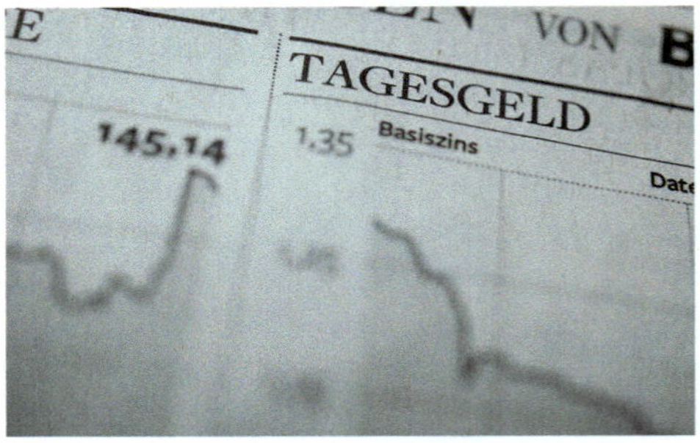

Tagesgeld
Geld kann zu einem bestimmten Zinssatz angelegt werden. Ist dieses Geld täglich ohne Zinsverlust verfügbar, wird von Tagesgeld gesprochen.

Die **Zinssätze** für die ständigen Fazilitäten sind die Ober- und Untergrenze der Geldmarktsätze für **Tagesgeld**.

Der Hauptrefinanzierungssatz, die Spitzenrefinanzierungsfazilität und die Einlagefazilität sind in einem sogenannten **Zinskanal** miteinander verbunden. Die Europäische Zentralbank beobachtet die Geldmarktsituation und verschiebt je nach Bedarf die Zinssätze nach oben oder unten. Dabei passt sie im Regelfall alle Zinssätze im Zinskanal gleichzeitig an. Der Abstand zwischen den einzelnen Zinssätzen bleibt gleich.

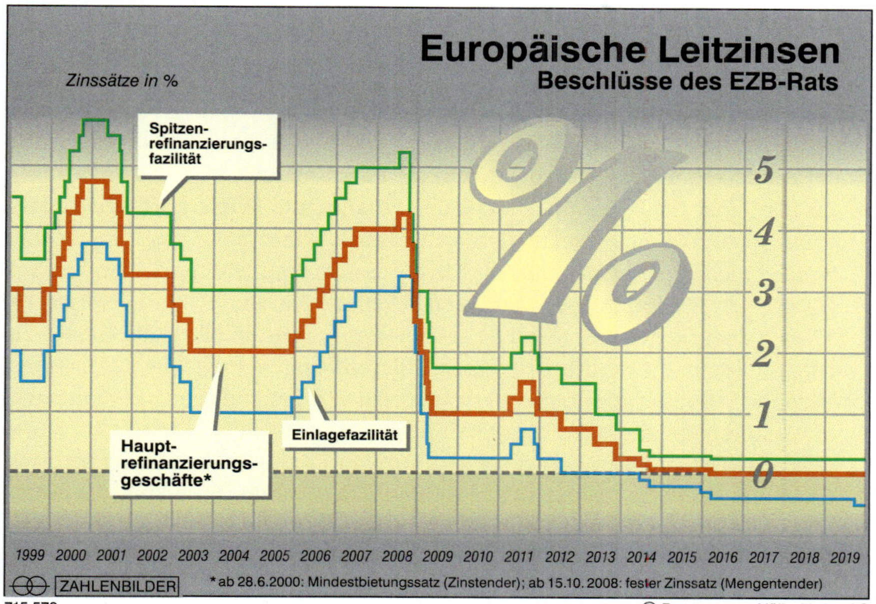

7.5.3 Mindestreservepolitik

Alle Kreditinstitute im Euro-Währungsgebiet müssen einen bestimmten Prozentsatz ihrer Verbindlichkeiten (vor allem Kundenguthaben) als Mindestreserve auf Konten bei den nationalen Zentralbanken unterhalten. Die Einlagen werden verzinst, damit die Banken keinen Zinsverlust und keine Wettbewerbsnachteile gegenüber anderen Kredit- und Finanzinstituten außerhalb des Euroraums erleiden.

Mindestreserve
Kapitel 7.3.2

Welche Geldbeträge als Mindestreserve zu hinterlegen sind (Mindestreserve-Soll), bemisst sich nach dem Stand der reservepflichtigen Verbindlichkeiten am Ende des vorangegangenen Monats. Mindestreservepflichtig mit einem Satz von derzeit 1 % sind:

- alle täglichen Einlagen,
- alle Einlagen mit einer vereinbarten Laufzeit/Kündigungsfrist von bis zu zwei Jahren,
- ausgegebene Schuldverschreibungen mit einer Laufzeit von bis zu zwei Jahren.

Mindestreserven dienen der Sicherung der Kundenguthaben bei den Banken. Außerdem sind sie ein wichtiges Instrument, um die Bankenliquidität, die Geldmarktzinsen und damit die umlaufende Geldmenge zu kontrollieren: Wird der Mindestreservesatz erhöht, wird den Banken Liquidität entzogen und umgekehrt. Da kein Kreditinstitut sich den Vorgaben entziehen kann, ist die Mindestreservepolitik das „schärfste Schwert“ der EZB.

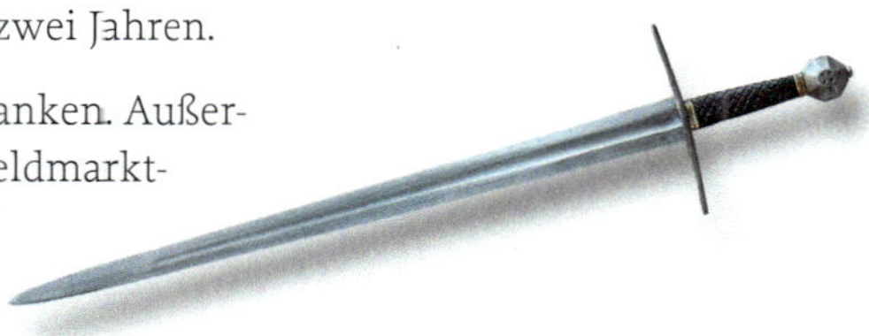

7.6 Die Nullzinspolitik der EZB und die Grenzen der Geldpolitik

Wer heutzutage Geld auf einem Sparkonto anlegen möchte, steht vor einem Problem: Die Zinsen sind so minimal, dass sie nicht mal ansatzweise die Inflation ausgleichen. Wer Geld sparen möchte, muss also damit rechnen, dass das Sparguthaben im Laufe der Zeit immer mehr an Wert verliert. Der Grund hierfür ist die Niedrig- bzw. Nullzinspolitik, die die Europäische Zentralbank (EZB) schon seit Jahren betreibt.

Hintergründe der Nullzinspolitik

Auslöser der Niedrigzinspolitik der EZB waren die globale Finanz- und Wirtschaftskrise (2008/2009) und die Staatsschuldenkrise im Euroraum (2010):

- Als der Euroraum 2008 von der globalen **Finanz- und Wirtschaftskrise** erfasst wurde und 2009 einen dramatischen Einbruch seines BIP-Wachstums erlebte, wurden nicht nur Maßnahmen zur Bankenrettung ergriffen und Konjunkturprogramme zur Bekämpfung der Rezession aufgelegt. Auch die EZB reagierte auf die Krise, indem sie den europäischen Leitzins von 4,25 % im Jahr 2008 auf 1 % im Jahr 2009 senkte. Mit dieser rigorosen **Zinssenkung** verfolgte die EZB mehrere Ziele: die Stabilisierung des Finanzsystems, die Verhinderung einer Deflation und die Ankurbelung der Wirtschaft im Euroraum. Die EZB versuchte also, nicht nur das Preisniveau stabil zu halten, sondern auch die Konjunkturpolitik der Eurostaaten zu unterstützen: Die **expansive Geldpolitik** (niedrige Zinsen und ein erhöhtes Geldangebot) sollte die gesamtwirtschaftiche Nachfrage (Konsum und Investitionen) beleben.
- Als der Euroraum im Jahr 2010 in die als „Eurokrise" bezeichnete **Staatsschuldenkrise** schlitterte, waren weitere Maßnahmen nötig: 2012 kündigte die EZB an, **Staatsanleihen** (Schuldscheine) von notleidenden Eurostaaten zu kaufen, um ihnen günstige Finanzierungsmöglichkeiten zu verschaffen. Schon die bloße Ankündigung dieser Maßnahme führte zu sinkenden Zinsen in Krisenländern wie Italien und Portugal. Im März 2015 begann die EZB dann tatsächlich, Anleihen bei den Geschäftsbanken aufzukaufen – zunächst nur Staatsanleihen (unabhängig von der Bedürftigkeit der Staaten), später auch ausgewählte Unternehmensanleihen.

globale Finanz- und Wirtschaftskrise 2008/2009 **Kapitel 9.8.5**

europäischer Leitzins **Kapitel 7.5.1**

Deflation **Kapitel 4.7**

Konjunkturpolitik **Kapitel 6.6.1 und 6.6.3**

Staatsschuldenkrise **Kapitel 9.8.5**

Die Maßnahmen der EZB in den Krisenjahren werden von vielen Ökonomen als angemessen beurteilt. Sehr umstritten ist aber die Fortsetzung der „ultralockeren" Geldpolitik in den anschließenden Jahren des Aufschwungs:

- Von März 2015 bis Ende 2018 kaufte die EZB **Anleihen im Wert von rund 2,6 Billionen Euro**, um die Zinsen zu drücken und die Bankenliquididät zu erhöhen. Nachdem das Programm Ende 2018 vorübergehend eingestellt worden war, wurde es im November 2019 wieder aufgenommen.
- Der **Einlagezins** für überschüssiges Geld, das die Geschäftsbanken bei den Zentralbanken parken müssen, wurde 2014 negativ und damit zu einem Strafzins. Im Oktober 2019 sank er auf minus 0,5 % (siehe Grafik auf S. 201).
- Der **europäische Leitzins** beträgt seit März 2016 durchgängig nur noch 0,00 % (siehe Grafik auf S. 201).
- Das Festhalten an der Nullzinspolitik begründete die EZB mit **Risiken für die Konjunktur** und den sehr niedrigen, auf eine **Deflationsgefahr** hindeutenden Preissteigerungsraten im Euroraum.

Kreditkosten und Bankenliquidität als Aktionsparameter **Kapitel 7.4.2**

Einlagefazilität **Kapitel 7.5.2**

Als die **Corona-Pandemie** 2020 die schwerste weltweite Wirtschaftskrise seit dem Zweiten Weltkrieg auslöste, weitete die EZB ihre Anleihekäufe nochmals aus:

Corona-Krise
Kapitel 6.6.3

- Zusätzlich zu den bereits laufenden Programmen legte die EZB im März 2020 ein zeitlich befristetes **„Pandemie-Notfallankaufprogramm"** („Pandemic Emergency Purchase Programme", PEPP) auf. In dessen Rahmen, so der Beschluss im März, sollten bis Ende 2020 Vermögenswerte des privaten wie des öffentlichen Sektors im Umfang von 750 Mrd. Euro aufgekauft werden.

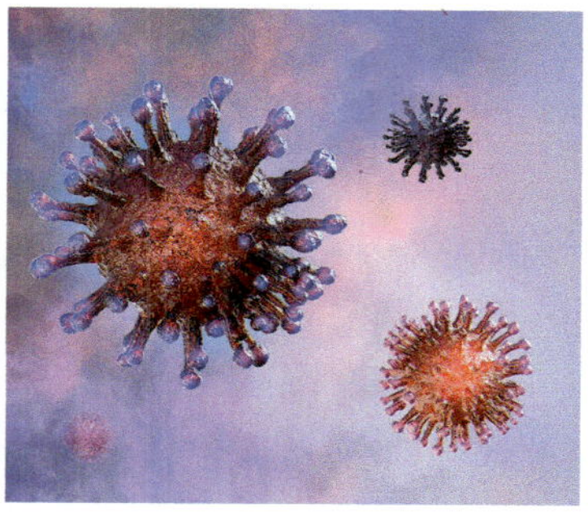

- Im Juni 2020 wurde das PEPP um 600 Mrd. Euro auf 1,35 Billionen Euro aufgestockt und seine Verlängerung bis mindestens Juni 2021 beschlossen. Im Dezember 2020 wurde es nochmals um 500 Mrd. Euro auf 1,85 Billionen Euro aufgestockt. Die Laufzeit wurde bis März 2022 verlängert.
- Das Ankaufprogramm der EZB bewirkt, dass Staaten und Unternehmen für Anleihen, die sie selber herausgeben, nicht so hohe Zinsen bieten müssen. Die Haushalte der Staaten, die während der Krise milliardenschwere Rettungspakete aufgelegt haben, werden dadurch entlastet.

Kritik an der Nullzinspolitik

Die Nullzinspolitik der EZB steht schon seit Jahren in der Kritik. Die Kritiker meinen, dass die EZB damit ihre Kompetenzen überschreite: Sie nutze Geldpolitik als Mittel der Staatsfinanzierung (was ihr nicht erlaubt sei) und als Mittel der Konjunkturpolitik (was nicht ihre Aufgabe sei). Unstreitig ist, dass von der Nullzinspolitik vor allem **Schuldner profitieren**. Insbesondere südeuropäischen Ländern wurde somit indirekt Zeit erkauft, um Strukturreformen durchführen zu können. Ob Letzteres in ausreichendem Maße geschieht, ist umstritten.

Nullzinspolitik der EZB. Karikatur von Kostas Koufogiorgos

Auf der anderen Seite gibt es **viele Verlierer** dieser Politik:

- Vor allem kleinere und mittlere **Banken** mit einer großen Abhängigkeit vom Zinsertrag leiden unter der Nullzinspolitik und den Strafzinsen, die sie für Einlagen bei der Zentralbank entrichten müssen.
- Durch die weit unterhalb der Preissteigerungsraten liegenden Zinsen auf Spareinlagen verliert das Geld von **Sparern** an Wert. Zudem steht zu befürchten, dass die Geschäftsbanken die Strafzinsen, die sie an die EZB zahlen müssen, in zunehmendem Maße an ihre Kunden weitergeben, z. B. in Form eines „Verwahrentgelts".
- Die EZB-Politik gefährdet die **Altersvorsorge** vieler Menschen, da auch **Versicherungsunternehmen** durch die Negativzinsen in Schwierigkeiten geraten: Insbesondere private Lebensversicherer wissen kaum noch, wie sie ihren Kunden die Summen, die sie ihnen einstmals garantiert hatten, auszahlen können. Auch die Sozialversicherungsträger, die ihre Rücklagen „sicher und liquide" auf dem Kapitalmarkt anlegen müssen, sind von den Strafzinsen betroffen.
- Kredite für den Kauf von Immobilien sind zwar günstiger als je zuvor; durch die drastisch **steigenden Immobilienpreise** rückt der Traum vom Eigenheim für viele Menschen aber trotzdem in immer weitere Ferne.

gesetzliche Sozialversicherung
Kapitel 8.4

Das BVerfG-Urteil vom Mai 2020 betrifft das Staatsanleihekaufprogramm PSPP („Public Sector Purchase Programme"), nicht aber das Pandemie-Notfallankaufprogramm PEPP.

Unter ihrer neuen Präsidentin Christine Lagarde kündigte die EZB im Januar 2020 eine Überprüfung ihres 2003 beschlossenen Inflationsziels an: Da die geringen Preissteigerungen der letzten Jahre auch mit der Globalisierung und der Digitalisierung zusammenhängen, ist dieses Inflationsziel unter Umständen nicht mehr zeitgemäß. Sollte es nach unten korrigiert werden, könnte dies eine schrittweise Normalisierung der Geldpolitik ermöglichen.

Die Niedrigzinspolitik der EZB hat auch das **Bundesverfassungsgericht** beschäftigt. Im Dezember 2018 hatte der Europäische Gerichtshof (EuGH) die Anleihekäufe der EZB für rechtens erklärt: Sie seien kein verbotenes Mittel der Staatsfinanzierung, sondern ein erlaubtes Mittel, um die Preisniveaustabilität zu sichern. In einem vielbeachteten Urteil vom Mai 2020 distanzierte sich das Bundesverfassungsgericht von der Auffassung des EuGH und stufte das Staatsanleihekaufprogramm der EZB als teilweise verfassungswidrig ein. Dabei nahmen die Karlsruher Richter vor allem die Auswirkungen auf andere Wirtschaftsbereiche in den Blick: Die EZB habe die Verhältnismäßigkeit der Maßnahmen nicht hinreichend geprüft und dargelegt.

Die angemahnten Dokumente hat die EZB der Bundesregierung im Juni 2020 zukommen lassen. Aus Sicht des Bundestages sind die Karlsruher Forderungen damit erfüllt. Doch die Zweifel an der Geldpolitik der EZB dürften bleiben und werden das Bundesverfassungsgericht vermutlich auch in Zukunft beschäftigen.

Grenzen der Geldpolitik

Abgesehen von ihren problematischen „Nebenwirkungen" hat die Nullzinspolitik der EZB auch die Grenzen von Geldpolitik sichtbar gemacht: Die EZB hat es in den vergangenen Jahren nicht geschafft, die Preissteigerungsrate im Euroraum auf das angestrebte Niveau von knapp unter 2 % zu heben.

Dass Geldpolitik nicht immer auf die beabsichtigte Weise wirkt, liegt daran, dass sie nur einen **indirekten Einfluss** auf das Wirtschaftsgeschehen hat.

- Zwar kann die EZB die Bankenliquidität immer weiter erhöhen und die Geschäftsbanken mit Strafzinsen zur Kreditvergabe zu zwingen versuchen. Wenn diese Kredite aber nicht abgerufen werden (weil z. B. die unternehmerischen Zukunftserwartungen so pessimistisch sind, dass selbst bei extrem niedrigen Zinsen keine Investitionen getätigt werden), kommt die Liquidität nicht in der Realwirtschaft an und bleibt die expansive Geldpolitik vollkommen wirkungslos.
- Eine weitere Schwierigkeit der Geldpolitik besteht darin, dass Zentralbanken nicht kontrollieren können, wie viele Einlagen die privaten Haushalte bei den Geschäftsbanken halten. Wenn die Einleger ihr Geld abheben, weil sie z. B. das Vertrauen in das Bankensystem verloren haben, geht das Geldangebot zurück, ohne dass die Zentralbank darauf Einfluss hätte.

ÜBERBLICK

Für die einheitliche Geldpolitik des Euroraums ist das **Europäische System der Zentralbanken**, bestehend aus der **Europäischen Zentralbank (EZB)** und den **nationalen Zentralbanken** der EU-Länder, verantwortlich.

Als die **Geldmenge** einer Volkswirtschaft wird der gesamte Bestand an Zahlungsmitteln in den Händen von Nichtbanken (private und öffentliche Haushalte sowie Unternehmenssektor) bezeichnet. Die EZB steuert das Geldangebot und das Zinsniveau mit verschiedenen **geldpolitischen Instrumenten**, um so die **Preisniveaustabilität** im Euroraum zu sichern.

Die **Niedrig- bzw. Nullzinspolitik**, die die EZB seit der Wirtschaftskrise von 2008/09 und der Staatsschuldenkrise von 2010 betreibt, ist sehr umstritten.

1 Grenzen Sie die Begriffe „Eurosystem" und „Europäisches System der Zentralbanken" voneinander ab.

2 Welche Aufgaben hat die Europäische Zentralbank (EZB) bzw. das Europäische System der Zentralbanken im Rahmen des Eurosystems?

3 Recherchieren Sie im Internet: Warum ist es so wichtig, dass das Europäische System der Zentralbanken unabhängig von den sonstigen Trägern der Wirtschaftspolitik ist?

4 Informieren Sie sich im Internet über die Deutsche Bundesbank.
a Welche Aufgaben hat die Deutsche Bundesbank?
b Wie viele Filialen hat die Deutsche Bundesbank aktuell? Und warum werden die Filialen der Deutschen Bundesbank reduziert?
c Recherchieren Sie, was die Verwaltung von Währungsreserven bedeutet.

5 Was beinhalten die Geldmengen M 1, M 2 und M 3 und warum wird zwischen diesen Geldmengenbegriffen unterschieden?

6 Recherchieren Sie im Internet, wie sich die Geldmenge M 3 in letzter Zeit entwickelt hat.

7 Erläutern Sie den Unterschied zwischen aktiver und passiver Geldschöpfung.

8 Sie haben Bargeld in Höhe von 1 000 Euro und zahlen dieses bei der Bank A ein. Die 1 000 Euro verbleiben im Bankensystem. Die Bank A muss eine Mindestreserve in Höhe von 2 % ihrer Einlagen bei der Bundesbank halten.
a Wie hoch ist das Überschussguthaben, das die Bank als Kredit vergeben darf?
b Ein Einzelhandelsunternehmen nimmt den Kredit der Bank A in Anspruch und begleicht damit eine Rechnung der Firma X bei der Bank B. Wie hoch ist das Überschussguthaben, das die Bank B als Kredit vergeben darf,
- wenn die Firma X 200 Euro Bargeld abhebt?
- wenn die Firma X keine Abhebung vom Konto vornimmt?

c Welcher maximale Betrag kann aus den 1 000 Euro geschöpft werden?
d Wie würden sich die Mindestreserve und das Überschussguthaben der Bank A verändern, wenn die Zentralbank den Mindestreservesatz auf 5 % erhöhen würde?

9 In einer fiktiven Volkswirtschaft gebe es 5 000 Banknoten zu je 100 Euro. Wie hoch ist die Geldmenge ...
a wenn die Bevölkerung das gesamte Geld als Bargeld hält?
b wenn die Einwohner das gesamte Geld auf Girokonten halten und der Mindestreservesatz bei 20 % liegt?
c wenn die Bewohner zu gleichen Teilen Bargeld und Giroeinlagen besitzen und der Mindestreservesatz 10 % beträgt?

10 Nennen und erläutern Sie die Faktoren, von denen die Geldschöpfungsmöglichkeiten des Bankensektors entscheidend abhängen.

11 Das vorrangige Ziel der Europäischen Zentralbank ist die Sicherung der Preisniveaustabilität. Erläutern Sie ...
a warum dieses Ziel so wichtig ist.
b wie die EZB Preisniveaustabilität definiert.
c welche Aktionsparameter der EZB zur Verfügung stehen.

12 Erläutern Sie die geldpolitischen Instrumente der EZB.
- **a** Wie funktionieren und wirken Offenmarktgeschäfte?
- **b** Wie funktionieren und wirken die ständigen Fazilitäten?
- **c** Was versteht man unter „Mindestreserve“? Und warum gilt die Mindestreservepolitik als „schärfstes Schwert“ der EZB?

13 Wodurch unterscheiden sich ein Mengen- und ein Zinstender voneinander?

14 Die EZB beschließt, dem Markt Liquidität in Form eines Mengentenders zuzuführen. Das Tendervolumen beträgt 200 Mio. Euro. Welche Zuteilungsbeträge haben die Banken A bis E zu erwarten?

Geschäftspartner	Mengengebot in Mio. Euro
Bank A	20
Bank B	50
Bank C	40
Bank D	80
Bank E	60
Summe	250

15 Die EZB beschließt, 140 Mio. Euro über einen Zinstender zuzuteilen. Der Mindestzinssatz beträgt 3 %, die Laufzeit 90 Tage. Welche Zuteilungsbeträge haben die Banken A bis E zu erwarten?

Geschäftspartner	Zinsgebot in %	Mengengebot in Mio. Euro
Bank A	3,5	60
Bank B	3,3	40
Bank C	3,1	55
Bank D	3,1	25
Bank E	2,8	55

16 Sind die folgenden Maßnahmen der EZB expansiv oder kontraktiv?
- **a** Erhöhung des Offenmarktvolumens
- **b** Erhöhung des Mindestreservesatzes
- **c** Erhöhung der Leitzinsen

17 Welche Auswirkungen hat eine expansive (kontraktive) Geldpolitik im Normalfall auf ...
- **a** das Kreditangebot der Banken?
- **b** die Zinsen für die Kunden?
- **c** die Kreditnachfrage durch Nichtbanken?
- **d** die Investitions- und Konsumgüternachfrage im Inland?
- **e** das Preisniveau?

18 Informieren Sie sich im Internet und in der Tagespresse über den aktuellen Mindestreservesatz und die Höhe der Leitzinsen. Welche Strategie wird zurzeit von der EZB verfolgt?

19 Warum entfaltet Geldpolitik nicht immer die beabsichtigten Wirkungen?

20 Recherchieren und erklären Sie ...
- **a** warum es problematisch ist, wenn alle Einleger ihr Geld gleichzeitig abheben wollen.
- **b** was ein „bank run“ ist und wodurch der letzte „bank run“ ausgelöst wurde.

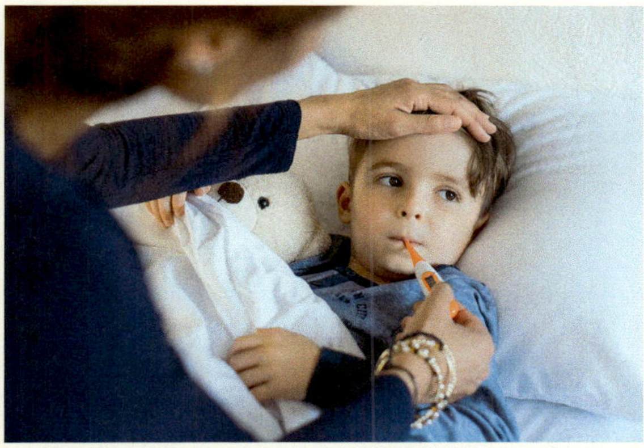

Warum soll Menschen im Sozialstaat geholfen werden?

Wie wird den Menschen im Sozialstaat geholfen?

Vor welchen Herausforderungen steht der Sozialstaat?

Wie kann Arbeitslosigkeit vermindert werden?

Wie kann die Chancengleichheit gefördert werden?

THEMENBEREICH 8

Arbeitsmarkt- und Sozialpolitik

8.1 Eskalation des Armuts- und Generationenkonflikts?

Eli

Gary

Vater

Mutter

Familie Schelling sitzt beim Abendessen. „Stellt euch vor“, sagt Elinor, „unser VWL-Lehrer hat allen Ernstes behauptet, dass wir uns jetzt schon mit dem Thema Altersvorsorge beschäftigen sollten!“ „Spinnt der?“, fragt Gary. „Nein, der spinnt nicht“, antwortet Paul Schelling, „ich überlege auch schon, was wir heute tun können, damit ihr nicht irgendwann in der Altersarmut landet. Es gibt verschiedene Möglichkeiten, die alle ihre Vor- und Nachteile haben ...“ „Warum soll ich mich jetzt schon mit Alter und Armut beschäftigen?“, fragt Gary entgeistert. „Ich bin jung, will das Leben genießen, erst einmal Geld verdienen, Reisen machen, eine eigene Wohnung, ein Auto haben ... Und nicht schon übers Alter nachdenken!“

„Warte ab!“, mischt Akilah Schelling sich ein. „Hochmut kommt oft vor dem Fall!“ „Wie meinst du das?“, fragt Elinor. „Naja“, sagt Akilah, „aufgrund des sogenannten Generationenvertrags finanzieren die Jüngeren die Renten der Älteren. Es besteht aber die Gefahr, dass die Rentenbeiträge immer höher werden, während die Rentenzahlungen in Zukunft immer niedriger werden. Und das bedeutet, dass die Altersarmut steigen wird ... Schaut euch mal diese Karikatur hier an! Die habe ich gerade heute in der Zeitung entdeckt.“

Altersarmut ab 2030.

Karikatur von Harm Bengen

Der Paritätische Armutsbericht 2020

Mit 15,9 Prozent hat die Armutsquote in Deutschland einen historischen Wert erreicht. Es ist die größte gemessene Armut seit der Wiedervereinigung. Über 13 Millionen Menschen sind betroffen. [...]

Das höchste Armutsrisiko haben nach wie vor Arbeitslose (57,9 Prozent), Alleinerziehende (42,7 Prozent), kinderreiche Familien (30,9 Prozent), Menschen mit niedriger Qualifikation (41,7 Prozent) und Menschen ohne deutsche Staatsangehörigkeit (35,2 Prozent). Bezeichnend ist, dass die Armutsquote bei all diesen [...] Gruppen von 2018 auf 2019 noch einmal zugenommen hat. [...]
Die mit Abstand stärkste Zunahme des Armutsrisikos zeigt im längerfristigen Vergleich die Gruppe der Rentner*innen und Pensionär*innen. Unter ihnen wuchs die Armutsquote seit 2006 um 66 Prozent. Aus einer eher geringen wurde mit 17,1 Prozent eine deutlich überdurchschnittliche Armutsquote.
Was die Sozialstruktur der Armut angeht, ist der ganz überwiegende Teil der Armen erwerbstätig (33,0 Prozent) oder in Rente (29,6 Prozent). Arbeitslose stellen dagegen mit knapp acht Prozent nur eine ausgesprochene Minderheit unter den Armen im erwerbsfähigen Alter.

Quelle: Deutscher Paritätischer Wohlfahrtsverband e. V. (2020). Gegen Armut hilft Geld. Der Paritätische Armutsbericht 2020, S. 4 [online] https://www.der-paritaetische.de/schwerpunkt/armutsbericht/ [06.12.2020]. (Auszug.)

1 Erarbeiten Sie die Karikatur auf S. 208 mithilfe der drei Schritte auf S. 147.

2 Führen Sie eine Podiumsdiskussion zu der Frage „Wie kann Altersarmut in Zukunft vermindert werden?“ durch. Berücksichtigen Sie hierbei folgende Phasen:

a **Informationsbeschaffung:** Verschaffen Sie sich zunächst einen Überblick über die Thematik, indem Sie in Einzel- oder Partnerarbeit im Internet recherchieren. Folgende Links können als Einstieg genutzt werden:
- https://www.der-paritaetische.de (Der Paritätische Armutsbericht)
- https://www.bmas.de (Armuts- und Reichtumsbericht der Bundesregierung)

b **Vorbereitung von Standpunkten:** Bilden Sie Kleingruppen, die je einen möglichen Standpunkt vorbereiten. Folgende Interessenvertreter können mit ihren Argumenten Berücksichtigung finden:
- Vertreter von Wohlfahrtsverbänden (z. B. Caritas, Paritätischer)
- Regierungsvertreter (Bund, Land, Kommune)
- Betroffene (z. B. Arbeitslose, Alleinerziehende, kinderreiche Familien, Menschen mit Migrationshintergrund, Menschen mit niedrigen Bildungsabschlüssen)

c **Diskussion:** Jede Kleingruppe schickt nun einen Vertreter zu einem kontroversen Austausch von Standpunkten und Argumenten aufs Podium. Die Zuhörer der Diskussion halten die Argumentationsschwerpunkte mithilfe von Beobachtungsbögen fest.

d **Reflexion:** Reflektieren Sie im Plenum über die Diskussion. Leitfragen hierfür sind:
- Welches Ergebnis hat die Diskussion erbracht?
- Wurden alle Standpunkte überzeugend dargestellt?
- Wurden wichtige Punkte nicht behandelt?
- Welche Schlussfolgerungen können gezogen werden?
- ...

8.2 Sozialstaatsprinzip

soziale Marktwirtschaft
Kapitel 5.2.3

gesellschaftliche Grundwerte
Kapitel 5.4.2

Sozialgesetzbuch I, § 1: Das Sozialstaatsgebot „soll zur Verwirklichung sozialer Gerechtigkeit und sozialer Sicherheit Sozialleistungen einschließlich sozialer und erzieherischer Hilfen gestalten. Es soll dazu beitragen, ein menschenwürdiges Dasein zu sichern".

Die soziale Marktwirtschaft wird dauerhaft nur dann die Unterstützung der Bürger behalten, wenn ihr der soziale Ausgleich zwischen reichen und armen Menschen (im Sinne einer gerechten Einkommens- und Vermögensverteilung) gelingt und Bürgern in wirtschaftlichen Notlagen geholfen wird. Im Grundgesetz (GG) Artikel 20 und im Sozialgesetzbuch (SGB) I, § 1 ist verankert, dass Deutschland ein Sozialstaat mit einem System der sozialen Sicherung ist. Als politische Zielsetzung wird verfolgt, ärmere Bevölkerungsgruppen in die Gesellschaft zu integrieren und damit die Gesellschaftsordnung zu stabilisieren. Insbesondere die wirtschaftliche und soziale Situation benachteiligter gesellschaftlicher Gruppen soll verbessert werden.

Das System der sozialen Sicherung beruht auf drei **Gestaltungsprinzipien**, wobei davon ausgegangen wird, dass jeder Mensch im Laufe seines Lebens sozialen Risiken ausgesetzt ist. Diese sollten durch die Gemeinschaft abgedeckt werden, um soziale Härten bei Einzelnen zu vermeiden:

- Das **Versicherungsprinzip** besteht darin, dass jedes Mitglied der Gemeinschaft von bestimmten Risiken betroffen sein kann (z. B. Krankheit). Von allen Mitgliedern der Gemeinschaft ist ein Beitrag (z. B. an die Krankenversicherung) zu zahlen, der den Erhalt von Leistungen begründet. D. h., ohne Beitragszahlung gibt es keine Leistungen (z. B. Arztbehandlung). Da aber nicht alle Versicherten gleichzeitig z. B. einen Unfall haben, werden hohe Behandlungskosten Einzelner von der Versichertengemeinschaft bezahlt, sodass individuell keine teuren Arztrechnungen anfallen. Staatliche Zuschüsse sind möglich (z. B. Gesundheitsfonds).
- Gemäß dem **Versorgungsprinzip** besteht ein Anspruch auf Leistungen aufgrund einer besonderen Situation. Dies gilt beispielsweise für den Bezug von Kindergeld. Arbeitnehmer haben dafür keine entsprechenden monatlichen Abzüge vom Gehalt, sondern der Staat übernimmt die Zahlung.
- Das **Fürsorgeprinzip** sieht eine Absicherung für den Notfall vor. Es werden für diese Absicherung keine speziellen Beiträge gezahlt, sondern der Anspruch auf Hilfeleistung hängt vom individuellen Bedarf ab, der zuvor überprüft (z. B. Wohngeld) und vom Staat gezahlt wird.

Das folgende Schaubild verdeutlicht mögliche Ansatzpunkte staatlicher Sozialpolitik.

Ansatzpunkte der Sozialpolitik

Ausgleich der Einkommenssituation zwischen „Arm" und „Reich", z. B. – Geldleistungen – Steuerermäßigungen – Vermögensförderung – Wohnraumförderung	staatliche Absicherung von Risiken, z. B. – gesetzliche Sozialversicherung (Kranken-, Pflege, Renten-, Unfall- und Arbeitslosenversicherung)	staatliche Unterstützung, z. B. durch – Bildungspolitik – Familienpolitik – Arbeitnehmerschutz – Mieterschutz

Weitere sozialstaatliche Aufgaben bestehen darin, Arbeitslosigkeit zu beseitigen und Beschäftigung zu fördern (Arbeitsmarkt-/Beschäftigungspolitik), sowie für Arbeitsschutz in Unternehmen zu sorgen (z. B. Unfall-, Kündigungs-, Mutterschutz) Neben dem Staat (Bund, Länder, Kommunen) sind verschiedene private oder kirchliche Organisationen (z. B. Gewerkschaften, Caritas, Herbergsvereine) sozialpolitisch aktiv.

Arbeitslosigkeit
Kapitel 8.8.3–8.8.4

Arbeitsmarkt- und Beschäftigungspolitik
Kapitel 8.9

Arbeitnehmerschutz
Kapitel 8.10

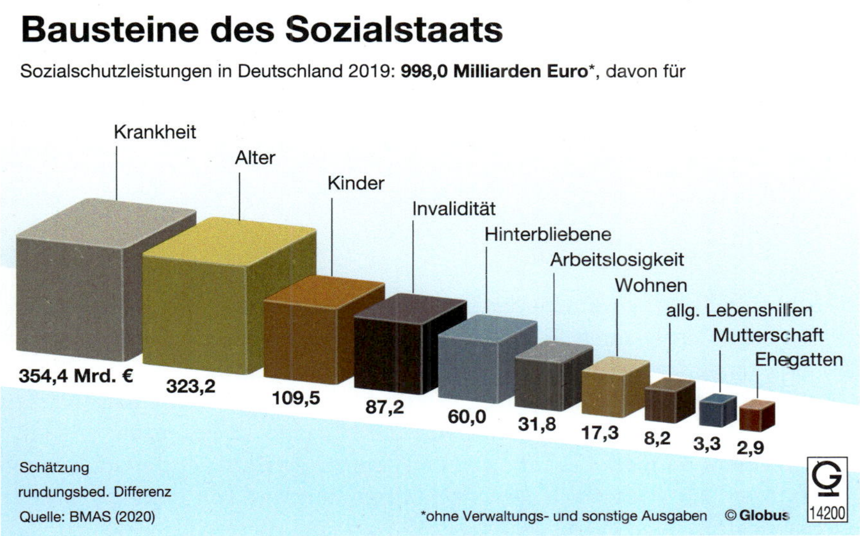

In der aktuellen Diskussion gewinnt als weiterer Grundsatz das **Subsidiaritätsprinzip** an Bedeutung. Es soll sicherstellen, dass der Einzelne auch eigenverantwortlich Vorsorge betreibt, selber für Notfälle vorsorgt und nicht nur den Staat für verantwortlich hält. Dabei geht es um die Frage, wie das Verhältnis zwischen privaten und öffentlichen Leistungen im Sozialstaat geregelt werden soll. Nach aktuellen Meinungsumfragen sieht etwa die Hälfte der Deutschen die alleinige Verantwortung für ihre Altersversorgung beim Staat. Der Ruf nach „Vater Staat" wird allerdings auch gerne erhoben, um von eigenen Versäumnissen abzulenken.

Nach dem **Subsidiaritätsprinzip** sollte der Einzelne die ökonomische Hilfe anderer erst dann in Anspruch nehmen, wenn er sich selbst nicht mehr helfen kann.

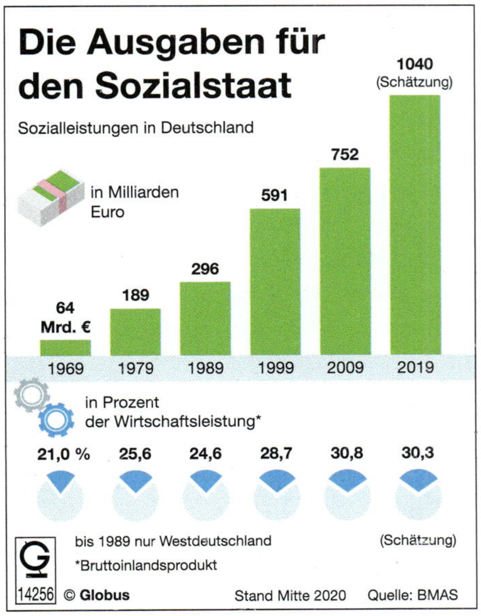

Zum Ende einer jeden Legislaturperiode veröffentlicht die Bundesregierung den **Sozialbericht**, der einen umfassenden Überblick über die Sozialpolitik in Deutschland gibt. Dort wird auch das **Sozialbudget** (Umfang, Struktur und Ausgaben der einzelnen Zweige der sozialen Sicherung) angegeben. Die **Sozialleistungsquote** gibt an, welchen Anteil das gesamte Sozialbudget am Bruttoinlandsprodukt des jeweiligen Jahres hat. An der Höhe dieser Quote lässt sich erkennen, wie soziale Leistungen in einer Volkswirtschaft gewichtet werden.

Weitere Informationen zum Sozialbericht:
https://www.bmas.de/DE/Service/Medien/Publikationen/a-101-17-sozialbericht-2017.html

8.3 Einkommen und Vermögen verteilen

Volkseinkommen
Kapitel 2.4.2

Armutsquote
(auch als „Armutsgefährdungsquote“ oder „Armutsrisikoquote“ bezeichnet) prozentualer Anteil der Menschen, deren Einkommen weniger als 60 % des mittleren Einkommens in einer Gesellschaft beträgt

Das Volkseinkommen kann mit einem Kuchen verglichen werden, der aufgeteilt wird. Die „Kuchenstücke“, d. h. Einkommen und Vermögen, sind in Deutschland **ungleich verteilt**. Laut Paritätischem Armutsbericht 2020 lag die **Armutsquote** im Jahr 2019 bei 15,9 %, dem höchsten Wert seit der Wiedervereinigung. Dies bedeutet, dass mehr als 13 Millionen Menschen in Deutschland von Armut gefährdet sind. Ein besonders hohes Armutsrisiko haben Arbeitslose, Alleinerziehende, kinderreiche Familien, Menschen mit niedriger Qualifikation und Menschen ohne deutschen Pass. Die Gruppe, deren Armutsrisiko am schnellsten wächst, sind die Rentner.

8.3.1 Funktionelle und personelle Einkommensverteilung

Produktionsfaktoren
Kapitel 1.7

Primärverteilung
Kapitel 8.3.2

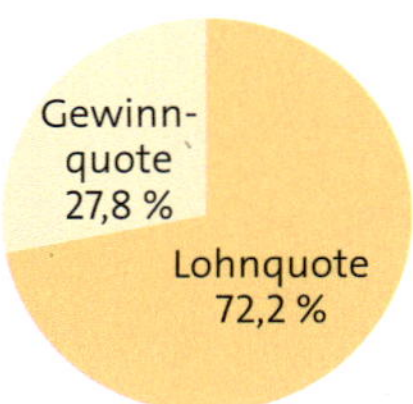

2019

Die **funktionelle Einkommensverteilung** ist die Verteilung des Volkseinkommens auf die Produktionsfaktoren Boden, Arbeit und Kapital (Primärverteilung). In diesem Zusammenhang sind zwei Einkommensarten zu unterscheiden:

- **Lohneinkommen:** Löhne und Gehälter beruhen auf unselbstständiger Arbeit (Arbeitnehmerentgelte) und werden für eine erbrachte Arbeitsleistung gezahlt.
- **Gewinneinkommen:** Gewinne sind Einkommen aus Unternehmertätigkeit und Vermögen (z. B. betriebliche Gewinne, Mieten aufgrund von Immobilienbesitz, Zinsen bei Spargeldern, Dividenden bei Aktienbesitz). Hierbei ist zu beachten, dass beispielsweise auch Garagenbesitzer Gewinne in Form der Garagenmiete (Unternehmertätigkeit) erzielen können.

Die Verteilung des Volkseinkommens auf die Produktionsfaktoren drückt sich in der Lohn- und Gewinnquote aus.

- Aus der **Lohnquote** geht hervor, wie groß der Anteil der Arbeitnehmerentgelte am Volkseinkommen ist.
- Die **Gewinnquote** besagt, wie hoch der Anteil der Einkünfte aus unternehmerischer bzw. selbstständiger Tätigkeit am Volkseinkommen ist.

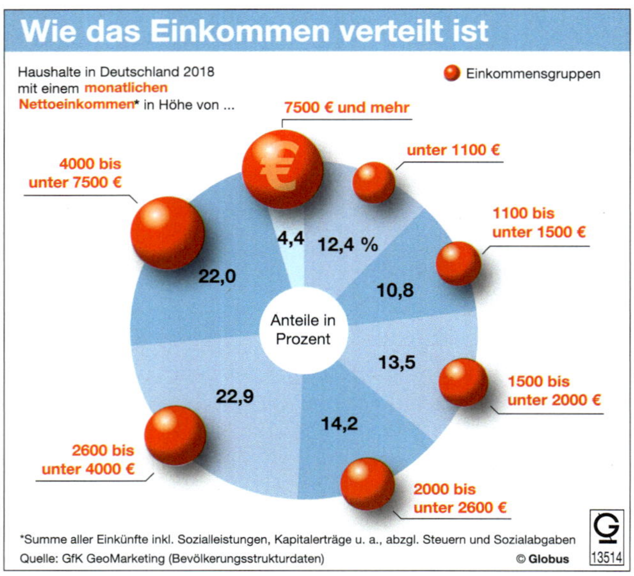

Lohn- und Gewinnquote sagen aber nichts darüber aus, wie sich die erzielten Einkommen auf soziale Schichten verteilen. Aufschlüsse hierüber ermöglicht die **personelle Einkommensverteilung**. Diese macht erkennbar, wie sich das Volkseinkommen auf Personengruppen oder Haushalte verteilt, unabhängig von der Art und Herkunft der Einkommen. Sie zeigt, wie gleichmäßig oder ungleichmäßig verschiedene Personengruppen (z. B. Arbeitnehmer, Selbständige, Rentner, Beamte, Landwirte) am Volkseinkommen beteiligt sind. Hierfür werden alle Einkommensarten einer Person zusammengerechnet, beispielsweise Lohn-, Zins- und Mieteinnahmen.

8.3.2 Primäre und sekundäre Einkommensverteilung

Die **primäre Einkommensverteilung** ist die Verteilung des Volkseinkommens vor staatlichen Eingriffen. Da die Primärverteilung oft sehr ungleich ist, wird sie durch den Staat und die Sozialversicherungsträger korrigiert, i. d. R. zugunsten der Arbeitnehmer und sozial schwächeren Schichten. Hierfür gibt es verschiedene Instrumente. Die wichtigsten Instrumente auf der Einnahmenseite öffentlicher Haushalte sind:

- **Lohn- und Einkommensteuer:** In Deutschland werden größere Einkommen höher besteuert (Einkommensteuerprogression).
- **Sozialversicherungsbeiträge:** Auch die Höhe der Beiträge zur Arbeitslosen-, Renten- und Krankenversicherung hat Einfluss auf das verfügbare Einkommen.

Instrumente auf der Ausgabenseite öffentlicher Haushalte sind:

- **Sozialtransfers:** Leistungen der Sozialversicherungen (Rente, Arbeitslosengeld I usw.) und Transferzahlungen (wie z. B. Wohngeld, Kindergeld, Ausbildungsbeihilfen) verbessern die Situation einkommensschwacher Personengruppen.
- **Subventionen:** Subventionen für private Haushalte können beispielsweise Zuschüsse (Prämien für Elektroautos), Preisgarantien (Mietpreisbremse) oder Steuervergünstigungen (Befreiung von der Kfz-Steuer für Elektroautos) sein.
- **Realtransfers öffentlicher Güter:** Die Bereitstellung von Infrastruktur (Bahn- oder Busverbindungen, Fahrradwege oder -stellplätze, Ladeinfrastruktur für E-Mobilität u. a. m.) verbessert die Lebensqualität der Menschen.

Die Verteilung von Einkommen und Vermögen nach den korrigierenden Eingriffen des Staates wird als **sekundäre Einkommensverteilung** bezeichnet. Die Einkommensungleichheiten sind jetzt vermindert, i. d. R. aber nicht vollständig beseitigt.

Einnahmenpolitik des Staates
Kapitel 6.5.1

Lohn- und Einkommensteuer
Kapitel 6.5.2

gesetzliche Sozialversicherung
Kapitel 8.4

Ausgabenpolitik des Staates
Kapitel 6.5.3

Arbeitslosengeld
Kapitel 8.9.2

Mietpreisbremse
Kapitel 3.8

öffentliche Güter
Kapitel 3.7

8.3.3 Gerechte Einkommensverteilung

Da in jeder Volkswirtschaft Verteilungskämpfe entstehen, muss die Gesellschaft einen Maßstab finden, nach dem das Volkseinkommen verteilt wird. Ein solcher wird aber nur akzeptiert, wenn er von allen als weitgehend gerecht empfunden wird.

Dabei orientiert sich die Gesellschaft in der Regel an drei Prinzipien:

- Nach dem **Leistungsprinzip** soll die Einkommensverteilung von den erbrachten Leistungen abhängen.
- Nach dem **Bedürfnisprinzip** soll jeder ein Einkommen gemäß seinen Bedürfnissen erhalten. Aufgrund der begrenzten Mittel muss der Staat allerdings festlegen, welche Bedürfnisse befriedigt werden können.
- Das **Gleichheitsprinzip** wird heute in seiner reinen Form nicht mehr vertreten. Zwar sind alle Menschen von Natur aus gleich, allerdings wäre es problematisch, wenn bei der Verteilung auf die unterschiedlichen Leistungen und Bedürfnisse keine Rücksicht genommen würde.

Das Bedürfnisprinzip wird auch als Bedarfsprinzip bezeichnet.

Dennoch bleibt die Gleichverteilung eine wirtschaftspolitische Zielsetzung: Je weiter die tatsächliche Einkommensverteilung von der Gleichverteilung abweicht, desto ungerechter erscheint das Wirtschaftssystem für die Bürger. Für die Sozialpolitik besteht das Problem also darin, zwischen Leistungsprinzip und Bedürfnisprinzip die **richtige Balance** zu finden. Sozialpolitische Lösungen werden kontrovers diskutiert: Verfechter des **Subsidiaritätsprinzips** fordern z. B. eine stärkere Gewichtung des Leistungsprinzips.

Subsidiaritätsprinzip
Kapitel 8.2

8.4 Gesetzliche Sozialversicherung

Die ersten gesetzlichen Sozialversicherungen wurden bereits Ende des 19. Jahrhunderts als Maßnahme gegen die Verelendung der Industriearbeiter eingeführt.

Die gesetzliche Sozialversicherung soll die **Folgen von Krankheit, Pflegebedürftigkeit, Alter oder Arbeitslosigkeit abmildern**, indem sie den Einzelnen für diese Fälle finanziell absichert. Die Höhe der Pflichtbeiträge richtet sich nach dem Einkommen und nicht, wie bei privaten Versicherungen, nach dem Risiko. Alle Mitglieder der gesetzlichen Sozialversicherung haben Anspruch auf die gleiche Leistung.

Die Finanzierung der gesetzlichen Sozialversicherung beruht auf folgenden Grundsätzen:

- Die Versicherung wird hauptsächlich **durch Beiträge finanziert**. In abhängigen Beschäftigungsverhältnissen übernehmen Arbeitgeber und Arbeitnehmer die Beitragszahlungen gemeinsam.
- Die **Höhe der Beiträge** legt bei der Kranken-, Pflege-, Renten- und Arbeitslosenversicherung der Gesetzgeber fest, bei der Unfallversicherung die Selbstverwaltung der Versicherungsträger.
- Durch die Sozialversicherung wird in zweifacher Hinsicht ein **sozialer Ausgleich** geschaffen. Zum einen richtet sich die Beitragshöhe der einzelnen Versicherten nach ihrem Einkommen und nicht nach dem Risiko. Zum anderen sind alle Versicherten beitragspflichtig. Dies gilt unabhängig davon, ob und in welchem Umfang sie Leistungen der Versicherung in Anspruch nehmen (werden).
- Die **Pflicht zur Versicherung** gewährleistet die nötige Breite der Risikogemeinschaft. Versicherungspflichtig sind in der Regel alle abhängig Beschäftigten.

Reformbedarf in der Sozialversicherung entsteht immer dann, wenn sich die Rahmenbedingungen verändern.

demografischer Wandel
Kapitel 8.6

- Beispielsweise machen demografische Veränderungen in Deutschland die stufenweise Anhebung des **Renteneintrittsalters** auf 67 Jahre erforderlich.
- Damit die Rentenbezüge von Menschen, die gearbeitet haben, nicht unter der Grundsicherung liegen, wurde zum 1. Januar 2021 eine **Grundrente** eingeführt. Diesen Zuschlag zur individuellen Rente bekommt, wer 33 Beitragsjahre aus Beschäftigung, Kindererziehung oder Pflegetätigkeit nachweisen kann und im Schnitt weniger als 80 % des Durchschnittsverdienstes aller Arbeitnehmer bezogen hat. Im Startjahr profitieren hiervon ca. 1,3 Millionen Menschen, darunter etwa 70 % Frauen. Die Grundrente soll aus Steuermitteln finanziert werden.

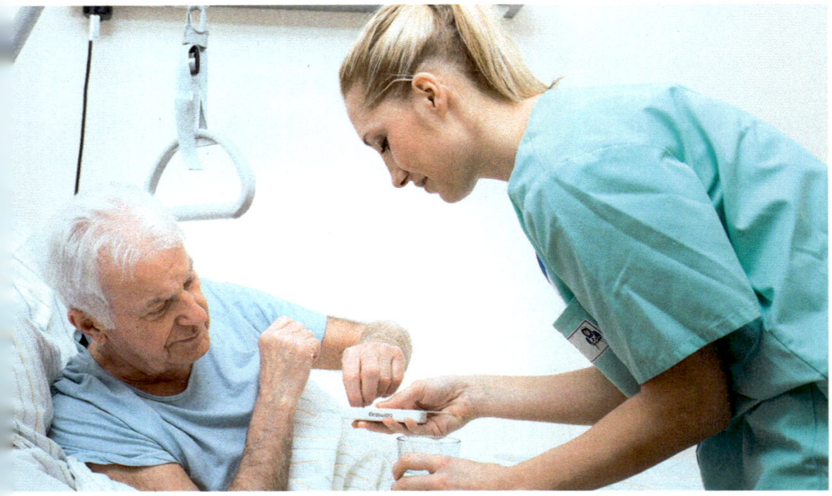

- Dramatisch ist gegenwärtig die Situation in der Pflege (**Pflegenotstand**). Die Leistungen der Pflegeversicherung reichen i. d. R. nicht, um alle Pflegekosten abzudecken. Deshalb müssen Versicherte einen Eigenanteil tragen. Dieser beinhaltet noch nicht die Kosten für Verpflegung und Unterkunft in einem Pflegeheim.

Derzeit ist kaum abzusehen, wie die Finanzierungsprobleme dauerhaft bewältigt werden können, ob Leistungen weiter gekürzt werden oder Versicherte möglicherweise wieder verstärkt privat vorsorgen müssen.

Gesetzliche Sozialversicherungen im Überblick (Stand 2020)

	eingeführt	Träger	Beiträge Arbeitgeber (AG) und Arbeitnehmer (AN)	Leistungen
Krankenversicherung	1883	Gesetzliche Krankenkassen, Ersatzkassen, Gesundheitsfonds (2009)	14,6 % + Zusatzbeitrag (je Kasse unterschiedlich, im Durchschnitt 1,1 %), AG und AN je zur Hälfte	Erhalt und Wiederherstellung der Gesundheit (mit Ausnahme von Arbeitsunfällen), Übernahme ärztlicher Kosten, Kosten für Heilbehandlung oder Krankenhaus, Krankengeld
Arbeitslosenversicherung	1927	Bundesagentur für Arbeit, regionale Arbeitsagenturen	2,4 % AG und AN je zur Hälfte	Lohnersatz während der Arbeitslosigkeit (Arbeitslosengeld/-hilfe), Unterstützung bei der Aufnahme von Arbeits- und Ausbildungsverhältnissen, Leistungen zur beruflichen Rehabilitation
Rentenversicherung	1889	Deutsche Rentenversicherung, Bund	18,6 % AG und AN je zur Hälfte	Altersrenten, Berufsunfähigkeits-, Erwerbsminderungs-, Hinterbliebenenrenten, Rehabilitationsmaßnahmen
Pflegeversicherung	1995	Pflegekassen der Krankenkassen	3,05 % AG und AN je zur Hälfte, +0,25 % Zuschlag für kinderlose AN ab 23 Jahren	Pflegegeld, je nach Grad der Pflegebedürftigkeit, für häusliche oder stationäre Pflege
Unfallversicherung	1884	Berufsgenossenschaften, Gemeindeunfallversicherung, Unfallkassen	Beiträge zahlt nur AG; Höhe jeweils gemäß Jahreslohnsumme des AN und Gefahrenklasse des Gewerbes	Übergangs- u. Verletztengeld, Verhütung von Arbeitsunfällen, Berufskrankheiten, Wiederherstellung von Gesundheit und Leistungsfähigkeit

In der Übersicht sind nur wesentliche Positionen aufgeführt. Die Höhe der Beiträge von Arbeitgeber (AG) und Arbeitnehmer (AN) bemisst sich an der Höhe des beitragspflichtigen Einkommens des Arbeitnehmers bzw. am individuellen Lohn/Gehalt. Je nach Versicherung gibt es aber **Beitragsbemessungsgrenzen**, ab denen keine weiteren Beitragszahlungen mehr erhoben werden.

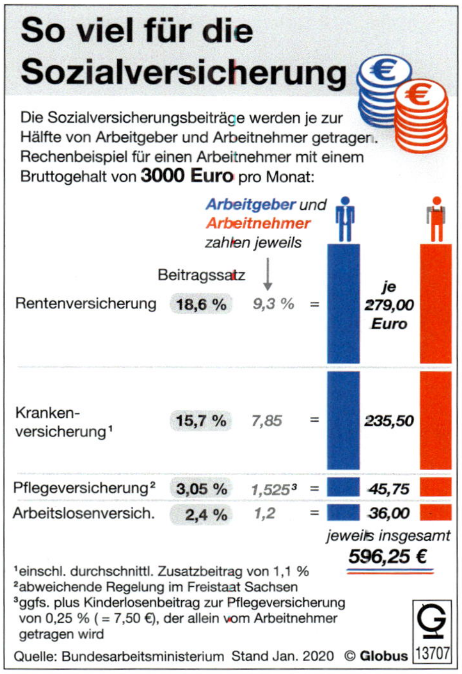

8.5 Private Absicherung und Vermögensbildung

Geringfügige Risiken des Lebens kann der Betroffene oft selbst tragen, etwa den Verlust der Geldbörse, eine Schramme am eigenen Auto oder einen Defekt an der Waschmaschine. Viele Menschen bilden gerade für solche Fälle Ersparnisse. Man kann sich aber auch gegen fast alle Lebensrisiken privat versichern, z. B. mit einer **Haftpflichtversicherung** und einer **Berufsunfähigkeitsversicherung**, die jeder haben sollte. Gegen Zahlung einer Versicherungsprämie verpflichtet sich die Versicherungsgesellschaft, einen möglichen Schaden zu tragen. Wenn bei einem einzelnen Versicherten das individuelle Risiko höher ist, dann wird die private Versicherung eine höhere Prämie berechnen (**Äquivalenzprinzip**).

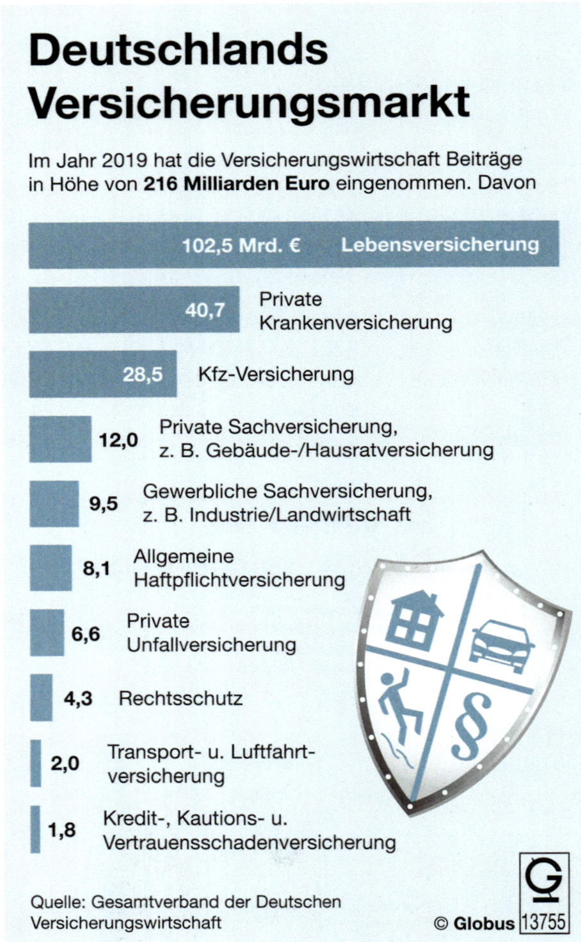

Vermögensbildung gefördert durch den Staat

Aus gesellschaftspolitischen Gründen gilt es als unterstützenswert, dass sich Arbeitnehmer ein eigenes Vermögen aufbauen. Deshalb hat der Staat Gesetze geschaffen, mit denen die Arbeitnehmer zum Sparen angeregt werden sollen. Ihre Vermögensbildung wird unter bestimmten Voraussetzungen sowohl vom Staat als auch vom Arbeitgeber gefördert.

Der Arbeitgeber fördert den Arbeitnehmer, indem er zusätzlich zum Gehalt **Vermögenswirksame Leistungen (VL)** zahlt und für ihn langfristig anlegt. Der Anspruch des Arbeitnehmers auf Vermögenswirksame Leistungen wird in Tarifverträgen, Betriebsvereinbarungen oder dem Arbeitsvertrag geregelt.

Arbeitnehmer mit einem geringen Jahreseinkommen können für die Anlage der VL in Bausparverträgen und in Investmentsparverträgen (Aktienfonds) eine staatliche Förderung erhalten. Diese Förderung wird **Arbeitnehmersparzulage** genannt. Der Sparer zahlt sechs Jahre in die gewählte Anlageform ein, im siebten Jahr kann der Sparvertrag ruhen. Nach Ablauf der siebenjährigen Sperrfrist kann sich der Sparer den gesamten Sparbetrag und die Arbeitnehmersparzulage auszahlen lassen. Die maximale Sparzulage des Staates beträgt 122,30 Euro pro Jahr.

Altersvorsorge gefördert durch den Staat

Die Arbeitnehmer zahlen Beiträge in die gesetzliche Rentenversicherung, die sofort für die laufenden Renten ausgegeben werden. Dieses System funktioniert langfristig nicht mehr, denn immer mehr Rentnern stehen immer weniger Arbeitnehmer gegenüber. Die Höhe der Renten wird sinken. Die Differenz zwischen dem finanziellen Bedarf im Ruhestand und der tatsächlich gezahlten Nettorente wird als **Versorgungslücke** im Alter bezeichnet. Die Verbraucherzentrale Stiftung Finanztest schlägt vor, dass im Alter ca. 80 % des letzten Nettogehalts zur Verfügung stehen sollten. Eine betriebliche und/oder private Altersvorsorge wird somit immer wichtiger.

Rentenversicherung
Kapitel 8.4

Ein Beispiel für die **private Altersvorsorge** ist die Riester-Rente, die es bestimmten Personen ermöglicht, vorzusorgen und dafür eine staatliche Förderung zu erhalten. Wer privat mit einer Riester-Rente vorsorgt, wird durch den Staat mit Geldzulagen und Steuerfreiheit der Beiträge gefördert. Am Ende der Sparphase – also zu Beginn der Rente – sind mindestens die eingezahlten Beiträge einschließlich der staatlichen Zulage garantiert. Für kinderreiche Familien lohnt sich die Riester-Rente aufgrund der Kinderzulage besonders.

Seit 2002 muss jeder Arbeitgeber seinen Arbeitnehmern die Möglichkeit anbieten, in eine **betriebliche Altersversorgung** einzuzahlen. Der Arbeitgeber kann diese z. B. über eine Direktversicherung, eine Pensionskasse, einen Pensionsfonds oder eine Unterstützungskasse organisieren. Seit 2019 sind Unternehmen sogar verpflichtet, zu den Sparbeiträgen der Arbeitnehmer einen kleinen Zuschuss zu zahlen.

8.6 Die Bevölkerungsentwicklung – ein Problem des Sozialstaats

Es ist davon auszugehen, dass die deutsche Bevölkerung zukünftig deutlich älter sein wird als heute. Im Wesentlichen beeinflussen drei Faktoren die Bevölkerungsstruktur: Geburtenrate, Sterberate, Migration. In Deutschland kommen heute weniger Kinder zur Welt als früher. Die Lebenserwartung steigt, wodurch sich das Durchschnittsalter der Bevölkerung erhöht. Infolge von Wanderungsbewegungen wird zudem die Gesellschaft vielfältiger.

Der fortschreitende **demografische Wandel** wird unsere Gesellschaft spürbar verändern: Dies betrifft Bundes-, Landes- und Kommunalebene, den Bereich der Sozialversicherungen, Arbeitswelt, Infrastruktur und Familienpolitik. Gewachsene soziale und politische Strukturen stehen vor großen Herausforderungen.

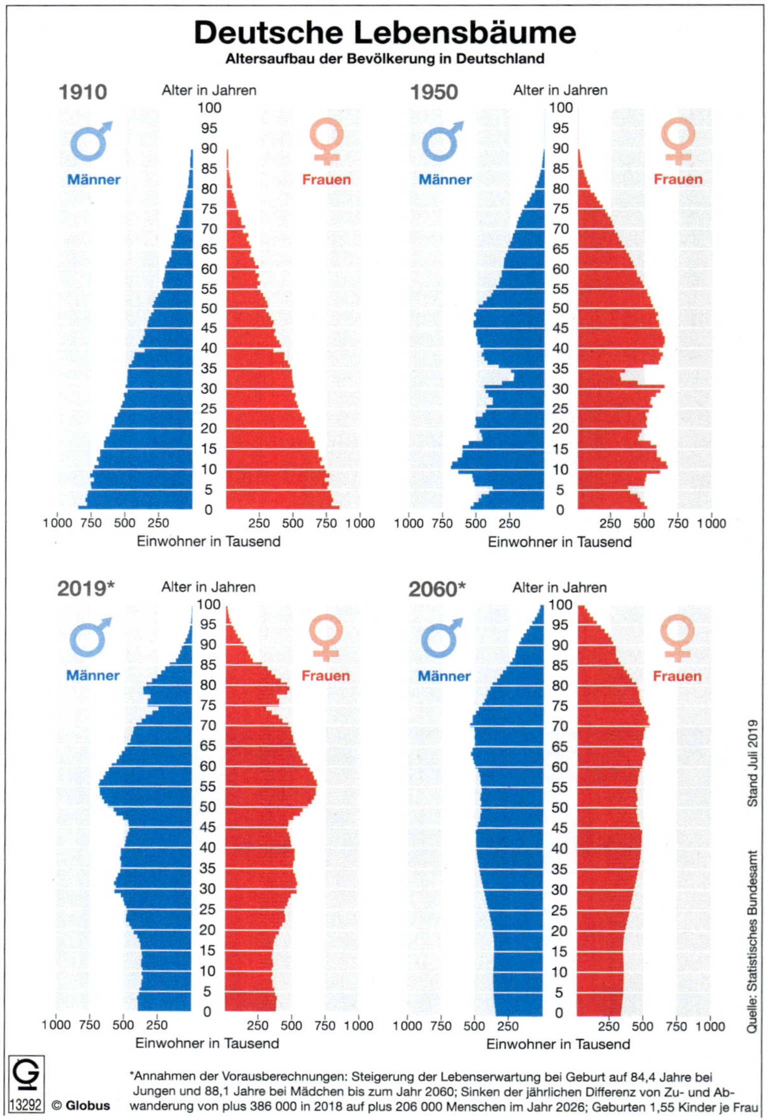

Aufgrund des demografischen Wandels können folgende Konfliktfelder entstehen:

1. Finanzierungs- bzw. Generationenkonflikt:
Es ist zu erwarten, dass die Gruppe der Versorgungsempfänger (Rentner, Pensionäre) wächst, während die Zahl der Erwerbstätigen bzw. der Beitrags- und Steuerzahler sinken wird. Aufgrund des Generationenvertrags bei den Rentenzahlungen müssen dann beispielsweise immer weniger Steuerzahler für immer mehr Leistungsempfänger Beiträge einzahlen. Als Konsequenz kann sich ein abnehmendes Versorgungsniveau in den sozialen Sicherungssystemen mit Folgeproblemen für den sozialen Frieden ergeben (Generationenkonflikt).

2. Regionalkonflikte:
Die Auswirkungen der demografischen Entwicklung werden durch die Binnenwanderung verstärkt. So wird in einigen Regionen der Geburtenrückgang durch die Binnenzuwanderung ausgeglichen, während in anderen Regionen die Binnenabwanderung den demografischen Trend verstärkt. Insbesondere manche ländlichen Räume erleben eine Abwanderung jüngerer Menschen (z. B. Süd-Niedersachsen, ostdeutsche Bundesländer), die dort kaum noch qualifizierte Arbeitsmöglichkeiten oder gute infrastrukturelle Bedingungen vorfinden (z. B. Ärzte, Supermärkte).

3. Arbeitsmarkt- und Qualifikationskonflikte:
Angesichts der demografischen Entwicklung ist die Sicherung des **Fachkräftebedarfs** eine der großen Herausforderungen der kommenden Jahrzehnte. Schon heute können in bestimmten Regionen und Branchen offene Stellen nicht mehr mit geeigneten Fachkräften besetzt werden. (z. B. Süddeutschland, neue Bundesländer). Für die längerfristige Bewältigung des Fachkräftebedarfs ist somit die **Zuwanderung von Fachkräften** von großer Bedeutung. Der Deutsche Bundestag hat im Juni 2019 ein **Fachkräfteeinwanderungsgesetz** beschlossen. Allen qualifizierten Fachkräften aus Nicht-EU-Ländern wird es grundsätzlich ermöglicht, zum Arbeiten nach Deutschland zu kommen. Die Voraussetzung ist, dass sie die Standards einer deutschen Ausbildung erfüllen.

Nähere Informationen unter:
www.bmi.bund.de
www.bmwi.de
www.bmas.de

ÜBERBLICK

Das **Sozialstaatsprinzip** beinhaltet als Grundsatz, dass einerseits der Staat dafür Sorge trägt, Menschen gegen Risiken abzusichern. Andererseits muss der Einzelne auch eigenverantwortlich Vorsorge betreiben und für Notfälle vorsorgen.

Für die Wirtschafts- und Sozialpolitik besteht hinsichtlich einer „gerechten" Einkommensverteilung das Problem darin, zwischen **Leistungsprinzip** und **Bedürfnisprinzip** die richtige Balance zu finden.

Die gesetzlichen **Sozialversicherungen** sind Pflichtversicherungen und sollen die Folgen von Krankheit, Pflegebedürftigkeit, Alter oder Arbeitslosigkeit auffangen und den Einzelnen für diese Fälle finanziell absichern. Um die Versorgungslücke im Alter zu schließen, fördert der Staat auch die **private** sowie die **betriebliche Altersvorsorge**.

In der Bevölkerungsforschung wird kontrovers diskutiert, wie dem **demografischen Wandel** begegnet werden kann. Nicht nur der Fachkräftemangel und die öffentliche Diskussion über Migration zeigen, welche gesellschaftlichen Konfliktfelder dieser Wandel beinhaltet.

AUFGABEN

1 Welche wesentlichen Zielsetzungen werden mit der Sozialpolitik verfolgt?

2 Erläutern Sie die Gestaltungsprinzipien des Sozialstaats an jeweils einem Beispiel.

3 Interpretieren Sie die Grafik „Bausteine des Sozialstaats" auf S. 211 gemäß der Drei-Schritte-Technik auf S. 22.

4 Warum kommt dem Subsidiaritätsprinzip im Rahmen der Sozialpolitik in einer funktionsfähigen Marktwirtschaft eine grundlegende Bedeutung zu?

5 Interpretieren Sie die Grafik „Ausgaben für den Sozialstaat" auf S. 211 gemäß der Drei-Schritte-Technik auf S. 22.

6 Recherchieren Sie, z. B. beim Statistischen Bundesamt: Welche Bedeutung hat die Armutsquote für die Wohlfahrt in einer Volkswirtschaft?

7 Recherchieren Sie im Internet, wie sich die funktionelle und die personelle Einkommensverteilung in den letzten Jahren entwickelt haben.

8 Mia Feller ist als Verkäuferin beschäftigt. Sie setzt dazu den Produktionsfaktor Arbeit ein. Susa Richter lebt von der staatlichen Unterstützung. Um welche Einkommensverteilung handelt es sich jeweils? Begründen Sie Ihre Antworten.

9 Definieren Sie Primär- und Sekundäreinkommen. Stellen Sie dabei die Rolle des Staates dar und diskutieren Sie, welche Annahme bezüglich staatlichen Handelns getroffen wurde.

10 Interpretieren Sie die Grafik „Wie das Einkommen verteilt ist" auf S. 212 gemäß der Drei-Schritte-Technik auf S. 22.

11 Recherchieren und diskutieren Sie: Wie könnte eine gerechte Einkommensverteilung gestaltet werden?

12 Was sind die fünf Säulen der Sozialversicherung in Deutschland?

13 Interpretieren Sie die Grafik „So viel für die Sozialversicherung" auf S. 215 gemäß der Drei-Schritte-Technik auf S. 22.

14 Beschreiben Sie den Kreis der Pflichtversicherten in der Sozialversicherung.

15 Erläutern Sie den Unterschied zwischen Sozialversicherungsbeiträgen und Steuern.

16 Die gesetzliche Sozialversicherung finanziert sich nach dem Umlageverfahren. Erklären Sie, wie das Umlageverfahren jeweils bei der Rentenversicherung und der Krankenversicherung funktioniert. Beschreiben Sie im Anschluss, wie dabei jeweils Einkommen umverteilt wird.

17 Neben der gesetzlichen Rentenversicherung gibt es weitere Möglichkeiten der Altersvorsorge.
- a Welche sind das? Erklären Sie diese.
- b Warum fördert der Staat die Altersvorsorge?

18 Interpretieren Sie die Grafik „Deutsche Lebensbäume" auf S. 218 gemäß der Drei-Schritte-Technik auf S. 22.

19 Erläutern Sie mögliche Konfliktfelder, die sich – weltweit – aus der demografischen Entwicklung ergeben. Recherchieren Sie hierfür im Internet.

LERNSITUATION

8.7 Aufstiegsfortbildungen zur Bewältigung zukünftiger beruflicher Herausforderungen

Gary

Gary sitzt mit seinem Freund Jonas in einem Café. Während Gary das Ende seiner kaufmännischen Ausbildung bei dem Automobilzulieferer Nonticental herbeisehnt, ist Jonas schon einen Schritt weiter: Nach dem erfolgreichen Abschluss seiner Ausbildung zum Industriekaufmann wurde er von seinem Ausbildungsbetrieb, einem Reifenhersteller, unbefristet weiterbeschäftigt.

„Mann, hast du's gut", sagt Gary. „Festanstellung, regelmäßiges Einkommen, nette Kollegen und keine Prüfungen mehr ... Ich beneide dich!" „Ja, ich kann nicht klagen", antwortet Jonas. „Aber irgendwie reicht mir das noch nicht. Ich möchte mich weiterentwickeln, immer etwas Neues dazulernen – und irgendwann auch mal eine Führungsposition haben, im Management tätig sein." „Hm, ohne Studium ist das aber schwierig, oder?", meint Gary. „Es gibt durchaus Möglichkeiten", entgegnet Jonas. „Diese Woche hat mir ein Kollege erzählt, dass man eine Fortbildung zum Betriebswirt IHK machen kann. Und wenn man die Prüfung besteht, kann man auch ohne Studium im Management arbeiten. Darauf hätte ich wirklich Lust ..."

„Könnten deine Eltern dich denn finanziell unterstützen?", will Gary wissen. „Für so etwas braucht man doch Geld!" „Ich weiß nicht", sagt Jonas. „Meine Eltern müssen immer noch das Haus abbezahlen und sind deshalb knapp bei Kasse. Aber mein Kollege meinte, dass man für so einen Lehrgang BAföG beziehen kann." „BAföG?", wundert sich Gary. „Das ist doch nur für Studenten, oder?" „Das dachte ich auch immer", antwortet Jonas, „aber offenbar stimmt das so nicht." „Mensch, das interessiert mich jetzt auch!", ruft Gary. „Lass uns doch gleich mal im Internet recherchieren!"

TRENDS

SASCHA LOBO, Blogger und Autor, betont die Bedeutung der Aus- und Weiterbildung angesichts des Wandels durch zunehmende Digitalisierung. „Das Gelingen der digitalen Transformation ist eine Bildungsfrage", sagte er dem IHK-Magazin „Ruhr Wirtschaft". Sein Appell: „Wir müssen jetzt endlich begreifen, dass sich die Zeiten so stark geändert haben, dass man innerhalb weniger Jahre in den verschiedensten Bereichen komplett neue Instrumente haben wird. Und mit denen muss man dann umgehen."

Quelle: Nordwest-Zeitung, 25.05.2019.

Sascha Lobo, geb. 1975, Studium der Publizistik, Biotechnologie, Gesellschafts- und Wirtschaftskommunikation; deutscher Blogger, Buchautor, Journalist und Werbetexter

Aufstiegs-BAföG

Was wird gefördert?

Das Aufstiegs-BAföG (Aufstiegsfortbildungsförderungsgesetz, kurz AFBG) fördert die Vorbereitung auf mehr als 700 Fortbildungsabschlüsse wie Meister/in, Fachwirt/in, Techniker/in, Erzieher/in oder Betriebswirt/in.

Gefördert werden Fortbildungen öffentlicher und privater Träger in Voll- und Teilzeit, die fachlich gezielt auf öffentlich-rechtliche Prüfungen nach dem Berufsbildungsgesetz, der Handwerksordnung oder auf gleichwertige Abschlüsse nach Bundes- oder Landesrecht vorbereiten.

Der angestrebte berufliche Abschluss muss über dem Niveau einer Facharbeiter-, Gesellen- und Gehilfenprüfung oder eines Berufsfachschulabschlusses liegen. Häufig ist daher eine abgeschlossene Erstausbildung Voraussetzung für die Prüfungszulassung zur Fortbildungsprüfung.

Seit dem 01. August 2020 besteht ein Förderanspruch auf jeder der im Berufsbildungsgesetz (BBiG) und der Handwerksordnung (HwO) verankerten Fortbildungsstufen sowie für Fortbildungsabschlüsse, die gleichwertig sind. Damit können bis zu drei Fortbildungen mit dem AFBG gefördert werden. [...]

Quelle: Bundesministerium für Bildung und Forschung (2020): Aufstiegs-BAföG. Die Förderung. Was wird gefördert?, [online] https://www.aufstiegs-bafoeg.de/de/was-wird-gefoerdert-1698.html [02.11.2020]. (Auszug.)

1 Stellen Sie in Kleingruppen Recherchen zu den folgenden Fragen an und notieren Sie Ihre Ergebnisse. Tauschen Sie sich anschließend im Plenum darüber aus.
- **a** Was ist das Aufstiegs-BAföG?
- **b** Weshalb gewinnt das Aufstiegsfortbildungsförderungsgesetz (AFBG) immer mehr an Bedeutung?
- **c** Was ist ein Geprüfter Betriebswirt IHK?

2 Entwickeln Sie in Kleingruppen einen Vorschlag, wie Jonas vorgehen sollte, um die Fortbildung zum Betriebswirt IHK in Angriff zu nehmen.
- **a** Tragen Sie zunächst alle relevanten Aspekte (z. B. Zielsetzung, Beratungsmöglichkeiten, Eingangsvoraussetzungen, Bewerbungsverfahren etc.) in einer Mindmap zusammen.
- **b** Recherchieren Sie zu den gesammelten Aspekten alle Informationen, die Ihnen noch fehlen.
- **c** Erstellen Sie eine PowerPoint-Präsentation, die Sie anschließend im Plenum präsentieren. Beantworten Sie die Fragen Ihrer Zuhörer.

8.8 Arbeitsmarkt und Arbeitslosigkeit

8.8.1 Besonderheiten des Arbeitsmarktes

Der Arbeitsmarkt ist ein Markt, auf dem die Regeln von Angebot und Nachfrage gelten. Arbeitnehmer bieten ihre Arbeitskraft an, und Arbeitgeber bezahlen dafür Lohn bzw. Gehalt. Je höher die Zahlungen sind, desto eher besteht für Unternehmen die Möglichkeit, geeignete Arbeitskräfte für einen Arbeitsplatz zu gewinnen. Der Ausgleichsmechanismus von Angebot und Nachfrage ist der Preis für Arbeit, mithin der Lohn.

Märkte
Kapitel 3.2–3.3

Angebot
Kapitel 3.5

Nachfrage
Kapitel 3.4

Gleichwohl weist der Arbeitsmarkt eine Vielzahl von Besonderheiten auf, die ihn von anderen Märkten unterscheiden. In bestimmten Regionen oder bei spezifischen benötigten Arbeitsqualifikationen haben beispielsweise Betriebe oft beträchtliche Schwierigkeiten, freie Arbeitsplätze mit geeigneten Mitarbeitern zu besetzen. Auf der anderen Seite gibt es viele Arbeitnehmer, für deren Arbeitskraft zum üblichen Marktpreis keine Nachfrage besteht (Arbeitslosigkeit).

Arbeitslosigkeit
Kapitel 8.8.3–8.8.4

Faktoren, die das Verhältnis von Angebot und Nachfrage beeinflussen, sind:

- **Zahl der Erwerbstätigen und Arbeitslosen:** Gegenwärtig fehlen in verschiedenen Branchen und Regionen qualifizierte Arbeitskräfte, nicht zuletzt aufgrund des demografischen Wandels.
- **Qualifikations- und Bildungsstruktur:** Arbeitnehmer verfügen über Berufsausbildungen, die sich deutlich voneinander unterscheiden. Unterschiedliche Ausbildungen und Bildungsabschlüsse werden von den Unternehmen nicht im gleichem Maße nachgefragt (z. B. bei Fachkräftemangel in bestimmten Branchen).

Folgen der Digitalisierung
Kapitel 8.9.3

Des Weiteren sind die **Folgen der Digitalisierung** für den Arbeitsmarkt unklar. Welche Qualifikationen werden in Zukunft tatsächlich gebraucht, wo gehen Arbeitsplätze verloren und welche werden neu geschaffen? Zudem sind wirksame Strategien gegen den drohenden Fachkräftemangel bisher kaum erprobt, wie z. B. in der Pflege älterer Menschen. Ob beispielsweise Pflegeroboter, wie sie in Fernost entwickelt werden, hier die Lösung bringen, darf zu Recht bezweifelt werden.

Pflegeroboter

Die **Organisation des Arbeitsmarktes** wird durch den Zusammenschluss der Arbeitgeber in Arbeitgeberverbänden und der Arbeitnehmer in Gewerkschaften maßgeblich geprägt. Die sogenannten **Tarifpartner** handeln Löhne und Arbeitsbedingungen selbstständig im Rahmen der **Tarifautonomie** aus, d. h. ohne Eingriffe des Staates. Der Staat kann nur die rechtlichen Rahmenbedingungen festlegen.

8.8.2 Arbeitsmarktsegmente

Der Arbeitsmarkt ist kein einheitliches Gebilde, sondern kann in mehrere Teilbereiche mit unterschiedlichen Strukturen aufgegliedert werden.

- Auf **berufsfachlichen Teilarbeitsmärkten** werden berufliche Qualifikationen angeboten und nachgefragt. D.h., ein Zutritt ist nur mit einem „Arbeitsmarktausweis“ in Form von Zeugnissen oder Zertifikaten (z.B. Abschlusszeugnis, Gesellen-, Gehilfen- oder Facharbeiterbrief) möglich. Diese werden im staatlichen Bildungswesen oder im dualen Berufsausbildungssystem erworben. Sie garantieren bestimmte berufliche Kenntnisse und Fertigkeiten, sodass Arbeitgeber auf dieser Basis die Eignung eines Bewerbers für einen bestimmten Arbeitsplatz einschätzen können.

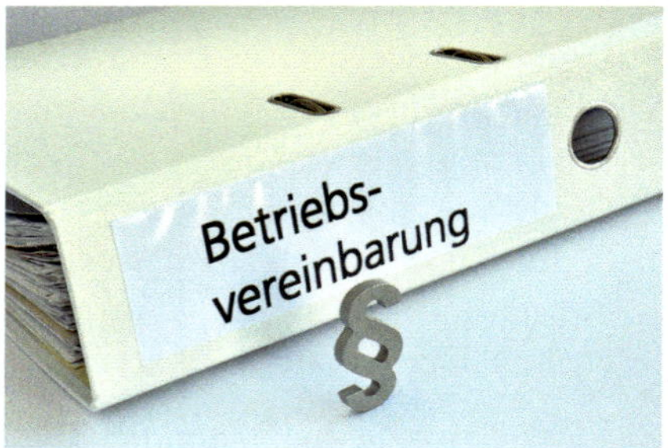

- Ein wesentliches Kennzeichen **betrieblicher Teilarbeitsmärkte** ist, dass Arbeitsplatzbesetzungen oft betriebsintern erfolgen. Wenn ein Arbeitnehmer schon länger im Betrieb ist und über betriebsspezifische Qualifikationen verfügt, stehen dem Arbeitgeber mehr Informationen zur Verfügung, um dessen Eignung für eine zu besetzende Arbeitsstelle zu beurteilen. Zudem konnten Betriebsräte oftmals in Betriebsvereinbarungen durchsetzen, dass bei der Besetzung höherer Stellen betriebsinterne Bewerber bei gleicher Qualifikation bevorzugt zu berücksichtigen sind.

- **Offene oder externe Teilarbeitsmärkte** sind durch ein weitgehendes Fehlen von spezifischen beruflichen Zutrittsbeschränkungen gekennzeichnet. Für diese Arbeitsplätze gilt in der Regel, dass für zu besetzende Stellen keine spezifischen oder nur geringe Qualifikationen verlangt werden. Dies heißt aber auch, dass diese Arbeitsplätze durch weitgehend fehlende Aufstiegsmöglichkeiten oder eine geringere Entlohnung gekennzeichnet sind. Gegenüber der Stammbelegschaft in Unternehmen (beruflicher und betrieblicher Teilarbeitsmarkt) sind diese Randbelegschaften in Rezessionsphasen oftmals am ehesten vom Arbeitsplatzabbau betroffen.

Die genannten Teilarbeitsmärkte sind nicht vollständig voneinander isoliert, sondern folgen unterschiedlichen Funktionsprinzipien. Zwischen den Segmenten gibt es zumeist eine gewisse Durchlässigkeit.

8.8.3 Arbeitslosenquote als Indikator für Arbeitslosigkeit

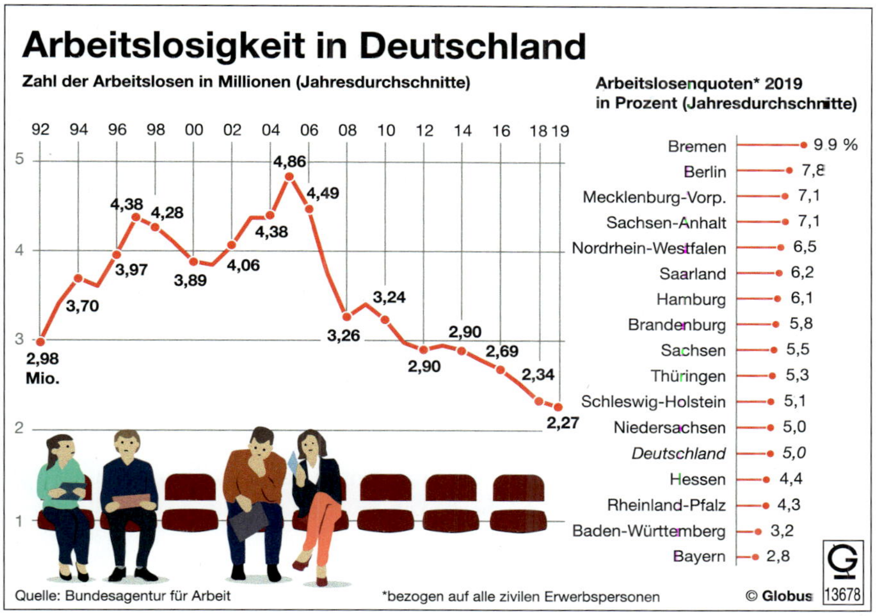

Arbeitslosigkeit bringt sowohl für die einzelnen Betroffenen als auch für die gesamte Gesellschaft große finanzielle und soziale Belastungen mit sich. Deshalb ist es eine Kernaufgabe der Wirtschaftspolitik, Arbeitslosigkeit zu verhindern bzw. zu verringern.

Die Bundesagentur für Arbeit und das Statistische Bundesamt veröffentlichen regelmäßig Kennziffern zur Beschäftigungssituation in Deutschland. Die wichtigste Kennziffer ist die **Arbeitslosenquote** (Bundesagentur für Arbeit) bzw. die **Erwerbslosenquote** (Statistisches Bundesamt). Sie signalisiert, inwieweit das gesamtwirtschaftliche Ziel eines hohen Beschäftigungsniveaus erreicht ist.

Bundesagentur für Arbeit
Kapitel 8.9.2

Ziele der Wirtschaftspolitik
Kapitel 5.4.2

Berechnungsformel Arbeitslosenquote

$$\text{Arbeitslosenquote} = \frac{\text{Arbeitslose}}{\text{Erwerbspersonen}} \cdot 100\,\%$$

Erwerbspersonen
alle inländischen Personen, die eine Erwerbstätigkeit entweder ausüben oder suchen

Die von der Bundesagentur für Arbeit registrierten **Arbeitslosen** erfüllen folgende Kriterien:

- Sie sind bei der Bundesagentur für Arbeit als arbeitslos registriert.
- Sie sind arbeitssuchend.
- Sie sind weniger als 15 Stunden in der Woche beschäftigt.

Das Statistische Bundesamt definiert **Erwerbslose** nach dem Konzept der ILO (International Labour Organisation), die international vergleichbare Kriterien für Erwerbslosigkeit erstellt. Nach dem ILO-Konzept gilt als erwerbslos, wer zwischen 15 und 74 Jahre alt ist, nicht mehr als eine Stunde pro Woche arbeitet und in den letzten vier Wochen aktiv nach Arbeit gesucht hat.

In der **Beschäftigungsstatistik** des Statistischen Bundesamtes wird die Wohnbevölkerung in Erwerbspersonen und Nichterwerbspersonen unterteilt. Das folgende Schema zeigt diese Einteilung in vereinfachter Darstellung:

Wohnbevölkerung			
Erwerbspersonen		**Nichterwerbspersonen**	
Erwerbstätige	Erwerbslose	Stille Reserve	Sonstige
vollzeittätig oder teilzeittätig	arbeitssuchend	aktuell nicht suchend oder temporär nicht verfügbar	nicht erwerbsfähig (z. B. wegen Krankheit oder Alter) oder nicht erwerbswillig (z. B. Hausfrauen und -männer, Schüler, Studierende)
Erwerbspersonenpotenzial			
genutztes Potenzial	ungenutztes Potenzial		

Erwerbsquote = $\frac{\text{Erwerbspersonen}}{\text{Wohnbevölkerung}} \cdot 100\,\%$

Die **Erwerbsquote** ist der Anteil der Erwerbspersonen (Erwerbstätige und Erwerbslose) an der Wohnbevölkerung. Das **Erwerbspersonenpotenzial** umfasst neben den Erwerbspersonen auch die sogenannte Stille Reserve (Personen, die grundsätzlich erwerbsfähig und -willig sind, aber aktuell keine Arbeit suchen oder kurzfristig nicht verfügbar sind). Das **ungenutzte Arbeitskräftepotenzial** der Volkswirtschaft ist also deutlich höher als die Zahl der Arbeits- bzw. Erwerbslosen.

Verschuldung **Kapitel 4.3.1**

Arbeitslosengeld I und II **Kapitel 8.9.2**

Arbeitslosigkeit, insbesondere Langzeitarbeitslosigkeit, kann schwerwiegende individuelle und gesellschaftliche Folgen haben. Mögliche **individuelle Folgen von Arbeitslosigkeit** sind z. B. Einkommenseinbußen, die Gefahr von Verschuldung, das Sinken des Lebensstandards, psychische und gesundheitliche Probleme, die Entwertung von Qualifikationen, soziale Isolierung und die Zunahme familiärer Konflikte. Mögliche **gesamtgesellschaftliche Folgen von Arbeitslosigkeit** sind z. B. sinkende Steuereinnahmen und Sozialabgaben, steigende Ausgaben für Arbeitslosengeld I und II, unter Umständen auch eine Gefährdung der Binnenkonjunktur durch nachlassende Kaufkraft, eine Vergrößerung der Vermögensunterschiede zwischen Arm und Reich sowie ein Anstieg von Kriminalität und politischer Instabilität.

8.8.4 *Typen von Arbeitslosigkeit*

Arbeitslosigkeit kann vielfältige Ursachen haben. Je nach Art der Ursache lassen sich verschiedene Typen von Arbeitslosigkeit unterscheiden:

Friktionelle Arbeitslosigkeit entsteht, wenn Arbeitnehmer auf der Suche nach einem neuen Arbeitsplatz sind oder Unternehmen für einen unbesetzten Arbeitsplatz einen neuen Mitarbeiter suchen. Diese „Sucharbeitslosigkeit" trifft den Einzelnen nur vorübergehend und ist unvermeidbar.

saisonale Schwankungen **Kapitel 6.2.1**

Saisonale Arbeitslosigkeit entsteht durch die Abhängigkeit bestimmter Arbeitsplätze von den Jahreszeiten, z. B. im Baugewerbe und im Tourismus.

konjunkturelle Schwankungen **Kapitel 6.2.2**

Konjunkturelle Arbeitslosigkeit entsteht, wenn die gesamtwirtschaftliche Nachfrage nach Gütern sinkt. Dann werden Arbeitskräfte von den Unternehmen „freigesetzt", die aber bei steigender Nachfrage wieder eingestellt werden können.

Strukturelle Arbeitslosigkeit ist – anders als die saisonale oder konjunkturelle Arbeitslosigkeit – ein langfristiges Phänomen, das sich nicht innerhalb bestimmter Zyklen von selbst auflöst. Sie entsteht, wenn infolge tiefgreifender Änderungen der Wirtschaftsstruktur Arbeitsangebot und -nachfrage nur noch schwer in Übereinstimmung zu bringen sind.

Strukturwandel kann durch verschiedene Faktoren bedingt sein, z. B. die Bevölkerungsentwicklung, politische und weltwirtschaftliche Entwicklungen, Änderungen der Güternachfrage, die Erfindung neuer Produkte und Produktionsverfahren, die Digitalisierung und auch ökologische Notwendigkeiten. Die Folge solcher Veränderungen ist, dass manche Berufbilder verschwinden, während gleichzeitig neue entstehen. Dadurch werden einerseits bestimmte Qualifikationen nicht mehr benötigt und gerade für gering qualifizierte Arbeitnehmer gibt es zunehmend weniger Stellen. Andererseits klagen viele Unternehmen über einen Mangel an Fachkräften: Häufig können sie offene Stellen nicht besetzen, weil die Arbeitssuchenden die Anforderungsprofile nicht erfüllen.

Strukturwandel
Kapitel 5.4.4. und 10.6

Folgen der Digitalisierung
Kapitel 8.9.3

ökologisch bedingter Strukturwandel
Kapitel 10.6

Zur strukturellen Arbeitslosigkeit zählen auch die folgenden zwei Arten von Arbeitslosigkeit:

- **Regionale Arbeitslosigkeit** ist eine spezielle Form der strukturellen Arbeitslosigkeit, die dadurch entsteht, dass manche Regionen besonders stark vom Strukturwandel betroffen sind. In Deutschland sind dies z. B. Mecklenburg-Vorpommern, Sachsen-Anhalt und das Ruhrgebiet.
- Eine weitere Form von langfristiger Arbeitslosigkeit, die manchmal ebenfalls als „strukturell" bezeichnet wird, ist die **wachstumsdefizitäre Arbeitslosigkeit**. Diese ist ein gesamtwirtschaftliches Phänomen und entsteht, wenn die Wachstumsraten einer Volkswirtschaft dauerhaft zu niedrig sind, um Vollbeschäftigung zu gewährleisten.

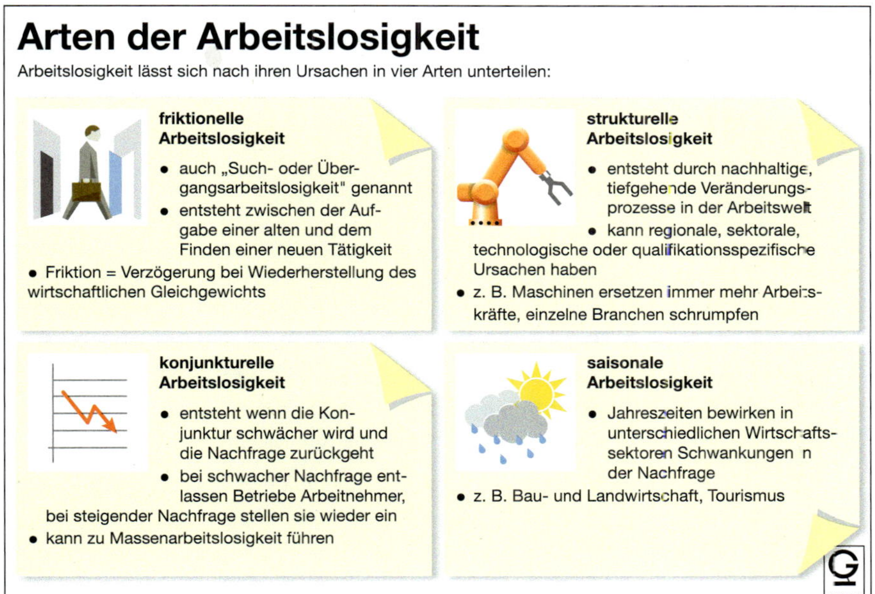

Quelle: Statistisches Bundesamt, Bundeszentrale für politische Bildung

8.9 Beschäftigungspolitik

8.9.1 Ansatzpunkte der Beschäftigungspolitik

Da die genannten Typen von Arbeitslosigkeit sehr unterschiedliche Ursachen haben, unterscheiden sich auch die Ansatzpunkte zu ihrer Bekämpfung.

friktionelle Arbeitslosigkeit **Kapitel 8.8.4**
Bundesagentur für Arbeit **Kapitel 8.9.2**
saisonale Arbeitslosigkeit **Kapitel 8.8.4**

- **Friktionelle Arbeitslosigkeit** (Sucharbeitslosigkeit) ist prinzipiell unvermeidbar, kann aber durch eine erhöhte Transparenz des Arbeitsmarktes, z. B. durch eine verbesserte Informations- und Vermittlungstätigkeit der Bundesagentur für Arbeit reduziert werden.
- **Saisonale Arbeitslosigkeit** wird in Deutschland dadurch verhindert, dass die Arbeitnehmer in Schlechtwetterzeiten ein „Saison-Kurzarbeitergeld" von der Bundesagentur für Arbeit erhalten und somit von ihren Betrieben nicht entlassen werden müssen.

konjunkturelle Arbeitslosigkeit **Kapitel 8.8.4**
Konjunkturpolitik **Kapitel 6.6.1**
Kurzarbeitergeld **Kapitel 8.9.2**
strukturelle Arbeitslosigkeit **Kapitel 8.8.4**
Strukturpolitik **Kapitel 5.4.4**

- Ansatzpunkte zur Bekämpfung **konjunktureller Arbeitslosigkeit** sind eine expansive Konjunkturpolitik, gegebenenfalls auch eine gezielte Unterstützung besonders betroffener Sektoren und Regionen. Auch ein zeitlich befristetes Kurzarbeitergeld kann ein Instrument sein, um Entlassungen zu vermeiden.
- Besonders schwierig ist die Bekämpfung **struktureller Arbeitslosigkeit**. Es gibt unterschiedliche, einander ergänzende Ansatzpunkte: Betroffene Sektoren oder Regionen können im Rahmen staatlicher Strukturpolitik gezielt gefördert werden. Diskrepanzen zwischen den Anforderungsprofilen der Unternehmen und den Qualifikationen der Arbeitssuchenden versucht die Bundesagentur für Arbeit mit Fortbildungs- und Umschulungsmaßnahmen zu reduzieren.

Generell gilt, dass das Ziel eines hohen Beschäftigungsgrades nur durch ein Zusammenspiel der verschiedenen Ansätze von Beschäftigungspolitik erreicht werden kann.

Typen von Arbeitslosigkeit und beschäftigungspolitische Ansätze

Dauer	Typus von Arbeitslosigkeit	Ursachen	Ansatzpunkte der Beschäftigungspolitik
kurzfristig	friktionelle Arbeitslosigkeit (Sucharbeitslosigkeit)	normale Fluktuation auf dem Arbeitsmarkt (Arbeitsplatzwechsel bzw. Stellenneubesetzungen)	– Erhöhung der Transparenz des Arbeitsmarktes – Verbesserung der Vermittlungssysteme
	saisonale Arbeitslosigkeit	saisonale Schwankungen aufgrund der Wetterabhängigkeit mancher Branchen	– Kurzarbeitergeld („Schlechtwettergeld")
mittelfristig	konjunkturelle Arbeitslosigkeit	vorübergehender Rückgang der gesamtwirtschaftlichen Nachfrage	– expansive Konjunkturpolitik (Fiskalpolitik, Geldpolitik) – konjunkturelles Kurzarbeitergeld
langfristig	strukturelle Arbeitslosigkeit in einzelnen Sektoren und Regionen	mangelnde Übereinstimmung von Arbeitsangebot und -nachfrage aufgrund von Strukturwandel	– sektorale und regionale Strukturpolitik – Fortbildungs- und Umschulungsmaßnahmen – Förderung von Mobilität
	wachstumsdefizitäre Arbeitslosigkeit	dauerhafte Wachstumsschwäche (Güterproduktion wächst langsamer als Arbeitsproduktivität)	– langfristig orientierte Wachstumspolitik – kostenneutrale Lohnpolitik – Flexibilisierung des Arbeitsmarktes

8.9.2 Aktive und passive Beschäftigungs- und Bildungspolitik

Ein zentraler Träger der Beschäftigungs- und Bildungspolitik in Deutschland ist die **Bundesagentur für Arbeit**. Auf der örtlichen Ebene sind die **Agenturen für Arbeit** zuständig. Ihre wesentlichen **Aufgaben** sind:

- Vermittlung in Ausbildungs- und Arbeitsstellen,
- Berufsberatung,
- Arbeitgeberberatung,
- Förderung der Berufsausbildung,
- Förderung der beruflichen Weiterbildung,
- Förderung der beruflichen Eingliederung von Menschen mit Behinderung,
- Leistungen zur Erhaltung und Schaffung von Arbeitsplätzen und
- Entgeltersatzleistungen, wie zum Beispiel Arbeitslosengeld oder Insolvenzgeld.

Aktive Arbeitsmarktpolitik

Im Rahmen ihrer aktiven Beschäftigungs- und Bildungspolitik will die Bundesagentur für Arbeit vorrangig die Wiedereingliederung von Arbeitslosen in den Arbeitsprozess ermöglichen. Leistungen der Bundesagentur für Arbeit sind an die Auflage gebunden, dass Leistungsempfänger aktiv an ihrer Wiedereingliederung mitwirken.

Ziel	Leistungen an Arbeitslose	Leistungen an Arbeitgeber
Verhinderung von Arbeitslosigkeit	– Berufs- und Arbeitsberatung – Arbeitsvermittlung	– Zahlung von Kurzarbeitergeld
Qualifizierung bei Arbeitslosigkeit	– Fortbildung und Umschulung – Arbeitsbeschaffungsmaßnahmen – Trainingsmaßnahmen bei anerkannten Bildungsträgern	– betriebliche Trainingsmaßnahmen
finanzielle Hilfen zur Beseitigung von Vermittlungshemmnissen	– Unterhaltsgeldzahlung während einer Qualifizierungsmaßnahme – Überbrückungsgeld für Arbeitslose, die sich selbstständig machen (6 Monate) – Übernahme von Bewerbungskosten (Portokosten, Reisekosten) – Mobilitätshilfen bei Aufnahme einer Beschäftigung, z. B. Umzugskostenbeihilfe – Zuschüsse, z. B. für Arbeitskleidung	– Eingliederungszuschüsse für schwer vermittelbare Arbeitslose – Einstellungszuschüsse für Arbeitslose, wenn es sich um ein neu gegründetes Unternehmen handelt

Passive Arbeitsmarktpolitik

Die passive Arbeitsmarktpolitik sorgt dafür, dass die soziale Grundsicherung für die Arbeitslosen und ihre Haushaltsmitglieder gewährleistet ist. Passive Arbeitsmarktpolitik umfasst die Zahlung von Entgeltersatzleistungen wie dem Arbeitslosengeld I und II, um die finanziellen Folgen der Arbeitslosigkeit abzumildern.

Das **Arbeitslosengeld (ALG) I** ist eine **Versicherungsleistung**, auf die Arbeitslose unter bestimmten Voraussetzungen Anspruch haben. Diesen Anspruch hat, wer als arbeitslos gemeldet ist und in den 30 Monaten vor Beginn der Arbeitslosigkeit mindestens 12 Monate versicherungspflichtig beschäftigt war. Wer jünger als 50 Jahre ist, kann sechs bis maximal zwölf Monate lang ALG I beziehen. Bei älteren Arbeitslosen kann sich die Bezugsdauer auf bis zu 24 Monate erhöhen. Die Höhe der Zahlung beträgt im Regelfall 60 %, bei Personen mit Kind 67 % des letzten Nettogehalts.

Transferzahlung
Kapitel 8.3.2

Wer die genannten Voraussetzungen nicht erfüllt, hat unter Umständen Anspruch auf **Arbeitslosengeld (ALG) II** („Hartz IV") . Das ALG II ist eine Transferzahlung, die sich nach der Bedürftigkeit der Antragsteller richtet. Einen Anspruch auf ALG II hat, wer mindestens 15 Jahre alt und noch nicht im Rentenalter, erwerbsfähig und hilfebedürftig ist. Das ALG II setzt sich aus mehreren Komponenten zusammen. Die zwei wichtigsten sind ein Pauschalbetrag zur Sicherung des Lebensunterhaltes und die Übernahme der Kosten für Miete, Heizung usw., sofern diese als angemessen befunden wurden.

Finanz- und Wirtschaftskrise 2008/2009
Kapitel 9.8.5

Corona-Krise
Kapitel 6.6.3

Eine Entgeltersatzleistung, die darauf abzielt, Arbeitslosigkeit zu verhindern, ist das **Kurzarbeitergeld**. Es wird gezahlt, damit Betriebe, die saisonal bedingt oder aufgrund von Konjunkturkrisen nicht ausgelastet sind, keine Mitarbeiter entlassen müssen. Schon während der Finanz- und Wirtschaftskrise 2008/2009 hatte dieses beschäftigungspolitische Instrument eine wichtige Rolle gespielt. Während der Corona-Krise kam es einmal mehr zum Einsatz, um Millionen von Beschäftigten vor dem Verlust ihres Arbeitsplatzes zu bewahren. Im März 2020 wurde zunächst der Zugang zum Kurzarbeitergeld erleichtert. Im April 2020 fiel dann die Entscheidung, das Kurzarbeitergeld für eine befristete Zeit anzuheben.

Das erhöhte Kurzarbeitergeld

Wird die Arbeitszeit verkürzt, ersetzt die Bundesagentur für Arbeit einen Teil des weggefallenen Nettoeinkommens.

Beispielrechnung: *Arbeitnehmer mit Kind(ern), Lohnsteuerklasse III*

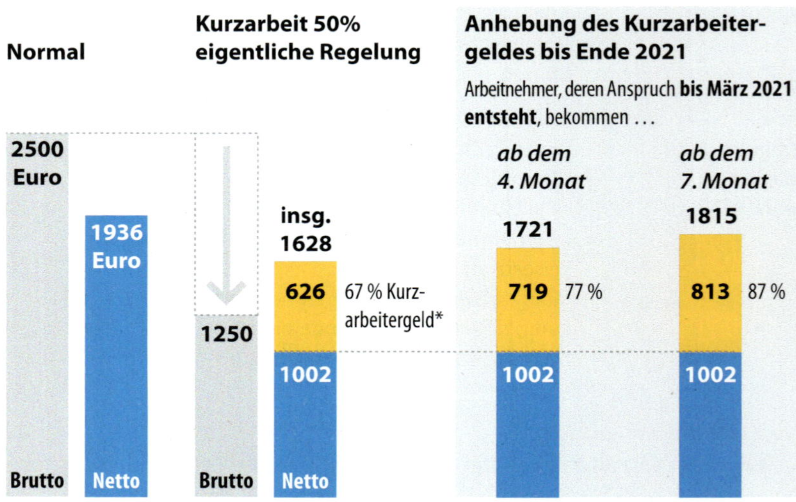

*Prozentsatz bezieht sich auf Differenz zwischen Netto-Entgelt ohne und mit Kurzarbeit

dpa•101492 Quelle: Bundesagentur für Arbeit, Bundesarbeitsministerium, eigene Berechnungen

8.9.3 Digitalisierung und Strukturwandel in der Arbeitswelt

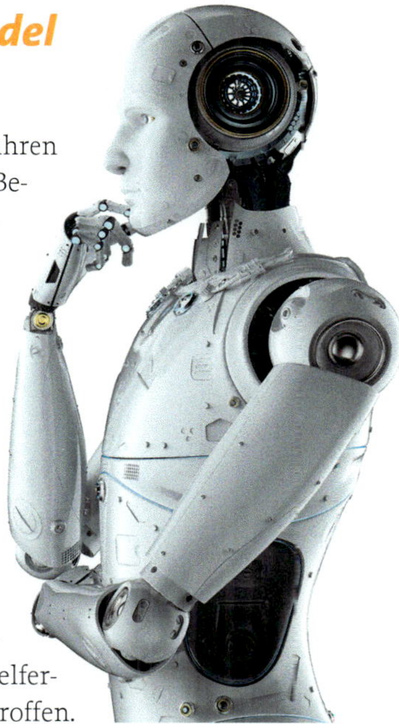

Digitalisierungsprozesse haben sich in den letzten Jahren beschleunigt und verändern Arbeitswelt und Berufe. Berufliche Tätigkeiten, bei denen der Mensch bisher als unersetzlich galt, können heute teilweise von Computern und computergesteuerten Maschinen übernommen (substituiert) werden.

Strukturwandel
Kapitel 5.4.4 und 8.8.4

Gemäß Untersuchungen des Instituts für Arbeitsmarkt- und Berufsforschung (IAB) ist zwischen 2013 und 2016 die Gefahr der Übernahme von beruflichen Tätigkeiten durch Computereinsatz in vielen Berufen gestiegen. Der Anteil sozialversicherungspflichtig Beschäftigter, die in einem Beruf mit hohem **Substituierbarkeitspotenzial** arbeiten, ist im Durchschnitt von ca. 15 % auf etwa 25 % gestiegen. Geordnet nach vier Anforderungsniveaus sind Helferberufe am stärksten, Expertenberufe am geringsten betroffen.

Faktorsubstitution
Kapitel 1.7

IAB-Stellungnahme 2/2019: http://doku.iab.de/stellungnahme/2019/sn0219.pdf

Substituierbarkeitspotenzial
Anteil der Tätigkeiten in einem Beruf, die potenziell durch Computer bzw. Maschinen übernommen werden können

Neue technologische Entwicklungen

Insbesondere vier technologische Entwicklungen führen zu diesem Strukturwandel:

- **Selbstlernende Computerprogramme** sind inzwischen in der Lage, auch komplexe Aufgaben zu übernehmen, z.B. bei der Prüfung von Versicherungsverträgen oder bei der Besetzung offener Stellen in Unternehmen.
- **Mobile Roboter** sind mit Sensoren ausgestattet, die die Umgebung scannen. Sie können Hindernisse erkennen, diesen ausweichen und sind für die mobile Durchführung bestimmter Tätigkeiten programmiert. Serviceroboter können z.B. einfache Tätigkeiten wie das Kommissionieren im Lager oder das Holen und Bringen von Essen in der Pflege übernehmen.
- Mithilfe von **3D-Druck** können, zumeist im Spritzgussverfahren, dreidimensionale Gegenstände hergestellt werden, beispielsweise Zahnersatz und Prothesen in der Medizin- und Zahntechnik.
- **Virtuelle Realität:** Am Computer kann virtuell simuliert werden, ob ein bisher nur in der Vorstellung existierendes Bauteil in die vorgesehene reale Umgebung passt, z.B. bei der Planung von Wohnanlagen, Häusern oder neuen industriellen Fertigungsstraßen.

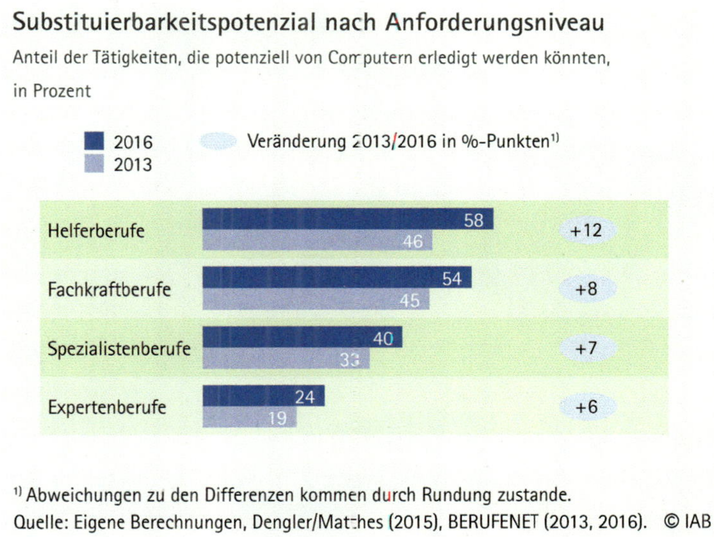

Quelle: Institut für Arbeitsmarkt- und Berufsforschung (IAB) (2018): IAB-Kurzbericht 4/2018, S. 1, [online] http://doku.iab.de/kurzber/2018/kb0418.pdf [12.12.2019].

Hinsichtlich der Bedeutung selbstlernender Computerprogramme für die Substituierung von Tätigkeiten im kaufmännisch-verwaltenden Bereich, wie z. B. im Personalwesen, stellt das IAB fest:

Rekrutierung
Einstellung von neuen Mitarbeitern

Algorithmus in der Informatik
Folge von Anweisungen endlicher Länge zur Lösung eines Problems

historische Erfahrung
bisherige Erfahrung

„Selbst bei der Besetzung einer offenen Stelle schaffen es Computerprogramme inzwischen, auf der Basis einer genauen Beschreibung des Stellenprofils und einer großen Menge an Daten über bisherige Rekrutierung*sentscheidungen, geeignete Kandidaten vorzuschlagen. Ein eingebauter Lern*algorithmus *(Machine Learning) führt dabei nicht nur dazu, dass die* historische Erfahrung *bei der Besetzung einer Stelle in das Programm einfließt, sondern auch dazu, dass sich der Suchalgorithmus – wenn der vom Programm vorgeschlagene Kandidat nicht eingestellt werden konnte oder nicht die erhofften Ergebnisse erzielt – automatisch anpasst."*

Quelle: Katharina Dengler & Britta Matthes (2018): Substituierbarkeitspotenziale von Berufen. Wenige Berufe halten mit der Digitalisierung Schritt, in: Institut für Arbeitsmarkt- und Berufsforschung (IAB): IAB-Kurzbericht 4/2018, S. 3, [online] http://doku.iab.de/kurzber/2018/kb0418.pdf [26.11.2019]. (Auszug.)

Der von einem russischen Start-up-Unternehmen entwickelte Roboter „Vera" ist ein Beispiel dafür, dass im Personalwesen sogar Einstellungsgespräche auf selbstlernende Computerprogramme übertragen werden können: Der Roboter kann Video- und Telefongespräche führen, um aus einer großen Menge von Bewerbern eine Vorauswahl zu treffen.

Ähnliche Entwicklungen halten inzwischen in großen Unternehmen, beispielsweise bei Online-Banken Einzug, um Kundennachfragen zunächst sprachgesteuert auf Basis eines selbstlernenden Computerprogramms beantworten zu können. Auch im privaten Bereich finden selbstlernende Computerprogramme bereits Anwendung. Ein Beispiel ist „Alexa", ein von Amazon entwickelter virtueller Assistent, der Sprachbefehle entgegennimmt und z. B. Fernsehprogramme oder Musiktitel im Internet sucht. „Siri" ist ein entsprechender Sprachassistent von Apple.

Notwendigkeit lebenslangen Lernens

Eine gute Ausbildung ist also längst keine Garantie mehr, dass die Ausbildungsgrundlagen ein Leben lang ausreichen. Letztlich ist es notwendig, lebenslang beruflich weiterzulernen, um mit den digitalen Entwicklungen Schritt zu halten. Es gilt, eigene berufliche Qualifikationen weiterzuentwickeln, sodass diese entweder nicht einfach zu substituieren sind oder neu geschaffene berufliche Aufgaben übernommen werden können.

Grundsätzlich – und dies nicht nur mit Blick auf die Digitalisierung – wird **Weiterbildung** zum Schlüssel für Aufstieg und Erfolg im Berufsleben. Hierzu gehören berufliche Maßnahmen wie beispielsweise Lehrgänge, Umschulungen oder Meisterkurse, Sprachunterricht oder das Nachholen von Schulabschlüssen. Für viele Weiterbildungen besteht die Möglichkeit einer staatlichen Förderung. Im Regelfall bringt Weiterbildung jedoch nur dann etwas für Beruf und Karriere, wenn sie mit einem **anerkannten beruflichen Abschluss** verbunden ist. Berufsbegleitende Kurse und Lehrgänge ohne formalen Abschluss haben dagegen einen geringeren Effekt auf die Karriere.

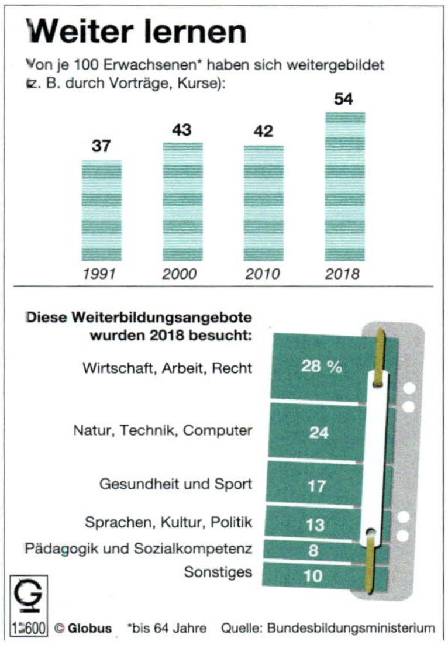

Da Unternehmen im Zuge der Globalisierung zunehmend international arbeiten, steigt auch die Nachfrage nach Fachkräften mit **Auslandserfahrung**. Die Möglichkeit, andere Kulturen und Arbeitsweisen kennenzulernen, gibt es mittlerweile schon während der Ausbildung. Um sich auf dem Ausbildungsmarkt von der Konkurrenz zu unterscheiden, bieten manche Unternehmen, z. B. als Anreiz für gute Leistungen, **Auslandspraktika für Auszubildende** an. Laut Berufsbildungsgesetz kann bis zu einem Viertel der regulären Ausbildungszeit im Ausland verbracht werden. Bei einer dreijährigen Ausbildung sind das neun Monate. Unterstützt werden kann ein Auslandsaufenthalt über das EU-Förderprogramm „Erasmus+“.

Globalisierung
Kapitel 9.9

Das Projekt „Berufsbildung ohne Grenzen“ wurde 2009 vom Bundesarbeitsministerium zusammen mit dem Zentralverband des Deutschen Handwerks und den Industrie- und Handelskammern ins Leben gerufen. Weitere Informationen: https://www.berufsbildung-ohne-grenzen.de/

8.10 Arbeitnehmerschutz und die Förderung von Chancengleichheit

8.10.1 Arbeitnehmerschutz

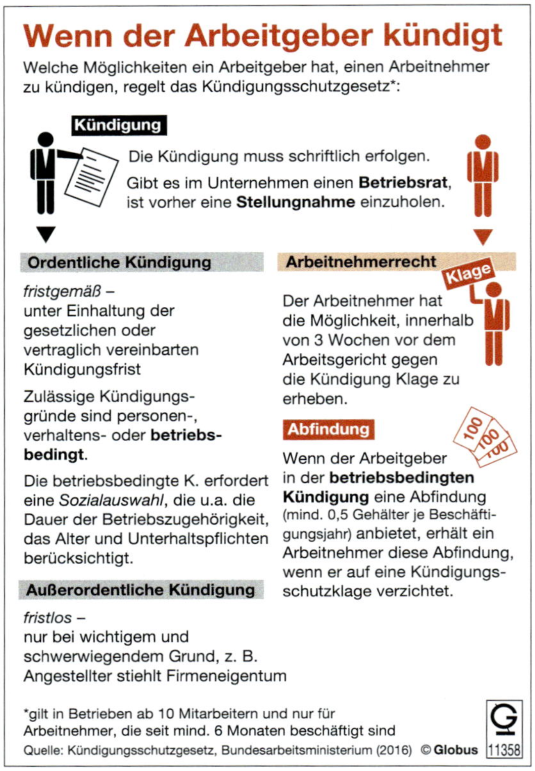

Der Staat sieht die Arbeitnehmer in der schwächeren Rolle gegenüber ihren Arbeitgebern. Er hat deshalb gesetzliche Grundlagen geschaffen, die es den Arbeitnehmern möglich machen, ihre Interessen wahrzunehmen. Beispiele dafür sind das Betriebsverfassungsgesetz und das Kündigungsschutzgesetz.

Kündigungsschutzgesetz

Der Arbeitsplatz ist für den Arbeitnehmer oft die einzige Geldeinnahmequelle. Deshalb wird diese Einnahmequelle in der Bundesrepublik durch das **Kündigungsschutzgesetz** vor ungerechtfertigten Kündigungen durch den Arbeitgeber geschützt. Das gilt vor allem für besondere Personengruppen wie Auszubildende, Schwangere, Betriebsräte und JAV-Mitglieder, Schwerbehinderte und Wehr- und Ersatzdienstleister. Das Kündigungsschutzgesetz gilt aber nur, wenn der Arbeitnehmer dem Unternehmen mehr als sechs Monate ohne Unterbrechung angehört hat und das Unternehmen mehr als zehn Arbeitnehmer beschäftigt.

Betriebliche Mitbestimmung

Das **Betriebsverfassungsgesetz** (BetrVG) regelt die Interessenvertretung der Arbeitnehmer in den Unternehmen der privaten Wirtschaft. Es ermöglicht die Bildung von **Betriebsräten**, die als gewählte Vertretungsorgane der Beschäftigten über abgestufte Mitbestimmungs- und Mitwirkungsrechte verfügen. Das Betriebsverfassungsgesetz stellt damit eine wichtige gesetzliche Regelung für die Arbeitnehmer und Auszubildenden dar. Die Rechte des Betriebsrates reichen von der Informationspflicht des Arbeitgebers in wirtschaftlichen Angelegenheiten bis zu Mitbestimmungsrechten in sozialen Angelegenheiten.

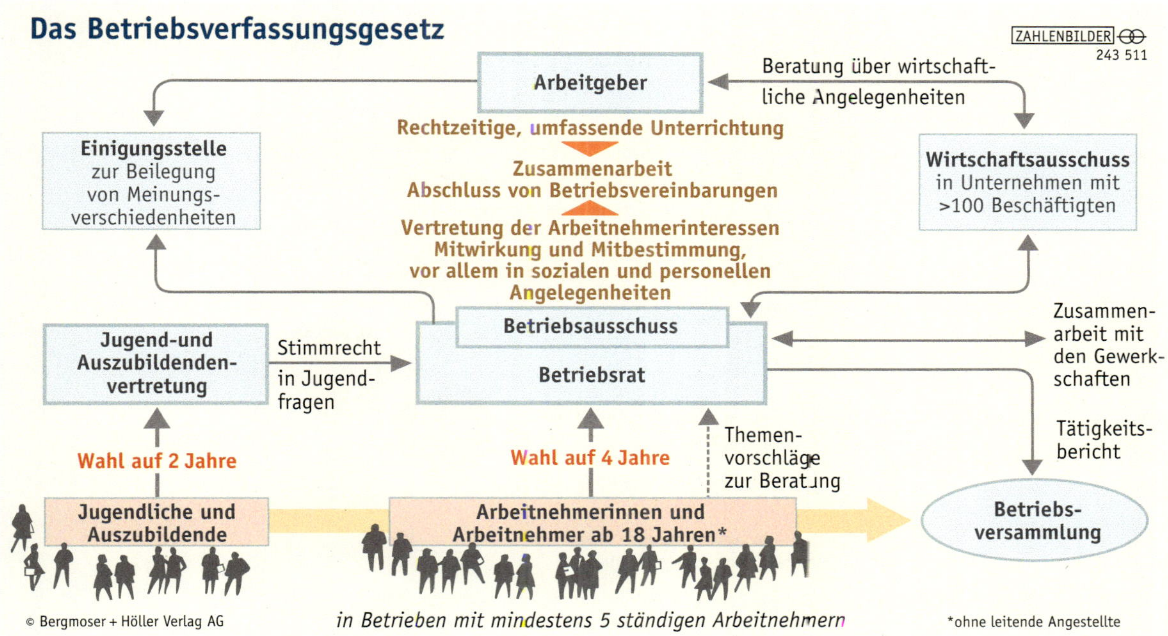

Jugend- und Auszubildendenvertretungen (JAV) werden in Unternehmen mit mindestens fünf jugendlichen Arbeitnehmern oder Auszubildenden gewählt. Die Amtszeit beträgt zwei Jahre. Die Mitgliederzahl der Jugend- und Auszubildendenvertreter richtet sich nach der Zahl der Jugendlichen und Auszubildenden im Betrieb. Die Jugend- und Auszubildendenvertretungen sind Teil des Betriebsrates. Wählbar sind alle Arbeitnehmer des Betriebes, die das 25. Lebensjahr noch nicht vollendet haben. Wählen dürfen alle Arbeitnehmer unter 18 Jahren und Auszubildende bis zu 25 Jahren. Die Wahlen zur JAV finden in der Zeit zwischen dem 1. Oktober und dem 30. November statt.

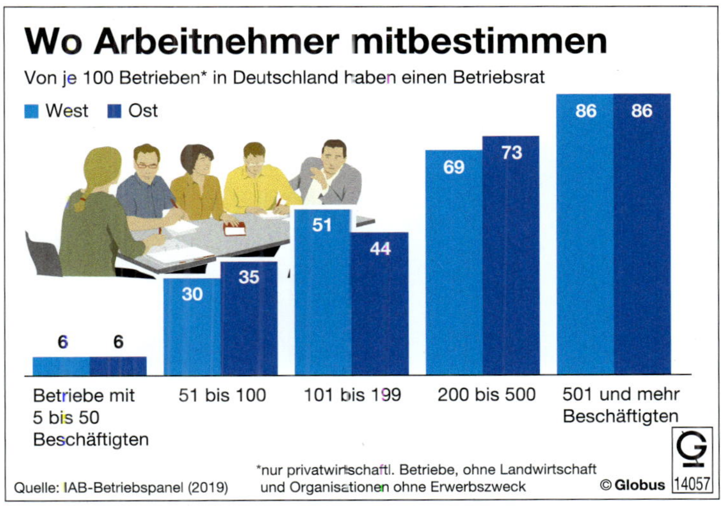

Gesundheitsschutz

Nähere Informationen unter: https://www.bmas.de/DE/Themen/Arbeitsschutz/arbeitsschutz.html

Das Bundesministerium für Arbeit und Soziales (BMAS) weist darauf hin, dass zum Arbeitnehmerschutz auch eine präventive betriebliche Gesundheitsförderung gehört. Gesundheitsschutz leistet in modernen Unternehmen einen wichtigen Beitrag zum Erhalt und zur Förderung der Arbeits- und Beschäftigungsfähigkeit von Arbeitnehmern. Auf diese Weise wird nicht zuletzt die Wettbewerbsfähigkeit der Unternehmen gestärkt. Mit den vorsorglichen Maßnahmen sollen Arbeitsunfälle, Berufskrankheiten und arbeitsbedingte Gesundheitsgefahren (z. B. Herz-Kreislauf-Krankheiten, Rückenleiden) möglichst von vornherein vermieden werden. Zu einer zeitgemäßen Prävention gehören sowohl sicherheitstechnische als auch arbeitsmedizinische Maßnahmen. Um gute Auszubildende zu bekommen, bieten manche Unternehmen inzwischen auch als Anreiz an, dass sie beispielsweise den Vertrag im Fitnessstudio bezahlen.

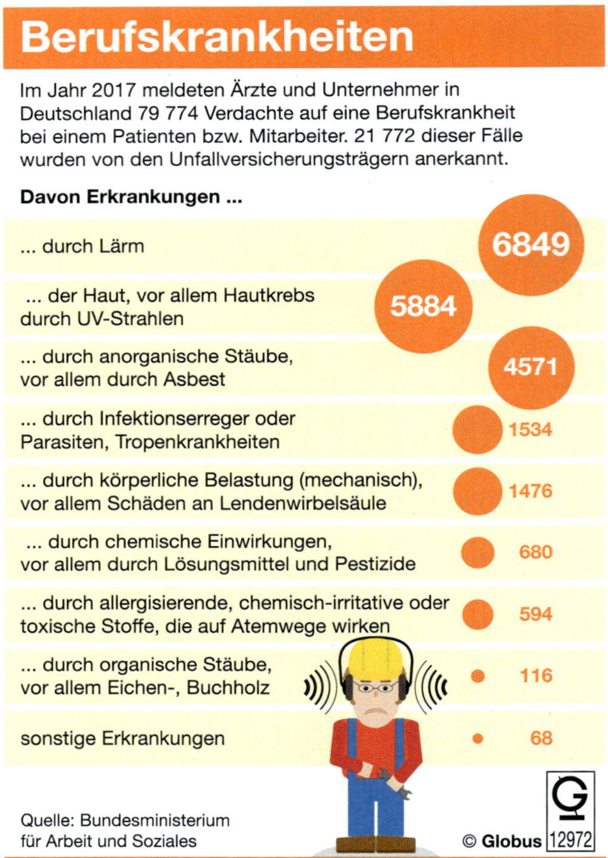

8.10.2 Work-Life-Balance und die Vereinbarkeit von Familie und Beruf

Work-Life-Balance bedeutet, ein ausgewogenes Verhältnis von Berufs- und Privatleben zu erreichen. D. h., die Anforderungen der Arbeitswelt sollten mit den privaten Interessen so in Einklang gebracht werden, dass z. B. berufliche Anstrengungen nicht auf Kosten der Freizeit oder der Übernahme von Familienaufgaben gehen.

Je nach Lebensalter und Lebenssituation kann das individuelle Verständnis von Work-Life-Balance aber stark variieren. In Untersuchungen wurden z. B. die folgenden Unterschiede zwischen den Einstellungen verschiedener Generationen festgestellt:

GENERATION X

- Die sogenannte **Generation X** wurde zwischen 1965 und 1979 geboren. Für diese Generation ist das berufliche Vorankommen eine der wichtigsten Zielsetzungen. Sie wird als individualistisch und ehrgeizig charakterisiert. Die Mitglieder sind beruflich gut ausgebildet und betrachten Arbeit als Mittel zum Zweck, um sich ein materiell abgesichertes Leben leisten zu können. Dabei wird Arbeit eher als belastend empfunden und ein Ausgleich in der Freizeit gesucht, um eine Lebensbalance herzustellen.
- Die sogenannte **Generation Y**, auch als „Millenials" bezeichnet, wurde zwischen 1980 und 1993 geboren und verfügt über ein gutes Bildungsniveau. Die Mitglieder stellen hohe Ansprüche an die Arbeit in den Unternehmen. Die Arbeit soll vor allem Sinn stiften, Abwechslungsreichtum bieten und die Selbstverwirklichung fördern. Angehörige der Generation Y legen weniger Wert auf eine strikte Trennung von Erwerbstätigkeit und Privatleben. Sie streben danach, die eigene Zeit sinnvoll und ausgewogen zwischen Arbeit und Freizeitaktivitäten aufzuteilen, sodass für den einen Lebensbereich kein Ausgleich in dem anderen notwendig wird.

MILLENIALS

- Die heutigen Jugendlichen werden als **Generation Z** bezeichnet. Ein Merkmal dieser Generation ist, dass sie komplett mit digitalen Technologien aufgewachsen ist. Sie wird in den nächsten Jahren mit anspruchsvollen Werten und Einstellungen auf den Arbeitsmarkt drängen. Diese Generation differenziert wieder mehr zwischen Arbeit und Privatleben.

GENERATION Z

Für alle Generationen gleichermaßen herausfordernd bleibt die Frage, wie man die Anforderungen von Beruf, Familie und Kindern angemessen organisieren und so den Bedürfnissen aller Familienmitglieder gerecht werden kann. Das Bundesministerium für Familie, Senioren, Frauen und Jugend (BMFSFJ) weist darauf hin, dass von dieser Problematik weiterhin besonders Mütter und Frauen betroffen sind. In Deutschland ist der Anteil von Frauen am Erwerbsleben zwar gestiegen. Die höhere **Frauenerwerbsbeteiligung** ist jedoch mit den folgenden Problemen verbunden:

Nähere Informationen unter: https://www.bmfsfj.de/bmfsfj/massnahmen-fuer-mehr-vereinbarkeit-vorantreiben/

- In Deutschland arbeiten Frauen häufig in **Teilzeit**, d. h. in geringerem zeitlichem Umfang als Vollzeitarbeitnehmer. Unter Müttern ist Teilzeitbeschäftigung besonders stark verbreitet. Neben einem entsprechend geringeren Verdienst bedeutet dies auch, dass weniger Beiträge zur Rentenversicherung geleistet werden, sodass die Gefahr einer späteren Altersarmut besteht.

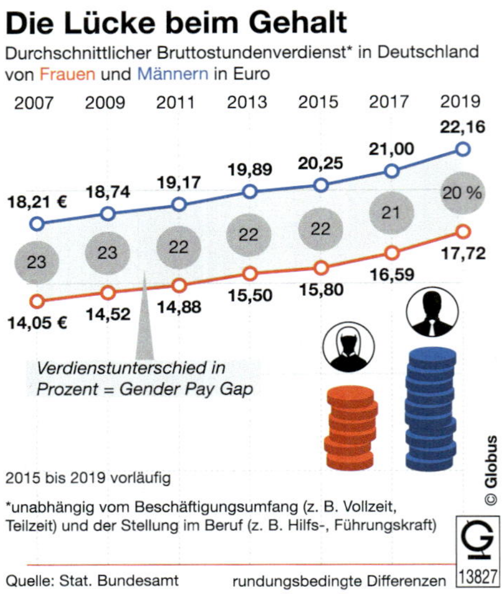

- Nur wenigen Familien gelingt es, die Erwerbsarbeit gleichmäßig untereinander aufzuteilen. In Deutschland sind es überwiegend die Väter, die in **Vollzeit** arbeiten. Da sie somit auf eine im Schnitt höhere Zahl an Erwerbsarbeitsstunden kommen als die Mütter, verdienen sie meist auch mehr. Im Fall einer Scheidung sind sie daher im Alter besser abgesichert.
- In Deutschland wird dieser finanzielle Unterschied dadurch verstärkt, dass die Wochenarbeitszeit vollzeiterwerbstätiger Personen höher ist als in anderen OECD-Ländern.
- Selbst wenn unabhängig vom Beschäftigungsumfang nur der Bruttostundenverdienst berücksichtigt wird, verdienen Frauen in Deutschland nach wie vor weniger als Männer. Dieses Lohngefälle zwischen Männern und Frauen wird als **Gender-Pay-Gap** bezeichnet. Im internationalen Vergleich liegt das Gender-Pay-Gap in Deutschland sowohl über dem EU-Durchschnitt als auch über dem OECD-Durchschnitt.

Nähere Informationen unter: https://www.bmfsfj.de/bmfsfj/themen/familie/familienleistungen

Um für beide Elternteile eine bessere Vereinbarkeit von Beruf, Familie und Kindererziehung zu ermöglichen, gibt es in Deutschland verschiedene Familienleistungen, von denen hier nur einige wesentliche genannt werden können:

- Ziel des **Mutterschutzrechts** ist es, den Gesundheitsschutz für schwangere und stillende Frauen zu gewährleisten und dafür zu sorgen, dass sie im Berufsleben keine Nachteile erfahren. So darf (werdenden) Müttern z.B. ab Beginn der Schwangerschaft bis vier Monate nach der Entbindung nicht gekündigt werden.
- Das **Mutterschaftsgeld** der gesetzlichen Krankenkassen erhalten Frauen, die in einem Arbeits- oder Heimarbeitsverhältnis stehen und Mitglied einer gesetzlichen Krankenkasse sind. Das Geld wird ihnen während der gesetzlichen Schutzfristen (vor und nach der Entbindung sowie für den Entbindungstag) gezahlt. Arbeitnehmerinnen, die nicht Mitglied einer gesetzlichen Krankenkasse sind, können vom Bundesversicherungsamt ein Mutterschaftsgeld in Höhe von insgesamt höchstens 210 Euro erhalten. Darüber hinaus können Arbeitgeber Zuschüsse zahlen.
- Erwerbstätige Mütter und Väter, die ihr Kind betreuen und erziehen, haben Anspruch auf **Elternzeit**. Diese Freistellung von der Arbeit kann bis zu drei Jahre pro Kind (bis zur Vollendung seines 8. Lebensjahres) in Anspruch genommen werden. Die Elternzeit kann zwischen den Eltern aufgeteilt oder sogar gemeinsam genommen werden. Während dieser Zeit ruht das Arbeitsverhältnis. Eine Teilzeitarbeit bis zu 30 Wochenstunden ist aber möglich. Während der Elternzeit kann der Arbeitgeber grundsätzlich keine Kündigung aussprechen. Nach Beendigung der Elternzeit besteht für die Eltern wieder ein Anspruch auf ihren „verlassenen" oder einen gleichwertigen Arbeitsplatz.

- Das **Elterngeld** soll fehlendes Einkommen während der Elternzeit ausgleichen. Eltern können für 14 Monate ein Basiselterngeld erhalten, wenn sich beide an der Betreuung beteiligen. Die Monate können frei untereinander aufgeteilt werden. Die Höhe des Elterngeldes ist vom Einkommen abhängig. Eltern mit höheren Einkommen können bis zu 65 %, Eltern mit niedrigeren Einkommen bis zu 100 % des bisherigen Einkommens erhalten.
- **Kindergeld** wird einkommensunabhängig gezahlt. Es beträgt aktuell monatlich 204 Euro für das erste und zweite Kind, 210 Euro für das dritte Kind und für das vierte sowie jedes weitere Kind 235 Euro. Kindergeld kann bezogen werden für alle Kinder bis zum 18. Lebensjahr, für Kinder in Ausbildung bis zum 25. Lebensjahr und für arbeitslose Kinder bis zum 21. Lebensjahr.
- Statt Kindergeld können Eltern **steuerliche Freibeträge für Kinder** bei der Einkommensteuer geltend machen. Das Finanzamt prüft automatisch bei der jährlichen Einkommensteuerveranlagung, ob für die Eltern Freibeträge oder das ausbezahlte Kindergeld günstiger sind.
- Alleinerziehende, die für ihr Kind keinen oder nicht regelmäßig Unterhalt erhalten, können einen **Unterhaltsvorschuss** beantragen. Sofern der andere Elternteil finanziell entsprechend leistungsfähig ist, fordert der Staat den Vorschuss dann von ihm zurück. Die Höhe des Unterhaltsvorschusses beträgt seit dem 1. Januar 2020 bis zu 165 Euro monatlich für Kinder von 0 bis 5 Jahren, bis zu 220 Euro für Kinder von 6 bis 11 Jahren und für Kinder von 12 bis 17 Jahren bis zu 293 Euro.
- Für die **Kindertagesbetreuung** in einer Kindertagesstätte (Kita) oder als Tagespflege gibt es seit 2013 bundesweit einen Rechtsanspruch für Kinder ab dem vollendeten ersten Lebensjahr. Diese Leistung wird von Eltern immer stärker in Anspruch genommen. Inzwischen wird etwa jedes dritte Kind unter drei Jahren in einer Kita betreut. Laut Statistischem Bundesamt liegt die Betreuungsquote bundesweit bei ca. 34 % (Stichtag 1. März 2019).

Neben den staatlichen Familienleistungen sind auch Maßnahmen in den Unternehmen erforderlich, damit Arbeits- und Familienleben gut miteinander verzahnt werden können. Betriebliche Work-Life-Balance-Maßnahmen können beispielsweise beinhalten:
- Führungsrichtlinien zur Förderung von Frauen in der Arbeitswelt,
- Arbeitszeitmodelle, die mehr zeitliche Flexibilität erlauben,
- neue Formen der Arbeitsorganisation, die es ermöglichen, die Anforderungen an Mitarbeiter bedarfsgerecht zu variieren,
- Modelle zur Flexibilisierung des Arbeitsortes, beispielsweise Telearbeit,
- betriebliche Maßnahmen zur Kinderbetreuung,
- gesundheitspräventive Leistungen für die Beschäftigten.

Telearbeit
Kapitel 8.10.3

Nicht zuletzt stehen Unternehmen vor der Herausforderung, insbesondere für jüngere Menschen die Arbeitsverhältnisse und -bedingungen so zu gestalten, dass hinsichtlich der Vereinbarkeit von Beruf und Familie künftig auch den Wünschen der „Generation Z" Rechnung getragen wird.

ÜBERBLICK

Der **Arbeitsmarkt** weist eine Vielzahl von Besonderheiten auf, die ihn von anderen Märkten unterscheiden. Eine Besonderheit ist, dass Menschen arbeitslos werden können. Je nach Ursache lassen sich mehrere Typen von **Arbeitslosigkeit** unterscheiden.

Zwar ist es eine Kernaufgabe der Wirtschaftspolitik, mit verschiedenen Ansätzen der **Beschäftigungspolitik** Arbeitslosigkeit zu verhindern bzw. zu verringern. „Vollbeschäftigung" zu erreichen ist jedoch aus vielfältigen Gründen nicht möglich.

Vor allem aufgrund der Digitalisierung vollzieht sich derzeit ein rasanter **Strukturwandel in der Arbeitswelt**. Daher wird es künftig unumgänglich sein, sich lebenslang beruflich weiterzubilden. Hierbei können verschiedene Formen von staatlicher Förderung in Anspruch genommen werden.

Neben der Beschäftigungspolitik besteht eine weitere wichtige Aufgabe des Staates im **Arbeitnehmerschutz**. Aus Sicht des Staates befinden sich Arbeitnehmer gegenüber ihrem Arbeitgeber in der schwächeren Rolle. Deshalb gibt es zahlreiche gesetzliche Regelungen, um die Arbeitnehmer zu stärken, z. B. Kündigungsschutz und das Betriebsverfassungsgesetz.

Damit Arbeits- und Privatleben in ein ausgewogenes Verhältnis gebracht werden können, gibt es auch vielfältige **staatliche Familienleistungen** und **betriebliche Work-Life-Balance-Maßnahmen**. Die Familienleistungen zielen insbesondere darauf ab, Frauen eine bessere Vereinbarkeit von Beruf und Familie zu ermöglichen und (werdende) Mütter vor beruflichen Nachteilen zu schützen.

Zur besseren Vereinbarkeit von Beruf und Familie kann auch eine **Flexibilisierung des Arbeitsortes** beitragen. Arbeitsformen wie Telearbeit (Homeoffice) und Mobiles Arbeiten können zu einer höheren Arbeitszufriedenheit führen, sind aber auch mit spezifischen Belastungen verbunden.

1 Erläutern Sie die Besonderheiten des Arbeitsmarktes.

2 Recherchieren Sie (z. B. bei einer Gewerkschaft), welche Bedeutung der Tarifautonomie zukommt.

3 Unterscheiden Sie berufliche-, betriebliche und offene Teilarbeitsmärkte.

4 Recherchieren Sie die aktuelle Arbeitslosenquote für Deutschland. Erklären Sie, was die Arbeitslosenquote ausdrückt.

5 Aus einem Land sind Ihnen die folgenden Zahlen bekannt: 85 400 Einwohner. 3 130 Arbeitslose, 44 205 Erwerbspersonen. Berechnen Sie die Arbeitslosenquote nach der Formel, die die Bundesagentur für Arbeit zugrunde legt.

6 Interpretieren Sie die Grafik „Arbeitslosigkeit in Deutschland" auf S. 225 gemäß der Drei-Schritte-Technik auf S. 22.

7 Erläutern Sie, inwiefern die Arbeitslosenquote das wahre Niveau der Arbeitslosigkeit über- bzw. unterschätzt.

8 Vergleichen Sie die Definition der Arbeitslosenquote der Bundesagentur für Arbeit mit der Definition, die das Statistische Bundesamt gemäß der Definition der Internationalen Arbeitslorganisation (ILO) für seine Zahlen zur Erwerbsstatistik zugrunde legt. Welche Gründe könnten dafür ausschlaggebend sein, dass die Definition der Bundesagentur für Arbeit von der der ILO abweicht?

9 Ein hohes Beschäftigungsniveau, gemessen an der Arbeitslosenquote, ist als gesetzliches Ziel der Wirtschaftspolitik im Stabilitäts- und Wachstumsgesetz verankert. Warum ist ein hohes Beschäftigungsniveau so wichtig für eine Volkswirtschaft?

10 Zum Auftakt des Bundestagswahlkampfs 2017 gab Bundeskanzlerin Angela Merkel das Ziel der Vollbeschäftigung in Deutschland bis zum Jahr 2025 aus. Bis dahin solle die Arbeitslosigkeit unter 3 % sinken, sagte die CDU-Chefin. Sie glaube, „dass das zu schaffen ist". Bewerten Sie, ob es richtig war von Merkel, nicht von 0 % als Vollbeschäftigung auszugehen.

11 Erklären Sie die folgenden Begriffe und nennen Sie jeweils ein Beispiel
- a friktionelle Arbeitslosigkeit,
- b saisonale Arbeitslosigkeit,
- c konjunkturelle Arbeitslosigkeit,
- d strukturelle Arbeitslosigkeit.

12 Ordnen Sie den folgenden Fällen die jeweilige Art von Arbeitslosigkeit (friktionell, saisonal, konjunkturell oder strukturell) zu.
- a Den Erntemitarbeitern wird zum Ende des Sommers gekündigt.
- b Mark verliert seine Anstellung, da der Absatz der Branche deutlich zurückgeht.
- c Juliette hat keine Lust mehr, in der Region Niederrhein zu arbeiten. Sie kündigte ihren Job als Kellnerin in der Gastwirtschaft „Zur Post" und fängt nächsten Monat in einem Restaurant in Düsseldorf an.
- d Melissa hat ihr Studium der Ethnologie erfolgreich abgeschlossen. Sie findet keine Anstellung.

AUFGABEN

13 Erläutern Sie:
- **a** Was ist der Unterschied zwischen aktiver und passiver Arbeitsmarktpolitik?
- **b** Welche staatlichen Hilfen der Bundesagentur für Arbeit können bei Arbeitslosigkeit in Anspruch genommen werden?

14 Simon Wilke hat keine Lust zu arbeiten. Es gelingt ihm, soziale Unterstützung (Hartz IV) zu erhalten. Bennett Götz arbeitet 40 Stunden die Woche im Niedriglohnbereich. Er hat nur 100,00 Euro mehr Nettoeinkommen als Simon durch Hartz IV. Welche Anreizproblematik kann sich dadurch ergeben?

15 Erläutern Sie den Begriff Substituierbarkeitspotenzial.

16 Diskutieren Sie: Können selbstlernende Computerprogramme den berufstätigen Menschen ersetzen?

17 Interpretieren Sie die Grafiken „Warum Weiterbildung?" und „Weiter lernen" auf S. 233 gemäß der Drei-Schritte-Technik auf S. 22.

18 Diskutieren Sie:
- **a** Warum wird berufliche Weiterbildung immer wichtiger?
- **b** Welche Vorteile hat ein Auslandsaufenthalt während der Ausbildung?

19 Weshalb wird der Arbeitsplatz durch das Kündigungsschutzgesetz besonders geschützt?

20 Sehen Sie sich das Schaubild „Wo Arbeitnehmer mitbestimmen" auf S. 235 an.
- **a** Erklären Sie mit eigenen Worten die betriebliche Mitbestimmung.
- **b** Woran mag es liegen, dass es bei kleineren Betrieben so wenige Betriebsräte gibt?

21 Können Mitarbeiter gegen den Willen der Geschäftsleitung einen Betriebsrat gründen? Argumentieren Sie!

22 Recherchieren Sie präventive Maßnahmen zum betrieblichen Gesundheitsschutz.

23 Wie unterscheiden sich Generation X, Generation Y und Generation Z?

24 Recherchieren Sie: Welchen Benachteiligungen sind Frauen in der Arbeitswelt ausgesetzt?

25 Natascha und Alexander erwarten ihr erstes Kind. Sie beschließen, dass Natascha Elternzeit in Anspruch nehmen wird.
- **a** Recherchieren Sie, was das werdende Elternpaar tun muss, um Elternzeit in Anspruch nehmen zu können.
- **b** Natascha entscheidet sich für eine Elternzeit von zwei Jahren. Allerdings befürchtet sie, dass ihr Arbeitgeber ihr während dieser Zeit plötzlich kündigen könnte. Nehmen Sie dazu Stellung.
- **c** In welchem Maße kann Natascha einen Ausgleich für ihr fehlendes Einkommen während der Elternzeit in Anspruch nehmen?

26 Recherchieren Sie den aktuellen Stand zur Kinderbetreuung.

27 Überlegen Sie: Wie sehen Ihre persönlichen Wünsche zur Vereinbarkeit von Beruf und Familie aus?

28 Diskutieren Sie: Welche Vor- und Nachteile kann „Arbeit zu Hause" haben?

Warum treibt man Außenhandel?

Was sind die Instrumente der Außenwirtschaftspolitik?

Warum entstand und wie funktioniert die Europäische Union?

Welche Chancen und Risiken bringt die Globalisierung mit sich?

Welche Bedeutung hat der Außenhandel für Deutschland?

THEMENBEREICH 9

Außenwirtschaft und Globalisierung

9.1 Warum (internationaler) Handel?

Eli

Katharina

Elinor steht unter Zeitdruck. Um 13:15 Uhr endet der Unterricht und um 13:25 Uhr geht der Bus zu ihrem alten Praktikumsbetrieb im Gewerbegebiet, wo sie nach der Schule aushilft. Wenn sie den Bus verpasst, muss sie 30 Minuten warten und lässt ihren Chef im Stich. Gleichzeitig muss sie heute um 13:15 Uhr ihr Handout für das Deutsch-Referat zum Kopieren am Lehrerzimmer abgeben. „Wie soll ich das nur schaffen?“, fragt sie Katharina. „Kann ich machen! Ich bin heute mit dem Auto meiner Eltern hier. Das wartet gerne zehn Minuten länger auf mich!“, grinst Katharina, die gerade ihren Führerschein gemacht hat. „Du könntest dafür heute Abend in der Einkaufspassage diesen Pulli für mich umtauschen. Das sind für dich zu Fuß zehn Minuten. Ich brauche mit Parkplatzsuche mindestens 45 Minuten ...“

Am nächsten Morgen übergibt Elinor die Tüte mit dem Pulli an Katharina. „Auf dich ist Verlass“, bedankt sich Katharina. „So jemanden könnten wir auf dem Hof gerade gebrauchen. Hast du am Samstag schon etwas vor?“ Katharina weiß, dass Elinor stets Möglichkeiten zum Geldverdienen sucht, und auf dem Hof ihres Vaters gibt es saisonbedingt dieses Wochenende gerade viel zu tun: Die Online-Buchungen für „Urlaub auf dem Bauernhof“ müssen bearbeitet werden. Schließlich bringt jede Buchung dem Bauernhof einen Ertrag von 30,00 Euro. Gleichzeitig steht die Kirschenernte für den Bauernmarkt an. Sechs Kirschbäume müssen innerhalb weniger Tage komplett abgeerntet werden. Je Kilo geernteter Kirschen erzielt der Bauernhof einen Ertrag von 6,00 Euro. Als Gegenleistung für die geleistete Arbeit entschädigt Katharinas Vater Elinor und Katharina mit einer Erfolgsbeteiligung von 40 % des Ertrags. Die Erfolgsbeteiligung teilen sich beide je zur Hälfte.

Elinor und Katharina wollen am Samstag acht Stunden arbeiten. Am Vormittag arbeiten beide für sich, beantworten je zwei Stunden lang Buchungsanfragen und ernten je zwei Stunden lang Kirschen. Nach vier Stunden Arbeit hat Katharina acht Buchungsanfragen und zehn Kilo Kirschen geschafft. Elinor hat in der Zeit nur 1,5 Buchungsanfragen bearbeitet, da sie mit dieser Tätigkeit nicht vertraut ist, und acht Kilo Kirschen geerntet, eine für sie ungewohnte und anstrengende Arbeit.

Als die Mädchen beim Mittagessen von ihrer Arbeit berichten, sagt Katharinas Vater: „Versteh mich nicht falsch, Katharina. Das ist toll, dass Elinor uns hilft. Aber könnt ihr in den vier Stunden heute Nachmittag die Arbeit nicht besser organisieren? Ich glaube, dass ihr beide davon profitiert.“

1 Recherchieren Sie in Kleingruppen, was man unter absoluten und komparativen Kostenvorteilen versteht, und analysieren Sie die obigen Situationen. Diskutieren Sie Ihre Ergebnisse anschließend im Plenum.
- **a** Warum ist es sinnvoll, dass Katharina Elinors Handout abgibt und Elinor Katharinas Pulli umtauscht?
- **b** Wie sollten Elinor und Katharina die Arbeit auf dem Bauernhof untereinander aufteilen? Begründen Sie Ihren Vorschlag.

2 Diskutieren Sie in Kleingruppen die nachfolgenden Fragen. Visualisieren Sie Ihre Ergebnisse in Form eines Plakats, das Sie im Plenum präsentieren.
- **a** Was haben die obigen Situationen mit dem internationalen Güterhandel zu tun? Gibt es einen Zusammenhang?
- **b** Was für Gründe für Außenhandel gibt es?
- **c** Gibt es auch Gründe, den Außenhandel zu beschränken?

9.2 Die Entwicklung des Welthandels

Seit vielen Jahrhunderten leben Haushalte nicht mehr als Selbstversorger, sondern handeln mit anderen. Für einen Haushalt ist es in wirtschaftlicher Hinsicht kaum sinnvoll, sich von anderen Menschen abzukapseln und keine wirtschaftlichen Beziehungen einzugehen. Dies gilt in ähnlicher Form für Volkswirtschaften. Der Handel auf dem Weltmarkt ist nicht mit einem sportlichen Wettkampf zu vergleichen, bei dem der eine verliert und der andere gewinnt. Handel zwischen zwei Ländern führt meist dazu, dass es jedem Land wirtschaftlich besser geht. Jede Volkswirtschaft kann sich auf das spezialisieren, was sie am besten kann, und durch Handel eine große Bandbreite an Waren und Dienstleistungen erwerben.

Arbeitsteilung
Kapitel 1.8

Der internationale Handel ist nach dem Zweiten Weltkrieg stetig gewachsen. Seit 1950 ist das Volumen der globalen Waren**exporte** auf mehr als das 40-Fache gestiegen. Die Zunahme des Außenhandels kann hauptsächlich durch den Abbau von Handelsbeschränkungen erklärt werden und hat Millionen Menschen in Entwicklungs- und Schwellenländern aus der Armut geholfen. Allerdings sind durch diese Entwicklung auch Millionen von Arbeitsplätzen im verarbeitenden Gewerbe der Industrieländer durch Verlagerung ins Ausland weggefallen.

Export
Verkauf inländischer Güter ins Ausland

Außenhandel
Kapitel 9.3–9.4 und 9.10

Handelsbeschränkungen
Kapitel 9.4

Globalisierung
Kapitel 9.9

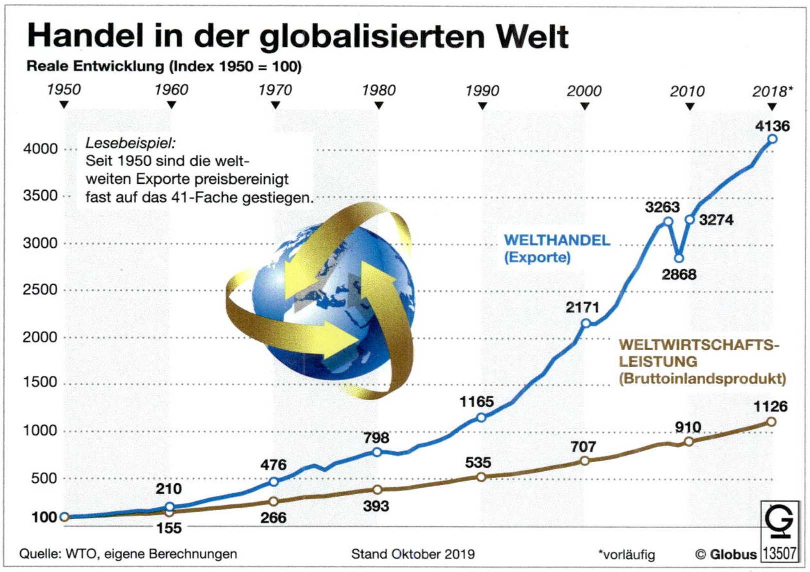

Bruttoinlandsprodukt
Kapital 2.4.1

Aber nicht nur das Wirtschaftsvolumen ist gestiegen, sondern auch die Zahl der Teilnehmer am Welthandel. Seit den 1990er-Jahren öffneten sich z. B. Schwellenländer wie Mexiko, China, Brasilien und Indien verstärkt dem Weltmarkt. China zählt heute, neben den USA und Deutschland, zu den exportstärksten Volkswirtschaften.

Für Deutschland spielt der Außenhandel eine wichtige Rolle für Wachstum, Wettbewerbsfähigkeit und Beschäftigung. So hängen fast 30 % der deutschen Arbeitsplätze direkt oder indirekt vom Export ab. Allerdings ist Deutschland auch auf **Importe** angewiesen, da es an natürlichen Rohstoffen und ausreichenden Agrarflächen mangelt, welche die Gesamtbevölkerung des Landes versorgen könnten. Die deutsche Wirtschaft ist somit eng mit der Weltwirtschaft verflochten und globale wirtschaftliche Entwicklungen haben sowohl positive als auch negative Auswirkungen auf das inländische Wirtschaftsgeschehen.

Bedeutung des Außenhandels für Deutschland
Kapitel 9.10

Import
Kauf von ausländischen Gütern

9.3 Gründe für den Außenhandel

Außenhandel findet i. d. R. aus den folgenden drei Beweggründen statt:
1. **fehlende Verfügbarkeit der Güter** im Inland, z. B. wegen Rohstoffmangel oder ungeeignetem Klima,
2. **unterschiedliche Produktionskosten** im In- und Ausland,
3. **unterschiedlicher Kundengeschmack**, z. B. durch unterschiedliche Produktgestaltung und unterschiedliches Image der Produkte.

9.3.1 Fehlende Verfügbarkeit von Gütern

Wenn bestimmte Güter in einem Land nicht zur Verfügung stehen, werden sie im Ausland gekauft. Das kann daran liegen, dass es im Inland an entsprechenden Rohstoffen fehlt, das Klima ungeeignet ist, es an qualifizierten Arbeitskräften fehlt, oder auch daran, dass nicht genügend Kapital für die Güterproduktion zur Verfügung steht.

BEISPIEL

Nach Deutschland werden Agrargüter wie Kakao, Kaffee, Tee, Bananen usw. importiert, weil sie hier nicht angebaut werden können bzw. ihr Anbau mit sehr hohen Kosten verbunden wäre. Metallische Rohstoffe, die vor allem für High-Tech-Produkte gebraucht werden, müssen zu 100 % importiert werden.

9.3.2 Absolute Kostenvorteile

Adam Smith **Kapitel 5.2.2**

effizient mit verhältnismäßig geringem Aufwand viel bewirkend

Bereits Adam Smith (1723–1790) befasste sich mit den Vorteilen der Spezialisierung. Er stellte fest, dass jedes Land die Güter produzieren sollte, welche es **effizienter** herstellen kann als das Ausland. Die anderen Güter sollte es aus dem Ausland importieren. Diese Vorgehensweise führt durch den absoluten Kostenvorteil zur Steigerung der weltweiten Wohlfahrt. Insgesamt können so die beteiligten Länder durch die Spezialisierung über mehr Güter verfügen, die sie wiederum untereinander eintauschen können.

BEISPIEL

Deutschland und Frankreich produzieren jeweils eine Maschine und ein Fass Wein zu unterschiedlichen Produktionskosten. Die Produktionskosten werden in Arbeitsstunden ausgedrückt.

Produkt / Land	1 Maschine	1 Fass Wein	∑ Arbeitszeit
Deutschland	10 Std.	12 Std.	22 Std.
Frankreich	12 Std.	8 Std.	20 Std.
Gesamtmenge	2 Maschinen	2 Fässer Wein	-

Frankreich hat einen absoluten Kostenvorteil bei der Produktion von Wein und Deutschland bei der Produktion von Maschinen. ▸

Spezialisieren sich beide Länder auf die jeweilige Produktion, stehen bei gleichbleibender Arbeitszeit der Länder insgesamt mehr Güter zur Verfügung:
- Deutschland produziert in 22 Std. 2,2 Maschinen (22 Std./10 Std. zur Produktion einer Maschine).
- Frankreich produziert in 20 Std. 2,5 Fässer Wein (20 Std./8 Std. zur Produktion von einem Fass Wein).

9.3.3 Komparative Kostenvorteile

David Ricardo (1772–1832) entwickelte die Theorie des absoluten Kostenvorteils von Adam Smith weiter. Diese Weiterentwicklung zeigt, dass zwei Länder auch dann Vorteile durch internationale Arbeitsteilung erzielen können, wenn ein Land beide Güter effizienter produzieren kann.

David Ricardo (1772–1832)

BEISPIEL

Jetzt gehen wir davon aus, dass Frankreich bei der Produktion von Wein wie auch Maschinen absolute Kostenvorteile aufweist. Das Beispiel aus dem vorherigen Abschnitt wird wie folgt angepasst:

Produkt / Land	1 Maschine	1 Fass Wein	∑ Arbeitszeit
Deutschland	10 Std.	12 Std.	22 Std.
Frankreich	9 Std.	8 Std.	17 Std.

Theoretisch müsste nun Frankreich beide Güter anbieten und wäre an einem Handel mit Deutschland nicht interessiert. Es kommt aber dennoch zu einem beidseitigen Handel. Wie kann das sein? Dazu müssen die relativen, d. h. die **komparativen Kosten** miteinander verglichen werden.

Wenn Deutschland sich entscheidet, anstatt einer Maschine zwei Maschinen zu produzieren, muss es auf die Herstellung von 0,833 Fass Wein (vgl. folgende Tabelle) verzichten. Für Frankreich gilt, dass es bei der Produktion einer weiteren Maschine auf 1,125 Fass Wein verzichtet. Das Land, welches Maschinen bzw. Wein zu geringeren **Opportunitätskosten** herstellen kann als das andere, hat einen komparativen Vorteil. Also sollte Deutschland Maschinen produzieren und Frankreich Wein.

Tauschverhältnis / Land	Maschine : Wein (1 Maschine gegen Wein)	Wein : Maschine (1 Fass Wein gegen Maschine)
Deutschland	10 Std./12 Std. = **0,833**	12 Std./10 Std. = **1,2**
Frankreich	9 Std/8 Std. = **1,125**	8 Std./9 Std. = **0,889**

Durch Handel der beiden Länder sind beide Länder mit Maschinen und Wein versorgt. Außerdem haben beide Länder Produktionskosten gespart:
- Deutschland produziert 2 Maschinen in 20 Stunden anstatt 1 Maschine und 1 Fass Wein in 22 Std. (Produktionskostenersparnis: 2 Stunden).
- Frankreich produziert 2 Fässer Wein in 16 Stunden anstatt 1 Maschine und 1 Fass Wein in 17 Stunden (Produktionskostenersparnis: 1 Stunde).

Die eingesparten Produktionskosten können Deutschland und Frankreich zur Kapazitäts- bzw. Produktionserweiterung einsetzen.

komparativ
von lat. „comparare“: vergleichen

Die **Opportunitätskosten** geben an, auf wie viel von einem Gut verzichtet werden muss, um eine Einheit mehr von einem anderen Gut zu erhalten.
Kapite. 1.10

Das Beispiel zeigt, dass jedes Land mehr Güter für den Konsum zur Verfügung hat, wenn es sich auf die Güter spezialisiert, bei denen es einen komparativen Kostenvorteil hat, und diese gegen Güter tauscht, die ein anderes Land relativ kostengünstig produziert. Außerdem können durch die Spezialisierung weitere Kosten gesenkt werden.

internationale Arbeitsteilung **Kapitel 1.8**
Freihandel **Kapitel 9.4.1**
Schutz vor Außenhandel **Kapitel 9.4**

Aus der internationalen Arbeitsteilung und dem Gesetz der komparativen Kosten kann die **Forderung nach Freihandel** abgeleitet werden, d. h., jedermann sollte die Freiheit haben, im In- oder Ausland einzukaufen oder zu verkaufen, einen Arbeitsplatz zu suchen oder Arbeitskräfte einzustellen.

Viele Produzenten befürchten dabei jedoch eine „Überschwemmung" des Inlandsmarktes mit billigen Waren aus dem Ausland. Daher versuchen Staaten nicht selten, die heimischen Erzeuger vor der ausländischen Konkurrenz zu schützen, sei es durch Einfuhrbeschränkungen, durch Gewährung von Steuerbegünstigungen oder, vor allem im landwirtschaftlichen Sektor, durch staatliche Subventionen.

9.3.4 Intraindustrieller Handel

Beobachtet man den Handel zwischen den Volkswirtschaften, zeigt sich ein interessantes Phänomen: Nicht nur der Handel zwischen den Ländern mit unterschiedlichen Wettbewerbsvorteilen wuchs, sondern auch der Handel zwischen Industrieländern mit derselben Güterart. In diesem Zusammenhang wird vom intraindustriellen Handel gesprochen. Hier stehen nicht die Kostenunterschiede im Vordergrund, sondern hier geben **Konsumentenpräferenzen** den Kaufausschlag.

BEISPIEL

Deutschland exportiert Autos nach Frankreich und Frankreich importiert Autos nach Deutschland. In den Augen der Konsumenten sind Autos der verschiedenen Marken nicht ohne Weiteres miteinander vergleichbar und austauschbar. Sie sehen z. B. Unterschiede im Design, unterschiedliche Funktionen, eine unterschiedliche Qualität und ein unterschiedliches Image.

9.4 Instrumente der Außenwirtschaftspolitik

Die Außenwirtschaftspolitik umfasst alle Maßnahmen, die darauf abzielen, die wirtschaftlichen Beziehungen mit dem Ausland im Sinne der eigenen Zielsetzungen zu beeinflussen. Dazu gehören sowohl die Außenhandelspolitik (ordnet und lenkt die internationalen Warenströme) als auch die Währungs- und Wechselkurspolitik (ordnet und lenkt die internationalen Kapitalströme).

Wechselkurssysteme
Kapitel 4.8

9.4.1 Freihandel versus Protektionismus

Zu den besonderen Herausforderungen im internationalen Warenaustausch gehört die Bewältigung des Konflikts zwischen Freihandel und Protektionismus. Vertreter des Freihandels fordern den Abbau von Handelshemmnissen und die Öffnung der Märkte. Protektionisten wollen hingegen den inländischen Markt vor der ausländischen Konkurrenz durch den Aufbau von Handelshemmnissen schützen.

Handelshemmnisse
Kapitel 9.4.2–9.4.3

Im Laufe der Geschichte wechselten sich das Freihandelsprinzip und das Prinzip des Protektionismus mal mehr, mal weniger dominant ab. Vom 16. bis 18. Jahrhundert, im Zeitalter des **Merkantilismus**, dominierte in den europäischen Staaten der Protektionismus. Die Fürsten schlossen z. B. die Grenzen für Importe, um die heimische Wirtschaft zu schützen. Erst durch die Industrialisierung und durch ein besseres Transportwesen begannen sich die Märkte zu öffnen und der Freihandel setzte sich in Europa und Nordamerika weitgehend durch.

Nach dem Ersten Weltkrieg bis nach dem Zweiten Weltkrieg dominierte wieder der Protektionismus. Danach wurde die Liberalisierung des Welthandels durch den Abschluss des **Allgemeinen Zoll- und Handelsabkommens (GATT)** bzw. die Gründung der seit 1995 tätigen **Welthandelsorganisation (WTO)** vorangetrieben. Zudem trugen regionale Freihandelszonen (z. B. die Europäische Union) und viele Freihandelsabkommen zum Abbau von Zöllen und anderen Handelshemmnissen bei.

WTO
Kapitel 9.5.1

Europäische Union
Kapitel 9.8

Seit der Weltwirtschaftskrise 2008/2009 gibt es wieder vermehrt protektionistische Tendenzen. Einige Länder verwenden seitdem erlaubte Zölle und mehr Vorschriften, um sich gegen **Dumping** zu wehren. Ab 2017 verschärften auch die USA unter Präsident Trump ihre Außenwirtschaftspolitik, um Arbeitsplätze zurück in die USA zu holen. Dazu wurden Zölle auf z. B. Stahl und Aluminium sowie andere handelspolitische Schutzinstrumente eingesetzt. Die betroffenen Länder reagierten darauf mit Vergeltungszöllen. Außerdem wurden verschiedene Handelsabkommen auf Eis gelegt. Es drohte die Gefahr eines weltweiten **Handelskrieges**.

Dumping
zu Schleuderpreisen verkaufen

Handelskrieg
Wettstreit zwischen zwei oder mehr Ländern um Handelsanteile

BEISPIEL

Argumente für Protektionismus:
- Inländische Arbeitsplätze sollen gegen die ausländische, billigere Konkurrenz geschützt werden.
- Junge, sich entwickelnde Industrien sollen solange vorübergehend geschützt werden, bis sie sich im internationalen Wettbewerb behaupten können.
- Alte Industrien, die sich gegenüber der ausländischen Konkurrenz nicht mehr behaupten können, müssen vorübergehend geschützt werden, um sich den veränderten Bedingungen anzupassen.
- Länder müssen spezielle Industrien (z. B. Kohle und Stahl) schützen, um unabhängig zu bleiben und sich im Krisenfall selbst versorgen zu können.

Häufig genügt die Androhung von protektionistischen Maßnahmen, um nationale Interessen durchzusetzen. Nachfolgend werden die wichtigsten außenwirtschaftspolitischen Instrumente, die in tarifäre und nichttarifäre Handelshemmnisse unterteilt werden können, vorgestellt.

9.4.2 Tarifäre Handelshemmnisse

Unter tarifären Handelshemmnissen versteht man **Zölle** (engl. „tariffs"), also Abgaben an den Staat. Zölle sind ein **sichtbares Instrument**, um einerseits staatliche Einnahmen zu erzielen und andererseits die inländische Wirtschaft vor der ausländischen Konkurrenz zu schützen. Sie werden auf eingeführte, ausgeführte oder durchs Land geleitete Güter erhoben. Mit der Erhebung von **Einfuhrzöllen** verteuern sich die importierten Güter. Wie der Importzoll auf die Wohlfahrt wirkt, hängt von der Größe eines Landes, aber auch von der Marktstruktur und dem Marktverhalten ab.

BEISPIEL

Die EU führt einen Importzoll auf Stahl ein, sodass sich der Stahlpreis künstlich über den Weltmarktpreis hinaus erhöht.

Die **ausländischen Produzenten** können wegen des gestiegenen Preises weniger Stahl in die EU exportieren. Die Importmenge sinkt. Durch die Zollerhebung werden die **inländischen Produzenten** angeregt, mehr zu produzieren, da importierter Stahl durch inländisch produzierten Stahl ersetzt wird. Sie können ihren Stahl zu höheren Preisen verkaufen als bisher (Weltmarktpreis plus Importzoll).

Den Nachteil haben die **inländischen Nachfrager**, denn sie müssen höhere Preise zahlen und werden ggf. ihren Konsum senken.

Die EU hat zwei Ziele erreicht:

1. Schutz der einheimischen Industrie, da weniger Stahl aus dem Ausland nachgefragt wird,
2. Einnahmen aus dem Importzoll.

Aber: Sinkt die Nachfrage nach Stahl im Inland sehr stark, gehen die Effekte aus den beiden erreichten Zielen verloren und es kann sogar zu einem Wohlfahrtsverlust kommen.

9.4.3 Nichttarifäre Handelshemmnisse

Seit dem Jahr 2009 machen Zollmaßnahmen nur ca. 23 % aller protektionistischen Maßnahmen aus. Die meisten aller handelsbeschränkenden Maßnahmen sind folglich nichttarifärer Natur. Sie werden anstelle von Zöllen oder zur Ergänzung der Zollpolitik eingesetzt. Bei der Ausgestaltung von nichttarifären Handelshemmnissen gibt es einen großen kreativen Spielraum, der zu einer Vielzahl unterschiedlicher Formen führt. Alle Formen haben aber das Ziel, inländische Produzenten zu schützen und den Marktzutritt für ausländische Anbieter zu behindern. Nachfolgend seien einige Beispiele, nach Gruppen geordnet, genannt:

- **preisbezogene Maßnahmen**, wie z. B. **Subventionen**, Regierungskäufe, Einfuhrzuschläge, Grenzausgleichssteuer, Ausfuhrsteuer, Sonder- und Zusatzsteuern, Hafengebühren, Steuererleichterungen für inländische Produzenten;
- **mengenbeschränkende Maßnahmen**, wie z. B. Einfuhr- und Ausfuhrverbote, Einfuhr- und Ausfuhr**kontingente**, Einfuhr- und Ausfuhrmindestpreise, freiwillige Exportbeschränkungen, Selbstbeschränkungsabkommen, internationale Kartelle;
- **administrative Maßnahmen**, wie z. B. Begünstigung inländischer Anbieter bei staatlicher Auftragsvergabe, Einfuhrüberwachung und Ursprungskontrollen, Import**lizenzen**, komplizierte Zollbestimmungen und Zollabfertigung, Gesundheits- und Sicherheitsbestimmungen, Verbraucherschutzbestimmungen, technische Normen und Standards, Produktgestaltungsvorschriften, Herstellungsvorschriften, markenrechtliche Bestimmungen, Kennzeichnungsvorschriften, Boykottaufrufe und -handlungen.

Subvention
staatliche Begünstigung, die keine Gegenleistung erfordert

Kontingent
vom Staat festgesetzte wert- oder mengenmäßige Quote zur Begrenzung bestimmter Güter

Kartelle
Kapital 3.12.1 und 3.13.2

administrativ
behördlich

Lizenz
Genehmigung oder Erlaubnis, ein Recht gegen Entgelt wirtschaftlich zu nutzen

9.5 Handelsorganisationen und -abkommen

Globalisierung
Kapitel 9.9

Seit den 1970er-Jahren verschmelzen immer mehr nationale und internationale Märkte zu Weltmärkten und immer größere, multinationale Unternehmen entstehen. Diese Entwicklung führt zu neuen Anforderungen an die weltweiten „Spielregeln" für den Handel.

Wirtschaftsordnung
Kapitel 5.2 und 5.4.5

Eine tragfähige **Weltwirtschaftsordnung** sollte mit ihren Vorschriften den grenzüberschreitenden Handel von Waren, Dienstleistungen, Kapital und Arbeit regeln. Das erweist sich allerdings als außerordentlich schwierig, weil bisher kein geschlossenes Regelwerk existiert. Vielmehr besteht die derzeitige Weltwirtschaftsordnung aus vielen verschiedenen Organisationen und Abkommen, die die Handelsbeziehungen und die wirtschaftliche Zusammenarbeit zwischen den Mitgliedstaaten regeln. Die Weltwirtschaftsordnung kann in drei Bereiche unterteilt werden, und zwar in die Welthandels-, die Weltwährungs- und die Welttransferordnung. Nachfolgend werden die wichtigsten Organisationen und Abkommen vorgestellt.

Weltwirtschaftsordnung

Welthandelsordnung	Weltwährungsordnung	Welttransferordnung
– WTO (früher GATT) – OPEC – regionale Abkommen, z.B. EFTA, EU, NAFTA	– Weltbank – IWF – Zentralbanken	– Weltbank – IWF – UNCTAD

9.5.1 Internationale Organisationen

Deutschland ist seit 1973 Mitglied der UNO. Nähere Informatonen zur UNO unter:
https://www.un.org
https://unric.org/de/

Die **UNO** (United Nations Organization, Vereinte Nationen) hat die Entwicklung der Weltwirtschaft mit ihren Unterorganisationen entscheidend gefördert. Sie hat ihren Hauptsitz in New York und verfolgt u. a. das Ziel, den Weltfrieden zu wahren, freundschaftliche Beziehungen zwischen den Nationen zu entwickeln, den Lebensstandard zu verbessern und die Menschenrechte zu fördern. Im Laufe der Zeit entstand neben der UNO eine Reihe von weiteren internationalen Einrichtungen zur Förderung der Weltwirtschaft, z. B. Welthandelsorganisation, Internationaler Währungsfonds und Weltbank.

Welthandelsorganisation

Deutschland trat 1951 dem GATT bei und ist Gründungsmitglied der WTO. Nähere Informationen zur WTO unter:
https://www.wto.org/

Die **Welthandelsorganisation** (World Trade Organization, **WTO**) soll dafür sorgen, dass es zu „fairen Spielregeln" beim internationalen Handel zwischen den Ländern kommt. Bis 1994 war das **Allgemeine Zoll- und Handelsabkommen** (General Agreement on Tariffs and Trade, **GATT**) das maßgebliche Instrument zur Regulierung des Welthandels. Das GATT hatte vornehmlich die Aufgabe, internationale Zollschranken abzubauen. 1995 ging aus dem GATT die WTO hervor und hat seitdem ihren Sitz in Genf (Schweiz). Zurzeit gehören 164 Mitgliedsländer der WTO an.

Die WTO hat folgende **Hauptaufgaben**:

- Sie soll **Handelshemmnisse abbauen,** indem sie den Mitgliedern ein Forum für Verhandlungen bietet.
- Sie soll die **Liberalisierung des Welthandels** überwachen und im Fall der Verletzung von Handelsabkommen **Streit** zwischen den Mitgliedstaaten **schlichten**.
- Sie soll dabei die besonderen **Bedürfnisse der Entwicklungsländer berücksichtigen**.

Handelshemmnisse
Kapitel 9.4.2–9.4.3

Liberalisierung des Welthandels bedeutet aber nicht, dass es grundsätzlich keine Handelsschranken mehr geben darf. So dürfen z. B. Maßnahmen zum Schutz vor Krankheiten und Seuchen ergriffen werden.

Zu den **Hauptprinzipien** der WTO zählen:

- **Meistbegünstigung:** Ein WTO-Mitglied muss alle Handelspartner gleichbehandeln. Vorteile, die einem Handelspartner gewährt werden, müssen auch den anderen zugestanden werden.
- **Inländerbehandlung:** Ausländische Güter dürfen nicht anders behandelt werden als solche aus dem Inland. Darum müssen alle Regelungen und Beschränkungen des Außenhandels der WTO transparent gemacht werden.
- **Gegenseitigkeit:** Die Zugeständnisse der Handelspartner in Verhandlungen sollen ausgewogen sein. Nicht nur ein Land soll Vorteile gewähren, sondern auch die anderen Länder. Entwicklungsländer können davon ausgenommen werden.

2001 wurde in **Doha** eine weitere Runde zur Liberalisierung der weltweiten Handelsbeziehungen eingeläutet. Bis heute wurde kein Abschluss der Verhandlungen erreicht. Grund dafür sind unüberbrückbare Differenzen zwischen den Entwicklungs- und Schwellenländern und den Industrieländern. Besonders im Bereich der Agrarmärkte gibt es Streit. Die Entwicklungsländer beklagen sich, dass die EU und die USA den Zutritt zum Agrarmarkt durch Handelshemmnisse verhindern und durch Exporte in die Entwicklungsländer den Wettbewerb massiv verzerren.

Doha ist eine Stadt im Golfstaat Katar, wo im Jahr 2001 die Auftaktkonferenz stattfand.

BEISPIEL

Europas Agrarindustrie exportiert seit Jahren Massen von billigem Geflügelfleisch und Milchprodukte nach Afrika und verdrängt dadurch die einheimischen Produzenten. „Billige“ Agrarprodukte aus Europa sind möglich, da hohe Subventionen in den dortigen Markt gepumpt werden. Der Wettbewerb wird so verzerrt.

Knock Out in der neunten Runde?

Die Vorgeschichte der aktuellen „Doha-Runde“ zur Liberalisierung der weltweiten Handelsbeziehungen

GATT/WTO (ab 1995) Verhandlungsrunden		Gegenstand der Verhandlungen	teilnehmende Länder	Durchschnittliche Zollsenkung in %
1947	–	Zölle	23	35
1949	Annecy-Runde	Zölle	13	2
1951	Torquay-Runde	Zölle	38	3
1956	Genf-Runde	Zölle	26	2
1960 – 1961	Dillon-Runde	Zölle	26	7
1964 – 1967	Kennedy-Runde	Zölle, Preisdumping	62	35
1973 – 1979	Tokio-Runde	Zölle, nicht-tarifäre Handelshemmnisse*, Rahmenabkommen	102	34
1986 – 1994	Uruguay-Runde	umfassende Reformen, Gründung der WTO	123	40
seit 2001	Doha-Runde	bessere Einbindung der Entwicklungs- und Schwellenländer in den Welthandel	153	?

*z.B. Subventionen, mengenbezogene Ein- und Ausfuhrbeschränkungen
Quelle: Bundesministerium für Wirtschaft und Technologie
© Globus 2261

OECD

Die **OECD** (Organization for Economic Cooperation and Development) wurde zur Förderung der wirtschaftlichen Zusammenarbeit und Entwicklung gegründet. Mitglieder sind vor allem die westlichen Industrieländer. Die Aufgaben der OECD sind:

- Koordination der Konjunktur- und Währungspolitik,
- Koordination der Entwicklungshilfe für Entwicklungsländer und bedürftige OECD-Länder,
- Förderung und Ausweitung des Welthandels,
- Beobachtung der Wirtschaftsentwicklung ihrer Mitglieder, Veröffentlichung von umfangreichen Statistiken und ökonomischen Empfehlungen.

Deutschland ist Gründungsmitglied der OECD. Nähere Informationen zur OECD unter: https://www.oecd.org/

Deutschland ist seit 1952 Mitglied des IWF. Nähere Informationen zum IWF unter: https://www.imf.org/

Wechselkurse **Kapitel 4.8**

Devisen **Kapitel 4.8–4.9**

Zahlungsbilanz **Kapitel 9.10.1**

Internationaler Währungsfonds

In Bretton Woods (New Hampshire, USA) wurden 1944 die Verträge zur Gründung des Internationalen Währungsfonds und der Weltbank beschlossen. Die Mitglieder des **Internationalen Währungsfonds** (IWF) haben sich dazu verpflichtet,

- die internationale Zusammenarbeit in der Währungspolitik zu fördern, damit geordnete Wechselkursregelungen und ein stabiles Wechselkurssystem gewährleistet sind;
- enger zusammenzuarbeiten in Fragen der internationalen Währungspolitik und des zwischenstaatlichen Zahlungsverkehrs (z. B. Beseitigung von Devisenverkehrsbeschränkungen);
- Hilfe bei Zahlungsbilanzdefiziten eines Mitgliedstaates zu leisten. Jedes Mitgliedsland hat bestimmte Zahlungsverpflichtungen gegenüber dem IWF. Aus diesem Fonds werden Kredite an Länder mit Zahlungsbilanzdefiziten geleistet.

Deutschland ist seit 1952 Mitglied der Weltbank. Nähere Informationen zur Weltbank unter: https://www.worldbank.org/

Weltbank

Die Zugehörigkeit von Staaten zur Weltbank ist an die Mitgliedschaft im IWF gekoppelt. Ursprünglich setzte die Weltbank ihre finanziellen Mittel für den Wiederaufbau Europas nach dem Zweiten Weltkrieg ein. Ab 1950 wandte sie sich ihrer zweiten Aufgabe, der Kreditgewährung für die Entwicklungsländer, zu. Die Weltbankgruppe umfasst fünf Organisationen, darunter die IBRD (International Bank for Reconstruction and Development) und die IDA (International Development Association). Das gemeinsame Ziel dieser Organisationen ist, die wirtschaftliche und soziale Entwicklung weniger entwickelter Mitgliedsländer durch finanzielle Hilfen, durch Beratung und technische Unterstützung zu fördern.

IBRD = Internationale Bank für Wiederaufbau und Entwicklung	IDA = Internationale Entwicklungsorganisation
– vergibt günstige Kredite für Wiederaufbau und Entwicklung – erwirtschaftet nötige Mittel auf dem Kapitalmarkt	– vergibt zinslose Kredite und Zuschüsse an die ärmsten Länder der Welt – finanziert Hilfe durch Beiträge der Mitgliedsländer

UNCTAD

Die **UNCTAD** (United Nations Conference on Trade and Development) wurde als ständiges Organ der UNO gebildet. Die Gründung der UNCTAD entsprach vor allem den Wünschen der Entwicklungsländer, die ihre Interessen in den bestehenden internationalen Institutionen nicht genügend berücksichtigt sahen und ein spezielles Forum für den Nord-Süd-Dialog verlangten. Ziel der UNCTAD ist die Förderung der Umstrukturierung des Welthandels zugunsten der Entwicklungsländer und die Förderung des Handels zwischen den Entwicklungsländern.

9.5.2 Regionale Handelsabkommen

Neben den zuvor genannten, nahezu weltumspannenden Regelungen gibt es auch eine Vielzahl regionaler Handels- und Integrationsabkommen. Die drei wichtigsten Formen, die sich vor allem hinsichtlich ihrer Integrationsstufe unterscheiden, sind: Freihandelszone, Zollunion und gemeinsamer Markt.

BEISPIEL

Zu den regionalen Handelsabkommen zählen: **EU** (Europäische Union); **NAFTA** (North American Free Trade Area) mit Kanada, Mexiko und den USA; **Mercosur** mit Argentinien, Brasilien, Paraguay und Uruguay; **ASEAN** (Association of South East Asian Nations) mit Brunei, Indonesien, Kambodscha, Laos, Malaysia, Myanmar, den Philippinen, Singapur, Thailand und Vietnam sowie verschiedene Regionalabkommen auf dem afrikanischen Kontinent.

Europäische Union
Kapitel 9.8

Freihandelszone

Die **Freihandelszone** ist die schwächste Integrationsform eines wirtschaftlichen Zusammenschlusses zwischen verschiedenen Staaten und hat den freien Güterverkehr zum Ziel. Schrittweise sollen zwischen den beteiligten Ländern bestehende Handelshemmnisse abgebaut werden. Jedes Mitgliedsland behält aber seine volle Autonomie bei der Gestaltung der eigenen Außenhandelspolitik gegenüber Drittländern.

Handelshemmnisse
Kapitel 9.4.2–9.4.3

BEISPIEL

Die **EFTA** (European Free Trade Association) wurde 1960 von Dänemark, Großbritannien, Norwegen, Österreich, Portugal und der Schweiz gegründet. 1970 trat Island, 1986 Finnland und 1991 Liechtenstein der EFTA bei.

Die Mitglieder sind in ihrer Außenzollpolitik autonom, d. h., sie können ihre Zölle gegenüber Nichtmitgliedstaaten eigenhändig festsetzen. Zwischen den Partnerländern existieren aber keine Zölle oder Mengenbeschränkungen.

Seit 1995 besteht die EFTA nur noch aus Island, Liechtenstein, Norwegen und der Schweiz, da alle anderen vorherigen Mitgliedsländer zu dem Zeitpunkt schon zur EU gehörten. Nach dem „Brexit" (2020) wurde Großbritannien erneut von der EFTA umworben, bislang aber erfolglos.

Im November 2020 entstand im asiatischen Raum eine neue Freihandelszone namens „Regional Comprehensive Economic Partnership (RCEP)", die 15 Staaten mit 2,2 Milliarden Menschen umfasst (die zehn ASEAN-Staaten, China, Japan, Südkorea sowie Australien und Neuseeland). Dies ist die derzeit größte Freihandelszone der Welt.

Zollunion

Die **Zollunion** als nächsthöhere Integrationsform ist ein typisches Konzept zur regionalen Handelsliberalisierung. Die Mitglieder einer Zollunion gewähren sich gegenseitig freien Güterverkehr und legen zusätzlich einheitliche Außenzölle gegenüber Drittländern fest. Das gemeinsame Auftreten nach außen kann sich zusätzlich auch auf andere wirtschaftspolitische Bereiche erstrecken. Die Errichtung einer Zollunion ist in der Regel die Vorstufe zur Gründung eines gemeinsamen Marktes oder einer Wirtschaftsunion.

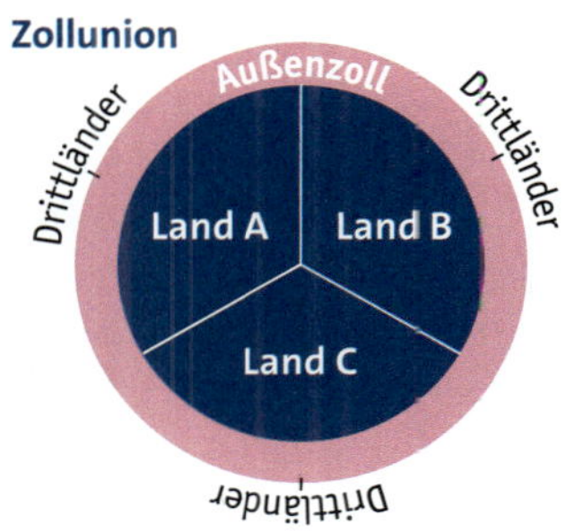

BEISPIEL

Die erste Zollunion der Welt war die 1910 gegründete Zollunion des Südlichen Afrika, der heute die Staaten Botswana, Lesotho, Namibia, Südafrika und Eswatini angehören. Seitdem sind in verschiedenen Regionen der Welt weitere Zollunionen entstanden.

Die Mitgliedstaaten der EU erreichten das Stadium der Zollunion im Jahr 1968.

Gemeinsamer Markt

Gemeinsamer Markt (Binnenmarkt)

Auf einem gemeinsamen Markt (Binnenmarkt) gelten die Bedingungen der Zollunion. Darüber hinaus gewähren die Mitgliedsländer sich gegenseitig die sogenannten vier „Grundfreiheiten":

- **Freier Personenverkehr:** Wegfall von Grenzkontrollen, Annäherung der Gesetze, Niederlassungs- und Beschäftigungsfreiheit.
- **Freier Dienstleistungsverkehr:** Liberalisierung der Finanzdienste, Öffnung der Transport- und Telekommunikationsmärkte.
- **Freier Warenverkehr:** Wegfall von Grenzkontrollen, Harmonisierung und gegenseitige Anerkennung von Normen und Vorschriften.
- **Freier Kapitalverkehr:** mehr Freizügigkeit für Geld- und Kapitalbewegungen, Schritte zu einem gemeinsamen Markt für Finanzdienstleistungen, Liberalisierung des Wertpapierverkehrs.

BEISPIEL

Die EU hat das Ziel des gemeinsamen Marktes 1993 offiziell erreicht. Auch die ASEAN-Staaten streben einen Binnenmarkt an. 2015 gründeten sie hierfür die „Asean Economic Community" (AEC).

Weitergehende Integrationsstufen regionaler Wirtschaftsräume umfassen z. B. gemeinsame Regelungen in binnenwirtschaftlichen Fragen bis hin zu einer Integration auf politischer und institutioneller Ebene. Von diesem Ideal war auch der Integrationsprozess der Europäischen Union geleitet.

WTO
Kapitel 9.5.1

Grundsätzlich lassen sich gemeinsame Ziele leichter auf regionaler als auf internationaler Ebene finden und durchsetzen. Allerdings entstehen im Zuge der Regionalisierung von Wirtschaftsräumen neue Außengrenzen. Dies kann trotz der positiven Effekte innerhalb der jeweiligen Region zu Nachteilen hinsichtlich der globalen Arbeitsteilung führen. Konflikte zwischen regionalen Wirtschaftsräumen (wie z. B. EU und NAFTA) sind selbst unter dem Dach der WTO nur schwer zu lösen.

ÜBERBLICK

Außenhandel wird nicht nur deshalb betrieben, weil manche Güter in manchen Ländern nicht verfügbar sind. Er lohnt sich auch dann, wenn bestimmte Güter in anderen Ländern billiger produziert werden können **(absolute Kostenvorteile)**. Zudem kann er selbst dann erstrebenswert sein, wenn ein Land alle benötigten Güter billiger herstellen könnte als ein anderes Land **(komparative Kostenvorteile)**.

Der **Außenhandelspolitik** stehen verschiedene Instrumente zum Schutz der inländischen Unternehmen zur Verfügung. Dies sind **tarifäre Handelshemmnissen** (Zölle) sowie **nichttarifäre Handelshemmnissen** (z. B. Subventionen, Kontingente, bürokratische oder technische Vorschriften). Alle Handelshemmnisse verzerren den internationalen Wettbewerb.

Die grenzüberschreitenden Wirtschaftsbeziehungen werden durch **internationale Organisationen** geregelt (z. B. WTO, OECD, IWF, Weltbank). Darüber hinaus gibt es eine Vielzahl **regionaler Handelsabkommen** mit unterschiedlichen Integrationsstufen (Freihandelszone, Zollunion und gemeinsamer Markt).

1 Erklären Sie, was unter Welthandel zu verstehen ist, und beschreiben Sie, was der Welthandel mit Ihnen zu tun hat. In welchen Ländern wurden die Güter hergestellt, die Sie täglich nutzen oder konsumieren?

2 Interpretieren Sie die Grafik „Handel in der globalisierten Welt" auf S. 247 gemäß der Drei-Schritte-Technik auf S. 22.

3 Erstellen Sie ein Schaubild mit den Gründen, die zu internationalem Handel führen, und fügen Sie zu jedem Grund eine Erklärung ein.

4 Gehen Sie von folgender Situation aus:

	Produktionseinheiten pro Arbeitseinheit	
	Inland	**Ausland**
Gut X	20	30
Gut Y	20	10

a Zeigen Sie, wie die absoluten und relativen Kostenvorteile in dieser Situation verteilt sind. Warum ist Handel zwischen den Ländern vorteilhaft?

b Inwiefern ändern sich die Kostenvorteile, wenn das Inland mit einer Einheit Arbeit jeweils nur 5 Einheiten von Gut X bzw. 5 Einheiten von Gut Y fertigen könnte? Ist auch in dieser Situation Handel vorteilhaft?

5 Erklären Sie, inwiefern die Theorie der absoluten Kosten im Widerspruch zur Realität steht und wie David Ricardo mit seiner Theorie des komparativen Kostenvorteils diesen Widerspruch auflöst.

6 Diskutieren Sie, weshalb die Theorie des komparativen Kostenvorteils die heutige Struktur des Außenhandels nicht hinreichend erklären kann.

7 Beschreiben Sie anhand eines selbst gewählten Beispiels, welche Faktoren zum intraindustriellen Handel führen.

8 Erklären Sie, was unter Freihandel und was unter Protektionismus verstanden wird. Finden Sie für beide Konzepte Argumente.

9 Unterscheiden Sie tarifäre und nichttarifäre Handelshemmnisse. Welche Bedeutung haben diese für den internationalen Handel?

10 Die Welthandelsorganisation soll für „faire Spielregeln" im internationalen Handel sorgen. Erläutern Sie die Ziele und Hauptprinzipien der WTO.

11 Recherchieren Sie den aktuellen Stand der Doha-Runde.

12 Recherchieren Sie Informationen zu einer weiteren internationalen Organisation (OECD, IWF oder Weltbank) und erstellen Sie einen Steckbrief.

13 Nennen Sie die Integrationsstufen regionaler Handelsabkommen und erläutern Sie die Unterschiede.

14 Nehmen Sie an, in der EU werden für ein Agrarprodukt Subventionen gezahlt.

a Zeigen Sie anhand eines Preis-Mengen-Diagramms die Wirkung von Agrarsubventionen und erläutern Sie deren Zweck.

b Beurteilen Sie die Folgen von EU-Agrarsubventionen für die Entwicklungsländer. Betrachten Sie dazu auch die Karikatur „Welt-Markt" auf S. 252.

9.6 Deutscher Außenhandel in Zeiten der Globalisierung

Gary

Eli

Katharina

Da Gary einen freien Tag hat, holt er Katharina und Elinor mit seinem alten Auto von der Schule ab, um mit ihnen gemeinsam ins Freibad zu gehen. „Wie läuft es denn so in deinem Job?“, fragt Elinor. „Total interessant!“, berichtet Gary stolz. „Ich arbeite mit Menschen aus der ganzen Welt zusammen. Auf den Absatzmärkten von Nonticental geht die Sonne niemals unter!“ Die Mädchen kichern. „Jetzt übertreibst du aber!“, sagt Elinor. „Ich dachte, deine Firma produziert hier in der Region Teile für die Autoindustrie in Deutschland.“ „So einfach ist das nicht!“, antwortet Gary. „Nonticental bezieht alles, was sich woanders günstiger und besser herstellen lässt, aus dem Ausland. Deswegen baut Nonticental Werke im Ausland. Und das meiste, was sie hier herstellen, liefern sie auch wieder ins Ausland. Zurzeit läuft das Exportgeschäft richtig gut. Deshalb kann Nonticental es sich leisten, in unserer Region mehrere Sportvereine und Stiftungen zu sponsern.“

„Das ist mir zu einseitig“, schaltet sich Katharina ein. „Wenn Globalisierung so toll ist, wieso mussten dann so viele Zechen und Stahlwerke im Ruhrgebiet schließen?“ Gary zögert. „Nicht jeder in Deutschland profitiert von der Globalisierung“, fährt Katharina fort. „Mein Vater sagt, früher war es für unseren Hof auch einfacher – ohne weltweiten Handel mit Agrargütern zu Dumpingpreisen!“

Jetzt wird es Elinor zu viel: „Deine Familie vermietet Zimmer an Gäste aus der ganzen Welt und kann sich jedes Jahr drei Wochen Urlaub in Dubai oder Thailand leisten. So schlimm kann das mit der Globalisierung wohl nicht sein!“ Als Nächstes knöpft sie sich ihren Bruder vor: „Gary, woher willst du wissen, ob das Geschäft für Nonticental in zwei Jahren noch so gut läuft? Übernimmt dich dein Arbeitgeber nach der Lehre auch bei schlechter Auftragslage?“

Gary grinst und sagt: „So ein Management-Talent wie ich läuft nicht lange frei auf dem Arbeitsmarkt herum!“ Doch dann fügt er kleinlaut hinzu: „Apropos … Ich soll für meinen Chef eine PowerPoint-Präsentation machen, mit der er den Auszubildenden die Situation des deutschen Außenhandels in Zeiten der Globalisierung erklären will. Könntet ihr mir dabei vielleicht helfen?“

1 Als Gary, Elinor und Katharina dieses Gespräch führen, ahnen sie noch nichts von der nahenden Corona-Pandemie. Stellen Sie sich vor, Sie könnten sich als Zeitreisende aus der Zukunft in die Diskussion einschalten: Was hätten Sie zum Thema „Globalisierung“ zu erzählen?

2 Fertigen Sie in Kleingruppen eine Mindmap zu den Vor- und Nachteilen der Globalisierung an.

3 Erstellen Sie in Ihrer Kleingruppe eine PowerPoint-Präsentation zum Thema „Deutschlands Außenhandel in Zeiten der Globalisierung“. Ihre Präsentation sollte mindestens die folgenden Punkte enthalten:
- **a** Begriff der Globalisierung
- **b** Chancen und Risiken der Globalisierung für Deutschland
- **c** Entwicklung des deutschen Außenhandels
- **d** Deutschlands wichtigste Handelspartner, Exporte und Importe
- **e** Inhalt und Aufbau der Zahlungsbilanz
- **f** Bedeutung und Ursachen des deutschen Leistungsbilanzüberschusses

9.7 Motive der europäischen Einigung

Europa, ein aus vielen kleineren und größeren, schwächeren und stärkeren Ländern bestehender Kontinent, war jahrhundertelang von teils verheerenden Kriegen gebeutelt. Nach der Katastrophe zweier Weltkriege setzte schließlich ein Einigungsprozess ein, der in dieser Form bis heute einmalig ist. Das auslösende Motiv war der dringliche Wunsch nach Frieden; im Laufe der Zeit kamen weitere Motive hinzu.

Heute mag das Motiv der Friedenssicherung etwas in den Hintergrund getreten sein. Doch die Kriege im ehemaligen Jugoslawien, die militärischen Auseinandersetzungen in der Ukraine und die Streitigkeiten im Grenzgebiet zwischen der Türkei und Syrien haben gezeigt, dass kriegerische Handlungen auch in Europa heute noch möglich sind.

- **Wunsch nach Frieden:** Am 19. September 1946 forderte der ehemalige britische Premieminister Winston Churchill (1874–1965) in Zürich die Schaffung der „Vereinigten Staaten von Europa“. Er war überzeugt, dass nur so der Frieden in Europa dauerhaft garantiert werden könne. 2012 erhielt die EU für ihre erfolgreiche Friedenssicherung den Friedensnobelpreis.

Quelle: Europäische Union

- **Wunsch nach Zugehörigkeit zu einer Wertegemeinschaft:** 2009 trat der Vertrag von Lissabon in Kraft. In diesem Vertrag wurden die gemeinsamen Werte und Ziele der Mitgliedstaaten festgelegt und rechtswirksam.
- **Wunsch nach wirtschaftlichem Wohlstand:** Als sechs Länder 1952 die Europäische Gemeinschaft für Kohle und Stahl (EGKS) gründeten, ermöglichte dies einen schnelleren und leichteren Handel mit Kohle und Stahl und damit einen beschleunigten Wiederaufbau. 1968 wurde das Ziel einer Zollunion erreicht; seit 1993 ermöglicht der gemeinsame Binnenmarkt einen Waren-, Dienstleistungs-, Kapital- und Personenverkehr ohne Zölle und Grenzen. Dadurch haben rund 500 Millionen Menschen in der EU ein größeres Angebot, günstigere Preise und garantierte Qualitäts- und Umweltstandards. Seit der Einführung einer gemeinsamen Währung – dem Euro – im Jahr 2002 entfallen für die Staaten der Eurozone auch Umtauschkosten und Wechselkursrisiken. Seit der Gründung der EU hat sich der Handel zwischen den Mitgliedstaaten mehr als verdreißigfacht. Die EU ist heute der weltweit größte Binnenmarkt und zugleich eine der größten Handelsmächte der Erde.
- **Wunsch nach Einfluss in der Außen- und Sicherheitspolitik:** Da Einzelstaaten auf der Weltbühne keine oder nur noch eine untergeordnete Rolle spielen, betreibt die EU seit 1993 auch eine „Gemeinsame Außen- und Sicherheitspolitik“ (GASP). Durch die GASP soll die internationale Zusammenarbeit gefördert, der Frieden gesichert, der Abbau von Handelshemmnissen vorangetrieben und die Wirtschaft der EU gestärkt werden. Dies schließt auch die verstärkte Zusammenarbeit mit Entwicklungsländern ein.
- **Wunsch nach grenzüberschreitender Problemlösung:** Koordiniertes gemeinsames Handeln ist notwendig geworden, da die heutigen politischen Probleme von Einzelstaaten nicht mehr wirkungsvoll angegangen werden können. Gemeinsame Lösungen müssen vor allem im Bereich des Umwelt- und Klimaschutzes sowie der Finanz- und Wirtschaftspolitik gefunden werden.

„Die Werte, auf die sich die Union gründet, sind die Achtung der Menschenwürde, Freiheit, Demokratie, Gleichheit, Rechtsstaatlichkeit und die Wahrung der Menschenrechte einschließlich der Rechte der Personen, die Minderheiten angehören. Diese Werte sind allen Mitgliedstaaten in einer Gesellschaft gemeinsam, die sich durch Pluralismus, Nichtdiskriminierung, Toleranz, Gerechtigkeit, Solidarität und die Gleichheit von Frauen und Männern auszeichnet.“

Vertrag von Lissabon, Artikel 2

9.8 Die Europäische Union (EU)

Jahr	Ereignis
1952	Inkrafttreten der **Europäischen Gemeinschaft für Kohle und Stahl (EGKS)**, auch Montanunion genannt, **Gründungsmitglieder**: Belgien, Deutschland, Frankreich, Italien, Luxemburg, Niederlande
1958	Inkrafttreten der **Europäischen Wirtschaftsgemeinschaft (EWG)** und der **Europäischen Atomgemeinschaft (EAG, später EURATOM)** auf der Grundlage der „Römischen Verträge" von 1957, **Gründungsmitglieder**: wie zuvor
1967	**Fusion** der drei Gemeinschaften zur **Europäischen Gemeinschaft (EG)**
1968	**Europäische Zollunion**
1973	**Beitritt** von Dänemark, Großbritannien, Irland
1979	Erste Direktwahl des Europäischen Parlaments
1981	**Beitritt** von Griechenland
1986	**Beitritt** von Portugal, Spanien
1990	**Zusammenbruch der Sowjetunion** und **Wiedervereinigung Deutschlands**
1993	Vollendung des **Europäischen Binnenmarktes** auf der Grundlage der „Einheitlichen Europäischen Akte" (1987)
1993	Inkrafttreten des **Vertrags von Maastricht** (= **„Vertrag über die Europäische Union"** = **„EU-Vertrag"**): Schaffung der Europäischen Union, bestehend aus den drei Säulen „Europäische Gemeinschaft" (EG), „Inneres und Justiz" sowie „Gemeinsame Außen- und Sicherheitspolitik"; Beschluss einer Wirtschafts- und Währungsunion
1995	**Beitritt** von Finnland, Österreich, Schweden
1995	Inkrafttreten des **Schengener Abkommens** zum Abbau von Personenkontrollen an den Binnengrenzen
1998	Die **Europäische Zentralbank (EZB)** nimmt ihre Arbeit auf
1999	Inkrafttreten der dritten Stufe der **Europäischen Wirtschafts- und Währungsunion**; Einführung des **Euro als Buchgeld** in zunächst 11 Mitgliedstaaten
1999	Inkrafttreten des **Vertrags von Amsterdam** (Änderungen am EU-Vertrag und anderen Verträgen; Versuch, die EU zu reformieren)
2002	Einführung des **Euro als Währung** in 12 Mitgliedstaaten (Belgien, Deutschland, Finnland, Frankreich, Griechenland, Irland, Italien, Luxemburg, Niederlande, Österreich, Portugal und Spanien) (EA-12)
2003	Inkrafttreten des **Vertrags von Nizza** (Änderungen am EU-Vertrag und anderen Verträgen; Versuch, die EU zu reformieren)
2004	Unterzeichnung des **Vertrags über eine Verfassung für Europa**
2004	**Beitritt** von Estland, Lettland, Litauen, Malta, Polen, Slowakei, Slowenien, Tschechien, Ungarn, Zypern
2007	**Scheitern des Verfassungsvertrags** (nach gescheiterten Referenden in Frankreich und den Niederlanden); stattdessen: Unterzeichnung des Vertrags von Lissabon
2007	**Beitritt** von Bulgarien, Rumänien
2007	Slowenien tritt dem **Euroraum** bei (EA-13)
2008	Malta und Zypern treten dem **Euroraum** bei (EA-15)
2009	Inkrafttreten des **Vertrags von Lissabon** (institutionelle Reform der EU)
2009	Slowakei tritt dem **Euroraum** bei (EA-16)
2010	**Staatsschuldenkrise**, Vereinbarung eines **Euro-Rettungsschirms**
2011	Estland tritt dem **Euroraum** bei (EA-17)
2012	**Friedensnobelpreis** für die EU
2013	Inkrafttreten des **Europäischen Fiskalpakts** (Einführung nationaler Schuldenbremsen)
2013	**Beitritt** von Kroatien
2014	Lettland tritt dem **Euroraum** bei (EA-18)
2014	Schaffung der **Bankenunion** (gemeinsames System der Bankenaufsicht)
2015	Litauen tritt dem **Euroraum** bei (EA-19)
2016	**Brexit-Referendum** (52 % der abstimmenden britischen Bürger stimmen für den Austritt aus der EU)
2020	EU-Austritt Großbritanniens **(Brexit)**

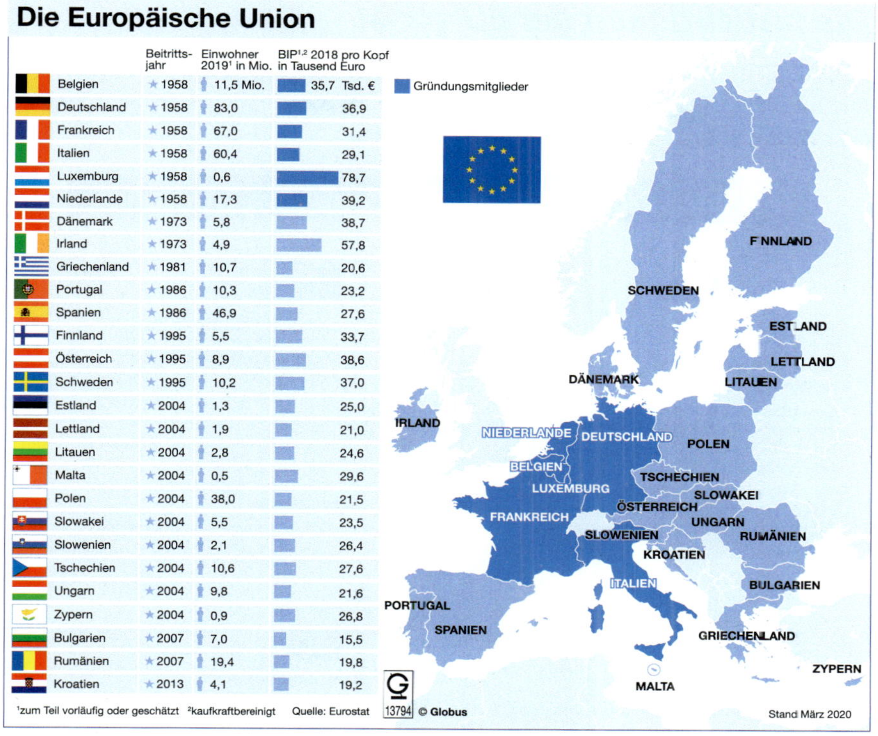

Die Europäische Union

	Beitrittsjahr	Einwohner 2019[1] in Mio.	BIP[1,2] 2018 pro Kopf in Tausend Euro
Belgien	1958	11,5 Mio.	35,7 Tsd. €
Deutschland	1958	83,0	36,9
Frankreich	1958	67,0	31,4
Italien	1958	60,4	29,1
Luxemburg	1958	0,6	78,7
Niederlande	1958	17,3	39,2
Dänemark	1973	5,8	38,7
Irland	1973	4,9	57,8
Griechenland	1981	10,7	20,6
Portugal	1986	10,3	23,2
Spanien	1986	46,9	27,6
Finnland	1995	5,5	33,7
Österreich	1995	8,9	38,6
Schweden	1995	10,2	37,0
Estland	2004	1,3	25,0
Lettland	2004	1,9	21,0
Litauen	2004	2,8	24,6
Malta	2004	0,5	29,6
Polen	2004	38,0	21,5
Slowakei	2004	5,5	23,5
Slowenien	2004	2,1	26,4
Tschechien	2004	10,6	27,6
Ungarn	2004	9,8	21,6
Zypern	2004	0,9	26,8
Bulgarien	2007	7,0	15,5
Rumänien	2007	19,4	19,8
Kroatien	2013	4,1	19,2

[1]zum Teil vorläufig oder geschätzt [2]kaufkraftbereinigt Quelle: Eurostat 13794 © Globus Stand März 2020

Großbritannien, das seit 1973 EU-Mitglied war, ist zum 31. Januar 2020 aus der EU ausgetreten. Durch den „Brexit" hat sich die Zahl der EU-Mitgliedstaaten von zwischenzeitlich 28 auf 27 reduziert.

9.8.1 Rechtliche Grundlagen der EU

Die rechtlichen Grundlagen der Europäischen Union sind Verträge, die von den Mitgliedstaaten abgeschlossen wurden. In ihnen wurde z. B. festgelegt, wie Entscheidungen getroffen werden, welche Institutionen welche Rechte haben und in welchen Bereichen die Mitgliedstaaten gemeinsam handeln. Die Entwicklung der EU kann aus den verschiedenen Verträgen herausgelesen werden.

Am 1. Dezember 2009 trat, nach einer jahrelangen Reformdebatte, der Vertrag von Lissabon in Kraft, mit dem der EU eine eigene Rechtspersönlichkeit verliehen wurde. Sie kann so z. B. internationale Verträge unterzeichnen oder internationalen Organisationen beitreten. Durch den Vertrag wurde die Handlungs- und Leistungsfähigkeit der EU und ihres Parlaments gestärkt.

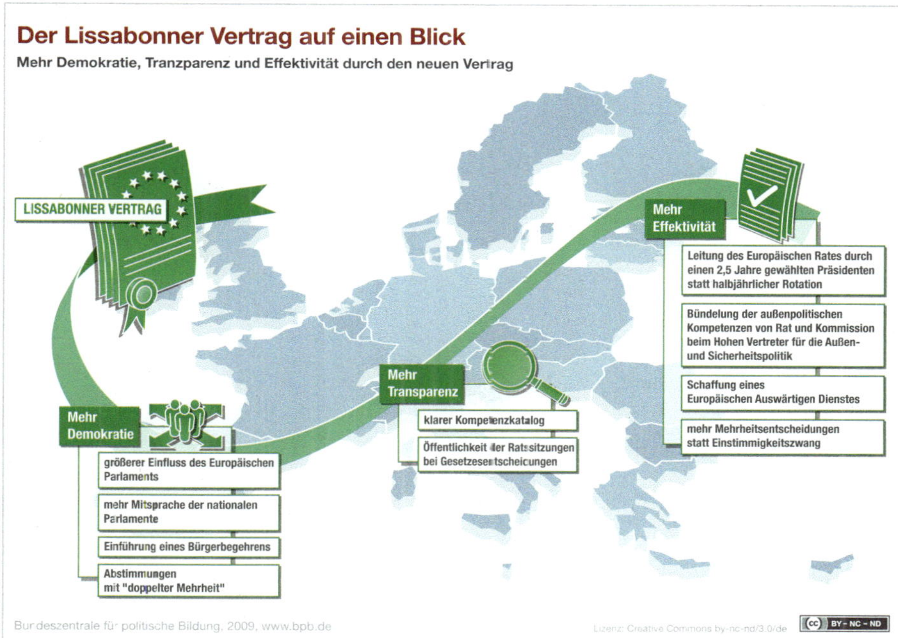

9.8.2 Die Institutionen der EU

Hoheitsrecht
einem Staat nach der Verfassung zur Ausübung der Staatsgewalt zustehendes Recht (z. B. Gerichtsbarkeit, Finanzgewalt, Wehrhoheit)

Die Mitgliedstaaten der EU haben einen Teil ihrer **Hoheitsrechte** an verschiedene Institutionen delegiert. Es gibt sieben wichtige Organe, die die gemeinschaftlichen, die nationalen und die Bürgerinteressen vertreten.

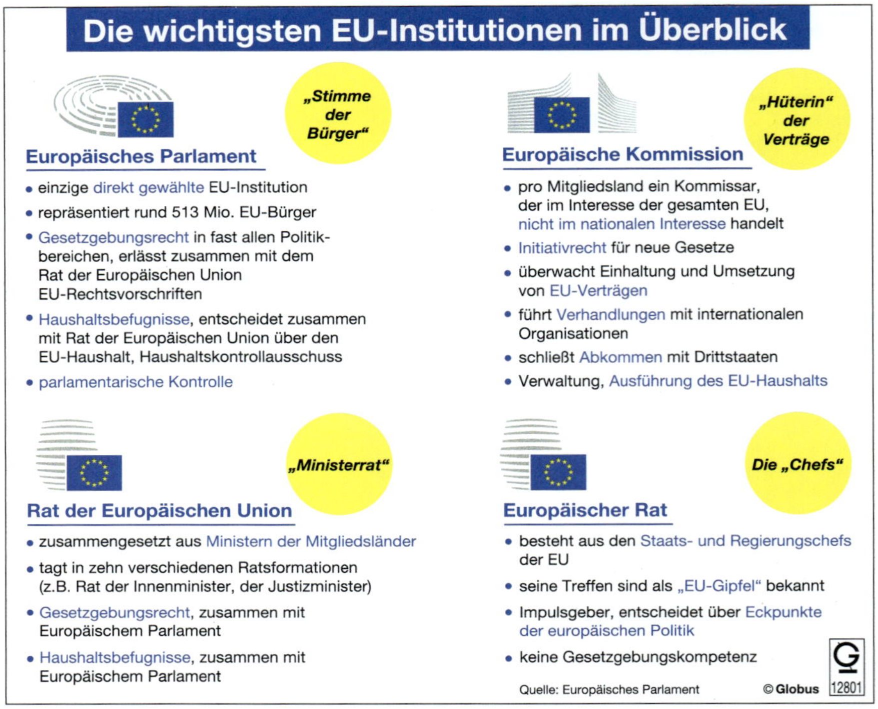

Das Europäische Parlament ist die „Stimme der Bürger“.

Das **Europäische Parlament** mit Sitz in Straßburg wird alle fünf Jahre von den Bürgern der Mitgliedstaaten direkt gewählt, um deren Interessen zu vertreten. Die Sitze im Europäischen Parlament sind gemäß den Anteilen an der EU-Bevölkerung unter den Mitgliedstaaten aufgeteilt. Seit der ersten Direktwahl hat das Europäische Parlament seine Kompetenz Schritt für Schritt ausgebaut. Heute beschließt es zusammen mit dem Ministerrat Gesetze. Diese sind dann in allen Mitgliedstaaten gültig.

Der Europäische Rat ist der „Impulsgeber“.

Der **Europäische Rat** setzt sich aus den Staats- und Regierungschefs der Mitgliedstaaten, dem Präsidenten des Europäischen Rates und dem Präsidenten der Europäischen Kommission zusammen. Seine Aufgabe besteht darin, politische Zielvorstellungen und Prioritäten für das Fortkommen der EU zu formulieren. Außerdem bestimmt er die allgemeinen Leitlinien der europäischen Außen-, Sicherheits- und Verteidigungspolitik. Die Treffen des Europäischen Rats werden als **EU-Gipfel** bezeichnet.

Der Rat der Europäischen Union ist die „Stimme der Mitgliedstaaten“.

Im **Rat der Europäischen Union** (auch **Ministerrat** genannt) kommen die Minister der Mitgliedstaaten zusammen. An Ratstagungen nimmt jeweils ein Minister aus jedem Mitgliedsland teil. Der Rat verantwortet entweder allein oder gemeinsam mit dem Europäischen Parlament die Gesetzgebung in der EU. Er spielt außerdem bei der gemeinsamen Außen- und Sicherheitspolitik (GASP) und der Koordinierung der Wirtschaftspolitik eine zentrale Rolle. Wie die Zusammensetzung des Rates aussieht, richtet sich danach, für welches Sachgebiet Entscheidungen anstehen. Die Außenminister bilden z. B. den „Rat für Auswärtige Angelegenheiten“.

Die **Europäische Kommission** mit Sitz in Brüssel setzt sich aus einem Mitglied je Mitgliedstaat zusammen. Jedes Kommissionsmitglied ist mit seinen Mitarbeitern für ein oder mehrere Politikbereiche verantwortlich. Die Kommission vertritt und verteidigt die Interessen der EU. Sie nimmt die Aufgaben der **Exekutive** (Regierung und Verwaltung) wahr, indem sie Rechtsvorschriften, Strategien und Aktionsprogramme vorschlägt, den EU-Haushalt verwaltet, für die Einhaltung des EU-Rechts (ggf. gemeinsam mit dem Gerichtshof) sorgt und die EU in der Welt vertritt.

Die Europäische Kommission ist die „Hüterin der Verträge“ und „Wahrerin der gemeinsamen Interessen“.

Der **Europäische Gerichtshof** (EuGH) mit Sitz in Luxemburg ist das höchste Gericht der EU. Europarecht hat Vorrang vor dem nationalen Recht der Mitgliedstaaten, d. h., die Urteile des EuGH gelten in allen Ländern der EU und können von keinem nationalen Gericht angetastet werden. Der EuGH schützt das europäische Gemeinschaftsrecht und entscheidet über Klagen von Mitgliedstaaten, Organen, natürlichen Personen oder Unternehmen.

Der Europäische Gerichtshof ist der „Wächter über das EU-Recht“.

Der **Europäische Rechnungshof** (EuRH) mit Sitz in Luxemburg prüft die Recht- und Ordnungsmäßigkeit der Einnahmen und Ausgaben der EU sowie die Wirtschaftlichkeit der Haushaltsführung.

Der Europäische Rechnungshof ist der „Wächter über die Haushaltsführung“.

Die **Europäische Zentralbank** (EZB) ist für die gemeinsame Geldpolitik verantwortlich und soll die Preisniveaustabilität im Euroraum sichern.

Die Europäische Zentralbank ist die „Hüterin der Preisniveaustabilität“.
Kapitel 7.2 und 7.4– 7.6

9.8.3 Agrar-, Struktur- und Verbraucherschutzpolitik der EU

Die EU hat einen **Haushalt**, der vor allem aus den Beiträgen der Mitgliedstaaten finanziert wird. Dieser Haushalt dient zur Finanzierung zahlreicher Maßnahmen und Programme, die den Wohlstand in der EU fördern und Ungleichheiten zwischen den Regionen der EU vermindern sollen. Die Ausgaben werden im sogenannten **Mehrjährigen Finanzrahmen (MFR)** für fünf bis sieben Jahre im Voraus geplant. Im Zeitraum von 2014 bis 2020 waren die **Agrarpolitik** („Nachhaltiges Wachstum und natürliche Ressourcen“) sowie die **Strukturpolitik** („Wirtschaftlicher, sozialer und territorialer Zusammenhalt“) die beiden größten Positionen. Der drittgrößte Bereich („Wettbewerbsfähigkeit für Wachstum und Beschäftigung“) umfasst u. a. Investitionen in Forschung und Bildung. Die für die Bürger sehr wichtige **Verbraucherschutzpolitik** gehört zum kleinsten Bereich des EU-Haushalts („Sicherheit und Unionsbürgerschaft“).

Mehrjähriger Finanzrahmen 2014–2020
in Mrd. Euro, Mittel für Verpflichtungen

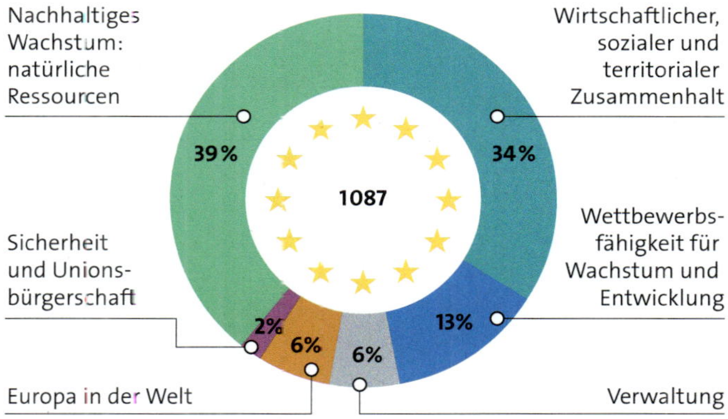

Quelle: Europäische Kommission 2019. (Eigene Gestaltung.)

Gemeinsame Agrarpolitik (GAP)

Im Zeitraum von 2014 bis 2020 flossen fast 40 % des EU-Haushalts in die Förderung der Landwirtschaft. Dies hängt damit zusammen, dass die Gemeinsame Agrarpolitik (GAP) der einzige Politikbereich ist, der fast ausschließlich aus dem EU-Haushalt finanziert wird.

Mindestpreis
Kapitel 3.8

Ursprünglich wurden die Landwirte durch Preisgarantien unterstützt. Landwirtschaftliche Produkte, die zu dem garantierten Preis nicht abgesetzt werden konnten, wurden von der EU aufgekauft. Dies hatte eine Überproduktion, z. B. von Milch oder Butter, zur Folge („Milchseen", „Butterberg"). In den 1990er-Jahren wurden die Preisgarantien daher allmählich gesenkt und durch produktionsunabhängige Beihilfen ersetzt.

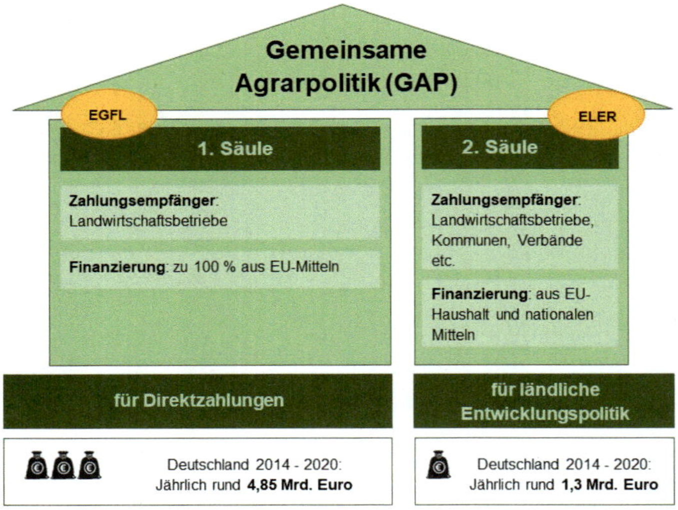

Die Gemeinsame Agrarpolitik der EU beruht auf zwei Säulen:

- Die erste Säule bilden **Direktzahlungen an Landwirte**, um diese bei der Einkommenssicherung zu unterstützen. Die Höhe der Zahlung hängt von der Größe der bewirtschafteten Fläche ab: Je größer die Fläche, desto höher die Fördersumme – unabhängig davon, was angebaut wird und welche Mengen geerntet werden.
- Die zweite Säule bilden **Förderprogramme für die ländliche Entwicklung**. Mit diesen Programmen, die zu 50 % aus dem EU-Haushalt und zu 50 % aus nationalen Mitteln finanziert werden, soll eine nachhaltige und umweltschonende Agrarwirtschaft unterstützt werden.

Nachhaltigkeit
Kapitel 10.5.1

Von den gesamten GAP-Mitteln fließen etwa 80 % in den ersten Bereich und etwa 20 % in den zweiten Bereich. Gegenwärtig werden innerhalb der EU verschiedene Maßnahmen diskutiert, um das Zwei-Säulen-System zu verbessern. Nachdem ein großer Teil der Direktzahlungen bisher an einige wenige Empfänger ging, will die EU-Kommission nun kleine und mittlere Landwirtschaftsbetriebe stärker unterstützen. Außerdem sollen Umwelt- und Klimaschutzleistungen der Landwirtschaft umfassender gefördert werden.

Kohäsions- und Strukturpolitik

Kohäsion
Zusammenhalt

Strukturpolitik
Kapitel 5.4.4

Strukturwandel
Kapitel 5.4.4

Bruttoinlandsprodukt
Kapitel 2.4.1

Zwischen den Spitzenreitern und sogenannten „strukturschwachen" Regionen in der EU besteht ein großes wirtschaftliches Gefälle. Mit ihrer **Kohäsions**- und Strukturpolitik unterstützt die EU ärmere oder besonders vom Strukturwandel betroffene Regionen. Mithilfe von fünf verschiedenen **Europäischen Struktur- und Investitionsfonds (ESI)** sollen Wachstum und Beschäftigung in diesen Regionen gefördert und die regionalen Unterschiede innerhalb der EU vermindert werden. In der Förderperiode von 2014 bis 2020 wurde rund ein Drittel der EU-Haushaltsmittel hierfür eingesetzt. Mindestens 25 %, im Regelfall sogar die Hälfte der Strukturhilfen müssen die jeweiligen Mitgliedstaaten selbst finanzieren.

Eine der zukünftigen Herausforderungen für die EU-Strukturpolitik ist der digitale Wandel. Neben dem „Green Deal" (vgl. Kap. 10.6.1) ist die Digitalisierung das zweite große Zukunftsprojekt der EU-Kommission. Laut EU-Kommission müssen die EU-Länder künftig 190 Milliarden Euro pro Jahr investieren, um digital aufzuholen.

Zwar können grundsätzlich alle Regionen der EU bei der Kohäsions- und Strukturpolitik berücksichtigt werden. Zumeist stehen aber Regionen im Vordergrund, in denen das Pro-Kopf-BIP weniger als 75 % des EU-Durchschnitts beträgt. Seit dem EU-Beitritt mehrerer vormaliger Ostblockstaaten hat die Bedeutung der Kohäsions- und Strukturpolitik deutlich zugenommen. Es bestehen aber große Zweifel, inwiefern das im EU-Vertrag festgelegte Ziel, „den Rückstand der am stärksten benachteiligten Gebiete zu verringern", bisher tatsächlich erreicht werden konnte. Ein radikaler Kurswechsel ist dennoch kaum zu erwarten. Insbesondere die Staaten Osteuropas verteidigen vehement die bisherige Förderpraxis.

Verbraucherschutzpolitik

Der Verbraucherschutz wurde im Vertrag von Maastricht 1992 zu einem eigenständigen Politikbereich der EU erhoben. Zielsetzungen der EU-Verbraucherschutzpolitik sind, die Rechtsstellung der Konsumenten zu verbessern und sie vor Schäden beim Kauf und der Nutzung von Waren und Dienstleistungen zu schützen. Außerdem sollen die Verbraucher ihre Konsumentscheidungen auf einer möglichst guten Informationsgrundlage treffen können.

Verbraucherschutz **Kapitel 1.4.3**

Im Zeitraum von 2014 bis 2020 flossen 188,8 Mio. Euro in das EU-Verbraucherschutzprogramm. Im EU-Haushalt war es also ein sehr kleiner Posten. Aus Sicht des Bundesverbandes der Verbraucherzentralen konnte die Position des Verbrauchers dennoch in mehreren Bereichen gestärkt werden:

- Die **Datenschutzgrundverordnung** verpflichtet Unternehmen und öffentliche Einrichtungen, die Nutzung personenbezogener Daten transparent darzulegen.
- Durch die **Abschaffung der Roaminggebühren** wurden die Kosten für Auslandstelefonate gesenkt.
- Die **CO_2-Grenzwerte für Autos** werden bis 2030 um 37,5 % gesenkt.
- Regeln zur **Netzneutralität** stellen sicher, dass alle Daten gleichberechtigt bzw. mit gleicher Geschwindigkeit durch das Internet transportiert werden.
- Das **Gewährleistungsrecht** wurde zugunsten der Verbraucher verbessert. Bei Sachmängeln, die innerhalb eines Jahres (zuvor: innerhalb von sechs Monaten) nach dem Kauf von Gebrauchsgütern und digitalen Inhalten auftreten, wird davon ausgegangen, dass dieser Mangel schon beim Kauf bestand.

9.8.4 Die gemeinsame Währung in der Europäischen Wirtschafts- und Währungsunion (EWWU)

Die Europäische Wirtschafts- und Währungsunion (EWWU) gilt als Meilenstein der europäischen Integretation. Ihre wesentlichen Bestandteile sind ein einheitlicher Wirtschaftsraum (EU-Binnenmarkt) für alle EU-Mitgliedstaaten und ein einheitliches Währungsgebiet für alle Mitgliedsländer, die den Euro eingeführt haben.

Der **EU-Binnenmarkt**, der 1993 in Kraft trat, zeichnet sich durch eine gemeinsame Zollgrenze gegenüber Drittstaaten aus. Innerhalb des Binnenmarktes gelten die sogenannten vier Grundfreiheiten (freier Personenverkehr, freier Dienstleistungsverkehr, freier Warenverkehr und freier Kapitalverkehr). Die **Währungsunion**, die 1999 mit der Einführung des Euro (zunächst als Buchgeld) in Kraft trat, bietet den Mitgliedsländern eine Reihe weiterer Vorteile:

Binnenmarkt **Kapitel 9.5.2**

- **Wegfall des Währungsrisikos** (durch die gemeinsame Währung gibt es keine Wechselkursschwankungen mehr),
- **Verminderung der Transaktionskosten** (durch die gemeinsame Währung fallen die Gebühren für den Devisenumtausch weg),
- **höhere Markttransparenz** (durch die gemeinsame Währung lassen sich die Preise und Zinsen in den verschiedenen Ländern sehr einfach vergleichen).

Da eine gemeinsame Währung nur dann erfolgreich sein kann, wenn die wirtschaftlichen Rahmenbedingungen vergleichbar sind und in keinem Mitgliedsland eine anhaltende Inflationsgefahr besteht, wurde der Beitritt zur Währungsunion an **Konvergenzkriterien** gekoppelt (Vertrag von Maastricht, 1992).

Staatsverschuldung
Kapitel 4.3.2 und 6.5.4

Bruttoinlandsprodukt
Kapitel 2.4.1

Inflation
Kapitel 4.6

WKM II
„Europäischer Wechselkursmechanismus“: System, bei dem ein fixer Wechselkurs (Leitkurs) festgelegt ist, aber Kursschwankungen innerhalb einer bestimmten Bandbreite zulässig sind

Konvergenzkriterien	
Haushaltsgleichgewicht	Begrenzung der jährlichen Neuverschuldung auf maximal 3 % des BIP sowie Begrenzung der Gesamtverschuldung auf maximal 60 % des BIP
Preisniveaustabilität	maximale Abweichung der Inflationsrate von 1,5 Prozentpunkten, bezogen auf die durchschnittliche Inflationsrate der drei Euro-Länder mit der geringsten Inflationsrate
Harmonisierung der langfristigen Zinssätze	maximale Abweichung von 2 Prozentpunkten vom langfristigen Kapitalmarktzins der drei Länder mit der geringsten Inflationsrate
Wechselkursstabilität	mindestens zweijährige Teilnahme am **WKM II** sowie Verbot der einseitigen Leitkursänderung oder des Überschreitens der Bandbreite während der letzten zwei Jahre vor der Konvergenzprüfung

Derzeit haben 19 Länder von 27 Mitgliedstaaten den Euro als einheitliche Währung eingeführt (vgl. Tabelle von S. 262). Diese Länder bilden zusammen den **Euroraum** (**Euro-Währungsgebiet**). Ziel ist es, dass alle Mitgliedstaaten den Euro einführen. Dänemark und Schweden wollen bislang aber nicht beitreten; andere Mitgliedstaaten erfüllen die oben genannten Konvergenzkriterien noch nicht.

Wirtschaftspolitik
Kapitel 5.4

Fiskalpolitik
Kapitel 6.6.1 und 6.6.3

Geldpolitik der EZB
Kapitel 7.4– 7.6

Die EWWU soll durch ihren Größenvorteil die wirtschaftliche Stabilität, das Wachstum und somit den Wohlstand der Bürger in den EU-Ländern fördern. Um dies zu gewährleisten, wird die Wirtschafts- und Fiskalpolitik zwischen den Mitgliedstaaten koordiniert und die Preisniveaustabilität durch die einheitliche Geldpolitik der Europäischen Zentralbank gesichert. Der Euro ist heute die zweitwichtigste Währung weltweit.

9.8.5 Staatsschuldenkrise – Ursachen, Folgen und Maßnahmen

Binnenwert und Außenwert
Kapitel 4.9

Inflation
Kapitel 4.6

Europäische Zentralbank
Kapitel 7.2 und 7.4–7.6

Staatsverschuldung
Kapitel 4.3.2 und 6.5.4

Trotz der strengen Konvergenzkriterien rutschte das Euro-Währungsgebiet 2010 in die sogenannte „**Eurokrise**“. Der Begriff Eurokrise ist etwas irreführend, weil der Euro weder im Innen- noch im Außenverhältnis instabil war: Die Inflationsrate lag gemäß der Vorgabe der Europäischen Zentralbank bei durchschnittlich 2 % und auch der Wechselkurs gegenüber anderen wichtigen Währungen der Welt kann als angemessen eingestuft werden. Besser sollte von einer **Staatsschuldenkrise** gesprochen werden, denn mehrere Eurostaaten waren so stark verschuldet, dass sie kaum noch

in der Lage waren, am Kapitalmarkt Geld aufzunehmen, um Schulden zu tilgen und die laufenden Staatsausgaben zu finanzieren. Im Frühjahr 2010 war Griechenland zahlungsunfähig und musste Finanzhilfen beantragen, um eine Staatsinsolvenz abzuwenden. Weitere Länder (wie z. B. Irland und Portugal) gerieten ebenfalls in Zahlungsschwierigkeiten.

Der Staatsschuldenkrise vorausgegangen waren die Banken- und Finanzkrise und die globale Wirtschaftskrise. Die **Banken- und Finanzkrise** brach im Sommer 2007 in den USA aus und griff nach Europa über. Amerikanische Banken hatten Kredite an einkommensschwache Kunden zum Erwerb von Eigenheimen gewährt. Mit der Zeit konnten immer weniger Hauskäufer ihren Kreditverpflichtungen nachkommen. Die Banken blieben auf ihren Krediten „sitzen" und mussten hohe Abschreibungen vornehmen. Am Ende waren sogar einige Großbanken nicht mehr zahlungs- und kreditfähig, was eine **globale Wirtschaftskrise** auslöste.

Auch in Europa sahen die Staaten sich gezwungen, Maßnahmen zur Rettung gefährdeter Banken zu ergreifen. Hierzu gehörten z. B. der Ankauf von Wertpapieren und die Senkung wichtiger Zinssätze. Ziel war es, das Finanzsystem zu stabilisieren und Schaden von der Gesamtwirtschaft abzuwenden. Die allgemeine Unsicherheit erfasste aber auch die übrige Wirtschaft: Unternehmen stellten Investitionen zurück oder konnten geplante Investitionen nicht durchführen, da sie keine Bankkredite zur Finanzierung bekamen. Die Wirtschaftstätigkeit brach ein. Viele Staaten versuchten daraufhin, die realwirtschaftlichen Folgen der Krise mit umfangreichen **Konjunkturprogrammen** zu mildern. Die Maßnahmen zur Bankenrettung wie auch die Konjunkturprogramme trieben die **Staatsverschuldung** in fast allen Staaten des Euroraums in die Höhe.

Darüber hinaus hielten mehrere Eurostaaten sich nicht an den **„Stabilitäts- und Wachstumspakt"**, der die jährliche Neuverschuldung auf maximal 3 % des BIP und die Gesamtverschuldung auf maximal 60 % des BIP begrenzt. Die Verstöße wurden nicht bestraft: Obwohl ein sogenanntes Defizitverfahren hätte eingeleitet werden müssen, wurden die betroffenen Staaten lediglich mündlich verwarnt. Die Glaubwürdigkeit sank und weitere Länder hielten die vereinbarten Regeln nicht ein.

Ein weiteres Problem lag darin, dass ein gemeinsames Währungsgebiet wie der Euroraum eine ähnliche Preisentwicklung in den Mitgliedsländern erfordert, damit die Leitzinsen der Europäischen Zentralbank für alle Eurostaaten passen. Doch in der Realität waren die Euroländer schon zu Beginn der Währungsunion **wirtschaftlich unterschiedlich stark**, sodass die Leitzinsen z. B. für Deutschland zu hoch und für Spanien zu niedrig waren. Da Kredite nun auch in den wirtschaftlich schwächeren Staaten leicht und günstig zu bekommen waren, gab es einen **starken Kapitalzufluss** in diese Länder. Dadurch bedingt stiegen Preise und Löhne dort schneller als in anderen Staaten des Euro-Währungsgebiets. Der **Anstieg der Löhne** ging aber nicht mit einem entsprechenden Anstieg der Arbeitsproduktivität einher. Deshalb sank die Wettbewerbsfähigkeit der betroffenen Länder. In einem System freier Wechselkurse hätten sie ihre **mangelnde Konkurrenzfähigkeit** durch eine Abwertung ihrer Währung ausgleichen können. Doch innerhalb der Währungsunion war dies nicht mehr möglich. In der Folge wuchsen die **Leistungsbilanzdefizite**, die immer höhere private wie öffentliche Schulden nach sich zogen.

Seit Beginn der Staatsschuldenkrise haben die Eurostaaten, die Europäische Zentralbank und der Internationale Währungsfonds zahlreiche Maßnahmen ergriffen, um die Stabilität des Euro zu sichern. Hierzu gehören z. B. **Bürgschaften** für in Schieflage geratene Staaten, die Einrichtung des **Rettungsschirms ESM** (Europäischer Stabilitätsmechanismus), **Ankäufe von Staatsanleihen** durch die Europäische Zentralbank, die Verschärfung des Stabilitäts- und Wachstumspakts durch den sogenannten **Fiskalpakt** und die Verstärkung der **Bankenaufsicht** (Bankenunion).

Sommer 2007
Banken- und Finanzkrise

↓

Herbst 2008
Globale Wirtschaftskrise

↓

Frühjahr 2010
Staatsschuldenkrise

Konjunkturprogramme
Kapitel 6.6.1 und 6.6.3

Konvergenzkriterien
Kapitel 9.8.4

Leitzinsen der Europäischen Zentralbank
Kapitel 7.5

Arbeitsproduktivität
Kapitel 1.7

System freier Wechselkurse
Kapitel 4.8.1

Leistungsbilanz
Kapitel 9.10.1

Im Zuge der Staatsschuldenkrise haben die Euroländer also eine große gemeinsame Kraftanstrengung unternommen, um die gemeinsame Währung stabil zu halten. Doch Unsicherheiten bezüglich des Fortbestandes der Wirtschafts- und Währungsunion sind geblieben.

9.8.6 Aktuelle Herausforderungen

Auch in jüngerer Zeit war und ist die EU mit einer Vielzahl von Problemen konfrontiert. Zu den brennenden Themen, die die Gemeinschaft vermutlich noch lange beschäftigen werden, gehören z. B. Migration, neue Nationalismen in einigen Mitgliedsländern, die Bedrohung durch islamistischen Terror und diverse Handelskonflikte, z. B. mit den USA. Drei aktuell besonders große Herausforderungen sind der Umgang mit dem EU-Austritt Großbritanniens, die Bekämpfung des Klimawandels und die Bewältigung der Corona-Pandemie.

Nach mehrjährigem Tauziehen und vielfachen Verzögerungen ist Großbritannien zum 31. Januar 2020 aus der EU ausgetreten (**„Brexit“**); ab dem 1. Januar 2021 wird das Vereinigte Königreich auch dem Binnenmarkt und der Zollunion nicht mehr angehören. Die langfristigen Beziehungen zwischen Großbritannien und der EU müssen also vollkommen neu ausgestaltet werden.

„European Green Deal“
Kapitel 10.6.1

In Anbetracht der **Klimakrise** will die EU-Kommission mit einem **„European Green Deal“** erreichen, dass die EU die Ziele des Pariser Klimaabkommens von 2015 einhalten kann und bis zum Jahr 2050 klimaneutral wird. Hierfür wird ein massiver Umbau der europäischen Volkswirtschaften, vor allem in den Bereichen Energieversorgung, Industrie, Verkehr und Landwirtschaft, erforderlich sein.

Corona-Krise
Kapitel 6.6.3

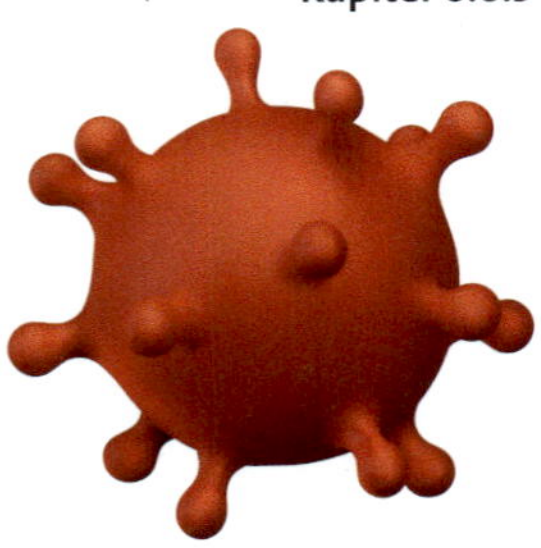

Die **Corona-Pandemie** löste 2020 weltweit den größten Konjunktureinbruch seit dem Zweiten Weltkrieg aus.

- Schon im April 2020 beschlossen die Finanzminister der Eurogruppe ein **„Solidaritätspaket“** in Höhe von 540 Mrd. Euro. Das Paket umfasste Kredite und ein Kurzarbeit-Förderprogramm, mit denen die EU-Länder beim Schutz ihrer Bürger, Unternehmen und Arbeitsplätze unterstützt werden sollten.
- Auf einem Sondergipfel im Juli 2020 einigten sich die Staats- und Regierungschefs der EU auf einen **„Wiederaufbaufonds“** im Umfang von 750 Mrd. Euro. Der Fonds umfasst Zuwendungen in Höhe von 390 Mrd. Euro (nicht rückzahlbar) und Kredite in Höhe von 360 Mrd. Euro (rückzahlbar). Hierfür wird die EU erstmals in ihrer Geschichte gemeinsame Schulden aufnehmen, die bis 2058 zurückgezahlt werden sollen. Zur Re-Finanzierung des Fonds wurde u. a. eine Abgabe der Mitgliedstaaten auf nicht recyceltes Plastik ab dem 1. Januar 2021 vereinbart. Zusammen mit dem – auf dem EU-Sondergipfel ebenfalls beschlossenen EU-Haushalt für die Jahre 2021 bis 2027 (1 074 Mrd. Euro) – stehen somit rund 1,8 Billionen Euro für den „Wiederaufbau“ Europas zur Verfügung.

EU-Haushalt
Kapitel 9.8.3

Strukturwandel
Kapitel 5.4.4, 9.8.3 und 10.6

Unklar bleibt, inwieweit die Mitgliedstaaten die Gelder tatsächlich für Reformen, notwendigen Strukturwandel und Investitionen in Zukunftsaufgaben (Klimaschutz, Digitalisierung) verwenden werden. Auch die vereinbarte Rückzahlung der EU-Kredite über einen sehr langen Zeitraum (bis 2058) könnte Probleme aufwerfen: Denn bei der (zu erwartenden) nächsten Krise wird die Schuldenlast mit großer Wahrscheinlichkeit noch nicht abgetragen sein. Die Aufnahme neuer Schulden zur Überwindung weiterer Krisen wird damit nicht einfacher.

9.9 Globalisierung

Das Phänomen der Globalisierung ist wahrscheinlich so alt wie die Menschheit selbst, denn schon in der Antike gab es Handel zwischen verschiedenen Ländern. Die Globalisierung im heutigen Sinne wurde vor allem durch die neuen Informations- und Kommunikationstechnologien, Verbesserungen im Verkehrs- und Transportwesen, neue Organisationsformen der betrieblichen Produktionsprozesse sowie Liberalisierungs- und **Deregulierung**smaßnahmen vorangetrieben. Dies führte zur Entstehung weltweiter Märkte für Waren, Dienstleistungen, Arbeitskräfte, Kapital und Wissen.

Entwicklung von Märkten
Kapitel 3.2.1

Entwicklung des Welthandels
Kapitel 9.2

Deregulierung
Verringerung des staatlichen Einflusses auf die Wirtschaft und Schaffung von Entscheidungsspielräumen für Unternehmen

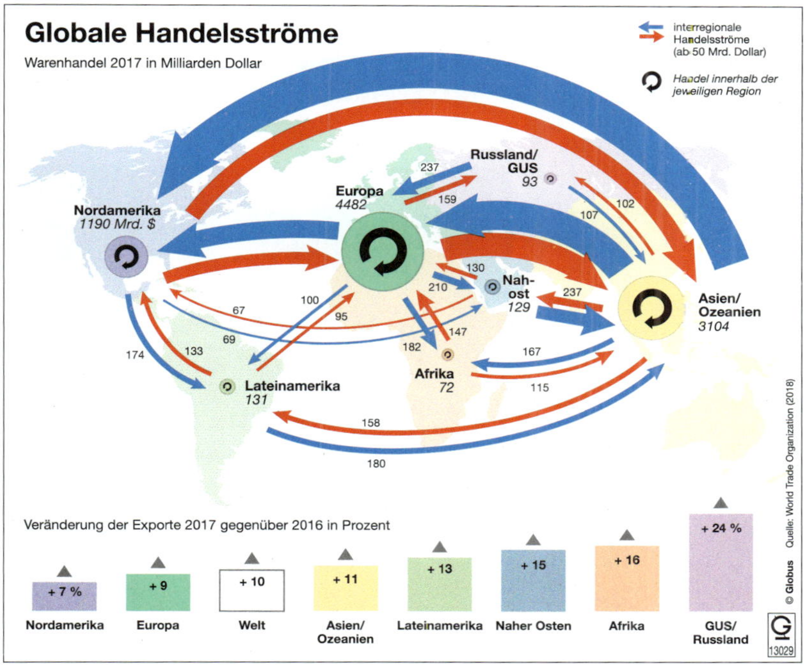

Die Globalisierung der Wirtschaft hat sich in den letzten Jahrzehnten deutlich beschleunigt. Wie stark die internationalen Verflechtungen sind, kann z. B. an den **Direktinvestitionen** abgelesen werden.

Direktinvestitionen
sind Investitionen von Unternehmen im Ausland, um z. B. Produktionsstätten zu errichten, Beteiligungen an Unternehmen zu erwerben oder sogar ihren Unternehmenssitz dorthin zu verlagern.

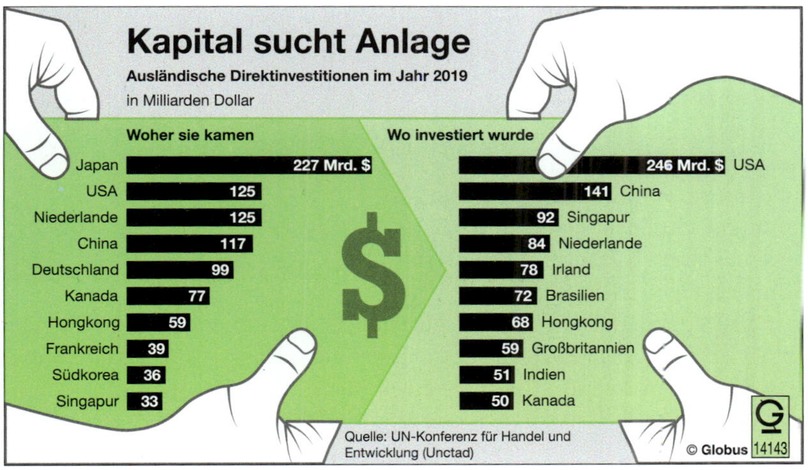

9.9.1 Antriebskräfte der Globalisierung

Die maßgeblichen Antriebskräfte der Globalisierung waren in den letzten Jahrzehnten vor allem **drei Faktoren**: die Liberalisierung der Märkte, der technologische Fortschritt sowie politische und wirtschaftliche Entwicklungen.

Liberalisierung der Märkte

GATT, WTO **Kapitel 9.5.1**

Handelshemmnisse **Kapitel 9.4.2– 9.4.3**

Seit Gründung des GATT (heute: WTO) wurde die Globalisierung auf den internationalen Märkten mehr und mehr vorangetrieben. Zunächst kam es durch die Vereinbarungen des GATT zum Abbau von Handelshemmnissen für den internationalen Güteraustausch. In den 1970er-Jahren setzte dann auch die Liberalisierung von Devisen- und Kapitalverkehr ein. Die Kapitalmobilität hat sich durch die seither entstandenen globalen Finanzmärkte immer mehr erhöht. Im Dienstleistungssektor kam es zur Deregulierung und Privatisierung, z. B. in den Bereichen Bankdienstleistungen, Transport, Telekommunikation und Versicherungen.

Technologischer Fortschritt

In den letzten Jahrzehnten gab es rasante Entwicklungen im Technologiebereich. Ständige Verbesserungen im Verkehrswesen sowie neue Informations- und Kommunikationstechnologien haben es den Unternehmen ermöglicht, ihre Tätigkeiten weltweit zu koordinieren und beim Transport von Gütern, Personen und Informationen in drastischem Ausmaß Kosten einzusparen. Das gilt inzwischen für alle Bereiche unternehmerischen Handelns – für Produktion, Marketing und Finanzierung ebenso wie für Forschung und Entwicklung.

Politische und wirtschaftliche Entwicklungen

Marktwirtschaft **Kapitel 5.2.2–5.2.3**

Planwirtschaft **Kapitel 5.2.4**

Schließlich haben auch die politischen Entwicklungen der 1990er-Jahre einen entscheidenden Beitrag zur Ausweitung der Globalisierung geleistet. Nachdem die Marktwirtschaft ihre Überlegenheit gegenüber sozialistischen Planwirtschaften gezeigt hatte, verwischten sich zunehmend die Grenzen vormals unterschiedlicher politischer und wirtschaftlicher Systeme. Die Unternehmen können in Ländern mit niedrigen Lohnkosten billiger produzieren. Aber auch Länder in Asien, Südamerika und Afrika versuchen ihren materiellen Wohlstand durch zunehmende Exporte in die Industrieländer zu erhöhen.

9.9.2 Chancen und Risiken der Globalisierung

Die wirtschaftlichen und sozialen Entwicklungen auf den Güter-, Finanz- und Arbeitsmärkten, die mit der Globalisierung einhergehen, beeinflussen die Lebenssituation jedes Einzelnen. Der Prozess der Globalisierung ist kaum umkehrbar und die einzelnen Volkswirtschaften können nicht mehr isoliert handeln. Dies bringt sowohl Chancen als auch Risiken mit sich.

Chancen:

- Die Öffnung von Märkten fördert den Handel. Es entstehen neue Unternehmen und neue Arbeitsplätze. Dies bewirkt einen Wohlstandszuwachs der Länder.
- Es kommt zu einem Technologietransfer von hoch entwickelten Ländern in Schwellen- und Entwicklungsländer.
- Durch die Verlegung von Unternehmensstandorten in Niedriglohnländer erhöht sich dort das Einkommen und das Wohlstandsniveau steigt. Die Wohlstandsunterschiede zwischen den Ländern können so langfristig ausgeglichen werden.
- Multinationale Unternehmen haben die Möglichkeit, neue Produkte und Ideen in vielen verschiedenen Ländern anzubieten. Ohne diese Unternehmen würden die Erzeugnisse zumeist nur in den Ursprungsländern angeboten.
- Der Zwang zum Strukturwandel kommt letztlich allen Ländern zugute.

Risiken:

- Die multinationalen Unternehmen haben die Möglichkeit, ihre Gewinne in Regionen mit niedrigen Steuersätzen zu verlagern.
- Der harte Wettbewerb um Investoren, Kapital und Arbeitsplätze bereitet der Politik immer größere Schwierigkeiten, soziale Sicherheit und soziale Gerechtigkeit zu gewährleisten (Gefahr des „Sozial-Dumpings“).
- Weltweit agierende Unternehmen lassen sich kaum mehr ökonomisch und politisch kontrollieren.
- Entwicklungsländer stehen in einer zunehmenden Abhängigkeit von den multinationalen Unternehmen.
- Unternehmensstandorte werden in Länder mit niedrigen Umweltstandards verlagert.
- Die Zunahme internationaler Transporte belastet die Umwelt.
- Letztlich sind die Nationen Gewinner, die über moderne Techniken, flexible und billige Arbeitskräfte verfügen.
- Die nationale Politik der Einzelländer verliert an Handlungsspielräumen und damit an Möglichkeiten, die Märkte zu regulieren.

Karikatur von Horst Haitzinger

Der Prozess der Globalisierung ist gestaltungsbedürftig, da viele Probleme international verursacht und mit nationalen Mitteln nicht zu beherrschen sind. Erforderlich sind daher internationale Regelungen, die die Grundlage einer Weltwirtschaftsordnung darstellen können.

9.9.3 Globale Lieferketten

Wertschöpfung **Kapitel 2.4.1**

internationale Arbeitsteilung **Kapitel 1.8**

Im Zuge der Globalisierung sind die Lieferketten zu global vernetzten Systemen von Wertschöpfungs- und Handelsbeziehungen geworden. Durch die internationalen Vernetzungen können Unternehmen kostengünstig Rohstoffe, Vor- und Endprodukte sowie entsprechende Dienstleistungen beziehen. Insbesondere arbeitsintensive Prozesse, für die keine hohen Arbeitsqualifikationen erforderlich sind, werden häufig in Länder ausgelagert, in denen Arbeitskräfte nur sehr geringe Löhne erhalten.

BEISPIEL

Sehr lang und komplex sind die Lieferketten bei der Smartphone-Produktion: In den Markenfirmen (z. B. in den USA) erfolgen im Regelfall nur die Entwicklung und das Design der Smartphones. Die zahlreichen Rohstoffe (z. B. Indium, Lithium, Gold, Wolfram, Coltan, Zinn, Kupfer, seltene Erden usw.), die für die Herstellung vonnöten sind, werden in verschiedenen Ländern in Asien, Afrika und Südamerika gewonnen. Diese Rohstoffe müssen aufbereitet und weiterverarbeitet werden, was häufig in asiatischen Ländern geschieht. Von Zulieferfirmen, die zumeist ebenfalls in asiatischen Ländern angesiedelt sind, werden dann die Komponenten der Smartphones gefertigt. Danach werden diese Komponenten von Kontraktfertigern (z. B. in China) zusammengebaut. Die fertigen Smartphones werden schließlich von Händlern an die Verkaufspunkte in der ganzen Welt ausgeliefert. Der Elektroschrott, der nach dem Gebrauch der Smartphones anfällt, wird teilweise illegal in afrikanische und asiatische Länder exportiert.

Nähere Informationen unter: https://www2.weed-online.org/uploads/karte_diereiseeinessmpartphone.pdf

Durch die Globalisierung der Lieferketten ist eine hohe Abhängigkeit von der Rohstoffgewinnung und Produktion in anderen Ländern entstanden. Zudem geht die internationale Arbeitsteilung häufig mit einer Aushöhlung sozialer und ökologischer Standards (Kinderarbeit, menschenunwürdige Arbeitsbedingungen, Vergiftung von Böden und Gewässern usw.) einher.

Abhängigkeiten durch globale Lieferketten

Nähere Informationen unter: https://www.bmz.de/de/themen/lieferketten/index.html

Laut dem Bundesministerium für wirtschaftliche Entwicklung und Zusammenarbeit (BMZ) machen globale Wertschöpfungsketten mittlerweile 80 % des Welthandels aus. Besonders abhängig von importierten Vorleistungen sind in Deutschland die folgenden Branchen: Textilindustrie (63 % ausländische Wertschöpfung), Elektronik (45 %), chemische und pharmazeutische Industrie (39 %), Lebensmittelindustrie (37 %), Automobilindustrie (29 %) und Maschinenbau (28 %). Sehr deutlich wurden diese Abhängigkeiten während der Corona-Pandemie, als es in vielen Bereichen, insbesondere bei Medikamenten und Schutzausrüstungen, zu Lieferengpässen kam.

Corona-Krise **Kapitel 6.6.3**

Verletzung von Menschenrechten und Umweltstandards

Durch die Auslagerung von Arbeit in Länder der sogenannten Dritten Welt geraten Löhne und Arbeitsbedingungen in diesen Ländern erheblich unter Druck. Bei den Standards für Menschenrechte, Arbeits- und Umweltschutz wird ein „Wettlauf nach unten“ eröffnet. Manche Unternehmen haben sich zwar öffentlich verpflichtet, für faire Löhne, Langzeitverträge sowie gefahrenfreie und sichere Arbeitsplätze zu sorgen. Dieses Verhalten ist jedoch bei weitem nicht die Norm.

Aufgrund des Drucks globaler Einkäufer, die günstige Preise erzielen wollen, sind entlang der Lieferketten die Arbeitsbedingungen oft schlecht, die Beschäftigungszeiten unsicher und Rechtsverletzungen an der Tagesordnung. Prekäre, befristete oder an Subunternehmen ausgelagerte Arbeitsverhältnisse sind eine übliche Strategie zur Senkung von Arbeitskosten.

BEISPIEL

In einem Smartphone sind rund 60 unterschiedliche Rohstoffe verbaut. Die Rohstoffgewinnung und auch der Zusammenbau der Smartphones erfolgen weltweit unter oft menschenunwürdigen Arbeitsbedingungen, in überlangen Arbeitszeiten und ohne Arbeitsschutz.

Auch die Belastungen der Umwelt, die aufgrund unzureichender internationaler Schutzvorschriften und -maßnahmen entstehen, sind erheblich.

BEISPIEL

Nach Berechnungen des Wuppertaler Instituts für Klima, Umwelt, Energie GmbH beläuft sich der Ressourcenverbrauch, der entlang des Lebenszyklus eines 80 g schweren Smartphones entsteht, auf 75,3 kg, also fast das Tausendfache seines Eigengewichts. 35,3 kg dieses sogenannten „ökologischen Rucksacks" entfallen auf die Rohstoffgewinnung, 8,2 kg auf die Produktion, 31,7 kg auf die Nutzung und 0,1 kg auf die Entsorgung.

Mögliche Korrektive

1948 hat die Generalversammlung der Vereinten Nationen (UN) eine „Allgemeine Erklärung der Menschenrechte" verabschiedet, nach der alle Menschen „frei und gleich an Würde und Rechten geboren" sind. Hierauf beruhen die 2011 verabschiedeten **UN-Leitprinzipien für Wirtschaft und Menschenrechte**, die Staaten und Unternehmen dazu verpflichten, Menschenrechte und Grundfreiheiten zu achten und zu schützen. Zur Umsetzung der UN-Vorgaben beschloss die Bundesregierung 2016 einen **Nationalen Aktionsplan Wirtschaft und Menschenrechte (NAP)**. Darin werden die staatliche Schutzpflicht und die unternehmerische Verantwortung für Menschenrechte in globalen Lieferketten definiert.

Da der Aktionsplan auf **freiwilliges Engagement** setzt, wurden die damit verbundenen Ziele bislang nicht erreicht. Eine Erhebung der Bundesregierung im Jahr 2020 zeigte, dass weniger als 50 % der relevanten Unternehmen ihrer unternehmerischen Verantwortung im Kontext globaler Lieferketten gerecht geworden waren. Dies löste Diskussionen über ein mögliches **Lieferkettengesetz** aus: Deutsche Unternehmen mit mehr als 500 Mitarbeitern könnten gesetzlich dazu verpflichtet werden, für die Einhaltung sozialer und ökologischer Mindeststandards entlang ihrer Lieferketten zu sorgen. Unternehmen halten dem entgegen, dass sie, sofern sie keine Niederlassungen im Ausland hätten, für dortige Verletzungen von Standards nicht verantwortlich gemacht werden könnten. Sie könnten nicht als „Ersatz-Polizei" fungieren.

Generell ist es schwierig zu beurteilen, wie eine gerechte Gestaltung globaler Lieferketten aussehen sollte. Unter moralischen Gesichtspunkten wäre es z. B. naheliegend, dafür zu sorgen, dass Kinderarbeit – gemäß deutschen Standards – vollständig untersagt wird. In Ländern der sogenannten Dritten Welt sind aber viele Familien auf den Verdienst von Kindern angewiesen, weil die Einkünfte der Erwachsenen zum Überleben der Familie nicht ausreichen. Die Frage, welche Standards jeweils gelten sollten und können, ist also nicht immer einfach zu beantworten.

9.10 Die Bedeutung des Außenhandels für Deutschland

Außenhandel
Kapitel 9.3–9.4

Corona-Krise
Kapitel 6.6.3

globale Wirtschaftskrise 2008/2009
Kapitel 9.8.5

Ungleichgewicht im Außenhandel
Kapitel 9.10.2

Wie wichtig internationale Verflechtungen für Deutschland sind, lässt sich an der Entwicklung des Außenhandels ablesen (siehe die Grafik „Deutschlands Außenhandel" unten). Vor der Corona-Krise gab es lediglich im Jahr 2009, während der damaligen globalen Wirtschaftskrise, einen Einbruch bei der Einfuhr und Ausfuhr von Gütern; eine Erholung erfolgte aber schnell. Den positiven Handelsüberschüssen Deutschlands stehen Defizite anderer Länder gegenüber, die von Deutschland mehr Waren kaufen, als sie selbst nach Deutschland liefern. Aus diesem Grund werden die deutschen Handelsüberschüsse nicht nur positiv gesehen.

Aus den weiteren Grafiken auf dieser Seite wird ersichtlich, was Deutschland exportiert sowie importiert und wer die wichtigsten Lieferanten sowie Kunden Deutschlands sind. Besonders enge Handelsbeziehungen hat Deutschland zu seinen Partnern in der EU (siehe die Grafik auf S. 277).

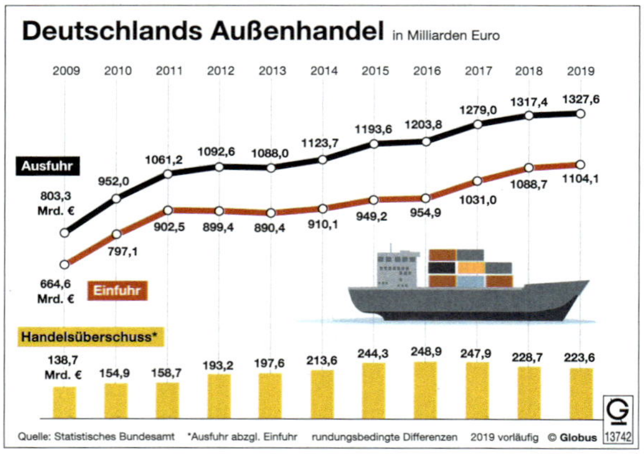

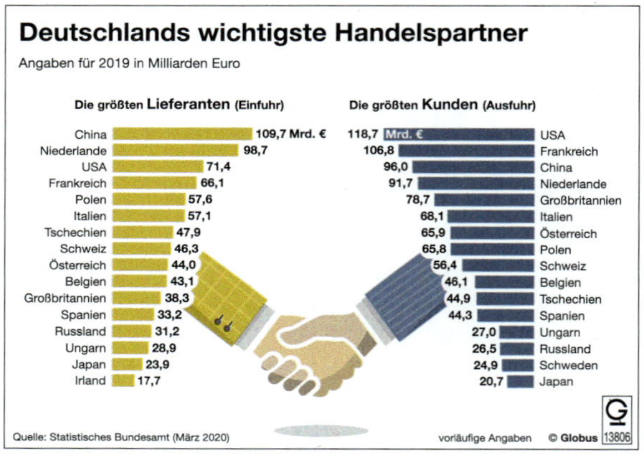

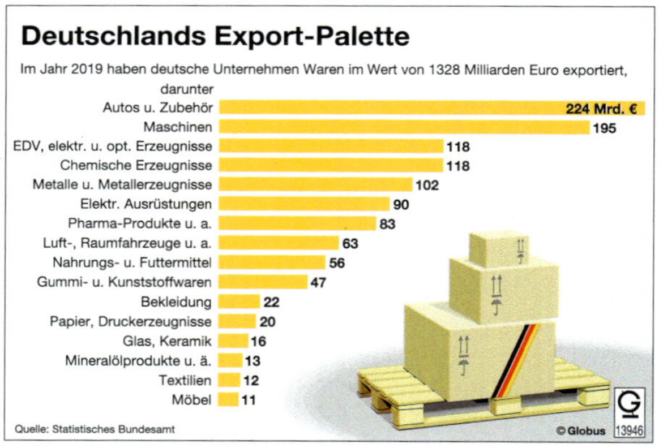

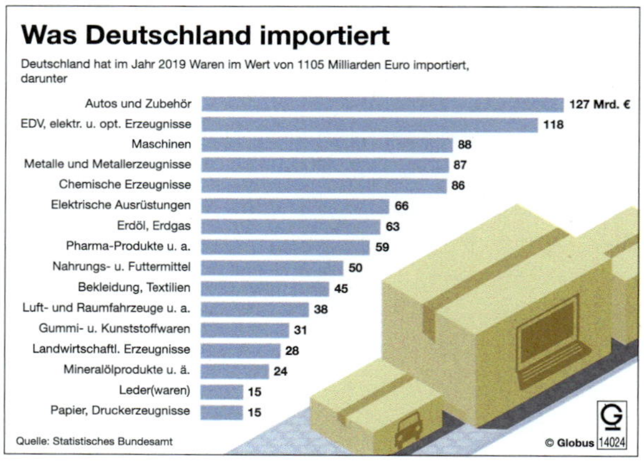

Die 2020 durch die Corona-Pandemie ausgelöste globale Wirtschaftskrise hatte auch auf den Außenhandel drastische Auswirkungen. Im ersten Halbjahr 2020 brachen die deutschen Importe im Vergleich zum Vorjahreshalbjahr um –10,3 % ein, die deutschen Exporte sogar um –13,4 %.

9.10.1 Darstellung der Außenwirtschaft in der Zahlungsbilanz

Bisher wurde nur der **Außenhandel**, d. h. der Import und Export von Waren, betrachtet. Wird nun der grenzüberschreitende Verkehr von Dienstleistungen, Kapital und Personen hinzugenommen, spricht man von **Außenwirtschaft**. Die Entwicklung der Außenwirtschaft lässt sich an der Zahlungsbilanz ablesen.

BEISPIEL

Wenn ein deutsches Unternehmen eine Maschine nach Frankreich verkauft, wird dies in der Zahlungsbilanz festgehalten. Das geschieht ebenso, wenn aus Kuwait Öl importiert wird, wenn Touristen in Italien Geld ausgeben, wenn ein deutsches Unternehmen in Österreich einen Kredit aufnimmt oder wenn ein Gastarbeiter Geld in seine Heimat überweist.

Die **Zahlungsbilanz** erfasst alle wirtschaftlichen Transaktionen zwischen dem Inland und dem Ausland innerhalb einer bestimmten Periode. Sie gibt über die internationalen Verflechtungen einer Volkswirtschaft Auskunft. Sie wird sowohl monatlich als auch jährlich von der Deutschen Bundesbank erstellt und veröffentlicht. Entsprechend zur nationalen Zahlungsbilanz wird von der Europäischen Zentralbank auch eine Zahlungsbilanz für den Euro-Währungsraum erstellt. Um die Vielzahl der unterschiedlichen volkswirtschaftlichen Vorgänge in eine systematische Ordnung zu bringen, wird die Zahlungsbilanz in Teilbilanzen unterteilt:

Im Internet kann der jeweilige Monatsbericht unter www.bundesbank.de eingesehen werden.

Europäische Zentralbank **Kapitel 7.2**

Zahlungsbilanz

I. Leistungsbilanz	+	II. Vermögensänderungsbilanz	+	IV. Statistisch nicht aufgliederbare Transaktionen	=	III. Kapitalbilanz
1. Warenhandel 2. Dienstleistungen 3. Primäreinkommen 4. Sekundäreinkommen						1. Direktinvestitionen 2. Wertpapiere 3. Finanzderivate 4. Übriger Kapitalverkehr

Leistungsbilanz

Die Leistungsbilanz ist der wesentliche Teil der Zahlungsbilanz und sie ist regelmäßig in der öffentlichen Diskussion. Sie setzt sich aus den Posten Warenhandel, Dienstleistungen, Primär- und Sekundäreinkommen zusammen. Für jeden dieser Leistungsbilanzposten wird der Saldo ermittelt (z. B.: Wert der Warenexporte – Wert der Warenimporte = Saldo des Warenhandels).

1. **Warenhandel** (Außenhandel): Der wichtigste Posten der Leistungsbilanz ist der Saldo aus Warenexporten und Warenimporten. Diese Gegenüberstellung ist auch als **Handelsbilanz** bekannt. Traditionell weist die deutsche Handelsbilanz einen Überschuss auf. Ein großer Teil des deutschen Warenhandels findet im Euroraum statt.

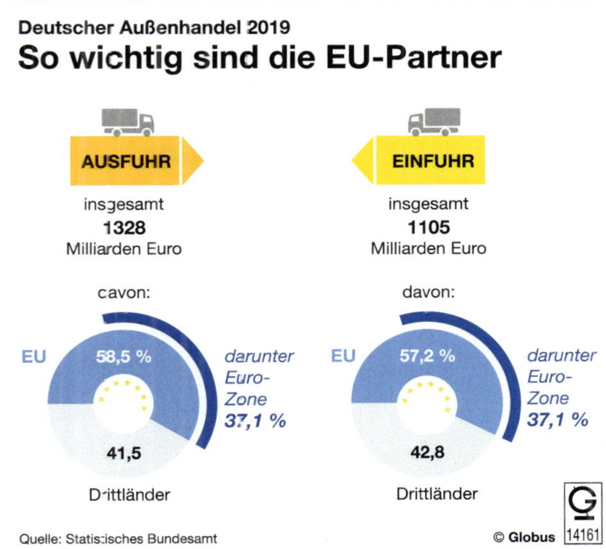

2. **Dienstleistungen**: Hier wird der Saldo von Dienstleistungen zwischen Inländern und Ausländern erfasst. Zu den Dienstleistungen gehören z. B. kaufmännische Dienstleistungen, Reisen und Transporte. Diese Gegenüberstellung ist allgemein als **Dienstleistungsbilanz** bekannt und der Saldo der deutschen Dienstleistungsbilanz weist regelmäßig ein Defizit auf.
3. **Primäreinkommen**: Bei diesem Posten wird der Saldo der grenzüberschreitenden Zahlungen aus Erwerbstätigkeit und Vermögensanlagen (u. a. Zins- und Dividendenzahlungen) erfasst. Diese Teilbilanz weist in Deutschland regelmäßig einen Überschuss aus.
4. **Sekundäreinkommen**: Hier werden alle regelmäßigen Zahlungen erfasst, denen keine erkennbare Leistung der anderen Seite gegenübersteht. In diesem Bereich hat Deutschland traditionell ein umfangreiches Defizit.

BEISPIEL

Primäreinkommen: Herr Raul wohnt an der niederländischen Grenze. Er fährt täglich in die Niederlande zur Arbeit. Sein Gehalt wird auf das Konto seiner deutschen Bank überwiesen: Es fließt ein Erwerbseinkommen aus dem Ausland ins Inland. Bei Frau de Mol verhält sich das Ganze genau umgekehrt, sie wohnt in den Niederlanden und arbeitet bei einem deutschen Unternehmen. Hier fließt ein Erwerbseinkommen vom Inland ins Ausland.

Sekundäreinkommen: Hierzu zählen Zahlungen an internationale Einrichtungen (wie z. B. NATO, EU), Wiedergutmachungszahlungen aufgrund von Kriegen, Renten, Pensionen und Versicherungszahlungen an das Ausland und aus dem Ausland, aber auch die Überweisungen ausländischer Arbeitnehmer in die Heimat.

Vermögensänderungsbilanz

Einmalige Übertragungen von Vermögen, z. B. Schenkungen, Erbschaften, der Erlass von Schulden, Vermögensmitnahmen von Auswanderern bzw. Einwanderern oder einmalige Zuschüsse der EU für Infrastrukturmaßnamen, werden in der Vermögensänderungsbilanz ausgewiesen.

Kapitalbilanz

Käufe und Verkäufe von Vermögenswerten zwischen dem Inland und dem Ausland werden in der Kapitalbilanz festgehalten. Der Saldo ergibt sich aus den Kapitalimporten und den Kapitalexporten. Ist der Saldo der Kapitalbilanz negativ, ist mehr Kapital aus dem Inland ins Ausland abgeflossen. Die Kapitalbilanz setzt sich aus den Posten Direktinvestitionen, Wertpapieranlagen, **Finanzderivate**, übriger Kapitalverkehr (z. B. Finanz- und Handelskredite, Bargeld und Einlagen) sowie Währungsreserven zusammen.

Finanzderivat
Mit einem Finanzderivat wird darauf spekuliert, ob der Preis eines bestimmten Gutes in Zukunft steigt oder fällt. Unternehmen versuchen so ihr Kursrisiko abzusichern.

Statistisch nicht aufgliederbare Transaktionen

Nicht alle Transaktionen, die die Zahlungsbilanz betreffen, können korrekt ermittelt oder zugeordnet werden. Sie werden in diesem Posten erfasst und dienen zum Ausgleich der Zahlungsbilanz.

Formal ist die Zahlungsbilanz immer ausgeglichen, denn ihre Aufstellung erfolgt nach dem System der doppelten Buchführung. Die Teilbilanzen hingegen sind in der Regel unausgeglichen.

9.10.2 Ungleichgewicht im Außenhandel

Eines der wichtigsten wirtschaftspolitischen Ziele Deutschlands ist das **außenwirtschaftliche Gleichgewicht**. Indikator hierfür ist eine ausgeglichene Leistungsbilanz. Dies würde bedeuten, dass sich Exporte und Importe ungefähr auf gleichem Niveau bewegen. Deutschlands Leistungsbilanz weist allerdings seit Jahren einen hohen Überschuss aus, sodass von einem Gleichgewicht nicht die Rede sein kann. Dieser Überschuss steht seit längerem international in der Kritik.

Ziele der Wirtschaftspolitik
Kapitel 5.4.2

Neben Deutschland weisen Japan, China und die Niederlande seit Jahren hohe Exportüberschüsse auf.

Der Grund für den regelmäßigen **Leistungsbilanzüberschuss** in Deutschland ist ein hoher **Exportüberschuss** (Handelsbilanz hat einen positiven Saldo): Deutschland exportiert mehr Waren als es importiert, d.h., Deutschland gibt weniger Geld aus, als es im Außenhandel einnimmt.

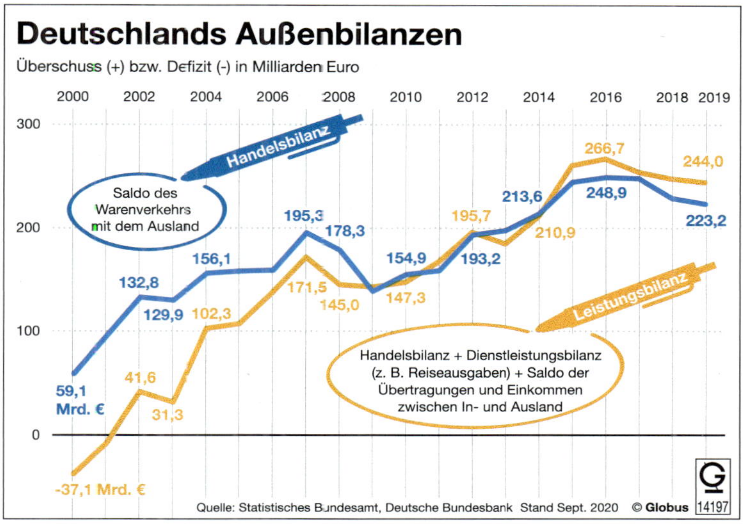

BEISPIEL

Die deutsche Handelsbilanz weist einen Saldo von 30 Euro auf, wenn Waren im Wert von 100 Euro nach Marokko exportiert, aber nur Waren im Wert von 70 Euro aus Marokko importiert werden. Marokko verschuldet sich bei Deutschland in Höhe von 30 Euro und die marokkanische Handelsbilanz weist ein Defizit auf.

Da Deutschland weniger Geld im Außenhandel ausgibt, kann Vermögen z.B. in Form von Aktien, Staatsanleihen oder Devisen aufbaut werden. Aus diesen Vermögenswerten ergeben sich wiederum Einnahmen, wie z.B. Dividenden oder Zinsen. Die Konsummöglichkeiten steigen dadurch.

Daneben hat ein Leistungsbilanzüberschuss positive Auswirkungen auf den Arbeitsmarkt: Wenn viele Waren aus Deutschland nachgefragt werden, muss auch mehr produziert werden und mehr Arbeitskräfte müssen eingestellt werden. Dies bedeutet, dass der Staat weniger durch Arbeitslosigkeit bedingte Ausgaben hat und sogar durch höhere Steuereinnahmen entlastet wird.

Arbeitsmarkt
Kapitel 8.8

Steuern
Kapitel 6.5.2

Allerdings führt ein Leistungsbilanzüberschuss auch zu Risiken. So ist Deutschland, als exportabhängiges Land stark von der weltweiten Konjunktur abhängig. Außerdem kann eine Inflation aus dem Ausland importiert werden: Wenn die Preise im Ausland schneller steigen als in Deutschland, steigt die ausländische Nachfrage nach deutschen Gütern und das deutsche Güterangebot reduziert sich. Dies kann bei gleichbleibender Geldmenge zu einer Inflation führen. Bei einer Inflation verlieren die Forderungen Deutschlands gegenüber dem Ausland an Wert und somit sinkt auch der Wert des aufgebauten Vermögens.

Konjunktur
Kapitel 6.2.2

Inflation
Kapitel 4.6

Die USA weisen seit Jahren sehr hohe Leistungsbilanzdefizite aus.

Dem Leistungsbilanzüberschuss eines Landes stehen immer Leistungsbilanzdefizite anderer Länder gegenüber. Bei einem **Leistungsbilanzdefizit** ergeben sich spiegelbildliche Konsequenzen: Es wird mehr Geld im Ausland ausgegeben, als eingenommen wird, d.h., das Land verschuldet sich im Ausland bzw. tritt Vermögen an das Ausland ab. Importierte Waren verdrängen heimische Produkte, sodass weniger Arbeitskräfte benötigt werden und die Arbeitslosigkeit steigt. Der Staat nimmt somit weniger Steuern ein und muss höhere Transferzahlungen, z.B. in Form von Arbeitslosengeld, leisten. Dadurch steigt die öffentliche Verschuldung. Auf längere Sicht kann kein Land sich dauerhafte Leistungsbilanzdefizite erlauben, da irgendwann die Zinslast zu hoch wird. Als Ausweg bleiben dann nur noch die Währungsabwertung und die Notenpresse.

Auf- und Abwertung von Währungen **Kapitel 4.8–4.9**

protektionistische Maßnahmen **Kapitel 9.4**

Überdies kann ein Leistungsbilanzdefizit dazu führen, dass Defizitländer mit protektionistischen Maßnahmen gegenüber den Überschussländern reagieren. Dies kann in einem weltweiten Protektionismuswettlauf enden, sodass letztlich die Exportmöglichkeiten aller Länder sinken.

Ursachen der deutschen Exportüberschüsse

Eine Ursache der deutschen Exportüberschüsse liegt in der hohen Qualität der Produkte, die im Ausland dementsprechend stark nachgefragt werden. In Deutschland selbst stagniert jedoch die Nachfrage nach deutschen Produkten (Binnennachfrage). Dies hat verschiedene Gründe, z.B. sinkt die Bevölkerungszahl, die Deutschen sparen tendenziell viel und es gibt Sättigungstendenzen.

Ein weiterer Faktor besteht darin, dass der Lohnanstieg in Deutschland im internationalen Vergleich sehr gering ist. Dies führt zu einem relativ geringen Preisanstieg deutscher Produkte. Die internationale Wettbewerbsfähigkeit wird erhöht und die Exporte steigen.

flexible Wechselkurse **Kapitel 4.8.1**

Währungsunion **Kapitel 9.8.4**

Die preisliche Wettbewerbsfähigkeit hängt aber nicht nur von den Lohnstückkosten, sondern auch vom Wechselkurs der heimischen Währung ab. Bei flexiblen Wechselkursen führt ein Exportüberschuss normalerweise dazu, dass die Währung des Exportlandes stark nachgefragt wird, sodass eine Aufwertung der heimischen Währung erfolgt. Durch die Aufwertung verteuern sich die Produkte des Exportlandes und der Export reduziert sich. Gleichzeitig werden Importe günstiger, sodass der Leistungsbilanzüberschuss abgebaut wird. Die Mitgliedschaft Deutschlands in der Währungsunion hat aber zur Folge, dass dieser Mechanismus entfällt: Die deutsche Exportstärke wird nicht mehr über eine Aufwertung der eigenen Währung reduziert.

ÜBERBLICK

Die **Europäische Union** zählt heute zu den größten Handelsmächten der Erde. Der **EU-Binnenmarkt** ermöglicht den freien Verkehr von Waren, Dienstleistungen, Kapital und Personen. Durch die **Währungsunion** sind für die Eurostaaten zudem Umtauschkosten und Wechselkursrisiken weggefallen.

Die als „Eurokrise" bezeichnete **Staatsschuldenkrise** von 2010 konnten die Eurostaaten mit einer gemeinsamen Kraftanstrengung in den Griff bekommen; es gibt aber weiterhin viele Herausforderungen.

Unter **Globalisierung der Wirtschaft** versteht man die Zunahme internationaler Wirtschaftsverflechtungen und grenzüberschreitender Märkte für Waren, Dienstleistungen und Finanzen.

Für Deutschland macht der EU-interne Handel den größten Teil des **Außenhandels** aus; die Währungsunion hat die **Exportüberschüsse** noch verstärkt.

1 Nennen und erläutern Sie die Motive der europäischen Einigung.

2 Ordnen Sie die folgenden Aussagen den Institutionen der EU zu:
a ... ist die Vertretung der Staats- und Regierungschefs.
b ... ist die Vertretung der Bürger.
c ... ist die Verwaltung der Europäischen Union.
d ... kontrolliert die Einnahmen und Ausgaben.
e ... ist die Vertretung der Regierungen.
f ... kontrolliert die Währung.
g ... ist für die Rechtsprechung zuständig.
h ... legt die Leitzinsen fest.
i ... legt die politischen Leitlinien fest.
j ... beschließt Gesetze.
k ... überwacht die Einhaltung und Umsetzung der EU-Verträge.

3 Erläutern Sie, weshalb vor allem große landwirtschaftliche Betriebe von der EU-Förderung profitieren. Diskutieren Sie mögliche Maßnahmen, um ein weiteres Sterben kleiner Höfe zu verhindern.

4 Wie schätzen Sie die Effektivität der Strukturhilfen in der EU ein? Recherchieren Sie hierzu im Internet (z. B. beim Europäischen Rechnungshof).

5 Diskutieren Sie, welche weiteren EU-Regelungen zum Verbraucherschutz aus Ihrer Sicht nötig wären.

6 Nennen Sie die vier Grundfreiheiten des Europäischen Binnenmarkts. Welche konkrete Bedeutung haben diese Freiheiten für Sie?

7 Nennen Sie die Länder der EU, in denen der Euro – bis zum heutigen Zeitpunkt – als Währung eingeführt ist.

8 Einige Länder haben den Euro noch nicht als gemeinsame Währung eingeführt. Eine Vorbedingung für den Beitritt zur Eurozone ist eine zweijährige Zugehörigkeit zum sogenannten Europäischen Währungssystem II (WKM II).
a Recherchieren und erläutern Sie, was „WKM II“ ist.
b Welche Länder nehmen zurzeit am WKM II teil und welche nicht?

9 Diskutieren Sie die Vor- und Nachteile einer gemeinsamen Währung in Europa.

10 Erläutern Sie die Konvergenzkriterien, die vor dem Beitritt eines EU-Mitgliedstaats zur Währungsunion erfüllt sein müssen. Was soll durch die Erfüllung der Konvergenzkriterien sichergestellt werden?

11 1999 wurde der Euro eingeführt. Stellen Sie Recherchen zu den folgenden Fragen an:
a Welche Länder führten den Euro 1999 ein?
b Welche Länder hatten 1998 alle Konvergenzkriterien erfüllt?
c Welches Kriterium wurde am häufigsten nicht eingehalten?

12 Im Jahr 2010 brach im Euroraum eine Staatsschuldenkrise aus.
a Erläutern Sie die Ursachen der Staatsschuldenkrise.
b Überlegen Sie, welche Auswirkungen diese Krise auf die EU-Staaten hatte.

13 Nennen Sie einige der Herausforderungen, vor denen die EU derzeit steht, und diskutieren Sie, wie sie bewältigt werden könnten.

14 Definieren Sie den Begriff der Globalisierung und erläutern Sie die Antriebskräfte der Globalisierung.

15 Nennen Sie zwei geeignete Indikatoren, um den Grad der Globalisierung eines Landes zu messen. Diskutieren Sie deren Auswirkungen.

16 Untersuchen Sie, wie sich die Globalisierung auf Ihren Alltag auswirkt.
- **a** Woher kommen Ihre Lebensmittel? Bringen Sie die Verpackung eines Ihrer Meinung nach globalisierten Lebensmittels in den Unterricht und recherchieren Sie dessen Herkunft.
- **b** Aus welchen Nationalitäten setzt sich die Schülerschaft Ihrer Schule zusammen? Erklären Sie, welche Ursachen das haben könnte.
- **c** Erstellen Sie eine Karte mit den Urlaubszielen der Schüler in Ihrer Klasse. Recherchieren Sie, ob es formale Reisehemmnisse (z. B. Visumspflicht) gibt und welche Reisehemmnisse umgekehrt für Menschen aus diesen Ländern bei Reisen nach Deutschland bestehen.
- **d** Vergleichen Sie die „Waschzettel" in Ihren Kleidungsstücken. Erstellen Sie eine Tabelle mit den häufigsten Herkunftsländern Ihrer Kleidungsstücke.
- **e** Auf welche Art und Weise werden Freundschaften im digitalen Zeitalter gepflegt? Beschreiben Sie, was sich dabei im Vergleich zu Ihrer Elterngeneration verändert hat.
- **f** Wie wirken sich Globalisierung und Migration auf Ihre Stadt aus? Beurteilen Sie dies unter Verwendung von drei selbst gewählten Beispielen.
- **g** Wie wirkt sich die Globalisierung auf Ihre Berufswahl aus?

17 Diskutieren Sie die Chancen und Risiken der Globalisierung.

18 Warum ist die Schaffung gerechter Lieferketten so kompliziert?

19 Betrachten Sie die Grafiken auf S. 276.
- **a** Worum geht es in den Grafiken?
- **b** Interpretieren Sie die Grafiken gemäß der Drei-Schritte-Technik auf S. 22.

20 Grenzen Sie „Außenhandel" und „Außenwirtschaft" voneinander ab.

21 Erklären Sie kurz, welche Bedeutung der Außenhandel für Deutschland hat und wie er sich in den vergangenen 20 Jahren entwickelt hat.

22 Beantworten Sie die folgenden Fragen zur Zahlungsbilanz:
- **a** Aus welchen Unterbilanzen setzt sich die Zahlungsbilanz zusammen?
- **b** Inwiefern besteht ein enger Zusammenhang zwischen der Leistungsbilanz und der Kapitalbilanz?

23 Entscheiden Sie, ob die folgenden Aussagen wahr oder falsch sind. Begründen Sie Ihre Entscheidung, falls Sie eine Aussage als „falsch" ablehnen.
- **a** Ein Leistungsbilanzüberschluss bedeutet, dass ein Land wertmäßig mehr Waren exportiert als importiert hat.
- **b** Kapitalimporte wie beispielsweise ausländische Direktinvestitionen führen dazu, dass der heimische Kapitalstock vergrößert wird.
- **c** Die Sekundäreinkommen erfassen die Einkünfte, welche Inländer aus Kapitalanlagen im Ausland beziehen.
- **d** Leistungsbilanzüberschüsse führen zwangsläufig zu Leistungsbilanzdefiziten bei den Handelspartnern eines Landes.

24 Erläutern Sie die Ursachen des deutschen Exportüberschusses.

In welcher Beziehung stehen Ökonomie und Ökologie?

Was sind die Ziele, Prinzipien und Instrumente von Umweltpolitik?

Wie lässt sich die Diskrepanz zwischen Umweltbewusstsein und Umweltverhalten erklären?

Was ist unter Nachhaltigkeit zu verstehen?

Wie könnte ein nachhaltiger Umbau der Ökonomie aussehen?

THEMENBEREICH 10

Umweltpolitik und Nachhaltigkeit

10.1 Wer rettet das Klima?

Eli

Vater

Gary

Mutter

Es ist Freitagabend. Elinor steht in der Küche der Familie Schelling und hantiert mit ihrem funkelnagelneuen Wok. Das heiße Sesamöl zischt, als kleingeschnittene Zwiebeln, Ingwer und Knoblauch darin landen, es folgen Paprika, Karotten, Zucchini, Brokkoli und ein großer Löffel Currypaste.

„Mmmh, Eli, das ist aber lecker!", sagt Paul Schelling, als die Familie schließlich am Esstisch sitzt. „Aber wie kommt es, dass du plötzlich kochst? Das hast du doch noch nie gemacht ..." „Das ist veganes Gemüsecurry", erklärt Elinor stolz. „In der Ortsgruppe von ‚Fridays for Future' haben wir besprochen, dass wir von unseren Forderungen an die Politik zwar keinen Millimeter abweichen werden, dass wir aber auch selbst etwas tun müssen. Und weil die Viehzucht nun mal zu den größten Klimakillern gehört, ist ein veganer Speiseplan ein ganz wichtiger Faktor!"

„Ich finde dein Curry ja auch lecker", wirft Gary ein. „Aber zum Veganismus wirst du mich nicht bekehren. Wer so viel Sport treibt wie ich, braucht ab und zu auch ein Steak ..." „Ja, Sport im Fitnessstudio", entgegnet Elinor leicht gereizt. „Und den halben Kilometer dorthin fährst du mit dem Auto statt mit dem Fahrrad!" „Hör auf, mich ständig zu belehren!", wehrt sich Gary. „Habe ich den Klimawandel verschuldet? Nein! Aber ich soll nun auf alles verzichten, was Spaß macht! Vielleicht würde ich es sogar tun, wenn ich wüsste, dass es etwas bringt. Aber wenn die Mehrheit aller Menschen eh so weitermacht wie bisher, bin ich doch doppelt der Dumme!"

„Na, nun streitet euch mal nicht", versucht der Vater zu beschwichtigen. „Es spricht grundsätzlich nichts dagegen, gelegentlich auch Fleisch und andere tierische Produkte zu essen. Aber es macht z. B. einen Unterschied, ob man Hühnerfleisch aus Bio-Haltung oder Rindfleisch aus konventioneller Haltung isst. Erst recht, wenn das Rind mit Soja aus Brasilien gemästet wurde, für dessen Anbau und Transport die Rodung von Regenwald und Tausende von Flugkilometern nötig waren ... Solche Faktoren müssten eigentlich eingepreist werden. Das heißt, Produkte mit einer so schlechten Klimabilanz müssten um ein Vielfaches teurer sein!"

„Na super", knurrt Gary. „Eure Generation hat das Leben genossen, ist kreuz und quer durch die Welt geflogen, hat gegessen, worauf sie Lust hatte ... Und ich soll nun für ein Steak, das ihr euch jederzeit leisten konntet, ein Vermögen bezahlen? Das ist einfach nicht gerecht!" „Ach, Gary, es ist vieles nicht gerecht", schaltet Akilah Schelling sich ein. „Es ist auch nicht gerecht, dass Menschen in Ländern wie Bangladesch, die am wenigsten zu den globalen Treibhausgasemissionen beitragen, am härtesten von den Folgen des Klimawandels betroffen sind. Und das heißt, dass zuallererst wir Menschen in den reichen Ländern unseren Lebensstil ändern sollten."

Nach dem Essen darf Köchin Elinor sich zurückziehen, während der Rest der Familie den Abwasch macht. Am späteren Abend schaut Gary in Elinors Zimmer, wo seine Schwester entspannt mit ihrem Smartphone auf dem Bett liegt. „Hey, Eli, was machst du?", ruft Gary. „Ich gucke gerade meine Netflix-Lieblingsserie", antwortet Elinor. „Na super", knurrt Gary. „Meine Schwester predigt Fleisch- und Autoverzicht. Und selber schaut sie Netflix-Filme in HD-Auflösung übers Mobilfunknetz. Hast du noch nicht mitbekommen, dass das ungefähr so klimafreundlich ist wie Fliegen? Vielleicht solltet ihr das mal in eurer Ortsgruppe besprechen!"

„Gary, du nervst!", schreit Elinor.

UNSERE FORDERUNGEN AN DIE POLITIK

[...] *Fridays For Future* fordert die Einhaltung der Ziele des Pariser Abkommens und des 1,5 °C-Ziels. **Explizit fordern wir für Deutschland:**

- Nettonull **2035** erreichen
- Kohleausstieg bis **2030**
- **100 %** erneuerbare Energieversorgung bis **2035**

Entscheidend für die Einhaltung des 1,5 °C-Ziels ist, die Treibhausgasemissionen so schnell wie möglich stark zu reduzieren. Deshalb fordern wir ab sofort:

- Das Ende der Subventionen für fossile Energieträger
- **1/4** der Kohlekraft abschalten
- Eine CO_2-Steuer auf alle Treibhausgasemissionen. Der Preis für den Ausstoß von Treibhausgasen muss schnell so hoch werden wie die Kosten, die dadurch uns und zukünftigen Generationen entstehen. Laut UBA sind das **180 €** pro Tonne CO_2.

Quelle: Fridays for Future (2019): Unsere Forderungen an die Politik, [online] https://fridaysforfuture.de/forderungen/ [18.06.2020]. (Auszug.)

Klimaschutz beim Essen und Einkaufen

Klima-gesunde Ernährung bedeutet: Weniger Fleisch und Wurst, mehr Gemüse und Obst, weniger wegwerfen und Vorrang für Produkte aus der Region.

Das Wichtigste in Kürze:
– Die Produktion eines Kilos Rindfleisch verursacht rund 14 Kilogramm Kohlendioxid. Wer nicht täglich Fleisch oder Wurst isst, tut deshalb etwas Gesundes für sich und fürs Klima.
– Der Transport durch die Luft ist besonders klimaschädlich: Er verursacht je Tonne Lebensmittel und Kilometer bis zu 90-mal mehr Treibhausgase als der Hochseeschiff-Transport und rund 15-mal mehr als Transporte per Lkw.
– Produkte aus dem Gewächshaus schädigen die Umwelt bis zu 30-mal mehr mit schädlichem Kohlendioxid als Freilandgemüse.

Quelle: Verbraucherzentrale (2019): Klimaschutz beim Essen und Einkaufen, [online] https://www.verbraucherzentrale.de/wissen/lebensmittel/gesund-ernaehren/klimaschutz-beim-essen-und-einkaufen-10442 [18.06.2020]. (Auszug.)

1 Diskutieren Sie in Kleingruppen:
a Wie beurteilen Sie die Standpunkte bzw. Verhaltensweisen von Elinor, Gary und Paul Schelling?
b In welchen Lebensbereichen verhalten Sie persönlich sich umweltgerecht bzw. klimaschonend? In welchen Lebensbereichen nicht?
c Wie verhalten sich im Vergleich dazu Ihre Eltern und Großeltern?

2 Entwickeln Sie in der Gruppe Vorschläge zum Klimaschutz.
a Recherchieren Sie im Internet den aktuellen Sachstand zu den Forderungen von „Fridays for Future“. Diskutieren Sie, welchen Forderungen Sie sich anschließen würden und welche weiteren Maßnahmen aus Ihrer Sicht nötig wären.
b Notieren Sie Ihre Ideen auf Metaplan-Karten. Überlegen Sie sich zu jedem Vorschlag eine möglichst stichhaltige Begründung.
c Clustern Sie die Metaplan-Karten unter folgenden Gesichtspunkten:
– Was sind Ge- oder Verbote, die die Politik durchsetzen müsste?
– Was sind ökonomische Maßnahmen (z. B. Steuern, Emissionslizenzen), die die Politik auf den Weg bringen müsste?
– Was sind freiwillige Verhaltensänderungen, die jeder einzelne Mensch in Angriff nehmen müsste?
d Präsentieren und diskutieren Sie Ihre Vorschläge im Plenum.

10.2 Verhältnis von Ökonomie und Ökologie

Als **Umweltprobleme** werden solche Ereignisse oder Entwicklungen in der Natur bezeichnet, die von Menschen verursacht werden und die Lebensgrundlagen bedrohen oder zerstören. Umweltprobleme haben eine lokale (z. B. Wegwerfen von Abfällen auf der Straße), nationale (z. B. Vergiftung des Bodens) und internationale Dimension (z. B. globale Klimaerwärmung).

Nähere Informationen zum Klimawandel und seinen Folgen unter: www.klimafakten.de

ökologisch bedingter Strukturwandel **Kapitel 10.6**

Energiewende **Kapitel 10.6.2**

Die Fülle der gegenwärtigen Umweltprobleme und die Konsequenzen, die zu ihrer Verminderung oder Vermeidung erforderlich sind, werden fast dramatische wirtschaftliche Veränderungen bzw. einen entsprechenden Strukturwandel zur Folge haben. Erinnert sei an dieser Stelle an die Entwicklung von Autos mit Elektroantrieb, an die sogenannte Energiewende und die Förderung regenerativer Energieerzeugung sowie an die Notwendigkeit der Entwicklung biologisch abbaubarer Verpackungen, um den Plastikabfall in den Weltmeeren zu verringern.

Die Natur gehört keinem Menschen, wird aber von jedem genutzt und wirkt sich auf jeden Einzelnen aus. Luft, Wasser und Boden ermöglichen es, dass Menschen, Tiere und Pflanzen auf der Erde leben können. Aufgrund unserer Lebensweise und der gegenwärtigen Art zu wirtschaften belasten wir jedoch die Umwelt in einem Ausmaß, dass inzwischen das Überleben auf der Erde gefährdet erscheint.

Luft

Wasser

Boden

Club of Rome
ein Zusammenschluss von Experten verschiedener Länder und Disziplinen, der sich für eine nachhaltige Politik einsetzt. Die Organisation wurde 1968 gegründet.

Bereits im Jahr 1972 hat der **Club of Rome** darauf aufmerksam gemacht, dass der derzeitige Umgang des Menschen mit der Natur zur Zerstörung der Lebensgrundlagen des Menschen führen wird. Die meisten Menschen sind sich heute bewusst, dass die Umwelt tagtäglich benutzt und belastet wird. Fast jeder ist für den Schutz der Umwelt. Nur das konkrete Handeln sieht meist anders aus: Auf alte Gewohnheiten will man nicht verzichten, und finanzielle Opfer zum Schutz der Umwelt will man nicht auf sich nehmen. Aus ökologischer Sicht sollte unser Handeln aber so ausgerichtet sein, dass der Zustand von Luft, Wasser und Boden das Überleben von Menschen, Tieren und Pflanzen sichert. Aus ökonomischer Sicht sollte der Staat die wirtschaftlichen Rahmenbedingungen deshalb so gestalten, dass Ressourcenverbrauch und Folgen des Wirtschaftens die Umwelt nicht gefährden.

Nachhaltigkeit **Kapitel 10.5**

Die vielfältigen **Beziehungen zwischen Ökonomie und Ökologie** können im Rahmen einer modellhaften Betrachtungsweise folgendermaßen dargestellt werden:

- Die Umwelt liefert elementare Güter wie z. B. Luft, Wasser und Boden. Diese können für die Produktion von Gütern verwendet oder vom Menschen „konsumiert" werden.
- Die Umwelt dient dem ökonomischen System als Lieferant von erneuerbaren und nicht erneuerbaren Ressourcen (z. B. Energie). Diese gehen als Input in die Produktion ein und werden im Produktionsprozess in Güter umgewandelt.
- Im Rahmen von Produktions- und Konsumprozessen können Emissionen, d. h. Abfälle und Schadstoffe, anfallen, die z. T. nicht oder nur auf lange Sicht abbaubar sind. Sie werden von der Luft, dem Wasser und/oder dem Boden als Immissionen aufgenommen, sofern sie nicht über Recyclingverfahren in den Wirtschaftsprozess zurückgeführt werden. Diese Schadstoffe können sich eventuell durch biochemische Prozesse in neue Schadstoffe verwandeln.

Konflikt zwischen Ökonomie und Ökologie

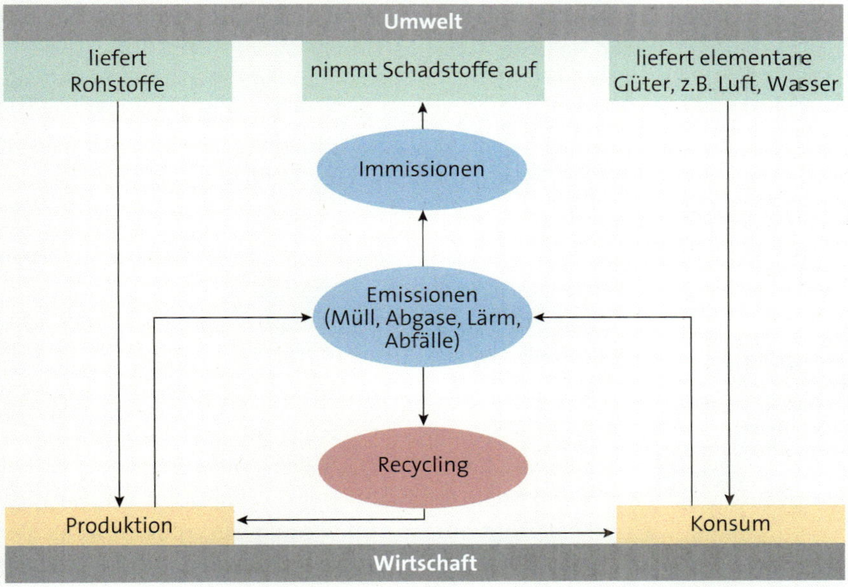

Die Funktionen der Umwelt werden durch die zunehmenden ökologischen Schädigungen immer mehr beeinträchtigt, sodass ein **Nutzungskonflikt** entstanden ist. Dieser Konflikt rührt im Kern daraus, dass die Umwelt ein allen Menschen zugängliches **öffentliches Gut** ist und dass die Kosten für die Beseitigung ökologischer Schäden im Regelfall nicht vom Verursacher, sondern von der Allgemeinheit getragen werden müssen (externe Effekte).

Für die Umwelt als öffentliches Gut gilt, dass auch derjenige, der sich nicht an der Bereitstellung einer sauberen Umwelt beteiligt, in den Genuss dieses Gutes gelangen kann (Trittbrettfahrerverhalten).
Kapitel 3.7

Es spricht viel dafür, dass der Konflikt zwischen Ökonomie und Ökologie im Kern nicht zu lösen ist. Einerseits können wir auf wirtschaftliches Handeln nicht verzichten, weil wir nur auf dieser Basis unsere Existenz sichern können. Andererseits ist menschliches Wirtschaften immer mit Eingriffen in die Natur verbunden. Der Konflikt kann nur entschärft werden, indem die Produktion und der Konsum von Gütern so umweltfreundlich wie möglich gestaltet werden.

10.3 Grundlagen der Umweltpolitik

10.3.1 Ziele und Prinzipien staatlicher Umweltpolitik

Ordnungspolitik
Kapitel 5.4.4

Die Umweltpolitik ist ein bedeutendes Handlungsfeld der **Ordnungspolitik**. In Art. 20a des Grundgesetzes ist der Umweltschutz seit 1994 als Staatsziel verankert. Die Erhaltung der natürlichen Lebensgrundlagen ist nicht nur Aufgabe der Umweltpolitik, sondern eine Querschnittsaufgabe aller staatlichen Politikbereiche.

Die Realisierung einer erfolgreichen Umweltpolitik erfordert
- einen strikten ordnungsrechtlichen Rahmen mit Umweltgeboten und -verboten,
- die Durchsetzung der Umweltauflagen mit entsprechenden Kontrollsystemen,
- Maßnahmen einer marktwirtschaftlichen Umweltpolitik, die das Eigeninteresse aller Menschen für den Umweltschutz mobilisiert.

Nähere Informationen unter:
www.umweltbundesamt.de
www.bmu.de

Das Umweltbundesamt (UBA) mit Sitz in Dessau ist die zentrale Fachbehörde des Bundes auf dem Gebiet des Umweltschutzes. Das Umweltbundesamt ist eine nachgeordnete Behörde des Bundesministeriums für Umwelt, Naturschutz und nukleare Sicherheit (BMU). Zu den Hauptaufgaben des UBA gehören:
- die wissenschaftliche Unterstützung des BMU auf den Gebieten Luftreinigung, Lärmbekämpfung, Abfallwirtschaft, Wasserwirtschaft und Bodenschutz,
- die Entwicklung von Hilfen für die Umweltplanung und die ökologische Begutachtung umweltrelevanter Maßnahmen sowie die Aufklärung der Öffentlichkeit in Umweltfragen.

Ziel der Umweltpolitik ist es, ein menschenwürdiges Dasein zu sichern, Boden, Luft, Wasser, Pflanzen und Tierwelt vor schädlichen menschlichen Tätigkeiten zu schützen sowie Schäden und negative Folgen menschlicher Eingriffe in die Umwelt zu beseitigen.

Die Umweltpolitik in Deutschland beruht auf verschiedenen Prinzipien, deren Durchsetzung mit verschiedenen Problemen verbunden ist. Nach dem **Vorsorgeprinzip** soll sichergestellt werden, dass Umweltschäden erst gar nicht entstehen oder so weit wie möglich reduziert werden. In der Praxis ist es häufig nicht möglich, vorausschauend dafür Sorge zu tragen, dass Umweltschäden vermieden werden. Werden beispielsweise im Rahmen einer sogenannten Ökobilanz sämtliche Inputs und Outputs erfasst, die bei Herstellung, Gebrauch und Außerbetriebnahme eines Autos anfallen, und in die Kostenrechnung internalisiert, müsste ein Mittelklassewagen ein Vielfaches seines jeweiligen „Marktpreises" kosten.

Nach dem **Verursacherprinzip** soll derjenige, der Umweltschäden verursacht, auch mit den Kosten belastet werden. Dieses Prinzip soll verhindern, dass die Kosten für die Beseitigung von Umweltschäden auf die Allgemeinheit abgewälzt werden. Häufig sind Verursacher von Umweltbelastungen nicht eindeutig zu ermitteln. Wurden Umweltschäden in der Vergangenheit verursacht, so sind ihre Verursacher mitunter kaum noch feststellbar. Beispielsweise lassen sich hinsichtlich des Waldsterbens einzelne Verursacher schwerlich ausmachen und in die Pflicht nehmen.

In vielen Fällen ersetzt oder ergänzt das **Gemeinlastprinzip** das Verursacherprinzip. Nach diesem Prinzip wird der Staat mit öffentlichen Mitteln tätig, um Umweltschäden zu beseitigen oder zu vermindern. Die breite Anwendung dieses Prinzips ist jedoch abzulehnen.

Das **Kooperationsprinzip** soll sicherstellen, dass die staatlichen und gesellschaftlichen Kräfte an der Verwirklichung der Umweltziele mitwirken. Dabei ist es das Ziel der Regierung, im Rahmen der rechtlichen Möglichkeiten die Unternehmen, Gewerkschaften, Bürger, Umweltverbände und andere Institutionen mitverantwortlich an den Entscheidungen zu beteiligen. Das gilt nicht zuletzt für die internationale Kooperation im Bereich des Umweltschutzes. In der Praxis sind die Entscheidungsträger in Politik und Verwaltung auf Informationen angewiesen, über die häufig nur Verursacher von Umweltschäden verfügen. Doch mächtige Industrieunternehmen, die in einer Kommune der größte Arbeitgeber sind, können beispielsweise bestrebt sein, wirtschaftliche Interessen gegen die Forderung nach mehr Umweltschutz durchzusetzen.

10.3.2 Instrumente der Umweltpolitik

Für die Realisierung umweltpolitischer Zielsetzungen existiert eine Vielzahl von umweltpolitischen Instrumenten. Nachfolgend soll kurz auf die planungsrechtlichen, ordnungsrechtlichen und ökonomischen Instrumente eingegangen werden.

Prinzipien und Instrumente der Umweltpolitik

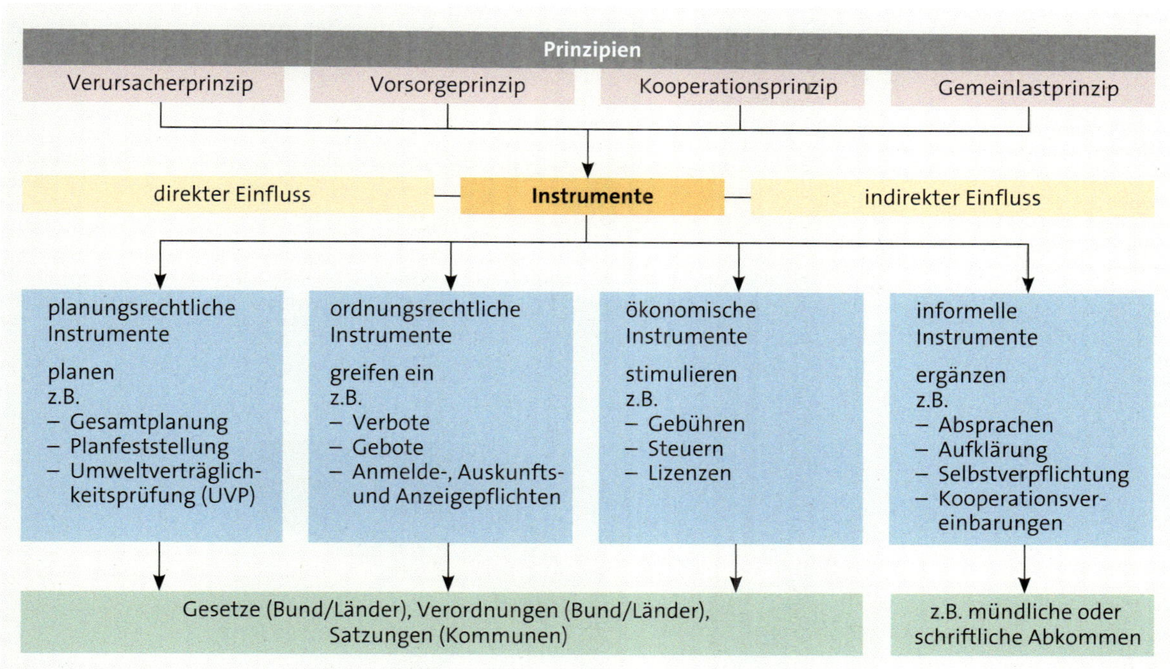

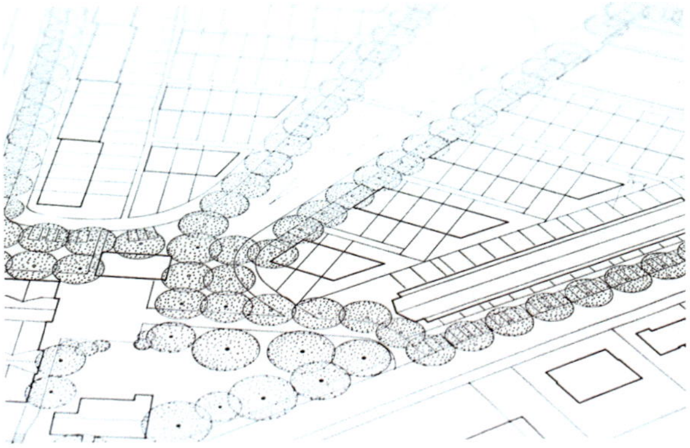

Planungsrechtliche Instrumente

Planungsrechtliche Instrumente spielen vor allem bei Planungen für öffentliche Maßnahmen des Bundes, der Länder und der Kommunen eine Rolle. Das gilt z. B. für die Verkehrsplanung, die Energie- und Ressourcenplanung sowie die Erstellung von Flächennutzungs- und Bebauungsplänen. Ein wichtiges Instrument, das in der Planungsphase von Projekten eingesetzt wird, ist die **Umweltverträglichkeitsprüfung** (UVP). Zweck der Umweltverträglichkeitsprüfung ist, dass bei öffentlichen wie privaten Vorhaben die Auswirkungen auf die Umwelt so früh wie möglich berücksichtigt werden.

Ordnungsrechtliche Instrumente

Als ordnungsrechtliche Instrumente im Rahmen einer Auflagenpolitik stehen **Gebote und Verbote** zur Verfügung. Verbote, z. B. Produktionsstillegungen, können Umweltschäden vollständig unterbinden. Gebote, z. B. Grenzwerte für Schadstoffabgaben, lassen ein begrenztes Maß an Umweltbelastungen zu.

Ge- und Verbote sind als Instrumente der Umweltpolitik weit verbreitet, weil sie leicht einzusetzen und relativ einfach zu kontrollieren sind. Auf längere Sicht ist diese Form der Umweltpolitik aber mit erheblichen Nachteilen verbunden:

- Eine Auflagenpolitk, die für alle Schadstoffemittenten die gleichen Gebote vorschreibt, ist ökonomisch kaum sinnvoll. In der Regel werden die Emissionsvermeidungskosten der einzelnen Unternehmen unterschiedlich hoch sein. Im Rahmen einer Auflagenpolitik ist es aber kaum möglich, unterschiedlich hohe Kosten der Unternehmen für die Vermeidung von Schadstoffen zu berücksichtigen. Mit stärker marktwirtschaftlich orientierten Instrumenten lässt sich ein höherer Umwelteffekt erzielen.
- Ge- und Verbote schaffen aufseiten der Unternehmen kaum Anreize für weitere Umweltverbesserungen. Es kann sogar dazu kommen, dass die Unternehmen technische Entwicklungen verzögern, da die Auflagen umso strenger ausfallen, je fortgeschrittener der Stand der Technik ist.

Ökonomische Instrumente

Beim Einsatz ökonomischer (marktorientierter) Instrumente gilt: Wer die Umwelt als Produktionsfaktor nutzt, muss dafür einen entsprechenden Preis zahlen. Ökonomische Instrumente der Umweltpolitik sind Abgaben (z. B. Umweltsteuern, -gebühren, -beiträge) und Emissionslizenzen.

Umweltsteuern lassen sich in Emissionssteuern (Steuern auf Schadstoffemissionen) und Produktabgaben (Steuern auf den Verbrauch von Ressourcen wie z. B. Öl und Gas) unterteilen.

- In der Europäischen Union wurde 2003 im Rahmen einer gesamteuropäischen Ökologischen Steuerreform eine Mindestbesteuerung auf Strom, Kraft- und Brennstoffe für alle Mitgliedstaaten eingeführt.
- In Deutschland wurde von 1999 bis 2003 die Besteuerung von Strom, Kraftstoffen, Heizöl und -gas in fünf Stufen angehoben (Ökosteuer). Die hierdurch erzielten Steuermehreinnahmen werden dazu verwendet, entweder andere Abgaben zu verringern oder ökologische Investitionen zu fördern.

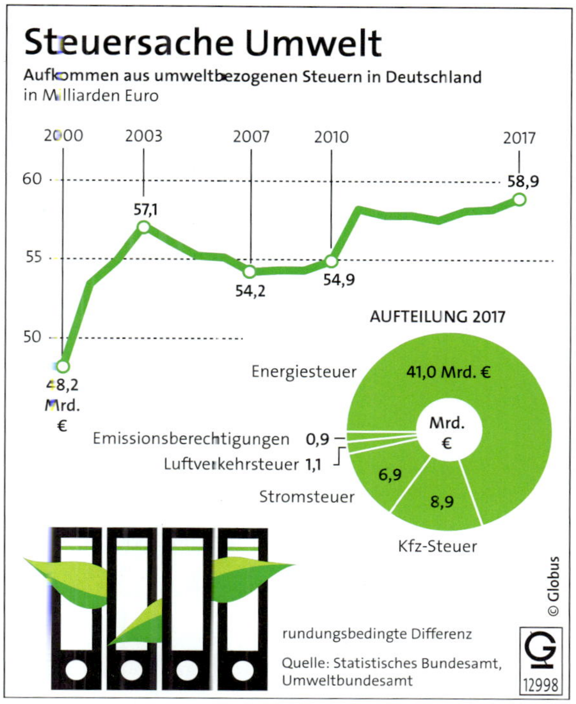

Umweltsteuern haben den Effekt, dass jeder Einzelne genau zwischen zu zahlender Abgabe und den Vermeidungskosten unterscheiden kann. Ferner lösen sie ökonomische Anreize aus, Innovationen durchzuführen, um die Kosten des Umweltschutzes zu senken. Umweltsteuern sind aber nicht geeignet, eine bestimmte quantitative Reduktion von Umweltbelastungen (z. B. der CO_2-Emissionen) zu erreichen.

Mithilfe von **Emissionslizenzen** wird die Preisbildung für verschiedene Formen der Umweltnutzung nicht dem Staat überlassen, sondern dem Markt übertragen. Im Hinblick auf die Umweltqualitätsziele legt der Staat für bestimmte Schadstoffe eine Obergrenze fest. Ein Unternehmen, das an Verschmutzungsrechten interessiert ist, muss entsprechend Emissionslizenzen kaufen. Im Laufe der Zeit kann der Staat die Menge von Lizenzen verknappen und dadurch zusätzliche Anreize für umweltschützende Innovationen schaffen.

- Im Jahr 2005 wurde innerhalb der Europäischen Union der Emissionshandel z. B. für Stromerzeuger sowie die Zement- und Papierindustrie eingeführt, um die Emissionen von Kohlendioxid (CO_2) zu reduzieren. Seit 2013 werden die Zertifikate zentral von der Europäischen Kommission vergeben.
- Das 2019 verabschiedete Klimaschutzpaket der Bundesregierung sieht die Einführung eines nationalen Emissionshandels vor: Ab 2021 sollen auch CO_2-Emissionen, die bislang nicht vom EU-Emissionshandel erfasst sind, einen Preis bekommen. Für den Einstieg ist ein Fixpreis von 25 Euro vorgesehen, der dann sukzessive steigen soll.

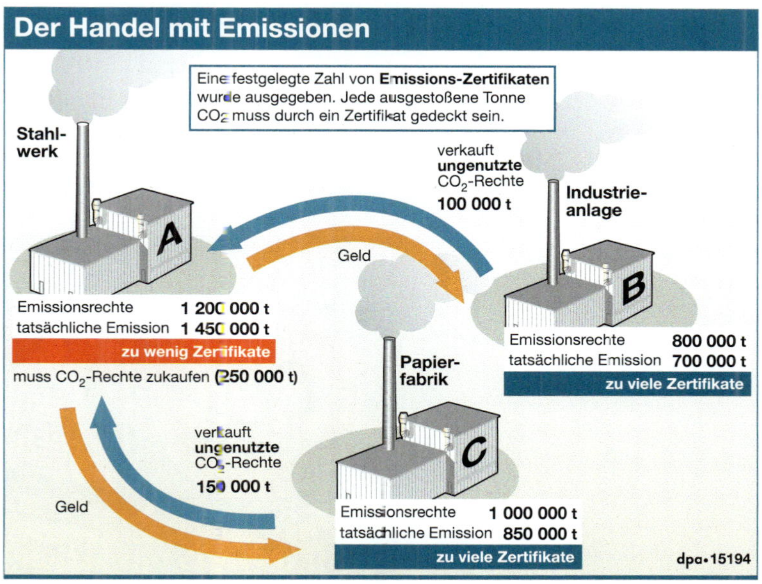

Emissionslizenzen vereinigen die Vorteile von Umweltauflagen und Umweltabgaben, ohne die Nachteile dieser Instrumente zu übernehmen:

- Emissionslizenzen sind ökonomisch effizient. Jeder Verursacher von Umweltbelastungen kann vergleichen, wie hoch die Kosten für die Vermeidung von Schadstoffemissionen einerseits und für den Erwerb entsprechender Lizenzen andererseits sind.
- Emissionslizenzen üben eine starke Anreizwirkung aus: Die Kosten für Umweltzertifikate werden umso geringer, je mehr Emissionen z. B. durch umwelttechnischen Fortschritt vermieden werden können.
- Die ökologische Treffsicherheit von Emissionslizenzen ist hoch: Die Anzahl der ausgegebenen Zertifikate ist hinsichtlich eines insgesamt einzuhaltenden Emissionszielwertes begrenzt, sodass dieser (auf legalem Weg) nicht überschritten werden kann.

Informelle Instrumente

Informelle Instrumente wie Kooperationsvereinbarungen, Absprachen, Selbstverpflichtungen oder Aufklärung ergänzen die planungsrechtlichen, ordnungsrechtlichen und ökonomischen Instrumente.

Bewertung umweltpolitischer Instrumente

Umweltpolitische Instrumente können nach verschiedenen Kriterien beurteilt werden: nach der ökonomischen Effizienz, der dynamischen Anreizwirkung und der ökologischen Treffsicherheit.

Bewertung umweltpolitischer Instrumente	Umweltauflagen	Umweltabgaben	Umweltlizenzen
ökonomische Effizienz	gering	hoch	hoch
dynamische Anreizwirkung	gering	hoch	hoch
ökologische Treffsicherheit	hoch	gering	hoch

Es kann grundsätzlich davon ausgegangen werden, dass mittel- oder längerfristig ökonomische Instrumente den ordnungsrechtlichen Ansätzen überlegen sind. Denn ökomische Instrumente schaffen Anreize, mehr für den Umweltschutz zu tun: Umwelverträgliches Handeln wird ökonomisch „belohnt“ und umweltschädliches Handeln „bestraft“.

10.3.3 Diskrepanz zwischen Umweltbewusstsein und -verhalten

Alle Überlegungen, wie Umweltschutz in das Handeln der Wirtschaftssubjekte integriert werden kann, haben sich mit dem „Egoismus" des Einzelnen auseinanderzusetzen. Menschen sind in der Regel auf den eigenen Vorteil bedacht. Im Hinblick auf ihr Umweltverhalten sind Konsumenten wie Produzenten daher häufig inkonsistent. Sie agieren in manchen Bereichen durchaus umweltgerecht, in anderen wiederum nicht. Ergebnisse empirischer Forschungen deuten darauf hin, dass auch Personen mit hohem Umweltbewusstsein dieses nicht immer in entsprechendes Verhalten umsetzen.

Hinsichtlich der Realisierung umweltgerechten Verhaltens gibt es folgende Tendenz:

- In sogenannten **Low-Cost-Situationen**, in denen ein umweltgerechtes Verhalten ohne größere persönliche Nachteile oder Kosten möglich ist, wird es leichter realisiert (z. B. Papierrecycling).
- In sogenannten **High-Cost-Situationen**, in denen umweltgerechtes Verhalten mit persönlichen Nachteilen oder höheren Kosten einhergeht, unterbleibt es häufig (z. B. Verzicht auf das Autofahren).

Mittlerweile kann fast jeder Mensch nachweisen, dass er sich in manchen Bereichen umweltgerecht verhält. Allerdings werden diese Bereiche nicht selten zum Maßstab des gesamten persönlichen Umweltverhaltens gemacht. Andere, umweltschädigende Verhaltensweisen werden dann gerne ignoriert.

Die Gründe, warum individuelles umweltbewusstes Verhalten so schwer zu realisieren ist, lassen sich mit dem sogenannten **Gefangenendilemma** aus der Spieltheorie verdeutlichen. Dieses Modell beschreibt eine Situation, in der individuell rationale Entscheidungen zu einem kollektiv suboptimalen Ergebnis führen.

Spieltheorie
Kapitel 1.2

Zentrale Annahmen des folgenden fiktiven Beispiels: Die Umwelt ist ein öffentliches Gut, Verhandlungen zwischen den Beteiligten sind aufgrund hoher Transaktionskosten ausgeschlossen und die Personen handeln rational. Für den einzelnen Menschen, der sich umweltgerecht verhalten will, ergibt sich daraus ein Dilemma.

öffentliche Güter
Kapitel 3.7

Transaktionskosten
Kapitel 3.2.2

Der Kostenbegriff ist wie der Nutzenbegriff nicht auf Geldeinheiten beschränkt.

BEISPIEL

Die Bewohner von Land X haben die Möglichkeit, sich umweltverträglich oder nicht umweltverträglich zu verhalten.

- Das umweltverträgliche Verhalten ist für jedes Individuum mit Kosten von 10 Einheiten (EH) verbunden.
- Die Umweltqualität verbessert sich nur dann, wenn nahezu alle Bewohner des Landes sich umweltverträglich verhalten. Der individuelle Nutzen der Verbesserung beträgt 30 EH. Für jedes umweltschonend handelnde Individuum ergibt sich also ein Nettonutzen von 20 EH.
- Wenn die große Mehrheit sich umweltverträglich verhält und nur wenige Personen nicht, profitieren auch die Umweltsünder von der verbesserten Umweltqualität. Da sie nichts investiert haben, beträgt ihr Nettonutzen sogar 30 EH.
- Wenn hingegen nur wenige Personen die Kosten umweltverträglichen Verhaltens auf sich nehmen, alle anderen aber nicht, bleibt die Umweltqualität schlecht. Die umweltschonend handelnden Personen machen in diesem Fall einen Verlust von je -10 EH. Für alle anderen beträgt der Nettonutzen 0 EH.

Diese Zusammenhänge lassen sich mit der folgenden Matrix veranschaulichen:

Person A / **Person B**	umweltverträgliches Verhalten	nicht umweltverträgliches Verhalten
umweltverträgliches Verhalten	I A: 20 EH Nettonutzen*1 B: 20 EH Nettonutzen*1	III A: 30 EH Nettonutzen*3 B: -10 EH Nettonutzen*2
nicht umweltverträgliches Verhalten	II A: -10 EH Nettonutzen*2 B: 30 EH Nettonutzen*3	IV A: 0 EH Nettonutzen*4 B: 0 EH Nettonutzen*4

*1 Nutzen 30 EH
– Kosten 10 EH
= Nettonutzen 20 EH

*2 Nutzen 0 EH
– Kosten 10 EH
= Nettonutzen –10 EH

*3 Nutzen 30 EH
– Kosten 0 EH
= Nettonutzen 30 EH

*4 Nutzen 0 EH
– Kosten 0 EH
= Nettonutzen 0 EH

Für Person A wäre das Erreichen von Feld III am besten, für Person B das Erreichen von Feld II. Für A wie auch für B ergibt sich nun folgende Situation:

- Wenn A davon ausgeht, dass B sich umweltverträglich verhält, ist es für A rational, sich nicht umweltverträglich zu verhalten, denn dann hat A einen Nettonutzen von 30 EH (Feld III).
- Wenn A davon ausgeht, dass B sich nicht umweltverträglich verhält, ist es für A ebenfalls rational, sich nicht umweltverträglich zu verhalten, denn dann hat A einen Nettonutzen von 0 EH (Feld IV).

Das Dilemma: Unabhängig davon, wie sich die jeweils andere Person verhält, erzielt jede der beiden Personen das individuell beste Ergebnis, wenn sie sich nicht umweltverträglich verhält. Wenn sich nun aber beide Personen nicht umweltverträglich verhalten, ergibt sich ein Nettogesamtnutzen (Nettonutzen A + Nettonutzen B) von 0 EH (Feld IV). Dies ist das kollektiv schlechteste aller möglichen Ergebnisse.

Der Konflikt zwischen individueller und kollektiver Rationalität entsteht dadurch, dass die natürlichen Ressourcen zwar begrenzt sind, dass die Umwelt aber ein öffentliches Gut ist, von dessen Nutzung niemand ausgeschlossen werden kann. Solange die Möglichkeit einer quasi „kostenlosen“ Nutzung dieses Gutes besteht, ist **Trittbrettfahrerverhalten** des Einzelnen die Folge.

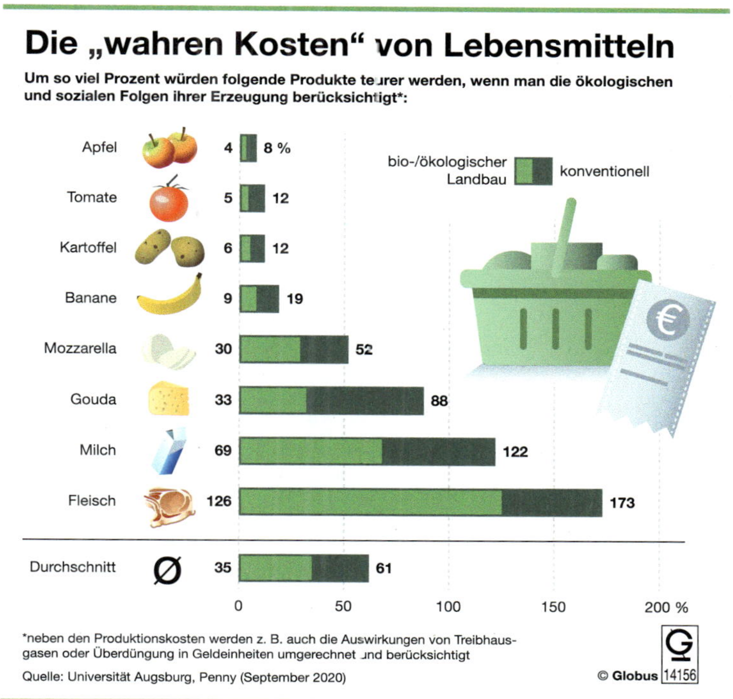

Unter den gegenwärtigen ökonomischen Rahmenbedingungen besteht für das Individuum kaum ein Anreiz, sich umweltgerecht zu verhalten. Es überwiegen Anreize, die Umwelt zu schädigen, da umweltschädigende Güter (z. B. Billigfleisch aus Massentierhaltung) im Regelfall deutlich preisgünstiger als ökologisch verträglichere Güter sind. Natürlich können sich dennoch umweltbewusste Verhaltensweisen, z. B. aus ethischen Motiven, entwickeln. Diese sind aber eher die Ausnahme und laufen Gefahr, an den ökomischen Realitäten zu scheitern. Erst wenn die externen Kosten (Umweltschäden) von Gütern internalisiert werden und sich in entsprechend höheren Preisen niederschlagen, entsteht ein Anreiz, den ökologisch verträglicheren Gütern den Vorzug zu geben.

öffentliche Güter und externe Kosten **Kapitel 3.7**

ÜBERBLICK

Die **Umwelt** sichert das Überleben von Menschen, Tieren und Pflanzen. Deshalb muss sie geschützt werden. **Umweltprobleme** haben in der Regel menschliche Ursachen wie z. B. Rohstoffverbrauch und Schadstoffemissionen.

Ziel der Umweltpolitik ist die systematische Weiterentwicklung ökologisch verträglicher Wirtschaftsstrukturen und Lebensformen. Umweltschäden sollten möglichst gar nicht erst entstehen (**Vorsorgeprinzip**). Die Kosten von Umweltschäden sollte der Verursacher tragen (**Verursacherprinzip**) und nur in Ausnahmefällen der Staat (**Gemeinlastprinzip**). Alle Mitglieder der Gesellschaft sollten an der Verwirklichung der Ziele mitwirken (**Kooperationsprinzip**).

Unter den umweltpolitischen Instrumenten des Staates sind **ordnungsrechtliche Instrumente** (Umweltauflagen in Form von Ge- und Verboten) sowie **ökonomische Instrumente** (Umweltabgaben und Umweltlizenzen) von besonderer Bedeutung. Mithilfe von **Umweltlizenzen** wird die Preisbildung für bestimmte Formen der Umweltnutzung dem Markt übertragen.

Das **Umweltverhalten** von Menschen ist häufig inkonsequent: Solange es keine Mühe macht, verhalten viele Menschen sich umweltgerecht. Je höher hingegen die persönlichen Kosten umweltgerechten Verhaltens sind, desto geringer ist tendenziell die Bereitschaft dazu. Das Modell des **Gefangenendilemmas** zeigt: Wenn umweltgerechtes Verhalten gegen den Kostendruck des Marktes realisiert werden soll, besteht ein systematischer Anreiz, sich umweltschädigend zu verhalten.

AUFGABEN

1 Wie werden Umweltprobleme definiert? Erläutern Sie die Definition anhand von Beispielen.

2 Erläutern Sie das Verhältnis von Ökologie und Ökonomie an Beispielen.

3 Die Umwelt ist ein öffentliches Gut. Begründen Sie, warum sich daraus ein Nutzungskonflikt ergibt.

4 Informieren Sie sich im Internet über gegenwärtige Schwerpunkte der Umweltpolitik der Bundesregierung.

5 Wie beurteilen Sie die Durchsetzungschancen der Prinzipien der Umweltpolitik (Vorsorgeprinzip, Verursacherprinzip, Gemeinlastprinzip, Kooperationsprinzip)?

6 Nennen Sie zu den Instrumenten der Umweltpolitik jeweils zwei Beispiele:
- **a** Planungsrechtliche Instrumente
- **b** Ordnungsrechtliche Instrumente
- **c** Ökonomische Instrumente
- **d** Informelle Instrumente

7 Erläutern Sie Vor- und Nachteile einer Auflagenpolitik.

8 Erläutern Sie am Beispiel von Umweltsteuern die Vor- und Nachteile einer Abgabenpolitik.

9 Interpretieren Sie die Grafik „Steuersache Umwelt" auf S. 291 gemäß der Drei-Schritte-Technik auf S. 22.

10 Ein weiteres Instrument der Abgabenpolitik sind Gebühren. Recherchieren Sie im Internet, was für umweltbezogene Gebühren es in Deutschland gibt.
- **a** Worauf werden die Gebühren erhoben?
- **b** Was sind die Vor- und Nachteile solcher Gebühren?

11 Erläutern Sie das Prinzip des Emissionsrechtehandels sowie dessen Vor- und Nachteile.

12 Drei Unternehmen emittieren Schadstoffe in die Luft. Der Staat will die Gesamtemissionen auf 24 Tonnen begrenzen.
- **a** Der Staat begrenzt die Emissionen für jedes Unternehmen auf 8 Tonnen. Wie hoch sind die Gesamtkosten für die Unternehmen?
- **b** Der Staat stellt für jedes Unternehmen Emissionslizenzen über 8 Tonnen aus. Die Lizenzen sind frei handelbar. Der Preis pendelt sich bei 80 Euro pro Tonne ein. Wie hoch sind die Gesamtkosten für die Unternehmen?
- **c** Um was für umweltpolitische Instrumente handelt es sich bei den zuvor genannten Maßnahmen?

	Ist-Emission	Soll-Emission	Angaben für a: Vermeidungskosten pro Tonne	Angaben für b: Kauf von Lizenzen
Unternehmen 1	4 Tonnen	Nicht mehr als 24 Tonnen insgesamt	100 Euro	– 4 Tonnen
Unternehmen 2	10 Tonnen		60 Euro	+ 2 Tonnen
Unternehmen 3	10 Tonnen		80 Euro	+ 2 Tonnen

13 Erläutern Sie anhand von Beispielen, was unter Low-Cost-Situationen und High-Cost-Situationen im Umweltbereich zu verstehen ist.

14 Was ist unter einem sogenannten Trittbrettfahrerverhalten im Umweltbereich zu verstehen?

15 Erläutern Sie das Problem umweltgerechten Verhaltens am Modell des Gefangenendilemmas. Für wie plausibel halten Sie dieses Modell?

16 Interpretieren Sie die Grafik „Die ‚wahren Kosten' von Lebensmitteln" auf S. 295 gemäß der Drei-Schritte-Technik auf S. 22.

17 Unter einem „ökologischen Fußabdruck" wird die Fläche auf der Erde verstanden, die erforderlich ist, um den Lebensstandard eines Menschen dauerhaft zu ermöglichen. Diese schließt alle Flächen ein, die – bezogen auf den individuellen Lebensstil – für die Herstellung von Kleidung oder Nahrung, zur Bereitstellung von Energie, zum Abbau von Müll oder zum Binden freigesetzten Kohlendioxids benötigt werden.

a Berechnen Sie Ihren ökologischen Fußabdruck, z. B. unter: https://www.fussabdruck.de/fussabdrucktest/

b Wie verhält sich Ihr ökologischer Fußabdruck zum Durchschnitt der deutschen Bevölkerung und zum Durchschnitt der Weltbevölkerung?

c Wie viele Planeten wären nach dieser Berechnung nötig, wenn alle Menschen weltweit so leben würden wie Sie?

d In welchen Lebensbereichen ist Ihr ökologischer Fußabdruck besonders groß? In welchen Lebensbereichen ist er eher gering?

18 Das „Global Footprint Network" berechnet jährlich den „Welterschöpfungstag" („Earth Overshoot Day"), um die Menschheit wachzurütteln und zum Nachdenken über ihr Konsumverhalten zu bewegen. Recherchieren Sie im Internet:

a Was ist der Welterschöpfungstag?

b Wann war der Welterschöpfungstag im vergangenen Jahr? Wann war/wird er in diesem Jahr sein?

c Zeigen Sie die Konsequenzen des derzeitigen Ressourcenverbrauchs auf.

19 Bei der CO_2-Bilanz bzw. dem CO_2-Fußabdruck von Personen handelt es sich um den Gesamtbetrag der Treibhausgasemissionen (CO_2 sowie Methan und Lachgas), die durch den Lebensstil einer Person pro Jahr verursacht werden. Als Ziel für Deutschland nennt das Umweltbundesamt (UBA) die Senkung der CO_2-Bilanz von 11,6 Tonnen auf unter 1 Tonne pro Jahr und Person.

a Berechnen Sie Ihre persönliche CO_2-Bilanz, z. B. unter: https://www.wwf.de/themen-projekte/klima-energie/wwf-klimarechner/

b Wie verhält sich Ihre CO_2-Bilanz zum Durchschnitt der deutschen Bevölkerung, zum Durchschnitt der Weltbevölkerung und zum Ziel des UBA?

c Wie viele Planeten wären nach dieser Berechnung nötig, wenn alle Menschen weltweit so leben würden wie Sie?

d Welche Lebensbereiche schlagen in Ihrer CO_2-Bilanz besonders stark zu Buche? Welche Lebensbereiche schlagen weniger stark zu Buche?

20 Nennen Sie Maßnahmen, die Sie

a in Ihrem Alltag,

b in der Schule,

c in Ihrem Praktikums- oder Ausbildungsbetrieb

ergreifen können, um Ihren ökologischen bzw. Ihren CO_2-Fußabdruck zu verringern.

10.4 Agenda 2030: Städte und Gemeinden nachhaltig gestalten

Eli

Mutter

Es ist ein lauer Sommerabend. Während Gary und Paul Schelling auf dem Sportplatz sind, sitzen Elinor und Akilah Schelling zu zweit auf der Terrasse. „Hey, Eli", sagt Akilah. „Es ist so ein schöner Abend! Warum machst du so ein Gesicht?" „Gary und ich haben uns vorhin mal wieder gestritten", seufzt Elinor. „Nur weil ich versuche, etwas fürs Klima zu tun, meint Gary, ich bin eine Oberlehrerin. Und ich finde, Gary ist ein Egoist! Aber in einem Punkt hat er irgendwie recht: Die Klimakrise hat eure Generation uns eingebrockt. Ihr habt einfach nie darüber nachgedacht, was euer Lebensstil und euer Konsum für die Umwelt bedeuten."

„Ein Stück weit stimmt das", gibt Akilah zu. „In manchen Lebensbereichen fehlte uns das Problembewusstsein. Wir waren z. B. neugierig auf die Welt – und da Flugtickets immer billiger wurden, sind wir halt geflogen. Es stimmt aber nicht, dass das Thema Umweltschutz uns nie interessiert hätte. Als ich so alt war wie du, bin ich z. B. auf Anti-Atomkraft-Demos gegangen ..." „Echt?", staunt Elinor. „Ja", antwortet Akilah. „Da ging es manchmal ganz schön heiß her ... Dein Vater hat auch lange in einer lokalen Agenda 21-Gruppe mitgearbeitet, die sich unter anderem für den Erhalt der Baumbestände in unserem Ort eingesetzt hat." „Das wusste ich gar nicht", wundert sich Elinor. „Es ist auch schon einige Jahre her", sagt Akilah. „Übrigens, hast du mitbekommen, dass sich in unserem Ort eine neue Initiative gegründet hat? Die will etwas für die Ziele der Agenda 2030 tun, genauer gesagt für Ziel 11." Elinor kräuselt die Stirn: „Agenda 2030? Ziel 11? Was ist denn das?" „Recherchier doch mal im Internet!", entgegnet Akilah. „Das wäre vielleicht auch was für dich."

Die 2030-Agenda für Nachhaltige Entwicklung

Die 2030-Agenda für Nachhaltige Entwicklung, die am 25. September 2015 beim UNO Nachhaltigkeitsgipfel der Staats- und Regierungschefs verabschiedet worden ist, stellt einen Meilenstein der internationalen Zusammenarbeit dar. Mit den 17 Nachhaltigkeitszielen, den Sustainable Development Goals (SDGs), hat sich die Weltgemeinschaft erstmals auf einen universalen und alle drei Nachhaltigkeitsdimensionen einschließenden Katalog von festen Zeitzielen geeinigt, der die internationale Zusammenarbeit in zentralen Politikbereichen in den nächsten Jahrzehnten maßgeblich prägen wird. [...]

Quelle: Bundesministerium für Umwelt, Naturschutz und nukleare Sicherheit (2020): Die 2030-Agenda für Nachhaltige Entwicklung, [online] https://www.bmu.de/themen/nachhaltigkeit-internationales/nachhaltige-entwicklung/2030-agenda/ [23.06.2020]. (Auszug.)

Ziel 11: Städte und Siedlungen inklusiv, sicher, widerstandsfähig und nachhaltig gestalten.

11 NACHHALTIGE STÄDTE UND GEMEINDEN

Jeder zweite Mensch weltweit lebt heute in einer Stadt – bis zum Jahr 2050 könnten es bis zu drei Viertel der Weltbevölkerung sein. Städte sind Ballungszentren der Wirtschaft und der Innovation – sie produzieren rund 80 Prozent des globalen Bruttoinlandsprodukts. Doch gleichzeitig verursachen sie bis zu 75 Prozent des menschlichen CO_2-Ausstoßes. Städte bieten viel Potential für eine nachhaltigere Zukunft, denn ihre Bevölkerungsdichte bietet die Voraussetzungen für ökologischeres Wohnen und ressourcenschonende Mobilitätskonzepte. [...]

Deshalb hat sich auch Deutschland das Ziel gesetzt, Städte nachhaltiger und damit zukunftsfähiger zu gestalten. Außerdem sollen Städte inklusiver werden, das heißt, niemand soll ausgeschlossen oder benachteiligt werden. Dafür braucht es etwa mehr bezahlbaren Wohnraum und bessere Mobilität. Dabei werden auch die Umwelt und das Klima berücksichtigt, denn ein weiteres Ziel ist die CO_2-neutrale, klimaangepasste und energieeffiziente Stadt. Um diese Ziele zu erreichen entwickeln Bund, Länder, Kommunen sowie Bürgerinnen und Bürger Ideen und Pläne. Neben Plänen zur Stadtentwicklung setzt Deutschland auf die Entwicklung ländlicher Regionen, um die Lebensqualität auf dem Land und in der Stadt gleichwertig zu gestalten. [...]

Quelle: Engagement Global (2019): Ziel 11: Städte und Siedlungen inklusiv, sicher, widerstandsfähig und nachhaltig gestalten, [online] https://17ziele.de/ziele/11.html [23.06.2020]. (Auszug.)

TU DU'S

1. Fahre mehr Bahn, so verursachst Du weniger Smog und weniger Lärm.
2. Nutze Naturbäder statt chlorgereinigte Schwimmbäder.
3. Unterschreibe Petitionen, die nicht-nachhaltige Stadtentwicklungsprojekte stoppen.
4. Überlege, welche Erfindung deine Stadt besser machen würde.
5. Werde Fördermitglied bei Organisationen, die sich für die 17 Ziele einsetzen.

1 Bilden Sie Gruppen und recherchieren Sie zunächst Hintergrundinformationen:
- **a** Was genau bedeutet „Nachhaltigkeit"?
- **b** Was ist mit den „drei Nachhaltigkeitsdimensionen" gemeint?
- **c** Welche 17 Ziele wurden auf dem UNO-Nachhaltigkeitsgipfel verabschiedet?

2 Diskutieren Sie in der Gruppe die fünf Optionen individuellen Handelns („TU DU'S") zu Ziel 11. Wählen Sie eine Option aus und prüfen Sie, inwiefern Sie diese in Ihrer Stadt bzw. Gemeinde realisieren könnten.
- **a** Recherchieren Sie Informationen zum Sachstand in Ihrer Stadt bzw. Gemeinde. Welche Quellen könnten Ihnen weiterhelfen?
- **b** Werten Sie die Informationen aus, indem Sie zu der gewählten Option z. B. eine Liste mit Pro- und Contra-Argumenten erstellen.
- **c** Entwickeln Sie nun ein Konzept, das die folgenden Punkte enthält:
  - Zielsetzung
  - Zeithorizont
  - Planungsschritte
  - Durchführung
- **d** Dokumentieren Sie Ihre Überlegungen in Form eines Plakats. Präsentieren und diskutieren Sie Ihr Plakat im Plenum.

10.5 Leitbild der nachhaltigen Entwicklung

Europäische Union (EU)
Kapitel 9.8

In den letzten Jahrzehnten, in denen der Umweltschutz in Europa eine zunehmende Bedeutung erlangte, sind in Teilbereichen durchaus Erfolge erzielt worden. So sinkt beispielsweise in der Europäischen Union (EU) der CO_2-Ausstoß. Insbesondere die schrittweise Abkehr von der Kohleverstromung zeigt damit erste Wirkungen. Doch es gibt weiterhin Verbesserungsbedarf, um die Volkswirtschaften nachhaltig weiterzuentwickeln.

10.5.1 Konzept der Nachhaltigkeit

Agenda 21
Kapitel 10.5.2

1992 fand in Rio de Janeiro die Konferenz für Umwelt und Entwicklung der Vereinten Nationen (UNCED), auch als **Rio-Konferenz** bezeichnet, statt. Auf dieser Konferenz, die bis heute als ein Meilenstein gilt, verständigten sich über 170 Staaten auf das Leitbild der **nachhaltigen Entwicklung** („sustainable development") von Gesellschaft, Wirtschaft und Umwelt. Zu dessen Umsetzung beschlossen sie ein internationales Aktionsprogramm für das 21. Jahrhundert, die sogenannte **Agenda 21**. Damit wurde das Konzept der Nachhaltigkeit formal zum Leitprinzip der Politik: Alle Ressourcen der Erde sollten so behutsam genutzt werden, dass alle Menschen gegenwärtig und in Zukunft gute und gerechte Entwicklungschancen erhalten.

Der Begriff der Nachhaltigkeit stammt ursprünglich aus der Forstwirtschaft: In einem bestimmten Zeitraum dürfen danach nur so viele Bäume gefällt werden, dass der Wald sich z. B. durch Aufforstung regenerieren kann.

Eine nachhaltige Entwicklung im Sinne des Leitbilds kann nur erreicht werden, wenn ökologische, ökonomische und soziale Ziele gleichzeitig und gleichberechtigt umgesetzt werden. In diesem Zusammenhang wird von einem **Drei-Säulen-Modell** gesprochen. Nur alle drei Säulen gemeinsam ergeben ein tragfähiges Konzept der Nachhaltigkeit.

Drei-Säulen-Modell der nachhaltigen Entwicklung

Nachhaltigkeit

Ökologisches Handeln	Ökonomisches Handeln	Soziales Handeln
heißt, im Einklang mit der Natur zu handeln. Die Menschen achten dabei auf die Schonung der Natur, z.B. versuchen sie, nicht erneuerbare Ressourcen durch erneuerbare zu ersetzen und den Ausstoß von Schadstoffen zu vermeiden bzw. zu verringern.	heißt, individuelle und gesellschaftliche Bedürfnisse effizient zu befriedigen. Die Menschen wirtschaften so, dass der Wohlstand auch für die kommenden Generationen gewährleistet wird.	heißt, die Lebensverhältnisse so zu gestalten, dass niemand z.B. wegen Armut, Arbeitslosigkeit oder Krankheit ausgegrenzt wird. Alle Menschen sollen sich frei entfalten können und am Wohlstand teilhaben. Solidarisches Handeln verlangt z.B., dass reiche Länder nicht auf Kosten armer Länder ihren Wohlstand sichern.

Zwischen den drei Dimensionen nachhaltigen Handelns bestehen jedoch **Zielkonflikte**. So verläuft das **Wachstum der Weltbevölkerung** nicht geradlinig, sondern die Zahl der Menschen nimmt immer schneller zu. Aus dieser Entwicklung ergeben sich viele Umweltprobleme. Die Nahrungsmittelproduktion muss erheblich erhöht werden, indem die Anbaufläche ausgedehnt und der Ackerboden intensiver bewirtschaftet wird. Probleme wie beispielsweise Bodenerosion, Zunahme des Einsatzes von Dünge- und Unkrautvernichtungsmitteln oder Belastungen des Grundwassers mit Schadstoffen können die Folge sein. Mit steigender landwirtschaftlicher und industrieller Produktion ist auch eine Zunahme des Energieverbrauchs verbunden. Schließlich entstehen mehr Abfälle und Schadstoffe, deren ordnungsgemäße Entsorgung immer schwieriger wird.

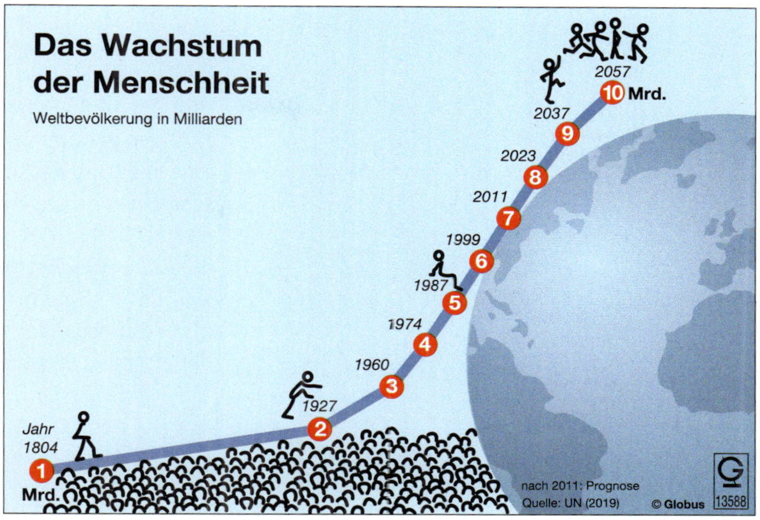

Bei der **Bekämpfung des Hungers** waren zeitweilig zwar Erfolge zu verzeichnen: So ging die Zahl der hungernden Menschen in der Welt zwischen 2005 und 2013 merklich zurück. Seit 2014 steigt sie jedoch wieder. Betroffen sind vor allem Länder in Afrika und Asien, insbesondere solche, die unter langjährigen Konflikten und/oder den Folgen des Klimawandels leiden.

Obwohl der Hunger in der Welt wieder zunimmt, übersteigt der Ressourcenverbrauch der Menschheit, insbesondere der Menschen in den reichen Industrieländern, die natürliche Regenerationsfähigkeit der Erde bei weitem. Die Umweltorganisation „Global Foodprint Network" errechnet alljährlich den sogenannten **Welterschöpfungstag** („Earth Overshoot Day", auch „Erdüberlastungstag" genannt). Dies ist der Tag des Jahres, an dem die natürlichen Ressourcen verbraucht sind, die die Erde innerhalb eines Jahres reproduzieren kann. 2019 war der Welterschöpfungstag am 29. Juli; 2020 verschob er sich durch die Corona-Pandemie und die damit verbundenen wirtschaftlichen wie gesellschaftlichen Einschränkungen auf den 22. August. In Deutschland war der Welterschöpfungstag schon am 3. Mai. Dies bedeutet: Wenn die gesamte Menschheit so leben würde wie die Deutschen, bräuchte sie für ihr Überleben drei Planeten.

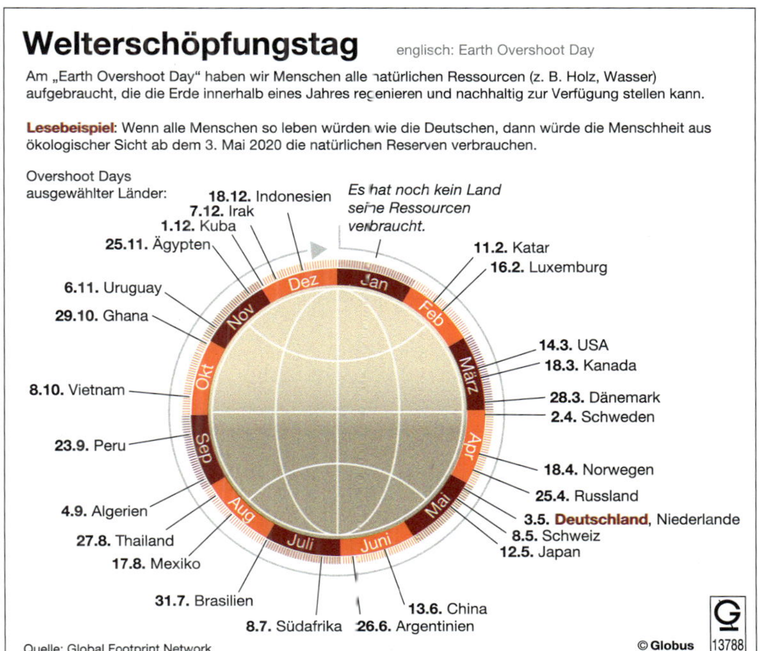

Ökologisch ist Wirtschaftswachstum auf Dauer nur tragbar, wenn es gelingt, das Wachstum vom Ressourcenverbrauch zu entkoppeln, indem beispielsweise Energie bei Produktionsprozessen eingespart wird oder biologisch abbaubare Verpackungen genutzt werden. Ob eine solche **Entkopplung** – also eine Senkung der Umweltbelastung bei gleichzeitigem Wirtschaftswachstum – gelingen kann, ist umstritten. Viele Ökonomen halten ein qualitatives bzw. **grünes Wachstum** für möglich. **Wachstumskritiker** meinen hingegen, dass der Konflikt zwischen Wirtschaftswachstum und Umweltschutz nicht auflösbar sei und die Fokussierung auf das Wachstum überwunden werden müsse.

10.5.2 Agenda 21

Die Agenda 21, das auf der Rio-Konferenz 1992 beschlossene globale Aktionsprogramm, ist ein umfangreicher Katalog von Handlungsempfehlungen zur nachhaltigen Entwicklung. Zu den Prinzipien einer nachhaltigen Entwicklung gehören insbesonderen die folgenden „Managementregeln":

- **Regeneration:** Erneuerbare Naturgüter (z. B. Holz, Fischbestände) dürfen nur in dem Maße genutzt werden, wie sie sich von menschlichen Eingriffen erholen können, sodass ihr Fortbestand nicht gefährdet ist.
- **Substitution:** Nicht erneuerbare Naturgüter (z. B. Öl, Gas) dürfen nur in dem Umfang genutzt werden, in dem ein gleichwertiger Ersatz geschaffen werden kann.
- **Anpassungsfähigkeit:** Schadstoffe (z. B. Abgase, Müll) dürfen nur in dem Umfang freigesetzt werden, in dem das Ökosystem sie ohne dauerhafte Schädigungen verkraften kann.
- **Vermeidung unvertretbarer Risiken:** Technische Großrisiken (z. B. Atomkraftwerke) mit möglicherweise katastrophalen Auswirkungen auf die Umwelt sind zu vermeiden.

Umwelt- und Nachhaltigkeitsprobleme treten besonders in Städten zutage, da sich hier Bevölkerungswachstum, Energieverbrauch, Güternutzung, Stoffumsätze und Abfälle, Flächenverbrauch und Verkehrsvorgänge konzentrieren. Die Mitwirkung der Kommunen galt somit als ein entscheidender Faktor für die Umsetzung der Agenda 21. Die lokalen Handlungsprogramme, mit denen Gemeinden oder Regionen zur Verwirklichung der Ziele beitragen sollten, wurden als **„Lokale Agenda 21"** („LA 21") bezeichnent.

Ziel des „LA 21"-Prozesses war, die ökologischen, ökonomischen und sozialen Aktivitäten in einer Kommune unter dem politischen Leitbild der Nachhaltigkeit zusammenzuführen. Nach dem **Motto „Global denken, lokal handeln"** sollten die Kommunen eigene Leitbilder entwickeln und die verschiedenen Ansätze und Aktivitäten ihrer Politik (z. B. Energie-, Verkehrs-, Wirtschafts- und Umweltpolitik) danach ausrichten. In Deutschland beteiligten sich mehrere tausend Kommunen an diesem Prozess. In vielen Kommunen gab es auch eine aktive Mitwirkung der Bürger, die sich in „LA 21"-Gruppen für verschiedenste lokale Projekte, z. B. zum Schutz gefährdeter Tier- und Pflanzenarten, zum Erhalt von Baumbeständen, zur Steigerung der Energieeffizienz oder zur Entwicklung umweltfreundlicher Verkehrskonzepte einsetzten. Manche dieser Gruppen sind bis heute aktiv.

10.5.3 Agenda 2030

Im September 2015 fand in New York ein Weltgipfel für nachhaltige Entwicklung (auch **„UNO-Nachhaltigkeitsgipfel“** genannt) statt. Auf diesem Gipfel, der als ein weiterer Meilenstein gilt, verabschiedeten die mittlerweile 193 Mitgliedstaaten der Vereinten Nationen einstimmig ein neues globales Handlungsprogramm: die „Agenda 2030 für nachhaltige Entwicklung“. Die Agenda 2030 stellt einen Weltzukunftsvertrag dar, dessen Leitziel es ist, weltweit Bedingungen für ein menschenwürdiges Leben zu schaffen. Gemäß dem Drei-Säulen-Modell der Nachhaltigkeit müssen hierfür sowohl ökonomische als auch ökologische und soziale Entwicklungsaufgaben bewältigt werden.

Drei-Säulen-Modell
Kapitel 10.5.1

Kern der Agenda 2030 sind 17 **Ziele für nachhaltige Entwicklung** (auf Englisch als „Sustainable Development Goals“ (SDG) bezeichnet), die am 1. Januar 2016 mit einer Laufzeit von 15 Jahren (also bis 2030) in Kraft traten. Die SDG-Ziele umfassen ein breites Spektrum von Aufgaben- und Arbeitsfeldern, wie beispielsweise Armutsbekämpfung, Gesundheits- und Bildungspolitik, Ressourcenschutz und die Schaffung von Frieden. Die Agenda 2030 zeigt Mittel und Wege zur Umsetzung der angestrebten Zielsetzungen auf. Um ersehen zu können, inwieweit die Ziele umgesetzt wurden, gibt es Indikatoren zur Fortschrittsmessung sowie entsprechende Überprüfungsmechanismen.

Agenda 2030: Ziele für nachhaltige Entwicklung

Wie schon die Agenda 21 soll die Agenda 2030 nicht nur auf nationalstaatlicher, sondern auch auf regionaler und kommunaler Ebene umgesetzt werden. Nachdem die früheren Agenda 21-Prozesse teilweise sehr erfolgreich waren, häufig aber auch im Sande verliefen, steht nun das Instrument der **„Lokalen Nachhaltigkeitsstrategie“** im Mittelpunkt: Unter Beteiligung der Bürger soll jede Stadt und jede Gemeinde die Strategie finden, die zur Sicherung der eigenen Zukunftsfähigkeit am besten geeignet ist. Hierfür sollen die Kommunen Visionen und Leitbilder mit langfristigen Zielen, Handlungsprogramme und Maßnahmen zur regelmäßigen Überprüfung der Umsetzung entwickeln.

Eine Gruppe von Wissenschaftlern um den UN-Sonderberater Jeffrey Sachs überprüft seit 2015 kontinuierlich, inwieweit die SDG-Ziele erreicht wurden. Ihr **Sustainable Development Report (SDR)** soll darüber informieren, wo die Weltgemeinschaft und einzelne Länder bei der Umsetzung der SDG-Ziele stehen.

Der SDR 2020 zeigt, dass die Weltgemeinschaft zwischen 2015 und 2019 zwar Fortschritte bei den Nachhaltigkeitszielen gemacht hat. Allerdings dürfte weiterhin kein Land in der Lage sein, alle Zielsetzungen bis 2030 zu erreichen. Wichtige Ergebnisse des Reports sind:

- *Deutschland belegt den 5. Platz im globalen Ranking des Sustainable Development Report 2020. Deutschland verbessert sich damit um einen Platz im Vergleich zum Vorjahr, liegt aber nach wie vor hinter den Bestplatzierten Dänemark, Schweden, Finnland und Frankreich. Die größten Herausforderungen für Deutschland finden sich in SDG 12 (Nachhaltiger Konsum und Produktion), SDG 13 (Klimaschutz und Anpassung) und SDG 14 (Leben unter Wasser).*
- *Ost- und Südasien ist die Region mit den größten Fortschritten bei den SDGs seit Einführung der Ziele im Jahr 2015. […]*
- *Länder mit hohem Einkommen haben durch Konsum and Handel erhebliche negative Auswirkungen auf die Fähigkeiten anderer Länder, die SDGs zu erreichen. […] Abholzung und Bedrohungen der Artenvielfalt, zum Beispiel durch nicht nachhaltige Lieferketten, erhöhen die Wahrscheinlichkeit künftiger Epidemien.*
- *Trotz politischer Rhetorik haben nur wenige Länder die SDGs sinnvoll in öffentliche Verwaltungspraktiken und -verfahren oder den nationalen Staatshaushalt integriert. Insbesondere sollten die* **G20***-Länder, angesichts ihrer Größe und Bedeutung für die Weltwirtschaft und den Handel, die politischen Anstrengungen und Maßnahmen für die SDGs intensivieren.*

Quelle: J. Sachs, G. Schmidt-Traub, C. Kroll, G. Lafortune, G. Fuller, F. Woelm (2020): The Sustainable Development Goals and COVID-19. Sustainable Development Report 2020. Cambridge: Cambridge University Press. Zusammenfassung auf Deutsch unter: https://sdsna.github.io/SDR2020/Press%20Releases/SDR%202020%20Press%20Release%20-%20German.pdf [11.11.2020]. (Auszug.)

Ein Grund für die zunehmenden Waldrodungen in tropischen Ländern ist die hohe Nachfrage nach Palmöl in den Industriestaaten.

G20
Gruppe der 20 wichtigsten Industrie- und Schwellenländer; informeller Zusammenschluss von 19 Staaten und der Europäischen Union

Corona-Krise
Kapitel 6.6.3

Der SDR 2020 zeigt zudem, dass die Covid-19-Pandemie das Erreichen der UN-Nachhaltigkeitsziele ernsthaft gefährdet.

Covid-19 dürfte kurzfristig schwerwiegende negative Auswirkungen auf die meisten SDGs haben. Insbesondere für SDG 1 (Keine Armut), SDG 2 (Kein Hunger), SDG 3 (Gesundheit und Wohlergehen) und SDG 8 (Gute Arbeit und Wirtschaftswachstum). Covid-19 verstärkt Einkommensunterschiede und andere Formen von Ungleichheiten erheblich. Die Lichtblicke in diesem düsteren Ausblick sind die verringerten Umweltauswirkungen infolge des Rückgangs der Wirtschaftstätigkeiten. Ein wichtiges Ziel ist es, wirtschaftliche Aktivitäten wieder aufzunehmen, ohne dabei zu dem alten Muster der Umweltzerstörung zurückzukehren.

Quelle: J. Sachs, G. Schmidt-Traub, C. Kroll, G. Lafortune, G. Fuller, F. Woelm (2020): The Sustainable Development Goals and COVID-19. Sustainable Development Report 2020. Cambridge: Cambridge University Press. Zusammenfassung auf Deutsch unter: https://sdsna.github.io/SDR2020/Press%20Releases/SDR%202020%20Press%20Release%20-%20German.pdf [11.11.2020]. (Auszug.)

Umsetzung der UN-Nachhaltigkeitsziele laut SDR 2020

Auf dem Weg zur Agenda 2030

Welche Länder erfüllen die UN-Nachhaltigkeitsziele am besten?

SDG-Index von 0 (schlechtester Wert) bis 100 (bester Wert); 166 Länder

	Rang	Land	Punktzahl
	1	Schweden	84,7
	2	Dänemark	84,6
	3	Finnland	83,8
■	4	Frankreich	81,1
■	5	Deutschland	80,8
	6	Norwegen	80,8
	7	Österreich	80,7
	8	Tschechien	80,6
	9	Niederlande	80,4
	10	Estland	80,1
■	13	Großbritannien	79,8
■	17	Japan	79,2
■	20	Südkorea	78,3
■	21	Kanada	78,2
■	30	Italien	77,0
■	31	USA	76,4
■	37	Australien	74,9
■	48	China	73,9
■	51	Argentinien	73,2
■	53	Brasilien	72,7
■	57	Russland	71,9
■	69	Mexiko	70,4
■	70	Türkei	70,3
■	97	Saudi-Arabien	65,8
■	101	Indonesien	65,3
■	110	Südafrika	63,4
■	117	Indien	61,9

■ = G20-Mitglied

Quelle: J. Sachs, G. Schmidt-Traub, C. Kroll, G. Lafortune, G. Fuller, F. Woelm (2020): The Sustainable Development Goals and COVID-19. Sustainable Development Report 2020. Cambridge: Cambridge University Press, S. 26 f. (Eigene Gestaltung.)

10.6 Ökologisch bedingter Strukturwandel

Strukturwandel
Kapitel 5.4.4

Strukturwandel kann durch viele verschiedene Faktoren ausgelöst werden. Zum wichtigsten Faktor ist mittlerweile die Notwendigkeit geworden, die begrenzten Ressourcen der Erde so zu nutzen, dass auch für künftige Generationen ein menschenwürdiges Leben auf diesem Planeten möglich ist. Die hierdurch ausgelösten Wandlungsprozesse können als ökologisch bedingter Strukturwandel bezeichnet werden. Ökologisch bedingter Strukturwandel beruht im Wesentlichen auf Veränderungen des volkswirtschaftlichen Angebots, der volkswirtschaftlichen Nachfrage und der Preise für Umweltleistungen.

- Wandlungsprozesse auf der **Angebotsseite** sind beispielsweise Änderungen der Produktionsstrukturen in den einzelnen Wirtschaftsbereichen (z. B. Bau von Windenergieanlagen), der Siedlungs- und Infrastruktur (z. B. Ausbau von Fahrradwegen), der Energieversorgung (z. B. Nutzung von Solarenergie) oder der Landwirtschaft (ökologisch produzierende Bauernhöfe).
- Wandlungsprozesse auf der **Nachfrageseite** sind Änderungen im Konsumverhalten von Bevölkerungsgruppen, beispielsweise eine zunehmende Nachfrage nach umweltfreundlicheren Konsumgütern (z. B. stromsparende Elektroartikel, Bio-Lebensmittel).

Marktversagen bei öffentlichen Gütern
Kapitel 3.7 und 10.3.3

Instrumente der Umweltpolitik
Kapitel 10.3.2

Da die Umwelt ein öffentliches Gut ist, bei dessen Nutzung es zu **Marktversagen** durch externe Effekte und Trittbrettfahrerverhalten kommen kann, ist es nicht selten erforderlich, dass entsprechende Wandlungsprozesse durch die staatliche **Umweltpolitik** vorangetrieben und unterstützt werden. Umweltpolitische Maßnahmen können – neben Ver- und Geboten – ökonomische Instrumente wie Umweltsteuern (z. B. Energiesteuer), Emissionslizenzen (z. B. CO_2-Zertifikate) oder Preisanreize durch Vergünstigungen für umweltfreundliches Konsumverhalten (z. B. EEG-Umlage zur Förderung des Ausbaus erneuerbarer Energien, Steuersenkung bei Bahntickets) sein.

10.6.1 Klimaneutrales Europa

Europäische Union
Kapitel 9.8

EU-Kommission
Kapitel 9.8.2

Im November 2018 legte die EU-Kommission erstmals ein **Konzept für ein klimaneutrales Europa** bis zum Jahr 2050 vor. Klimaneutralität bedeutet, dass alle Treibhausgase vermieden, gespeichert oder kompensiert werden müssen. Die Vision der EU-Kommission steht im Einklang mit den Zielen des **Pariser Klimaabkommens** von 2015. Laut dem Pariser Klimavertrag soll die Erderwärmung auf deutlich unter 2 °C im Vergleich zur vorindustriellen Zeit begrenzt werden.

Ursula von der Leyen, die seit dem 1. Dezember 2019 Präsidentin der EU-Kommission ist, hat am 11. Dezember 2019 ihre Vorstellungen zur Realisierung eines grünen Europas präsentiert. Sie will mit einem **„European Green Deal"** erreichen, dass die EU bis 2050 klimaneutral wird. Ein Unterziel des „Green Deals" ist, dass die europäischen Treibhausgase bis 2030 „in verantwortlicher Weise" um 50 bis 55 % unter den Wert von 1990 gesenkt werden sollen.

Im Rahmen des „Green Deals“ sollen die Strukturen der europäischen Volkswirtschaften in den kommenden 30 Jahren so umgestaltet werden, dass sie unabhängig von fossilen Brennstoffen sind. Hierfür sind ein vollständiger Umbau von Energieversorgung, Industrie, Verkehr und Landwirtschaft sowie eine Abkehr von Kohle, Öl und Gas erforderlich. Auf die Bürger Europas rollen massive Veränderungen zu. Beispiele hierfür sind die Müllvermeidung, der Umbau des Nahverkehrs, neue Hilfen zur Modernisierung von Häusern und Heizungen sowie ein massives Programm zur Aufforstung und zur Begrünung von Städten.

Bei einem **EU-Gipfel im Dezember 2019** haben sich die Staats- und Regierungschefs der EU-Mitgliedstaaten auf einen Kompromiss bezüglich des Klimaschutzziels geeinigt. Das Ziel eines klimaneutralen Europas bis 2050 wurde grundsätzlich akzeptiert. Polen hat der Übereinkunft allerdings noch nicht zugestimmt. Das Land, so hieß es, benötige mehr Zeit für eine Umstellung der Volkswirtschaft, da es seine Energie seit Jahren vor allem aus der Kohleverstromung beziehe. Zudem forderten insbesondere die mittel- und osteuropäischen Länder, dass sie für den Umbau ihrer Volkswirtschaften Klarheit darüber brauchen, welche EU-Finanzhilfen sie im Rahmen des neuen EU-Haushalts (2021–2017) erhalten werden.

EU-Gipfel **Kapitel 9.8.2**

Laut der EU-Kommissionschefin soll für die zusätzlichen Investitionen in den Klimaschutz zwischen 2021 und 2027 eine Summe von 1 Billion Euro mobilisiert werden. Die **Finanzierung**, die bisher noch ungeklärt ist, soll aus dem EU-Budget, von den EU-Staaten, aus dem Privatsektor sowie von der Europäischen Investitionsbank stammen und in einen Übergangsfonds fließen. Die Frage, wie die ambitionierte Klimapolitik finanziert werden soll, löst innerhalb der Staatengemeinschaft Sorgen aus. Aus Sicht der EU-Kommissionschefin ist aber zu berücksichtigen, dass die Kosten des Nicht-Handels deutlich höher ausfallen dürften.

EU-Haushalt **Kapitel 9.8.3**

Um die Klimaneutralität Europas bis 2050 rechtlich zu verankern, hat die EU-Kommission im März 2020 einen Vorschlag zu einem **Europäischen Klimagesetz** vorgelegt. Die Kommission schlägt die Treibhausgasneutralität Europas bis 2050 als rechtsverbindliche Zielsetzung vor. Das Klimagesetz umfasst auch Maßnahmen, um die Fortschritte zu verfolgen und das Handeln entsprechend anzupassen. Die Fortschritte sollen alle fünf Jahre im Einklang mit der globalen Bestandsaufnahme im Rahmen des Pariser Klimaübereinkommens überprüft werden.

Im Oktober 2020 stimmte das Europäische Parlament mehrheitlich für eine Verschärfung des EU-Klimaziels: Nach dem Willen des Parlaments sollen die Treibhausgasemissionen bis 2030 sogar um 60 % unter den Wert von 1990 gesenkt werden. Im Dezember 2020 beschloss der EU-Gipfel eine Senkung um mindestens 55 %.

Die ambitionierte Zielsetzung, eine Klimaneutralität Europas bis 2050 erreichen zu wollen, geht allerdings mit der Gefahr einher, dass das Vorhaben auf seinem langen Weg verwässert wird. Es sind Gesetzgebungsverfahren einzuleiten, Abstimmungsprozesse zwischen den EU-Mitgliedstaaten voranzutreiben, die Fortschritte bei der Umsetzung von Maßnahmen zu kontrollieren und nationale Regierungswechsel in den EU-Staaten zu bewältigen. Aus Sicht der EU-Kommission bleibt es ein mühsames „Bohren dicker Bretter“, damit die Realisierung des Klimaziels bis 2050 nicht aus den Augen verloren wird, sondern gelingen kann.

10.6.2 Ansatzpunkte eines nachhaltigen Umbaus der Ökonomie

Strukturwandel
Kapitel 5.4.4

Der nachhaltige Umbau einer Volkswirtschaft ist ein ungeheuer komplexes Aufgabengebiet, in das eine Vielzahl von Interessen, Einflussfaktoren und Restriktionen hineinspielt. Daher ist es an dieser Stelle nicht möglich, den entsprechenden Strukturwandel vollständig und abschließend darzustellen. Die folgenden Ausführungen greifen nur einige wenige Aspekte heraus und haben einen thesenhaften Charakter.

Der Nachhaltigkeitsökonom Holger Rogall schlägt vor, für einen nachhaltigen Umbau der Ökonomie die folgenden Strategiepfade zugrunde zu legen:

- **Effizienzstrategie:** Bei vorhanden Produkten werden Herstellung, Nutzung und Beseitigung ressourceneffizienter und ökologisch weniger belastend gestaltet.
- **Konsistenz- bzw. Substitutionsstrategie:** Neue, ressoucenschonende und ökologisch verträglichere Produkte ersetzen das herkömmliche Angebot.
- **Suffizienzstrategie:** Menschen entscheiden sich freiwillig, ihren Lebens- und Konsumstil ethisch vertretbar und umweltfreundlich zu verändern. Hierbei ist nicht zu unterschätzen, wie schwierig es oft ist, gewohnte Lebensweisen dauerhaft zu ändern.

Ein suffizienter Lebensstil bedeutet nicht nur, dieselbe Menge wie gewohnt in „grün" zu konsumieren, sondern den Konsum insgesamt herunterzufahren; uns also zu fragen: Brauche ich das fünfte Paar Schuhe wirklich? Macht mich das neuste Smartphone-Modell tatsächlich zu einem glücklicheren Menschen?

Quelle: BUNDjugend (2020): Mit Suffizienz zum guten Leben – für alle!, [online] https://www.bundjugend.de/projekte/mit-suffizienz-zum-guten-leben-fuer-alle/nachhaltiger-konsum/ [27.06.2020].

Diese Nachhaltigkeitsstrategien können in verschiedenen Handlungsfeldern für einen ökologischen Strukturwandel der Volkswirtschaft konkretisiert werden. Im Folgenden sollen für ausgewählte Handlungsfelder (Energie-, Mobilitäts- und Abfallpolitik) exemplarisch einige Möglichkeiten und damit verbundene Schwierigkeiten dargestellt werden.

Energiepolitik

Die Energiepolitik befindet sich in dem Zielkonflikt, (a) Versorgungssicherheit (z. B. für Heizen, Beleuchtung) zu gewährleisten, (b) Kostengünstigkeit für Herstellung und Verbrauch (z. B. Strom) zu ermöglichen und (c) den notwendigen Umweltschutz sicherzustellen.

Gegenwärtig führen der hohe **Verbrauch fossiler Energieträger** (z. B. Kohle, Öl) und die damit verbundenen Emissionen (z. B. CO_2-Ausstoß) weltweit zu erheblichen Problemen wie Klimawandel, Anstieg des Meeresspiegels und Artensterben. Der größte Teil dieser externen Effekte bzw. Kosten wird nicht von den Verursachern, sondern von der Gesellschaft getragen.

In Deutschland wird mit der sogenannten **Energiewende** angestrebt, den Anteil fossiler Energieträger an der Strom- und Wärmeerzeugung zu senken und den Einsatz erneuerbarer Energien zu befördern. Außerdem soll eine höhere Energieeffizienz, d. h. ein höherer Wirkungsgrad bei der Energieumwandlung erreicht werden.

- Eine Verbesserung des Wirkungsgrades bei der Energieumwandlung (z. B. durch verbesserte Turbinen bei der Stromerzeugung) kann die **Effizienz** traditioneller Techniken der Energieumwandlung erhöhen und Umweltbelastungen (z. B. durch Abgase) senken.
- Das **Erneuerbare-Energien-Gesetz (EEG)** fördert die Einspeisung von Strom aus erneuerbaren Energiequellen ins Stromnetz, indem den Erzeugern eine feste Einspeisevergütung garantiert wird. Hierdurch wurde beispielsweise der Ausbau von Windenergie unterstützt. Das EEG hat unter anderem aber auch dazu geführt, dass in Deutschland der Strompreis deutlich gestiegen ist.
- Anfang 2021 startet in Deutschland ein **nationaler Emissionshandel** für die Sektoren Wärme und Verkehr, zunächst mit einem festen CO_2-Preis von 25 Euro pro Tonne. Bis 2026 soll der Preis dann schrittweise auf auf 55 bis 65 Euro pro Tonne CO_2. steigen. Die Einnahmen sollen zur Entlastung der Verbraucher bei der EEG-Umlage genutzt werden.
- Die verstärkte Nutzung erneuerbarer Energien in Deutschland bedeutet auch, dass z. B. der Strom aus Windkraft, der überwiegend in Norddeutschland gewonnen wird, nach Süddeutschland transportiert werden muss. Doch derzeit stagniert der Netzausbau in Deutschland. Zahlreiche Bürgerinitiativen protestieren immer wieder gegen geplante Verläufe von dafür erforderlichen Stromleitungstrassen.
- Bundestag und Bundesrat haben im Juli 2020 den **Ausstieg aus der Kohleverstromung** bis 2038 beschlossen. Schrittweise sollen Kohlekraftwerke stillgelegt werden. Zugleich erhalten betroffene Regionen Strukturhilfen von rund 40 Mrd. Euro, um neue Arbeitsplätze schaffen zu können. Befürworter des Gesetzes argumentieren, dass eine angemessene Balance zwischen widerstreitenden Interessen gefunden wurde. Kritikern geht der Ausstieg nicht schnell genug; zudem seien die Entschädigungen für Kohle-Kraftwerksbetreiber zu hoch.

Mobilitätspolitik

Unter Mobilität versteht man die Möglichkeit, von einem Ort A zu einem Ort B zu gelangen, unabhängig davon, welches Verkehrsmittel (z. B. Pkw, ÖPNV, Bahn, Flugzeug) genutzt wird. Neben dem Beitrag zur Klimaerwärmung (durch Abgase) ist auch der Natur- und Flächenverbrauch durch den Verkehr erheblich (Straßen, Parkplätze usw.). Die Kosten dieser externen Effekte werden in der Regel nicht vollumfänglich von den Nutzern der jeweiligen Verkehrsmittel getragen.

- Der Verkehrssektor ist ein besonderes Sorgenkind der Klimaschutzpolitik, da bei einem Pkw die **Abgase des Verbrennungsmotors** (CO_2, Stickoxide usw.) Luft und Gesundheit der Menschen belasten. Hinzu kommt folgendes Nutzungsphänomen: Einerseits werden die Motoren immer sparsamer im Verbrauch. Andererseits fahren die Menschen nicht selten größere bzw. schwerere Autos und legen weitere Strecken zurück. Hierdurch werden Einspareffekte bei Benzin und Abgasen mehr als aufgehoben.

- Die Fahrzeugindustrie ist ein wichtiger Wirtschaftsfaktor in Deutschland, an dem eine große Zahl von Arbeitsplätzen hängt. Erst allmählich haben die Fahrzeughersteller in Deutschland begonnen, **alternative Antriebe** zu entwickeln (E-Mobilität, Hybrid-Motoren, Erdgas oder Wasserstoff als Antrieb). Technische Neuentwicklungen brauchen Zeit. Es dauert, bis die Produkte für eine Massenfertigung geeignet sind und die Alltagstauglichkeit technisch ausgereift ist. Geringe Reichweiten aktueller E-Fahrzeuge sind nur eines von vielen Beispielen hierfür.
- Schon länger (und bisher mit eher bescheidenem Erfolg) wird versucht, die Dominanz des Individualverkehrs zugunsten einer Stärkung des **öffentlichen Personennahverkehrs (ÖPNV)** zurückzudrängen. In den Städten werden beispielsweise die Parkgebühren erhöht und Fahrspuren zugunsten von Fahrradwegen oder Beschleunigungsstreifen für Busse und Straßenbahnen rückgebaut.
- **Sharing-Economy** ist ein Sammelbegriff für eine gemeinsame Nutzung von Produkten oder Dienstleistungen zur Ressourcenschonung. Ob **Carsharing**, d. h. die Nutzung eines Pkw durch mehrere Personen, zu einer Minderung des Verkehrsaufkommens beitragen kann, ist umstritten. Erste Forschungsergebnisse zeigen ein eher zwiespältiges Bild: Für die meisten Menschen ist Carsharing eine Ergänzung und keine Alternative zum eigenen Pkw. Auch werden Sharing-Pkw nicht selten aus Bequemlichkeit für Wege gemietet, die sonst z. B. mit dem Fahrrad oder der Straßenbahn zurückgelegt würden. Ähnlich verhält es sich mit dem **E-Scooter-Sharing**: Die elektrischen Stehroller werden kaum genutzt, um den „letzten Kilometer" nach Hause oder zur Arbeit zurückzulegen. Weit häufiger dienen sie als Ersatz für die Fortbewegung per ÖPNV, Fuß oder Fahrrad; außerdem werden sie gerne von Touristen zur Freizeitgestaltung gemietet. Dadurch stellen die E-Scooter eher eine zusätzliche Umweltbelastung dar.
- Eine Senkung der Verkehrsströme lässt sich nur im Rahmen einer nachhaltigen **Stadt- und Regionalentwicklung** erreichen. Das Wohnen außerhalb der Stadt muss unattraktiver, das Leben in der Stadt wieder attraktiver gestaltet werden. Dies heißt aber auch, dass in den Städten die Mieten bezahlbar bleiben müssen.

Abfallpolitik

Weltweit wachsen die Abfallmengen (z. B. Verpackungen). Dies gilt auch für Deutschland, dessen Abfallaufkommen pro Einwohner weit über dem EU-Durchschnitt liegt. Lange Zeit zielte die Abfallpolitik in Deutschland vor allem auf eine geordnete Abfallbeseitigung ab. In den 1990er-Jahren setzte diesbezüglich ein Umdenken ein, das in das **Kreislaufwirtschaftsgesetz** von 2012 mündete.

Die oberste Priorität hat nun die **Vermeidung von Abfällen**, die durch eine abfallarme Produktgestaltung und die Kreislaufführung von Stoffen im Produktionsprozess erreicht werden soll. Wo dies nicht möglich ist, sollte die **Verwertung von Abfällen** angestrebt werden: optimalerweise durch Wiederverwendung (z. B. nach Reparatur), ansonsten durch Recycling (Aufbereitung der Abfälle) oder energetische Verwertung (Einsatz der Abfälle als Brennstoff). Nur wenn auch dies nicht zu realisieren ist, bleibt als letzte Möglichkeit die **Beseitigung der Abfälle** (z. B. durch Deponierung).

„Cradle to cradle" (engl. „von Wiege zu Wiege") ist ein Konzept für eine konsequente Kreislaufwirtschaft. Es wurde von dem deutschen Chemiker Michael Braungart und dem US-amerikanischen Architekten William McDonough entwickelt. Gemäß dem Cradle-to-cradle-Konzept sollten Produkte so konzipiert werden, dass Müll erst gar nicht entsteht: Alle Materialien sollten nach ihrem Gebrauch wieder in die Produktion eingehen können. Dieser Ansatz geht weit über herkömmliches Recycling hinaus.

Laut einer Studie der Boston Consulting Group (BCG) muss die Kreislaufwirtschaft in Deutschland noch deutlich weiterentwickelt werden, um eine dauerhafte Überlastung natürlicher Ressourcen zu vermeiden.

- Zwar gibt es hohe **Recyclingquoten** z. B. bei Metallen (Kupfer und Stahl). Bei Kunststoffen und Verpackungen besteht aber noch großer Nachholbedarf. Derzeit stammen nur 10,4 % der Produktionsmittel in Deutschland aus sekundären, d. h. wiederverwerteten Rohstoffen. Sollen die Erdressourcen nicht dauerhaft überlastet werden, ist eine Quote von 50 bis 70 % erforderlich.

Umweltpolitik
Kapitel 10.3

- Für ein entsprechendes Umsteuern sind – im Rahmen der Umweltpolitik – **ökonomische Anreize** hilfreich. Die Recyclingquoten bei Kunststoffen könnten z. B. erhöht werden, indem neu produzierte Kunststoffe mit einer Steuer belastet werden, recycelte Kunststoffe hingegen nicht. Eine zweckgebundene höhere Abgabe auf Einwegprodukte könnte den Gebrauch von Mehrwegprodukten fördern. Eine erhöhte Recyclingquote bei den Unternehmen könnte auch mit Steuererleichterungen honoriert werden.

- Der Weg zu einer sogenannten **Sharing-Economy**, in der Konsumenten Produkte leasen oder gemeinsam nutzen, statt sie zu kaufen, ist noch lang. Dies gilt insbesondere für sogenannte Lifestyle-Produkte: Bei Handys beispielsweise bevorzugen Kunden ein neues, eigenes und kein altes Gerät, das sie auch noch mit anderen teilen sollen. Hier gilt es, die entsprechenden Anreize für die Verbraucher zu schaffen.

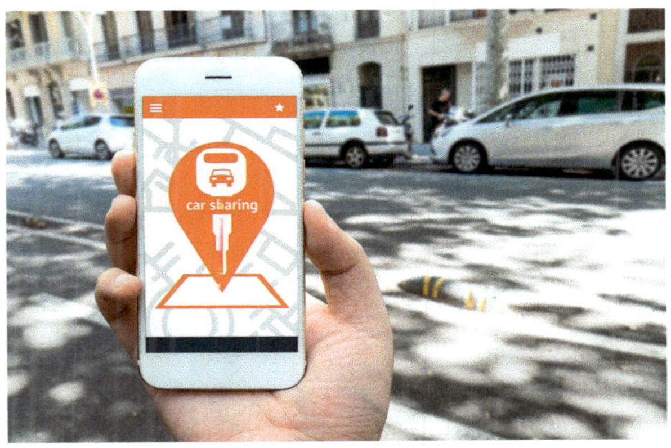

Nachhaltige Entwicklung bedeutet, Strukturveränderungen in einer Volkswirtschaft so voranzutreiben, dass jetzige Generationen ihre Bedürfnisse befriedigen können, ohne die Möglichkeiten künftiger Generationen zu gefährden. Die Frage, wie dieses Verhältnis zu gestalten ist, bleibt jedoch umstritten. Bislang gibt es diesbezüglich keine allgemein akzeptierten Werte, die von allen gesellschaftlichen Gruppen geteilt würden. Auch wissenschaftliche Erkenntnisse hierzu sind oft nicht eindeutig. Zudem bleibt der Wohlstandsbegriff als solcher diskussionswürdig. Dies betrifft insbesondere die Frage, wie materieller und immaterieller Wohlstand zu gewichten sind und wie die Lebensverhältnisse – z. B. im Hinblick auf Länder der sogenannten Dritten Welt – gerecht gestaltet werden können.

ÜBERBLICK

Nachhaltigkeit bedeutet, wirtschaftliche Leistungsfähigkeit und soziale Sicherheit so zu gestalten, dass langfristig die natürlichen Lebensgrundlagen erhalten bleiben. Zwischen den ökonomischen und den ökologischen Zielsetzungen von Nachhaltigkeitspolitik bestehen jedoch **Zielkonflikte**. Ob die **Entkopplung** von Wirtschaftswachstum und Ressourcenverbrauch gelingen kann, ist umstritten.

Internationale **Handlungsprogramme zur nachhaltigen Entwicklung** wie die Agenda 21 und die Agenda 2030 der Vereinten Nationen zielen darauf ab, auch künftigen Generationen ein menschenwürdiges Leben auf der Erde zu ermöglichen. Gemäß dem Motto **„Global denken, lokal handeln“** spielen die Kommunen und ihre Bürger eine wichtige Rolle bei der Umsetzung.

Der **ökologisch bedingte Strukturwandel** geht mit vielfältigen Wandlungsprozessen auf der Angebots- und der Nachfrageseite einher. Auf die Bürger der Europäischen Union (EU) kommen insbesondere im Rahmen des **„European Green Deals“** massive Veränderungen zu. Die Zielsetzung ist ein klimaneutrales Europa bis 2050.

Wichtige Handlungsfelder beim nachhaltigen Umbau der Ökonomie sind unter anderem die Energie-, Mobilitäts- und Abfallpolitik. In der **Energiepolitik** gilt es, den Verbrauch fossiler Energieträger massiv zu reduzieren. Die **Mobilitätspolitik** hat dafür Sorge zu tragen, dass die Abgasemissionen mithilfe technischer Innovationen und neuer Mobilitätskonzepte gedrosselt werden. Eine zentrale Zielsetzung der **Abfallpolitik** ist die Kreislaufführung von Stoffen, um Abfälle so weit wie möglich zu vermeiden.

1 Erläutern Sie anhand von Beispielen das Konzept der Nachhaltigkeit.
  a Was ist unter „Nachhaltigkeit“ zu verstehen?
  b Was sind die drei Säulen der Nachhaltigkeit?
  c Welche Zielkonflikte gibt es zwischen den drei Säulen?

2 Interpretieren Sie die Grafik „Das Wachstum der Menschheit“ auf S. 301 gemäß der Drei-Schritte-Technik auf S. 22.

3 Interpretieren Sie die Grafik „Welterschöpfungstag“ auf S. 301 gemäß der Drei-Schritte-Technik auf S. 22.

4 Was wird unter „Entkopplung“ verstanden?

5 Diskutieren Sie in Kleingruppen, ob der Konflikt zwischen Wirtschaftswachstum und Umweltschutz lösbar ist.
  a Was spricht dafür?
  b Was spricht dagegen?

6 Recherchieren Sie, ob es in Ihrer Stadt bzw. Gemeinde lokale Agenda 21-Gruppen bzw. Initiativen zur Unterstützung der Agenda 2030 gibt.
  a Wenn ja, womit beschäftigen sich diese Gruppen?
  b Sammeln Sie Ideen, wie Sie selbst die Prinzipien nachhaltigen Wirtschaftens in Ihrer Stadt bzw. Gemeinde unterstützen könnten.

7 Diskutieren Sie in Kleingruppen, ob die Ziele der Agenda 2030 bis zum Jahr 2030 erreicht werden können.
  a Was spricht dafür?
  b Was spricht dagegen?

8 Was ist unter „ökologisch bedingtem Strukturwandel“ zu verstehen?

9 Nennen Sie Beispiele für ökologisch bedingten Strukturwandel
  a auf der Angebotsseite.
  b auf der Nachfrageseite.

10 Was war der Anlass des Pariser Klimagipfels 2015 und was wurde dort beschlossen?

11 Stellen Sie Recherchen zum „European Green Deal“ an.
  a Was sind die Zielsetzungen des „Green Deals“?
  b Wie ist der aktuelle Sachstand?
  c Worin bestehen die Herausforderungen bei der Umsetzung?

12 Damit Deutschland die zugesagte Minderung seiner CO_2-Emissionen bis 2030 erreicht, hat die Bundesregierung im Oktober 2019 ein „Klimaschutzpaket“ verabschiedet, das vom Bundestag (im November 2019) und vom Bundesrat (im Dezember 2019) angenommen wurde. Das Gesetzpaket sieht unter anderem die Einführung eines nationalen Emissionshandels ab 2021 vor. Recherchieren Sie hierzu Hintergrundinformationen im Internet.
  a Inwiefern soll CO_2 nun einen Preis bekommen?
  b Welche Entwicklung des CO_2-Preises ist für die kommenden Jahre geplant?
  c Ist der vorgesehene CO_2-Preis hoch genug?

AUFGABEN

13 Erläutern Sie anhand von Beispielen, was unter den folgenden Nachhaltigkeitsstrategien zu verstehen ist:
- **a** Effizienzstrategie
- **b** Konsistenz- bzw. Substitutionsstrategie
- **c** Suffizienzstrategie

14 Stellen Sie Recherchen zum Thema „Kohleausstieg" an.
- **a** Wie soll der im Juli 2020 beschlossene Ausstieg aus der Kohleverstromung bis 2038 aussehen?
- **b** Welche Positionen zum Thema „Kohleausstieg" vertritt demgegenüber die Bewegung „Fridays for Future"?

15 Diskutieren Sie in Kleingruppen:
- **a** Welche Verkehrsmittel (z. B. ÖPNV, Auto, Fahrrad, E-Scooter) nutzen Sie im Alltag?
- **b** Welche Verkehrsmittel nutzen Sie für größere Distanzen?
- **c** Wie umweltfreundlich bzw. -schädlich sind diese Verkehrsmittel?

16 Erläutern Sie das Modell der Kreislaufwirtschaft.
- **a** Wie sollte die Kreislaufführung von Stoffen optimalerweise aussehen?
- **b** Wie sieht im Gegensatz dazu die traditionelle Linearwirtschaft aus? Recherchieren Sie hierzu gegebenfalls im Internet.
- **c** Aus welchen Gründen wird der Wechsel von der Linear- zur Kreislaufwirtschaft angestrebt?
- **d** Welche Probleme gibt es bei der Umsetzung des Modells der Kreislaufwirtschaft?

17 Wählen Sie in Kleingruppen eines der in Abschnitt 10.6.2 genannten Handlungsfelder aus.
- **a** Formulieren Sie zu der Frage „Was tun?" einen Vorschlag in Form einer These.
- **b** Diskutieren Sie die Pro- und Contra-Argumente zu Ihrer These.

18 Diskutieren Sie in Kleingruppen: Welche weiteren Handlungsfelder eines ökologischen Umbaus der Volkswirtschaft gibt es?

19 Welche Möglichkeiten sehen Sie, Ihren persönlichen Warenkorb nachhaltig zu gestalten? Informieren Sie sich hierzu im Internet, z. B. unter: https://www.nachhaltiger-warenkorb.de

Sachwortverzeichnis

Bildquellenverzeichnis

Cornelsen/Claudia Hild, Angelburg (Illustrationen): S. 8, 23, 24, 40, 48, 58, 81, 102, 115, 136, 146, 160, 170, 188, 208, 221, 246, 260, 284, 298
dpa Picture-Alliance/dpa-Infografik GmbH (Globus-Grafiken und dpa-Grafiken): S. 17, 49, 52, 54.2, 55, 97.2+3, 108, 109, 110.1, 114, 117, 127, 150, 154, 156, 169, 173, 174, 175, 176, 183, 190.2, 198, 211.1+2, 212, 215, 216, 218, 225, 227, 230, 233.1+2, 234.1+2, 235.2, 236, 238.1, 247, 255, 263.1, 264, 271.1+2, 276.1-4, 277, 279, 291.1+2, 295, 301.1+2, 311.1
Titelfoto: mauritius images/Caia Image; **S. 7.1:** Shutterstock.com/Andrii Yalanskyi; **S. 7.2:** Shutterstock.com/cybrain; **S. 7.3:** Shutterstock.com/Roman Zaiets; **S. 10:** sciencephotolibrary/Science Photo Library; **S. 12:** Shutterstock.com/Rawpixel.com; **S. 13.1:** stock.adobe.com/Erwin Wodicka - wodicka@aon.at/Gina Sanders; **S. 13.2:** stock.adobe.com/kieferpix; **S. 14.1:** Shutterstock.com/sunnyws; **S. 14.2:** Shutterstock.com/Everett Historical; **S. 16.1:** Shutterstock.com/milo827; **S. 16.2:** Shutterstock.com/George Rudy; **S. 18:** stock.adobe.com/Dragana Gordic; **S. 19:** stock.adobe.com/goldencow_images; **S. 20.1:** stock.adobe.com/Parfenova; **S. 20.2:** stock.adobe.com/romaset; **S. 20.3:** stock.adobe.com/ty; **S. 25.1:** Shutterstock.com/mavo; **S. 25.2:** Shutterstock.com/OHishiapply; **S. 26.1:** Shutterstock.com/vs148; **S. 26.2:** Shutterstock.com/stefanodinenno; **S. 26.3:** stock.adobe.com/Dusan Kostic; **S. 26.4:** stock.adobe.com/foto_tech; **S. 26.5:** Shutterstock.com/nd3000; **S. 27:** akg-images/Paul Hey; **S. 28:** Shutterstock.com/Wright Studio; **S. 29.1:** Shutterstock.com/KAMONRAT; **S. 29.2:** Shutterstock.com/VanReeel; **S. 30.1:** stock.adobe.com/fotomek; **S. 30.2:** stock.adobe.com/Bertold Werkmann; **S. 31:** stock.adobe.com/stanciuc; **S. 32.1:** Shutterstock.com/stockphoto-graf; **S. 32.2:** stock.adobe.com/Sashkin;

S. 33.1: Shutterstock.com/phive; **S. 33.2:** Shutterstock.com/Valentyn Volkov; **S. 34:** Shutterstock.com/Artisticco; **S. 35:** Shutterstock.com/Tero Vesalainen; **S. 39.1:** Shutterstock.com/CalypsoArt; **S. 39.2:** stock.adobe.com/SimpLine; **S. 39.3:** Shutterstock.com/suesse; **S. 40:** Cornelsen/vitaledesign (im Uhrzeigersinn: Shutterstock.com/Pressmaster; Shutterstock.com/Monkey Business Images; stock.adobe.com/Westend61/Tom Chance; stock.adobe.com/Peer Frings; stock.adobe.com/grafikplusfoto; Shutterstock.com/lumen-digital); **S. 41:** Shutterstock.com/Iconic Bestiary; **S. 42:** stock.adobe.com/gustavofrazao; **S. 45.1:** Shutterstock.com/pan demin; **S. 45.2:** Shutterstock.com/SmallSnail; **S. 51.1:** stock.adobe.com/goodluz; **S. 51.2:** Shutterstock.com/Iakov Filimonov; **S. 51.3:** stock.adobe.com/Erwin Wodicka - wodicka@aon.at/Gina Sanders; **S. 54.1:** stock.adobe.com/Fokussiert; **S. 57.1:** stock.adobe.com/igishevamaria; **S. 57.2:** Shutterstock.com/Adisa; **S. 57.3:** Shutterstock.com/Iconic Bestiary; **S. 58.1:** stock.adobe.com/bonga1965; **S. 58.2:** stock.adobe.com/fotoatelier.hamburg; **S. 60:** akg-images; **S. 61.1:** stock.adobe.com/www.pressebuero.de/PeJo; **S. 61.2:** stock.adobe.com/ghazii; **S. 62:** Cornelsen/Anette Schamuhn, Berlin; **S. 67:** Shutterstock.com/Oleksiy Mark; **S. 68.1:** Shutterstock.com/Krasula; **S. 68.2:** Shutterstock.com/M-Foto; **S. 73:** stock.adobe.com/blende11.photo; **S. 74.1:** Shutterstock.com/Lesterman; **S. 74.2:** Shutterstock.com/VOJTa Herout; **S. 75.1:** stock.adobe.com/Aaron; **S. 75.2:** stock.adobe.com/Sigtrix; **S. 77:** stock.adobe.com/Stockwerk-Fotodesign; **S. 81:** stock.adobe.com/Africa Studio; **S. 83:** akg-images/Album/Oronoz; **S. 84:** Shutterstock.com/MichaelJayBerlin; **S. 85:** stock.adobe.com/Cavan; **S. 86:** Shutterstock.com/Sudowoodo; **S. 88:** stock.adobe.com/blattwerkstatt; **S. 89:** stock.adobe.com/RAM; **S. 90.1:** Heinrich-Böll-Stiftung e.V.; **S. 90.2:** Jupp Wolter (Künstler), Haus der Geschichte, Bonn; **S. 91:** Oxfam Deutschland e.V. Berlin; **S. 92:** mauritius images/Movementway; **S. 94:** Shutterstock.com/Gearstd; **S. 95.1:** stock.adobe.com/SZ-Designs; **S. 95.2:** stock.adobe.com/finecki; **S. 96.1:** Shutterstock.com/Anton Watman; **S. 96.2:** Shutterstock.com/VectorsMarket; **S. 97.1:** Shutterstock.com/William Potter; **S. 101.1:** stock.adobe.com/Richard Villalon; **S. 101.2:** stock.adobe.com/Composer; **S. 101.3:** stock.adobe.com/AePatt Journey; **S. 102:** stock.adobe.com/rohappy; **S. 103:** stock.adobe.com/contrastwerkstatt; **S. 104.1:** bpk/Münzkabinett, SMB/Reinhard Saczewski; **S. 104.2:** bpk/Münzkabinett, SMB; **S. 105:** Shutterstock.com/Wit Olszewski; **S. 106 _ Münzen:** Shutterstock.com/graja; **S. 106.2:** Shutterstock.com/Renars 2013; **S. 106.3-5:** Shutterstock.com/Mehaniq; **S. 106.6:** Shutterstock.com/Tetiana Yurchenko; **S. 106.7:** dpa Picture-Alliance/X00446/REUTERS; **S. 107.1:** Shutterstock.com/rudall30; **S. 107.2:** dpa Picture-Alliance/dieKLEINERT.de/Christian Möll; **S. 110.2:** Creditreform SchuldnerAtlas Deutschland 2020; **S. 111:** Bergmoser + Höller Verlag AG; **S. 115.1:** Shutterstock.com/Manuel Neuhaus; **S. 115.2:** stock.adobe.com/Max; **S. 115.3:** stock.adobe.com/Moon; **S. 116:** stock.adobe.com/MicroOne; **S. 121:** stock.adobe.com/doucefleur; **S. 123.1:** Bergmoser + Höller Verlag AG; **S. 123.2:** interfoto e.k./Friedrich; **S. 129.1:** stock.adobe.com/Bjoern Wylezich/Björn Wylezich; **S. 129.2:** Shutterstock.com/Olivier Le Moal; **S. 131.1:** Shutterstock.com/Horten; **131.2:** © Europäische Union, 1995-2019; **S. 132:** mauritius images/Alamy/Janusz Wrobel; **S. 135.1:** stock.adobe.com/Copyright by E.Bednarek/ebednarek; **S. 135.2:** stock.adobe.com; **S. 135.3:** Shutterstock.com/hrui; **S. 136.1:** Shutterstock.com/Anupong Boonma; **S. 136.2:** mauritius images/Herbert Kehrer; **S. 137:** Shutterstock.com/DisobeyArt; **S. 138.1:** Shutterstock.com/Goritza; **S. 138.2:** stock.adobe.com/contrastwerkstatt; **S. 139:** Shutterstock.com/everything possible; **S. 140:** Shutterstock.com/Everett Historical; **S. 142.1:** akg-images; **S. 142.2:** dpa Picture-Alliance; **S. 143:** Shutterstock.com/dayat banggai; **S. 144:** dpa Picture-Alliance/ZB/dpa-Zentralbild/Hubert Link; **S. 146:** Shutterstock.com/DisobeyArt; **S. 147:** © Thomas Plaßmann, Essen; **S. 148:** stock.adobe.com/Eigens; **S. 149.1:** Shutterstock.com/Eugene Onischenko; **S. 149.2:** stock.adobe.com/OKSANA TKACHUK/ksena32; **S. 151.1:** stock.adobe.com/Osterland; **S. 151.2:** stock.adobe.com/lassedesignen; **S. 152:** Horst Haitzinger, München; **S. 153.1:** stock.adobe.com/ArTo; **S. 153.2:** Shutterstock.com/Mint Fox; **S. 153.3:** Shutterstock.com/Atstock Productions; **S. 153.4:** stock.adobe.com/Ralf Kalytta; **S. 153.5:** stock.adobe.com/MQ-Illustrations; **S. 153.6:** stock.adobe.com/Tatyana; **S. 155:** stock.adobe.com/Michael Jäger, Düsseldorf 2016 - mitifoto/mitifoto; **S. 157:** Timo Essner, Flensburg, www.timoessner.de; **S. 159.1:** stock.adobe.com; **S. 159.2:** stock.adobe.com/© Heike Brauer 2011/H. Brauer; **S. 159.3:** Shutterstock.com/ETAJOE; **S. 162:** Bergmoser + Höller Verlag AG; **S. 163:** Shutterstock.com/Sergey Shenderovsky; **S. 164:** Shutterstock.com/ledokolua; **S. 166:** stock.adobe.com/Vittaya_25; **S. 167.1:** stock.adobe.com/freshidea; **S. 167.2:** stock.adobe.com/heinrichsteffen; **S. 167.3:** Shutterstock.com/creativeneko; **S. 167.4:** stock.adobe.com/EyeEm; **S. 170:** Shutterstock.com/iodrakon; **S. 171:** DER SPIEGEL GmbH, Hamburg; **S. 177.1:** stock.adobe.com/Coloures-Pic; **S. 177.2+3:** Shutterstock.com/PiXXart; **S. 178:** akg-images/WHA/World History Archive; **S. 180:** interfoto e.k./Brown; **S. 181.1:** interfoto e.k./Danita Delimont/Dennis Brack; **S. 181.2:** interfoto e.k./Geraldo; **S. 182.1:** interfoto e.k./Wolfgang Maria Weber; **S. 182.2:** interfoto e.k./Wolfgang Maria Weber; **S. 182.3:** mauritius images/alamy stock photo/360b; **S. 182.4:** stock.adobe.com/Mihail; **S. 187.1:** Shutterstock.com/Funtap; **S. 187.2:** stock.adobe.com/tunedin; **S. 187.3:** stock.adobe.com/Eisenhans; **S. 188.1:** Shutterstock.com/Nattakorn_Maneerat; **S. 188.2:** Shutterstock.com/Billion Photos; **S. 189:** Shutterstock.com/Viktoria Kurpas; **S. 190.1:** stock.adobe.com/Schlierner; **S. 191:** Bergmoser + Höller Verlag AG; **S. 192:** stock.adobe.com/domoskanonos; **S. 195:** stock.adobe.com/MQ-Illustrations; **S. 196:** Bergmoser + Höller Verlag AG; **S. 197.1:** stock.adobe.com/studio v-zwoelf; **S. 197.2:** stock.adobe.com/Edler von Rabenstein; **S. 197.3:** stock.adobe.com/Sabine Naumann; **S. 199.1:** stock.adobe.com/Milton Oswald; **S. 199.2:** Shutterstock.com/Monster Ztudio; **S. 200:** stock.adobe.com/© Stephan Hartmann/SBH; **S. 201.1:** Bergmoser + Höller Verlag AG; **S. 201.2:** Shutterstock.com/Richard Peterson; **S. 202:** stock.adobe.com/TwilightArtPictures; **S. 203.1:** Shutterstock.com/Corona Borealis Studio; **S. 203.2:** dpa Picture-Alliance/dieKLEINERT.de/Kostas Koufogiorgos; **S. 204:** stock.adobe.com/eyetronic; **S. 207.1:** Shutterstock.com/Rido; **S. 207.2:** Shutterstock.com/gcelebi; **S. 207.3:** Shutterstock.com/fizkes; **S. 208:** Toonpool GmbH Berlin/Harm Bengen; **S. 209:** Shutterstock.com/Yummyphotos; **S. 210:** stock.adobe.com/rcx; **S. 214:** stock.adobe.com/Fotowerk/drubig-photo; **S. 217.1:** Shutterstock.com/Krakenimages.com; **S. 217.2:** Shutterstock.com/StanislauV; **S. 217.3:** stock.adobe.com/dp@pic; **S. 221:** Imago Stock & People GmbH/teutopress; **S. 222:** Shutterstock.com/Monkey Business Images; **S. 223:** Shutterstock.com/Miriam Doerr, Martin Frommherz; **S. 224.1:** stock.adobe.com/ehrenberg-bilder; **S. 224.2:** stock.adobe.com/nmann77; **S. 224.3:** stock.adobe.com/Flexmedia; **S. 226:** Shutterstock.com/fizkes; **S. 229:** stock.adobe.com/copyright by Oliver Boehmer - bluedesign®/bluedesign; **S. 231.1:** Shutterstock.com/Phonlamai Photo; **S. 231.2:** Bundesagentur für Arbeit/Institut für Arbeitsmarkt- und Berufsforschung (IAB); **S. 232.1:** Shutterstock.com/Kaspars Grinvalds; **S. 232.2:** Shutterstock.com/garagestock; **S. 233.3:** stock.adobe.com/www.foto-und-mehr.de/Jeanette Dietl; **S. 235.1.:** Bergmoser + Höller Verlag AG; **S. 237:** stock.adobe.com/artinspiring; **S. 238.2:** Shutterstock.com/George Rudy; **S. 238.3:** stock.adobe.com/lumen-digital; **S. 283.4:** Shutterstock.com/Daxiao Productions; **S. 239.1:** stock.adobe.com/lilo; **S. 239.2:** stock.adobe.com/(c) by L. Drechsel/Lothar Drechsel; **S. 239.3:** stock.adobe.com/polkadot; **S. 240.1:** stock.adobe.com/DENIS STANKOVIC/s-motive; **S. 240.2:** Shutterstock.com/Zephyr_p; **S. 240.3:** Stiftung Warentest; **S. 241.1+2:** AOK-Bundesverband; **S. 243.3:** stock.adobe.com/xymbolino; **S. 245.1:** Shutterstock.com/gopixa; **S. 245.2:** Shutterstock.com/Lightspring; **S. 245.3:** Shutterstock.com/NicoElNino; **S. 246.1:** stock.adobe.com/Westend61/Anke Scheibe; **S. 246.2:** Shutterstock.com/Andrey_Popov; **S. 248.1:** Shutterstock.com/vincentchuls; **S. 248.2:** stock.adobe.com/cherezoff; **S. 248.3:** stock.adobe.com/stokkete; **S. 249.1:** stock.adobe.com/Juulijs; **S. 249.2:** Shutterstock.com/AlexLMX; **S. 250:** Shutterstock.com/Perfect Vectors; **S. 252.1:** Gerhard Mester, Wiesbaden; **S. 252.2:** Shutterstock.com/Fotovika; **S. 253:** Wirtschaftsvereinigung Stahl, Düsseldorf; **S. 260:** stock.adobe.com/everythingpossible; **S. 261:** © Europäische Union, 1995-2019; **S. 263.2:** Prof. Dr. Eckart D. Stratenschulte; **S. 266:** Bundesinformationszentrum Landwirtschaft (BZL) – landwirtschaft.de; **S. 267.1:** Shutterstock.com/peterschreiber.media; **S. 267.2:** stock.adobe.com/Sefrie; **S. 268:** Shutterstock.com/microstock3D; **S. 269:** stock.adobe.com/Composer; **S. 270.1:** Shutterstock.com/Sashkin; **S. 270.2:** Shutterstock.com/M-SUR; **S. 270.3:** Shutterstock.com/Lauritta; **S. 272.1:** Shutterstock.com/ESB Professional; **S. 271.2:** Shutterstock.com/KeepWatch; **S. 273:** Horst Haitzinger, München; **S. 274:** stock.adobe.com/Scanrail; **S. 275:** stock.adobe.com/thingamajiggs; **S. 278.1:** Shutterstock.com/Maridav; **S. 278.2:** stock.adobe.com/Peter Atkins; **S. 283.1:** Shutterstock.com/Tridsanu Thopet; **S. 283.2:** Shutterstock.com/DigitalPen; **S. 283.3:** Shutterstock.com/Circlephoto; **S. 284.1:** Shutterstock.com/nito; **S. 284.2:** stock.adobe.com/Christin Klose/Christin; **S. 284.3:** Shutterstock.com/panuwat phimpha; **S. 285:** Shutterstock.com/stockphoto-graf; **S. 286.1:** Shutterstock.com/CHAIWATPHOTOS; **S. 286.2:** stock.adobe.com/tech_studio; **S. 286.3:** stock.adobe.com/Jan Christopher Becke/eyetronic; **S. 288:** Shutterstock.com/Man As Thep; **S. 290.1:** stock.adobe.com/darknightsky; **S. 290.2:** stock.adobe.com/Karin & Uwe Annas; **S. 292:** dpa Picture-Alliance/Bildagentur-online/Ohde; **S. 293:** mauritius images/dieKleinert; **S. 294:** Shutterstock.com/WAYHOME studio; **S. 298:** Shutterstock/MintArt; **S. 299:** ENGAGEMENT GLOBAL gGmbH; **S. 300:** stock.adobe.com/© Thomas Soellner/Thomas Söllner; **S. 302.1:** mauritius images/dieKleinert; **S. 302.2:** stock.adobe.com/Cevahir/hkama; **S. 303.1:** stock.adobe.com/Cevahir/hkama; **S. 303.2:** © Bundesregierung; **S. 304:** Shutterstock.com/Richard Whitcombe; **S. 306.1:** Shutterstock.com/geniussky; **S. 306.2:** Shutterstock.com/dedi57; **S. 307.1:** dpa Picture-Alliance/X80003/REUTERS; **S. 307.2:** Shutterstock.com/Herr Loeffler; **S. 308.1:** Jugend im Bund für Umwelt und Naturschutz Deutschland e.V.; **S. 308.2:** stock.adobe.com/Michael Breuer/Ana Gram; **S. 309.1:** stock.adobe.com/jonasginter; **S. 309.2:** stock.adobe.com/petereichler.com © 2017/Peter Duroy; **S. 309.3:** stock.adobe.com/(c) Alessandro Terranova/Alessandro2802; **S. 309.4:** Shutterstock.com/LanaElcova; **S. 310.1:** stock.adobe.com/Maurice Tricatelle; **S. 310.2:** stock.adobe.com/merla; **S. 310.3:** stock.adobe.com/candy1812; **S. 310.4:** Shutterstock.com/r.classen; **S. 311.2:** Shutterstock.com/Rawpixel.com; **S. 311.3:** Shutterstock.com/Zapp2Photo; **S. 312:** stock.adobe.com/Bernd Ege